colección dirigida por
Alberto Casares

José M. Paz

Memorias póstumas II

José M. Paz

Memorias póstumas II

Emecé Editores

982 Paz, José María
PAZ Memorias póstumas II. - 1a ed. - Buenos Aires : Emecé, 2000.
656 p. ; 22x14 cm. - (Memoria argentina)

ISBN 950-04-2176-3

I. Título 1. Historia Argentina

Emecé Editores S.A.
Alsina 2062 - Buenos Aires, Argentina
E-mail: editorial@emece.com.ar
http: //www.emece.com.ar

Diseño de tapa: *Eduardo Ruiz*
Fotocromía de tapa: *Moon Patrol S.R.L.*
Primera edición: 4.000 ejemplares
Impreso en Printing Books,
Gral. Díaz 1344, Avellaneda, octubre de 2000

IMPRESO EN LA ARGENTINA / PRINTED IN ARGENTINA
Queda hecho el depósito que previene la ley 11.723
I.S.B.N.: 950-04-2176-3
45.031

Capítulo XVIII

El general Paz prisionero

[Situación de Estanislao López - El general Paz cae prisionero: circunstancias del hecho y peripecias inmediatas - Marcha al cuartel general de López: tentativa de evasión, escarnios e insultos; tratamiento de López y otros jefes - Marcha a Santa Fe y prisión; proyecto de evasión - Papel de Larrachea, Cullen, Maciel y otros en el gobierno de López.]

Todas las noticias que recibía eran contestes en que el ejército de reserva de Buenos Aires se aproximaba, y que se aproximaba también la crisis que debía terminar en una batalla general y decisiva. Al efecto, reunía también yo elementos, y el general Deheza, no obstante su culpable demora, se acercaba con su división, buscando el contacto del ejército.

Sin perder de vista el gran objeto de mis cuidados, me propuse tentar aún una vez más a López, para empeñarlo a un combate antes que se reuniese al general Balcarce. Mas, como esto era difícil si no se le sorprendía, apareciendo repentinamente al frente de su campo, procuré ocultar mis marchas cuanto fuese posible.

El ya general Deheza hacía la suya por una línea convergente, que debía reunirse a la ruta que yo llevaba a cierta altura, atacando de paso a los Reinafé, que se hallaban en la dirección que traía.

Adviértase que cuando emprendí este movimiento combinado, tanto López con el grueso de su fuerza como los Reinafé, cuya división entre las que obraban separadamente era la más respetable, habían tenido que salir del territorio poblado de la provincia que antes habían penetrado, para situarse en los despoblados que lo circuyen. López estaba en un lugar llamado La Yila, dos leguas afuera del Tío, que es la última población por ese lado, y Reinafé aún más enmarañado en el desierto, sobre mi flanco izquierdo.

La guerra se hallaba reducida a partidas que introducían para promover y proteger la insurrección de la campaña, y a montoneras poco importantes de la misma campaña de Córdoba, sin que por esto dejasen de incomodarnos.

Don Estanislao López, el patriarca de la federación, el discípulo de Artigas, el proto-gaucho de la república, el omnipotente caudillo que tantas veces había humillado a Buenos Aires con su horda santafesina, sin embargo de estar auxiliado por las tropas de Rosas, por otros muchos caudillejos subalternos como los Ibarra de Santiago, los Latorre de Salta, los Reinafé de Córdoba, y, finalmente, con el triunfo de Quiroga en Mendoza, había desesperado de vencernos con su acostumbrada táctica y se había confesado impotente, reclamando la cooperación de la infantería y de los cañones del ejército de Balcarce, que estaba para llegar.

Éste fue el gran revés que sufrió la importancia política y militar de este caudillo, siendo consiguiente el descrédito de su guerra irregular y de su sistema vandálico, con que hasta entonces había triunfado. Tanto más patente era esta revolución, cuanto yo, por la diferencia de caballería, me había visto precisado a emplear la infantería de un modo hasta entonces desconocido en nuestro país. Repito lo que otras veces he apuntado: que en las campañas del interior siempre fui inferior en aquella arma, pues aunque tenía el insigne regimiento número 2, era de tan poca fuerza que, por su número, estaba muy abajo de las necesidades que me rodeaban. Todos los militares conocen (excepto quizás el general La Madrid) que no es obra de un día el formar buenos soldados de caballería.

Dando principio a la operación acordada, me moví en la tarde del 10 de mayo con dirección al enemigo. Al emprender la marcha mandé que se colocase la caballería a vanguardia; mas, habiéndome contestado el coronel Pedernera que aún no estaba pronta, hice que tomase la cabeza el 5º de Cazadores y ordené que la caballería alargase el paso cuando estuviese pronta, hasta incorporarse a la columna. La hora que era no me permitía diferir más tiempo el movimiento, y me vi precisado a invertir por ello el orden en que había pensado colocar las diferentes armas. Éste fue uno de los incidentes que contribuyó a mi desgracia, como luego se verá.

Habríamos andado cerca de tres leguas por un camino sumamente estrecho, pues atravesaba un inmenso bosque y la noche se acercaba, cuando se empezó a oír muy distintamente un tiroteo entre una partida, quizá de mis guerrillas, y otra enemiga de mayor fuerza, con cierta diferencia. Me era muy conveniente escarmentar a ésta, tanto para reprimir el vandalismo que se propagaba en la provincia de Córdoba como para que, siendo enteramente dispersada, no se tuviese noticia en el cuartel general de López del movimiento que sobre él se dirigía.

Para lograrlo de una manera completa, quise instruirme de la posición respectiva de ambas fuerzas, y con este objeto hice avanzar al comandante don Camilo Isleño, que iba a poca distancia de la columna, y en seguida a don Polonio Ramallo, con el mismo fin. Entretanto, despaché un ayudante al coronel Pedernera para que a la mayor brevedad mandase una compañía de Cazadores, que era lo que juzgaba bastante para terminar, según mi deseo, con aquella función. El ayudante me hizo avisar que Pedernera se había quedado muy atrás y que seguía en su solicitud para acelerar por sí mismo la remisión de la fuerza pedida.

Entretanto, la noche se aproximaba y, por falta de luz, veía que iba a malograrse un golpe que, aunque pequeño, era por las circunstancias dichas de la mayor importancia en aquella ocasión. Por otra parte, temía que aunque llegase la fuerza de caballería que había mandado venir, podía serme aún indispensable invertir algún tiempo en tomar informes sobre la fuerza y calidad del enemigo y sobre su situación, y para que nada de esto retardase la operación, resolví aproximarme en persona al teatro de combate y esperar allí la caballería; creía, como era natural, tocar con la fuerza mía antes que con la enemiga, lo que fue al contrario.

Estaba casi solo (es decir, sin mis ayudantes) a la cabeza de la infantería que mandaba el coronel Larraya, y al separarme, adelantándome, me siguió solamente un ayudante, que lo era de estado mayor, un ordenanza y un viejo paisano que guiaba el camino. A poco trecho me propuso el guía (baqueano) si quería acortar el camino siguiendo una senda que se separaba a la derecha; acepté, y nos dirigimos por ella: este pequeño incidente fue el que decidió de mi destino.

Cuando a mi juicio me hallaba a una distancia proporcionada del teatro del combate, lo que podía calcular por la proximidad del fuego que lo sostenía, mandé adelantar a mi ordenanza para que, haciendo saber al oficial que mandaba la guerrilla que yo me hallaba allí, viniese a darme los informes que deseaba. Creía que, por su orden natural, la fuerza que me pertenecía estaría en aquella dirección, pero era de otro modo. El comandante de la guerrilla sabía que debía aparecer una fuerza que, cooperando con él, exterminase completamente a la enemiga, para lo cual le había dado orden que entretuviese el fuego mientras esto sucedía; él, para lograr mejor lo que se le había prevenido, había colocado su partida dentro de un cerco, cambiando el frente de su línea de guerrilla, avanzando su ala izquierda; el enemigo, por un movimiento contrario, había tomado una situación paralela, de modo que ambas fuerzas contendientes presentaban un flanco a la dirección que yo traía; es decir, la fuerza que me pertenecía el derecho, y la enemiga el izquierdo, y apoyados ambos en el bosque; allí mismo terminaba para hacer lugar a un escampado que servía de teatro a la guerrilla; había, sin embargo, una diferencia, y era que el camino principal que yo había dejado por insinuación del guía iba a tocar el flanco derecho de mi guerrilla, y la senda por donde iba tocaba, sin pensarlo yo, con el izquierdo de la enemiga.

Debe también advertirse que el ejército federal tenía divisa punzó, y no sé hasta ahora por qué singularidad aquella partida enemiga, que sería de ochenta hombres y pertenecía a la división de Reinafé, había mudado en blanca, la misma que arbitrariamente se ponían las partidas de guerrilla mías, que eran en gran parte de paisanos armados. Es también de notar que en el mismo día, habiendo empezado a arreciar el frío, había cambiado yo de ropa, poniéndome un gran chaquetón nuevo, con cuyo traje nunca me habían visto, lo que contribuyó después a hacerme creer que me desconocían a mí los míos, como yo los desconocía a ellos. Éstas fueron las causas de las fatales equivocaciones que produjeron mi pérdida.

El ordenanza que mandé no volvió, y la causa fue que, habiendo dado con los enemigos, fue perseguido de éstos y escapó, pero tomando otra dirección, de modo que nada supe. Mientras tanto seguía yo la senda, y viendo la tardanza del ordenanza y del oficial que había mandado buscar, e impaciente, por otra parte, de que se aproximaba la noche y se me escapaba un golpe seguro a los enemigos, mandé al oficial que iba conmigo, que era el teniente Arana, con el mismo mensaje que había llevado mi ordenanza, pero recuerdo que se lo encarecí más y le recomendé la precaución. Se adelantó Arana, y yo continué tras él mi camino: ya estábamos a la salida del bosque; ya los tiros estaban sobre mí; ya por bajo la copa de los últimos arbolillos distinguía a muy corta distancia los caballos, sin percibir aún los jinetes; ya, en fin, los descubrí del todo, sin imaginar siquiera que fuesen enemigos, y dirigiéndome siempre a ellos.

En este estado vi al teniente Arana, que lo rodeaban muchos hombres, a quienes decía a voces: "Allí está el general Paz; aquél es el general Paz", señalándome con la mano; lo que robustecía la persuasión en que estaba, que aquella tropa era mía. Sin embargo, vi en aquellos momentos una acción que me hizo sospechar lo contrario, y fue que vi levantados, sobre la cabeza de Arana, uno o dos sables, en acto de amenaza. Mis ideas confusas se agolparon a mi imaginación; ya se me ocurrió que podían haber desconocido los nuestros; ya que podía ser un juego o chanza, común entre militares; pero vino, en fin, a dar vigor a mis primeras sospechas las persuasiones del paisano que me servía de guía para que huyese, porque creía firmemente que eran enemigos. Entretanto, ya se dirigía a mí aquella turba, y casi me tocaba, cuando, dudoso aún, volví las riendas a mi caballo y tomé un galope tendido. Entre multitud de voces que me gritaban que hiciera alto, oía con la mayor distinción una que gritaba a mi inmediación: "Párese, mi General; no le tiren, que es mi General; no duden que es mi General"; y otra vez: "Párese, mi General". Este incidente volvió a hacer renacer en mí la primera persuasión de que era gente mía la que me perseguía, desconociéndome quizá por la mudanza de traje. En medio de esta confusión de conceptos contrarios y, ruborizándome de aparecer fugitivo de los míos, delante de la columna, que había quedado ocho o diez cuadras atrás, tiré las riendas a mi caballo, y, moderando en gran parte su escape volví la cara para cerciorarme: en tal estado fue que uno de los que me perseguían, con un acertado tiro de bolas, dirigido de muy cerca, inutilizó mi caballo de poder continuar mi retirada. Éste se puso a dar terribles corcovos, con que, mal de mi grado, me hizo venir a tierra.

En el mismo momento me vi rodeado de doce o catorce hombres que me apuntaban sus carabinas, y que me intimaban que me rindiese; y debo confesar que aun en este instante no había depuesto del todo mis dudas sobre la clase de hombres que me atacaban, y les pregunté con repetición quiénes eran, y a qué gente pertenecían; mas duró poco el desengaño, y luego supe que eran enemigos, y que había caído del modo más inaudito en su poder. No podía dar un paso; ninguna defensa me era posible; fuerza alguna de la que me pertenecía se presentaba por allí; fue pues, preciso resignarme y someterme a mi cruel destino.

Me dijeron que montase a la grupa de uno de los soldados que me rodeaban, que era precisamente el que, habiendo servido antes a mis órdenes, me había conocido y me gritaba que me parase, dándome el dictado de general; yo mostré alguna repugnancia, y él, accediendo a mi muda insinuación, dijo, resueltamente, que no lo consentiría; se le ordenó entonces que me diese su caballo, y que, pues, no quería que yo subiese a la grupa, que la ocupase él; en lo que convino, y se hizo al instante. Así dejamos aquel lugar, mientras dos o tres se ocupaban en desenredar las bolas de mi caballo, los que se nos reunieron luego con él, de diestro, y siguieron hasta cierta distancia, en que, considerándose libres de una persecución inmediata, se ordenó la marcha de otro modo.[1]

He empleado más tiempo en referir este lance, y se ocupará

[1] El general La Madrid, que era ya gobernador delegado de Córdoba, me sucedió también en el mando del ejército.

Si algún extranjero, amigo de mi causa, que no conozca la historia de nuestro país, leyese por primera vez las Memorias del general La Madrid, al llegar a este punto, se felicitaría, pues debería esperar que hubiese sucedido un cambio favorable en los negocios, ya políticos, ya de la guerra, por el advenimiento al mando de un jefe cuyas sublimes concepciones lo habían previsto todo con anticipación, cuya bravura hacía temblar a los enemigos, y cuya aura popular lo elevaba al más alto grado del favor público.

Debería esperar ese extranjero que los R. R. del pueblo que antes habían ofrecido al general La Madrid el gobierno de la provincia, sin correr los peligros y lo odioso de una destitución violenta del que lo obtenía, lo dejasen para ejercerlo, ahora que se les había allanado el camino por un suceso que estaba fuera de todo cálculo.

Debería también creer ese extranjero que el pueblo, que tan disgustado estaba de la inacción del general Paz y que silbaba al ejército por la misma razón, prodigaría sus recursos y su más cumplida cooperación al nuevo general, dotado en grado eminente de las cualidades contrarias a los defectos de aquél.

Debería persuadirse ese extranjero que los jefes del ejército, que tanto criticaban al antecesor del general La Madrid por su irresolución, y que lo comisionaron a éste para que representara a nombre de todos, le darían la más eficaz asistencia cuando estaba en aptitud de satisfacer por sí mismo sus bélicas aspiraciones.

Debería prometerse ese extranjero que el general La Madrid, dueño de sus acciones y dotado de una energía que toca en la temeridad, iba inmediatamente a poner en práctica esos planes ofensivos, cuyas ventajas había proclamado y por cuya adopción había abocado con un tesón incansable.

Debería pensar que el nuevo general, armado de su invencible resolución,

más en leerlo, que el que se invirtió en realizarse. Todo fue obra de pocos instantes; todo pasó con la rapidez de un relámpago; el recuerdo que conservo de él se asemeja al de un pasado y desagradable sueño; por lo pronto, era tal la multitud de conside-

---

marcharía sin tardanza sobre López, que destruiría su ejército en seguida, que penetraría en Santa Fe y Buenos Aires, y libertaría dichos pueblos. Debería, en fin, pensar que el general La Madrid, al menos por guardar consecuencia, haría algo de lo que había aconsejado y prometido.

Veremos cómo se realizaron estas esperanzas.

Luego que se supo que me hallaba prisionero, se ocupó la Sala de R.R. de la persona que debía sucederme en el gobierno, y tan lejos estuvo de pensar en el general La Madrid, que se fijó la opinión unánimemente en el señor don Mariano Fragueiro, sin embargo que por esta vez no hubo ese cómico desprendimiento de que en otras ha hecho ostentación el señor La Madrid. Muy al contrario; se queja con la mayor amargura de que se debilitase su acción, separando el mando político del militar, que ya ejercía en el ejército. Para colmo de inconsecuencia, alega que hubo también despojo injusto, porque, siendo gobernador delegado en lugar mío, piensa que se me destituía indebidamente nombrándome un sucesor, lo que a su juicio no debía ser, aunque me hallase prisionero.

Dejando a un lado lo erróneo de esta doctrina, me detendré sólo un momento para observar que causa asombro ver al hombre que ha condenado todos mis actos, al que se lamenta de no haber aprovechado una oferta sediciosa, que dice le hicieron, para derribarme del poder, acogerse ahora por único expediente a la delegación mía. Y quererse constituir en mi universal heredero. Si cuando yo estaba en el poder se creía con el suficiente para suplantarme, ¿cómo es que cuando yo di su permiso, se ve precisado a mendigar una autoridad que tenía como derivada de la mía?

Además de lo que acabo de notar, resulta otra flagrante contradicción con lo que dijo en otra parte de sus memorias. Ya se recordará que me criticó agriamente por haber admitido el gobierno de la provincia de Córdoba, sosteniendo que mejor hubiera sido dejarlo en otras manos, limitándome al mando del ejército; y ¿cómo es que ahora considera como necesaria la concentración del mando, que antes juzgaba inconveniente? De nada de esto se hace cargo el autor de la memoria, dándonos una prueba irrefragable de que ha escrito bajo las impresiones del momento.

Me permitiré aún hacer otra indicación que nos honra a todos los que en esa época tuvimos intervención en los negocios del interior, y es que, negando sus sufragios los R.R. al general La Madrid, obraban ejerciendo un acto de plena libertad. Si esto pudieron hacer con un hombre que se nos recomienda tanto por su popularidad, mucho más pudieron hacer con el que, según el mismo señor La Madrid, no la gozaba. Esto establece un principio que en varias partes aparenta desconocer: la plena libertad con que obró la provincia de Córdoba en mi elección.

El pueblo se sintió como herido de un rayo cuando supo mi prisión, y miró con la más grande indiferencia el advenimiento del general La Madrid al mando del ejército. Él no supo reanimar el espíritu abatido de la población ni captar su confianza. Sus insulsas proclamas, sus ridículos ofrecimientos, fueron

raciones que se agolpaban a mi espíritu, tal la confusión de ideas, tal la diversidad de sensaciones, que si no era casi insensible, era menos desgraciado de lo que puede suponerse.

No obstante, pude admirar la decisión de aquellos paisanos

---

mirados con desprecio, y todos desconfiaron de su destino futuro. Muy luego se apoderó de los ánimos la desesperación, cuando comprendieron que el general La Madrid lo que pretendía era quitar los recursos que tenían para irse a Tucumán.

Quizás a su pesar, se ve arrastrado el general La Madrid, por la fuerza de los hechos, a confesar que el ejército dio muestras del más vivo dolor por la pérdida de su general. Él nos lo dice porque no puede ocultarlo; como también que, para procurarse la simpatía de los jefes, tomó un camino opuesto al general Deheza, que tuvo la imprudencia de atacar mis procedimientos. Más diestro La Madrid, supo acogerse a esos valientes y juiciosos jefes que me distinguían con su amistad al mismo tiempo que se distinguían por su patriotismo.

Mas, ¿cómo explicar el raro fenómeno de su instantáneo amilanamiento? Días antes nos los ha pintado el general La Madrid como llenos de un bélico ardor, y descontentos por lo que él llama mi irresolución; ellos lo solicitaron para que a su nombre me presentase contra mi inactividad ante mí mismo, y cuando llegó el caso de ocupar él mi puesto, ya los siente acobardados e indecisos a ellos mismos.

Es evidente que mi ausencia desalentó al ejército, porque no llega a tanto mi humildad que no conozca que tenía todo él la más firme esperanza en que lo llevaría a la victoria; pero, a pesar de esto, no puede explicarse tan súbita mudanza sin confesar que el general La Madrid no les inspiraba la misma confianza. En vano fue que les dijese que cien hombres le bastaban para acabar con López, Rosas y demás caudillos; ellos no le creyeron, porque no debían creerlo.

No puedo pasar en silencio el sentimiento de gratitud que me agita cuando recuerdo ese valiente ejército y a esos dignos jefes que tantas pruebas me dieron de confianza, de afección y de amistad. Después de pagar esta deuda de reconocimiento en general, quiero en particular consignar los nombres de Larraya, Paunero, Albarracín, Arengreen, Balmaceda, Organ, Aparicio, Canedo, etcétera, como muy dignos de mi especial aprecio.

Desde que el general La Madrid se colocó al frente del ejército, no sólo no pensó en llevar adelante sus planes ofensivos sino que todo induce a creer que nada tuvo en vista sino su retirada a Tucumán. Esto, que para otros puede ser dudoso, es para mí de la más clara evidencia, no de ahora sino desde antes de caer prisionero. Obsérvense sus pasos, y no quedará la menor duda a este respecto.

Verdad es que yo le escribí a él y otros jefes, desde el cuartel general de López, que éste se hallaba dispuesto a entenderse amigablemente, porque así me lo hizo entender dicho caudillo; pero esto no puede servir de excusa al general La Madrid para no haber obrado ofensivamente, si se creía en situación de hacerlo. Si las órdenes del general en jefe, cuando yo me hallaba en la plenitud del poder, no eran bastantes a moderar su ardor guerrero, ¿cómo quiere hacernos creer que lo contuvieron las insinuaciones del prisionero? Además, yo tenía un motivo poderoso para desear escribirles a los jefes del ejército, y no trepidé en aprovechar la única oportunidad que se me presentaba.

que se habían armado para sostener una opinión política que no comprendían. ¡Qué actividad! ¡Qué brevedad y armonía en sus consejos y consultas, que se sucedían con frecuencia! ¡Qué rapidez en sus movimientos! ¡Qué precauciones para no dejar escapar su presa! ¡Qué sagacidad para evadir los peligros que podían sobrevenirles! Se creería que habían sido bandidos de profesión; sin embargo, como hasta ahora, que eran más bien impelidos por influencias personales que por otra consideración, advertí que cuando raciocinaban sobre aquella guerra y las causas que la habían producido, se entibiaba notablemente su ardor; además, estaban imbuidos en los errores más groseros sobre la administración que regía la provincia, y sus oficiales te-

---

El modo extraordinario como había yo caído en poder de los enemigos podía haber dejado dudas sobre la naturaleza de este acontecimiento, y, en el colmo de la desgracia, me angustiaba la idea de que pudiese sospecharse de mi lealtad. Era tanto más racional mi temor, cuanto mis aprehensores me aseguraban la muerte del ayudante Arana, único que había sido testigo de mi fatal equivocación. No es, pues, extraño que yo aprovechase el único medio que se me ofrecía de hacer saber en mi ejército que yo me hallaba prisionero.

En todas mis cartas, tanto las que escribí al ejército como la que escribí a mi madre, que estaba en Buenos Aires, fue mi primer objeto decir que estaba prisionero. Porque quería que como tal se me considerase. No ha faltado alguno que extrañase cómo en el conflicto no me di por pasado; pero esta idea que rechaza todo hombre de honor, no se me ocurrió ni por un instante (el general don Fructuoso Rivera, prisionero del general Lavalleja en 1825, tomó este arbitrio, y hasta ahora es una duda para algunos el modo como dejó el servicio brasileño por el de su país), y, por el contrario, inculqué con tenacidad en no declinar de mi triste destino.

Fuera de eso, diciendo yo a los jefes del ejército que había mandado: soy prisionero del enemigo, les decía muy claramente: "no deben ustedes obedecer orden alguna mía", pues que, aunque yo pensase resistir la emisión de alguna que pudiera dañar a la causa que había defendido, podía suponerse, falsificando mi firma, particularmente si se dirigía a divisiones que estuviesen a distancia del ejército. Después de esta expresa declaración, así nada importaba que se dijese al general La Madrid que en López había notado disposiciones pacíficas.

El general La Madrid, cuando se recibió del mando del ejército, se encontró con mayores recursos pecuniarios que los que yo tenía, pues que acababa de sacar una contribución en metálico y en efectos, de la que nada había venido aún al ejército.

Sin embargo de eso, no dio un paso adelante, y después de algunos días que empleó en recoger cuanto pudo, se puso en retirada. Este general, que diez días antes amenazaba marchar rápidamente a Santa Fe y Buenos Aires, al mes de mi prisión se encontraba a cerca de doscientas leguas a retaguardia. Así cumplió el general La Madrid sus promesas; así justificó sus fanfarronadas; así engañó al pueblo de Córdoba y a los demás del interior.

nían un gran esmero en que no los desengañasen. En lo general fui considerado hasta cierto punto, y, con pocas excepciones, no les merecí ni vejámenes ni insultos. En el curso de esta narración se verá comprobado.

Lo que he dicho acaeció el 10 de mayo de 1831 como a las cinco de la tarde. Después de habernos alejado lo bastante del teatro de mi desgracia, en lo más enmarañado del bosque, cuando ya era casi de noche, hicieron alto repentinamente y con el mayor silencio. Se trató entonces de repartir mis despojos. Uno tomó las espuelas, otro el chaquetón, otro tenía mi florete desde antes, aquél se apoderó de mi gorra, dándome la suya, que era asquerosa; me preguntaron qué dinero traía, y aun me quitaron una bota, que en seguida me devolvieron, para buscar si había guardado dentro algunas onzas: a todo esto me conservaba yo a caballo en el del soldado, pero éste había descendido de la grupa, y le dieron el del que hacía de jefe, habiendo éste montado en el mío, que hasta entonces habían traído de diestra. Yo quedé en mangas de camisa, y tan sólo me dejaron el reloj por insinuación del que parecía mandar a los otros, porque dijo: "Dejémosle el reloj a este hombre, porque puede hacerle falta"; pero esto no era sino para tomarlo él después, sin participación de los demás; lo conocí y se lo di un rato después, con sigilo, al soldado que no permitió que montase en ancas, en agradecimiento de esta acción, de modo que el otro, cuando ocurrió por él, se halló chasqueado.

Mi caballo, por supuesto, era el más inútil de la partida; sin embargo, le pusieron una soga al pescuezo, de la que tiraba uno, dejándome siempre las riendas; en este orden se continuó la marcha, después de esta muy corta detención, en un silencio admirable y con gran celeridad, aunque ni antes ni después de mi prisión habían sido perseguidos, ni yo había visto persona alguna de los míos. En esta marcha fue que les hice algunas proposiciones sobre mi escape, que desecharon en el fondo, pero que el caudillo de la partida quiso convertir en su provecho, engañándome; pero él fue el engañado, pues nada utilizó, ni aun el reloj, que, como he dicho, ya lo había dado.

Después de unas dos horas de marcha, llegamos al lugar en que se hallaba reunida toda la partida, que constaba, como he dicho, de ochenta hombres, en donde fui rodeado de todos ellos, con grande algazara. Los que, según advertí, mandaban, eran un Acosta de las inmediaciones de Santa Rosa, que lo llamaban capitán; un Bartolo Benavides, de la Punilla, y un rubio, por apodo el *Chusacate*. El que de todos se produjo con más vileza fue un tal Panchillo, que me quitó el pañuelo que me habían dejado en el pescuezo, y aun quiso quitarme la camisa, a lo que se opuso el rubio. Ya incorporados todos y sin detenernos, continuamos la marcha buscando la división de Pancho Reinafé, que estaba situada en las inmediaciones de la Mar Chiquita.

Yo les había suplicado que entrasen de noche al campo de Reinafé, pero fuese por orden de éste o del oficial conductor, no quisieron hacerlo, y a corta distancia se pararon, desmontaron y encendieron un gran fuego, alrededor del cual nos colocamos todos. Aquí tuve que sufrir cuestiones las más impertinentes y tuvo lugar la conversación que voy a referir. Durante la marcha se me había llegado Benavídez, y dándose un aire de importancia y de confianza al mismo tiempo, me dijo estas o semejantes palabras: *Usted es ya un hombre perdido; de consiguiente, de nada puede servirle el caudal que ha atesorado, y como es indudable que usted lo tiene en metálico y éste está enterrado, nada pierde usted en revelarme el lugar del depósito, para extraerlo en oportunidad, y quizá después podré servirle con estos mismos recursos.* En vano fue que le dijese que se equivocaba, y que no tenía dinero alguno oculto, porque él me insistió muchas veces en lo mismo, y así se terminó por entonces la conversación. Estando ahora todos juntos alrededor del fogón, se tocó la misma, sobre mi pretendida riqueza, y yo, ya aburrido de sus despropósitos, les dije: que otros gobernantes que pertenecían a su partido habían mandado en épocas tranquilas y por largo tiempo, sin dar ni un cigarro a los milicianos, sin que ellos les hiciesen esta inculpación; que yo, que había estado un tan corto tiempo, sosteniendo un ejército, rodeado de atenciones inmensas y de una guerra continua, y que además (como ellos mismos eran testigos) les había distribuido a los milicianos vestuario, raciones y aun dinero, la merecía menos. Este discurso hizo profunda impresión en todos, y lo dieron a conocer muy claramente por su silencio y aun por algunas expresiones. Lo que, visto por Benavídez, se puso a decir a demi voz a otro oficial, que cómo se me consentía que hablase, y que era preciso estorbar las ocasiones de que sedujese la gente. Sin embargo del tono bajo en que hablaba, percibí sus expresiones y más el espíritu de su conferencia, y, entonces, dirigiéndome a él, le dije que no había yo iniciado la conversación, que los que me habían venido a examinar sobre depósitos ocultos de dinero eran los que la habían promovido; que no había hecho sino vindicarme. Con esto se terminó el asunto, muy a disgusto de dicho señor Benavídez, y se siguió con otros propósitos igualmente desatinados, hasta que vino la claridad del día.

Me hicieron montar nuevamente a caballo, y a pocas cuadras nos hallamos con la división de Pancho Reinafé, que, formada y montada, esperaba al prisionero: a mi aproximación retumbó el aire con dianas, vivas y gritos de toda clase. Allí me hicieron otra vez desmontar, y después de un rato se movió toda la fuerza, que sería como de doscientos hombres. Durante el camino tuve que sufrir algo, pero cerca del mediodía se terminó la marcha y camparon: a mí me colocaron bajo un árbol con un centinela, algo retirado de todos. Los oficiales que allí conocí fueron un Carranza, de San Pedro; un Samamé, europeo; también estaba un tal Salas, de Santa Rosa[1] y otros. Recuerdo que Samamé estuvo a preguntarme qué tal era mi reloj, porque quería comprarlo al soldado que lo tenía; con este motivo se me ofreció urbanamente y yo le rogué que me proporcionase un poncho cualquiera, comprándolo sin reparar precio, que, aunque yo no tenía dinero, le daría una letra para donde quisiese; me ofreció hacerlo, se separó de mí a ponerlo por obra, y no lo vi parecer después sino a distancia, evitando que yo le recordase su promesa. Entre dos y tres de la tarde se me hizo saber que iba a conducírseme al cuartel general de López, gobernador de Santa Fe y general en jefe del ejército confederado. Me insinué con Reinafé para que, si era posible, fuese el Carranza de que he hecho mención el que mandase la escolta que me custodiaba, y me contestó que no le era posible desprenderse de él en aquel momento, pues acababa de tener parte de que se aproximaba el enemigo; debió ser la división de Deheza (el coronel), que tenía

[1] Es el mismo coronel don José Manuel Salas, que sirvió distinguidamente con el general Lavalle, que vino el 41 a Corrientes mandando la división que atravesó el Chaco, y que ha servido después a mis órdenes en varias ocasiones. Es curioso advertir que casi todos los jefes y oficiales federales de entonces mudaron de bandera y derramaron después su sangre por la causa a que entonces combatían. Acabamos de hacerlo notar con respecto a Salas, y ahora añadiremos que Carranza y Samamé han muerto ambos por el sistema que sostienen los que hacen la guerra a Rosas y los suyos. Como éstos, pudiéramos citar innumerables.

orden de obrar en esa dirección, mientras yo con el cuerpo principal me dirigía al Fuerte del Tío, donde estaba López; efectivamente, noté que montaba toda su gente y que observaba cuidadosamente un bosque que estaba a corta distancia. Me limité entonces a decirle que no se me insultara, cualquiera que fuera el destino que se me preparaba; a lo que me contestó, ordenando al oficial de la escolta, que era el mismo capitán Acosta, que no permitiese se me insultase en manera alguna, reduciéndose a cumplir las órdenes que le había dado sobre mi seguridad.

Después de haber marchado más de dos horas, cuando el sol se acercaba al ocaso, íbamos cruzando el desierto que queda al sud de la Mar Chiquita, por un llano pintoresco, sembrado de árboles separados unos de los otros; a algunas cuadras quedaba una ceja de monte que caía al lado del sud, frente de la que hicieron alto repentinamente dos hombres que iban de batidores; se quedó uno en observación y vino otro a decir al oficial que le parecía haber rumor en el bosque. Inmediatamente me rodearon los más, y algunos, avanzándose un poco y poniéndose de pie sobre sus caballos, quedaron largo rato con la vista fija, y guardando el mayor silencio, en aquella dirección. No me pareció difícil que alguna partida de mi ejército, sabiendo mi desgracia, o sin saberla, cayese por allí, en cuyo caso recuperaría mi libertad; el oficial debió temer lo mismo, pero creyó deber prevenirme que tenía orden terminante de su jefe para fusilarme a la primera aparición de cualquiera fuerza enemiga; al poco tiempo se desvanecieron sus temores, pues los observadores dijeron que nada veían que les hiciese creer que había novedad en el bosque, con lo que se siguió la marcha en el mismo orden, hasta que anocheció.

Cuando oscureció, creyó el oficial deber tomar algunas precauciones, como la de reunir más sus partidas y rodearme, la de poner un lazo bien atado al pescuezo de mi caballo y atado por el otro extremo a la cincha de otro caballo, hacer que tirase el mío, y aun se conferenció sobre si me atarían los pies por bajo la barriga del caballo; mas resultó la negativa, y me libré de esta incomodidad y de otra mayor que me hubiera sobrevenido, como va a verse.

La marcha se hacía, a pesar de la oscuridad, al trote largo, por un campo sembrado de unos pequeños promontorios piramidales que llaman *tacurusú*, los que, no levantando de la superficie sino un palmo o media vara, son de gran embarazo a los caballos, que tropiezan a cada paso. El que yo cabalgaba era sumamente defectuoso y el peor en todo respecto; además, atado de corto por el cuello a la cincha del que le precedía, cada vez que éste tropezaba iba a dar el uno con la frente en la anca de aquél, y detenía su movimiento, de modo que cuando el de adelante se reponía y principiaba de nuevo su trote, daba al mío un terrible tirón, con que, además del peligro de que cayese, causaba un movimiento infernal. Al contrario, cuando el mío tropezaba, sufría luego el impulso del lazo, que casi lo hacía caer del todo, pero que contenía al caballo delantero, y cuando aquél se reponía, iba a dar en éste que estaba ya parado, resultando de todo un vaivén continuo. En uno de estos tropezones cayó mi caballo, y además, con el tirón que le dio el delantero, se tumbó del todo, arrojándome no sin peligro de tomarme debajo, pero es seguro que si hubiera ido atado por bajo la barriga, hubiera sufrido alguna grave lesión. Debo decir que mi caída los conmovió, sin embargo que en el momento me incorporé, asegurándoles que nada había sufrido y aun empleando expresiones jocosas que disiparon aquella generosa impresión, pero que no disminuyeron la consideración con que siguieron tratándome el resto de la noche.

Faltaría poco para la madrugada, cuando se pusieron a conferenciar para determinar el lugar en que estaban; después de emitir sus opiniones, convinieron en que se hallaban a las inmediaciones del Fuerte del Tío y resolvieron pasar allí el resto de la noche. Hicieron fuego, desmontamos, y, colocados en círculo alrededor del fogón, nos fuimos sentando sucesivamente. En dos noches ninguno de los que allí venían había dormido, y se había caminado con pocas interrupciones; de consiguiente, estábamos desfallecidos de frío, sueño y cansancio, y podría añadir hasta de hambre; en tales circunstancias, fue debilitándose la conversación poco a poco, y uno tras otro fueron quedándose dormidos, sentados como estaban en el pasto, inclinando solamente la cabeza sobre los brazos y éstos sobre las rodillas. Los caballos pacían, algunos quitados los frenos, a corta distancia, y otros se conservaban enfrenados. De estos últimos era el del oficial que estaba en el círculo, sentado a mi derecha, teniendo las riendas enredadas en su brazo, pero que a consecuencia de algunos movimientos del caballo habían caído al suelo; a mi izquierda estaba el paisano que me servía de baqueano cuando me tomaron prisionero. Con esta ocasión, diré lo que había pasado con éste.

Era un hombre de alguna edad, que servía en las milicias, y que lo habían destinado sus oficiales para servir de guía en el ejército, y que tenía su casa por aquellas inmediaciones. En esta clase venía a la cabeza de la columna que yo mandaba la tarde que me separé con él, como ya tengo dicho; cuando él me aseguró que los que tenía a la vista eran enemigos, instándome para que fugase, lejos de hacer él lo mismo que me aconsejaba, hizo lo contrario, saliéndoles al encuentro y sólo inclinándose un poco a la izquierda, como para evitar su choque y manifestarles sus miras inhostiles. Cuando esa noche nos reunimos con la partida grande, él estaba allí y era considerado como prisionero; pero, deseando yo favorecerlo, les aseguré que aquel hombre había sido tomado de su casa, sin voluntad suya, para guiarme; que, de consiguiente, no había llevado armas, ni arrastraba compromiso alguno; lo que fue muy bien acogido de ellos, por las simpatías que hay entre los de una misma clase. Sin embargo que la conducta del mencionado guía puede parecer equívoca con respecto a mí, tengo seguridad que no hubo mala fe en él, y que si no fugó cuando me advertía que yo lo hiciese, fue por dos razones: 1ª, por la que he indicado ya de las simpatías que hay entre la misma clase de hombres, que le hacía concebir pocos temores por su persona; 2ª, porque le era difícil hacerlo, porque llevaba un caballo de diestro atado a la cincha, que necesariamente le hubiera estorbado. Desearía ver a este buen hombre y recordar nuestra común desgracia.

También han sospechado algunos de mis amigos que yo fui víctima de alguna traición fraguada por los que venían a mi inmediación; este supuesto es enteramente inexacto; mi desgracia fue únicamente efecto de mi excesiva imprecaución, de mi genio vehemente, que me hacía procurar con demasiado ardor terminar aquella guerrilla, como me había propuesto, antes que la noche me lo impidiese; es decir, arrojando escarmentados muy lejos a los enemigos, para que diesen lugar a continuar ocultamente mi marcha con dirección al Fuerte del Tío, donde se hallaba el ejército federal. Últimamente provino de un concurso extraordinario de pequeños incidentes, tan casuales como imprevistos. Esto supuesto, vuelvo mi narración, que suspendí cuando nos hallábamos en círculo alrededor del fogón, estando todos mis guardianes momentáneamente dormidos.

Me apercibí, pues, de la posibilidad de evadirme, y al momento se me ocurrieron dos modos: o recordar al baqueano de que he hablado para que me guiase, ofreciéndole una buena recompensa, o tentar mi fuga yo solo, montando en el caballo del capitán, que tenía cerca de mí; lo primero tenía el inconveniente de serme dudosa la fidelidad del paisano, y mucho más su resolución por una acción semejante, además del retardo que esto ocasionaría; lo segundo tenía el gravísimo de carecer yo enteramente de baquía en aquellos lugares, el de ser dotado de tan poco tino para andar al rumbo, mucho más por bosques espesos como los que se atraviesan allí en todas direcciones; el ignorar aún el lugar en que me hallaba; la dificultad de escapar de la persecución prolija e incesante que me habrían hecho tanto mis custodios como el resto del paisanaje que estaba sublevado; el ignorar qué movimiento habría hecho mi ejército, que, como luego supe, era retrógrado; la gran distancia a que me hallaba de él, y otras mil consideraciones que se ocurren a primera vista. Sin embargo, me resolví por este último modo de evadirme, y lo puse en práctica, levantándome muy despacio para que el roce de mi ropa no despertase al oficial que estaba sentado junto a mí; tomé las riendas de su caballo y con la mayor precaución me puse a tirarlo a alguna distancia, para allí montar y marchar sin ser sentido.

Mas apenas me habría separado tres o cuatro pasos cuando el oficial, que reposaba muy ligeramente, alzó la cabeza y sin variar de posición me dijo: "¿Qué es lo que usted va a hacer?". En este momento crítico creí ver el fallo irrevocable y fatal de mi estrella, y desistí de toda tentativa; volví, pues, a mi puesto, le entregué las riendas de su caballo sin hablar palabra, y él, ya repuesto de su sorpresa, principió a reconvenirme en estos términos. "¿Que iba usted a hacer? ¡Lucidos íbamos a quedar! ¡Qué buena cuenta íbamos a dar de nuestro prisionero! ¿Y así iba a dejarnos burlados, cuando habíamos, hasta cierto punto, hecho confianza de usted?" Yo, que hasta entonces había estado callado, le contesté al fin: "Omita usted reconvenciones, y haciéndome disparar un tiro acabe con esta escena; pero vuelvo a encargarle que no me diga una palabra". Entonces habló el tunante que pérfidamente había querido apoderarse de mi reloj la tarde que me tomaron, y dijo: "Ni lo piense usted, pues ni se le ha de tocar un pelo; sanito se lo hemos de llevar al señor López para que él haga lo que le parezca". Así terminó aquel lance desagradable, proponiéndose todos ocultarlo por su propio interés, según decían, pero que no lo hicieron, como después se vio.

Ya se anunciaba el crepúsculo y tardó poco en amanecer, y mis conductores en prepararse para continuar la marcha; en efecto, como a dos o tres leguas de camino avistamos la población del Fuerte del Tío y pasamos dejándola a dos o tres cuadras a mano derecha, dirigiéndonos al campo del general López, que estaba dos leguas más adelante, hacia el desierto. ¡Qué consideraciones se agolparon a mi espíritu al pasar en aquella situación por aquella población, a la que había manifestado una particular predilección! ¡Al ver el horno de quemar ladrillos que acababa de mandar construir para edificar la iglesia, el cuartel y la escuela! ¡Al presenciar el alborozo y grita con que salían aquellos ilusos paisanos a celebrar mi desgracia, como un acontecimiento, el más fausto para su prosperidad y bienestar! Ello me confundiría y me haría detestar al género humano, si no lo explicase todo la profunda ignorancia de los habitantes del campo y las simpatías que ella produce a todo lo que dice relación a un estado semisalvaje.

Desde ese punto se fue reuniendo gente, que salía de la población, a la escolta que marchaba tras de mí y del oficial que venía a mi lado; no sé si de intento o por inadvertencia, se avanzó éste a unos cuarenta pasos de la pequeña columna y dio lugar con esto a la escena que voy a describir.

Se había aumentado considerablemente el número de los que me seguían, mientras yo marchaba solo e impasible al frente, oyendo las mil preguntas que hacían a mis aprehensores sobre las circunstancias del hecho; las felicitaciones al que hizo el tiro de bolas que enredó mi caballo, y otras mil cosas de este jaez. Progresivamente iba siendo más viva la algarabía a mis espaldas y más directas las alusiones chocantes que me dirigían; últimamente, un joven que había sido tambor del batallón 5° de Cazadores y que se había pasado sin duda al ejército federal, empezó a insultarme del modo más torpe. Para que fuese más conocida de mí la persona que me dirigía estos denuestos, marchaba fuera de la columna, hacia la derecha y un poco más de la altura a que yo iba. Hablaba a gritos a mis aprehensores, increpándolos porque no me habían muerto, excitándolos a que lo hiciesen aún, y acompañando sus interpelaciones con los dictados de *pícaro y malvado*, que me prodigaba. Por primera y segunda vez lo miré con desprecio y nada le contesté; pero viendo que seguía y recomendaba sus propósitos, llamé en voz alta al oficial, que, como se ha dicho, se había ido adelante, sin duda para hacer la deshecha, y en tono lo más solemne que pude, le dije: "Señor oficial, cumpla usted con sus órdenes; éstas le previenen que no permita que se me falte en estos términos; hágalas usted respetar; este hombre me insulta con desenfreno y usted debe impedirlo". A lo que el joven repuso: "¡Qué! ¡Todavía se atreve este pícaro a levantar la voz y hablar con este garbo!". A lo que sólo contesté, dirigiéndome al oficial y diciéndole: "He aquí la prueba de lo que he dicho". Entonces el oficial le previno muy pacíficamente que se moderase; con lo que se calmó aparentemente la tempestad.

Es de saberse que el tambor era un fatuo, conocido en todo su batallón como tal; jamás había recibido de mí ninguna clase de castigo ni agravio, ni tengo noticia que lo recibiese de ninguno de sus jefes; su fuga, pues, del ejército debió ser efecto de su misma insensatez. Las injurias que me prodigó eran inspiradas por un grave personaje que venía a su lado cuando las decía, y que se inclinaba sobre él y le hablaba al oído siempre que quería que las repitiese. El tambor fue después agregado a la partida que me condujo a Santa Fe, sin que recordase después lo que había hecho ni aun se apercibiese que yo debía recordarlo; sus insultos fueron exclusivamente obra del personaje a que me he referido; era un viejo flaco, vestido de chaqueta y pantalón de buen paño azul, que semejaba (si no era él) a un hermano, que había visto alguna vez en El Tío, del coronel don Nazario Sosa. La elección de la persona que debía dirigírmelos fue la más villana y torpe que podía hacerse; buscaron uno de mis subordinados para que me fuesen más sensibles; pero no me engañé en su origen, y creo que algo dije de esto, para que ni aun entonces les quedase duda.

Luego que el oficial arregló aquello a su modo y que salvó al menos las apariencias, ya no se oyeron voces descompasadas como las anteriores, pero seguía un murmullo sordo a mi espalda, de que siempre percibía algunas expresiones ofensivas y aun amenazas; pero ni a esto ni a los repetidos actos de preparar tercerolas, que practicaban para mortificarme, no di la más mínima señal de atención.

Entretanto, la comitiva crecía rápidamente en proporción que nos acercábamos al cuartel general del señor López. A cada instante nos encontraban bandadas de soldados sin orden ni concierto, que pasaban a incorporarse con los que me seguían; la algazara crecía, y mi situación iba a ser crítica con la venida de los indios, que ya se anunciaba, cuando apareció un jefe, a quien conocí que respetaban, y que alguno me dijo ser el coronel don Pascual Echagüe; habiendo llegado hasta veinte pasos de mí, dio vuelta su caballo y siguió la misma dirección, de modo que vine a quedar detrás de él, a alguna distancia. Así seguimos bastante espacio, hasta que un oficial vino a decirme que dicho jefe me llamaba, a cuya insinuación, haciendo trotar con mucho trabajo mi pobre caballo, logré colocarme junto a él.

Me trató con la mayor urbanidad y me insinuó que sentía verme tan mal parado. Es oportunidad de decir cuál era mi traje: un pantalón de brin, que era el que tenía puesto cuando caí prisionero, la camisa, y sobre ésta un ponchillo hecho hilachas, que me había prestado uno de los soldados y con el que había pasado dos noches de helada, y una gorrita de munición en extremo vieja y sucia, y además cubierta de insectos, que no dejaron de atormentarme, completaba mi atavío; el de mi caballo era un lomillo, que era enteramente inservible: no tenía faldas ni caronas, con unas nudosas y toscas riendas; mi caballo era igual a su aderezo, y todo completaba el conjunto grotesco que conmovió al señor Echagüe. A su urbana insinuación, recuerdo que le contesté que a mí me hacía menos impresión que a él, considerando que era entonces el mismo hombre que cuando estuviera lleno de bordados, plumas y galones, en lo que él convino con facilidad. Luego hablamos de cosas indiferentes, y con ocasión de haberse presentado los indios, y lo que ahora referiré, le pregunté qué tales soldados eran para la pelea, y me contestó *que, acompañados de los cristianos, eran excelentes, sobre todo en la persecución; pero que solos no valían nada.*

Desde que empezaron a presentarse las primeras partidas de indios, no hacían éstas el mismo movimiento que los otros, es decir, no pasaban a nuestra retaguardia, sino que a cierta distancia de nuestro frente volvían los caballos con extraordinaria celeridad y seguían la misma dirección, haciendo mil y mil caracoles y cabriolas, ya lanzando los caballos de carrera, ya sujetándolos y haciéndolos volver sobre el cuarto trasero, para volver a emprender de nuevo la carrera, ostentando su consumada destreza; acompañaban estos extraordinarios movimientos con el grito mil veces repetido: *La Yapa la Paz, La Yapa la Paz*, en lo que yo creía ver, y creo hasta ahora, una amenaza o injuria, pero que el señor Echagüe, con su urbanidad acostumbrada, se empeñaba en traducir *el amigo Paz*, para darme a entender que, si no era un halago, era, por lo menos, una expresión de regocijo por mi venida y mi captura. En medio de esta confusión, un indio que se presentaba por primera vez, cubierto todo su cuerpo con una piel de tigre, se lanzó a carrera tendida y estaba ya a dos pasos de mí cuando el señor Echagüe se interpuso y le obligó a tomar otra dirección, lo que hizo con la mayor destreza, dando un descomunal alarido. Es seguro que la décima parte de la fuerza de violencia del caballo del indio hubiera dado con el mío en tierra, tal era la debilidad y mal estado del que yo cabalgaba, y que hubiera sido así, a no ser la interposición del señor Echagüe, que fue acompañada de un dicho jocoso al insolente indio, porque, según entiendo, éste es el único medio que tienen estos jefes de manejarlos. En cuanto a mí, estaba en un grado de insensibilidad que, aunque lo notaba todo y todo lo veía, todo me era casi indiferente.

Mi comitiva se componía de más de quinientos hombres cuando llegamos al cuartel general del señor López; éste sólo se diferenciaba del resto del campamento por un birlocho que estaba inmediato a un ranchillo, un poco más elevado que los de los demás del campo. A la puerta de él, me bajé del caballo, y allí mismo me presentaron al expresado general, que me recibió con atención, invitándome a que ocupase una de dos únicas sillas que había; rehusé tomar la mejor de ellas, porque tenía espaldar, pero insistió y la acepté, quedándose él con la sin respaldo. Se formaron en rededor nuestro, y a corta distancia, muchos círculos sucesivos de hombres, unos detrás de los otros, quedando los jefes en el más inmediato, luego los oficiales, en seguida la tropa que estaba desmontada, y la que estaba montada en lo último, hasta verse muchos hombres de pie sobre sus caballos, porque de otro modo no hubieran podido alcanzar a ver lo que sucedía en el centro de tan compacta circunferencia.

El señor López me preguntó cómo me había ido; a lo que le dije, poco más o menos, lo siguiente: *que de lo que había pasado no debía hacerse cuenta, pero que esperaba que, cualquiera que fuese la suerte que se me deparaba, no se me insultase en lo sucesivo.* No sé el sentido que dio a estas palabras mías, pero su contestación fue decirme que *nada tenía que temer por mi suerte*; a lo que repuse *que veía claramente no haberme engañado al desear que me trajesen cuanto antes a su cuartel general*; y era efectivo que lo había deseado y solicitado, porque quería salir de las manos de los ministriles subalternos y librarme de sus impertinencias. En cuanto a su contestación, fue una positiva seguridad que me quiso dar en cuanto a mi vida; pero no sé por qué capricho no la he recordado ni a él ni a nadie durante el triste período de ocho años, en que tantas veces he creído amagados mis días del modo más inminente.

Luego se habló de las circunstancias de mi prisión, y satisfice completamente a cuantos quisieron saber, pero sin dejar de observar los semblantes de todos los que me rodeaban, de los cuales, a los que no conocía, me indicaron después quiénes eran; hablo en clase de jefes. Uno de éstos fue el coronel Ramos, en quien noté un aire seco y circunspecto; en el coronel Quevedo, una mirada constante y pifiona, que nunca se desmintió; en el coronel García, un aspecto de burlona complacencia, que luchaba con un sentimiento más generoso, el que al fin triunfó; en Latorre, la moderada sonrisa que le era habitual; en Navarro, también coronel, una especie de franqueza que me indicaba no tener motivo alguno de resentimiento conmigo; de los cordobeses, como Bustos, Arredondo, Bulnes, me parecía como que dudaban hasta qué punto debían odiarme, y que ni ellos mismos podían definir en este momento sus verdaderos sentimientos; mas luego percibí que los alarmaba la tal cual consideración que se me dispensaba, y sospecho que pondrían en juego su influencia en desventaja mía.

Después de este entretenimiento, que debo llamar público, porque era escuchado de todos, fui invitado a pasar al ranchillo del señor López, donde quedamos solos; se habían colocado algunos centinelas, para que nadie entrase ni se aproximase demasiado; pero, sin embargo, a alguna distancia, había gente apiñada, mucha gente, y yo estaba colocado de modo que miraba necesariamente a la abertura que servía de puerta. Entre estos espectadores, estaba uno de facciones aindiadas y muy marcadas, mirar fuerte y aspecto siniestro; sospecho que alguno lo hizo situar allí, para que me perturbase en el curso de la conferencia que iba a tener lugar. Hacía con dirección a mí las señas más violentas; me miraba de hito en hito; me amenazaba con furor, y concluía echando la mano al cuello, para indicarme que iba a ser degollado. Al principio ensayé no mirarlo, pero la posición que ocupaba me lo hacía indispensable; después lo miré con firmeza, mas siempre continuaba en sus ademanes y visajes; últimamente procuré manifestarle desprecio, revistiéndome de impasibilidad, lo que hizo al fin cansarlo de tan inútil como miserable pantomima. Es de advertir que el general López no podía ver lo que pasaba fuera, y que los que rodeaban al mudo personaje que he descripto, o hacían el papel de no verlo, o lo aplaudían silenciosa o socarronamente. No recuerdo que estuviese por allí, ni jefe ni oficial conocido.

Quizás algún día me ocuparé de lo que se trató en esta conferencia, sin que se crea que tengo que hacer grandes revelaciones. Mi franco y delicado modo de pensar hizo luego ver al general López que no podía sacar otra ventaja de mi prisión que el vacío que podía dejar mi ausencia del ejército; se limitó a decirme que podía escribir algunas cartas, que llevaría un parlamentario que se mandaría al efecto. Así lo hice, anunciando que el señor López estaba dispuesto a entenderse con los jefes que me habían reemplazado, y pidiendo alguna ropa, de que carecía. Se me pidió una recomendación para que se permitiese al oficial parlamentario pasar hasta Córdoba, y lo hice en términos tan generales que no agradó al señor Benítez, secretario de S. E., el que me dijo que estaba seguro que mi recomendación sería ineficaz, como lo fue efectivamente; pero tampoco podía ser de otro modo.

Se me sirvió en seguida un almuerzo frugal, y me invitaron a que descansase en el birlocho que ya he mencionado; dormí un par de horas, y luego que me desperté recibí la visita de Latorre, que me trajo alguna friolera de ropa; lo mismo hizo el coronel García con una casaquilla vieja, pero que me puse inmediatamente, porque no tenía más; y Navarro, unos pantalones y una camisa listada. Con este nuevo atavío, bajé del birlocho; comí ya tarde con el señor Benítez, y supe por García que marchaba a esta ciudad (Buenos Aires) con la noticia de mi captura; se me ofreció y acepté su oferta, escribiendo a mi madre una carta que se publicó en los periódicos antes que la recibiese. Recuerdo que García tenía puestas las espuelas que me habían quitado cuando mi captura, y me dijo que le habían costado mucho más de lo que valían, pero las había comprado por llevar una prueba mía.

Al anochecer me indicaron que podía retirarme a descansar al mismo birlocho en que había estado antes. Como yo hubiese oído que allí pasaba la noche el señor López, dije que sentía privarlo de aquella comodidad, a lo que repuso inurbanamente el señor Benítez: "También nuestro general está acostumbrado a dormir en el suelo". Sucedió también en ese día que, haciendo mención del valiente coronel Pringles, muerto en el río Quinto, dije que sabía que el general Quiroga había sentido su muerte, a lo que calló el general López; pero el señor Benítez, con igual inurbanidad, me repuso que no era creíble que el general Quiroga hubiese manifestado sentimiento por Pringles. Aún más, cuando se iba a mandar el parlamentario y que iba a pedir ropa, propuse también que pediría un poco de dinero para mis gastos, pues no tenía ninguno; y para facilitar esta solicitud, yo mismo propuse, que conseguido, podría depositarse en quien dispusiese S. E., para sólo tomar pequeñas cantidades; el señor Benítez convino en lo principal, pero añadió que la precaución que yo indicaba era inútil, porque todos los individuos del ejército, jefes, oficiales, soldados, etcétera, eran incorruptibles. ¡Qué petulancia! ¡Qué majadería! Fuera de esto, el señor Benítez me trató bien, y estoy lejos de confundir las incivilidades de su carácter con cualidades de su corazón. Al irme al birlocho le pedí algo que leer, y me dio las *Décadas* de Julio César, en latín, y algunos periódicos, aunque con repugnancia, porque me trataban muy mal.

Colocado ya en mi nuevo alojamiento, me rodeó una guardia numerosa; los dos oficiales de ella se llegaron a la puertecilla del birlocho y trabaron conversación conmigo; me dijeron que estaban indignados del modo como había sido tratado por mis aprehensores y de la manera como se me había presentado e introducido en el campo; me fueron sumamente consolatorias estas palabras; creí hallar por primera vez, después de mi desgracia, corazones argentinos; me proponía estar un buen rato con aquellos jóvenes, pero inmediatamente vino un ayudante, Maza, que andaba como mi sombra, a decirles que se retirasen (de orden superior, supongo) y me dejasen descansar.

A la mañana siguiente, bastante tarde, me dijeron que podía bajar, y lo hice; mas noté una frialdad grande en los mismos que el día antes, acaso por caridad, se habían apresurado a rodearme; se pasó la mañana sin novedad; volví a comer con el señor Benítez, e inmediatamente después me dijo que se me destinaba a Santa Fe, y que debía marchar esa misma tarde; le representé que necesitaba un lomillo, y me contestó que se me había preparado ya uno; le insinué lo mismo sobre gorra o sombrero; y él, tomando el suyo de paja, aunque viejo, me lo presentó: tenía el sombrero, oblicuamente atravesada, una cinta punzó con un letrero que decía *federación*; yo rehusé tomarlo con aquel signo, lo que, visto por él, tuvo a bien sacar un cortaplumas y despegar la cinta, que estaba cosida, después de lo cual lo recibí, pero excusé mi resistencia, refiriéndole que la noche que me tomaron, la gorra que me dieron llevaba, sin advertirlo yo, un penacho blanco, que era la divisa que había adoptado la gente que dependía de Reinafé, lo que había dado lugar a mil sarcasmos, hasta que, con disimulo, saqué el penacho y lo tiré. Y era así efectivamente que había sucedido; no sé si él quedó satisfecho con mi explicación, pero, a juzgarlo por su gesto y por lo que voy a decir, debo inferir que no. Al tiempo de darme la noticia de mi marcha a Santa Fe, me había dicho que en este pueblo se hallaba don José M. Rojas, como representante del gobierno de Buenos Aires, que me era muy afecto, y que además iba a escribirle recomendándome. Mas, después de lo que he referido, se olvidó enteramente de la carta, y yo no quise recordárselo, porque su oferta había sido hecha sin insinuación ninguna mía. Hubiera sido también inútil, porque el señor Rojas se había marchado de Santa Fe.[1]

Serían las cuatro de la tarde del 13 de mayo cuando nos pusimos en marcha para Santa Fe; la que me conducía era una partida de veinticinco hombres, mandada por el capitán don Pedro Rodríguez, que llevaba por subalterno a un alférez Cazales; don Manuel Arredondo me fue acompañando a alguna distancia y dándome excusas de no haberme podido servir en cosa alguna, principalmente con alguna ropa, porque días antes había perdido su valija y estaba con lo encapillado: era así efectivamente; le agradecí mucho su atención, y conservo hasta ahora su recuerdo. Qué lejos estaba él y yo de pensar que no me sobreviviría,

[1] Cuando escribía yo esto en Buenos Aires, el año 1839, estaba lejos de pensar que el señor Benítez sería después prisionero mío. Fue tomado a consecuencia de la batalla de Caaguazú, con una partida de sesenta hombres, que se rindió completamente. Había formado una lista de todos los que lo acompañaban, sin omitir el *viva la federación*, lo que desagradó muchísimo a los vencedores. Al presentármelo, lo recibí cariñosamente y le extendí la mano, pero, sin duda por efecto de torpeza, tuvo la zoncera de reclamar el derecho de gentes, lo que me desagradó en extremo, e hizo que se terminase más pronto la conversación. Después fue llevado a Corrientes, donde tuvo que sufrir del resentimiento de Torres, por haber escrito contra él en un periódico que se publicaba en la Bajada. Me han asegurado que corrieron positivo peligro sus días.

y que sería pronto sacrificado por sus mismos amigos políticos. Conservo también los más gratos recuerdos de don Pedro Rodríguez (hermano político del señor López) y de Cazales; durante todo el viaje me consideraron e hicieron lo menos aflictiva que les era posible mi situación.

Caminamos la mayor parte de la noche, sin embargo que llovió poco; pero en la mañana del 14 el tiempo se puso espantoso: agua, viento, frío, todo contribuyó a hacernos penosa la marcha, que no por eso dejó de continuarse; ni era posible hacerlo de otro modo en aquel desierto, en que no hay el menor abrigo ni habían llevado cosa alguna que comer; la noche de este día los soldados casi desfallecían; el mismo Rodríguez estaba desalentado; Cazales había quedado atrasado con los caballos arriados; apenas estaba con nosotros una tercera parte de la partida, que había quedado, en lo demás, cansada y dispersa. No obstante, era preciso continuar para llegar a Romero, lugar en que, aunque inhabitado y sin recurso alguno, había algunos arbolitos que nos darían leña; el oficial había hecho adelantar dos hombres que la preparasen; yo, en este estado, me hallé con bastante vigor para ponerme a la cabeza de la pequeña tropa, forzar el trote de mi caballo, habiéndolo consultado previamente, y hacerme seguir de la desalentada compañía, hasta nuestro arribo a Romero.

No traíamos un higo seco ni cosa alguna que comer; se mató una yegua, que saborearon los soldados; Rodríguez me cedió una perdicilla, que por casualidad había tomado esa tarde; a la mañana siguiente se encontraron unas pocas vacas de las que se habían escapado de los grandes arreos que habían hecho de la provincia de Córdoba, y se mató una ternera de que comimos a satisfacción. A la noche llegamos al Sauce, primer lugar habitado de la provincia de Santa Fe, y a diez leguas de la capital. Es una población de indios abipones reducidos.

Allí mandaba el capitán don Domingo Pajón (Chula), quien me recibió del modo más atento y obsequioso; me alojó en su propia habitación y aun me cedió su lecho. Sin embargo, no faltó algo desagradable. Era día domingo, y la indiada del cantón estaba de fiesta y en una completa embriaguez. En este estado se presentaron a dicho jefe dos indios, al parecer reclamando mi persona, por ser enemigo, a nombre de todos los demás, porque estaban alborotados, y pidiendo explicaciones de cómo era mi venida. Pajón tuvo un indecible trabajo para tranquilizarlos y satisfacerlos, y, al fin, a fuerza de persuasiones y aun de caricias (ya he dicho que éste es el modo de manejarlos) logró despedirlos, aconsejándoles fuesen a divertirse con toda seguridad. Después de esta escena me invitó a tomar una taza de té, y ocupé una silla junto a la mesita que estaba colocada cerca de la puerta, de modo que daba yo la espalda a ésta. Repentinamente ábrese la puerta con gran estrépito, y veo entrar un formidable indio blandiendo un gran cuchillo, que al parecer se dirigía a mí, a distancia ya de una vara; creí que era llegada mi hora, pero no hice movimiento alguno, ni aun creo que di muestras sensibles de sorpresa, sino que procuré conservar la misma actitud en que estaba; cuando, con bastante admiración, vi que el indio, después de traspasar el umbral y la puerta, que ya estaba abierta, por un movimiento tan rápido como el de su entrada, volvió sobre su izquierda y se dirigió a un manojo de velas que estaba colgado en la pared; tras de aquello, cortó una y salió después sin hablar una palabra. Ignoro si esto fue cosa pensada; lo que puedo asegurar es que sorprendió a los oficiales Pajón y Rodríguez, que estaban conmigo, y que hicieron un gesto de desaprobación; la cosa era más bien de reír y hasta ahora no puedo acordarme del suceso sin que se excite en mí esa sensación.

Al día siguiente, al despedirnos de Pajón, me entregó un atado con un poncho y un poco de ropa, y al darme la mano por urbanidad, introdujo en la mía cuatro pesos fuertes; no puedo explicar los sentimientos que produjo en mí esta generosa acción; me conmovió en extremo, aunque procuré disimularlo, y me reveló, más que los insultos que había sufrido, mi acerbo destino. Continuamos nuestra marcha, y habiendo pasado en canoas el paso de Santo Tomé, en el Salado, que estaba extraordinariamente crecido, llegamos a las cuatro de la tarde a Santa Fe, sin que nadie nos esperase, porque, a mi solicitud, no se hizo anunciar con anticipación el oficial conductor; lo que me sustrajo a la impertinente curiosidad de la multitud.

Fui luego recibido por el ayudante Oroño, que regentaba en el edificio conocido por la Aduana, [en el] que está también la casa de gobierno, y que sirve al mismo tiempo de cárcel, de cuartel, de depósito de indios e indias, de almacén, parque, proveeduría, etcétera. Al rato de estar allí se presentó el gobernador delegado, don Pedro Larrachea, el cura doctor Amenábar y dos personas más, que no conocí al momento, pero que luego supe que una era don Domingo Cullen, que después ha representado y representa aún un papel tan extraordinario,[1] y la otra don Juan Maciel, oficial primero de la secretaría. De la pieza que habitaba el ayudante Oroño pasamos a la sala de gobierno y de allí, ya entrada la noche, a la que me estaba destinada. Había en ella una cama, una mesita y tres o cuatro malas sillas. Al día siguiente trajeron otros muebles mucho mejores, que mandaba el señor Cullen, llevando los que había, que eran del señor Larrachea.

Después que cené me cerraron la puerta por fuera, después de colocar centinelas, y me dejaron solo, entregado a mis amargas reflexiones; no puede formarse una idea justa de lo que sufría mi espíritu en aquella ocasión; cuando marchaba, cercado a cada instante, mudaba la escena por la variedad de personas, lugares y circunstancias; la misma diversidad de sensaciones, aunque desagradables, embota el alma y se hacen más llevaderas las penas; por otra parte, los padecimientos físicos, que son consiguientes en un camino destituido de todas comodidades, contribuyen también a distraer nuestra imaginación, y un sufrimiento debilita el otro; pero cuando me vi finalmente consignado a una sala, una cama donde indefinidamente debía esperar la decisión de mi destino, y que éste se presentaba revestido de los tintes más siniestros, me acometía una intolerable congoja. ¡Qué mutación tan violenta la de mi estado! ¡Qué transición tan repentina del poder a la dependencia más absoluta! Es preciso haber pasado por algo que se parezca a esto para apreciar debidamente los padecimientos de un hombre constituido en tan tristes circunstancias: pero esto no era sino la muestra de mis infortunios.

Al día siguiente, 17 de mayo, permitió el gobierno, a solicitud mía, que viniese a estar conmigo otro prisionero, y eligieron a un joven González, cordobés, a quien no conocía, el cual carecía enteramente de educación y de una mediana elevación de sentimientos. Sin embargo, me acompañó, y, por insignificante que fuese su sociedad, me sirvió de distracción: procuré atraer su atención a objetos útiles que pudieran instruirlo; quise aficionarlo a la lectura; pero todo fue imposible, y al fin se fastidió y tuvo la inconsecuencia de solicitar reservadamente que lo sacasen de mi lado para volver con sus compañeros, que estaban

[1] Vivía aún Cullen cuando escribía esto, pues no fue sino después que fue remitido por el gobernador de Santiago del Estero, su compadre, y fusilado en el Arroyo del Medio.

en un buque anclado en el río; lo consiguió, y yo gané demasiado para sentirlo, porque vino en su reemplazo mi amigo, el apreciable joven pastor Frías, que estaba también en clase de prisionero. González ganó en otro sentido, porque supongo que en premio de su deslealtad lo consideraron mucho, y obtuvo una especie de libertad anticipada. Esta mudanza acaeció el 21 de junio siguiente, pero me es forzoso volver atrás.

Desde el día siguiente a mi llegada me visitaron los señores Larrachea, Cullen, Maciel, y continuaron haciéndolo con frecuencia. Quizá me ocuparé algún día de lo que importaban sus conversaciones, principalmente las del segundo, a las que se les ha querido dar un interés mayor del que realmente tenían: por ahora no pueden ser objeto de este recuerdo destinado a mi hijo, en que sólo quiero consignar mis desgracias y los nombres de las personas que intervinieron en ellas, o a quienes debo agradecimiento. Me visitaron también otras personas, por relación anterior o por curiosidad; las que recuerdo son las siguientes: los Galisteo; Leiva; don Manuel Rodríguez; un hijo suyo, Fresno; el cura doctor Amenábar; el padre franciscano Barco; los capitanes Pajón, Rodríguez, Mendoza, y posteriormente el coronel don Pascual Echagüe y el secretario Benítez; en igual tiempo que estos dos últimos, que fue en septiembre, después de la vuelta de Córdoba del general López, lo hicieron igualmente el coronel Navarro, el mayor Álvarez Condarco y el famoso cordobés Guevara, mandado expresamente por el señor López para que me trajera la lista impresa de los jefes y oficiales prisioneros en la acción de la *Ciudadela de Tucumán*, que tuvo lugar en noviembre del mismo año.

Recibí obsequios y atenciones, en primer lugar del señor Cullen, que mandó ropa, que devolví después de unos días; sobre todo su esposa, doña Joaquina Rodríguez de Cullen, me colmó de atenciones, a la que conservo el más vivo reconocimiento; jamás se desmintió durante mi larga mansión en Santa Fe, ni olvidó cosa alguna que pudiera mitigar mi desgracia. Me obsequiaron también de diversos modos el capitán don Pedro Rodríguez, Pajón, Mendoza, que me hizo ofrecimientos muy expresivos y pienso que sinceros; Maciel, que mostró un verdadero interés por mi situación, y el padre Barco.

A los pocos días de mi llegada a Santa Fe me fue entregada una correspondencia de varios jefes de mi ejército, en que me manifestaban su amistad y adhesión, al mismo tiempo que compadecían mi desgracia; se me entregaron doce onzas de oro que se me remitían, todo por el conducto del parlamentario que marchó cuando estaba yo en el campo del general López; se me hablaba también de un poco de equipaje y un sirviente, que llegó con corta diferencia de tiempo. Hasta entonces se me había puesto, por cuenta del gobierno, muy buena mesa; mas, teniendo ya dinero de qué disponer, rehusé ocasionarle este gasto y corrió de mi cuenta el de mi subsistencia; empecé, pues, a pagar cuarenta fuertes a las mismas mujeres que me suministraban antes la comida, que eran unas Caro o Cabrera, y más cuatro duros para gratificar al que ayudaba a traer la comida, cada mes.

Creí oportuno escribir al general Rosas, y lo hice después por insinuación del señor Cullen, y le incluí las cartas que había recibido de los jefes del ejército; me contestó; mi carta se publicó por la prensa. A mi ver, nada contenía que pudiese degradarme, y además yo tenía mis razones para dar este paso; pero no tuvo efecto, y las cosas tomaron un rumbo muy distinto: las pasiones se exaltaron, ya no se escucharon los consejos de la razón, y lo que sucedió prueba bien claramente cuán difícil es usar moderadamente de la victoria. Ya fue seguro que al partido caído se le podría aplicar el *Vae victis* en toda su significación, y que la patria tendría que deplorar la pérdida de muchos de sus hijos y desgracias prolongadas.

Sucesivamente fui sabiendo la entrada del general López con su ejército en Córdoba y demás sucesos que se siguieron. Los movimientos del que me había pertenecido y que se había retirado a Tucumán, no llegaban a mi noticia sino tarde y muy desfigurados. Posteriormente, a medida que se retiraban mis visitas, me fue más difícil adquirir alguna luz sobre los negocios del país, y mi situación se hacía cada vez más enfadosa.

El 9 de agosto se le comunicó a Frías la orden de su libertad, y yo me vi combatido de dos sentimientos contrarios. Me era plausible que un amigo mío obtuviese tan apreciable don, pero yo me iba a ver privado de su sociedad; mi situación iba a ser más penosa; la soledad iba a devorarme. La misma gracia se había extendido a todos los prisioneros que estaban en Santa Fe, excepto, por supuesto, a mí, sobre cuyo futuro destino se acumulaban cada día los presagios más siniestros. Yo deseaba a cualquier costa una persona que me acompañase, y hubo una: el capitán don Regis Echenique, que quiso hacerlo, sin embargo que se le hizo entender que participaría de mi prisión e incomunicación tal cual la sufría yo; pero esta acción generosa hubo de costarle caro, según llegué a traslucir, porque se le amenazó, se le hizo temer por su seguridad, y, finalmente, se le negó su deseo y el mío, de modo que si antes el gobierno delegado había accedido, era en la inteligencia que nadie querría admitir mi proposición de acompañarme; mas, como el señor Echenique hizo fallar su cálculo, se llenó de mal humor contra él, y, hasta cierto punto, lo desahogó. Conservo, pues, el más vivo reconocimiento al señor Echenique; su generosa amistad no necesita comentarios; la acción por sí misma se recomienda, mucho más en un país y en una época en que no es común este sentimiento. En cuanto al señor Frías conservo el más grato recuerdo: no se borrará de mi memoria el dolor que me causó su despedida.

Tenía desde muchos días antes un proyecto de evasión[1] entre manos y para poderlo verificar me había puesto de acuerdo con don Bernardino Álvarez, que era uno de los presos de Córdoba, pero que gozaba, en esa época, de una casi completa libertad y tenía relaciones que me parecieron aparentes; además, tenía resolución, que era lo que faltaba a los demás. En prosecución de dicho proyecto, me había provisto de una llave que abría la puerta de mi prisión, y estaba convenido con un soldado que, hallándose de centinela, debía facilitar mi fuga. Pero no era ésta la única dificultad, pues, después de franqueado mi calabozo, debía bajar por una escalera de cuerda, y, finalmente, debía tenerse pronta una lancha, bote o canoa, para arrojarme al Paraná y de allí pasar a la Banda Oriental. Todo me lo ofrecía Álvarez, y me aseguró que un extranjero, comerciante, llamado don Carlos de... tal, se había ofrecido a proporcionarlo y con este objeto había pasado a la capital de Entre Ríos, que está a corta distancia de Santa Fe, para no dar allí sospechas.

[1] Esta memoria fue principiada en Buenos Aires cuando salí de la prisión de Luján. Allí necesitaba las mayores precauciones, porque este escrito, tan sencillo como es, podía costarme caro. Cuando mi evasión, los pliegos que había escrito fueron guardados con otros muchos papeles, y casi del todo olvidados. En el Río Janeiro, en 1848, he dado con ellos revolviendo mi archivo, y me he propuesto seguir. Esto explica la contradicción que pudiera notarse de hablar de algunas personas como vivas, y después suponerlas muertas; porque en el intervalo que ha mediado, ellos han terminado su carrera. Habrá, además, por la misma razón, algunas cosas oscuras, y otras que parezcan contradictorias, pero debe considerarse, además, que cuando después de muchos años me propuse continuar, ni aun tuve la paciencia de leer lo que había escrito antes. A pesar de todo, debo asegurar que lo que he estampado es la verdad.

El tal don Carlos, mucho antes de mi relación con Álvarez,[1] me había dirigido, por medio de un joven que me servía, un papelillo con signos masónicos y un recado ofreciéndome los medios de escaparme; pero había rehusado entrar en relación con él, no mereciéndome confianza, ni por su persona, que no conocía, ni por su modo informal de insinuarse. Me causó, pues, una gran sorpresa al verlo ingerido en el proyecto y en posesión de los secretos de Álvarez; pero no era tiempo de retroceder ni de desperdiciar el único medio que se me presentaba de salvación; así es que continué comunicándome con Álvarez y esperando que el tal don Carlos regresase con el bote consabido.

Sin embargo de las seguridades de Álvarez, me quedaban dudas, no sobre sus deseos sino sobre su capacidad para la empresa; muy luego tuve motivo para aumentar aquéllas; le encargué al señor Frías, el día de su salida (9 de agosto) que, estrechándose con Álvarez, se impusiese del pormenor del negocio y me informase mediante un medio convenido; su contestación fue haciéndome entender que encontraba poco adecuados los medios de Álvarez para la empresa que se proponía. Era el último servicio que podía hacerme el señor Frías, y no me quedó más esperanza que continuar entendiéndome con el señor Álvarez, cualquiera que fuese el resultado: éste no tardó.

La noche del 19 de agosto noté un gran movimiento en la guardia que me custodiaba; se aumentó su número, se doblaron los centinelas, se puso otro oficial de guardia, fuera del ayudante que habitualmente residía en la Aduana y, finalmente, por la mañana siguiente del 20, se presentó éste acompañado de un herrero que venía a reconocer la cerradura de la puerta y a más poner unos fuertes anillos fijos por la parte de afuera, donde se colocase un formidable candado; se tomaron otras precauciones que hicieron ya imposible mi evasión, y para colmo de dificultades, mi célebre protector Álvarez cortó toda relación y pres-

[1] Supe después que Álvarez había dicho que no me había escapado porque no quise. Cuando lo vi en Montevideo le hice conversación, y lo negó; por lo demás, ni sabía darme ni darse él mismo cuenta de los pasos que, sin duda, con muy buena intención, había empleado. No se acordaba de las particularidades que habían mediado; nada había sospechado de Cullen, ni del extranjero don Carlos, al menos así lo daba a entender. Casi llegué a concebir yo mismo sospechas de él; al fin me aburrí y no le volví a hablar más, pareciéndome un semitonto, o, por lo menos, un hombre de no muy asentado juicio e inútil para el rol que debía desempeñar.

cindió enteramente de renovarla. Después he sabido que ha dicho que yo no escapé porque no quise; pero, o no obró de buena fe al asegurarlo, o tiene una miserable cabeza.

Como era consiguiente, traté de indagar de las personas que aún me veían el motivo de aquellas nuevas precauciones, y se me hizo entender que el gobernador delegado, don Pedro Larrachea (él mismo me lo indicó), había recibido un anónimo en que le avisaban de mi evasión, y que, además, el señor Rosas había escrito desde el Arroyo del Medio que había recibido carta de Entre Ríos en que le daban el mismo aviso. Cullen tuvo la cortesanía de decirme que el gobierno no daba crédito a estos rumores, pues, a ser así, hubiera tomado otras medidas. Daba a entender, sin duda, que se me hubieran puesto prisiones. Mi contestación fue decirle que, a haberlo intentado, me hubiera valido de él, pues debía esperar sus servicios después de las pruebas de confianza que había querido darme; efectivamente, este intrigante se había insinuado de un modo que, a creerlo más honrado, podía haberme fiado de él hasta tal punto; mi contestación lo embarazó, pero la vigilancia no aflojó un momento ni las precauciones fueron menores.

Meditando y recogiendo los datos que me ha sido posible para hallar la explicación de este negocio, me parece casi indudable que fue todo una intriga urdida por Cullen, de quien el extranjero don Carlos era un agente y un espía. No habiendo podido ganar mi confianza con sus ofrecimientos, observaron los pasos de mi criado, sospecharon mi relación con Álvarez y por este buen hombre se introdujo el malvado, y después nos traicionó a ambos. Sin embargo, Álvarez nada sufrió; antes al contrario, se estableció en el Rosario protegido al parecer por Cullen, de quien fue después partidario y por cuya causa ha sido remitido preso a Buenos Aires en años posteriores, cuando aquél se declaró enemigo de Rosas.

Privado de los consuelos que ofrecía esta esperanza, aunque débil, de obtener libertad, mi situación se hizo insoportable, a lo que se agregaban las supercherías de unos, la interesada vileza de otros, y la malicia de casi todos. A la verdad, es difícil comprender la corrupción y mala fe de aquel gauchaje, a quienes estaba confiada mi custodia, y el admirable aprendizaje que habían hecho en la escuela de don Estanislao López, gaucho solapado, rastrero e interesado. Entre los que han estado a mi inmediación, he conocido algunos cuyos sentimientos no se inclinaban a la crueldad, como el ayudante Oroño, pero no he visto, en lo general, ni un pensamiento noble, ni una idea medianamente elevada, ni un tinte de lo que se llama honor. Miserables raterías, vicios arraigados, manejos despreciables, es cuanto he visto y notado. Más adelante haré mención de las personas que no merecían esta clasificación.

Un joven de catorce a quince años, natural de atrás de la sierra de Córdoba, me servía de criado; el mismo que me había sido remitido con permiso del general López. Cuando la campaña de 1830 contra los montoneros de la sierra, había sido tomado y traído entre los prisioneros; se hallaba en la cárcel cuando lo saqué para mi servicio, y se conservó en él mucho tiempo; quiso venir a continuarlo, sin embargo de haber mudado mi situación, lo que me lo había hecho más querido; pero estaba reservado a otra prueba, a la que no pudo resistir; ésta era la vil seducción: se propusieron corromperlo, y lo consiguieron. Tenía yo dinero, y lo persuadieron que me robase, para robarle después a él mismo en el juego. Se hizo un jugador perdido, y al fin se entregó a todos los vicios, haciendo inútiles mis consejos y mis lecciones. Llegó a tal su depravación, que, como yo le hubiese coartado algo sus gastos y dilapidaciones, concibió el proyecto de asesinarme cuando estuviese dormido y robarme; uno de los consultores que buscó para tan grandioso proyecto me dio aviso de él, y desde entonces me mereció la más completa indiferencia; posteriormente fue ya imposible soportar sus bellaquerías, y tuve que despedirlo, tomando a jornal otro muchacho que me sirviese. Él se entró al servicio militar en los Dragones de Santa Fe, sin que haya sabido después de tan importante personaje.

Durante este tiempo, aunque con alternativa variedad, según las noticias que se recibían del interior, era siempre visitado por Larrachea, Cullen y algunos otros. El primero era ya anciano; ejercía por delegación el gobierno, no siendo, en propiedad, más que secretario; las resoluciones gubernativas las autorizaba entonces don Juan Maciel, que era ministro interino, y el cual, no obstante de esta pomposa investidura, tenía que venir todas las mañanas bien temprano a barrer personalmente la sala del despacho, que era la misma de la secretaría, fregar los candeleros que habían servido la noche anterior y acomodar estos utensilios, para entrar enseguida en sus funciones ministeriales. Cullen era el alma de todo, y me expresó francamente que él dirigía la política del gobierno y que influía en López exclusivamente.

Esta declaración tenía por objeto darme una alta idea de su importancia política y de hacerme ver que todo lo podía esperar o temer de él, con el fin, sin duda, que me le humillase y me franquease en todo sentido. Me persuado que creyó que podría hacerle grandes confidencias y que sacaría gran partido de ellas. Él, por su parte, aparentó benevolencia hacia mí, pues llegó hasta lisonjearme con la posibilidad del gobierno de Córdoba, lo que miré con el mayor despego, diciéndole que era absolutamente inadmisible la idea; otras veces mostró fuerte prevención contra Rosas, a quien afectaba despreciar por cobarde y a quien amenazaba con la guerra. Sin embargo del crédito que suponía tener con López, no pudo disimular una vez sus celos con el secretario Benítez, a cuyos artificios atribuyó la falta de correspondencia del general.

Recuerdo que cuando me habló de la posibilidad de que yo volviese a mandar en Córdoba, cuya idea rechacé decididamente, como he dicho antes, le propuse mi opinión, que era de que don Pascual Echagüe fuese gobernador de aquella provincia, esforzando mis razones hasta donde fue posible; mi deseo era sincero, pues hallaba una gran ventaja para mis amigos en que entrase al gobierno un hombre que, aunque consagrado a la causa contraria, pertenecía a la clase civilizada.[1]

Por septiembre llegaron los presos de Córdoba; primeramente don Luis Videla, y Cuadra, a quienes vi pasar desde mi ventana, y posteriormente una gran partida en que venían mezclados clérigos, frailes, militares, abogados, comerciantes, campesinos, etcétera. Algunos vecinos de Santa Fe solicitaron del

[1] Tenía entonces mejor opinión de los sentimientos del señor Echagüe que los que he debido después formar, a vista de sus actos posteriores. Ya he dicho cómo se condujo conmigo cuando me recibió en las inmediaciones del Fuerte del Tío, y de lo que sin duda contribuyó su presencia para ahorrarme algunos insultos que podían haberme hecho los indios u otros no menos bárbaros que ellos. Yo he apreciado debidamente su proceder, que sin duda le era prescripto por su jefe; pero jamás se me ocurrió que esto debiese hacerme renunciar a la causa de mi elección y ligarme las manos para combatir por ella, cuando pudiese. Sin embargo, el señor Echagüe parece haberlo creído así, pues sé que en conversaciones privadas ha hecho mérito de haberme salvado la vida, a que querían atentar los indios, sus amigos, y aun se ha quejado de mi ingratitud. Con este motivo, repetiré que muchos pretenden haberme hecho el mismo servicio, pudiendo, según esta cuenta, enumerar más de media docena de salvadores. Entretanto, los más de ellos no alegan sino el servicio negativo de no haberme asesinado vilmente.

gobierno se les permitiese proporcionar carruajes a los eclesiásticos, y, efectivamente, entraron en ellos, mientras los demás que iban sin prisiones prefirieron entrar a pie, y los engrillados en carretas; pero todos fueron conducidos al puerto y de allí a bordo de la goleta *Uruguay*, en que antes habían estado los prisioneros. Los eclesiásticos fueron destinados a la cámara, los demás fueron amontonados en la bodega, donde, según he oído, hubieron de ser sofocados. Al día siguiente permitieron a varios que pasasen la noche sobre cubierta y a los dos días se hizo una clasificación de presos, de que resultó que muchos salieron con la ciudad por cárcel y otros fueron trasladados a la cárcel pública, donde se les trató con el mayor rigor.

General D. Juan José Viamonte.

Capítulo XIX

Casamiento del general Paz

[Entrada triunfal del general López en Santa Fe - Su entrevista con Rosas - Fusilamiento de presos en San Nicolás - Sufrimientos del general Paz - Sus carceleros - Intrigas de Cullen - Decadencia del poder militar de López - Aumentan los padecimientos del general Paz - Los indios de Santa Fe - Crueldades que con éstos comete López - Conducta de este caudillo - Sus procederes en materia de justicia - El ayudante Echagüe - El maestro Tadeo - La madre y la sobrina del general Paz lo visitan en la prisión - Se concierta el casamiento - Muerte de Quiroga - Matanza de indios - Casamiento de Paz.]

En los primeros días de octubre llegó el señor López de regreso de su campaña sobre Córdoba y se le hizo un gran recibimiento. Su entrada fue triunfal, por debajo de arcos y trofeos, con músicas, aclamaciones, acompañamiento, etcétera. En esa noche y las siguientes hubo reuniones que recorrieron las calles con músicas, cohetes, iluminaciones y vivas. En cuanto a mí, recuerdo que en ese día recibí el primer desaire que me quiso hacer el cabo de la guardia, a quien llamaban *compadrito*; a su ejemplo, un rato después, el centinela hizo otro tanto, pero lo reprimí en el modo que me era posible, y sin duda el ayudante Oroño les prevendría algo a este respecto, porque no se repitió por entonces.

El señor López no me visitó, ni hubo otra alteración sensible en el modo de manejarse que tenían conmigo que írseme retirando, a su ejemplo, los que de vez en cuando me hacían una visita con los requisitos necesarios. El señor Echagüe lo hizo una vez, como ya indiqué, y el señor Benítez me trajo veinticuatro onzas de oro que se me remitían de Córdoba, y había recibido doce más, que me mandaba mi madre desde Buenos Aires, de modo que tenía reunida esa corta cantidad. Uno de estos días se me presentó el ayudante Oroño a decirme, de orden de S. E., que si yo no tenía comodidad para guardar ese dinero lo haría él depositar, para que fuese yo tomando lo que necesitase. Era muy claro el espíritu de este comedimiento para que lo rehusase; lo entregué, pues, y se puso en poder del oficial de secretaría, don Juan Maciel, a quien pedía por pequeñas cantidades lo que necesitaba.

Días antes de recibir este auxilio, viéndome sin dinero, porque había gastado las primeras doce onzas, más cinco que se me habían proporcionado, y después de reiterados ofrecimientos del señor Cullen, le había pedido unos pesos (que le fueron cubiertos luego de esta remesa), y para ello le había escrito cuatro letras; no sé qué rumor llegó a mi noticia de que un periódico había hablado de mi carta, que él había mandado como un comprobante de mi existencia en Santa Fe; él lo negó, y yo nunca he visto el papel; así es que no puedo juzgar de lo que en esto hubo.

Aproximábase octubre a su fin cuando salió el general López con su comitiva para el Rosario, donde debía tener su entrevista con el señor Rosas. El mismo día embarcaron en la goleta *Uruguay* a los presos que estaban en el Cabildo, en número de más de treinta. Era muy claro que el destino de ellos y mío, muy particularmente, iba a fijarse en esta conferencia. Yo había manifestado sinceramente mis deseos de que me dejasen ir a un país extranjero, dándoles una fianza a su satisfacción de no mezclarme en cosas políticas ni volver al territorio de la república sin consentimiento del gobierno. Aún más: me obligaba por este medio a residir en tal o cual país, o en la Europa misma, y pensaba en semejante caso ocurrir a mis amigos, que no dudo hubiesen suscripto por mí una obligación de esta naturaleza, seguros como debían de estar que ni era capaz de burlar su confianza ni defraudarlos en sus intereses, que quedaban comprometidos.[1] Esta propuesta mía, que conciliaba mi existencia con

[1] Así pensaba entonces; mas después he tenido motivos de dudar, al ver la ingratitud de mis amigos políticos: no sólo nada hicieron que pudiese mitigar o salvarme de mi desgracia, sino que puedo decir que una gran parte de ellos se empeñó en reagravarla, haciendo correr especies que me denigraban, y tratando de sofocar el tal cual interés que aún podían tomar algunos. Pero, ¡juicios de Dios!, esa misma ingratitud, ese olvido, esa chocante injusticia, ha sido la que me ha salvado. Rosas, midiendo mi corazón por el suyo, creyó que a vista de tan indigno proceder yo no pertenecería más a una causa cuyos corifeos me desconocían, y quizá me abrumaban de cargos. Hasta hubo estúpido que aseguró que intencionalmente me había hecho tomar prisionero. ¡Qué brutalidad! Después de estos conocimientos que he tomado, no extrañaría que me hubiese engañado al pensar que hallaría algunos amigos que otorgaran la fianza que proponía.

la seguridad y miras del gobierno, a mi parecer, había sido hecha por mí al señor Cullen, quien me había prometido trasmitirla y apoyarla, pero no sé si por desconfianza que él lo verificase (como que ignoro hasta ahora si lo hizo), o por otro motivo, quise valerme para esto mismo del señor Echagüe, y me tomé la confianza de mandarlo llamar antes de la partida; pero no quiso venir, sin embargo que se me dijo que decía que lo haría, y me vi privado de este recurso.

El día 11 de octubre se había permitido a mi hermano Julián, que era uno de los presos que habían quedado con la ciudad por cárcel, que me visitase por una vez, como lo hizo en dicho día, acompañado del ayudante Oroño, que no se separó un momento de nuestro lado. Recuerdo aún la conversación que tuvimos, en que, como es de conjeturar, no pudimos hablarnos con confianza, ni aun entregarnos a los impulsos fraternales de nuestro corazón; después de una media hora se retiró, dejándome sumergido en amargas reflexiones.

El domingo 30 de octubre, por la mañana, entró a mi habitación el criado que me servía para decirme que acababa de oír que muchos de los presos que habían ido en la goleta *Uruguay* habían sido fusilados en San Nicolás; efectivamente, así había sucedido, lo que debió sorprender generalmente, pues no se podía ni prever ni esperar semejante cosa. Todos ellos habían sido arrestados en Córdoba hacía cinco meses, habiendo sido conducidos desde allí a Santa Fe y luego a San Nicolás, muchos con gruesas barras de grillos y todos sufriendo las incomodidades de una rigurosa prisión; sus compañeros de infortunio que habían quedado en Santa Fe gozaban libertad, y algunos se disponían ya a volver a sus hogares; habían pasado esos momentos de efervescencia y de exaltación que podían hacer disculpable su ejecución, y, además, debía suponerse satisfecha la animosidad de sus enemigos con tan largo sufrimiento. Por otra parte, si se creía conveniente su suplicio, era natural creer que éste se hubiese verificado en Córdoba mismo: en Córdoba, que había sido el teatro de sus supuestos crímenes políticos; mas, no habiendo sucedido así, se les suponía garantidos en sus vidas, por lo menos. No fue así, y el 28 de octubre fueron fusilados del modo más cruel, en la plaza de la ciudad de San Nicolás, diez jefes oficiales, o ciudadanos distinguidos, y otros dos, conducidos al pueblo del Salto, sufrieron la misma pena. Uno de estos últimos era el capitán Tarragona, santafesino, relacionado por parentesco con el coronel don Pascual Echagüe, quien, habiendo sabido el fatal destino de su pariente, se interesó vivamente con el señor Rosas y logró que se revocase la orden de su ejecución. Hizo marchar un hombre con extraordinaria celeridad, pero cuando llegó al Salto con la *gracia* acababa de ejecutarse la sentencia, y se encontró con el ensangrentado cadáver de la víctima. Supe de positivo que el señor Echagüe desaprobó altamente, a su regreso a Santa Fe, tan severa como arbitraria medida: pero esto fue todo lo que hizo, porque posteriormente se le ha visto no sólo acérrimo partidario de ese mismo sistema, sino también ejecutor y cooperador activo de esas mismas crueldades. Ésta se perpetró sin forma alguna de juicio, sin que se oyese descargo a los acusados, y sin que ni sospechasen su sacrificio hasta el momento de verificarse. Una simple orden reservada de Rosas al comandante Ravelo, de San Nicolás, los llevó al suplicio con cuatro horas de término.[1]

[1] Mientras más reflexiono sobre esto, menos puedo comprender este negocio, no siendo a costa de la moralidad y sentimientos de López. ¿Qué se propuso este hombre, haciendo venir desde Córdoba a San Nicolás tantos hombres dignos de mejor suerte, y tenerlos por meses caminando y sufriendo cruelmente? ¿Por qué no los fusiló en Córdoba? No hallo otra explicación sino que quiso contraer mérito con Rosas, trayéndole víctimas y lisonjeando sus venganzas. A Rosas, que era su subalterno, por cuanto López era general en jefe de la dicha confederación, pero subalterno que podía muy bien pagarle pecuniariamente su servicio. Ambos caudillos se separaron fríamente de su entrevista, y sé de cierto que López hubo de cortar las conferencias bruscamente, retirándose sin despedirse. He aquí, a mi juicio, lo que me salvó a mí. Naturalmente, por mí debía pedirse un precio más alto: mas, no habiéndose pagado bien las víctimas subalternas, se creyó que tampoco lo sería el jefe, y le convino, por entonces, continuar este detestable mercado. Cuando después de cuatro y medio años me mandó, siempre sacó la ventaja de recomendarse por este medio, para estrechar nuevamente sus relaciones con Rosas. Diré algo ahora sobre lo que pienso que ha influido para que éste no termine mis días. Cuando mi madre fue a Santa Fe, me preguntó qué servicio había hecho yo a don León Rosas, padre del dictador, pues, encontrándose casualmente en una casa, de visita, con doña Agustina de Rosas y una o dos de sus hijas, éstas le dijeron que don León me debía un servicio que nunca olvidaría, y que deseaba vivamente las ocasiones de correspondérmelo. Con este motivo y algún otro indicio que me dio mi madre, registré mi memoria y recordé: que en el año 29, a principios, cuando se trató de sacar de Buenos Aires a los federales peligrosos, se trató de clasificarlos en el consejo de ministros (yo lo era de la guerra), y, habiendo propuesto a don León Rosas como uno de los que debían salir del país, me opuse, diciendo que yo no lo conocía, pero que me habían informado que era un anciano y hombre respetable, incapaz de conspirar, aun cuando su hijo es-

Éste era un terrible anuncio de la suerte que me esperaba. ¿Qué debía conjeturarse, cuando personas menos comprometidas, jefes y oficiales subalternos y hasta simples paisanos, habían sido arrastrados al suplicio? Todos, y yo el primero, creyeron que muy pronto me llegaría el último momento, y, aunque no me lo dijesen, era considerado como un cadáver más bien que como un ser viviente, y me lo daban a entender los más compasivos en sus melancólicas miradas. En cuanto a mí, sólo procuré familiarizarme con esta idea, sin que pueda asegurar haberlo conseguido.

Parecía consiguiente que en la conferencia del Arroyo del Medio, entre los generales Rosas y López, se hubiese acordado mi final destino; esperaba su decisión al regreso del último, que era esperado por momentos, atribuyendo la separación que se había hecho de mí respecto de las otras víctimas[1] a que se le que-

---

tuviese tan altamente comprometido. Mi opinión prevaleció porque era justa, y don León quedó tranquilo en su casa. A nadie había yo referido este incidente y ya lo había olvidado; ni creo que los otros del consejo lo hiciesen, pero por lo que dijo a mi madre la misma doña Agustina, y por otros antecedentes, la conferencia y deliberación del consejo llegó a noticia de los federales, por alguno de la secretaría que oyó la discusión. Tengo otros datos para saber que había entre los empleados en dichas secretarías, quienes traicionaban la confianza del gobierno y vendían los secretos más íntimos. Éste fue uno de ellos, pero que a mí me ha sido grandemente útil, pues pienso que se le debe en gran parte mi conservación. Cuando salí de Luján y fui a corresponder al general Mansilla su visita, me dijo: "procure usted visitar a mi madre política, pues me consta que le debe usted mucho". Ahora, pues, debo inferir que este incidente y el concepto de probidad que creo merecerle a Rosas, a pesar de lo que diga en público, detuvo su mano, y si dijo a López que me fusilase, fue echando sobre él la odiosidad de un tal asesinato. Porque si Rosas hubiera querido eficazmente mi muerte, no es López ni el inmoral Cullen quienes hubiesen resistido a la seducción de algunos regalos. Con otras vidas han comerciado; ¿por qué no lo harían con la mía? Se agrega que López con esas ventas de carne humana pensaba ganar en doble sentido, lucrando pecuniariamente y ostentando cierta humanidad, por cuanto no fusilaba él mismo. Aun cuando llegaba a hacerlo, era en las tinieblas y en secreto. Así es que me decía en Santa Fe un joven de las primeras familias (don Francisco Latorre), que me hacía centinela: "Nuestro gobernador es muy bueno, pues jamás ha fusilado a nadie, por criminal que haya sido, excepto el comandante Ovando, que fue ejecutado en medio de este patio (y me señalaba el lugar), porque, si otros han desaparecido, los ha hecho despachar ocultamente". ¡Qué bondad la de López! ¡Qué ideas las de su panegirista!

[1] Era tal la convicción general a este respecto que mi hermano me ha referido después que, cuando salían de Córdoba presos, preguntó al infortunado doctor Saráchaga qué pensaba de mí, y le contestó: "ya estará en camino para Navarro", indicándole el lugar en que fue ejecutado el señor Dorrego.

ría dar a la ejecución más solemnidad, variando de lugar y ceremonias. Después se me ha hecho entender que Rosas exigía que López fuese el ejecutor de mi suplicio, como un gaje de su compromiso contra los unitarios, y que éste lo rehusó, hasta que pasados años se hizo inútil una semejante crueldad. Sea lo que fuere, en esta amarga incertidumbre seguí muchos meses, hasta el 8 de enero del año 1832, en que vino a verme, muy de prisa, don Juan Maciel, para decirme que mi suerte estaba decidida felizmente y que se había acordado que saliese del territorio de la república; que sólo faltaba el arreglo de ciertas formalidades sobre las que se había consultado a Rosas, cuya contestación no tardaría más de veinte días. Imagínese cualquiera el contento que me causaría semejante noticia, y la ansiedad con que esperaría el transcurso de esos veinte días. Ellos pasaron, y más otros veinte, y otros cientos, sin que llegase la suspirada contestación. Mi impaciencia no tenía límites y mis esperanzas se habían del todo aniquilado, cuando el mismo don Juan Maciel vino otra vez a mi prisión en julio, para decirme *que mi vida estaba salva*, habiéndose recién resuelto la cuestión que la había tenido en problema, pero que el término de mi prisión era indefinido. Le recordé con este motivo el aviso que me había dado en enero, a lo que contestó, encogiéndose de hombros, que así se lo habían hecho entender. Mi situación se hizo insoportable; la incertidumbre hubo de hacerme presa de la desesperación, en términos que puedo asegurar que ese estado de vaga oscuridad es quizá tan penoso como la perspectiva cierta de la última desgracia.

Ya por este tiempo se me habían retirado todas mis visitas. Cullen mismo, que había hecho los mayores esfuerzos para persuadirme el más vivo interés e inspirarme confianza, me había dado la espalda. La última vez que me visitó, en principios de noviembre, fue un momento, de pie, y para decirme cuatro mentirosas palabras. Todos los demás siguieron su ejemplo, o, mejor diré, el del general López, por cuyas acciones se modelaban las de todos los pobres santafesinos.

Ya he dicho antes que la Aduana de Santa Fe es un vasto edificio que servía a una multitud de usos, y ahora es preciso agregar que el jefe, a cuyo inmediato cargo corría, era un oficial que desempeñaba a la vez los deberes de mayor de plaza, comandante de armas, jefe de policía, oficial de guardia, guarda almacén, carcelero, etcétera. Ocupaba este empleo el teniente Oroño al tiempo de mi arribo, y lo continuó por cerca de un año. No se movía de la Aduana sino los domingos, que ensillaba por la mañana su caballo para ir a misa. Era sumamente ignorante, pero de buen corazón y humano. Le merecí atención y buenos modos; le conservo reconocimiento. El año de 1834, cuando había vuelto a servir en su cuerpo de Dragones, fue muerto por los indios en una de sus incursiones.

Poco antes de la mitad del año en que voy, que es el de 32, hubo una extraordinaria y repetida mudanza de agentes. Después de Oroño, entró provisionalmente en este empleo el teniente Freire,[1] sobrino del gobernador. A los pocos días le sucedió don José Manuel Echagüe[2] y al mes, el que había sido capitán del puerto, don Pancho Echagüe. Ignoro hasta ahora el motivo de la antipatía que contra mí mostró este hombre. Desde que entró en las funciones de ayudante de la Aduana y de mi carcelero, manifestó los mayores deseos de mortificarme. Todas las noches y las mañanas, cuando el cabo de guardia abría o cerraba mi puerta, debía por su orden venir hasta mi cama para cerciorarse de mi presencia, y no sólo había de verme sino que había de recordarme y hacer que le hablase. El mal modo con que lo hice algunas veces lo irritaba más, y mi situación empeoraba. Cada día era más hostil y mi inflexibilidad lo hacía más intratable. No puedo calcular hasta dónde hubieran llegado las cosas sin el acontecimiento que produjo su separación y su muerte.

Resuelto el problema, por lo pronto, sobre mi existencia, resolvió López, en sus consejos, sujetarme a una prisión rigurosa e ilimitada. La sala que habitaba tenía el desahogo de una ventana al campichuelo que está delante de la Aduana; aunque alta, le daba vista, y no estaba enteramente secuestrado de la perspectiva de seres humanos. Se acordó que me mudara de habitación y se empezaron a hacer los preparativos con reserva. Se me eligió un cuarto de muy poca luz, situado en un ángulo del edificio, en el extremo del corredor, el cual estaba cerrado por una pared. Según el plan de Pancho Echagüe, ésta debía prolongarse, de modo que mi habitación hubiera quedado en una com-

[1] Fusilado el año 40, por don Juan Pablo López, por partidario de nuestra causa.

[2] Muerto en el combate que se trabó entre las fuerzas que sostenían a Cullen y las que acaudillaba don Juan Pablo López, en el 38.

pleta oscuridad; si no se verificó, fue sin duda debido al ayudante que le sucedió, que no quiso prestarse a esta crueldad inútil; sin embargo, se tapiaron algunas ventanas, se pusieron rejas a unas aberturas que daban luz a un cuarto inmediato, se restablecieron las cerraduras dobles, candados, etcétera, y el 26 de septiembre fui instalado en mi nueva habitación.

Pero volvamos un poco atrás para referir la expulsión de don Pancho Echagüe. No sé por qué había incurrido este hombre en la desgracia de López, ni qué motivo hubo para que éste estallase de pronto, mandándole secamente un recado, quince días después de su recepción de la ayudantía, para que en el momento cesase y se fuese a su casa. Fue repuesto en su lugar don José Manuel Echagüe, que había estado poco antes. Don Pancho, con este desaire, cayó en una mortal tristeza, por no decir desesperación, y pidió su pasaporte para trasladarse al Paraná, que le fue concedido. Allí siguió en su profunda melancolía y después de algunos meses estaba ya en las puertas del sepulcro. Días antes de morir obtuvo licencia para venir a Santa Fe a expirar en su país, como sucedió. Su sucesor siguió los preparativos para alistar mi nueva habitación, pero, según he indicado, no llevó su solicitud a ese extremo de crueldad que se había propuesto su antecesor, contentándose con las ordinarias precauciones.

Meditando en los motivos que pudieron causar la desgracia de don Pancho, he llegado a sospechar que no fui extranjero a ella; me explicaré. Mi hermano Julián había hecho traer su familia, se había hecho un tal cual lugar en Santa Fe y se proponía permanecer allí, entablando negocio de efectos de ultramar. Con este motivo se proponía ir a Buenos Aires por uno o dos meses, y se le permitió que me hiciera una segunda visita en los últimos días de agosto. Él lo verificó con su señora, acompañado de un oficial, como la vez primera.

Los preparativos de mi nueva habitación se hacían con misterio y nadie lo había traslucido en el público, pero, por la indiscreción de don Pancho Echagüe, que se complacía en saborearse de todo lo que pudiera dañarme, lo hizo entrever a algunos de sus subalternos, en términos que yo vine a saberlo por uno de ellos. Cuando vi a mi hermano, le dije, delante del esbirro que lo acompañaba, que sabía que iban a darme un alojamiento mucho más incómodo, de lo que mi hermano se manifestó muy maravillado, pues estaba en contradicción con lo que le manifestaban desear las personas del gobierno. Él dio, según después he sabido, algunos pasos, pero sin fruto. Entretanto, he presumido, por algunos antecedentes, que López, indignado por la poca reserva de Echagüe, a lo que ayudaría Cullen, tomó la medida que anonadó a este miserable. ¡Sí, miserable! pues, siendo tan cuitado que no pudo resistir un tan pequeño revés, tenía la crueldad más refinada. Pero ¿cuándo el cobarde fue generoso ni humano? La experiencia nos lo enseña todos los días.

Tanto más motivo tengo de creer fundada mi sospecha, cuanto este pobre manejo es conforme al que constantemente usaron conmigo. Él era obra de Cullen más que de ningún otro, porque tal era su carácter, su mérito y su genio. Hacía correr continuamente voces diversas y aun contradictorias con respecto a mí, y si alguna persona, por motivos de humanidad o generosidad, reclamaba de fuera contra su barbarie, salía luego haciendo parada de las comodidades que se me proporcionaban y la delicadeza con que era tratado; si, por el contrario, algunos de mis enemigos se quejaban de que se me dispensaban indebidas consideraciones, ya estaba Cullen al frente para decirles lo que podía halagarles, sin perjuicio de no desperdiciar ocasión de hacerme entender que por todas partes lo criticaban y atacaban por las atenciones que se me concedían, o, mejor diríamos, por las barbaridades que dejaban de hacerse.

De todos modos ganaba el intrigante Cullen con estas maniobras, pues así satisfacía en parte su insensato deseo de figurar y de hacerse conocer en el exterior. Él mismo excitaba a mis deudos para que solicitasen recomendaciones de personajes con quienes quería entrar en relación, para de este modo aproximárseles; más de un ejemplo podría citar, de que quizás haré mención en lo sucesivo, sin que tales recomendaciones produjesen efecto alguno. Pienso que no faltaron muy fuertes tentaciones en el gobierno de Santa Fe de ceder a ellas, pero era preciso que hubiesen venido acompañadas de alguna cosa más sólida que los sentimientos generosos que se invocaban. Cullen era un negociante y López un gaucho interesado.

En mi nuevo alojamiento pasé muchos meses amargos; mi hermano regresó de Buenos Aires y yo tenía entablada una correspondencia con él por medio de libros que me proporcionaba para que leyese. La lectura era mi sola distracción, pero era dificilísima en un país en donde se carece de libros: es portentosa la falta que hay de ellos; sólo puede explicarse por la universal desaplicación que reinaba en todas las clases. A imitación de don Estanislao López, todos llevan una vida medio salvaje y puramente material; todo lo que es raciocinio y entretenimiento intelectual estaba desterrado de aquella ciudad. ¡Qué mucho es que mi hermano no hallase libros para mandarme! Más tarde tuvo que encargarlos a Buenos Aires, y de allí se le hicieron dos pequeñas remesas. Pero, volviendo a los poquísimos que conseguía, y frecuentemente repitiendo unos mismos, seguía nuestra correspondencia; esta especie de resurrección para el mundo y la sociedad; agregando las esperanzas que me daba de que mejorarían mis asuntos, me reanimó e hizo llevaderos, hasta cierto punto, mis padecimientos en el otoño e invierno del año 33. Diré también que para hacer menos tediosa mi ociosa soledad, me propuse ocuparme en algún ejercicio mecánico, y me dediqué a hacer jaulas de pájaros y a tenerlos por compañeros; efectivamente, llegué en este arte a una tal cual perfección y logré tener una regular colección. Para mejorar las jaulas debí mucho a las lecciones de un brasileño fabricante de ellas, que me hacía centinela y que se complacía en dármelas. Siento no recordar el nombre de este honrado y excelente hombre. Él no pertenecía al cuerpo cívico, pero tenía un hermano domiciliado en Santa Fe y hacía su personería.

Por abril se permitió a mi hermano que me hiciese su tercera visita, y esta vez se le dejó venir sin ser acompañado. Estuvo con su señora y chicos, y me repitió que los negocios tomaban un aspecto más favorable. López se le manifestaba benévolo; Cullen le hacía fiestas; el vecindario le mostraba aprecio. Los oficiales militares lo visitaban y cultivaban muy buenas relaciones con él; en fin, todo manifestaba un aspecto consolante. Sin embargo, era de notar que los principales de éstos se le manifestaban quejosos y descontentos de López, en términos que llegó a manifestarme temores de que lo comprometiesen con sus conversaciones. Había otro motivo más poderoso que ningún otro para explicar la benevolencia de López y Cullen y los cariños que empezaban a hacer a los que me pertenecían.

Quiroga era un enemigo declarado de López, y éste no podía menos de temer a un rival tan digno de considerarse. Por ese tiempo estalló en Córdoba la revolución de Castillo y Arredondo contra los Reinafé, que todos creían y creen que era protegida por aquel caudillo: era seguro que si los Reinafé caían y se entronizaba un partido afecto a Quiroga, la situación de López iba a ser muy peligrosa y quizá desesperada. En tal caso pensaban acordarse de mí para hacer valer mi influencia en Córdoba y oponerla al caudillo riojano. Ésta es la explicación de esas continuas variaciones que hubo con respecto a mí, sin que fuese tampoco extranjero a ellas el estado de sus relaciones con Buenos Aires y demás provincias. En una palabra, cuando Cullen, que no poseía la virtud del valor, preveía peligros, procuraba lisonjearme; cuando éstos pasaban, volvía a recaer en la indiferencia y aun en el rigorismo.

Durante el invierno, me hizo mi hermano tres visitas más, y recuerdo que en una de ellas me refirió la anécdota siguiente. Ha estado (me dijo) a decirme el doctor Cabrera (don Francisco Solano, fusilado más tarde bárbaramente en los Santos Lugares), cuyas relaciones con Cullen son bastante estrechas, que este señor le ha hecho una visita que la cree dirigida a mí, porque palpablemente su objeto era que le transmitiese sus expresiones. Después de los primeros cumplimientos, movió la conversación del estado de Córdoba y la anarquía que amenazaba a aquella provincia. Diciendo yo (va hablando el doctor Cabrera) que no veía allí hombres que reuniesen opinión, me contestó: se engaña usted, pues el general Paz tiene gran prestigio y es el indicado para presidirla. Era volver a lo que me había dicho al principio, pero era porque la atmósfera se presentaba turbia y cargada. En cuanto a mí, si saqué algunas consecuencias consolantes por cuanto podían facilitar mi libertad, miré lo demás en el modo que merecía.

El 4 de agosto, día de Cullen, fue en el que mi hermano me hizo su última visita. Nada había de nuevo que debiese inquietarnos, pero un temor vago que no podíamos explicarnos enteramente se asomaba entre nosotros. Las cosas de Córdoba habían terminado por el triunfo de los Reinafé, y Cullen, al dar el permiso para que me visitase mi hermano (López se hallaba accidentalmente en campaña y Cullen, ya ministro, tenía el mando en delegación), había dádole una especie de permiso que no había dejado muy satisfecho a Julián. El disgusto de los principales oficiales militares, cuales eran Pajón (Chula) y Maldonado, que visitaban con frecuencia a mi hermano, había subido de punto, en términos que estaba alarmado y cuidadoso de un compromiso o de una intriga. Censuraban a López de que no atendía su mérito ni premiaba sus servicios, de que no concedía ascensos militares y que los estorbaba en sus antiquísimas capitanías. Efectivamente, el sistema retrógrado, o por lo menos estacionario de López, era uniforme, tanto en lo político como en lo militar. La organización de las fuerzas de la provincia era particular, pues no contaba más jefe que un mayor (Méndez), después que el coronel Echagüe había pasado a ser gobernador de Entre Ríos y que se había retirado del servicio su hermano, el teniente coronel don Juan Pablo López. El mismo cuerpo de dragones, única fuerza veterana que había, estaba fraccionado en compañías, cuyos capitanes obraban aisladamente y con independencia del que se decía mayor Méndez, que sólo tenía el mando inmediato de un cantón y de una de esas compañías que lo guarnecía. La contabilidad se manejaba en la misma forma, pues cada capitán recibía directamente de tesorería el prest de su compañía y lo distribuía sin la menor intervención del único jefe, que, como hemos dicho, era el que se decía mayor, que no tenía sino que hacer otro tanto con las que estaban a sus órdenes.

Por más aislada que se hubiese conservado la provincia de Santa Fe, era imposible que pudiese sustraerse a la influencia del progreso que en las otras hacía la organización de nuestros ejércitos. La última campaña sobre Córdoba había sido una lección práctica de la vetustez y atraso de su sistema montonero, y empezaba a conocer la necesidad de regularizar sus bandas desordenadas. Allí sólo triunfó López por los poderosos auxilios de Buenos Aires y por la casualidad de mi prisión. Es muy probable que en otra guerra las fuerzas de Santa Fe hubieran experimentado muy serios reveses. Quizá López lo preveía, y por eso se propuso economizar a todo trance una ruptura, haciendo inmensos sacrificios de su influencia y poder en los negocios generales de la república.

El sábado 17 de agosto del año 33 me anunció mi hermano que al día siguiente iba a solicitar licencia para visitarme, y yo me dispuse a recibirlo con el vivo interés que me inspiraba su amistad y el deseo de saber algo de lo que ocurría en el mundo. Llegó el domingo 18 y noté con extrañeza que, contra lo acostumbrado en los días festivos, estuvo el gobernador desde muy temprano en la Aduana, pero no en la sala de gobierno, que se conservó cerrada, sino en al cuarto del ayudante. Éste se paseaba muy silencioso y pensativo en el corredor, y, además, había tres o cuatro soldados que se conservaron constantemente separados y que, alternativamente, fueron entrando y saliendo al cuarto que ocupaba López. Estos misteriosos movimientos me tenían ya alarmado, aunque sin saber por qué, cuando vi entrar a mi hermano, que juzgué, como efectivamente era, que venía a solicitar la licencia para la visita prometida. En el acto mandé al muchacho que me servía que fuese a esperarlo al pie de la escalera para preguntarle si la había obtenido, y su respuesta fue negativa. Mi disgusto fue sumo, y aunque nada comprendía de lo que pasaba, no se me ocultaba que algo de adverso me esperaba.

Así pasó ese día y el siguiente, en que empezó a propagarse el rumor de que se había descubierto una revolución que fraguaban los capitanes Pajón (Chula) y Maldonado; que este último había hablado al efecto a un cabo hermano suyo; que éste lo contó a un pulpero, el cual dio parte a López. El cabo y dos o tres soldados, que se suponían cómplices, eran los mismos a quienes López en persona había estado tomando declaración. Este rumor empezaba también a hacer sospechoso a mi hermano por las relaciones que con él cultivaban dichos oficiales, y acaso yo mismo no estaba exento de los recelos de aquellas gentes. Sin embargo, como el gobierno no obraba, el juicio estaba suspenso y sólo esperaba cualquier demostración de la autoridad; ésta llegó al fin en la forma siguiente: Los días que transcurrieron hasta el 2 de septiembre fueron de una extrema aflicción: el tormento de la duda y de la incertidumbre, agregado a los que ya tanto tiempo sufría, hicieron sumamente penosa mi situación. En la noche de ese día, cuando el sirviente me introdujo la cena, me dijo que venía de casa de mi hermano y que creía que iba con la familia a hacer algún viaje, pues había visto hacer algunos acomodos y aun había oído algo a sus niños. Nuevas inquietudes y zozobras. Al día siguiente, 3, recibí un recado por el mismo criado, que me avisaba que el gobernador lo mandaba salir del territorio de la provincia en término de seis u ocho días, y que se disponía a partir a Buenos Aires. Por la siesta, hora en que quedaba sola la Aduana, hice llamar al ayudante Echagüe para preguntarle, quien me confirmó la noticia, añadiendo que el doctor don José Roque Savide, emigrado también de Córdoba, había recibido igual intimación, pero que ignoraba enteramente las causas. Esto fue en el año de 1833.

Un abismo abierto bajo mi pies no me hubiera parecido más horroroso que la situación a que iba a quedar reducido. Sin relaciones, sin recursos, sin amigos, en un país para mí desconocido, no podía esperar una sola noticia, una sola confianza, una sola palabra sincera y amistosa. Esta consideración me devoraba, y mi imaginación ardiente la vestía de colores tan sombríos que acababa con todo mi sufrimiento. Además, la separación de mi hermano debía ser la señal de nuevos padecimientos que me harían experimentar, y quizá de una muerte lenta y penosa, que era la idea que más me atormentaba por su duración. Deseé entonces seriamente que se abreviasen mis días. ¿Qué no piensa un desgraciado? ¡Y, yo lo era tanto! ¡Oh! sí; demasiado. Pero dejemos esto, para continuar mi narración.

Se permitió a mi hermano escribirme una corta despedida, en que me recordaba que el día siguiente, 9 de septiembre, en que emprendía su marcha, era día de mi cumpleaños y que me deseaba que en el año siguiente fuese más feliz. Me avisaba también de algunas disposiciones que había tomado para mi futura subsistencia. ¡Oh! qué terrible día fue aquél; no lo olvidaré mientras viva.

La misma noche del embarque de mi hermano se presentó al anochecer el ayudante en mi cuarto, para decirme que el gobierno había dispuesto que, en lo sucesivo, se cerrase desde aquella hora mi calabozo, e inmediatamente lo ejecutó, y así continuó ejecutándose por algún tiempo. Esto ya manifestaba un espíritu creciente de hostilidad que no podía preverse dónde iría a parar. Los tales cuales miramientos que se habían tenido fueron desapareciendo y hasta la tropa me guardó menos consideraciones. Se acostumbraba aplicar azotes a algunos facinerosos, principalmente a los ladrones *cuatreros*, o de vacas, porque debe advertirse que desde que López, Cullen, Echagüe, etcétera, tenían estancias, se perseguía a esta clase de criminales y la madrugada era siempre la hora de estas ejecuciones. El modo consistía en amarrarlos a la reja de una ventana de muchas que tiene el edificio que se llama Aduana, y allí, al tiempo que el tambor tocaba diana, aplicarles dicho castigo. Hasta entonces se hacía, no sé si por consideración a mí, en las ventanas lejanas y exteriores; mas, desde entonces, se dirigieron a aquellas precisamente que cuadraban debajo de la habitación mía, de modo que yo participase, en cierto modo, del castigo que se infligía a los ladrones; y a la verdad que lo conseguían, porque en la situación de mi espíritu, y al recordarme generalmente, era horrible el tormento que me causaba el sufrimiento de otros y el infernal ruido que hacían los golpes del látigo, los gritos del paciente, las cajas y la algazara de los ejecutores. Mas esto no es nada, pues todavía veremos cosas más repugnantes.

Los indios del Chaco, a quienes para atraer no había economizado López sacrificio de decirse de honor, ni de decencia, y que le habían acompañado en todas sus campañas a Buenos Aires y Córdoba, seguían haciendo incursiones en la provincia de Santa Fe y depredándola sin misericordia. Toda persona, sin exceptuar las mujeres de edad y niños, que no podían llevar, era irremisiblemente inmolada. La explicación de esta conducta se tiene advirtiendo que López, para llevarlos a la guerra, jamás tocó otros resortes que el de excitar las propensiones al robo, al asesinato, a la violencia; y desde que les faltaba teatro en que ejercerla, venían sobre Santa Fe, en partidas más o menos numerosas, y trataban a sus aliados como si fuesen sus más inveterados enemigos.

En la mañana del 13 de octubre, si no me engaño, del año en que va mi relación, que es el 33, luego que quitaron los cerrojos de mi calabozo, el muchachillo que me servía, y a quien yo pagaba para ello, entró despavorido para decirme que la indiada había acometido las quintas inmediatas, haciendo una mortandad horrorosa; que las gentes de los suburbios corrían en tropas a refugiarse en el centro de la ciudad, y que el gobernador había venido a la Aduana y se preparaba a salir con fuerza para resistirles. Efectivamente, así era, y yo mismo alcancé a ver por una ventanilla de un cuarto inmediato al mío, que daba al campo, mujeres que corrían con sus atados, en que llevaban lo más precioso que tenían para salvarlo. La Aduana en estos momentos había salido de su habitual quietud; no se veían sino hombres armados que salían de los almacenes, que al efecto se habían abierto. Regularmente era ésa la manera de expedicionar que tenía López. Cuando era urgente preparar una fuerza, ocurrían por armas los gauchos voluntarios, de que se hacía seguir, y se las daban sin cuenta ni razón. Al regreso de la expedición, las entregaba el que quería, quedándose la mayor parte con ellas, para después recibir otras. Supe que los troperos cuyanos, que venían con sus arrias, hacían un comercio muy lucrativo, comprándolas a vil precio.

Mediante este sistema de corrupción y de contemporización con los indios, la provincia de Santa Fe ha quedado reducida a un esqueleto: sus fronteras por el norte y oeste no pasan de ser los suburbios de la capital, y éstos mismos están amenazados, como se ha visto. López, con el fin de procurarse un asilo en un caso de desgracia, ha sacrificado la riqueza, el bienestar y la no mucha civilización de ese país. Su estado actual es poco menos que el de una completa barbarie, con algunas excepciones. Podría escribir volúmenes para demostrarlo; mas, aunque esto me sea imposible, no dejaré de decir lo bastante para que se venga al conocimiento de la exactitud de mi observación.

Sin embargo del ascendiente que ejerció López en toda su población, ésta empezó a murmurar porque no perseguía a los indios y contenía sus depredaciones; en cierto modo se vio precisado a obrar, y empezó a hacer personalmente algunas incursiones en el Chaco, más o menos como las que los indios hacen en los poblados. De allí resultó que se trajeron algunas docenas de indias con muy pocos indios, porque los demás habían sido muertos. A dichas indias se las depositó en la Aduana, receptáculo, como se ha dicho, de cuanto hay de más opuesto. Allí tenían un salón bajo, sumamente inmundo, donde se las encerraba por la noche, dejándolas todo el día vagar por el patio; su vestido no era otro que una jerga, o un pedazo de cuero envuelto, que les cubría desde la cintura hasta sus rodillas, presentando de este modo la casa de gobierno el espectáculo más asqueroso y chocante. Pero él servía algunas veces de recreo a S. E. el gobernador. En varias ocasiones lo vi salir a la baranda del corredor alto (y esto era muestra de estar de un bellísimo humor) para presenciar una escena de pugilato que representaban las chinas, saliendo de dos en dos, como en un duelo, y dándose con el mayor encarnizamiento sendos golpes de puño por el pecho y rostro, hasta cubrirse de sangre y quedar bien estropeadas; cuando esto sucedía, las contendientes acortaban su chiripá, de modo que sólo ocultaba la parte del cuerpo que hay desde la cintura hasta más arriba de la rodilla; cuando S. E. había gozado del placer que le ofrecían estos gladiadores de nuevo género, tiraba una peseta a la india más vigorosa y se retiraba muy satisfecho. La misma operación vi representar alguna vez con indios varones, pero no tenía para aquellas gentes el atractivo de las luchas femeninas, en las que alguna vez una contendiente dejaba escapar el chiripá, porque con los golpes y contorsiones se reventaba la correa que lo sostenía, y quedaba completamente desnuda; entonces se dejaban oír los estruendosos aplausos y subía de punto la alegría. He sido testigo ocular de estas y otras escenas semejantes, que, por de poco gusto que fuesen, hacían un paréntesis a la insoportable monotonía de mi vida. Muy luego se sucedieron otras, que horrorizan y hacen estremecer la humanidad.

Aunque López, como he insinuado, empezó por ese tiempo a emplear las armas contra los indios, no por eso renunció a los artificios de su política tortuosa, sea maquiavélica, sea salvaje, sea todo a un tiempo. El Chaco, como nadie ignora, encierra un inmenso número de parcialidades o tribus de indios, que si alguna vez se reúnen momentáneamente para hacer una invasión, se dividen luego, se roban mutuamente lo que antes han robado en común, se dañan y, finalmente, llegan a hacerse la guerra. López fomentaba diestramente estos odios, y alguna vez ha destruido indios de quienes quería deshacerse, por otros indios, a quienes no odiaba menos. Aun en sus campañas, cuando se hacía acompañar de esos mismos salvajes a quienes ahora empezaba a perseguir, se valió de medios que repugnarían a un hombre de mejores principios. Por ejemplo, quería deshacerse de algún indio altanero o peligroso que arrastraba algún séquito; cualquiera persona que obrara como jefe militar o como un caudillo lo mandaría ejecutar; nada de eso. Le suscitaba un rival, promoviéndole un enredo, por conducto de las chinas, con quienes López se relacionaba íntimamente, o por medio de algunos ministriles a propósito, y, ya dispuestos los ánimos de los dos antagonistas, les hacía dar abundante licor, pero cuidando que el que había de morir en la pelea se embriagase absolutamente, sin excluir algún fraude en las armas, siempre que pudiese hacerse con disimulo. Preparadas así las cosas, se les excitaba a la pelea, la que generalmente se terminaba por el sacrificio del que se había destinado para víctima. Esto lo sé por relaciones contestes de oficiales que servían con López, y que lo referían más bien como una prueba de la capacidad de su jefe.

Era la semana santa, en el año 1834, y en el viernes por la noche ya se supo que López, que había salido a campaña, estaba de regreso campando a las inmediaciones con una gruesa partida de indios que había tomado y su correspondiente chusma (nombre que se da a las mujeres y niños). Al día siguiente, a la hora de la aleluya, debía hacer su triunfal entrada en medio de los repiques y alegría que conmemora la resurrección del Salvador. Efectivamente, así fue, y en el mismo día se vio la Aduana poblada de estos nuevos huéspedes, que la constituían en una verdadera toldería. Muy luego se supo que esta presa no era fruto de un hecho de armas o de una victoria sino el resultado de una intriga. Estos indios eran los antiguos pobladores de la misión de San Javier, así es que casi todos llevaban nombres de santos y eran cristianos; por las noches tenían en común sus cánticos y rezos, últimos restos de la enseñanza jesuítica. Ya se comprenderá que los hábitos salvajes no eran entre ellos tan arraigados, y que era muy posible volverlos a la sociedad. Es lo que les había propuesto López, y ellos, que se veían amenazados seriamente de otra tribu, consintieron en volver a la vida social y, sin duda, a su antigua reducción. López, faltando a la fe prometida, los trajo como verdaderos prisioneros, y aunque al principio se les trató con algunas consideraciones, después se usó de la más terrible crueldad. Mas antes quiero hablar de un hecho que excede a todos los que puedo decir que he presenciado, en barbarie y ferocidad.

El gobierno de Corrientes conservaba buenas relaciones con el de Santa Fe, y como una muestra de amistad le remitió con una escolta, mandada por el teniente entonces Llopas, tres indios principales, de una parcialidad enemiga sin duda de Santa Fe y enemiga también de la de abipones, que era la única que se conservaba reducida y establecida en el Sauce, a diez leguas de Santa Fe. De estos tres indios, uno era hijo de un cacique, el cual había muerto a otro cacique, padre de una india principal abipona, que residía en el Sauce con los demás de su tribu. López tenía interés en perpetuar los odios de ambas parcialidades, y he aquí cómo se condujo.

Un domingo por la mañana alcancé a ver un indio con una gruesa barra de fierro, a quien encerraban en la *Alcancía*, que era un cuartito de algunos pies que quedaba bajo la escalera principal y cuya puerta alcanzaba a ver desde mi calabozo. Otros dos robustos salvajes, cuya fisonomía y ademanes manifestaban suma consternación, fueron conducidos sin prisiones al corredor alto y luego, sucesivamente, al cuarto del ayudante, a donde vi entrar al cura de la ciudad, doctor Amenábar. La venida de un sacerdote, la preparación de una gran fuente con agua, la compostura y solemnidad que daban a la ceremonia los pocos actores que intervenían, me hizo creer que se trataba de un acto religioso. Efectivamente, era así; los indios fueron bautizados para ser entregados a la muerte ese mismo día.

Mas ¿qué privilegio tuvieron éstos para que se les administrase tan santo sacramento, cuando innumerables otros, antes y después, fueron despachados sin ocuparse de la salud de sus almas? Lo ignoro, y sólo por conjeturas me persuado que pudo haber una de dos causas, o las dos a un tiempo: primera, hacer saber a Ferré, gobernador de Corrientes, que sus remitidos habían muerto cristianamente; segunda, fortificar los principios religiosos que se quería acaso inculcar a los indios del Sauce, que fueron sus ejecutores.

Como a las cuatro de la tarde se presentó una partida de éstos a la puerta de la Aduana, de los que yo mismo vi tres o cuatro que entraron al patio, a la que fueron entregados los tres indios bautizados recientemente. La partida marchó, y luego que pasó el Salado lanceó sin cumplimiento a los dos indios que no llevaban prisiones, reservando el de los grillos, que fue conducido hasta el Sauce. Éste fue allí entregado a las indias mujeres, y muy particularmente a la venganza de la india cuyo padre había muerto a manos del padre del que se iba a sacrificar. Ellas usaron de un modo terrible de la facultad que se les concedía; aseguraron al desgraciado fuertemente a un poste, lo hincaron primero con agujas y puntas de fierro, le cortaron vivo las orejas y las narices, lo castraron y martirizaron sin piedad, hasta que murió en horribles tormentos. ¡Véase ahora si las distintas parcialidades a que pertenecían los verdugos y la víctima podían jamás reconciliarse! Esto es lo que López se proponía.

Lo admirable es que este hecho público, de entera notoriedad, no excitaba horror, ni produjo censura ni el menor signo de reprobación, al menos entre la gente con quien yo trataba, que eran los militares. ¡Ah! Después he hablado de él con personas de ese mismo país, que pertenecían a una clase más distinguida, y he tenido motivos de creer que tampoco a ellos les hizo desagradable sensación. Éste era el estado de aquella desgraciada provincia bajo el régimen de su gobernador vitalicio, don Estanislao López.

Este caudillo era un gaucho en toda la extensión de la palabra. Taimado, silencioso, suspicaz, penetrante, indolente y desconfiado; no se mostró cruel, pero nada era menos que sensible; no se complacía en derramar sangre, pero la veía correr sin conmoverse; no excitaba desenfrenadamente la plebe, pero tampoco reprimía los desórdenes; tenía un modo particular de obrar cuando se proponía corregirlos.

Estaba avecindado en Santa Fe un viejo español, don Pelayo Gutiérrez, soltero, sin servidumbre, a quien el vulgo le suponía dinero. Una mañana se encontró un agujero en una de las paredes de la casa, por donde era evidente que habían querido introducirse algunos malhechores. Sin duda les faltó tiempo en la noche para concluir la abertura practicada en la pared, y tuvieron por entonces que abandonar el proyecto. López tenía una sagacidad especial para discernir por conjetura el autor o autores de un crimen que se cometía, porque conociendo personal e íntimamente a todos los gauchos como él, sabía perfectamente sus tendencias, capacidad e inclinaciones. Así fue ahora; se fijó en algunos que eran abonados para ese oficio, se insinuó con ellos por medio de sus agentes y obtuvo, por medio de la delación de un facineroso, conocido por el sobrenombre de *Lechera*, un conocimiento del hecho. Entre los perpetradores se hallaba un tal Verón, emigrado de Buenos Aires después de la revolución de octubre y correntino de nacimiento, si no me engaño. Ellos no habían renunciado al proyecto, y sólo convinieron en dejar olvidar la primera tentativa para renovarla tomando mejor sus medidas, para que no se frustrase como la vez primera.

Un día vi desde mi cuarto bastante movimiento en el del ayudante don José Manuel Echagüe. Vi que preparaban armas y le trajeron una tremenda lanza, que supongo era de su uso. Era evidente que algo de extraordinario había, aunque entonces no lo comprendiese. A la mañana siguiente supe que, avisados por *Lechera* que esa noche antes era la destinada para la segunda tentativa de robo, se mandaron emboscar dos partidas en los sitios convenientes, de modo que no pudiesen escapar los ladrones, o, mejor diremos, Verón, que era el único a quien querían sacrificar, acaso porque era forastero. Viéndose éste sentido, huyó y dio con una de las partidas que mandaba el juez civil don Urbano Iriondo, la que lo hirió, capturó y amarró fuertemente; en este estado se hallaba cuando llegó Echagüe, el cual, sacando entonces su espada, lo atravesó en varias partes hasta concluirlo. Al día siguiente estaba el cadáver en los portales del cabildo, a la expectación pública. Todos los demás escaparon, cerrando las autoridades y los perseguidores los ojos para no verlo.

Me he detenido en este lance para hacer ver el modo de proceder de López en materia de justicia y probar el estado de civilización en aquellas gentes, entre las que Echagüe ocupaba un lugar distinguido: pertenecía a una de las primeras familias, era de lo más adelantado en maneras y cultura, y era reputado como la niña (expresión con que me lo recomendaron) entre todos los oficiales santafesinos. Pues este mismo Echagüe me refirió, sin el menor empacho y más bien con el tono de jactancia, el cobarde asesinato que había cometido, contentándose con añadir que lo había hecho porque conoció que ésa era la voluntad de López. Otra vez me contó haber asesinado un indio en la forma siguiente: No era aún militar y tenía casa de negocio, la que tenía dos puertas de luz, que una pertenecía a la trastienda y que, de consiguiente, se conservaba cerrada. Un indio, en estado completo de embriaguez, fue a caer recostado en la puerta de dicha trastienda. Como hubiese entre las tablas de la puerta algunas aberturas, se aprovechó de ellas para dar, desde la parte de adentro, fuertes estocadas con una espada, aunque el miserable que las sufría no pudiese atinar en su enajenación de dónde le venía el golpe, hasta que expiró a pocos momentos. Era uno de esos indios aliados de Santa Fe, que cruzaban sus calles y frecuentaban sus tabernas. López no hacía cargo por esos asesinatos, ni aun se averiguaba quién era el autor.

En ese mismo tiempo quiso López deshacerse de un indio llamado Eusebio, contra quien tenía sus prevenciones; mandó al desierto sus agentes que lo llamasen con muy buenas palabras y le hiciesen ofertas; el indio cayó en el lazo y concurrió al llamado de López; éste lo recibió muy bien en la Aduana, le dio nuevas seguridades y lo despachó; antes de haber andado una cuadra lo había tomado una partida y conducídolo en prisión. Se le puso una gruesa barra de grillos y se le destinó a morir; pero antes quiso saborearse en los padecimientos de aquel desgraciado, y se hizo durar ocho días lo que llamamos *capilla*; tampoco ésta la tuvo en un solo punto, pues se le sentenció en la cárcel del Cabildo; a los tres o cuatro días se lo trasladó a la Aduana, donde lo veía todos los días cuando lo pasaban a alguna diligencia, para lo que tenía que atravesar el patio; finalmente, se lo volvió a trasladar al Cabildo y se lo ejecutó en la madrugada del octavo día. Aún entonces se tuvo cuidado de colocar el suplicio muy cerca de la ventana de un gran calabozo donde se habían encerrado los más de los indios de San Javier, de que ya hablé, para amedrentarlos con este espectáculo.

Se me pasaba hacer mérito de una ocurrencia que me dio mucho que pensar, y a cuya solución jamás pude llegar. Un hombre, un preso, por más desesperada que sea su suerte, siempre conserva alguna esperanza y no deja de tocar algunos medios de mejorarla o vencerla. Considerada mi prisión superficialmente, creería cualquiera que no era difícil escapar; pero, atendidas mis circunstancias, era imposible que yo lograse mi evasión sin el concurso de una persona del país; pues ésta no la tenía. López había sojuzgado completamente las voluntades de todas las clases de la sociedad, si es que en aquella sociedad puede decirse que había clases. La parte que podría clasificarse de pensadora vegetaba, si no contenta, al menos resignada y tranquila; la plebe seguía ciegamente la impulsión que le daba López. Yo jamás había estado en Santa Fe y a nadie conocía: era seguro que hubiera sido traicionado por cualquiera de quien me hubiera valido. Sólo dos santafesinos me hablaron de escape, y estoy perfectamente seguro que lo hicieron en la persuasión, falsa o verdadera, de que López, aburrido de guardar tanto tiempo un preso, vería con gusto su evasión.

Uno de estos santafesinos fue Echagüe, no porque precisa ni directamente me hablase, sino porque me provocaba de un modo muy claro a que yo me abriese. Llegó hasta insinuarme que necesitaba una cierta cantidad, que no pasaba de mil pesos; la misma exigüidad de ella me hacía entrar en penosas desconfianzas. Previamente hacía alguna demostración o aparato capaz de mortificarme, y cuando había subido de todo punto mi disgusto, venía a insinuarse con medias palabras, que no decían mucho pero que daban a entender demasiado. Luego que yo me esforzaba en aclarar el asunto y entrar francamente en explicaciones, se replegaba otra vez de un modo capaz de distraer las primeras impresiones que había producido. Entretanto, recibía obsequios, y le hice los que pude de ropa y otras frioleras, siendo de notar que no sólo los recibía de muy buena voluntad sino que manifestaba un ansia, que podía llamarse exigencia, para que se repitiesen. Tenía un asistente llamado Serna, que era zorro cortado por la misma tijera; ya había sido conductor de muchos regalos, pero se le había antojado mi reloj, y me decía todos los días con la más chocante impertinencia que su ayudante necesitaba mucho de él. Mi reloj no valía gran cosa, pues era uno antiguo que se había conservado en casa y que me había mandado mi madre, y aun cuando hubiese sido una preciosa alhaja lo hubiese dado, para que no me mortificasen; pero me hacía una notable falta: me anunciaba las horas, marcaba el tiempo de mi martirio y hasta el ruido monótono del volante, principalmente por las noches, me hacía compañía. Le dije a Serna todo esto, añadiendo que era un presente muy mezquino un semejante reloj para su ayudante; que luego que yo saliese de la prisión le haría obsequio de otro reloj más digno del ayudante; mas, el socarrón del asistente, no se satisfacía con la promesa y volvía continuamente y por muchos días a la carga; sin embargo, yo me mantuve firme y el reloj no salió de mi poder.

Era muy claro que se me había entregado al ayudante Echagüe para que me esquilmase y que, no pudiendo sacar grandes ventajas, se contentaba con piltrafas; él se proponía algo más, ofreciéndome la perspectiva de mi libertad; pero ¿era sincero su ofrecimiento? ¿No envolvía la dañada intención de sacrificarme? Un hombre como Echagüe, que se manifestaba no sólo como un partidario decidido sino como un adorador de López, que jamás dio a entender que pensase dejar su país, ¿podía creerse que se comprometiese en un asunto tan serio como mi evasión sin temer sus resultados? Todo me confundía, sin poder ni penetrar ni comprender a este miserable malvado, y sentía una invencible repugnancia a fiarme de él. No fue sino después, cuando ascendido a capitán salió de la ayudantía y de la Aduana, que al despedirse me dio a entender que aquello lo había hecho con consentimiento tácito o expreso de López. Como le sucedería a cualquiera, me sucedió entonces, y me sucede hasta ahora, quedar en las más oscuras dudas. Si López consentía en mi evasión, ¿no encontró otro medio de promoverla? Es todavía para mí un misterio, sin embargo que no dejo de persuadirme que si hubiera habido quien tentase su codicia con algunos miles de pesos, las puertas de mi prisión de cualquier modo se hubiesen abierto.

Por este mismo tiempo se franqueó conmigo, y yo con él, un soldado cívico, de los que me hacían guardia, llamado el maestro Tadeo porque era carpintero de oficio. Éste me habló de evasión, y yo, sin embargo de no tener ni la centésima parte de los medios que el ayudante Echagüe, hice confianza en él.

Para mi evasión era preciso: primero, abrir la puerta de mi calabozo; luego, salir de la Aduana saltando las paredes del patio, lo que no era difícil por un lado del edificio; en seguida era preciso dirigirse a un embarcadero señalado, donde debía esperarme una canoa; finalmente, seguir en ella rápidamente aguas abajo, hasta salvar la cerca de doscientas leguas que habrá por el río, hasta la Banda Oriental. El maestro Tadeo ofreció proporcionar todo; veremos luego cómo lo cumplió. Entretanto, le di dinero para fabricar o comprar una canoa, y algunos obsequios más.

Este hombre, a quien no supongo, hasta cierto punto, de

mala fe, entraba sinceramente en mi proyecto (según vine a descubrir después), calculando que el general López miraría con ojo indiferente mi evasión; mas, siempre que se persuadía que tenía otras miras el general, y que acaso me esperaba un destino siniestro, sin desistir abiertamente, pretextaba demoras y embarazos que no había. Él mismo era un excelente bogador; tenía otro, hablado y comprometido, aunque no supe la clase de servicio que iba a hacer; el precio del suyo estaba convenido, la canoa estaba pronta, hasta fijada la noche de mi salida, cuando ese mismo día me avisó que era imposible, porque el Arroyo Negro, que era el que habíamos de tomar para ir al Paraná, estaba sin agua a causa de la seca. Según su opinión, forzoso era esperar un repunte, que es como designan las crecientes de poca importancia. Yo tuve que resignarme hasta que se le antojase al río henchirse, o hasta que al maestro Tadeo le viniese la voluntad de cumplir su palabra. Mas no anticipemos los hechos, porque luego tendré, sin duda, que decir algo más de éste.

Era domingo, 6 de abril del 34, día de Pentecostés. Serían como las cuatro de la tarde, y el ayudante Echagüe acababa de entrar al patio de la Aduana trayendo dos manos humanas, frescas aún, de alguno que acababa de morir, y a quien se las habían cortado; estas manos eran de un indio a quien habían muerto ese día, y las traía con el fingido pretexto de preguntar a las indias si conocían por las manos al que las había llevado en vida; el verdadero objeto era mortificar a aquellas miserables con la certidumbre de que había sido muerto uno de los suyos. Con el mismo fin, vi otra vez pasear por el patio de la Aduana una cabeza que acababa de ser cortada a otro indio, que traía un joven por los cabellos, al que seguía una larga comitiva de muchachos.

Alrededor del ayudante Echagüe, que lleno de satisfacción mostraba aquellos miembros inanimados, se habían agrupado quince o veinte indias. Yo presenciaba la escena del piso alto, en que estaba mi habitación, y colegía, por los ademanes, que se hablaba, aunque no oía lo que se decía. Sin que por el movimiento me llamase la atención, vi entrar al patio una negra vestida con aseo, la que parecía forastera, pues se hizo indicar con alguno al ayudante, al que se dirigió inmediatamente. Debió interesarle lo que la negra le dijo, porque se separó un poco del grupo para contestarle, quizás avergonzado de que lo hubiesen sorprendido en tal vil ocupación, y noté también que se fijaba en mí, y aun me señalaba; la negra entonces se dirigió al ángulo del edificio que yo ocupaba, y levantando la voz me dijo que mi madre, acompañada de mi sobrina Margarita, acababan de llegar; que ella (la negra Isabel, antigua criada de mi familia) las venía sirviendo, y que se le había mandado a saludarme. Contesté convenientemente y me entregué a reflexiones innumerables.

Al anochecer se cerró mi calabozo como de costumbre, y yo estaba acostado, cuando a las ocho se abrió la puerta, y el ayudante me anunció que mi madre había obtenido el permiso de verme y que iba a entrar; me vestí corriendo, y ya estaban en la puerta mi madre, Margarita, la criada y el ayudante, que debía presenciar la visita. La primera que se me presentó fue Margarita, que al abrazarla dejó escapar un gemido, pero se contuvo inmediatamente, porque le dije en tono decidido: "Nada de lloros, nada de lloros". Margarita me comprendió perfectamente y se esforzó en manifestar una firmeza que seguramente estaba lejos de su corazón; mi madre no necesitaba mi advertencia, porque aquella señora, que no carecía por otra parte de sensibilidad, había perdido la facultad de llorar. Quería a sus hijos, era capaz de hacer cualquier sacrificio, como el que practicaba viniendo desde Buenos Aires, por acompañarme, pero no derramaba una lágrima; más bien, cuando una emoción dolorosa la dominaba, quedaba en un estado de estupor, parecido a la insensibilidad.

Pasado aquel primer momento, conversamos muy tranquilos durante media hora, hasta que se retiró mi familia, y mi puerta volvió a cerrarse. Así pasó esta escena sin dar el placer a López, Cullen y demás empleados del gobierno, que habían concurrido a la Aduana ansiosos de presenciar y oír una de llantos, lamentos y desesperación, como se lo habían prometido. Todos ellos atisbaban hasta los menores movimientos que pasaban en sus habitaciones y hasta los soldados de guardia, según supe después, se habían agrupado lo más cerca posible para no perder nada de la comedia. Todos quedaron chasqueados; y del mismo modo que el populacho, a quien se le ha anunciado un espectáculo interesante, se retira mohíno y disgustado, cuando éste, por algún accidente, no ha podido verificarse, así los empleados del gobierno y soldados de Santa Fe quedaron desabridos porque no habían podido gozarse en las manifestaciones de dolor de una madre y de sus hijos. Al día siguiente me expresaban mis guardianes su extrañeza en términos tan candorosos que me hubieran hecho reír si yo hubiera estado capaz de entregarme a este sentimiento.

Mi madre estuvo con López después que salió de mi habitación, y nada agradable o consolatorio le dijo. El gaucho hacía alarde de su incivilidad con las señoras, sin embargo que era uno de los hombres más disolutos que pueden darse, atendida su edad, su posición social y su estado; pero, en lo común, eran de la última plebe, y más que todo indias, los ídolos ante quienes quemaba sus inciensos. Hasta en esto manifestaba la prevención que lo animaba contra lo que era civilizado. ¿Qué mucho era que al sólo oír hablar con cultura, al ver a un hombre ilustrado, a la simple manifestación de una idea de progreso, se revelase su espíritu, y lo diese a conocer hasta en su semblante? Otro tanto y peor sucedía cuando llegaba a citársele una ley o un derecho. Hubo un sujeto de los presos de Córdoba que, habiendo obtenido ya libertad, se atrevió en una conversación a usar el derecho de gentes, lo que, sabido por López, lo envió otra vez al calabozo, de donde lo había sacado pocos días antes.

Conversando mucho después con don Manuel Leiva, que sirvió en su secretaría, que mereció su confianza y que hasta ahora no le es desafecto, me refirió lo siguiente. Se atrevió un día que lo vio de muy buen humor a proponerle una mejora, cuya clase no recuerdo, pero que era evidentemente útil a la provincia que mandaba; López escuchó sin manifestar la menor emoción, pareció recapacitar algo, y terminó el entretenimiento por estas formales palabras: "No me hable usted de mejoras; prostituta encontré la provincia y prostituta la he de dejar". ¡Admirable contestación que encierra su vida, su gobierno, su política y sus ideas! Efectivamente, la depravación moral de Santa Fe, en lo general, era tal que nada más exacto que compararla a una mujer prostituida, pero no creo que él la hubiese encontrado así. Aquélla era su obra.

A la mañana siguiente se le permitió volver a mi madre, pero acompañada de un personaje que presenciase nuestro entretenimiento. Éste fue un joven *Zoilo de N.*, que manejaba la imprenta, que también tenía su asiento en la Aduana, por delegación del ayudante Echagüe. Ya es de inferir que nuestra entrevista fue penosa, a presencia de un testigo importuno, que no nos permitía hablar en confianza. Mi madre me dijo que, de cualquier modo, procuraría verme de continuo; y, efectivamente, a la tarde volvió, pero la guardia le impidió la entrada bajo el pretexto de que no estaba el ayudante Echagüe. Mi madre dijo entonces: "pues lo esperaré"; y se sentó pacientemente en la primera grada de la escalera que conduce a los altos y que está en el zaguán de la Aduana; en este estado la encontró el mayor Méndez, hombre honrado y bueno, y que, de consiguiente, no entraba en las miras hostiles de Echagüe. Sabiendo la causa de la demora de mi madre, llamó al comandante de la guardia y le dijo: "El gobierno ha permitido a esta señora que visite a su hijo, y no hay motivo para incomodarla". Mi madre entró sola esta vez, y después continuó haciéndolo sin otra novedad.

Era, pues, evidente que las trabas eran una superchería del ayudante Echagüe, que quería hacerse pagar cualquier condescendencia, aun aquellas que estaban ordenadas por la autoridad. Con este motivo observaré que la venida de mi familia lo contrarió inmensamente. Por lo menos, era una persona interesada, un testigo de su manejo, cuyas voces no podía ahogar, como lo haría con las mías. Él se proponía seguir con ese sistema lento de opresión que había adoptado, dándome siempre a entender que se interesaba mucho por mi comodidad. Después de más de un mes que me dejaba mi puerta abierta hasta la hora de la cena, hacía tres o cuatro días que había empezado otra vez a cerrarla al anochecer, cuando llegó mi madre. Alternativamente, con alguna cosa graciosa hacía movimientos alarmantes y daba órdenes hostiles que me sumían en una insoportable incertidumbre. Una vez vi por mi ventana dirigirse, a las nueve de la noche, hacia el ángulo del edificio que ocupaba mi habitación y que, como he dicho, era absolutamente solitario y lóbrego, una procesión de cuatro o seis personas con luces; pasaron silenciosa y misteriosamente por mi puerta y se dirigieron a una pieza contigua, inhabitada, que registraron, reconocieron e investigaron; de retirada, volvió a pasar la procesión con igual solemnidad. Al otro día me dijo que eran cosas de Cullen, cuyo carácter desconfiado le hacía tomar precauciones. Otra vez mandó con penas graves a los centinelas que no conversasen conmigo, lo que era un tormento, pues no tenía otra comunicación. A veces se abría mi puerta más tarde; otras la cerraban más temprano; hubo vez que la dejaron abierta toda la noche, sin dejar por eso de espiar todas mis acciones. Se disponía, sin duda, a algunas maniobras de más consecuencia cuando la llegada de mi madre. Creía haber encontrado una mina que se proponía explotar; mina que sin duda le había sido indicada y cedida por el mismo López. Hasta el día que se fue, al despedirse, quiso recomendarse dándome un disgusto.

La puerta de mi calabozo, como he dicho, tenía una cerradura muy segura, pero además se le habían puesto unos pernos con argollones fijos de fierro, en que se ponía un tremendo candado, cuyo ruido, al poner o quitar, era capaz de romper una cabeza más descansada que la mía. Entre las calculadas alteraciones que hacía Echagüe, era una la de poner en una temporada el candado, en otras contentarse con sólo la llave; cuando se despidió, me dijo que no extrañase si el ayudante que le sucedía mandaba poner el candado, pues el haber suspendido su destino, era una cosa graciosa de él. El ayudante Vélez, a quien se insinuó Echagüe, conoció el espíritu que lo animaba y rechazó su insinuación; sin que yo le preguntase una palabra, me dijo: "El antecesor mío me ha dicho que debía hacer colocar el candado en la puerta de su habitación, pero no lo haré, limitándome a lo que he encontrado establecido; no añadiré sufrimientos al que ya ha sufrido demasiado" —hacía cuatro años que duraba mi cautiverio.

Desde la ida de mi hermano, en septiembre de 1833, hasta la venida de mi madre, en abril del 34, pasé la vida más amarga y el tiempo más penoso de mi prisión. Sólo una salud robusta, como llegó a ser la mía, el vigor de la edad, pues había cumplido cuarenta años en mi prisión, pudieron conservarme. Sin embargo, si se hubiera prolongado más aquel estado, es seguro que hubiera sucumbido. La venida de mi madre fue providencial, y a ella y, más que todo, a Margarita, que quiso después compartir mi cautiverio, debo la prolongación de mis días, que no por eso dejaron de ser penosos.

Mi madre continuó visitándome tarde y mañana, y aunque por su ancianidad sus facultades habían padecido notablemente, me era una distracción, una compañía, un consuelo. Margarita la acompañaba con muy pocas excepciones y por las tardes nos entreteníamos con un chaquete que me había proporcionado.

Desde que estuve en el ejército nacional que hacía la guerra al Brasil fue pensamiento de mi madre mi casamiento con mi sobrina Margarita; cuando estuve en Córdoba algo se habló para que se realizase; mas los sucesos se precipitaron y las cosas se dispusieron de otro modo, hasta terminar con mi prisión. En el estado en que me hallaba, hubiera sido una insensatez hacer revivir aquel pensamiento, y en los primeros meses a nadie le ocurrió semejante cosa. Veremos cómo se realizó este acontecimiento inesperado.

Continuaba la incertidumbre sobre el destino que me preparaban, pero en esa época hubo vislumbres de esperanzas que nos hicieron contar por seguro que se me permitiría salir del país, a condición y dando una fianza de no volver a él sino con consentimiento del gobierno. Por otra parte, los trabajos sobre mi evasión iban tan adelantados que, cuando no obtuviese el permiso deseado, contaba con mi libertad por el otro medio.

En vista de estas esperanzas, y aumentado progresivamente nuestro cariño con el trato diario, se pensó seriamente en ajustar nuestro enlace, y de acuerdo con mi madre le hablé el 3 de agosto del 34 a Margarita, que no desechó mi proposición. Nuestro plan fue concebido en estos términos. Libre que yo fuese de la prisión, por cualquier medio, me dirigiría a la Banda Oriental, mientras mi madre y Margarita irían a Buenos Aires; allá mandaría un poder y, efectuada la ceremonia, iría Margarita a reunirse conmigo. Nuestras esperanzas se avivaron notablemente en septiembre, por una ocurrencia que voy a referir. Mi madre, desde el 7 de mayo, día de López, en que fue, por consejos que le dieron, a hacerle la súplica de mejorar mi situación, que no tuvo resultado alguno, no había vuelto a verlo. En los primeros días de septiembre salía para retirarse, y casualmente se encontró en el corredor con el general López. "Señor [le dijo], ¿cuándo pondrá término a nuestros trabajos?". Y le contestó: "Señora, un día de éstos, el que menos se espera, antes de lo que usted piensa". Con esta seguridad, mi madre dio por hecha mi salvación, y llevó su credulidad hasta mandar preparar una pieza en la casa que ocupaba para recibirme. Entonces estaba enteramente resuelto a mi evasión con el maestro Tadeo, y se suspendió por algunos días por esa causa; mas, pasando seis u ocho días y viendo que las cosas seguían en el mismo pie, volví al primer pensamiento. Se prepararon los víveres secos o fiambres que debía llevar, acomodados en una bolsa, y un poco de ropa; tenía ya una llave que abría corrientemente mi puerta, y todo estaba preparado, hasta el día, que era el 8 del mismo mes, cuando el célebre Tadeo salió con que *el arroyo Negro estaba bajo y que debía esperarse la creciente*. Este pobre hombre se engañó y me engañó. Se engañó él, porque al principio creyó que tendría valor para la empresa, la que, vista de más cerca, le causó miedo, y porque llegó a persuadirse que se comprometería demasiado con López; y me engañó a mí, porque me fié de sus promesas. Después, algunas personas de más categoría de las que estaban allí, han afectado reprobar que yo me valiese de un pobre hombre como el maestro Tadeo, como si ellas hubiesen sido capaces de dar un solo paso en este sentido. Baste, para prueba, lo que voy a decir. La única persona a quien se confió este secreto fue al doctor don Solano Cabrera (que fue después fusilado por Rosas), pariente y sincero amigo mío, pero que estaba muy relacionado con Cullen y bien visto de López. Al saberlo se asustó, y no tengo duda que se sintió oprimido de una confidencia semejante. Por única cooperación me dio el consejo, por medio de mi madre, de que hiciese una devota promesa por el buen éxito, sin aprobar por esto el proyecto, pues era de opinión que yo saldría de mi prisión sin necesidad de saltar por la ventana. Sépase que Cabrera era sincero amigo mío, y que deseaba mi libertad como hubiera podido desear la de un hermano; pero el terror y el convencimiento de lo poco que debía uno fiarse de aquellas gentes, le ataban las manos. Y si esto hacía un amigo mío, ¿qué podría esperar de un indiferente?

En la Banda Oriental formó también mi hermano un proyecto para mi evasión y lo confió al coronel don Polonio Ramallo, quien se encargó de prepararlo, recibiendo algún dinero al efecto. Marchó a las Misiones del Uruguay, para desde allí mandar la persona que debía facilitar mi escape; allí promovió Ramallo una suscripción con este mismo fin, en que debió reunir algún dinero, porque se me ha asegurado que el brigadier, al servicio brasileño, cordobés, don Bonifacio Calderón, le dio seis onzas de oro;[1] pero jamás dio un paso, ni mandó persona alguna, por más que falsamente quiso persuadir lo contrario. Entretanto, mi hermano, engañado por Ramallo, previno a mi madre que el hombre que se presentase con una carta en tales o cuales términos debía merecer toda confianza. Esperé inútilmente: el hombre jamás vino, ¿ni cómo había de venir, si Ramallo jamás lo mandó? Así se desvanecieron los proyectos de evasión que se formaron, y de que he hecho mención, porque en el empeño de algunos, que debían reputarse por amigos, de

[1] Cuando en el año 40 estuve en Corrientes, se empeñaba mucho Ramallo en persuadirme que don José Inocencio Márquez no era mi amigo, por datos que él tenía, y que siempre se excusaba de revelarme. Luego he sabido que deseando ocultarme la suscripción que había promovido, nunca quiso decirme que Márquez se había negado a contribuir. Éste era el motivo de su queja, que quería hacer mía.

sacudirse del cargo de indiferencia, por no decir ingratitud, han supuesto y hasta llegaron a decir, que yo no había querido escaparme, pudiendo hacerlo. Por mi madre supe que un francés, D. P. G., habló también algo en Buenos Aires en ese sentido, sin que pasase el asunto de un pensamiento. Sin embargo, alguno que lo supo lo dio por hecho y sé que me hizo cargo de no haberme aprovechado de los servicios de Gascogne. Pero volvamos a mi casamiento, cuya ejecución me hizo, naturalmente, desistir de aquel proyecto.

Acordado y ajustado mi enlace para cuando saliese de mi prisión, la única persona que se puso en nuestra confidencia fue el doctor Cabrera, amigo y pariente nuestro, como he dicho, quien lo aprobó cumplidamente. Pasados algunos meses, y cuando sin duda se debilitaron sus esperanzas de que yo obtuviese de próximo mi libertad, manifestó su opinión de que se verificase allí mismo. Yo, sin embargo del ardiente afecto que profesaba a Margarita, lo rehusaba, pero ésta, ese ángel del cielo que Dios me destinaba por compañía, se avenía a todo; quizás ella y Cabrera conocían que su compañía iba a salvar mi vida, conservando mi salud, que había empezado a quebrantarse. Para apoyar su opinión, añadía Cabrera que creía firmemente que mi casamiento contribuiría a mi libertad y, cuando menos, a que mi prisión fuese menos rigurosa. Él mismo hizo los borradores del pedimento que debía hacerse al obispo diocesano por la dispensa de parentesco, y quiso absolutamente se pidiese también la autorización para que él nos echase las bendiciones. Todo se hizo así.

Era el 23 de febrero, cuya tarde la empleamos toda en poner en limpio los pedimentos y en escribir a mi hermana Rosario, que iba a ser mi suegra, y cuyo consentimiento ya teníamos, para que ella misma hiciese correr las diligencias. Al ponerse el sol, hora en que siempre mi madre y Margarita se retiraban, acabado de hacerlo, yo había quedado solo en mi prisión, cuando vino muy alborozado el ordenanza o asistente del ayudante Vélez, que era generalmente el que cerraba y abría mi calabozo, a comunicarme una gran noticia, por la que me pedía *albricias*. Fácil es conjeturar que me apresuré a interrogarlo, creyendo algo favorable que me concerniese. Júzguese mi asombro cuando me dijo que Quiroga había sido asesinado en Córdoba, y que, siendo mi enemigo, debía yo celebrarlo. Este hombre hablaba con ansiedad, y por más que le dije que para mí no era un motivo de alegría, estoy seguro que no me creyó, dándome ocasión de admirar esos instintos salvajes que hacen de la venganza un inefable goce, y el candor con que me suponía animado de iguales sentimientos. En otra ocasión me había sucedido una cosa idéntica cuando otro, que no recuerdo, me anunció la muerte de aquel famoso Zeballos que boleó mi caballo cuando fui hecho prisionero, y a quien fusilaron los Reinafé.

En Santa Fe fue universal el regocijo por este suceso, y poco faltó para que se celebrase públicamente: Quiroga era el hombre a quien más temía López, y de quien sabía que era enemigo declarado. No abrigo ningún género de duda que tuvo conocimiento anticipado, y acaso participación en su muerte. Sus relaciones con los Reinafé eran íntimas. Francisco Reinafé había estado un mes antes, había habitado en su misma casa y empleado muchos días en conferencias misteriosas. Otros muchos datos podrían aglomerarse, pero no es lugar de tratar este asunto.

El que haya pasado por la situación en que yo me hallaba, recordará que un preso, si es por causas políticas, se devana los sesos por sacar consecuencias favorables. De los sucesos que tenían lugar en ese mismo orden, éste lo era de gran magnitud para que no debiese tener alguna influencia en mi destino. Veamos qué sucedió.

Desde que el gobierno de Santa Fe se sacudió, por la muerte de Quiroga, del miedo que le causaba un caudillo cuya influencia era decisiva en el interior de la república, creyó que yo le importaba menos, pues ya no se necesitaba un contrapeso a la omnipotencia de aquel que ya no existía. Agréguese a esto lo que entonces nadie pudo imaginar, y es que Rosas atribuyese el asesinato de dicho caudillo a los unitarios, que para nada habían entrado en él. Era, pues, de creer que en nada deponía el dictador futuro de la república la saña que había mostrado contra sus enemigos políticos, y que perseveraba en sus miras de exterminarlos. Era un consiguiente que sobre mí recayese una parte de ese anatema, cuyo presentimiento hacía sombría y más penosa mi situación. Fuera de eso, hubo otros incidentes que contribuyeron a hacerla más mortificante.

Algunos meses antes de mi casamiento, a eso de la medianoche, que era bien oscura, en una pequeña azotea que quedaba en la ala opuesta del patio a la que yo habitaba, se oyeron unos quejidos tan penetrantes y tan dolorosos, acompañados de algunas expresiones suplicatorias, que no me quedó duda que eran de alguna persona a quien le daban la cuestión del tormento. Por el modo de expresarse y por la familiaridad con que el doliente trataba al ayudante ejecutor, a quien tuteaba, inferí que era persona de distinción. Después de algunos minutos de tortura, cuando el paciente decía que ya iba a declarar, cesaba el tormento y los lamentos, a los que sucedía un murmullo que no podía entender; mas luego volvía a sufrir la víctima, y empezaba otra vez a quejarse amargamente. Duraría esta escena de horror tres cuartos de hora, pasados los cuales todo quedó en silencio, y no oí más ruido que abrir y cerrar puertas, por varias veces, sin que por esa noche pudiese adelantar nada sobre el asunto. A la mañana siguiente supe que la víctima había sido don Clemente Zañudo (más tarde asesinado en Buenos Aires por la mazorca), joven distinguido de Santa Fe y la causa de su martirio fue la siguiente:

Habiendo concluido el término legal del gobierno de López, se trataba de la elección, o, mejor dicho, de la reelección, porque era sabido que ningún otro sería gobernador sino él. Aquel año se le ocurrió renunciar el nombramiento después que fue reelecto; la Sala de R.R. insistió, y él se empeñaba en rehusar, lo que causó alguna indecisión y embarazo. En estos momentos aparece un pasquín apostrofando a los R.R. de hombres pusilánimes e irresolutos, y diciéndoles que eligiesen otro, pues había muchos santafesinos dignos y capaces de obtener el gobierno. Aquí fue Troya. El hipócrita mandón montó en furor, y en su frenético delirio se le ocurrió que Zañudo debía, por lo menos, saber quién era el autor del pasquín. Se lo llama, se lo interroga, niega; se lo amenaza, y no se tiene mejor resultado; entonces, enlazando sus dos puños en una cuerda corrediza sobre una viga que está en lo alto, se lo suspende hasta quedar su cuerpo en el aire, gravitando con todo su peso en los puños y en la cuerda. Cada vez más se va haciendo más intolerable esta posición, hasta que le causa acerbos dolores y casi le disloca los brazos. Las interrupciones que yo notaba provenían de que en lo más agudo del sufrimiento ofrecía hacer revelaciones de lo mismo que ignoraba, y entonces se aflojaba la cuerda y se le permitía hacer pie; mas, cerciorado López, que en persona presidía la ejecución, de que nada adelantaba, volvía a empezar la tortura. Al día siguiente, él (Zañudo) y don V. Francisco Benítez tuvieron orden de salir de la provincia, y se fueron a Buenos Aires, donde el primero, seis años después, halló una muerte trágica.

López admitió por fin el nombramiento del gobierno, que, por supuesto, jamás pensó seriamente rehusar; pero, sea por alguna enfermedad, que entonces empezaba a insinuarse, sea que viese que su influencia política en los negocios de la república empezaba a debilitarse en proporción que crecía la de Rosas, lo cierto es que su carácter se iba agriando sensiblemente. En una índole cachacienta como la suya, admiraba a sus allegados los raptos de mal humor en que entraba con frecuencia y, a un hombre a quien no se lo había creído inclinado a la crueldad, se lo vio ejecutar hechos que hacen estremecer la humanidad, como vamos a verlo.

Debía darse por la noche un baile en el Cabildo, cuando, poco antes de empezar, se supo que una partida de indios había atacado otra de soldados, a distancia de tres leguas de la ciudad, batiéndola y matando al oficial, que era el ayudante Oroño, que había sido mi carcelero, y cuatro o seis hombres más. López se irritó tanto que mandó cerrar las puertas de la sala del baile, en términos que algunas señoras que habían concurrido ya tuvieron que retirarse más que de prisa. Pero no fue esto todo: se propuso hacer una matanza de indios, premeditada, sucesiva y a sangre fría. Ya vimos que de los indios de San Javier y otros, tenía hacinados en un gran calabozo de la cárcel de cien a doscientos indios, que guardaba sin saber para qué. A la noche siguiente del suceso de Oroño fue la partida de policía que mandaba un cabo Luna, que en esos días y por esos méritos ascendió a sargento, y tomando dos indios los llevó la misma noche a la barranca que llaman del Remanso, porque cae efectivamente sobre uno que forma el río y que está a poca distancia de la ciudad, donde los hizo degollar; a la noche que subsiguió, hizo lo mismo con otros dos; a la tercera, cuando se abrió la puerta del calabozo (operación que se hacía con las mayores precauciones, temiendo la desesperación de los indios), rehusaron salir los dos que se llamaron, porque ya conocieron la suerte que les estaba deparada; en vano fue que se empleasen las más groseras mentiras y las más engañosas promesas: los indios persistieron en rehusar; al fin, no recuerdo si esa noche se logró sacar del calabozo las víctimas destinadas al sacrificio, en expiación de la muerte de Oroño y sus compañeros; pero, de cualquier modo, era preciso variar de método para continuar la operación en los días sucesivos, y he aquí lo que se practicaba para seguir la matanza en escala mayor:

Sacar del calabozo los indios que se quisiese de día no tenía los peligros que de noche, en que con la oscuridad podían causar, con una irrupción, una gran confusión, y, además, había el arbitrio de sacarlos con el pretexto de destinarlos a algún trabajo, como lo hacían. Entonces se llevaban los seis, ocho o diez sentenciados para esa noche a la Aduana, donde se los conservaba durante el día, hasta la noche, que venía el insigne Luna con su partida a caballo. Se procedía luego a asegurarlos, amarrándolos uno a uno, pero con un mismo cordel o lazo, de modo que resultaba una especie de rosario, cuyas cuentas formaban los infelices destinados al sacrificio, pero se tenía buen cuidado de que un extremo del lazo fuese atado a la cincha de un caballo que guiaba la marcha, y el otro extremo a otro caballo que cerraba su retaguardia; los demás, con Luna, se colocaban a los flancos. Así seguía la procesión sin más ruido que las carcajadas de los ejecutores, que decían a uno: "Éste me parece que va a cocear mucho"; a otro: "Éste pienso que ha de ser mansito"; a un tercero: "Éste sí que ha de bellaquear como un redomón lo que sienta el filo del cuchillo por la garganta", etcétera. Estoy al cabo de todo esto, porque el criado de casa que traía mi cena a las ocho dadas de la noche, hora en que también salía la procesión, me refería estos pormenores, y, además, porque los oía a los soldados de la guardia que los presenciaban.

La procesión se dirigía en derechura al Remanso, donde eran inmediatamente degollados los infelices y arrojados sobre la barranca al río. Como esta operación se repitió muchos días, oí decir que el lugar de la ejecución estaba, y se conservó por algún tiempo, matizado de sangre y con mechones de cabellos, de los que, al dividir las cabezas de los cuerpos, cortaban de las grandes cabelleras de los indios. Es un hecho público que durante algunos meses nadie quería comer pescado, porque suponían que se habían alimentado abundantemente de la carne humana que se les había prodigado. Para mí y mi familia era el espectáculo más afligente los semblantes melancólicos de aquellos infelices salvajes, que muchas veces no llegaban a los dieciocho años, que con una crueldad sistemática se depositaban todas las mañanas en la Aduana, para llevarlos por la noche al matadero. La desgracia es un motivo de simpatía, y aunque hubiese sido posible prescindir de los sentimientos de humanidad, esa sola razón hubiera bastado para que nos interesasen; a ellos sin duda les sucedería otro tanto, pues hasta ahora me acuerdo con viva emoción de sus miradas amargas y penetrantes, único lenguaje que nos era permitido.

Estas emociones eran tanto más penosas para mi familia y para mí, cuanto nadie participaba de ellas. Hasta la gente más distinguida, más culta y más timorata de Santa Fe miraba con la mayor indiferencia estos horrores, que nos cuidábamos muy bien de desaprobar ni aun con gestos. El país, a no dudarlo, estaba corrompido y embrutecido. Si se descendía a la plebe, ésta hacía algo más, pues los aplaudía: sobre todo el insigne Luna, que, no satisfecho con las degollaciones de los indios, decía muchas veces, refiriéndose a mí: "¡Que hayamos de estar incomodándonos en guardar a este hombre, cuando era mejor sacarlo una noche de éstas para llevarlo al Remanso!" Al fin, tres años después, al ir a practicar una de estas degollaciones en una isla del Paraná, los indios sentenciados, aconsejados por la desesperación, se arrojaron sobre los ejecutores, y con sus mismas armas acabaron con Luna, el mayor Pajón (Chula) y otros. Digno fin de este feroz malvado.

Por marzo del 34 vinieron las dispensas del obispo de Buenos Aires para mi casamiento y la autorización para que lo bendijese el doctor Cabrera. Él dio los pasos necesarios y se le permitió verme. El gobierno no puso embarazo alguno; mas hubo ciertos incidentes que, si no envolvían otras miras, no tenían más objeto que el de mortificarme. Cuando todo parecía allanado, y que se aproximaba su celebración, vino el ayudante a decirme que había antecedentes para temer una sublevación de algunos indios que se conservaban aún en la Aduana y que, como llegado este caso, tanto peligraría yo como cualquiera de ellos, se hacía preciso tomar algunas precauciones con respecto a mí. Una de ellas consistía en que al punto de las doce, hora en que se cerraban las oficinas y él se iba a su casa a comer y dormir su siesta, se cerrase la puerta, no de mi calabozo sino la de la escalera que conducía al piso alto donde yo estaba. De este modo quedaba encerrado durante tres o cuatro horas del día, cosa que naturalmente debía ser muy incómoda a mi familia. Además, el peligro de una sublevación que pudiese haber, aunque fuese por corto tiempo, y una señora en poder de los salvajes, debía llamar seriamente nuestra atención. Felizmente, sin que yo insistiese en manera alguna, Margarita conoció la superchería y despreció altamente tan miserable arbitrio. El casamiento se llevó adelante, y ellos, después de encerrarnos ocho o diez días, se cansaron en este sentido, que sería prolijo enumerar, y que por eso los omito; pero no dejaré de decir que en todos ellos veía la mano del intrigante Cullen, cuyas miras, planes y deseos no puedo hasta ahora discernir bien.

Era prodigioso el empeño que tomaba en persuadir a las personas que se interesaban por mí el anhelo que tenía de mejorar mi situación; les decía que por esta razón había merecido reproches de los federales de Buenos Aires, que lo acusaban de parcialidad; aseguraba que a él se le debía la conservación de mis días y que había hecho cuanto podía en mi obsequio. Entretanto, él era el más vigilante centinela para guardarme, era un infatigable Argos. A veces (y esto era calculado), hacía correr y difundir hasta en Buenos Aires mismo que yo estaba en secretas e íntimas relaciones con el gobierno de Santa Fe y aun que no estaban distantes de darme fuerzas a mandar. Quería *hacer cerco*; mas, cuando sobre esto se hacían reclamaciones, trataba de hacer su negocio, haciendo ver la falsedad de esos rumores y propasándose hasta proferir expresiones que me denigraban. Al mismo tiempo que con este manejo sacaba su provecho, satisfacía un bajo sentimiento de venganza, que creo jamás lo abandonó, por no haberme entendido con él desde Córdoba. Al fin le sucedió lo que a todos los intrigantes: que pocos años después [el 39] se enredó en sus propias redes y pereció a manos del ídolo que él mismo había mimado, siendo sentido de muy pocos.

En el día 31 de marzo de 1835, a las dos de la tarde, me casé con Margarita, dándome las bendiciones el doctor Cabrera y siendo padrinos su sobrino, don Manuel, y mi madre. Temiendo que algún estorbo repentino viniese a interponerse por las maniobras de Cullen, habíamos hecho entender que no se verificaría la ceremonia hasta después de algunos días, y hasta la hora que se eligió fue la de más soledad en la Aduana. Para llevar adelante este inocente engaño, mi madre y Margarita se retiraron esa tarde a las horas de costumbre y no fue sino al otro día que se supo en la Aduana que yo estaba casado. Sin embargo, Margarita se retiró como de costumbre, y no fue sino el 2 de abril que vino el buen ayudante Vélez a decirme, muy maravillado, que había ignorado la celebración del casamiento, pero que, estando hecho, podía mi esposa quedarse a vivir conmigo, como efectivamente sucedió desde entonces, quedando mi madre sola en su casa, lo que no era poca pena para todos.

Para dar una muestra de las inexplicables contradicciones de

Cullen, referiré lo que pasó al doctor Cabrera a quien manifestaba la mejor amistad y aun le dispensaba protección. Cuando éste, a virtud de estar autorizado para bendecir mi casamiento, le pidió licencia para verme, le alegó como una razón más la relación de parentesco que nos unía; él le dijo entonces que la había ignorado, pues, a saberla, siempre le hubiera estado mi puerta franca; con esto pensó el bueno de mi amigo que ya le sería permitido visitarme, y al día siguiente de mi enlace, que fue la última vez que lo vi, me sostenía con calor esta opinión; en esta firme inteligencia se despidió de mí, cuando al bajar la escalera se le insinuó la orden del mismo Cullen para que no volviese más. Sólo me había visitado tres o cuatro veces y este pequeño consuelo me fue privado sin motivo, sin razón, sin utilidad de ningún género. Cabrera, al hacerme anunciar con mi madre lo sucedido, confesaba paladinamente que se había engañado. Se me preguntará qué papel hacía López, pues sólo Cullen aparece en la relación que voy haciendo, y yo responderé que, según pienso, como antes me había entregado al ayudante don José Manuel Echagüe para que me esquilmase, hacía lo mismo con Cullen para que se divirtiese conmigo, después que había procurado negociar en escala mayor.

Capítulo XX

Cautiverio del general Paz en Luján

[El general Paz es sacado de Santa Fe - Visitas que recibe en el Rosario - Entrega del preso en el Arroyo del Medio - La familia del general - Paso del río Areco - Llegada a Luján - Los hermanos Reinafé - Paralelo de Rosas y López - La esposa, la madre y la hermana del general Paz se unen a éste en Luján - Infortunios y padecimientos de familia - Los delitos políticos y criminales en el concepto de Rosas - Cómo se hacían los fusilamientos - Ejecución del teniente Montiel - Escenas de horror y de pantomima - Célebre entrevista de Rosas y López - La política santafesina - Desprecio de Rosas hacia los pueblos - Conducta de los jefes del piquete - Locura del coronel Ramírez - Muerte de la madre del general Paz - Termina el cautiverio del general Paz.]

Por junio del mismo año tomó la Aduana un aspecto aún más sombrío, con motivo del otro asesinato que tan fundadamente se atribuyó a don Bernardo Echagüe, perpetrado en la persona de un benefactor y huésped suyo. El 29, a las doce del día, fue traído, y toda la casa resonó con los golpes del martillo que aseguraban los grillos que se le pusieron. Nada de esto nos concernía personalmente, pero es preciso haber pasado por estos lances para apreciar la impresión desagradable que producía en unos ánimos lastimados los padecimientos ajenos. Acaso contribuía también a hacernos más sensibles un temor vago, una incertidumbre penosa, que más que otras veces empezaba a pesar sobre nosotros.

Efectivamente, Rosas había subido al poder usando de facultades omnímodas; López, a su imitación, se las había hecho conceder, como si antes no las hubiese tenido; empezaba a representarse ese drama tenebroso, nombre que quiero darle al proceso de los asesinos de Quiroga. Se desplegaba en Buenos Aires el rencor y la animosidad más encarnizada contra el partido unitario y, finalmente, se ponían los fundamentos de ese sistema de terror y de sangre que después de trece años pesa todavía sobre toda la República Argentina. Todo anunciaba que para mí también se aproximaba la crisis, y nada veíamos en el horizonte que pudiese consolarnos. Ésta no tardó mucho.

El ayudante Vélez, por indisposición de salud, se había retirado por unos días a su casa, y el oficial primero de secretaría, don Juan Moncillo, hacía sus veces en la Aduana. En la noche del 16 de septiembre extrañamos con Margarita que él viniese en persona a cerrar nuestra puerta, cuando siempre lo hacía el ordenanza del ayudante, mas no pasó de allí nuestra observación. Yo había estado afectado de un catarro que me había mortificado mucho, y Moncillo me halló en cama. A la mañana siguiente sucedió lo mismo, es decir, vino también en persona a abrir la puerta, lo que era ya una novedad, mucho más si se considera el aire avispado que traía; me preguntó cómo me hallaba y se retiró. Apenas había pasado media hora cuando volvió a decirme que quería hablar a solas conmigo. Ésta fue casi una señal de muerte para Margarita; se arrojó sobre la cama a llorar, pero sin que Moncillo pudiese notarlo. Éste me dijo, luego que me hube vestido y salido fuera de la habitación, que yo debía marchar en el acto, siéndole prohibido decir para dónde. Le pregunté si podría llevar mi familia, y contestó que no; volví a preguntar si podía llevar un criado, contestó también negativamente. Por último, pregunté si podía llevar algún equipaje, y me dijo que podía llevar una muda ligera de ropa. Me apresuré a decirle que iba inmediatamente a hacer mis preparativos, y se retiró. Uno de ellos era sacar la llave que debió servir para mi escape y que estaba oculta en el mismo cuarto. Margarita se repuso un poco para acomodarme en un pañuelo un poco de ropa blanca y me propuso salir a dar algunos paseos para saber algo más, y, si era posible, mitigar lo riguroso de mi destino. Conocía que eso era imposible, pero convine, calculando que de ese modo evitaba el terrible momento de mi despedida. Yo me puse a afeitar, y estando en la mitad de esta operación, volvió Moncillo a activar mi salida; con este motivo le dije algunas palabras algo duras, que él toleró cortésmente. Había consultado sobre mi demanda de llevar un criado, y al salir vino el permiso para que pudiese acompañarme.

Siempre acompañado de Moncillo, bajé la escalera, que hacía cuatro años, cuatro meses y un día que había subido, y sin la menor detención me dirigió al puerto; entramos a la casilla del resguardo y allí encontré a mi madre y a Margarita, acompañadas de las señoras Torres. Cualquiera adivinaría su situación; pero es preciso decir que, sin embargo de ser tan afligente, pudieron ellas y yo dominarla, para no dar este motivo de entretenimiento a nuestros atormentadores y a una buena porción de curiosos que se habían reunido en la calle. Yo hubiera deseado evitar a mi familia este cruel momento, pero ella, en su desesperación, nada calculó, y quiso darme el que creía último adiós. Margarita y mi madre habían ido a lo de López, quien se negó; lo mismo hizo Cullen; su solícito empeño consistía en que les permitiesen acompañarme, por lo menos a Margarita, ya que mi madre, por su edad, no hubiese podido soportar un viaje, si era que iba yo a hacerlo. No quiso López ni Cullen; ni aun quisieron escuchar esta súplica, y mucho menos concederla. Adviértase que Margarita estaba embarazada, y que su situación requería miramientos delicados; mas nada bastó, y se nos hizo agotar hasta las heces la copa del dolor y de la amargura.

No admite duda que el objeto que se propuso el gobierno de Santa Fe fue revestir aquel último acto que ejercía con su prisionero de exterioridades alarmantes, que persuadieron a todos, y a mí el primero, que se trataba de poner término a mi existencia. En el puerto estaba una partida a cargo del capitán Díaz, que me recibió, y subimos a un lanchón que inmediatamente marchó con dirección a la boca del Paraná, que es camino para todas partes. Después que hubimos navegado un rato, me dijo el capitán Díaz que mi dirección era a Buenos Aires, debiendo él entregarme en el Arroyo del Medio, límite de la jurisdicción de Santa Fe; que el general López le había encargado me dijese que, aunque iba a poder de Rosas, no era creíble que se me fusilase después de una prisión tan dilatada; me hice repetir este mensaje, que el capitán traía perfectamente estudiado, porque en varias ocasiones que lo repitió fue con las mismas idénticas palabras, sin añadir ni quitar una sílaba. Navegamos todo el día con un calor fuerte; por la noche se amarró el bote a una isla; se me hizo dormir en él; la tropa, con pocas excepciones, estuvo en tierra; al día siguiente, 18, continuamos el camino, y a las dos de la tarde llegamos al Rosario, donde desembarcamos. Pero volveré a Santa Fe para decir lo que hacía mi familia.

Cuando Margarita volvió a casa de las Torres, de donde no salió ya, se encontró con el doctor Cabrera, a quien había hecho llamar Cullen, para recomendarle que fuese a consolarla; todo el consuelo se redujo a una nueva mentira increíble y, por lo mismo, ineficaz para el objeto. Decía Cabrera, refiriéndose a Cullen, que no tuviesen cuidado alguno por mí, que mi destino era a la Banda Oriental, donde estaría muy pronto. La improbabilidad y torpeza con que se fraguaba esta especie contribuía a aumentar los temores de los más, porque se persuadían que el empeño que tenían en ocultar la verdad encerraba un terrible y decisivo destino. Margarita se limitó a decir que no pretendía sino salir cuanto antes de Santa Fe, y que, en consecuencia esperaba el pasaporte en el mismo día; sin perder un instante, se hicieron diligencias de buque, y se encontró uno que iba cargado de maderas, sobre las cuales, y bajo la toldilla de un encerado, se acomodaron aquellas desoladas señoras, y salieron de Santa Fe en la mañana del 19. Las incomodidades de tan molesto viaje agravaron las enfermedades de mi madre, y no tengo duda que contribuyeron a acelerar sus días. En cuanto a Margarita, triunfó su juventud, pues aunque el día de mi salida (el 17) cayó en un estado de postración que no le permitía el menor movimiento, en la noche hubo una crisis favorable, de modo que al día siguiente se sintió mejor. Cullen, hasta el fin, o sea doña Joaquina Rodríguez, su mujer, no dejó su conducta contradictoria: después que con la mayor crueldad había derramado sobre toda la familia el pesar y la desesperación, se empeñó en mandarles coche para que fueran hasta el puerto, y en hacer ridículas protestas de condolencia y amistad. Al fin, mi madre y Margarita salieron de Santa Fe el 19, con el corazón despedazado, y esperando a cada momento tener noticias de mi fatal destino. En el Rosario tuvieron la certeza de que se me había conducido a Buenos Aires, y no por eso fue menos su cuidado; nadie ignora lo que importaban, e importan hasta ahora, esas remisiones de hombres que se hacen los gobernantes que rigen actualmente los destinos de nuestro país, y todos saben los centenares de presos que han desaparecido en los suplicios, a consecuencia de esas bárbaras entregas. Pero yo las dejaré, para referir lo que sucedió en mi camino.

Un Esquivel era comandante militar del Rosario, y en su ausencia desempeñaba sus funciones un mayor Vayo, sujeto de muy buena educación y maneras obligantes, que fue quien me recibió. Me alojó en la comandancia, sin aparato de guardia ni otras precauciones incómodas; me visitó todo el que quiso, y se me permitió el desahogo que era compatible con mi situación. Entre otros, estuvo el apreciable cura don Nicasio Romero, el padre Lucero, no menos apreciable, el doctor Serrano, médico, y un Fernández, hijo de aquel tan conocido *Viva-la-patria*; este último, al saber que me dirigían a Buenos Aires, manifestó la mayor admiración, y aproximándose, me dijo con repetición:

"Señor, va usted mal a Buenos Aires; allí las cosas toman un carácter terrible; de ningún modo haga usted tal cosa". La confidencia no pudo seguir más adelante, porque el capitán Díaz, que estaba presente, y que debió oír algo, se interpuso e interrumpió la conversación, teniéndola muy a mal, como luego me lo dijo, dejándome sumergido en las más terribles dudas. ¿Creía este pobre mozo que yo hacía el viaje a Buenos Aires voluntariamente? No era posible semejante equivocación, pues veía que se me traía preso, y entonces, ¿qué medio me quedaba de evitarlo? Debí creer que él venía quizá de acuerdo con Serrano o con otros, que podía decir amigos, de sustraerme a mi fatal destino, y que esto había querido darme a entender. Estos medios no podían ser otros que facilitar mi evasión, lo que allí era fácil, siempre que se contase con alguna persona del país, capaz de arrostrar el compromiso. Luego que se fueron las visitas, llamé a mi criado, que era un muchacho de doce años, y traté de mandarlo a que buscase a dicho Fernández, por ver si por su conducto me escribía o me aclaraba lo que había dicho; el criado era un tontuelo, y nada pude conseguir; sin embargo, esperaba que si algunos tomaban algún interés por mi destino, me lo harían conocer de cualquier modo durante el curso de la noche, pero nada hubo; ésta se pasó y nos acostamos, quedando yo agravado con mis dudas sobre Fernández, fuera de lo que ya tenía en sí de desesperante mi situación. Era mucho más de medianoche; el capitán dormía en la misma habitación, y la tropa se había colocado en la inmediata. Una puerta de la primera daba a la calle. Repentinamente oí que refregaban algo en la puerta, y que decían algunas palabras bajas, inconexas y mal articuladas; parecían de un borracho. Luego creí que fuese una indicación de Fernández u otros, y estaba ya para levantarme, cuando el capitán despertó y gritó, y el ruido cesó enteramente. Me conservé despierto con el mayor cuidado, pero nada más volví a oír. Por años he conservado la duda de lo que significaban las expresiones de Fernández, y deseaba vivamente encontrarme con él para que la aclarase. Al fin lo logré, ¿y se creerá que aquel mentecato nada quiso decirme, nada quiso significarme, y que ni él mismo había pesado el valor de sus expresiones? En cuanto a mí, no ha dejado de ser un consuelo este descubrimiento, porque me servía de una mortificación la idea de que habiendo podido evitar una gran parte de mis sufrimientos, no lo había hecho, quizá por falta de destreza.

En la mañana del 20 se me dijo que debíamos continuar el viaje a caballo hasta la estancia de don Francisco Javier Acevedo, en el Arroyo del Medio, donde debían recibirme las tropas de Buenos Aires. Cuando yo observé al capitán que no tenía montura, me contestó que Cullen había provisto a todo, mandando una completa al efecto. Efectivamente, me presentaron un caballo aderezado con un recado de munición, sin uso, y que, de consiguiente, tenía toda la dureza y desigualdad de esta dase de construcciones; un freno de la misma; unos estribitos de fierro, también de munición, poco desiguales, y un pelloncito de cuero teñido de azul; para mi joven criado hice comprar el primero que se encontró. Subimos a caballo y echamos a correr la posta. El día era terriblemente caluroso, como que era precursor de una tempestad que vino esa misma noche; sin embargo, no cesamos de andar, y a la oración habíamos franqueado las dieciocho leguas que median entre el Rosario y la estancia de Acevedo. El capitán se admiraba de mi resistencia, después de cuatro años y medio de encierro; pero mi criado dio enteramente en tierra con la suya, en términos que concluyó la jornada más bien como un fardo que se acomoda sobre una bestia carguera, que como un jinete que dirige la que cabalga.

Era puesto ya el sol cuando llegamos a la margen izquierda del Arroyo del Medio a casa de un conocido del capitán, donde se demoró un poco, aguardando sin duda que fuese bien entrada la noche. Pasamos luego el arroyo, y no tardamos en distinguir la casa de Acevedo y los fuegos de un pequeño campamento que estaba inmediato. Llegamos al guardapatio, y dejándome allí, el capitán entró solo a la precitada casa; mientras eso, salió un soldado gritando a otro, a quien llamaba en nombre de su coronel, y con este motivo le pregunté quién era el jefe de aquella fuerza; supe con gusto que era el coronel don Antonio Ramírez, antiguo compañero y conocido mío en el ejército del Perú. Pasado un rato salió él mismo, me habló amistosamente y me condujo a la pieza que ocupaba, juntamente con el señor Acevedo, dueño de la casa, y el capitán Díaz, que se apresuraba por formalizar la entrega del prisionero, exigiendo su correspondiente recibo. Sobre esto hubo una pequeña diferencia con Ramírez, que quería demorar el recibo hasta el otro día; pero al fin cedió, y el capitán regresó esa misma noche. Mientras Ramírez fue a extender el documento, quedó conmigo el señor Acevedo, sujeto recomendable y de maneras muy agradables, y recuerdo que me dijo: "Hace meses que su amigo, el doctor don Eusebio Agüero, estuvo aquí una temporada, habitando este mismo cuarto, y seguramente estaba muy lejos de pensar que usted vendría a ocuparlo por esta noche". Él también se engañaba, porque luego fui conducido a otro. Ramírez conversó también familiarmente conmigo un rato, y como giro de la misma conversación me preguntó mi edad, y, además, noté que se fijaba en mi fisonomía. Después supe que su indagación era para formar mi filiación, la que fue remitida a Rosas: fue impresa en un papel suelto, distribuida profusamente a los jueces de paz, alcaldes, tenientes alcaldes, oficiales, sargentos, cabos de milicias, etcétera, de toda la campaña, para que fuese reconocido si llegaba a escaparme.

Una de las cosas que primero me preguntó Ramírez fue de mi familia, y cuando supo que había quedado en Santa Fe se manifestó maravillado, porque, según las órdenes que había recibido de Rosas, suponía que venía conmigo. Tuvo la condescendencia de leerme un artículo que trataba de ella; decía que se proporcionarían para su transporte carretones o carretillas decentes, que se pediría al vecindario, etcétera. Ahora bien: el arrancarme del lado de ella, el tenaz empeño de prohibirle que me acompañase, el revestir aquella medida de todas las apariencias de una catástrofe final, sin contar lo terrible que tenía por sí sola nuestra separación, fue obra exclusiva de López y Cullen; fue un refinamiento de rencor, y, después de todo, una crueldad inútil, pues no sirvió ni a recomendarlos con Rosas, si es que lo pensaron.

Ramírez me había hablado muy amistosamente, y me había dicho que tenía orden de dirigirse a Luján, que era su residencia; pero que, entretanto, esperaba nuevas órdenes que recibiría en el camino en contestación al parte de haberme recibido, que pasaba en el acto; que nada más sabía, pero que no opinaba siniestramente sobre mi posterior destino; otra cosa pensaba él, como días después me lo dijo. Entretanto, se me avisó que ya estaba preparado el cuarto en que debía alojarme, y me dirigí a él, que estaba ya rodeado de una guardia numerosa. El oficial que la mandaba era el capitán don Francisco Serna, hombre gigantesco y de formas atléticas; llevaba a la izquierda un enorme sable, un grueso pistolón a la derecha y un formidable puñal en su cintura; procuraba conocidamente hacer más desapacible su rostro avinagrado, y quería por todos los medios aparentar una insensibilidad que sin duda estaba lejos de su corazón, como después lo conocí. Ramírez, para que yo no ignorase mi situación, quiso darle las órdenes que debía cumplir a gritos y en mi presencia. Dejando el tono familiar que hasta entonces había usado, y tomando uno enteramente oficial y lleno de causticidad también, le dijo: "Debe usted tomar todas las precauciones y observar la más exquisita vigilancia con el prisionero, el cual está rigurosamente incomunicado". El capitán observó tan bien la consigna que, al traerme la cena que mandaba el señor Acevedo, revolvió todos los platos, y hasta la botella de vino fue puesta a mi vista en transparencia a la luz de la vela que me alumbraba y vuelta en todas direcciones, para ver, sin duda, si contenía algún papel o carta. Estas precauciones tenían algo de ridículas, pero me era en extremo mortificante la consideración de que volvían a empezar como el primer día, después de cuatro y medio años de prisión, cuando ellas no indicasen otra cosa peor.

La noche y la mañana siguiente fue lluviosa, pero apenas cesó de llover nos pusimos en camino. Ramírez había traído para custodiarme nada menos que un escuadrón, para el que se había hecho una prolija elección de oficiales y tropa, cuidando que no viniese ningún cordobés. ¡Vana precaución! Todos, menos los oficiales, vestían chaqueta, chiripá y gorra encarnada y llevaban además una chapa, también punzó, al pecho, con el *viva la federación y mueran los unitarios*. No es fácil explicar la chocante sensación que me hizo aquel lujo de rencor y de barbarie que se ostentaba por todas partes. En Buenos Aires se han acostumbrado a él, y ya no se extraña tanto; pero al que recién llega, y al que iba en una situación como la mía, todos eran signos de muerte y de horror.

Desde que salimos emprendimos el galope, y yo, que había quedado molido y destrozado con la caminata del día anterior y además sufría enormemente con las desigualdades y dureza de mi montura, le representé a Ramírez que no podía marchar a ese paso. Él, entonces, me ponderó la urgencia que tenía de llegar pronto, por cuanto estaba mudando sus ganados a otro campo, lo que reclamaba su presencia. Se trató entonces de un carruaje, y tomó sus medidas para proporcionarlo en el camino. Con el peligro de desagradar a Rosas, que había indicado que se diesen a mi familia carretones o carretillas decentes, él escribió al maestro de posta de Arrecifes, el viejo Lima, pidiéndole su coche, que lo franqueó con la mejor voluntad.

Esa noche dormimos en una posta que no recuerdo, y, aunque continuaba el mal tiempo, continuamos al día siguiente. No entramos al pueblo de Arrecifes, porque se hacía particular estudio en alejarme de las poblaciones, pero, en su inmediación, nos encontró el coche de Lima, a donde subimos Ramírez, yo y mi criado, que venía más muerto que vivo. Llegamos por la tarde a la casa del mismo Lima, donde pasamos la noche. Allí tuvo lugar una escena graciosa con un perro que tuvo el atrevimiento de ladrar al señor Ramírez. Se me había destinado mi cuarto, y después de colocados los centinelas y tomadas todas las precauciones, se paseaba dicho coronel por frente a mi puerta; un desatentado perro tuvo la audacia de ladrarle, y acaso hizo ademán de embestirlo, lo que le causó un acceso de cólera que lo obligó a sacar la pistola que traía habitualmente a la cintura y montarla; como un pobre paisano, que se hallaba cerca por casualidad, hubiese ocurrido a contener al perro, fue también objeto de las iras de nuestro bizarro coronel, el cual, apuntando sucesiva y alternadamente al paisano y al perro, que ya estaba sujeto, le decía: "¿A quién mato, a usted o al perro ?". El pobre paisano, asustado y fuera de sí, no hallaba palabras para disculparse, mientras que interiormente maldeciría su oficioso comedimento. Al fin Ramírez se fue apaciguando; desmontó su pistola, la volvió al cinto, y tuvieron en adelante buen cuidado de alejar los perros de la casa para precaver una escena parecida.

Los aguaceros de esos días habían sido copiosos y a eso atribuía Ramírez la demora de la contestación de Rosas, que ya tardaba, según su cuenta. Nos pusimos en marcha el 22, y llegamos al río de Areco, que encontramos crecido extraordinariamente. La prudencia aconsejaba esperar a que bajase un poco, lo que sucedería; pero la impaciencia del coronel no lo permitía: ordenó que se pasase a nado el río, e inmediatamente desensilló la tropa y se aprestaron para la operación, que no era difícil, porque el río es angosto. Ramírez se hizo preparar una pelota de cuero, y con mil precauciones y rodeado de nadadores, hizo aquel *peligroso* tránsito. Yo, en el fondo de mi carruaje, esperaba pacientemente lo que se haría de mí, y, por más que veía, aunque no oía, discutir en diferentes grupos que se formaban, no sabía la resolución que se tomaría. Finalmente, después de unas dos horas que se habían pasado y en que felizmente se había disminuido algo la violencia de las aguas, se me insinuó que yo debía pasar dentro del mismo coche, que tirarían caballos atados por la cola, como se acostumbra en tales casos. Era patente el peligro de que el coche se volcase y, entonces, adiós preso; con lo que se hubiera ahorrado el trabajo de guardarlo. Cuando el coche se movía, declararon terminantemente los nadadores que andaban auxiliando la operación, que el coche debía volcarse arrebatado por la corriente, y entonces les dije que no expusiesen al muchacho, mi criado, que iba también dentro; últimamente les dije, resueltamente, que lo sacasen, y no lo hiciesen perecer conmigo. Entonces volvieron a entrar en cuentas, y, después de nuevo examen, resolvieron que tres de los mismos nadadores se pusiesen de pie en la vara que quedaba del lado de la corriente, para que el coche no pudiese ser volcado por ella. Así se hizo, y pasó felizmente el coche, medio nadando, medio arrastrando, pero entrando el agua en raudal por una puerta y saliendo por otra, para cuyo efecto se conservaron abiertas. Tuve que admirar la indiferencia de Ramírez, que había puesto tan exquisito cuidado por su seguridad personal, pero quien creía la mía tan en peligro, de otro género, que poco se perdía con anticipar el desenlace algunas horas.

Esa tarde llegamos a casa de un Figueroa, gran amigo de Rosas, según supe después, e inmediatamente me alojaron en una pieza aislada, donde se colocaron centinelas dobles, y se tomaron todas precauciones. Ramírez entraba a cada momento a mi alojamiento, que fue también el suyo, y viendo llegar un carretón con mujeres, me dijo que esa noche había baile en la casa; pero eso, ¿a qué motivo particular? Creo que el verdadero fue mi venida, y el deseo innoble de mortificarme. Al estar cenando, vinieron a cantar a la puerta una canción de esas que acostumbran, en que no se respira sino sangre y carnicería; al concluir, dieron los *vivas y mueras* de regla, lo que tomé y tengo hasta ahora por un verdadero insulto que quiso hacérseme. Ramírez se disculpó como pudo, y al día siguiente continuamos.

Estábamos ya cerca de Luján y la contestación de Rosas no parecía. A distancia de una legua, frente a la chacra de Escola, paró el carruaje y la comitiva. Ramírez, en la puerta del rancho, despachaba oficiales y soldados, que salían a escape, y recibía otros que le traían avisos y comunicaciones; yo debí creer que eran las que esperaba de Rosas; después de más de una hora continuamos marchando, y ya percibíamos de muy cerca la torre de la iglesia de Luján, cuando el coche, haciendo una conversión a la derecha, salió a toda rienda en la dirección sud. Creí entonces, firmemente, que mi suerte estaba fatalmente decidida, y que se me llevaba a algún lugar designado para la ejecución. El pueblo de Navarro y la ocurrencia del doctor Saráchaga, de que ya hice mención, se me presentaron con la mayor viveza: ya hacía mis composiciones de lugar, ya procuraba tranquilizar mi espíritu, ya, en fin, procuraba familiarizarme con tan triste idea, cuando el coche, después de haber andado doce o quince cuadras en la nueva dirección, torció bruscamente a la izquierda por un movimiento contrario, tomando otra vez la de Luján, de donde distábamos muy poco. La razón de estos cambios de dirección fue la siguiente. Cerca de Luján corta el camino una honda zanja, que cuando llueve se pone pantanosa, y para despuntarla acostumbran hacer los carruajes un rodeo como el que he descripto. Esto fue lo que sucedió, pero con la diferencia que, por inadvertencia quizá, no variaron los cocheros hasta muy cerca de la zanja, de modo que el cambio fue súbito y muy pronunciado.

Entramos a Luján a eso de las diez del día 23 de septiembre, y, como no hubiese aún habitación preparada para mí, se me alojó momentáneamente en casa del mismo coronel Ramírez. Esto prueba que él no tenía hasta entonces orden de establecerme en Luján y tan sólo había recibido la de traerme en esa dirección hasta recibir otras nuevas; éstas eran las que se esperaban y se temían a la vez. Eran los momentos críticos, y mi ansiedad era proporcionada a mi situación. Sería entre dos y tres de la tarde, que había pedido avíos de afeitarme y lo estaba verificando cerca de una ventana que daba a la calle y que estaba cerca de la puerta principal de la casa, cuando vi llegar un hombre de poncho azul militar, y que en la manga de la chaqueta traía una faja transversal que decía, en letras amarillas, *Policía*, de la que sin duda era empleado. Se apeó del caballo, registró la grupa, sacó un grueso paquete de papeles cerrados en forma de pliego y entró. Éste era, a no dudarlo, el conductor de la esperada contestación: en ella venía la resolución de mi destino. Tardó Ramírez en venir cerca de una hora; mas, cuando lo hizo, fue con un semblante placentero, y extendiendo los brazos me dijo: "Somos de vida; acabo de recibir la comunicación que esperaba, y me dice el gobierno que se le aloje a usted cómodamente y que se le trate bien; esto indica que sus días deben ser conservados. Entretanto (continuó), crea usted que yo también he estado en la más cruel ansiedad, y que no es sino temblando que he abierto el pliego que acabo de recibir; sí, amigo (repitió), temblando he leído las últimas órdenes que me han venido, pero ellas me han tranquilizado y lo felicito a usted por ello." En seguida me dijo que se estaba preparando una pieza en el Cabildo para mí, y que esa noche sería trasladado.

Así fue; a las ocho de la noche se me condujo al Cabildo, y yo quedé luego instalado en una pieza alta, con salida al corredor o balcón y vista a la plaza del pueblo y al campo. El cuarto era desahogado y tenía una ventana que caía al mismo corredor. Sin embargo, la incomunicación era más rigurosa que nunca, y mi soledad era completa. Esta soledad fue mi mayor tormento durante mi prisión: mi familia me la había hecho más llevadera, y ahora me veía privado de ella. Por otra parte, la falta de noticias de ella, la ignorancia en que estaba si habían o no salido de Santa Fe, si habían hecho su viaje con felicidad, otras mil ocurrencias y peligros que abulta la imaginación y que cría una fantasía irritada por las desgracias eran torcedores continuos que hacían sumamente amarga mi posición. En los primeros días de octubre llegó de Buenos Aires a Luján la señora doña Rufina Herrero, y tuvo la atención y la humanidad de mandarme decir, a escondidas, que mi familia había llegado buena a Buenos Aires, que la había visto y que podía asegurarlo. Esta noticia me fue de un inexplicable consuelo, pues la idea de que hubiesen entorpecido su viaje en Santa Fe era para mí desesperante, abrumadora.

Como nunca nos falta qué desear, y como tenía tanta materia de ejercitar mis deseos, los míos se contrajeron a la venida de mi familia. Para esperarla me hacía este argumento: Rosas creía que yo traía de Santa Fe mi familia, y si hubiera sido así es probable que no se me hubiera separado de ella; luego, no puede impedirle que se me reúna. Mas no fue así; y yo devoré solo cuatro meses mis pesares y mis acerbas penas; lo peor es que, en mi amargura, o mejor diré, en mi delirio, llegué alguna vez a sospechar que no harían el esfuerzo bastante, o que les fatigaría la vida que forzosamente habían de llevar a mi lado. Injusta sospecha de que me arrepentiría luego, pues es imposible mayor abnegación ni mayor constancia que las de las personas que me pertenecían, muy particularmente la de mi joven esposa, mi incomparable Margarita. Pero no anticipemos los sucesos.

A los pocos días de mi llegada a Luján, se me presentó Ramírez para leerme un capítulo de la carta de Rosas, en que le decía más o menos lo siguiente: *Haga usted entender al general Paz que se le abonará su sueldo, y que pida cuanto necesite, que le será proporcionado; pero que, en punto a seguridad, no hay que hablar, pues se tomarán las precauciones imaginables; que su filiación está circulada en toda la provincia, y que si llegare a intentar fuga o fugarse, será fusilado, sin otro término que el preciso para administrarle los auxilios espirituales. Que, por lo demás, no es mi ánimo dañarle, pero que el estado de las cosas políticas y lo más caro de mis deberes públicos me obligan a esta medida.* ¡Cuánto bien pudo hacerme el loco y estúpido Ramírez dando un sentido literal a estas palabras! Pero el malvado se complacía en mantener mis dudas, dando a entender con medias palabras que no les daba el valor que en sí tenían. Creía que era una medida de seguridad, y hasta se complacía en mantenerme en la más cruel incertidumbre, al menos cuando un motivo cualquiera lo hacía desagradarse; tenía este insensato unas alternativas inexplicables, sin embargo que debo confesar que me hizo sufrir menos de lo que podía esperarse de sus caprichos atrabiliarios y aun positivos actos de locura, de que se quejaba todo el departamento. Algo quizá diremos en el curso de esta narración.

Por el 20 al 22 de octubre estaba una tarde en la puerta de mi prisión y vi llegar una partida de tropa de línea mandada por un jefe que cargaba charreteras, la que paró y desmontó en casa de Ramírez. Luego me figuré que viniese por mí; mas permaneció inmóvil por algún tiempo, y noté que el jefe, que conversaba con Ramírez en la puerta de su casa, saludaba con la mano en la dirección que yo estaba. No podía figurarme que fuese a mí el saludo, pero tanto se repitió que contesté mesuradamente con la cabeza por si efectivamente me venía dirigido; después de una hora la partida montó y continuó su camino; es de notar que no llevaban más bagaje que un carguero, cuya carga se confundía con la albarda, porque abultaba muy poco. Nada más supe de esta ocurrencia hasta la noche, que vino Ramírez a visitarme y me dijo que el jefe que me había saludado era el coronel don Ramón Rodríguez, que iba a recibir a los Reinafé, que eran traídos de Córdoba. El carguero de que he hablado conducía cuatro hermosas barras de grillos, que debían acomodárseles luego que la partida se recibiese de ellos. Añadió que Rodríguez había querido visitarme, pero que a él no le había parecido conveniente por la hora, pero que a la vuelta lo haría.

El 31 de octubre noté, por la tarde, un movimiento en las callejuelas de Luján, que llamaba la atención hacia el camino que viene del interior; la gente afluía en esa dirección, y muy luego supe el motivo. Llegaban los Reinafé. Los bajaron en el mismo Cabildo y los alojaron en las piezas bajas, en la misma que cuadraba debajo de la que yo ocupaba. Venían en dos carretillas, de las que una servía a José Antonio, Guillermo y el secretario, doctor Aguirre; la otra, a sólo José Vicente y un criado que lo acompañaba. Todos traían sendas barras de grillos, y el José Vicente, enfermo, según decía, en términos que lo bajaban y subían a la carreta en brazos. Yo me retiré al fondo de mi habitación para no ver ni ser visto de ellos ni del numeroso concurso que había acudido.

No era uno de mis menores temores que se le antojase a Rosas acusarme sobre el asesinato de Quiroga y confundirme con los Reinafé. Todo estaba en que se le ocurriese y le conviniese adoptar ese arbitrio para herirme más cruelmente y acabar conmigo de un modo aparentemente más legal. Él, que proclamaba altamente que los unitarios habían maquinado ese crimen, nada tenía de extraño que acusase al que había sido jefe de ellos, aunque ese jefe hubiese estado sumido en un calabozo cuando había sucedido; esto adquiría un viso más de verosimilitud cuando hubieron en esos días de gritar, andando con música, una reunión presidida de un mayor Macaluci, tan bajo como cobarde: "Mueran los cordobeses, como piquillín; mueran los cordobeses, asesinos de Quiroga", en que parecía querían incluir a todos los de aquella provincia. Este temor lo fortificó Ramírez un día que, hablando en confianza, le dije: "No quieran ustedes confundirme con los Reinafé, y cualquiera que sea mi destino, deseo que se separe de unos hombres con quienes no he tenido jamás ninguna inteligencia, pues siempre fueron mis enemigos". El bárbaro Ramírez me contestó: "Eso su conciencia se lo dirá", con lo que me daba a entender que creía muy posible esa complicidad, que no podía ni aun suponerse. Tan brutal salida no merecía réplica, y me callé, devorando interiormente la irritación que me causó.

Qué de reflexiones se agolparon a mi imaginación al considerarme preso en la misma casa que mis antagonistas y sucesores en el gobierno de Córdoba. Mil veces estuve tentado de reírme al ver las vicisitudes de una revolución y las peripecias humanas. Serían las siete de la noche cuando me sacó de estas meditaciones el ruido de otra carretilla que trajeron y aproximaron a las otras dos que habían ocupado los Reinafé, y que probablemente volverían a ocupar al día siguiente para seguir su viaje. Luego me vino la idea de que la tercera carretilla era destinada a otro personaje, que, naturalmente, debería ser yo. Esto me causó un sinsabor extremo, porque no podía avenirme a ir a Buenos Aires mezclado con aquella gente; cualquiera otra cosa, la muerte misma, me era preferible. Me hallaba dominado de una extrema angustia, cuando el ruido de una cuarta carretilla vino otra vez a interrumpir mis tristes meditaciones; eso me tranquilizó hasta cierto punto, porque para mí no se necesitaban dos; mas, sin embargo, no podía atinar con el significado de este lujo de carruajes. Al otro día lo supe, cuando vi quedar vacías las que habían llegado la tarde antes, para devolverlas a sus dueños, que ya quedaban atrás, mientras eran reemplazadas con otras del mismo pueblo, que serían también devueltas, de Buenos Aires.

A la mañana siguiente continuó el viaje de los Reinafé, y entonces, desde la hendija de mi puerta, pude ver a dos de ellos. El José Antonio, muy gordo, muy barbado, muy cano, se asemejaba al busto con que suelen representar al Padre Eterno. Una especie de serenidad, hija más de la estupidez que del valor, marcaba sus facciones; las de Guillermo y del secretario Aguirre nada decían, e indicaban más bien abatimiento moral. Es lo que pude notar en una rápida ojeada y a una regular distancia. Ellos marcharon sin excitar, a lo que creo, un sentimiento de simpatía en persona alguna, y sin merecer la compasión de nadie, fuera de mí, que me dolí muy sinceramente de los males que les esperaban. ¡Ah! Esos pobres hombres apuraron hasta las heces el cáliz de la desgracia: dos años duró la instrucción y sustanciación de la causa, y dos años sufrieron los más prolijos tormentos; al fin fueron sentenciados e intimados de muerte, y, para ser más duradera su agonía, se les permitió apelar al mismo tribunal que los había sentenciado (es decir, a Rosas mismo) para que sufriesen dos meses más, pasados los cuales se les puso en capilla, y aun a ésta se le dio una duración extraordinaria; al fin fueron ejecutados con Santos Pérez, y colgados en la horca, lo que no ha tenido ejemplar en la revolución.

En esos días y meses posteriores a la venida de los Reinafé fueron pasando otras partidas de presos implicados en la misma causa, pero ninguna de ellas llegó al Cabildo, y tan sólo las vi pasar a la distancia, por la orilla del pueblito. Con este motivo referiré lo que supe relativamente a la partida de cordobeses que condujo a Santos Pérez.

Rosas se había propuesto hacer lo mismo que cuando los Reinafé; es decir, mandar una partida suya que recibiese al preso en la frontera de Buenos Aires, regresando desde allí la que venía de Córdoba. Efectivamente, salió, si no me engaño, el mismo coronel Rodríguez a conducirlo como había conducido a aquéllos, pero, cuando lo esperaba por el camino del Pergamino, la partida cordobesa tomó el camino de la costa, que es de la izquierda, y se metió en Buenos Aires, dejando chasqueados a Rosas, a la partida y a su jefe. Ahora bien, el objeto de esta operación estratégica del oficial cordobés era conducir y presentar personalmente en Buenos Aires al desgraciado Santos Pérez, que venía en una carretilla, cruelmente aherrojado con grillos, esposas y tramojo, para obtener algunos pobres regalos o gratificaciones que le hiciese Rosas. Cuando regresaba la partida y vi algunos de los que la componían, diseminados en las calles o pulperías, luciendo sus chaquetas y chiripás nuevos, de paño encarnado, y sus grupas en que llevarían algunas varas de lienzo o zaraza, mi irritación y mi desprecio para aquellos miserables no tuvo límites. Estoy perfectamente seguro que este mismo sentimiento excitaron en todos (sin exceptuar los federales) cuantos los vieron.

Que en fuerza de la obediencia militar hubieran traído el preso hasta donde se les exigía y que hubiesen cooperado a la docilidad sin nombre del general López, de Córdoba, que mandaba docenas de sus paisanos para que los devorase Rosas[1] según su capricho, pase; pero que se adelantasen a más de lo que se les exigía, por un despreciable interés, es el colmo de la vileza, de la degradación y de la indignidad. El héroe de esta célebre hazaña, es decir, el oficial que mandaba la partida, fue un Villarroel, según recuerdo; es probable que a su regreso haya contado que cruzó todo el pueblo de Buenos Aires, rodeando

[1] En ese tiempo tenía muy buena relación don Aparicio Frías con el gobernador López, de Córdoba, y quiso hacerla valer en obsequio de don Patricio Bustamante, que, aunque enteramente inocente, convino hacerlo venir a Buenos Aires como culpable. López contestó a Frías: "No me hable, amigo, sobre este particular, porque si el señor Rosas me pide a la Santos (su esposa), a la Santos la he de mandar".

la carretilla de Santos Pérez, en medio de los gritos caníbales de la plebe, y que se haya envanecido como de un triunfo. A mi juicio, son estas acciones tales que no deben olvidarse, para vergüenza de sus autores y represión de los que sean capaces de imitarlas.

He olvidado decir que cuando Ramírez me dijo el ofrecimiento de Rosas de que pidiese lo que necesitase, sólo dije que necesitaba libros; se me instó para que dijese cuáles quería, y recuerdo que nombré *Anquetil*. Luego vino esta obra completa, acompañada de los *Varones ilustres*, de Plutarco, y de la *Ilíada*, traducida al castellano, y de alguna otra obra que nunca llegó a mis manos, porque se perdió en el camino. Estoy seguro que otro, en mi lugar, hubiera llevado sus peticiones a más distancia, y que las hubiera obtenido. Séame permitido hacer ahora una ligera comparación entre los dos caudillos bajo cuya férula tuve que sufrir ocho años de prisión: el uno, Rosas, me mandó libros; al otro ni se le ocurrió que podía necesitarlos. Aquél me hace conocer francamente sus intenciones; López, taimado y taciturno, quiere que le adivinen, y se irrita porque cree que no puedo comprenderlo, pues para esto hubiera sido preciso bajarse hasta donde me era imposible llegar. Ambos, gauchos; ambos, tiranos; ambos, indiferentes por las desgracias de la humanidad; pero el uno obra en grandes proporciones; el otro, limitado a una esfera tan reducida como su educación y sus aspiraciones. Rosas marcha derecho; López por rodeos y callejuelas. Rosas fusila ochenta indígenas en Buenos Aires y en un solo día; López los hace degollar en detalle de noche y en un lugar excusado. Rosas pretende que se le tenga por hombre culto, pero haciendo ver que no son para él una traba las formas de la civilización; López se rebela contra la sociedad siempre que le da a entender que ha dejado de pertenecer al salvajismo. Rosas quiere el progreso a su modo, un progreso (permítaseme la expresión) haciéndonos retroceder en muchos sentidos; López nada quiere, sino el quietismo y un estado perfectamente estacionario. Rosas escribe mucho y da grande valor al trabajo de gabinete; López aparenta el mayor desprecio por todo lo que es papeles, imprenta y elocuencia. Por el contrario, López ha sido feliz en los campos de batalla, y tenía cifrada su vanidad en eso; Rosas no ha aspirado a la gloria militar, sea por sistema, sea por otro motivo que no haga tanto honor a su valor personal. He tocado ligeramente los diversos rasgos de estos dos caracteres, sobre que se pudieran hacer muchas más observaciones; mas, ni es de mi propósito ni quiero extender demasiado esta relación, a la que preciso es volver.

Cuatro meses seguí en Luján, arrastrando una penosa existencia, en la soledad más completa y en la incertidumbre más molesta. La tardanza de mi familia me hacía entender que se le había prohibido reunirse conmigo, y esta prohibición no debía ser hija sino de medidas siniestras, que habían de tomarse con respecto a mí. Así discurría y así me atormentaba, cuando, en enero del año 36, llegó Margarita, mi madre y Rosario, quien, habiendo dejado a Elizalde en la Colonia, venía a acompañar a su hija durante su parto: Margarita estaba ya en meses mayores. Querer pintar el consuelo de que me sirvió la venida de mi familia es superior a los esfuerzos de mi pluma; hay cosas que mejor se conciben que se dicen, y ésta es una de ellas; al fin volvía a veme reunido con los míos, y veía también a Rosario, que, además de ser mi hermana, era entonces mi suegra, después de siete años de ausencia. Gozando, como nos era posible gozar, continuamos hasta el parto de Margarita, que fue el 10 de abril a las seis de la tarde, dando a luz a mi primer hijo, José María Ezequiel. El parto fue laborioso, y se llamó al doctor Muñiz, a quien se permitió entrar. Con este motivo, recordaré que el doctor Muñiz, al entrar al Cabildo, donde iba a verse conmigo, se había colocado la cinta de Rosas, o sea la divisa, de modo que sólo se leía *los federales mueran*, para que yo entendiese que no había variado de opinión, y que era el mismo unitario que habíamos conocido. El modo de hacerlo era muy sencillo, pues, introduciendo en dos distintos ojales de la casaca los dos extremos de la cinta, quedaba oculto el *vivan* de los federales; y en la segunda leyenda sólo quedaba visible el *mueran*, que correspondía a los unitarios; más claro: las dos leyendas seguían la dirección de la cinta en esta forma: *Vivan los federales - Mueran los unitarios.* Ocultas las extremidades de la cinta, desaparecían la primera y última de las cuatro principales palabras, y sólo quedaba *los federales mueran*. Para que yo lo notase bien, no perdonaba movimiento ni acción que pudiera contribuir a ello, en términos que creí deber hacerle conocer que estaba al cabo de su pensamiento. Me he detenido en esto para comparar la conducta del señor Muñiz con aquel antecedente. Ahora sólo se ocupa en estar escribiendo artículos sobre historia natural, desenterrando el megaterio, describiendo el avestruz, haciéndose gaucho con bien poca gracia, para dedicar sus trabajos a Rosas e incensarlo con adulación.

Mi hijo se bautizó en la iglesia de Luján, siendo padrinos mi hermano político, Elizalde, por apoderado, y mi madre. Jamás quiso Margarita ceder el privilegio de criar sus hijos dejando a manos asalariadas el cuidado de la lactancia y demás que requiere un recién nacido; por entonces era indispensable, porque no se permitía la entrada sino a los que rigurosamente eran de la familia. Como Elizalde padecía de sus antiguas dolencias, reclamaba, por otro lado, los cuidados de Rosario, y tuvo esta buena hermana y madre que dejarnos para ir a prodigar sus servicios a su doliente esposo, que permanecía aún en la Banda Oriental. Mas, deseoso yo y todos los demás de estar reunidos, me insinué con Ramírez para que se le permitiese venir a Buenos Aires, y de allí pasar a Luján, porque así nuestra subsistencia era más cómoda. Ramírez se encargó de hablar con Rosas, y contestó que todo estaba allanado.

Por junio partió Rosario, y el 1° de octubre volvió a Luján acompañada de Elizalde. A éste no se le permitió verme, lo que no dejó de causarnos extrañeza. Se notaron también algunas pueriles precauciones, que no dejaron de alarmarnos; finalmente, una de esas noches, el centinela dijo que había visto un bulto en el corredor alto, y el oficial de guardia, que era un capitán Bello, hizo un alboroto. Todo era lo más infundado que puede imaginarse, pues no habíamos pensado en lo más mínimo infringir el orden que se había establecido.

Llegó el 11 de octubre (día célebre de los fastos federales) y sufrimos el más terrible golpe que nos hirió mientras estuve en la provincia de Buenos Aires. Muy temprano se me dijo por un criado que el juez de paz estaba con soldados en casa de mi familia, y muy luego me avisó que a Elizalde lo traían preso al Cabildo. Rosario se vino desolada a hacernos a Margarita y a mí la misma relación, y a pocos momentos oímos los golpes del martillo que le aseguraba una buena barra de grillos. La pieza donde se hacía esto quedaba debajo de la que yo ocupaba, y oíamos distintamente mucho de lo que pasaba. Rosario descendió la escalera para echarse en brazos de su marido, pero los centinelas se lo prohibieron, y volvió a subir a mi cuarto en un estado difícil de describir. Ella se desesperaba; Margarita lloraba; las criadas gemían algo más despacio, y hasta mi chico de meses participaba, al parecer, del dolor común, porque daba gritos prolongados. Cada golpe del martillo que se sentía en la pieza baja venía a desgarrar todos nuestros corazones. Nuestra aflicción fue mayor cuando un criado joven que estaba en el balcón, viendo que traían otra barra de grillos, avisó que eran dos pares los que iban a poner a Elizalde; felizmente no fue así, sino que se le mudaron los que primero le habían puesto, porque estaban muy estrechos. A renglón seguido arrimaron una carretilla de carne, sucia aún con la sangre de las reses cuya carne había guardado, y embarcando al preso partió para Buenos Aires. Entonces llegó a su colmo la desesperación de mi familia. Rosario, ya que no le habían permitido abrazar a su marido, quería, al menos, abalanzarse al balcón para hablarle, y Margarita seguía su movimiento. Todo esto era inútil, y degeneraba en una escena trágica, aunque harto verídica, que iban a presenciar innumerables curiosos. Me sobrepuse, pues, a todo, y cerrando resueltamente la puerta de mi habitación, no permití salir a nadie; sólo la abrí cuando la carretilla se perdió de vista y ya había calmado, en parte, la violencia de aquellos arrebatos. Cualquiera se hará cargo de la amargura en que nos sumergió este acontecimiento que no comprendíamos, porque no atinábamos con la causa que podía haberlo producido. Aquélla se aumentó cuando, a renglón seguido, se intimó a mi madre y a Rosario que partiesen a Buenos Aires, dentro de tres días, sin dar los motivos ni término de aquel semidestierro; así se practicó, y yo quedé solo con Margarita, entregado a todos los tormentos de la incertidumbre.

A la verdad, no podíamos atinar con la causa que habría motivado aquella cruel medida. ¿La licencia concedida a Elizalde para venir de la Banda Oriental sería un lazo que se le había armado para que cayese en él? ¿Habríase levantado en Luján alguna calumnia o chisme que pudiera habernos dañado en el ánimo de Rosas? ¿Sería efecto de nuevas combinaciones políticas que influían en mi destino? Nada, nada podíamos adelantar, y nos perdíamos, nos extraviábamos en un mar inmenso de conjeturas. Después que obtuve libertad, el señor Arana, como por vía de satisfacción, se esforzó en hacer llegar a mi noticia la causa de este procedimiento, y, según su explicación, fue la siguiente:

Desde que Rosas volvió al poder, el año 35, los unitarios emigrados en la Banda Oriental se agitaron extraordinariamente y se constituyeron en una conspiración permanente contra la omnipotencia del nuevo dictador. Para mejor llevar adelante sus planes, organizaron sociedades secretas (que, sin embargo, nada tenían de secretas) en Montevideo y otros pueblos de aquella república. La de la Colonia, en que fue iniciado Elizalde, se reunió dos o tres veces en su casa, y cuando ella fue traicionada y denunciada al ministro Llambí por el célebre don Calixto Vera, aquél dio parte a Rosas, instruyéndolo, por supuesto, de que Elizalde pertenecía a aquella asociación. Quien conociese su carácter no hubiera dado mucho valor a estas relaciones, pero Rosas se sirvió de ellas para hacerlo sufrir cerca de tres meses en una rigurosa prisión. En ella se agravó su enfermedad, que era una inveterada retención de orina, y cuando salió en libertad, el 1º de enero del 37, no hizo sino seguir reagravándose, hasta que murió en julio del año 38. He dicho mal que salió en libertad, pues, aun cuando se lo sacó de la *Cuna* (prisión de Estado), se lo dejó con la ciudad por cárcel, hasta que acabó. No me detendré en detallar los padecimientos que causó a toda la familia este nuevo infortunio, muy particularmente a mi hermana Rosario, que estimaba sinceramente a su marido, pues fácil es conjeturarlo. Tan sólo diré que no se pasaba en estos tiempos aciagos un año, un mes, una semana, sin que algún nuevo suceso viniese a sumergirnos en la más desesperante desconfianza o en la más acerba amargura. Estos sufrimientos de detalle serían muy prolijos, parecerían quizá pueriles al que no ha pasado por ellos, pero no son por eso menos crueles; sólo tocaremos ligeramente algunos, porque ya es preciso abreviar esta pesada memoria.

Habiendo salido Elizalde de la prisión y aproximándose el nacimiento de mi segundo hijo, Margarita hizo una solicitud para que se permitiese a su madre venir a asistirla en el parto. Rosas consintió, y tuvimos el placer de volver a verla, y a mi madre, que llegaron por abril, segunda vez, a Luján. El 30 de este mes dio Margarita a luz, a las ocho de la mañana, a mi hija Catalina; se bautizó a los pocos días, siendo padrinos el mismo Elizalde, por poder, y mi hermana Rosario. Era dotada esta niña de una singular belleza; pero, el 7 de septiembre siguiente, fue atacada de una convulsión, y murió al día siguiente, dejándonos sumidos en el más profundo dolor. Margarita hizo extremos de desesperación, y tuve que emplear todos mis esfuerzos para mitigar su justo pesar. Cuando esto sucedió, ya Rosario había regresado a Buenos Aires a atender al doliente Elizalde, y nos encontrábamos solos con mi madre, que, viviendo separada, reclamaba más nuestros cuidados por su ancianidad y achaques.

Mi primer hijo, Pepe, había sufrido también una enfermedad que lo tuvo a la muerte. Sólo la más exquisita asistencia y los cuidados más prolijos pudieron salvarlo. Todo era sufrir, sin que por ninguna parte viésemos una vislumbre de felicidad.

Estos trabajos domésticos me han distraído de los que me ocasionaba mi prisión y la mala voluntad, el celo extraviado o la estupidez de mis carceleros. Ramírez era ya bastante loco y bastante interesado en aparecer vigilante a los ojos de Rosas para causarnos mil disgustos con sus extravagancias; pero cuando él se ausentaba, dejaba otros en su lugar, de los que algunos se mostraron, si no hostiles, por lo menos insensibles. De ellos fue un mayor Montojo, hombre inmoral y bajo, sin honor y sin conciencia. Una muerte penosa y pronta lo privó de la comandancia y nos libró de un fiscal dispuesto a sacrificarnos en cuanto le hubiese convenido. Lo sucedió el capitán Serna, el mismo que me hizo la primera guardia en la estancia de Acevedo, el que manifestó mejores sentimientos y más humanidad. Referiré, como prueba de ello, lo siguiente:

Una noche, a las ocho, sentimos llegar, con gran aparato de tropa, un coche que paró a la puerta de la cárcel o del Cabildo, que es lo mismo. Luego se oyó un ruido de grillos y cadenas que arrastraban los que venían dentro de él; salió también del coche un religioso, que probablemente debía ejercer su ministerio cerca de alguno que estaba destinado a morir. No dejó de causar sorpresa esta aparición y este lúgubre aparato en Margarita, que estaba encinta. Serna tuvo el comedimiento de subir luego a mi cuarto a decirnos que la persona cargada de grillos y cadenas que venía en el coche era un negro que había, en tiempos anteriores, asesinado a su ama, vecina de Giles, si no me engaño, y que se le conducía a fusilarlo en el mismo lugar que cometió el crimen; el capellán lo acompañaba para suministrarle los últimos auxilios espirituales; estaban sólo de paso, y debían continuar su camino al día siguiente.

¿Qué objeto tuvo Rosas en suministrar coche a un desgraciado negro, a un criminal famoso, cuando lo había negado a los Reinafé, a quienes quitaron los que trajeron de Córdoba en el Pergamino? La única explicación que se me ocurre es la que voy a decir. Cuando me conducía Ramírez y pidió el coche de Lima, que he referido, me manifestó sus temores de que Rosas desaprobase, y después me dijo que, efectivamente, lo había desaprobado y aun reconvenido por su condescendencia. Pienso, pues, que, concediendo al negro la misma distinción, que, aunque a su pesar, había yo obtenido, y mandado quizás expresamente que viniese a pernoctar a pocas varas de mí, quiso darme a entender que la concesión del coche no me ponía fuera de la esfera de gran criminal, como él clasifica a todos sus enemigos. Bien sabido es que tiene el sistemático empeño de dar a los delitos políticos un carácter más feo y atroz que a los demás crímenes que violan las leyes divinas y humanas; en su lenguaje, los primeros son mucho más deshonrosos e infames que los últimos. Concurrirá a probar esto lo que supe que había sucedido con el mismo negro.

Es verdad que éste había asesinado a su *señora*, pero había sido buen federal, y se le había indultado por el mismo Rosas, y había servido después en las tropas; mas cometió no sé qué deslealtad, que no supieron explicarme, y se lo sacó de las filas para arrestarlo y mandarlo al suplicio; aún entonces se tuvo consideración a sus antiguos servicios a la santa causa.

Presencié desde mi prisión otra ejecución que es digna de referirse. Residía en Luján un gaucho cordobés, que pertenecía a esa clase que llaman los paisanos *gauchos aseados*, porque se traen decentemente; su nombre, si no me engaño, era José Luque, o Ardiles. Este hombre era dotado de unas pasiones violentas, y era, al mismo tiempo, víctima de ellas. Era casado y, dejando su mujer en Córdoba, abandonada, había traído en su compañía una joven, con quien vivía maritalmente. Enamórase violentamente de otra joven de mediano pelaje, en Luján, y trata de casarse con ella como único medio de poseerla. Para ello era un obstáculo la joven que tenía en su compañía, la que, interesada en que no la abandonase, no dejaría de denunciar su anterior casamiento. Repentinamente desaparece la joven y él propala que la había mandado a Córdoba en una tropa de carretas, siguiendo entretanto, con tenaz empeño, las diligencias de su futuro matrimonio, que estaba ya al concluirse. A los pocos días aparece el cadáver de la joven cordobesa a una o dos leguas, río abajo, cuyas aguas, en una gran creciente, habían arrojado a la orilla; estaba degollada, aunque no enteramente separada la cabeza. Se reconoce la identidad, y las sospechas más vehementes recaen sobre el futuro bígamo. Se le arresta, se le interroga, y todo lo niega; se toman nuevos datos, y los indicios se agravan; se le ponen una o dos barras de grillos, y él persiste en su negativa; al fin se lo remite, un lunes, a Buenos Aires, sentado a mujeriegas en un caballo, sin mitigar el rigor de sus prisiones; llega a la casa de policía por la tarde (Luján dista dieciséis leguas de Buenos Aires); tan sólo se demora el tiempo que se tarda en leer lo actuado y en extender la sentencia de muerte; esa misma noche y con la misma custodia que lo había llevado, se lo hace regresar, y a las dos de la tarde del martes está de vuelta en Luján, habiendo andado treinta y dos leguas en un mal recado, con dos barras gruesas de grillos y en la posición más incómoda que puede darse. Inmediatamente se le pone en capilla, y al oír la sentencia, exclama: "¿Son éstas las leyes que se preconizan en este país? Cualquiera que fuese el crimen de que se me acusa, debería oírseme y escuchar mi defensa, debería sujetárseme a un juicio; pero nada ha habido, y se me mata indefenso y contra todo derecho."

En seguida entró el cura del pueblo a ofrecerle los auxilios de la religión, que no quiso admitir en manera alguna. En vano fueron las persuasiones y los ruegos; en vano fue que se interpusiesen las personas de su amistad; el hombre ostentó la más deplorable firmeza. El buen cura agotó toda su clemencia sin dar mejor resultado, y ya cansados todos, y accediendo a sus deseos, lo dejaron solo, y se acostó a dormir tranquilamente. El valor extraordinario de este hombre había impuesto de tal modo a sus guardianes, que lo miraban con una especie de terror. Cuando por complacerlo se retiraron, tuvieron buen cuidado de correr los cerrojos de la única puerta que tenía el calabozo, quedando sólo para observarlo una pequeña abertura que tenía la misma puerta: por allí vieron que tentó sus grillos, como para probar un último esfuerzo de sacarlos; convencido de la imposibilidad, se tendió en la cama a dormir. He dicho antes que les había impuesto miedo; debo añadir que los había fascinado, en términos que estoy persuadido que si hubiera logrado librarse de sus prisiones no hubiera habido quién se le pusiese delante.

A la mañana siguiente insté para que Margarita se fuese a pasear lejos, para que no presenciase tan triste espectáculo; así lo hizo; yo, solo de mi familia, lo vi en todos sus pormenores, porque el banquillo estaba colocado en la plaza, enfrente de mi habitación. Salió con paso firme, aire erguido, voz entera, y manifestando en todas sus acciones y movimientos el más indómito valor. El sacerdote iba a su lado y, de cuando en cuando, le dirigía algunas palabras dulces y persuasivas, a las que alguna vez contestaba: "Ya le he dicho a usted, padre, que todo es inútil". Al irse a sentar en el fatal banquillo, se quitó un poncho de paño azul que llevaba puesto, y lo dio a un soldado de policía con quien había tenido relaciones de amistad, diciéndole: "Conserve usted esta memoria mía". Después de sentado, todavía se acercó el sacerdote y le dijo: "Hermano, todavía es tiempo, un solo momento de arrepentimiento basta para la salvación de un alma". Nada quiso contestar, y recibió la descarga sin perder la actitud fiera que había conservado durante toda la escena. Se dudó si se daría sepultura eclesiástica a su cadáver, y se consultó a Rosas, depositándolo, entretanto, en la orilla del río; vino la contestación y se le enterró en una zanja del campo.

Según todas las probabilidades y los más vehementes indicios, este hombre era un insigne criminal; era el asesino de una mujer, a quien él mismo había seducido; merecía, sin duda, la muerte que sufría; pero, ¿por qué no aplicársela según lo previenen las leyes y guardando las formas por ellas prescriptas? ¿Para qué ese lujo de despotismo? Haciendo con los trámites debidos esta ejecución, que en el fondo la creo justa, se hubiera logrado mucho mejor imprimir en los demás el escarmiento, y, sin duda, se hubiera ahorrado también el escándalo de su impenitencia. Este hombre, con algún más tiempo para reflexionar y convencido de la justicia con que se le imponía el castigo, se hubiera reconciliado con la sociedad y con Dios, y se hubiera arrepentido; pero, llevadas las cosas por el camino que hemos visto, ¿qué mucho que siendo un hombre sin principios, en quien estaban amortiguadas las ideas religiosas, de un carácter indómito, qué mucho, digo, que viendo holladas las leyes humanas, se hubiese creído dispensado de la observancia de las divinas? Este suceso hizo profunda impresión y fue materia de conversación para muchos días, pero sin que nadie fuese osado de hacer la menor observación sobre la flagrante violación del más justo de los derechos, cual es la defensa. Sólo añadiré que este hombre no había prestado servicios a la causa de la federación.

Fui también testigo del aparato que se hizo con un desertor a quien mandó Rosas fusilar. Se lo trajo del cuartel al Cabildo, e, inmediatamente, sobre una barra de grillos que tenía se le puso otra y se procedió luego a notificarle la sentencia. Al día siguiente se puso altar en la capilla, que quedaba bajo mi habitación; se dijo misa, a la que asistió la tropa formada y creo que el mismo Ramírez; se le dio también la comunión. Concluida la tan edificante escena, se lo hizo montar a caballo en la única posición que le era posible hacerlo, y, con una escolta proporcionada, se lo hizo marchar a la Barrancosa, donde estaba la mayor parte de su cuerpo, y donde fue ejecutado luego que llegó. Es difícil que sentenciado ninguno haya hecho un camino tan largo, desde la capilla hasta el sepulcro, como el que se le obligó a hacer a este desgraciado; es probable que con este lúgubre paseo, de más de treinta leguas, se quiso atemorizar a todas las poblaciones del camino. Y ¿para qué sería tanto lujo de preparaciones cristianas, cuando se han muerto hombres a millaradas sin pensar siquiera en semejante cosa? Lo ignoro; esto me recuerda al indio de Santa Fe, a quien se quiso administrar el bautismo para luego hacerlo morir en medio de horribles tormentos.

Hubo en este mismo tiempo, con corta diferencia, otro suceso que no puedo dispensarme de referirlo. El coronel Ramírez se hallaba entonces en el cantón de la Barrancosa, y repentinamente mandó a Luján, en clase de arrestado, al teniente Montiel, joven apreciable y de interesante figura. Nadie, ni el mismo Montiel, sabía la causa de su arresto y de su expulsión de la Barrancosa; no estaba incomunicado, pero, por ciertas precauciones que se observaban, se venía en conocimiento que estaba bien recomendado. Sin embargo, Montiel, cuya conciencia nada le argüía, sólo sospechaba que la queja de un soldado, a quien había reprendido con justicia, sirviese de pretexto al coronel para despedirlo del regimiento, y que a esto se limitaría todo; pero no fue así, como vamos a referirlo. Después de doce o quince días de prisión, se presentó en Luján el capitán o mayor Macaluci, con orden de conducir a Montiel a la Barrancosa. Yo los vi salir de la cárcel juntos y montar a caballo una mañana, después de haber hecho un abundante almuerzo, en que el vino no había andado muy escaso: conversaban y reían juntos, y no iba escolta alguna; me dijeron que dos o tres soldados que llevaba Macaluci los había mandado esperar a la orilla del pueblo, para aparentar mejor la inocencia de aquel viaje. Nadie, pues, sospechaba el fatal destino de Montiel, y no es sino con estupor que se supo a los tres o cuatro días que inmediatamente de llegado a la Barrancosa había sido fusilado, sin juicio, sin defensa, sin recibirle siquiera su confesión, y sin más antecedentes que algunas declaraciones tomadas a otros en su ausencia.

A los muy pocos días vino Ramírez de la Barrancosa, y habiendo ido a visitarme, me refirió muy por extenso el suceso de

Montiel; por el esfuerzo que hacía para justificar su proceder, se conocía que estaba atormentado por su conciencia. He aquí la relación que me hizo: Hacía meses que Ramírez había tenido un encuentro con los indios, sobre los que obtuvo algunas ventajas, ventajas que se exageraron, cacarearon y celebraron del modo más ridículo; nadie había hablado, hasta entonces, del malogro de una carga por haber hecho sonar un trompeta el toque de *alto*, ni cosa parecida; mas, un día (y ahora es que empieza la relación de Ramírez) que iba éste paseando por el campamento, oyó, por casualidad, que un trompeta refería a otro soldado que el teniente Montiel le había mandado tocar *alto*, y que por eso no había obtenido la carga todo el resultado; entonces fue que mandó salir a Montiel, y que reunió otras declaraciones que comprobaban el hecho. Formalizadas éstas, dio cuenta a Rosas, quien ordenó que se fusilase a Montiel sobre la marcha, para lo que se le hizo regresar a Luján con Macaluci, según se ha referido. Estaba Ramírez tan ocupado de este suceso que me hizo una larga narración, y hasta me relató la proclama que había pronunciado después de la ejecución; mas, a pesar de su elocuencia, quedaba mucho de oscuro en el negocio para que no desease aclararlo.

Traté, pues, con paciencia y tiempo, de aclarar este misterio, ya por las relaciones que oía a los oficiales de guardia, ya por las noticias que obtenía por medio de mi familia, y lo que saqué en limpio me llenó de horror y dobló los terrores de mi familia; fuera de Macaluci, había un Muñoz, ayudante de Ramírez, que era como el primero, y aún más, de los ministriles de su confianza, sin perjuicio de que le aplicase algunos latigazos cuando lo dominaba el mal humor. Este Muñoz, según creían todos, era sobrino carnal de Ramírez, por ser hijo sacrílego de su hermano clérigo, ya finado; él tenía la comisión de llevar todos los meses el dinero para el pago de la tropa, y, además, obtenía otras comisiones que lo tenían en continuo movimiento. No pasaba mes sin que, cuando menos, hiciese un viaje de la Barrancosa a Buenos Aires, ida y vuelta. Sobre el camino había una familia, con hijas jóvenes, que era frecuentada de los oficiales que pasaban. Allí supo Muñoz que Montiel se había expresado de un modo desfavorable a Ramírez, diciendo que su conducta militar en el encuentro con los indios no había sido la que convenía. Puesto este chisme en conocimiento de Ramírez por Muñoz, y sin averiguar el grado de certeza que tenía, se propuso vengarse a toda costa. Para ello, pues, se forjó, o si fue efectiva se dio ese valor a la conversación del trompeta, y se tomaron otras declaraciones, teniendo cuidado de alejar a Montiel, para que le quedase el campo libre, y no pudiera desmentirlas. Para obtenerlas cual se deseaba, se empleó la coacción, y se pusieron en ejercicio promesas, amenazas y hasta castigos efectivos; hubo un sargento, que conozco mucho, que vive y que quizá nombraré, que fue temporalmente privado de las jinetas, y sufrió por muchos días la prisión y una barra de grillos porque no cometía una infamia. Con estas declaraciones, cuyo contenido ni aun se hizo saber a Montiel, se dio cuenta a Rosas, y éste decretó su muerte, sin apelación. Ahora no hubo ni auxilios espirituales ni misa ni nada de lo que se había concedido al desertor, y ¿por qué? No lo sé; tan sólo me resta que añadir que el desgraciado Montiel había servido a las órdenes del general Lavalle, y ésta era una recomendación que muy poco le favorecía, y que se tuvo presente para su condenación.

Por abreviar, no he hecho mención de otro hecho que tuvo lugar el día antes de mi llegada a Luján, que tenía la población en consternación, pensando que iban a seguirse de pronto otras ejecuciones, sin excluir la mía, el cual tocaré ahora ligeramente. En la estancia de don José María San Cristóbal se había dado caballo y hecho acompañar por un peón a un desertor, hijo de una mujer que tenía íntimas relaciones con el capataz. El peón y el desertor fueron aprehendidos y fusilados luego, en la plaza de Luján. Aún estaban calientes los cadáveres cuando traían presos a San Cristóbal y a su capataz, debiendo, por supuesto, creer que iba a correr la misma suerte de su peón; hubo de perder el juicio. Estuvo cuatro meses luchando, diré así, con la muerte, y una buena barra de grillos, hasta que, por medio de resortes que pudo tocar, obtuvo su libertad. Al otro día de su prisión es que llegué yo a Luján, y recuerdo que muchas veces alcancé a ver su blanca cabeza y su fisonomía respetable.

Toda nuestra vida pasaba allí bajo las impresiones más desagradables. Fuera de esas escenas de horror que he descripto, teníamos el disgusto de ver, los más de los días, sartas de hombres engrillados, que llevaban de varios puntos de la campaña a Buenos Aires, y que venían, como a una posta, a pernoctar en la cárcel de Luján; no sólo los criminales iban engrillados, sino los ligeramente indicados de algún delito y los reclutas que se destinaban a las armas; llegué a ver partidas que no bajaban de veinte, mas por lo común eran menores. Con este motivo, pregunté de dónde salían en poder de los jueces de paz tantos grillos, y me dijeron que el gobierno había tenido cuidado de proveer con una prodigiosa abundancia de este artículo a los juzgados de paz, que eran también comisarías de policía, y a las comandancias militares. Calculo que habrían bastantes miles de grillos en la provincia de Buenos Aires, y que habrá hasta ahora. Con un solo par se sujetaban dos personas, colocando cada anillo en la pierna izquierda de ambos, de modo que para caminar era forzoso que uno fuera delante del otro; cabalgaban lo mismo, sentado uno en el lomillo y el otro en las ancas de un solo caballo, y quedando los grillos del lado que habían montado. Pero esta clase de prisión no estaba reservada a los hombres de tropa, pues vi capitanes y subalternos engrillados ser conducidos a Buenos Aires por faltas de servicio que no afectaban el honor. Uno de ellos,[1] que tiene actualmente el grado de coronel, ha servido después a mis órdenes, y se ha conducido con distinción. Omito otras ejecuciones de azotes por cientos, aplicados en medio del día, en la plaza pública, y a nuestra vista, para evitar prolijidad, como otros mil incidentes que contribuían a atormentarnos. Lo dicho basta para formar juicio de lo que sufríamos y de la situación de aquel desgraciado país.

A estas escenas de horror se sucedían otras de una burlesca pantomima. Por ejemplo: un día vimos entrar, de la parte de Buenos Aires, un coche encarnado, tirado por cuatro caballos, cuyos tiros eran forrados en tela del mismo color y adornados de testeras y coleras, también encarnadas. El coche iba vacío, pero lo acompañaba un coronel (era mi amigo don Ramón Rodríguez), con una pequeña escolta aderezada en la misma forma. Difícil era atinar con el destino de esta ceremoniosa comitiva; ella pasó, y luego se supo que era dirigida a Córdoba, a traer los restos mortales del general Quiroga. Efectivamente, antes de un mes regresó, trayendo el coche, por única carga, un pequeño cajón en que se decía estar contenidos.

Otra vez la cosa era más formal, pues, en lugar de uno, eran tres o cuatro coches, preparados en la misma manera, y sin que dejase uno solo de ser encarnado, que iban a traer al general López, de Santa Fe, para procurar la mejoría de su salud. A los pocos días volvió el convoy, trayendo a S. E. con su familia y sé-

[1] El coronel don Matías Rivero, de quien acabo de saber que se ha marchado al Cerrito, de donde irá, sin duda, a Buenos Aires.

quito, y, además, una numerosa escolta de vecinos principales de la campaña y milicias, que se relevaba en todos los pueblos. En el primer coche venía López, con su secretario y su capellán, el cura Amenábar; en el segundo, venía su mujer e hijos; en otro, algunos oficiales, y luego, en otro, las criadas; cerraba la marcha un coche verde de la propiedad de López, que hacía un matiz singular con los que le precedían. En Luján se le preparó gran casa y hospedaje; hubo felicitaciones, repiques, guardia de honor, etcétera, etcétera. En fin, aunque fuese por causa, o con pretexto de enfermedad, los dos grandes amigos iban a verse, a entenderse, a tratar seguramente los negocios de estado, y decidir, quizá, la suerte de la república.

Así pensaba yo, y creo que pensaban muchos, y, por de contado, consideraba que sus decisiones debían influir eficazmente en mi destino. ¡Qué digo influir! Tenía por cierto que deliberarían y resolverían definitivamente el que debían darme, porque no era posible que quisieran tenerme eternamente en una prisión, que era gravosa al estado, por cuanto se pagaba un destacamento de treinta hombres o cuarenta, con sus oficiales correspondientes, para mi sola custodia, y que era también inútil en el giro que habían tomado las cosas. La pomposa recepción que se hizo a López en Buenos Aires, donde se cubrió de banderas la calle de la entrada, se formaron las tropas, se le preparó la fortaleza, es decir, el antiguo palacio de los virreyes, para alojamiento, y se hicieron las más ostentosas demostraciones, venían a fortificar aquellos conceptos. Ya en mi imaginación veía surgir de esta famosa entrevista algunas medidas generales a toda la república, alguna vislumbre de organización nacional, alguna mejora en la administración y una vuelta, más o menos rápida, a un sistema de gobierno más moderado. Ansiaba por saber algo de las conferencias de los dos caudillos, mas los días pasaban, sin poder adelantar más, sino que S. E. santafesino iba al teatro, a otros espectáculos, y otras sandeces de este género.

Después de dos meses, más o menos, regresó López con algunos obsequios de poca importancia, que se dijo haberle hecho, y además, con el mismo aparato de banderas, formación de tropas, repiques y acompañamiento que había llevado a su ida. Tuvo, además, el honor que Rosas en persona y su hija Manuelita lo acompañaran con otros personajes hasta el Puente de Márquez, o más allá, pero nunca quiso Rosas llegar a Luján, aunque sé que se lo propusieron. Lo de más sustancia que se habló entonces sobre los asuntos que habían tratado fue la solicitud de un obispo para Santa Fe, para el que designaban unos al canónigo Vidal y otros a Amenábar. Si hubo algo de esto, como me inclino a creer, no sólo nada logró López, sino que mereció que Rosas ridiculizase su pretensión, y en prueba de ello referiré lo que fue público a toda la concurrencia. Rosas, en su acompañamiento de despedida, se había hecho seguir de su loco favorito; así como otras veces lo condecoraba con la denominación de gobernador, y fingía, por burla, que lo respetaba por tal, en el camino y en la noche que pasaron en el Puente de Márquez se le antojó que el loco fuese obispo, y como a tal le daban el tratamiento, y lo consideraban burlescamente. ¿No sería, pues, ésta una amarga sátira contra el candidato de López, y contra el mismo López, si había propuesto alguno?

López pasó de regreso por Luján, más devorado de desengaños y mal humor que incomodado de la falta de salud. Tenía razón, pero no para haberse creado él mismo esa posición por su torpeza y estúpido modo de proceder. Después he hablado con don Manuel Leiva, que era quien servía a López de secretario, y he sabido que no hubo las conferencias que habíamos soñado, ni cosa que se pareciese; eran muy pocas, raras, las veces que Rosas lo había visitado, y entonces en nada menos pensó que en ocuparse de negocios de estado; con pretexto de atender al regalo de los huéspedes, estaba instalado en el fuerte el coronel Ramiro, edecán de Rosas, que, naturalmente, daría cuenta de lo que decía, hacía y hasta de las visitas que recibía. Le indicaron que se pusiera la cinta colorada en el pecho, cosa que antes había desdeñado, y lo hizo, como lo hicieron todos los de su comitiva, sin excluir las damas, que traían sus grandes moños punzó. Concluyamos. López nada más sacó para sí de su viaje a Buenos Aires que un piano que le regalaron y los ridículos honores de que lo colmaron, y para el país nada otra cosa que la convicción de que Rosas era todo, quedando su influencia completamente anulada.

Éstos debían ser al fin los efectos de esa política (si es que puede llamarse política) menguada, estúpida, miserable y rastrera que siempre guió los pasos del gabinete santafesino. Todo el empeño y objeto de sus miserables maniobras se reducía a sacar de Buenos Aires, o de otro gobierno que hubiera querido, alguna propina, fuese en dinero, armas o vestuarios; cuando lo consiguiera, había llenado su objeto, sin mirar para el día de mañana y sin las ulterioridades de una generosidad calculada. Si cuando estuve en Córdoba hubiera tenido medios de equilibrar las dádivas que hacía Rosas, es seguro que se hubiese inclinado a mi favor. Algo semejante a los salvajes del Chaco o de las Pampas, que desatienden los medios honrosos de adquirir para vivir a costa de sus vecinos, ya por la violencia, ya haciéndose pagar su aparente amistad; así López, en nada pensando menos que en fomentar la industria, el comercio y los trabajos útiles en su país, quería tener en contribución a los gobiernos y pueblos, a quienes convenía neutralizar los fondos de que podía disponer. Recuerdo haber oído a algunos santafesinos ponderar los talentos de Cullen, diciendo: ¡Oh! don Domingo es hombre muy vivo (que era lo mismo que decir: es un gran diplomático, hombre de estado y eminente estadista), porque cuando va a Buenos Aires siempre ha de sacar algo; no hay ejemplar de un viaje que haya hecho que no haya traído dinero, vestuario, armas o todo a un tiempo. Lograda una remesa de éstas, ya quedaba López contento y satisfecho. Era, pues, un menguado gaucho, sin ninguna clase de elevación, sin miras entonces y sin ninguna prenda de las que hacen disculpable la ambición. El estado de atraso, de barbarie y de pobreza en que quedó Santa Fe, después de haberla gobernado con un poder absoluto, por veinte años, es la prueba más elocuente de su ineptitud y pequeñez.

Ya de vuelta López en Santa Fe, sin haber obtenido cosa alguna, vino a Buenos Aires Cullen, a probar si era más feliz; fue recibido también con una pompa pueril y alojado en el fuerte, como su patrón. Entabló algunas intrigas con los agentes franceses que bloqueaban entonces a Buenos Aires, y se cree generalmente que quiso entenderse con ellos, y obligar a Rosas a ceder, para que se levantase el bloqueo que afligía por igual a todas las provincias; mas yo no pienso así; lo que creo es que quiso dar la alarma a Rosas para que éste pagase a buen precio la docilidad de López, y que le salió la cuenta errada. El dictador de Buenos Aires tenía ya la conciencia de su poder, y rehusó pagar una condescendencia que quizá no necesitaba. Además, en esos momentos acaeció la muerte de López, y Cullen le sucedió. Quiso seguir el mismo juego; pero, sin el poder de su antecesor, le fue imposible sostenerse, y mucho menos intimidar a Rosas.

Se me ha pasado una observación que hubiera estado mejor en otro lugar, pero que no por eso omitiré. Cuando Rosas se hizo autorizar por las provincias para entender en los negocios de paz y guerra, dijo que, siendo muy moroso y prolijo estar consultando a todos los gobiernos sobre cada ocurrencia que sobreviniese, era conveniente se le autorizase para expedir sin ellos, poniéndose de acuerdo con su compañero López. Este imbécil gaucho no supo sacar partido de este importante antecedente, y se dejó arrebatar toda su influencia, amilanándose él y chasqueando a los pueblos que habían esperado más de su capacidad.

Me he distraído en estas reflexiones del objeto de esta narración, y debo volver a ella. Para que se comprenda el grado de servidumbre a que estaba ya reducida la población y el modo como eran tratados los vecinos de la campaña, referiré, entre varios, un hecho que he visto. Venía de Chile un personaje inglés, de cuyo nombre y carácter no me acuerdo, sino que había sido gobernador en una de tantas colonias que posee aquella nación. Como estaba entonces en los intereses de Rosas cortejar al gobierno de la Gran Bretaña, había dado orden que, entre los honores, se le diese una escolta de cincuenta hombres, mitad vecinos (¡qué rareza!) y mitad milicianos. Se citaron los primeros, de entre los principales del pueblo y sus dependencias, para que a tal hora del día estuviesen a caballo, de chaqueta y pantalón azul y chaleco punzó; sobrepuesto, testera y colera del caballo del mismo color. Todos fueron puntualmente exactos, y a eso de las once del día, que pasó el coche del inglés, siguieron tras él, a guisa de escolta. El coche iba muy ligero, en términos que a las cuatro de la tarde entraba en Buenos Aires. Dicha escolta debía ser relevada por otros vecinos y milicianos en medio del camino; mas, no habiendo estado pronto el relevo, por la celeridad del viajero, tuvieron los lujaneros que seguir hasta la ciudad. Pero, ¿qué sucedió? Muchos que no pudieron seguir la rapidez del carruaje fueron quedando diseminados, y otros, entre quienes había hombres de avanzada edad, llegaron más muertos que vivos. Al fin la derrota fue completa, y fueron regresando a sus casas a los dos, tres y seis días, todos estropeados, escaldados, y habiendo desatendido sus casas de negocio o sus faenas rurales por todo ese tiempo. ¿Y se pensará que hubo quejas? Ninguna. Rosas se burla de los hombres, pero los hombres le han dado lugar a ello. Permítaseme aplicarle el concepto que una célebre escritora hizo de Napoleón: “Si él ha concebido el más profundo desprecio por la especie humana, ella lo ha merecido demasiado por su servil condescendencia”.

Elizalde falleció en Buenos Aires el 28 de julio del 38, y Rosario pudo reunírsenos para no separarse más. Para qué decir la dolorosa impresión que hizo esta nueva desgracia. Margarita estaba otra vez embarazada y tuve que tomar precauciones para darle la noticia; ella amaba sinceramente a su padrastro, y sintió vivamente su muerte. En cuanto a mí, desaparecía uno de mi familia sin que hubiese podido ni aun hablarle, no obstante que había estado a mi inmediación y que había alcanzado a verlo. Mi hermana, doblemente viuda, se unía a su hija y a mí con vínculos más estrechos. Mi madre perdió notablemente en su salud; no era sino con trabajo que se arrastraba al Cabildo todos los días. Nuestros sufrimientos morales gastaban nuestras fuerzas, y la prolongación indefinida cerraba a veces nuestro corazón a la esperanza. Agregaré a esto la continua zozobra que agitaba todos los momentos de nuestra existencia. Un suceso político, un chisme, una calumnia, podía empeorar súbitamente nuestra situación y hacerla desesperada. Una vez, a un soldado ebrio, y diré más, loco, se le antojó decir en una pulpería que tenía sus conversaciones secretas conmigo cuando entraba de centinela, y fue éste motivo de grande alboroto; se le pusieron grillos, se lo tuvo incomunicado, se le tomaron declaraciones, y tal era la ridiculez del personaje que tuvieron que echarlo a la calle y callarse. Después referiré lo que sucedió con el bondadoso y honrado capitán Palavecino, que tomó la comandancia en ausencia de Ramírez, a consecuencia de la muerte de Serna.

El 24 de septiembre fue un día de la mayor agitación para el pueblo de Luján, y del que se acordarán en muchos años. Había llovido copiosamente toda la noche anterior, y desde que amaneció ya se notó que el río crecía extraordinariamente; sin embargo, nadie calculó lo que iba a suceder. El aumento de sus aguas era tan rápido que a las ocho ya había cubierto el puente y amenazaba invadir la población, lo que no tardó en suceder. A las nueve ya entraba el agua por algunas calles y la plaza, y a las diez dos terceras partes del pueblo eran un crecido lago, cuyas aguas, escurriéndose por un lado, eran reemplazadas por otras que traía el río. El Cabildo, como es de inferir, había quedado aislado, y el comandante pensó seriamente en sacarme de mi prisión para trasladarme a otro punto hasta que pasase la turbonada. Así se hizo a las once de la mañana, hora en que había en la plaza más de cinco palmos de agua. Me llevaron, con mi correspondiente guardia, primero a una casa y después a otra, huyendo siempre del agua que venía en aumento. A la tarde paró la creciente; a la noche empezó a bajar; a los cuatro días todo estaba ya en seco y yo volví a mi antigua posición del Cabildo. Es seguro que si la creciente sucede de noche hay innumerables víctimas; felizmente era de día, y las pérdidas se redujeron a algunos efectos y unas pocas casas caídas.

La peregrinación de cuatro días por aquellas casuchas de la orilla, con todas sus incomodidades anexas, fatigaron mucho a Margarita, que se conceptuaba en el último mes de su embarazo. Cuando volvimos al Cabildo, recuerdo que me dijo que se alegraba de verse otra vez en posesión de su anterior vivienda. Efectivamente, el 24 de octubre dio a luz, a las doce del día, a mi tercera hija, que se llamó Margarita, la que conservo aún. Este mismo día bajaba Oribe de la silla de la presidencia Oriental, dejando el poder a Rivera, que, a consecuencia de su victoria del Palmar, asediaba a Montevideo. Éste era un verdadero revés para Rosas, cuyos enemigos, los emigrados, tomaban en el estado vecino una gran influencia. Eran los preludios de la terrible guerra que ha devastado ambos países. Mas este revés vino luego a compensarse con la de Santa Cruz en Yungay, que trajo su caída, y la de Berón de Astrada, en Pago Largo. En celebridad de estos sucesos, Rosas dio libertad a muchos presos políticos, sin que en cuanto a mí se variase en lo más pequeño el régimen que había establecido. Por el contrario, en ese mismo tiempo hubo un suceso que nos mortificó terriblemente.

Después de la muerte del capitán Serna había quedado mandando el capitán don Mariano Palavecino, paisano honrado y de humanos sentimientos. Le merecía consideraciones y hacía él de su parte cuanto podía, sin faltar a su deber, por hacer más llevadera mi situación. Como una obligación anexa a la comandancia de Luján era la de vigilar sobre la estancia de Ramírez, que estaba a tres leguas de este pueblo. Administraba dicha estancia, como capataz, un teniente de línea del cuerpo de Ramírez y servían de peones los soldados de una partida destinada al efecto, lo que era muy económico, pues no tenían más salario que el sueldo que les daba el Estado, según sus clases. Además del almacén del regimiento, se les suministraba especialmente vestuario y monturas supernumerarias. Sucedió una vez que un ladrón robó una o dos vacas en la estancia de Ramírez, que esto llegó a noticia de Palavecino, y que éste se limitó a avisarlo al teniente capataz, sin tomar otras providencias. Ésta, que Ramírez reputó tibieza en el celo por sus intereses, fue un crimen en Palavecino, que excitaba toda la venganza de Ramírez; mas, como éste no podía ser un motivo ostensible de persecución legal, fue preciso buscar otro, y le ocurrió el de suponer sospechosas sus relaciones conmigo. Fue mandado un capitán, Sagasti, a relevar a Palavecino; luego fue éste arrestado y conducido a la Barrancosa, donde estaba Ramírez. Se tomaron prolijas indagaciones, se hicieron diligencias exquisitas por hallar alguna culpabilidad; mas no pudo sacrificarlo como a Montiel, y, sin embargo, Palavecino salió a buen librar, sin empleo y trasladándose a Buenos Aires. Su sucesor, Sagasti, sin cometer actos de positiva hostilidad, se manifestó tan terco y retirado que no le vi la cara hasta el día que vino a significarme que se había concluido mi prisión en Luján.

No quiero dejar pasar esta ocasión de decir algunas palabras sobre el singular carácter de mi principal carcelero, el coronel Ramírez. Era un hombre sin ninguna instrucción, de consiguiente, ignorante hasta lo sumo. Desde joven, que lo conocí en el ejército, era mezquino, pero ahora estaba devorado de una avaricia insaciable. Solo con su mujer (que es, repito, una excelente señora), sin hijos, sin otros deudos a quien socorrer, sin erogaciones de ninguna clase, vivía en estrechez, no obstante que había aglomerado, por medios cuya legalidad era dudosa, una buena fortuna. Atrabiliario, violento, frenético frecuentemente, tenía siempre en la mayor zozobra a los que vivían a su inmediación. Tenía por criado a un mulato llamado Tomás, que había sido antes su esclavo, y al cual había vestido de uniforme, para que se lo pagase el Estado; después de algún tiempo quiso aumentarle el salario, y el expediente que tomó fue hacerlo sargento, para que percibiese algunos papeles (moneda) más. Mas, a pesar de esto, el tal Tomás era el hombre más desagradecido, y pienso que no hubiera estado bien compensado aunque lo hubiera hecho general. Cuando veníamos a Luján, y que él viajaba en el coche que me conducía, según he referido, habiendo hecho *alto* en una parada, vino el mulato, muy placentero, a abrir la portezuela del coche por si quería bajar Ramírez; éste lo hizo, pero de un modo particular. No había precedente alguno que hiciera sospechar la tempestad que iba a estallar; no había notado ni falta en el criado ni cólera en el amo, y, sin embargo, desde que puso el pie en el estribo, y antes de tocar el suelo, empezó a descargar tremendos golpes sobre el pobre sargento, los que primero caían perpendicularmente sobre su cabeza, porque venían de más altura, y que después tomaron otra dirección, cuando Ramírez tomó tierra firme. Esta escena fue muda, pues ni el amo ni el criado hablaron una palabra, hasta que éste fue aterrado y aquél se internó en el rancho, que estaba inmediato.

Otras veces lo vi arrancar la pistola, que siempre traía al cinto en campaña, amartillarla y ponérsela al pecho; entonces era indefinible la fisonomía del desgraciado Tomás; mas debo decir, en obsequio de la verdad, que en mi presencia nunca llegó el caso de dispararla, y sólo quedó en amenaza, aunque también debo añadir que el mismo Ramírez, conversando confidencialmente, me dijo que algunas veces, en sus arrebatos, llegaba a disparar efectivamente la pistola sobre el cuitado mulato, pero que para precaver una desgracia, a que podía arrastrarlo su genio, la tenía siempre descargada, y sólo con ceba fulminante, la que únicamente hacía su explosión. No quiero privarme de referir algunos hechos, que son públicos, que muestran el carácter, o, mejor diré, locura del guardián en cuyas manos había sido puesto.

Al considerar la latitud que le dejaba Rosas, o más bien, la parte de *facultades extraordinarias* que le dejaba ejercer, he estado tentado en creer que quería castigar al segundo departamento, que es el que mandaba Ramírez, de la afección que había mostrado a su antiguo jefe, el general Izquierdo, que no era amigo de Rosas. El vecindario y los milicianos eran tratados no sólo de un modo arbitrario sino brutal. En cuanto a mí, no debo quejarme, pues siempre me respetó más que a nadie, y aun algunas veces manifestaba consideraciones que admiraban a todos. Pienso que la medida de su conducta eran las disposiciones de Rosas hacia mí, según las comprendía en el momento; por lo demás, repito que no juzgo que el carácter de Ramírez fuese positivamente cruel, y, más bien, me inclino a creer que, queriendo también él inspirar el terror, no hallaba otro medio que el de dar palos y patadas, sin tasa y sin discernimiento.

Un capitán Frías, de las milicias de la Capilla del Señor, estando en la Barrancosa con su compañía, incurrió, no sé por qué, en la desgracia de Ramírez. Para vengarse, le buscó la vida y lo encausó, so pretexto de que había aconsejado la deserción a los milicianos. Tampoco pudo inmolarlo, como a Montiel, pero consiguió quitarle el empleo y hacerlo retirar a Buenos Aires. Frías tenía buena reputación y era querido de sus soldados, lo que desagradaba extremadamente a Ramírez; veamos cómo se condujo para hacerlo olvidar. Cuando se encontraba casualmente con algún soldado le preguntaba: "¿De qué compañía es usted?". Éste, aterrado ante la presencia de su terrible coronel, no le ocurría en el momento el nombre del nuevo capitán que le habían dado, y contestaba por costumbre y casi maquinalmente: "De la compañía del capitán Frías"; modo ordinario de designar las compañías entre los milicianos. Un tremendo puñetazo era entonces la respuesta del coronel, con el cual estropeaba malamente al miliciano; por este medio tan sencillo, llegó a estar machucada una parte de la compañía, cuyos soldados tenían un ojo hinchado, o las orejas molidas, o los rostros acardenalados, hasta que, bien a su costa, aprendieron a no equivocarse ni a nombrar involuntariamente al capitán Frías.

Una vez, entre una y dos de la mañana, fui despertado e intimado desde la puerta de mi prisión de vestirme y levantarme; la sorpresa de Margarita fue extrema, pero un presentimiento saludable me hizo prever que nada tenía que temer, e hice lo que pude, mientras medio me vestía, por tranquilizarla. Ramírez no estaba en Luján, y, a pesar de eso, se me ocurrió que este aparato era una locura sin consecuencia. Efectivamente, había llegado de improviso desde la Barrancosa a esas horas, y había venido en derechura a visitar la guardia, que era mandada por un alférez González, a quien encontró recostado durmiendo. Entonces fue Troya: lo mandó relevar, lo puso arrestado, daba gritos descompasados, pateaba, amenazaba y hacía ridiculeces propias de un insensato. El sargento corrió la misma suerte que el oficial, pero con lo restante de la guardia, que se conservaba formada, estuvo más complaciente; le habló de su reciente victoria sobre los indios, de sus hazañas, y llegó hasta sacar un soldado de la fila, a quien, haciendo tocar su espada, le preguntaba: ¿sabe usted de quién es esta espada? Es la del coronel Ramírez (decía el mismo), la que ha escarmentado a los salvajes, etcétera. El soldado, temblando, repetía idénticas palabras, con lo que pareció por lo pronto serenarse la tormenta, pero faltaba la segunda parte, en que debía ser la víctima el capitán Palavecino, que aún no había sido destituido, y a quien se había mandado buscar a su casa.

Apenas se presentó lo embistió con una furia desmedida, haciéndole cargo por el supuesto abandono de la guardia. Le ofreció veinte veces fusilarlo, con gritos tan descompasados que yo los oía desde mi cuarto, y se oirían también en la vecindad.

En vano representaba Palavecino su exquisita vigilancia, agregando que esa misma noche, a las doce, había estado a visitar la guardia y había encontrado todo en orden; Ramírez replicaba, esforzando la voz aún más, si era posible: "Tenga usted entendido que si se va al prisionero ha de responder con su cabeza, y que su familia y sus bienes han de ser exterminados". Sin cesar de gritar en los términos expresados, salió de la cárcel seguido de Palavecino y se dirigió a su casa, sin dejar de oírse las voces hasta que se perdieron en los aposentos de ella.

Podría escribirse un libro curioso, si no divertido, de las extravagancias de este hombre particular, destinado a mortificar aquel vecindario; sin duda hubieran sido mucho mayores sus arbitrariedades sin el contrapeso que le hacía el juez de paz, don Salvador Aguirre, *federal neto*, y, como tal, muy bien conceptuado con Rosas, a quien trasmitía cuanto chisme podía recoger. No sólo él sino sus hijas, que eran muchas, sus sobrinas y demás parentela estaban consagradas al poco honroso oficio de espionas. Cerca del Cabildo vivían las últimas, y dedicaban la más prolija investigación sobre todo lo que concernía a mi familia, la que se guardaba tanto de ellas, aun en las cosas más inocentes, como podía haberlo hecho del más servil agente de policía; sobre todas, una vieja y feísima solterona, doña Inés Aguirre, era, desde una ventanilla, un *Argos* infatigable para observarlo todo. Sin embargo, era tanto nuestro cuidado, que ignoro si le dimos materia a sus delaciones. En cuanto a Ramírez, debo decir que si pudo hacerme mucho mal y no lo practicó, tampoco me hizo el bien que pudo, sin faltar en manera alguna a sus deberes. Sin desviarse de ellos, merecieron mi gratitud Serna y Palavecino; no así Montojo y Sagasti, de quienes ya he hablado.

Entró el año 39 sin que hubiese mejorado mi situación; por el contrario, aún debían suceder muy sensibles desgracias de familia. Mi madre desmejoraba todos los días en su salud; no era sino arrastrándose que podía llegar hasta el Cabildo. En los primeros días de febrero estuvo por última vez; después de un rato se sintió incomodada y se retiró: ya no la volví a ver más. El día 10 de este mismo mes, a las cuatro de la tarde, falleció, después de haberse dispuesto cristianamente y haber hecho su testamento. Lo que pasó al otorgarlo merece que lo refiera.

Cuando llegó el caso de nombrar albaceas, me designó a mí, en primer lugar; y el juez de paz, que era entonces don Francisco Aparicio, rehusó admitirme, en atención a mi estado de prisionero; mi madre insistió y el juez rehusó nuevamente, y, no queriendo ceder ni el testador ni el actuario, se suspendió la diligencia hasta consultar a Rosas. Eran las doce del día anterior a la muerte de mi madre, cuando Margarita vino y me avisó lo ocurrido, añadiendo que el juez de paz se había retirado a preparar la comunicación en que hacía la consulta, siendo de nuestro cargo costear un hombre que corriese a Buenos Aires con ella. Instruido de todo, la despaché otra vez, para que dijese a mi madre que le agradecía la distinción que quería hacer de mí; que, satisfecho con ella, le rogaba que nombrase a mis otros dos hermanos en los primeros lugares, y que le dejase a la misma Margarita el tercero, como una persona tan allegada a mí. Pareció condescender, y, en consecuencia, se avisó al juez de paz que se creía innecesaria la consulta. Cuando éste lo supo, manifestó desagrado, diciendo que la nota estaba ya tirada y que era mejor elevarla; mas, como nuestra resolución estuviese hecha, le fue preciso conformarse y tuvo que asistir a la celebración del testamento esa misma tarde. Mi madre habló en estos términos: "Ponga usted, señor escribano, que nombro condicionalmente primer albacea a mi hijo José María" —el juez se negó—. Mi madre continuó: "Ponga usted, entonces, que, habiéndolo nombrado y no siendo aceptado por el juez de paz, paso, etcétera". También se negó el juez con la misma obstinación; tenía miedo de nombrarme, o más bien, quería recomendarse con esta aparente oposición; digo aparente, porque el señor Aparicio estaba muy lejos de sernos hostil, y muchas veces nos había manifestado simpatía, que creí sincera. Finalmente, mi madre dijo: "No permitiéndoseme nombrar en primer lugar a mi hijo mayor, quiero que sea principal albacea su mujer, que es la que más inmediata lo representa, y nombro como tal a mi nieta y nuera doña Margarita Weild de Paz, ocupando el segundo y tercero mis otros dos hijos, Julián y María del Rosario". Con lo que terminó la cuestión.

Tres o cuatro días después de la muerte de mi madre, eran las ocho de la noche, hora en que se retiraba Rosario y ya se disponía a hacerlo, cuando vino un criado a decir que el juez de paz la buscaba con exigencia. Su terror y el de todos nosotros fue grande, porque recordábamos otras visitas de esta clase que nos habían colmado de amargura. Antes de veinte minutos volvió desolada, a peligro que la rechazase la guardia y de que ya nos hubiesen encerrado, a decirnos el motivo de la visita del juez de paz. Tal era su deseo de ostentar firmeza ante Rosas con respecto a mí, que, a pesar de nuestra resistencia e ignorándolo nosotros, había elevado la consulta sobre el albaceazgo hecho en mi persona: quizá también había un deseo de conocer las disposiciones de Rosas con respecto a mí, las que eran materia de mil opiniones diversas. El resultado era que una nota del general Corvalán, a nombre de Rosas, me declaraba hábil para desempeñar el encargo que mi madre había querido hacerme. El juez de paz, creyendo que éste era un buen síntoma sobre mi futuro destino, se había apresurado a comunicarlo y nos felicitaba, creo que sinceramente. Existe en mi poder la nota de Corvalán, en la que se expresaba se agregase al testamento; mas ya el asunto estaba concluido y mi madre no existía: a esperar la resolución hubiera muerto intestada.

¿Para qué detenerme en expresar el amargo dolor que nos causó esta nueva pérdida? Cualquiera sabe lo que importa una madre, por anciana que sea; la nuestra se hallaba en este estado, pero era siempre la cabeza de la familia; era un nudo que ligaba todos los miembros de ella: faltando, me parecía que quedábamos no sólo en orfandad sino también en acefalía. Por otra parte, la habíamos visto morir abismada de pesares e inquietudes por sus hijos, sobre quienes pesaban los más grandes peligros: cerró los ojos sin saber su final destino. En cuanto a nosotros, cualquiera se hará cargo que en unos corazones ulcerados por la desgracia, esta última los hacía sangrar, causándonos un inexplicable dolor. Si en circunstancias comunes y ordinarias de la vida la pérdida de una madre es una desgracia irreparable, ¿qué sería para nosotros, batidos de tantos modos por el infortunio y con nuestras fuerzas agotadas por tan prolongados sufrimientos? Sólo la Providencia ha podido conservarme, y a ella, y después de ella a mi querida Margarita, le debo el haber sobrevivido.

Por marzo recibió Margarita una carta de don Rufino Elizalde, en que le decía que se abría una vislumbre de esperanza, y que, a la mayor brevedad, hiciese una solicitud por mi libertad. Por de contado que se hizo así en el acto, y se mandó un hombre en diligencia, creyendo que a su regreso traería algo de más positivo. El hombre regresó sin más contestación que recomendarnos aún la paciencia. Pasó así un mes, y ya nuestras esperanzas volvían a desfallecer, cuando, el sábado 20 de abril, a eso de las diez de la mañana, vino Rosario corriendo a decirnos que un soldado había ido a contarle que acababa de ver en lo del juez de paz, por casualidad, que había llegado la orden para mi libertad. Antes de un cuarto de hora estuvo el capitán Sagasti a hacerme saber oficialmente que se abrían las puertas de mi calabozo, debiendo pasar a Buenos Aires, donde me presentaría a la policía, y permanecería, como suele decirse, con la ciudad por cárcel, sin poder alejarme más de una legua de la plaza, y dando parte a la policía de la casa que habitase. En el acto se retiraron los centinelas, y esa tarde fui por primera vez a la casa en que moraba Rosario, que era la misma en que había muerto mi madre. El 23 nos pusimos en marcha, y el 24 estuvimos en la capital de Buenos Aires.

He concluido mi tarea, sin abrigar pretensiones a que se considere ni como un mediano trabajo: es una ligera memoria de lo que he sufrido en ocho años, menos veinte días, de rigurosa prisión, que consagro a mi hijo para su instrucción y para que conserve un recuerdo de su padre. He dicho ligera, porque sería muy prolijo entrar en mayores pormenores; he excusado referir los apuros pecuniarios en que algunas veces nos vimos, principalmente en Santa Fe, no porque faltasen personas que me ofreciesen recursos sino porque no quería ocuparlas, y no lo hice. He omitido también otros detalles, que habiendo olvidado en el lugar que les correspondía, no he querido retroceder para ponerlos, ni rehacer lo que había escrito. En gran parte, ni he vuelto a leer lo que una vez he estampado; así es que no será extraño que haya repeticiones, tanto más cuando ha mediado mucho tiempo entre el principio y la conclusión de esta memoria. Fue comenzada en Buenos Aires cuando, habiendo salido de la prisión, estaba ocioso, observando las mayores precauciones para que en alguna visita domiciliaria que pudiese ocurrir no cayesen mis papeles en poder de Rosas, y ha sido concluida en el Janeiro, habiendo sufrido una interrupción de nueve años, que he estado en campaña y otras ocupaciones importantes y públicas: durante este tiempo ha estado relegada a un completo olvido.

Cuando la principié, vivía Margarita y gozaba las dulzuras de la vida privada, al lado de una compañera fiel, de una amiga sincera, de una mujer querida; la concluyo después de haberla perdido el 5 de junio de 1848, a las diez y cuarto de la noche, después de haber dado a luz a mi último hijo, Rafael. Si antes los recuerdos recientes de mi prisión debieron influir en mi ánimo, ahora, en el infortunio que me agobia, he debido dar un tinte lúgubre a mis ideas, a mis palabras y a mis reflexiones. Sin duda adolece también de acrimonia la pintura que hago de muchos de mis carceleros, y de otros que han intervenido en mis desgracias; pero he querido expresar francamente mis pensamientos, y no vestirme de un ropaje fingido, que no me conviene. Lo siento efectivamente, y mucho más después que he leído las *Prisiones* de Silvio Pellico, cuya dulzura, resignación y caridad cristiana estoy muy lejos de poseer. Admiro con toda la fuerza de mi alma sus sublimes virtudes, pero no a todos es dado el practicarlas. Sin embargo, espero que Dios me perdonará y tendrá piedad de mí.

No obstante, debo decir que en el terrible trabajo que me ha oprimido sólo he hallado consuelos en los principios religiosos y en el testimonio de mi conciencia; sólo allí he encontrado fuerzas para sobrellevarlo. Ahora, más que nunca, quisiera tener la pluma de Pellico para expresar lo que he sentido a este respecto durante el largo período de mis sufrimientos; pero, faltándome aquellas dotes, habré de conformarme con lo poco que he dicho.

Finalizaré con una observación que se me ocurre siempre que tiendo la vista sobre aquel triste período de mi vida, en que tuve durante ocho años suspendida sobre mi cabeza la espada de Damocles. Casi todos mis carceleros y los que intervinieron en mi prisión han desaparecido, y de un modo trágico. ¡Y yo les he sobrevivido! No lo esperaban ellos cuando veían mis días pendientes de un hilo y contaban los suyos en plena seguridad. Sin contar a López y Cullen; sin hacer mención de Reinafé, jefe de la fuerza que me tomó prisionero; del capitán Acosta, que mandaba la partida; de Bartolo Benavídez, el rubio de Chinsacate y Panchillo, oficiales de ella (fusilados los tres últimos); de Zeballos, que me boleó el caballo (también fusilado); murió el primer oficial que me custodió en Santa Fe, que fue el ayudante Oroño, asesinado por los indios; el segundo, Freire, fusilado por don Juan Pablo López; el tercero, Pancho Echagüe, de pesadumbre; el cuarto, José Manuel Echagüe, en un medio combate a favor de Cullen y contra dicho López; el quinto, don Moncillo, asesinado en la batalla del Arroyo Grande; quedando sólo con vida, hasta hace dos años, el ayudante Vélez, de quien he hecho mención. De los que me han guardado en Luján, murió Ramírez, en desgracia de Rosas, y casi desesperado; Montojo y Serna fueron víctimas de una horrorosa enfermedad (inflamación hemorroidal). Palavecino, asesinado por la mazorca; sólo de Sagasti, que también es el último de los de Luján, como Vélez, de los de Santa Fe, ignoro qué suerte han corrido.

De los oficiales subalternos que me han hecho guardia, tomé en Caaguazú prisionero a un teniente Cisneros, al que socorrí como pude y traté bien.

No me resta sino admirar la Providencia, que me ha conservado al través de tantos y tamaños peligros, y respetar sus altos e impenetrables juicios.

Capítulo XXI

Campañas del general La Madrid

[Relaciones de La Madrid con Rosas - Expediciones del general La Madrid - Lo que hace en Córdoba - No auxilió a Lavalle; cómo debió hacerlo - Errores del plan de Lavalle - Indisciplina en el ejército de La Madrid - Marcha desde Tucumán a Catamarca - Situación de Oribe - Dos generales en jefe - Acción de Angaco - Anarquía militar - Errores de La Madrid - Entra en Mendoza - Actitud del general Benavídez.]

El general La Madrid, después de una larga peregrinación por ambos Perú y Chile, había vuelto a Montevideo el año 35, desde donde hizo cuanto pudo por reacomodarse con Rosas. Mandó su familia a Buenos Aires; le escribió carta sobre carta, aunque sin obtener contestación; le recomendó a su hijo, logrando que lo colocase, a su costa, en un colegio. Además, se resistió con repetición a tomar parte en el movimiento del general Rivera, en que se comprometieron los argentinos unitarios, lo que le valió la asignación de cincuenta pesos, que le entregaba mensualmente el señor Correa Morales.[1] En seguida se marchó a Buenos Aires sin haber obtenido ni contestación, ni licencia de Rosas.

Allí se dedicó, con el mayor esmero, a hacer la corte a la familia del dictador, asistiendo diariamente a la tertulia de la hija y visitando con asiduidad a las cuñadas, etcétera. Muy pronto

[1] Es muy singular lo que el señor Correa Morales dijo al señor La Madrid al entregarle la asignación del primer mes: "Puede ser —le dijo— que algún día le pese a usted este auxilio". ¿Ha sucedido o no así? Sólo podrá decírnoslo el mismo señor La Madrid. Entretanto, podrá preguntarse también si el señor Correa hablaba sinceramente, y yo pienso que sí; conocí a este señor antes, fue mi subalterno en mi regimiento, y puedo asegurar que no era afecto al señor Rosas. Había dado el mando del regimiento número 2 de caballería, de que él era comandante de escuadrón, al coronel Pedernera; fue la causa de su resentimiento con el general Lavalle y conmigo. El año 39 lo vi una vez, aunque no nos hablamos, en casa del señor Lozano, y se conocía que lo devoraba una pena interior. Posteriormente se suicidó, a pesar que obtenía un empleo distinguido y, en apariencia, las gracias del gobierno.

recogió los frutos de su dedicación, pues que recibió, por lo pronto, un regalo por mano del señor Corvalán.

Siempre deseoso de estrechar más sus relaciones, esperó la ocasión de ir a la quinta de Palermo, donde al fin tuvo la fortuna de hablar con su compadre, de comer con él y de pasar un día en su compañía.

Colocado el señor La Madrid en esta pendiente, cada día avanzaba un poco en la carrera del favor y de la confianza del dictador, para lo que necesariamente le era menester aumentar las muestras de adhesión. Así es que lo vimos del todo metido en esas reuniones incalificables, en las que, con el vaso en la mano y a presencia del *Retrato del Ilustre Restaurador*, se fulminaba el exterminio de la mitad de los hijos de la república.

En ellas nos asegura el general que jamás se pronunció contra los unitarios por más que se empeñaron en ello los temibles *mazorqueros*; pero como si él mismo se hubiese impuesto la tarea de contradecirse, nos cuenta luego que desde Arrecifes, es decir, cuando no tenía tanto que temer de Rosas, compuso y le remitió una canción o vidalita cuyo refrán era:

Perros unitarios, nada han respetado
A inmundos franceses, ellos se han aliado.

Parece que el general La Madrid, al marchar de Buenos Aires a las provincias interiores, pensaba servir sinceramente los intereses de Rosas; al menos así lo da a entender, salvo las reservas mentales que pudo hacerse; otros han pensado de distinto modo, juzgando que todo cuanto hizo para captar la confianza del dictador fue simulado, mientras que se hacía dueño de un poder que había de convertir contra su autor.

En mi modo de ver, ni el mismo general La Madrid, ni hasta este momento, puede darse cuenta distinta de sus sentimientos, que estoy lejos de creer depravados. Su objeto era buscar una posición cual convenía a sus deseos y a sus intereses privados, sin ocuparse mucho en la elección de los medios. Los únicos que se le presentaban eran los de manifestar gran adhesión a Rosas y su sistema, y no vaciló en adoptarlos.

Puesto en Tucumán, halló que las cosas habían variado. No solamente no encontró esa *entrañable afección de su querido pueblo*, sino que se vio amenazado con la prisión, la expatriación y la muerte.[1] Él iba, pues, a perder esa posición que había buscado con el sacrificio de sus antecedentes, y acaso de sus principios. Para no dejarla escapar del todo, abjuró en un momento los últimos compromisos, y en un cuarto de hora, de un teniente de Rosas pasó a ser un campeón de la causa contraria.

Sin salir de la casa del gobernador Piedrabuena, adonde acababa de entrar el señor La Madrid con el empeño de llevar adelante su comisión, lo vemos variar enteramente de propósito y predicar con el mayor ardor una cruzada contra su poderdante. Nada prueba más que esta súbita variación su dominante deseo de asumir una posición calculada, por cualquier camino que fuese, ya sirviendo los intereses de Rosas, ya atacándolos decididamente. En la imposibilidad de hacer lo uno, se declaró por la causa opuesta a la que algunos minutos antes estaba adherido.

Sería curioso saber si en el *parte* que dio a Rosas hizo mención de la peroración que hizo al público de Tucumán para que pusiesen a su disposición seis mil pesos y las tropas que tenían a mano, para invadir sobre la marcha las provincias de Santiago, Córdoba y Buenos Aires, y derrocar *al ya* tirano Rosas.

Es de lo más singular que puede concebirse tanto el plan de campaña como el modo de ejecutarlo y aun de proponerlo. Cuesta trabajo persuadirse que hable seriamente el general La Madrid cuando nos dice ahora, el año 50, cuando escribe a sangre fría, que todo se ha perdido porque no se siguieron sus consejos.

Que él hablase así en aquella circunstancia, para dar a entender que su conversión era sincera y que la media vuelta política que daba era tan completa que estaba resuelto a marchar en dirección opuesta, se comprende bien; pero que ahora, después de más de diez años, nos quiera persuadir lo mismo, es fuera de todo cálculo.

Nadie desconoce las ventajas de una sorpresa; mas no por eso dejan de necesitarse los medios adecuados para verificarla. ¿Y lo eran esos de que en aquel momento podía disponer el gobierno de Tucumán? Unos cuantos cientos de hombres, sin

[1] Esto debería explicar al general La Madrid las verdaderas causas de su popularidad en épocas anteriores, la que él tan cándida como exclusivamente atribuye a sus maneras populares y a sus proezas guerreras. El pueblo de Tucumán, como que tiene una campaña muy reducida, tiene mucha influencia en las gentes del campo; y, además, la disciplina del ejército del general Belgrano ganó la opinión pública para los gobiernos nacionales. Esto necesitaba una explicación más larga.

organización, sin disciplina, y sin más preparación que los *atronadores vivas*, de que tanto se paga el general, ¿eran suficientes para invadir dichas provincias, por descuidadas que estuviesen? Seis mil pesos, ¿era un fondo bastante para ocurrir a los costos de tamaña empresa? Decídalo cualquiera.

El general La Madrid, que hasta ese momento había sostenido la causa y los intereses de Rosas, que había exagerado su poder y hécholo subir a las nubes, que sólo por una violenta coacción abrazaba la causa opuesta, el general La Madrid, digo, ¡se proponía él mismo para mandar esa decisiva expedición! Es preciso mucho candor de parte del general, y hubiera sido necesaria mucha imbecilidad de parte de los tucumanos para que, sin más ni más, confiasen sus destinos a las mismas manos que acababan de desarmar. Si después lo hicieron, fue cuando el general había dado otras pruebas o cuando nuevas combinaciones hacían difícil una nueva prevaricación.

Finalmente, es lo más raro que puede excogitarse la propuesta circunstanciada de un plan de sorpresa, y de consiguiente reservado, en una concurrencia en que estaban reunidos el gobierno, el pueblo y sus representantes, y también las tropas, las cuales (según las Memorias) dieron su aprobación.

No puede dudarse que, por rápido que hubiese sido el movimiento de la expedición, debía precederle la noticia no sólo de la operación sino de su objeto y de sus medios. Considérese que, separado Tucumán ciento cincuenta leguas de Córdoba, y más de trescientas de Buenos Aires, por rápidas que fuesen las marchas, dejarían a Rosas tiempo bastante para desplegar ese poder que él mismo acababa de ponderar. Santiago es verdad que está más cerca, pero debía tener presente que la fuerza de esta provincia no consiste ni en cañones ni en cuerpos reglados y disciplinados sino en la decisión individual de los santiagueños de la campaña, y en Santiago la campaña es todo.

Por otra parte, a nadie en Tucumán podía ocultarse que las miras del señor La Madrid eran hacerse gobernador de la provincia, fuese adhiriéndose a los intereses de Rosas, fuese en oposición a ellos. Todos debían haber visto en esas peroraciones, en ese empeño de no separarse de su escolta, en esa ocupación del Cabildo y demás mezquinas maniobras, debían haber visto, digo, nada más que *unos tanteos* para provocar escenas parecidas a las de años anteriores, mediante las cuales pudo ocupar la silla del poder. Mas ese tiempo había pasado, y ni la situación ni el prestigio del general La Madrid eran los mismos. Tuvo que ceder y conformarse, pero sin cesar de trabajar en recomendarse con sus últimos amigos, lo que seguramente no repruebo.

Seguro el gobierno de Tucumán de la fidelidad del general La Madrid, lo empleó al fin, y le dio el mando de la expedición que en junio destacó sobre Córdoba,[1] la cual debía ser aumentada con fuerzas de Catamarca y La Rioja. Esta expedición apenas se había separado algunas leguas de la capital de la provincia, y no había aún penetrado en la de Santiago, cuando se disolvió por la defección del coronel Gutiérrez (actual gobernador de Tucumán), y la retirada del señor Cubas. Podría preguntarse al señor La Madrid si, cuando meses antes aconsejó esta expedición en su célebre peroración, creía que hubiera tenido mejor resultado. En cuanto a mí, pienso que no, pues que debía estar mucho menos preparada.

En agosto siguiente se realizó otra vez la misma expedición, con destino a auxiliar la provincia de La Rioja, que había sido invadida por Aldao. Fue entonces más feliz el general La Madrid, pues que no sólo llegó a su destino, contribuyendo, mediante el hecho parcial de armas que nos refiere, a arrojar al invasor, sino que penetró en la de Córdoba.

No conocí al general Brizuela, aunque estuvo prisionero de las tropas de mi dependencia el año 30. Sin embargo, todos los informes que he oído están contestes en clasificarlo como un hombre raro, extravagante e imbécil. Cuesta no poco trabajo conciliar estas noticias con el prestigio y omnímoda influencia que ejercía en La Rioja, pero demasiado hemos visto estas anomalías en nuestro país, para que debamos sorprendernos de ello. Ibarra, gobernador de Santiago, es una muestra patente y continua de la exactitud de lo que digo.

Estoy, pues, muy dispuesto a dar crédito a lo que dice el señor La Madrid, relativamente a la inacción y a las contradicciones de Brizuela, sin que por esto asegure que todos sus con-

[1] Aunque no lo dicen las Memorias, debo creer que esta expedición se hizo con autoridad y por disposición del gobierno de Tucumán. Ya aquí se nota que el señor La Madrid toma el tono que le hemos censurado en otros puntos de dichas Memorias. Él, sin que nos diga qué investidura tenía, daba instrucciones a los gobiernos, daba grados militares, y hasta puede creerse de su relación que convocó un congreso.

sejos fueron saludables.[1] Lo que había de positivo era que algo debía de hacerse, y este algo es debido exclusivamente al general La Madrid.

Las disposiciones de la provincia de Córdoba eran favorabilísimas; así fue que la revolución se hizo sin violencia, sin grande esfuerzo y sin sangre, cuando se vislumbró un apoyo cualquiera: este apoyo era la división del general La Madrid. Para mejor inteligencia, debe advertirse que López, gobernador de Córdoba, por su nulidad, es un segundo tomo de lo que era Brizuela, o de lo que es Ibarra hasta el presente.

Ya tenemos al general La Madrid en Córdoba, donde es recibido con unánimes aclamaciones. Todo esto es consiguiente, y no debemos dudarlo ni detenernos en ello. No así con todo lo demás que sigue, y que merece muy seria consideración.

Era de desear que el ex gobernador hubiera sido perseguido con más eficacia y más prontitud, pero no hallándome en el caso de poder apreciar la excusa de la falta de caballos y demás inconvenientes que dice que tocó el señor La Madrid, me abstendré en lo posible de un juicio positivo, limitándome a una ligerísima observación.

El general La Madrid, para llegar a Córdoba, había atravesado la parte más poblada de la provincia, y le hubiera sido más fácil proveerse de caballos sobre su marcha que conseguirlos de un gobierno que acababa de instalarse y que no había tenido tiempo ni aun de empuñar las riendas de la administración.

Unos cuantos días después lo vemos (según sus Memorias) disponer de numerosas caballadas y ofrecer remontar todo el ejército del general Lavalle, sin intervención alguna del gobierno, lo que parece probar que antes pudo, y aun con más razón, hacer lo mismo, y no descartarse con la omisión de un gobierno y un pueblo tan bien dispuesto como lo estaba el de Córdoba.

Hubiera sido también de desear que la persecución de Ló-

[1] El lance que tuvo lugar en los Llanos, cuando retirándose a su campo gritaron los soldados en coro: *tengo hambre, tengo hambre*, es tan gracioso que sería digno de la pluma de Molière. El general La Madrid hizo más que el Salvador cuando con cinco panes alimentó cinco mil personas, porque cinco panes tienen más sustancia que dos chifles de vino y una vidalita. Sin duda que estos arbitrios son útiles, y deben usarse cuando más no se puede; pero el general La Madrid les da tanto valor... y además, cree que su efecto es de una duración ilimitada.

pez se hubiera hecho con mayor fuerza, y acaso con la personal intervención del general. Era éste un punto vital, que merecía muy seria atención; aunque no se hubiese logrado su captura, lo que es dificilísimo tratándose de un gaucho, se le hubiera, al menos, disuelto su fuerza y quitádole sus caballadas y sus carretas.

Carezco absolutamente, lo repito, de toda otra noticia o documento para hacer estas observaciones que las que me suministran las mismas Memorias del general La Madrid. Ni aun hay en Río Janeiro, que es donde escribo, una persona que tenga el menor conocimiento de estos negocios. Por tanto, deben considerarse estos renglones, al menos en la parte que vamos, menos como una refutación que como un juicio crítico del escrito del general, y de los sucesos, en el modo que los refiere. Si algún día poseyese otros documentos y tuviese lugar para ello, no dejaré de añadir lo que crea conveniente. Entretanto, seguiré con mi obra tal cual puedo hacerla. Si alguno la leyere, que me tome también en cuenta la dificultad no pequeña de comentar los escritos del general La Madrid, en que van los sucesos mezclados, sin orden alguno y confundidos, sin la menor separación, los hechos más notables con las más triviales puerilidades.

Ateniéndome, pues, únicamente a lo que dicen las Memorias, el movimiento revolucionario de Córdoba fue el 11 de octubre, y habiendo entrado inmediatamente después el general La Madrid, y salido el 1° de noviembre, debió allí permanecer cerca de veinte días.

No se echa de ver en qué invirtió todo ese tiempo, pues que ningunos arreglos administrativos podían detenerlo, habiendo un gobierno, y muy pocos debieron ser los militares que lo ocupasen, cuando luego nos dice que había aumentado tan poco sus fuerzas. A fines de noviembre sólo tenía mil cien hombres, inclusos los cívicos, que ya estaban formados antes de su llegada, y trescientos hombres que había reunido el coronel Salas.

El Fuerte del Tío dista de la ciudad de Córdoba treinta y cuatro a treinta y seis leguas; y tardó en vencerlas quince o dieciséis días, pues que habiendo salido el 1° de noviembre sólo llegó el 16. No se puede comprender el motivo de tamaña demora, y mucho menos que el general nada diga para explicarla. Esta tardanza y esta omisión es tanto más notable cuanto desde antes ya había recibido comunicaciones del general Lavalle y conocía la conveniencia de aproximársele, pues que tal fue el objeto que se propuso con este movimiento.

La cita que le hizo el general Lavalle para que se reuniesen el 20 en Romero, llevándole ganado, le revelaba por sí sola dos cosas: 1º, que dicho general carecía de este artículo y que estaba en la incapacidad de proporcionárselo; 2º, que su actitud, tan lejos de ser preponderante y ofensiva respecto del enemigo, era de retirada, y de retirada sobre Córdoba. Romero se encuentra cerca de veinte leguas de Santa Fe, por el camino más recto que conduce a aquella ciudad, y poca mayor distancia del Tío, donde se hallaba el general La Madrid.

Este general, que diez años antes, cuando estaba a mis órdenes en ese mismo teatro, se impacientaba, y que aun ahora me censura sin misericordia, porque no marchaba de frente, aunque las circunstancias que me rodeaban fuesen con mucho más desfavorables que las que circundaban a él; el general La Madrid, digo, se acoge ahora a la prudencia y a la adopción de exquisitas precauciones para disculpar su inacción o su tibieza.

He dicho que las circunstancias en que yo me encontraba eran más desfavorables, porque el año 31 hormigueaba el interior de enemigos, que nos hacían la guerra hasta en la misma provincia de Córdoba, mientras ahora los que no habían depuesto las armas estaban reducidos a la impotencia. Porque ahora no dejaba a su espalda terribles caudillos, mientras entonces quedaban los Quiroga, los Brizuela, los Reinafé, etcétera. Porque ahora la opinión de las poblaciones de la campaña había sufrido un cambio feliz para nuestra causa, de modo que las de Córdoba y La Rioja nos eran adictas, cuando antes sucedía lo contrario. Porque, en fin, y esto es lo más importante, yo años antes no contaba con un apoyo poderoso, mientras él tenía el del ejército libertador, al que, mientras más fuerte supusiese, menos motivo honesto tenía de rehusar su asistencia.

Me parece bien frívolo el motivo que tuvo para desconfiar del mayor Giménez, enviado con credenciales por el general Lavalle, pero aun cuando no fuese así, ya que no se prestase ciegamente a los deseos que es natural que este oficial le manifestase de parte de su general, debió siquiera hacer algo en el sentido que se le pedía, sin desatender las precauciones, para no dejar defraudadas las esperanzas de aquel jefe, en caso que fuese efectiva, como lo era, la misión.

Singular es el silencio que guarda el señor La Madrid sobre lo que ella contenía, pues es imposible que el mayor Giménez fuese costeado al través de tantos peligros para decirle que el ejército libertador tenía cinco mil hombres y buenas caballadas. Esta reticencia extraordinaria del general La Madrid deja muy imperfecto el conocimiento de este asunto, y nos obliga a suspender, cuando menos, el juicio que debemos formar de él y de su sinceridad.

Nos da motivo de sospechar que existían entre ambos generales celos y mutuas desconfianzas, que les impedía al uno explicarse francamente y al otro obrar en el sentido más conveniente.

Sin duda había en el general Lavalle falta de franqueza, y, además, una invencible repugnancia a decir que necesitaba los auxilios y cooperación del general La Madrid; pero hubiera sido muy generoso de parte de éste sobreponerse a esta falta y obrar únicamente en el sentido del bien general. Pero sigamos examinando los hechos.

El coronel Salas salió del Tío el 18, llevando ganado para el general Lavalle, y el 19 se movió el general La Madrid en la misma dirección. Aquél avisó la escasez que había de agua, y el segundo retrocedió un tanto el 20, para situarse en la Esquina, donde había buenos pastos, y esperar los resultados. Así permaneció hasta el 25, sin haber tenido noticias del ejército libertador, por más que las procuró. El coronel Salas se deja entender que había regresado de Romero con el ganado de que era conductor.

En estas circunstancias, el general La Madrid se hizo el siguiente razonamiento: "Si el general Lavalle con cinco mil hombres bien montados, no ha podido poner en mi conocimiento los motivos que han embarazado su marcha, obligándole a faltar a una cita, que entre militares es sagrada, mucho menos podré yo pasar con mil cien hombres a encontrarlo".

Este razonamiento no era exacto, pues que, por lo mismo que *una cita es sagrada entre militares*, debía suponerse que motivos muy graves le habían impedido concurrir a ella. Por otra parte, las situaciones eran muy diversas, pues el general Lavalle tenía sobre sí todo el ejército enemigo, mientras que el general La Madrid no tenía quién le entorpeciese sus movimientos; y adviértase que no ignoraba ni la situación más o menos del ejército enemigo, ni su poder, pues que el mayor Almandos le había dicho que había sido reforzado con dos mil hombres de infantería.

Podía temer el general La Madrid que el enemigo se hubiese interpuesto entre él y el general Lavalle, y que creyese, en tal caso, imposible su reunión. Mas esto era lo que debía averiguarse antes de hacer un movimiento excéntrico, y que abandonaba enteramente a su destino al ejército a quien se había propuesto dar la mano. El mejor modo de conseguirlo (hablo de lo último) era conservarse, si es que no podía avanzarse lo más próximo posible en la dirección que debía traer ese ejército; pero variar en esos momentos su línea de operaciones, dirigiéndose el 25 a la Herradura, sin tener noticia alguna, fue una operación errónea y fatal en sus consecuencias. No es temerario decir que a ella fue debido el desastre del Quebracho y todas sus tremendas consecuencias.

Cualquiera comprenderá que, situado el general La Madrid a cinco o seis leguas del Quebracho, debió necesariamente saber la aproximación del general Lavalle, antes que Oribe le hubiese dado alcance el 28. Bien se prueba esto por la esquela que escribió éste, desde Romero, el 27, avisando que el enemigo había querido estorbarle el paso del Salado, y pidiendo nuevamente ganado.

Esto supuesto, el general La Madrid hubiera tenido tiempo de auxiliar con caballos y aumentar la fuerza del ejército libertador con más de mil hombres, entre los cuales un excelente batallón de infantería. ¿Cuál hubiera sido la suerte de Oribe? Si hemos de creer a las relaciones contestes que nos hacen de esa desgraciada jornada, debemos persuadirnos que el ejército federal hubiera sido irremisiblemente batido.

¡Qué diferencia entonces en nuestros destinos! La que va de una victoria a una batalla perdida. Median entre ambos extremos el porvenir de los pueblos, la suerte de la humanidad y de la posteridad misma.

Forzoso es repetir, porque conviene fijarse en las verdaderas causas de los sucesos que tanto han influido en los destinos de nuestro país. El movimiento de flanco que practicó el general La Madrid desde las inmediaciones del Quebracho, para ir a operar en la campaña norte de Buenos Aires, fue errado, vicioso y de las más fatales consecuencias.

El general La Madrid debía por lo menos conjeturar que estaba próxima una batalla entre el ejército libertador y el federal, y ningún militar ignora la regla general de no separar, la víspera de su acción, tropas que no puedan concurrir a ella; regla, por otra parte, que basta el sentido común para conocer su exactitud y utilidad. Y ¿cómo es que el general La Madrid, tres días antes de dar la batalla del Quebracho, elige un teatro más de cien leguas distante del que iba a serlo del combate? Esto es incomprensible, si no es que para explicarlo ocurramos a las flaquezas del corazón humano.

En esta vez no se reconoce, ni en sus hechos ni en sus escritos, al general La Madrid. Él, que se nos retrata a cada momento como dotado de una rara osadía, y, para usar de su misma expresión, de un carácter *temerario*, no tuvo en el lance más importante una de esas inspiraciones generosas, con que hubiese salvado el ejército libertador y la causa que defendía.

Para abundar, si quisiésemos, en razones que prueban lo que acabamos de decir, añadiremos que el general La Madrid, después de sus arrogantes jactancias, ni aun tiene la excusa de alegar la diferencia de fuerzas de su ejército con el enemigo. Ya recordará cuántas veces nos ha dicho que con unos cuantos cientos de hombres tenía bastante para anonadar a los caudillos de la federación. Yendo un poco más lejos, se tendrá presente que, con su nombre y unos cuantos de la escolta, penetró en columna, contuvo al célebre general Canterac e impuso a todo el ejército español. Mas, concediéndole todo el derecho que quiera de tomar ese pretexto, no por eso es menos grave el cargo que resulta contra él.

Aunque creyese que el ejército enemigo se había interpuesto entre él y el general Lavalle, no debió moverse sin averiguarlo, y, verificado que fuese, era lo más inconveniente alejarse indefinidamente y librar a Oribe del cuidado que debía darle un cuerpo respetable de tropas colocado sobre su espalda. Aunque no marchase sobre él, le convenía maniobrar en el sentido de inquietarlo, o, si no, dejarle estar en su posición hasta ver mejor el estado de las cosas. Lo que hizo el general La Madrid fue lo peor que podía hacerse, de modo que, pudiendo salvar al ejército libertador, lo dejó sacrificar por sus enemigos.

Mucho podríamos decir para corroborar la exactitud de estas reflexiones, pero no queremos reagravar los cargos que resultan contra el general La Madrid. No conocíamos los detalles de esta desgraciada campaña, cuando las Memorias han venido a derramar un poco de luz sobre ella. Hemos emitido nuestro juicio por los datos que aquéllas nos suministran, es decir, por la relación que hace de dicha campaña el mismo general La Madrid. Si algún otro más imparcial escribiese sobre ella, quizá se harían nuevos descubrimientos que justificasen aún más mi modo de pensar.

Puede que algunas veces haya hecho uso de un lenguaje algo fuerte, pero espero se me disculpe y se crea que hago todo lo posible por desprenderme de todo sentimiento apasionado; sin embargo, no puedo precaverme de un movimiento de indignación cuando comparo las operaciones practicadas en ese mismo teatro el año 31, que censura tan acremente el general La Madrid, con las que él pretende ahora justificar. Me critica de *indeciso*, mientras se le ve fluctuar entre irresoluciones, o tomar un partido para abandonarlo al día siguiente.

Perdida la batalla del *Quebracho Herrado*, ya no era (a mi juicio) posible pensar en una nueva batalla. Verdad es que había elementos para formar otro ejército inmediatamente, reuniendo las fuerzas de Córdoba, de Salta y las que tenía el general La Madrid; pero la dificultad estaba en compaginarlas. La organización del ejército libertador fue viciosa desde un principio, y no era a presencia del enemigo y bajo la impresión de una derrota que podía procederse a mejorarlo. Lo que me parece que convenía era replegarse, disputando en cuanto fuese posible el terreno, y sin perder de vista el grande objeto de regularizar los medios que quedaban de resistencia.

No hablaremos de los planes del general La Madrid, que tan pronto quería dar una batalla como dirigirse al norte, a Cuyo, o a la campaña de Buenos Aires. Todo lo pensó y nada hizo, sino lo que estaba marcado por la misma naturaleza de las cosas. Se puede juzgar por lo que a él le sucedió, antes y ahora, de aquellos consejos *atrevidos* de que tanto se envanece, que me daba el año 31, para hacer esos mismos movimientos, que entonces y ahora se le quedaron en el tintero, pues que no pasaron de meras imaginaciones.

El general Lavalle, abandonando la ciudad de Córdoba, se propuso hacer al enemigo una guerra de partidas en escala mayor. Digo en escala mayor, porque, en lugar de partidas, empleaba lo que nosotros llamamos gruesas divisiones, y, en vez de elegir una provincia para teatro, abarcaba toda la extensión de la república.

Vasto plan, pero para cuya ejecución no se calcularon los medios ni se consultaron las circunstancias.

En primer lugar, necesitaba jefes capaces, inteligentes y adecuados. En segundo lugar, necesitaba cuerpos de tropas moralizadas, que no fuesen con los excesos de la indisciplina a concitar el odio popular. En tercer lugar, era preciso que hubiese en los pueblos o provincias que iban a ocuparse unas disposiciones tales que se prestasen con facilidad a la impulsión que iban a darles los libertadores. Finalmente, se necesitaba establecer un centro común de relaciones, o sea una autoridad general, que diese dirección a esos cuerpos y a los distritos que libertasen.

No sé si se tuvo en vista todo esto; mas lo que hay de positivo es que el plan fue desgraciado desde sus primeros ensayos. La división del coronel Vilela fue batida en San Carlos o San Cala. El coronel Acha, que se destacó a Santiago, sin ganar nada, perdió un buen escuadroncito de correntinos, que con el mayor Ramírez se pasaron a Ibarra. Otros cuerpos menores que se mandaron obrar en la sierra tampoco hicieron cosa alguna. Quien más se sostuvo fue el coronel Salas, en el Río Segundo, pero luego se vio obligado a retirarse, y sólo salvó por un milagro.

No admite duda que el ejército libertador cometía desórdenes y que estaba entregado a una desenfrenada licencia. En alguna otra parte he indicado que este método, si tal puede llamarse, era sistemático, y que el general Lavalle se había propuesto vencer a sus enemigos por los mismos medios que ellos lo habían vencido diez u once años antes.[1] Entonces la licencia gaucho-demagógica se sobrepuso a las tropas regulares que él mandaba, y ahora quería él sobreponerse a sus enemigos relajando todos los resortes de la disciplina y permitiendo los desórdenes. Funesto error que, tanto en política como en lo militar, nos ha causado horribles males, y, lo que es más, ha hecho desvanecer la mayor parte de nuestras esperanzas.

También he dicho en otra parte que los cuerpos que ha mandado el general La Madrid jamás se distinguieron por el or-

[1] Una cosa muy semejante se han propuesto en política algunos hombres, cuyos talentos y recomendables calidades no se les pueden disputar. Pretendieron antes sobreponerse a sus opositores, ofreciendo al país una constitución liberal, y la más adecuada a nuestro estado y a nuestras necesidades. Por causas que no es del caso explanar, triunfaron sus contrarios, que lo eran también de la constitución, y ella fue rechazada. Como si quisieran desquitarse con los pueblos de este desaire, y como si la inconstitucionalidad fuera un arma, han querido apoderarse de ella, sin más fruto que reagravar los males públicos y hacer indefinido el desorden político. ¡Dios quiera que conozcan mejor sus intereses y los de la patria!

den y la regularidad; pero que, en contraposición al ejército libertador, he oído decir que eran un modelo de disciplina.

Quizás el general Lavalle, en los últimos tiempos, había conocido su error; pero ya no creía que era tiempo de remediarlo. El tedio que le causaba un mando basado sobre un sistema semejante, pienso que fue una de las causas que le obligó a adoptar el plan de hacer obrar sus divisiones a grandes distancias. El mando inmediato era un peso que quería arrojar de sí, y, por lo menos, no presenciar los males que no podía o no quería evitar.

Dejaré aquí esta triste materia, para que cada uno juzgue según sus principios y según su corazón. Los míos son bien conocidos y no podría tratar más de ello sin emplear tantos puntos que quiero economizar.

Ya está otra vez en Tucumán el general La Madrid, donde obtiene el mando de la provincia por delegación del gobernador Garmendia. Allí se contrajo, como era consiguiente, al aumento, equipo y arreglo de las fuerzas que debían aún emplearse en sostener la revolución, en que se había lanzado una gran parte de la república, para derrocar el poder absoluto y despótico del dictador de Buenos Aires. Continuaremos siguiendo al general La Madrid en la prosecución de sus Memorias.

Es éste un período interesante de esa célebre guerra, tanto porque es menos conocido (al menos así lo era para mí) cuanto porque en él intervinieron de mancomún dos de nuestras primeras notabilidades militares, aun sin poner en cuenta al desgraciado Brizuela.

El coronel Acha atravesó la provincia de Santiago sin haber conseguido cosa alguna y con la pérdida de doscientos buenos soldados correntinos, que se pasaron al enemigo con el mayor don Bartolomé Ramírez. El general La Madrid atribuye esto a la no concurrencia de las fuerzas que debieron marchar de Tucumán; pero diré, sin miedo de equivocarme, que lo mismo hubiese sucedido, aunque hubiese marchado con tiempo (digo con tiempo, porque él hizo mover al coronel Murga poco después de su llegada, pero sin fruto alguno). La provincia de Santiago, decidida en masa y fanatizada, por mucha que fuese la incapacidad de su caudillo para la guerra, no podía ser subyugada por una invasión pasajera. La resistencia de inercia era más que suficiente para hacerla inútil, como sucedió.

Lo que hay de extraordinariamente singular es que, llegado Acha a Tucumán y sabedor de que el general Lavalle se había quedado en la sierra, mandó se le reunieran las tropas correntinas que le pertenecían, *a excepción de los escuadrones Acuña, de correntinos, y Sotelo, de la campaña del norte de Buenos Aires, que no quisieron ir a reunirse al general, y prefirieron venirse a Tucumán, y con ellos el coronel Ávalos.*

¿Quiénes fueron los que no quisieron ir donde estaba su general, y sus compañeros, y sus cuerpos? ¿Fueron los soldados, los oficiales o los jefes que mandaban? Nada de esto nos dice el general La Madrid, y es sensible que, cuando ocupa páginas enteras con hechos particulares y de poquísima importancia, pase como por sobre ascuas en uno de tamaña trascendencia.

Sea como fuere, ese hecho prueba la indisciplina del ejército y que ella había penetrado en todas las clases, sin exceptuar las categorías.

Hay otra cosa que notar, aunque no lo dice el señor La Madrid, y es lo que nos cuenta la carta de 3 de octubre siguiente, del general Lavalle, en la que asegura que si destacó sobre Santiago al coronel Acha fue por instancias del general La Madrid.[1]

[1] Al llegar a esta parte de las Memorias, he recordado que conservaba dos cartas del general Lavalle, escritas tres o cuatro días antes de morir, y una del general Pedernera. Todas serán copiadas para que sirvan de comparación y de medio de llegar más fácilmente al conocimiento de esos sucesos.

"Señor general don José María Paz.

"Cuartel General en Salta, octubre 3 de 1841.

"Mi querido amigo:

"Llegó a manos del gobierno de Salta, la correspondencia del Excmo. señor Ferré y de usted para el general La Madrid, desde el 29 de julio hasta el 12 de agosto, conducida por Colompotón, la cual el gobierno de Salta me ha presentado abierta, a mi llegada a esta capital, hace tres días. La he remitido ya al general La Madrid, que ocupa actualmente con su ejército las provincias de Cuyo, y si mis ocupaciones me permiten concluir hoy esta carta con la extensión que deseo, marchará mañana por la misma vía.

"Todo lo que concierne al buen éxito y regularidad de la correspondencia por el Chaco, es del resorte del gobierno de Salta, y por tanto, me eximo de hablar a usted de eso, asegurándole que prestaré también a ese objeto mi más decidida cooperación.

"En la correspondencia del general La Madrid, a que usted contesta, no debió darle una idea exacta del estado de la guerra, en la provincia de La Rioja, en aquella época, porque él mismo no la tenía, pues a la sazón se hallaba ocupada la provincia de Catamarca por una división del ejército enemigo, y nos era imposible la comunicación con Tucumán, por el poniente de Catamarca, porque ésta es precisamente la parte del territorio de dicha provincia que nos

Parece fuera de duda que ambos generales conocieron, no sólo lo inútil, sino lo perjudicial que fue semejante expedición. Tan sólo un objeto pudo tener, y es el que no se menciona, que era el de llamar la atención de Ibarra a otro punto y que no inco-

---

es contraria. Siendo la guerra de La Rioja a que me refiero, una cosa ya pasada, y no debiendo ocuparnos en cosas personales, me limitaré a decir a usted, que allí se estrellaron y debilitaron todas las fuerzas que el tirano tenía en las provincias del interior, combatidas únicamente por el poder de la opinión de aquel pueblo valeroso, ayudado por los débiles restos que el nulo y desgraciado coronel Vilela pudo salvar en San Cala, donde fue sorprendido por Pacheco, en camisa y calzoncillos. Esa preciosa columna la había yo destinado a ocupar las provincias de Cuyo, donde a la sazón, el fraile Aldao, no podía oponerle sino ochocientos o mil hombres.

"Alentado el fraile con esa victoria, y con la extensión de la revolución de Mendoza, que Vilela iba a proteger, reunió en Cuyo una fuerza aproximada a dos mil hombres, y reforzada por tropas de Buenos Aires, hasta el número de tres mil quinientos de las tres armas, invadió La Rioja. Estaba yo entonces en Catamarca dudando si salvaría de la enfermedad que mis trabajos y mis penas me habían atraído, y esperando al mismo tiempo el resultado de una invasión, que consentí a instancias del general La Madrid, que ejecutaba el coronel Acha, desde el territorio de Córdoba sobre Santiago, con un escuadrón tucumano, y la preciosa legión Ávalos, que estaba intacta. Esta bella columna, a que se agregó poco después el coronel Salas, con un escuadrón porteño que yo le había dado, y doscientos cordobeses, la mayor parte de la frontera del Tío, tuvo que pasar rápidamente por el territorio de Santiago, y llegar a Tucumán, por la defección del traidor Bartolomé Ramírez, que arrastró los doscientos correntinos que están ahora con Echagüe, según usted dice en su carta del 29 de julio.

"Llamado entonces por el general Brizuela, para defender La Rioja, me arrastré allá, y reuní los débiles restos de San Cala, que apenas llegaban a quinientos hombres.

"No dudo que la historia de esta guerra espantosa, hará una mención particular de esa campaña de La Rioja, donde era necesario contener los esfuerzos del enemigo, sin armas, sin dinero, sin recurso alguno, para dar tiempo al general La Madrid a que reuniese y organizase todo el poder militar de las provincias del norte, que estaban hasta entonces dormidas, aterradas, con la derrota del Quebracho, y extraviadas por el traidor Otero. Si el enemigo hubiese destacado entonces por Santiago, una columna de mil quinientos hombres, todo hubiera sido concluido.

"El fraile Aldao, al llegar a la ciudad de La Rioja, destacó sobre Catamarca una columna de mil hombres, que ayudada por el caudillo Balboa, de aquella provincia, arrojó nuestras autoridades a Tucumán, y colocó a Balboa en la primera magistratura. Pero alentados los riojanos con nuestras maniobras, y con la ejecución de algunos de los innumerables traidores que nos rodeaban, empezaron a defenderse, y conseguí con algunas dificultades mi primer objeto, que fue quitar al fraile los Llanos que creía ya conquistados y sublevarle los departamentos del poniente, cortando así su comunicación con Cuyo, y haciendo dificultosísima la de Córdoba. Pocos días después, conociendo el fraile su im-

modase el ejército en su tránsito a Catamarca. Esto mismo era de poca importancia, porque Ibarra no era capaz de inquietar el flanco de aquél, cuando no tenía poder para resistir a una de sus divisiones, pero, al fin, era un motivo.

---

potencia para dominar La Rioja, se retiró al Valle Fértil, y solicitó refuerzos de Oribe, que había quedado en Córdoba, creyendo que el fraile sería suficiente para ahogar la revolución. Oribe y Pacheco vinieron, en efecto, en apoyo del fraile, con un refuerzo considerable, y divididos entonces en tres columnas, cada una de ellas más fuerte que todas nuestras fuerzas reunidas, poseyeron La Rioja, pero no el corazón de los riojanos.

"Resignados éstos a soportar el yugo, mientras él fuese sostenido por un ejército tan formidable, el general Brizuela y yo, que estábamos en Famatina y Chilecito, con ochocientos hombres de caballería y doscientos infantes, debiendo ser inmediatamente atacados por una fuerza enemiga, que no podíamos resistir, debíamos maniobrar sobre los departamentos de Arauco y Belén, para buscar el contacto del general La Madrid, que a la sazón debía estar en marcha sobre Catamarca, con dos mil hombres de las tres armas, que había podido regularizar, después de haber arrojado de esta provincia al traidor Otero. Convoqué al general Brizuela y a todos los jefes principales a una junta de guerra, y tanto este jefe como todos los demás adoptaron con entusiasmo las operaciones que les propuse; pero dos días antes de marchar, el general Brizuela desistió, pero desistió con síntomas alarmantes, dando órdenes secretas a los jefes riojanos, poniendo un gran cuidado en ocultarme sus miras, y rompiendo así la hermandad y armonía en que habíamos estado hasta entonces. Yo no hubiera dudado un momento en juzgar al general Brizuela, si no hubiera estado perfectamente seguro de su honradez y decidida lealtad por la causa de la libertad. Había tal vez, entre nosotros, algún Chilavert, que extravió con pérfidas sugestiones el juicio sencillo de aquel jefe benemérito y desgraciado. Apurado el general Brizuela por mis representaciones y urgencias, no teniendo ya nada racional que contestarme en apoyo de sus nuevas ideas, cometió todavía otro error, consecuencia fatal del primero, y fue el de engañarme, persuadiéndome, cuando yo me ponía en marcha hacia los Sauces, cabeza del departamento de Arauco, que él me seguiría con una distancia de doce horas, que necesitaba, cuando menos, para arreglar sus asuntos personales. Pero en el lugar de Pituil, dieciséis leguas del punto de partida, en vez de ver llegar la columna del general Brizuela, se me incorporó el coronel Yanzón, ex gobernador de San Juan, que me reveló la tenacidad con que el general Brizuela había abrazado las ideas opuestas al plan acordado en la junta de guerra, y que su resolución era retirarse a Vinchina, lugar horroroso por el clima y la absoluta escasez de todo lo que puede hacer soportable la vida. Pero todavía cometió el error de demorarse seis días en Sañogasta, pequeño lugar del tránsito para Vinchina, donde el fraile se le presentó de improviso, con una columna que el general Brizuela no podía resistir. Los riojanos, sin dejar de ser fieles a la causa de la libertad, estaban ya muy descontentos de su jefe, y aun sospechaban de su lealtad y patriotismo, por motivos que no es del caso referir; creyéndose, tal vez, traicionados por el general Brizuela, se desbandaron a presencia del enemigo, y un mayor Asís y dos o tres soldados, asesinaron aquel benemérito y desgraciado jefe, sin

El general Lavalle, que había quedado en la provincia de Catamarca, restablecido de una grave enfermedad, tuvo que marchar a La Rioja en auxilio de Brizuela, que se veía acometido por Aldao. La impericia, la excentricidad, la absoluta inca-

---

cuya cooperación, las provincias del norte no hubieran alzado el estandarte de la revolución contra el tirano de la república. No es, pues, el bravo y patriota coronel Peñaloza (alias el Chacho) el asesino del general Brizuela. Aquel jefe, tan valiente como popular, de La Rioja, se halla hoy en el ejército del general La Madrid, al frente de su numerosa columna de llanistas.

"Me reuní con el general La Madrid, en Catamarca. La columna de Lagos y Maza, que ocupaba la capital de esta provincia, se había retirado a Santiago. Allí supimos que Oribe y Pacheco, con todas las fuerzas que habían reforzado al fraile, marchaban en retirada para Córdoba, quedando sólo Aldao en La Rioja, con las tropas de Cuyo, que ascendían a mil seiscientos hombres. Confieso a usted, que la inaudita retirada de Oribe y Pacheco, de La Rioja, no la pude concebir, sino como efecto de la ocupación de Entre Ríos, por el ejército combinado de Corrientes y el Estado Oriental. Por otra parte, las provincias del norte no podían ya sostener al ejército del general La Madrid, y le aconsejé, en consecuencia, que uno de los dos marchase inmediatamente sobre La Rioja a la cabeza del ejército, restableciese la revolución en esa provincia, que germinaba desde la retirada de Oribe y Pacheco, y continuase impávida y rápidamente sobre las provincias de Cuyo, sin hacer caso del fraile, que ocupando entonces los departamentos del poniente, nos separaban de él desiertos intransitables; y el otro de los dos quedase en Tucumán para defender nuestra base con las milicias del país, de las tentativas de Ibarra, ayudado por la columna de Lagos y Maza. El bravo y virtuoso general La Madrid, adoptó el consejo con entusiasmo, y dejó a mi elección el ir a Cuyo con el ejército, o quedarme en estas provincias. Creí que hubiera sido una vileza defraudar al general La Madrid de la gloria que le esperaba, y no corresponder su virtud con otra, y le aconsejé que marchase él sobre Cuyo, que yo quedaría en Tucumán. Así se efectuó al instante.

"Apenas los primeros descubridores del general La Madrid pisaron el territorio de La Rioja, toda ella se incendió con la rapidez de la pólvora, y la insurrección contra el enemigo precedía veinte leguas a nuestro ejército. El general La Madrid, pues, en vez de encontrar obstáculos en La Rioja, recibió en su tránsito un considerable refuerzo, y los limitados recursos que la horrible devastación de aquel país podía ofrecer.

"El enemigo no comprendió el objeto de ese ejército, alucinándose con la idea de que, estando el fraile en el poniente de La Rioja, el general La Madrid no podía avanzar sobre Cuyo, sin libertar completamente aquella provincia. Pero nuestro ejército continuó sobre Cuyo, como se había acordado, y cuando sus marchas descubrieron al enemigo su plan, ya el general La Madrid estaba cuarenta leguas delante del fraile, por el camino de los Llanos, que llaman de arriba. El fraile entonces tomó la resolución más torpe que se podía esperar. Reunió todas sus fuerzas y se dirigió a San Juan, cuando la vanguardia del general La Madrid, compuesta de seiscientos hombres, a las órdenes del coronel Acha, estaba dueña de aquella ciudad, hacía algunos días. Acha tuvo la

pacidad del jefe riojano, hacía imposible toda medida rápida y enérgica, cual demandaba la situación. Según las Memorias, no hicieron otra cosa aquellos jefes que ceder el terreno a Aldao, retirándose a los pueblos de Famatina, y destacar a los corone-

---

audacia de marchar a esperar al fraile, a la salida de la travesía, y el ejército de aquel caudillo fue hecho pedazos, como lo manifiesta el parte del general La Madrid, cuya copia le incluyo. Dos días después de recibir el parte de este suceso, llegaron a mi cuartel general dos desertores tucumanos, del ejército del general La Madrid, los que me dieron pormenores, de que el general La Madrid no podría descender en aquellos momentos. Por la relación de estos desertores, supe que la causa de la derrota del fraile Aldao, por una fuerza tan desigual en número, fue que toda la infantería de aquel caudillo, que ascendía a quinientos hombres, pasó a las filas de Acha, y que este solo hecho empezó la derrota del resto del ejército del fraile, que completó Acha con una carga. El gobernador de La Rioja, coronel Bustamante, al trasmitir el parte del general La Madrid, confirma que el fraile Aldao con cinco hombres se había reunido al coronel Flores, jefe porteño, que se hallaba con un escuadrón en la frontera de Córdoba, en observación de los Llanos.

"Volveré ahora a los sucesos que simultáneamente ocurrían en las provincias del norte.

"A mi llegada a Tucumán, donde hice venir como quinientos hombres, que había traído de La Rioja, el señor gobernador Avellaneda había marchado con mil tucumanos de la milicia de campaña, a atacar la montonera de la frontera de Salta, que al mando de Saravia, Lugones y otros caudillos despreciables, y compuesta en su mayor parte de santiagueños, acababa de derrotar a los coroneles Matuti y Gama, que con pequeñas fuerzas se hallaban guardando dos puntos distintos de la frontera. El pusilánime gobernador de Salta había escrito al de Tucumán, con todas las muestras del terror que hace cometer tan graves faltas, que si no venía en su auxilio ganando momentos, las provincias de Salta y Jujuy se perdían. Los sucesos han manifestado después, que ese terror sólo era nacido del miedo vergonzoso del gobierno de Salta, presidido entonces por el virtuoso y patriota don Gaspar López, que delegó posteriormente en el coronel don Dionisio Puch, de cuya renuncia ha procedido el nombramiento del actual gobernador, el señor don Mariano Benítez. Yo dejé mi columna en Tucumán, y seguí para la frontera de Salta, con una pequeña escolta, en pos de la columna del señor Avellaneda, a cuya presencia la montonera de Saravia desapareció, ocultándose en las soledades impunes de Santiago. La provincia de Salta, que había estado en paz muchos años, se había pronunciado contra Rosas, sin prepararse para la guerra. No había un solo hombre que conociera un punto de reunión, ni su jefe, ni su capitán, ni había jefe alguno que supiera de sus soldados. El gobierno no tenía vigor ni para castigar con una simple reconvención delitos políticos, por los cuales Rosas extermina familias enteras. En tal estado, una provincia tan fuerte como la de Salta no podía sostenerse sino existiendo dentro de su territorio una fuerza extraña, que la provincia de Tucumán necesitaba en su propia frontera. Vine, pues, a esta capital, acompañado del señor Avellaneda, para aconsejar al gobierno, y ayudarle a despertar el espíritu nacional de los salteños, y organizar las milicias de

les Peñaloza y Baltar a que hiciesen la guerra de partidas en los llanos de La Rioja.

El general Lavalle da mayor importancia a esta parte de la campaña, según lo expresa en su carta, y cree que debe ocupar

---

campaña, para que la provincia de Salta pudiera bastarse a sí misma; pero a los dos días de estar en esta ciudad supe que un ejército enemigo de las tres armas ocupaba el río Hondo, frontera de Tucumán, a veinte y tantas leguas de aquella ciudad. Oribe, en su retirada de La Rioja, al saber que nuestro ejército se dirigía a aquella provincia, dio vuelta sobre Santiago, agregó la columna de Garzón, que se hallaba en marcha, se reunió en Loreto con Lagos y Maza, y vino al río Hondo, donde se le incorporó una fuerza de mil santiagueños, aproximadamente. Este ejército constaba de ochocientos infantes, seis piezas de campaña, mil doscientos hombres de caballería porteña, y los santiagueños referidos. A las pocas horas de recibir los partes que comunicaban estas noticias, hice volar al señor Avellaneda, para que regresase a Tucumán, con la columna que había traído a la frontera de Salta, y yo seguí detrás de él, con cuatro horas de distancia.

"El señor Avellaneda, al ausentarse de Tucumán, había delegado el mando a un tal Ferreira, antiguo jefe de Heredia. Este traidor, que seguramente había revelado al enemigo la oportunidad de invadir, en lugar de disponer al país a la defensa, lo disponía a la sumisión. Cuando llegué a la ciudad de Tucumán, creyendo encontrar al menos la columna del señor Avellaneda reunida, la encontré completamente disuelta, por el terror y la seducción que el enemigo había derramado, ayudado por Ferreira y algunos otros traidores. El hecho es que el ejército enemigo se hallaba a cuatro leguas de la ciudad de Tucumán, cuando ya, al llegar allí, no teníamos más que cien hombres de que se componía mi escolta, ochenta infantes, entre los cuales había cuarenta fusiles útiles, y tres piezas, de a cuatro, de las que el general La Madrid había dejado por inútiles, y que yo había conseguido dotar regularmente. Mis escuadrones, que el traidor Ferreira había tenido gran cuidado de tener desmontados, habían salido a pie, en diferentes direcciones, a buscar caballos. ¡Qué horrible situación!

"A las dos de la madrugada del 4 de septiembre, salí de la ciudad con mi pequeña fuerza, pasé por el flanco izquierdo del ejército enemigo, y reuniendo en esta marcha mis escuadrones, medio montados y medio a pie, pasé el río de Famaillá, y quedé a retaguardia del ejército enemigo, el cual, suponiéndome bastante fuerte para batir a Garzón, que con setecientos hombres, de las tres armas, había quedado a su retaguardia, con su parque y bagajes, retrocedió rápidamente doce leguas. Entonces yo volví por el mismo camino sobre la capital, y pude respirar en cuatro días que el enemigo permaneció inactivo. Reunido Garzón, todo el ejército enemigo volvió sobre la capital, por el camino por donde yo había maniobrado. Mis escuadrones estaban ya montados, a caballo por hombre, y había reunido, además, trescientos milicianos del regimiento de la capital. A la aproximación del enemigo, por el camino de arriba, como ya he dicho, tomé yo uno de los dos de abajo, y caí a Monteros, doce leguas al sur de la capital. El enemigo, entonces, dejó en ella una guarnición de doscientos infantes, cuatrocientos hombres de caballería y tres piezas a las órdenes de Garzón, y con el resto de sus fuerzas, volvió a marchar hacia al sur,

un lugar distinguido en la historia. Sería de desear que nos hubiese dejado más detalles de ella para poder juzgar. De la referida carta sólo se infiere que después de estar en Famatina fue de opinión de maniobrar, dirigiéndose siempre por el po-

---

y campó en la orilla izquierda del río Famaillá. Yo mantuve mi campo a seis leguas del enemigo, y reuní entretanto quinientos milicianos más de los de Monteros, y otros departamentos. Mi fuerza ascendía entonces a mil trescientos hombres de caballería, y los infantes y cañones referidos.

"Dos días medité profundamente sobre mi situación, y me resolví a atacar al ejército enemigo, siéndome imposible caer sobre la parte más débil en número, que era la guarnición de la ciudad. Las razones porque me decidí a dar esta batalla tan desigual, las expondré si algún día se me hace cargo del resultado. Por ahora, su conocimiento le es a usted inútil.

"Durante la noche del 18 al 19 pasé el río de Famaillá, veinte cuadras del campo enemigo, aguas arriba, y dando vuelta sobre mi derecho; amanecí formado en batalla a la espalda del enemigo, y a una distancia de veinte cuadras aproximadamente. El enemigo dio vuelta y me atacó al instante. El éxito de la batalla dependía del combate entre mi izquierda y la derecha enemiga, donde estaba lo selecto de la caballería de ambos. Mi derecha y la izquierda enemiga, compuestas de los santiagueños, esperaban el resultado del combate del ala opuesta, para huir o avanzar. La poderosa infantería enemiga estaba contenida y obligada a tenderse en el suelo, por el fuego de nuestros tres cañones, que habían tenido la fortuna de desmontar una pieza de a ocho, la más fuerte del enemigo. La derecha enemiga atacó mi izquierda; mis primeros escuadrones fueron vencedores, y lancearon por la espalda más de cien enemigos; pero el escuadrón Libertador (compuesto todo de porteños), al que no tocaba sino un esfuerzo muy inferior al que habían hecho los otros escuadrones, huyó a treinta varas del escuadrón enemigo, que le tocó cargar, y la derrota de la izquierda empezó a pronunciarse. Lancé entonces mi escolta, que tomaba perfectamente por el flanco izquierdo de la derecha enemiga. En su primer ímpetu arrolló una parte de la fuerza enemiga que perseguía, pero no fue ayudada por los otros escuadrones, que debían haber vuelto caras inmediatamente, y huyó también. Mi derecha, que mandé en el acto cargar a la izquierda enemiga, se disolvió al moverse, y entonces los santiagueños avanzaron, porque ya no tenían enemigos al frente. Debe usted inferir lo que harían mis pobres ochenta infantes, cuya mayor parte tenían fusiles descompuestos. Huyeron a salvarse en un bosque inmediato. Mis tres piezas fueron tomadas por el enemigo, que no persiguió a nadie, sino a mi sola persona, pues nuestra izquierda había salido del bosque con menos pérdida que el enemigo, el que siempre la respetó aun viéndola dispersa y en fuga.

"Se perdió, pues, la batalla de Famaillá, y a los once días llegué a esta ciudad, con la mayor parte de mi ala izquierda. Mi ala derecha era toda de tucumanos, que se fueron a sus casas.

"Suplico a usted no dé a esta victoria del enemigo la importancia que yo mismo no le doy, aun estando en el teatro de las más vivas sensaciones. Quiera usted reflexionar, que el enemigo ha cometido un error inaudito, como el que cometió antes, aglomerándose en La Rioja, tal vez por el torpe furor de perse-

niente hacia el noroeste de Catamarca, por donde pensaba restablecer sus comunicaciones y aun ligarse con el general La Madrid.

No es difícil comprender los motivos de la resistencia de Brizuela, quien debía mirar con repugnancia todo lo que lo ale-

---

guir mi persona. En lugar de reunir todas sus fuerzas contra el general La Madrid, que llevaba todo el poder militar de estos pueblos, ha dejado batir al fraile separado, ha dejado a Pacheco con fuerza infinitamente inferior a la del general La Madrid, y él se viene con la mayor parte y más selecto de sus tropas, a derrotar milicianos en Tucumán.

"Estoy inflamando el patriotismo de los salteños, y tengo esperanza de recibir al enemigo, si avanza a esta provincia, con una guerra popular, llamada comúnmente de recursos. Juzgará usted fácilmente, que todo mi conato se contrae a atraer al ejército enemigo a Salta, a entretenerlo en esta provincia, pues en la ausencia del general La Madrid, puede hacer rápidos e impunes progresos. Pacheco, con la fuerza que le ha quedado, es muy débil contra él, y será fácilmente destruido u obligado a la retirada. Me parece cierto que el general La Madrid a principios de noviembre puede estar ya en el territorio de Córdoba, y si yo consigo atraer al ejército enemigo a Salta, no podrá volver a aquel teatro, hasta el otoño, para perder estas provincias (si las hubiese conquistado) en el momento que empiece su retirada. Soy, pues, de opinión, que la batalla de Famaillá, si podemos comprar con ella la permanencia del ejército enemigo en estas provincias, es una fortuna para la causa de la libertad. Hasta ahora no tengo noticia de que el ejército enemigo haya avanzado al Tala, que es la línea divisoria de Salta y Tucumán. Pero la montonera de Saravia se hallaba, hace dos días, en la costa del Pasaje, muy abajo. Esta montonera, suponiendo que mis restos se pondrían en fuga al primer tiro, me atacó de sorpresa en la madrugada del 25, estando yo campado entre el río de las Piedras y el Pasaje, pero sólo cincuenta tiradores, con que los hice cargar, luego que aclaró el día, la pusieron en una completa derrota, matándole bastantes hombres, de los cuales se contaron más de veinte en el bosque.

"Por el discurso del presidente de Chile a las cámaras y los tres números del *Mercurio* de Valparaíso, que le incluyo, se impondrá usted, para su satisfacción y la de su ejército, que si la República de Chile no declara la guerra al tirano Rosas, como lo exige la opinión bien pronunciada en aquel país, a lo menos será fácil obtener recursos de armas y de dinero, a más de lo que fortalece nuestra moral el conocimiento de las simpatías que inspiramos en Chile. De estas simpatías tenía yo ya conocimiento, desde La Rioja, después que se instaló allí una Comisión Argentina, presidida por el general Las Heras, con los mismos objetos que tenía la de Montevideo.

"La República de Bolivia restableció el gobierno del general Santa Cruz, pero este jefe no se ha presentado en su país, el que es presidido hoy por el señor Calvo, vicepresidente de la república en la época del general Santa Cruz. El señor Calvo no deja de hallar graves inconvenientes en su marcha, porque además de algunas resistencias interiores, aunque al parecer insignificantes, ese cambio ha alarmado al Perú, que ha aproximado un ejército a Puno. Ignoro si la República de Chile tomará parte en la contienda que se prepara entre el Perú y Bolivia. Yo creo que no, si el general Santa Cruz no viejase del lugar de sus habitudes. Nadie ignora que en los paisanos de la campaña es más fuerte esa afección local, que viene a constituir en ellos una verdadera *querencia animal.* Si a esto se añade su natural inercia, el temor de que algunos riojanos se

---

ne a su país, en cuyo caso también es probable que haya un avenimiento entre Bolivia y el Perú.

"Conoce usted el ingrato motivo que me imposibilita para escribir al gobierno de Corrientes. Por otra parte, yo creo que aquel acto inaudito importa más que una destitución del cargo público que él me había dado. Tampoco quiero ejercer ningún destino público, sino en cuanto sea absolutamente necesario para defender el territorio que se me ha confiado, por la muy espontánea voluntad de estos pueblos. Acabo de hablar con el señor gobernador Benítez, y ha salido de aquí para contraerse a escribir al Excmo. señor Ferré.

"Su siempre amigo y servidor. - Juan Lavalle.

"P. D. - El teniente coronel don Carmen García, joven a quien aprecio tanto, como usted lo manifiesta, por el interés con que quiere saber de él, es mi ayudante de campo. El capitán don Ignacio Álvarez, me aseguran que rodó al llegar al Monte Grande, cerca del campo de batalla de Famaillá. Ignoro, pues, cuál será su suerte. Sabe usted que otro hijo del general Álvarez que estaba en este ejército murió en la batalla del Sauce Grande; procure usted, pues, ocultar a aquel buen amigo lo que ha ocurrido a Ignacio."

"Le ruego tome el más vivo interés, que en la carta adjunta para mi esposa, le llegue con prontitud y seguridad.

"No puedo dejar de recomendar a usted al comandante Brest, como a un bravo jefe de escuadra. Me es muy satisfactorio saber que el general Núñez está incorporado al ejército de su mando. Le será de gran utilidad en todas partes, principalmente en Entre Ríos. Igual satisfacción tuviera en saber que hubiera lavado Olavarría la mancha de su retirada de este ejército, incorporándose al de usted. Olavarría es uno de los mejores jefes de caballería que hay en estos países, pero está tan cansado que le llena de temor la idea de una campaña de un año.

"La caballería que el general La Madrid llevó a Cuyo se compone, en gran parte, de escuadrones del primer ejército libertador. Allí está el coronel Ávalos, mandando una legión; el comandante Ocampo está conmigo, a la cabeza de un escuadrón, todo de correntinos. Estos dos jefes son dignos de la aceptación de que gozan.

"Su amigo. - Lavalle."

"Señor general don José María Paz.

"Salta, octubre 4 de 1841.

"Querido amigo:

"Acabo de firmar la larga carta que dicté ayer para usted. Todo lo que contiene, es de una verdad severa, y que tiene en su apoyo el testimonio de centenares de testigos.

"Ahora tengo el dolor de comunicarle que el malvado Sandoval, conoci-

volviesen a sus casas, o cosas semejantes, se encontrará la verdadera causa de su inexplicable conducta. Su muerte, sin ocasión, sin combate, sin gloria, fue una consecuencia de todo lo demás.*

---

do de muchas personas que están con usted, habiendo reunido en la dispersión de Famaillá, algunos fugitivos, e induciéndolos al crimen, tomó presos al señor Avellaneda y coronel Vilela, y regresó con ellos a Tucumán, entregándolos al enemigo. Avellaneda y Vilela habían cometido la imprudencia de huir de mi comitiva, que marchaba despacio y en orden, seguramente porque supusieron, como otros varios, que mi persona será tenazmente perseguida y se lanzaron casi solos, por una senda excusada. El primero de estos dos desgraciados, me aseguran que llevaba setecientos pesos, que tal vez ocasionaron su desgracia.

"Desde anoche recibo partes de la llegada de una columna enemiga a nueve leguas de esta capital. He mandado a ver si es sólo la montonera de esta frontera, si la siguen tropas regladas. En este caso no podré sostener la capital, que no tiene más que cien cívicos armados de fusil, y haré la guerra llamada vulgarmente de recursos, si los habitantes se prestan a ello. De lo contrario. siempre entretendré al enemigo, todo el tiempo que pueda, y le mandaré en seguida los restos que conservo, y que le serán a usted precisos en aquel teatro. En este caso, irá el coronel Salas, del Tío, que es excelente sujeto; el comandante Oroño, y otros oficiales de Santa Fe; el comandante Ocampo con un escuadrón correntino, y los de la misma clase, Hornos y Olmos, irán como doscientos hombres de tropa, correntinos, santafesinos, cordobeses y porteños. El general La Madrid ya he dicho a usted que tiene algunos escuadrones de los del primer ejército, y en los bosques de Tucumán, La Rioja, Córdoba, etcétera, hay centenares de hombres que no han podido sobrellevar los trabajos y la horrible miseria que ha pasado este ejército.

"Incluyo dos pliegos abultados, de este gobierno, para el Excmo. señor Ferré y usted.

"Siempre seré su amigo y affmo. servidor. - Juan Lavalle."

"Señor general don José María Paz.

"Salta, octubre 2 de 1841.

"Mi estimado general y amigo:

"Desde mi arribo a Chile, no he omitido dirigir a usted mis comunicaciones, en las pocas oportunidades que se me han presentado, y no obstante de haberle escrito desde allí y de esta república, no he conseguido contestación alguna suya. Esto lo he atribuido a que se habían, sin duda, extraviado; pues estoy seguro que de otra manera, habría tenido ya la complacencia de obtener comunicación suya.

"Hace pocos días que hemos sufrido un contraste en el Tucumán, que nos ha obligado a retirarnos a esta provincia, en donde doblamos nuestros esfuerzos, para evitar que el poder de Rosas se haga dueño de todas estas provincias, o al menos, se vea en la necesidad de conducirse hasta los extremos de la república, desde donde su regreso será necesariamente penoso y lleno de grandes

---

* En la retirada fue muerto por sus propios soldados. (*N. del E.*)

La expedición del coronel Acha, con dos cañones y doscientos hombres, en auxilio de La Rioja, que fue al fin sorprendida con la muerte del recomendable comandante de artillería Monterola, no puede ser juzgada por falta de datos. Es probable que equivocadas noticias y partes falsos lo hicieron caer en la celada que le armaron los enemigos.

Mientras todo esto, el general La Madrid se ocupó de echar abajo del gobierno de Salta al refractario Otero, y lo consiguió en pocos días. Estando a lo que dicen las Memorias, debe decirse que sus pasos, tanto en el sentido político como en el militar, fueron acertados, y que merece elogios el jefe que los dirigió.

Según se colige de las Memorias y de otros antecedentes, el pensamiento de libertar las provincias de Cuyo, expedicionando sobre ellas, viene de bien atrás. Fuera de la malograda expe-

---

obstáculos, por la falta de movilidad, que cada día se hace más difícil en estas provincias, cuasi del todo exhaustas de caballadas.

"Oribe, con el poder de Rosas, vino a buscarnos al Tucumán, y no hay duda que si hubiésemos sido fieles a nuestro primer plan de operaciones (que era emborrachar al enemigo con puros movimientos, sin comprometer acción alguna), el ejército enemigo no habría podido hacer su conquista, y se habría visto en la necesidad de retirarse; pero, desgraciadamente, se varió de repente aquel plan, y hemos tenido que luchar contra aquel poder, con seiscientos hombres desmoralizados, de los restos del ejército de Lavalle. Este acontecimiento no importaría nada, respecto a nuestro poder material, si no fuera la influencia moral; pero, aun sobre esta materia, avanzarán muy poco, porque las simpatías y el corazón de los tucumanos será siempre nuestro, nuestro.

"Entretanto, el general La Madrid, que se había lanzado sobre las provincias de Cuyo, con tres mil hombres de las tres armas, bien disciplinados, ha deshecho a Aldao, que se hallaba con mil seiscientos hombres, parte de los que él había organizado y parte de las mejores tropas de Rosas, con que había sido reforzado. De suerte que hoy se halla dueño de Cuyo, reforzando cada día considerablemente su ejército; lo que nos hace juzgar que si Oribe quiere después marcharse sobre Cuyo, La Madrid se encontrará en estado de poder rechazar o resistir ventajosamente todo su poder.

"Todos sus amigos, como yo, juzgábamos los más felices resultados de las operaciones de ese ejército, que tenemos noticia ha formado con su constancia y sacrificios, y nos prometemos las más grandes esperanzas de su capacidad y de lo que pueda hacer la moral y la disciplina de ese ejército, creado bajo sus auspicios, pues ya hemos tocado repetidos desengaños, de que nada se puede hacer con tropas inmorales e indisciplinadas. Desde mi llegada, me ha sido sumamente sensible el no haber andado unido a usted en esta penosa campaña; pero me consuela la esperanza de que algún día pueda satisfacer mis esperanzas.

"Quiera usted participar mis mejores recuerdos a los antiguos compañeros de armas, y usted disponer de la invariable voluntad de su más afecto y sinceramente amigo. - Juan Pedernera."

dición del coronel Vilela, la misión del señor Risso Patrón nos lo comprueba. Por medio de este señor, el general Lavalle proponía al señor La Madrid que le mandase quinientos infantes para batir al fraile y ocupar las provincias de Cuyo. Marchando en persona el general La Madrid con todo su ejército, llenaba cumplidamente ambos objetos.

El 23 de mayo del 41, se movió el ejército de la Ciudadela. Su fuerza era de dos mil cien hombres, la cual se fue debilitando por la deserción, en términos de reducirse a los dos meses (según las Memorias) a menos de la mitad. No obstante, el general Pedernera, en su carta del 2 de octubre, le da tres mil hombres, mientras a Aldao no le supone más que mil seiscientos.

El 26 llegó el ejército al Pueblo Viejo, trece leguas de Tucumán, y de allí empezó a desmontar parte de la caballería para aumentar los cuerpos de la infantería, en que, al parecer, había más deserción.

El 11 de junio llegó al pie de la Cuesta del Totoral, conocida generalmente por Cuesta de Pallín, del nombre de la población que queda a la parte oeste.

El 12 acampó en el Duraznillo, que es una pequeña población que está al principio de la subida, yendo del lado de Tucumán o del este.

Conozco prácticamente la Cuesta de Pallín o Totoral; la he pasado muchas veces, y puedo hablar con exactitud de ella. No transitan por allí carruajes, pero no se vaya a creer que son unos Andes o unos Alpes. Su extensión será de poco más de una legua, en subida y bajada, y su fragosidad no es mucha. Nada prueba mejor lo que digo que el haberla franqueado el ejército en tres días, sin más empleo que el de sus limitadísimos medios.

Que sirva muy enhorabuena de asunto a la poesía, que cante el señor La Madrid el *Paso del Totoral*, como se hizo con el de aquellas otras célebres montañas, pero muy de razón es que le asignemos su verdadero mérito como operación militar, poniéndola en la misma proporción que la que entre sí guardan aquellas célebres masas.

Las fuerzas enemigas que ocupaban Catamarca se retiraron, como era consiguiente, al aproximarse una fuerza mayor. No me es posible juzgar si pudo hacerse algo más en su daño.

El 15 bajó a Pallín una parte del ejército, y el 16 lo hizo todo lo restante.

El 18 entró a la ciudad de Catamarca la vanguardia, y al día siguiente lo verificó el general con el cuerpo principal. Se ve, pues, que el ejército tardó desde Tucumán a Catamarca veintiséis días, en que anduvo como sesenta leguas.

Llegando a este punto, nos advierte el general La Madrid que ya había sido instruido de la retirada de Oribe y Pacheco a Córdoba, como también de la del general Lavalle a los pueblos del poniente, y de la muerte de Brizuela. Para cerciorarse, mandó *espías* en varias direcciones, los que le confirmaron luego lo sucedido.

Parece fuera de duda que cuando el general La Madrid proyectó su expedición a La Rioja y Cuyo, sabía ya la retirada de Oribe, pues en todo el curso de sus Memorias, cuando se habla de esta campaña, nunca se pensó en que sería preciso batir a Oribe y a Pacheco; lo que hubiera sido indispensable si éstos no se hubieran replegado sobre Córdoba. Únicamente se trata de batir al fraile Aldao, que es quien había quedado en dicha provincia.

Aun cuando vino Risso Patrón, comisionado por el general Lavalle, ya debía ser cosa sabida, pues que este general sólo le pedía quinientos infantes en defecto de su cooperación, para batir al fraile, sin hablar de los generales que había mandado de Buenos Aires el dictador.

El general Lavalle dice en su carta *que no pudo concebir la inaudita retirada de Oribe, y que la atribuyó a la ocupación de Entre Ríos por los ejércitos combinados de Corrientes y de la Banda Oriental*; yo soy de muy distinta opinión, pues que nada me parece más natural que explicar aquel movimiento.

La provincia de La Rioja, reducida a un páramo inhospitable, estaba más defendida por su propia miseria que por la fuerza de sus habitantes y de sus auxiliares. Éstos, según nos lo dice el mismo general Lavalle, estaban reducidos a un número diminuto, de modo que se consideraba el cuerpo de tropas del fraile más que suficiente para contenerlos, expulsarlos, y dominar la provincia. No era, pues, un teatro adecuado para que operasen cuerpos tan numerosos, y creyó Oribe más conveniente replegarse sobre Córdoba, rehacer su ejército, proveerlo de víveres y caballadas, y ponerse en contacto con la provincia de Santiago, de donde, además, sacaría un cuerpo auxiliar, para venir a Tucumán.

Esta reflexión es más conveniente si se considera que para invadir las provincias del norte, que eran el foco de la revolución, no lo podían hacer desde La Rioja, tanto por la naturaleza de los caminos cuanto por la absoluta falta de recursos y, sobre todo, de medios de movilidad.

Por todas estas razones, el general Lavalle calculó, y calculó muy bien, que después de haberse retirado Oribe de La Rioja, debía caer con todas o la mayor parte de sus fuerzas sobre Tucumán, y que para resistirlo, convenía también que los nuestros reuniesen todos sus medios de defensa.

Esto es lo que propuso al general La Madrid, por medio de Lacasa, quien, según las Memorias, llegó con la correspondencia el 2 de julio a Catamarca, donde él estaba. No es del caso averiguar la situación que en ese momento ocupaban las tropas enemigas, sino deducir los movimientos ulteriores, para aplicarles el remedio conveniente.

Más tarde, es decir, días después, el general Lavalle no sólo consintió en la expedición del general La Madrid a las provincias de Cuyo, sino que dice positivamente que la aconsejó. Pero se deja entender, por lo que él mismo dice, que creyó que dicha expedición atraería sobre La Madrid el grueso de las tropas de Oribe, que dejaría de pensar en Tucumán por la propia debilidad en que quedaba esta provincia.

Por eso es que el general Lavalle vuelve luego a asombrarse de que Oribe lo buscase en Tucumán, cuando dice que "el enemigo cometió un error inaudito, como el que cometió antes, aglomerándose en La Rioja[1] tal vez por el torpe furor de perseguir mi persona. En lugar de reunir todas sus fuerzas contra el general La Madrid, que llevaba todo el poder militar de estos pueblos, ha dejado batir al fraile, separado, ha dejado a Pacheco con una fuerza infinitamente inferior a la del general La Madrid, y él se viene con la mayor parte y lo más selecto de sus tropas a derrotar milicianos de Tucumán."

Esto no quita que el general La Madrid hiciese a su vez idénticas reflexiones, asegurando que había atraído sobre sí la mayor parte del ejército de Oribe, y que éste había quedado muy inferior a Lavalle; pero no es tiempo de ocuparnos aún de esto, por lo que volveremos a la expedición del general La Madrid, que es la que ahora se trata.

[1] Si Oribe cometió antes un error aglomerándose en La Rioja, no lo fue el repararlo replegándose sobre Córdoba, para estar en aptitud de invadir Tucumán, que es lo mismo que acabo de decir. Parece, pues, que el general Lavalle viniese a conformarse con mi modo de pensar, que he emitido.

El general La Madrid había avanzado su vanguardia sobre La Rioja, pero esta provincia (según la carta de Lavalle) "se incendió como la pólvora, apenas los primeros descubridores pisaron su territorio, de modo que la insurrección precedía veinte leguas al ejército. El general La Madrid, pues, en vez de encontrar obstáculos en La Rioja, recibió en su tránsito un considerable refuerzo y los limitados recursos que la horrible devastación de aquel país podía ofrecer."

Ni concibo, pues, los grandes temores que tenía el general La Madrid por las fuerzas que había hecho avanzar, ni el motivo del gravísimo sinsabor que le causó la comunicación que trajo Lacasa. Lo único en que podía fundarse era en el retardo que sufría su marcha, que al fin era de unos cuantos días.

Si su disgusto provenía del movimiento que hacía el general Lavalle, retirándose de Aldao y aproximándose a Tucumán, éste no lo remediaba con que *Lacasa hubiera sido muerto en el camino por un rayo, para que no hubiera llegado a su campo*. Por el contrario, siempre debía agradecer que éste le trajese noticia cierta de la situación del general Lavalle, que en ningún caso le convenía ignorar.

Asombra ver que el general Lavalle no tuviese conocimiento del movimiento que hacía el general La Madrid, ni éste de la situación de aquél. No puede menos que sentirse una falta de inteligencia, que debió dañar mucho a las operaciones militares. Aunque el enemigo estuviese interpuesto, son tantas las vías de comunicación, contando con la provincia de Salta y una parte de las de Catamarca y Rioja, que parece imposible que faltasen medios de entenderse.

El general Lavalle llegó al cuartel general del señor La Madrid el 11 de julio, y en esa noche y la mañana siguiente hubo una lucha de desprendimiento y generosidad, en que ambos jefes se dieron muestras de confianza y amistad. El general La Madrid quiso entregar el ejército expedicionario al general Lavalle, para él volver a Tucumán, y éste no consintió en que se separase de su cuerpo, cuya formación era debida a sus afanes, etcétera. Dejo a cada uno juzgar de estas abnegaciones; yo sólo me contraeré a la parte militar.

Ya dije antes que (a mi juicio) el general Lavalle calculó antes, muy bien, que habiendo dejado Oribe La Rioja, era para lanzarse sobre Tucumán; ahora creyó que la expedición del general La Madrid llamaría su atención al sur de la república, y que no molestaría las provincias que él iba a defender. Persuasión que después fue fatal.

En cuanto al general La Madrid, su plan, al parecer, abrazaba dos objetos: el uno era batir a Aldao; el otro, la ocupación de las provincias de Cuyo. Por eso es que exigía la cooperación de Pedernera con quinientos hombres, que debía traer sobre los pueblos, y aun la incorporación de los coroneles Salas y Sotelo.

Considerado todo esto en su verdadero punto de vista, era preciso haberse fijado bien en los objetos que se querían alcanzar, y supuesto que la destrucción de Aldao era uno de ellos, debía convertirse a él la mayor suma posible de esfuerzos. Era, pues, muy conveniente la cooperación de Pedernera, o del mismo general Lavalle, con el bien entendido de contramarchar, después de logrado el golpe, a atender a otro objeto no menos importante, cual era la defensa de Tucumán, si es que tenían tiempo y medios de hacerlo.

Aun después de destruido Aldao, era preciso meditar si convenía debilitar las provincias del norte, cuna y foco de la revolución, para ir a buscar simpatías inciertas y lejanas en las de Cuyo. Para todo habría llegado su tiempo, cuando, dado un golpe fuerte a las fuerzas enemigas, se hubiesen reanimado las esperanzas de aquellos pueblos oprimidos, en proporción que hubiesen decaído las de los enemigos.

Acaso hubiera sido más acertado, conseguida que fuese la destrucción del fraile, fomentar la insurrección de La Rioja, organizarla, dejarla fuerte y en pie, y contraerse exclusivamente, por entonces, a la defensa de las provincias del norte, que inminentemente iban a ser atacadas. Hasta los movimientos de Ibarra lo indicaban, porque este caudillo tan poco emprendedor se hubiera abstenido de las incursiones si no tuviese un apoyo poderoso e inmediato.

El general La Madrid se hace cargo de un argumento que no toca sino ligeramente, pero que merece considerarse. Dice: *que las provincias del norte habían hecho ya el último esfuerzo para poner su ejército en campaña, a fin de que, unido a los generales Lavalle y Brizuela, se ocuparan las de Cuyo, batiendo al fraile; no le era posible volver a ellas poco menos que derrotado, y con la noticia de la disolución del ejército de Brizuela y su muerte, sembrando en todas ellas y en el mismo ejército la desmoralización y el desaliento.*

Por cierto que es éste un muy notable modo de discurrir. Nadie podía atribuirle la disolución del ejército y muerte de Brizuela; pero, aunque hubiese tenido parte en esa desgraciada jornada, no se trataba sino de evitar el mal mayor, y nadie podía desconocer que era peor perder dos ejércitos, después de haber perdido él uno, y que más se habían de desalentar los pueblos cuando hubiesen perdido todo.

Si con decir que las provincias del norte habían hecho ya el último esfuerzo quería significar que quedaban exhaustas e impotentes, hacía muy mal en exigir que después de mandar el general Lavalle a Pedernera con quinientos hombres, y a los coroneles Salas y Sotelo, con sus cuerpos, atendiese con fuerzas distantes a la frontera de Salta, invadiese la de Santiago, y quedase aún en aptitud de resistir a Oribe, en el caso de penetrar en Tucumán.

Sea de esto lo que sea, yo creo entrever otra razón de que nadie se hace cargo, y que, a mi juicio, no es por eso menos poderosa.

Había dos generales en jefe, cuyo prestigio y autoridad se balanceaba, cuyas atribuciones y mando no estaba bien definido. Estos dos jefes, por más bien dispuestos que estuvieran, por más que abundaran en patriotismo y moderación, necesitaban teatros distintos[1] para evitar el roce de sus mutuas susceptibilidades. Es un escollo que debe evitarse, sobre todo en países inconstituidos y en el desarreglo de una revolución, y, sin embargo, lo promueven muchos, o por espíritu de partido, o como un remedio contra la preponderancia militar de alguno.[2]

El 13 de julio marchó de Catamarca el general La Madrid, y llegó a La Rioja el 22, en donde permaneció hasta el 29. Según

[1] No tengo inconveniente en decir que ésta fue una de las razones que me hizo desear y aceptar la misión al interior, el año 29; pero entonces había la diferencia que ni estaba mal calculada, como lo comprobó el hecho, ni se debilitaba Buenos Aires por la falta de mil hombres, escasos, que componían la expedición. Nadie dirá que allí faltaron hombres buenos, ni recursos.

[2] No está de más hacer mérito de la circunstancia singular que hubo en este cambio. El general Lavalle, que conocía Mendoza, y era allí conocido, que era allí casado, y que había obtenido destinos públicos de importancia, queda a defender a Tucumán; y el general La Madrid, tucumano, que había sido otras veces gobernador, y ahora lo era por delegación, con infinitas relaciones y conocimientos locales, se marcha a invadir a Mendoza. A todo esto no se halló otra explicación que la que acabo de dar: era preciso que buscasen distintos teatros, y como el general Lavalle quiso quedar en Tucumán, a lo que contribuiría Avellaneda, a quien molestaría acaso la administración de La Madrid, fue preciso que éste marchase a pueblos lejanos, dejando el suyo.

esta cuenta, se han invertido cuarenta días, o cuarenta y uno, desde su entrada en Catamarca y sesenta y nueve desde la salida de Tucumán. Ellos han producido la libertad de dos provincias, sin que, para asegurarla y consolidarla, se necesitase por entonces otra cosa que batir a Aldao, que ocupaba una parte de la línea y que es el único que los amenazaba de próximo.

En La Rioja hace el general La Madrid una junta de guerra, en que es pronunciada por la retirada la opinión de los jefes; mas él les hace ver que ella es imposible, y que están en el caso de avanzar o sucumbir con ignominia. ¿Hablaba sinceramente el señor La Madrid? No lo sé; pero no me parece exacto su razonamiento.

La fuerza de Lagos, que se había aproximado a Catamarca, no era bastante para impedirle la retirada, y la de Aldao quedaba muy a su derecha, para que pensase en venir a interponerse. En ninguna manera podía temerse que el acobardado fraile viniese a colocarse entre las fuerzas de Lavalle y La Madrid, perdiendo sus comunicaciones con Mendoza. Fuera de eso, para determinarse a semejante movimiento, preciso era que supiese positivamente la retirada del general La Madrid, y cuando ésta llegase a su conocimiento, ya éste habría vencido la mayor parte de las cincuenta leguas que separan La Rioja de Catamarca. Además de lo que he dicho antes, debió influir en la resolución del general La Madrid su gusto por las operaciones aventuradas, a que él mismo nos asegura que es muy afecto.

El general vaciló entre los dos partidos que tenía que tomar, que eran: marchar sobre Aldao o dirigirse sobre San Juan, desentendiéndose aparentemente de aquél. Se decidió por el último, en lo que anduvo muy acertado, pues que era el mejor medio de hacerlo dejar su guarida y traerlo a un combate en lugar más ventajoso.

Efectivamente, era evidente que viendo Aldao marchar al general La Madrid sobre Cuyo, saldría a estorbarlo, porque no querría perder la base de sus operaciones. Entonces, si se conseguía batirlo, se habría conseguido uno de los objetos que se tenían en vista, y quedaba aún la decisión para proseguir o no en demanda del segundo.

El ejército nuestro no llevaba, según el general La Madrid, más que novecientos hombres, en lo que puede haber equivocación, porque luego asegura a la vanguardia cuatrocientos sesenta, y a los demás cuerpos quinientos setenta. Pero esto importa poca cosa, siendo sí de advertir que iban escasos de bueyes, de caballos, de carne y de todo auxilio. Si hemos de dar entero crédito a estas aserciones, preciso es confesar que el general La Madrid fue a colocarse en una situación casi desesperada, de que sólo pudo salir momentáneamente por un milagro. Era de desear que hubiera previsto tan tremendos inconvenientes, para remediarlos, o no exponerse a ellos, salvo el caso de que absolutamente hubiera podido hacer otra cosa.

La acción de Angaco fue un suceso extraordinario que estaba fuera de la previsión del general. Él había mandado al coronel Acha a tomar caballos y bueyes para el ejército, con la orden que se le incorporara luego que los obtuviese. Esto era en el orden, pero el coronel no lo hizo así, pues que habiendo entrado el 13 a San Juan y tomado excelentes caballos, no los tuvo el ejército, ni la noticia de sus operaciones.

Acha tuvo noticias que Aldao venía en aquella dirección, y, tan lejos de incorporarse a su ejército, se avanza impávidamente a esperarlo en la boca de la travesía. ¿Hizo bien o mal el coronel Acha? Ésta es una cuestión que no quiero resolver, tanto porque me faltan antecedentes para juzgar, cuanto porque el éxito justificó, en cierto modo, la conducta militar de ese valiente jefe.

Si su situación y circunstancia lo ponían en el caso de batirse, hizo muy bien en elegir una posición en extremo ventajosa, como lo era la boca de la travesía. A quien conozca lo que esa voz significa, no le será difícil comprender que un cuerpo de tropas que acaba de hacer tan penoso camino, sale exhausto, fatigado, sediento, y, por lo común, en tal cual desorden. Fue, pues, muy bien pensado aprovechar esos momentos para trabar la lucha, y tan sólo extraño que el general Acha no tomase la iniciativa en el ataque, dando quizá tiempo a que se refrescasen y recuperasen, en parte, las cansadas tropas del enemigo. Éste era el modo, aunque parecía algo atrevido, de sacar todas las ventajas posibles de las respectivas situaciones.

En la descripción que hace del campo de batalla, cuando lo reconoció tres o cuatro días después, parece indicar que la posición de Acha fue defensiva, habiéndose colocado detrás de una acequia, en donde fue circundado por el enemigo.

El general Lavalle, en su carta, refiriéndose a la declaración de dos desertores, dice que la infantería de Aldao se pasó a Acha, y que ésta fue la causa de su derrota. Sin embargo, no habiendo oído ni visto esta circunstancia estampada en parte alguna, no le damos crédito; pero sí diremos que las disposiciones morales de las tropas de Aldao no eran muy favorables a la causa que se les hacía defender, porque los prisioneros que se le tomaron, y que Acha incorporó a sus tropas, se batieron bien a los tres días, sosteniendo la nueva causa que habían adoptado.

Sea lo que sea, la acción de Angaco fue gloriosa, bien fuesen dos mil hombres los que tenía Aldao, bien fuesen mil seiscientos, como dicen el general Lavalle y Pedernera. Ella hace el más alto honor al valor, al patriotismo y a la abnegación de los que en ella se encontraron. El triunfo, sobre ser en extremo honroso por la desproporción de las fuerzas, fue completo, porque las de Aldao fueron batidas hasta ser pulverizadas. En una palabra, es un hecho de armas tanto más digno de admiración cuanto, saliendo de las reglas comunes, debía ser menos esperado.

Es incomprensible el silencio del coronel Acha respecto del general del ejército, quien sólo tuvo noticias de su entrada en San Juan, de su victoria y de su desastre final por los prófugos, si se exceptúa el papelito que le mandó con un joven sanjuanino, con estas solas palabras: "Me sostengo. Acha."

Por más que uno haga esfuerzo para explicar estas cosas de un modo inocente y natural, es imposible conseguirlo, ni precaverse de un sentimiento de disgusto, cuando tiene que ocurrir a otras mortificantes suposiciones.[1]

El coronel Acha, luego que entró a San Juan, debió antes que todo ocuparse del ejército de que dependía, y proporcionarle cuantos caballos y bueyes pudiese, tomando él, por supuesto, los que le fuesen necesarios. Debió también replegarse

[1] Una vanguardia no es un cuerpo independiente del ejército, sino una parte, o mejor diremos, un miembro de él. Sus deberes son grandes, y no consisten sólo en marchar delante, proveyendo a su propia seguridad y mejoramiento en medios de subsistencia y de movilidad. Tiene la rigurosa obligación de aclarar el terreno, para atender también a la seguridad del cuerpo principal que cubre, y a quien precede. Tiene también su jefe la de dar cuenta al general en jefe de las adquisiciones que haga sobre el enemigo, y obrar estrictamente según sus órdenes. Puede parecer, a quien no conozca nuestro país y el desorden militar de varios de nuestros ejércitos, extraña esta advertencia; pero sépase que ella es muy conveniente para la instrucción de algunos caudillejos (no quiero incluir en este número al coronel Acha), que se creen que mandando una vanguardia pueden obrar con independencia. El año 42, mandando el general Núñez mi vanguardia en Entre Ríos, tuve con repetición que hacerle estas advertencias.

o alejarse del cuerpo principal, según las circunstancias, pero sin perder jamás sus comunicaciones con él.

Aun después de batido Aldao, no debió olvidarse del ejército, de sus compañeros, del general en jefe, por la sola vanidad de ocupar un pueblo, cuya posesión era más segura obrando con más orden y cordura. Si lo ocupó nuevamente, debió ser en ventaja del ejército, y entonces hubiera sido para mandarle caballos, víveres y recursos. Nada de esto hizo, aunque debía constarle la penosa fatiga con que se arrastraban sus compañeros por falta de medios de movilidad, y lo que llenaría de asombro al menos inteligente es que no diese un aviso, ni pasase al general un parte de sus operaciones y de sus sucesos.

No puede darse otro nombre a este desgreño que el de una verdadera anarquía militar. En vano es buscar en otra parte la causa de nuestros desastres, porque aquélla es el origen de todos ellos. Me admira que el general La Madrid los atribuya a motivos casuales o pasajeros y del momento, cuando debiera conocer que la indisciplina produjo los terribles resultados que hemos deplorado.

No es ésta la única vez que durante esta triste campaña vemos sacrificada la causa pública a rivalidades personales.[1] Pocos días después se perdió una célebre batalla por idénticas razones.

El 16 había sido la victoria de Angaco, y el coronel Acha regresó a ocupar San Juan, sin tomar medida alguna respecto del ejército, ni aun se dice que tomase alguna con respecto a la po-

[1] Se me ha asegurado, y me ha merecido asenso, la especie de que se urdía en el ejército del general La Madrid una conspiración que tenía por objeto derribarlo, luego que estuviesen más asegurados de la provincia de Mendoza, y llamar al general Las Heras a que se pusiera a la cabeza de los negocios y del ejército. Al frente de esta conspiración, o mejor diré, como principal agitador, se encontraba el nunca bien ponderado Joaquín Baltar, que fue después, no sólo por lo que dicen las Memorias sino por uniforme testimonio de los que estuvieron presentes, uno de los causantes de la derrota del Rodeo del Medio, que tuvo lugar el 24 de septiembre inmediato. Muy distintos de los de este funestamente célebre personaje eran los sentimientos del coronel Acha; mas, sin embargo, es muy probable que estuviese iniciado, y que hasta cierto punto participase de las mismas disposiciones. Siendo esto cierto, se explica esa independencia que empezaba a ostentar, ese desvío del general, y ese olvido de las consideraciones que debía a la primera autoridad del ejército y al orden militar. En una publicación que, con el título *Rectificaciones*, acaba de hacer el general La Madrid, atribuye la conducta de Acha a un genio pueril, y aun lo llama niño juguetón, sin negarle su bravura. Yo pienso de otro modo, sin desconocer que le faltaba algo de la circunspección necesaria a un jefe de categoría.

blación en que se había situado. El 18 fue sorprendido cumplidamente, casi por los mismos milicianos que acababa de batir. Podemos preguntar: ¿dónde están los héroes de Angaco?; ¿dónde los valientes que habían vencido a tropas mejores que las que ahora los atacaban, uno contra tres o cuatro? Que respondan los partidarios de ese entusiasmo momentáneo, que hacen consistir, por lo general, en gritos y en estruendosos vivas las disposiciones morales del soldado.

A vista de esto, está uno tentado a creer que la victoria de Angaco fue una gran casualidad, proveniente de circunstancias que no se repiten muchas veces.

Sea como fuere, la victoria de Angaco había sacado al general La Madrid y su ejército de una situación desesperada, que si hubiera sabido aprovecharse hubiera podido restablecer los negocios de la revolución, que iban tan de capa caída. Hemos apuntado los errores de Acha; examinemos los que cometió el general La Madrid.

El 14 ya tuvo noticia que Aldao se dirigía sobre San Juan, y desde entonces no debió dudar que una batalla era irremediable. El principal objeto debía ser reunirse cuanto antes con su vanguardia, ya haciéndola replegar, ya acelerando él su marcha. Lejos de eso, se fluctuó en indecisiones sobre abandonar parte de la artillería y carretas, concluyendo por no hacer cosa alguna y seguir arrastrando tan pesado tren.

Otra de sus principales medidas debía ser concentrar todas sus fuerzas; pues es sabido que, en vísperas de una batalla, no se separan cuerpos que no puedan tomar parte en ella. Sin embargo de esto, lo vemos que destaca al coronel Peñaloza con un cuerpo relativamente respetable a un lugar lejano, con el motivo de que se montase bien, cuando acababa de venir de su distrito, y es regular que tuviese aún sus caballos en buen estado. Pero, aunque no fuese así, era menos mal que combatiesen mal montados que el que estuviesen a veinte leguas del lugar del conflicto, en donde ni poco ni mucho servirían.

Es verdad que esto dice que sucedió el 13, no siendo sino el 14 que tuvo noticia de la venida de Aldao; pero, advertido que era esto, debía hacerlo regresar inmediatamente, y no vemos que lo hiciese, ni que lo pensase. Así sucedió que el fraile, que debió lidiar con un cuerpo de tropas tres veces mayor, sólo combatió con la división del coronel Acha, a cuyo esfuerzo, sin embargo, tuvo la deshonra de sucumbir.

No dice el general La Madrid qué día fue el que se presentaron Burgos y Olembert dando noticia del conflicto en que dejaban a Acha en Angaco; pero supone que debió ser la noche del 16, día del combate, y en la mañana del 17. Al otro día ya tuvo noticia más circunstanciada por dos prisioneros que se tomaron.

El 19, a las tres de la tarde, se le presentó el comandante Igarzábal avisando la sorpresa de Acha, quien le dio indicios que este jefe, con la infantería, se sostenía en un potrero. En esa noche y siguientes hizo disparar cañonazos para advertir a Acha de su aproximación.

El 22, a las doce y media (notable exactitud), se le presentó un joven sanjuanino que traía un papelito de Acha, que decía: "Me sostengo. - Acha." El joven había salido la noche antes, pero no pudo llegar por inconvenientes que sufrió en el camino. Volvió a disparar cañonazos de aviso, y se puso en camino a las dos y media de la tarde.

Al otro día se tomó un hombre que dio la noticia de haberse rendido Acha, y no fue sino el 24, y debía ser muy tarde, que entró lo que se llamaba ejército a la plaza de la ciudad de San Juan, después de haber desalojado a los enemigos que se presentaron a su inmediación.

Diez días habían pasado desde que supo el general La Madrid la venida del fraile sobre San Juan, y cinco después que, por el comandante Igarzábal, llegó a su noticia la sorpresa que había sufrido Acha y la terrible situación a que se veía reducido con su infantería. Nunca anduve por esos lugares e ignoro las distancias,[1] así es que no puedo discurrir con exactitud en este particular. Sin embargo, a estar a lo que sólo muestran las Memorias, nos preguntaríamos: ¿pudo el general La Madrid acelerar su movimiento, de modo que socorriese al desventurado Acha? No me atrevo a juzgar, y me limitaré a algunas ligeras observaciones.

Si antes había deliberado sobre dejar algunas carretas y cañones para acelerar su marcha, pienso que entonces había llegado el caso de abandonar la mitad de su tren, para salvar lo más,

[1] Pienso escribir a Montevideo pidiendo algunos conocimientos de los lugares que se mencionan, y de las distancias. Si lo consigo, aumentaré estas observaciones por medio de una nota que colocaré al último. ¡Ojalá que ellas nos salven del pesar que nos causaría la convicción de que pudo evitarse o atenuarse aquella horrible catástrofe!

que era su vanguardia. Era también llegado el lance de hacer uno de esos esfuerzos extraordinarios, en que los hombres se hacen superiores a sí mismos, para llegar cuanto antes a San Juan, de donde no podía estar muy distante, pues conceptuaba que los disparos de sus piezas fuesen oídos en la ciudad. En otro caso, era enteramente inútil y aun perjudicial esa demostración, que sólo servía de aviso a las partidas del enemigo en aproximación. Y adviértase que, en aquellos lugares quebrados y de bosque, el estampido del cañón se propaga menos que en los terrenos rasos o en el mar, lo que también es regular tuviese presente.

En Samacoa se perdió más de una noche por falta de agua, por cuya razón tuvo que mandar, con el coronel Ávalos y dos escuadrones, las caballadas a tres leguas de distancia, quedándose entretanto a pie, lo que al fin poco produjo, porque las bestias bebieron mal y los soldados se comieron nueve bueyes, sin que los jefes pudiesen remediarlo. Muy grande debió ser la necesidad que le obligó a esta medida, que además de hacerle perder un tiempo precioso, lo obligaba, en campo enemigo, a separarse a tanta distancia de la caballería y de todos sus medios de movilidad. Si el enemigo hubiera podido aprovecharse de este incidente, y hubiese atacado al coronel Ávalos, estaban todos perdidos, sin escaparse uno solo.

Sin embargo de la falta de los nueve bueyes, y de haberse movido tarde, pudo llegar, ya cerrada la noche, a una legua de la Punta del Monte, que dista siete leguas de San Juan, donde formó cuadro y proclamó la tropa.

Esto debió ser el 21, porque dice que, amanecido el 22, se puso en marcha para la Punta del Monte, en donde hombres, bueyes y caballos, acosados de la sed, se precipitaron al agua y estuvieron por mucho tiempo sin levantar la cabeza. De allí anduvo algunas cuadras para acamparse, a las ocho de la mañana, en una hermosa casa, donde comieron muchos zapallos y gallinas. Allí fue que recibió el aviso traído por el joven sanjuanino.

A las dos y media de la tarde se movió recién, llegando a Angaco, que dista legua y media de la Punta del Monte, al cerrar la noche. De esta relación, que es exactamente extractada de las Memorias, se deduce que, desde la madrugada hasta la noche, sólo anduvo, un cuerpo de quinientos o seiscientos hombres, *dos leguas y media*, debiendo hallarse entonces a cinco y media de la ciudad de San Juan.

En esa noche se marchó, después de racionar la tropa de carne, y se acampó (dicen las Memorias) en una hacienda que está un cuarto de legua antes de llegar al río.

Aquí nos deja la relación del general La Madrid en la mayor ignorancia de lo que hizo el 23, pues que salta por sobre este día para decir que, "así que amaneció el 24, se puso el ejército en movimiento, llevando el batallón tucumano y la artillería y vanguardia". Es probable que haya padecido alguna equivocación, y que no nos es posible señalar; pero, sea lo que sea, el hecho es que este día pasó el río de San Juan, espantó al enemigo que se le presentó a su frente y entró a la plaza sin resistencia; allí permaneció hora y media formado, y salió a acamparse a una legua de distancia, camino de Mendoza.

Es extraño que el general La Madrid, que nos cuenta con la más cándida minuciosidad que se carneó una potranca o mula, que se mataron algunas cabras, que se tomaron gallinas y se comieron muchos zapallos, y otras muchas cosas de este jaez, era tan económico de palabras para decirnos punto por punto, como era de esperarse y como conviene a su propia reputación, las marchas que hizo y los esfuerzos que practicó para socorrer al coronel Acha, en la cruel situación a que se vio reducido.

No soy capaz de sospechar que quisiese dejarlo sacrificar, porque ni cabe eso en los honrosos sentimientos que le supongo, ni tampoco cabía en los intereses de todos y, particularmente, de él mismo; me temo, sí, que hubiese falta de resolución, para, en esos momentos supremos, sobreponerse a todos los peligros y a toda consideración subalterna, para llegar a tiempo de salvar la mitad de su ejército con la mitad que le quedaba.[1]

El 25 y 26 permaneció a una legua de San Juan, mientras se hacían algunos arreglos, en lo que seguramente nada hay que de-

[1] Me hallaba en el Arroyo de la China, el año 42, cuando se me presentaron unos cuantos ciudadanos que habían hecho las campañas del ejército libertador, en Buenos Aires y en el interior de La Rioja. Yo acababa de llegar de Nogoyá, donde tuve que abandonar las carretas para salvar los restos que me quedaban de la fuerza con que salí del Paraná. Sin esto, es seguro que todo lo hubiera perdido. Al saber esta circunstancia un señor emigrado, de la campaña de Buenos Aires, dijo: "¡Qué bien hizo usted!, pues nosotros dos veces hemos perdido todo por conservar unas cuantas carretas. La primera, cuando la retirada de Santa Fe, que precedió al Quebracho; la segunda, en la campaña de Mendoza. Preciso es saber hacer algún sacrificio en tiempo, para salvar lo más. Lo contrario es una estupidez."

cir; pero no dejaré de notar que fue una circunstancia muy feliz el regreso del coronel Peñaloza, que había sido destinado el día 13 a la Laguna, lugar intermedio entre San Juan y Mendoza.

Si la acción y victoria de Angaco fue un suceso providencial que prolongó por unos días la vida del ejército, el arribo de Peñaloza lo fue también para continuar hasta Mendoza y abrirse un boquete, por donde, aunque fuese a cordillera cerrada, pudiesen escapar, después de derrotados, a Chile.

He dicho que la venida de Peñaloza fue feliz y providencial, porque nada era más fácil y aun natural que Benavídez, en su retirada de San Juan, hubiese caído sobre él y lo hubiese concluido. Entonces era muy difícil que el general La Madrid hubiese podido llegar a Mendoza. Todo, sin duda, y él mismo personalmente, era perdido.

A presencia de los hechos, no temo equivocarme al asegurar que, tanto los movimientos de la vanguardia como los del coronel Peñaloza fueron inconexos y mal calculados. Si la sorpresa y rendición de Acha hace honor a la capacidad militar de Benavídez, no merece el mismo elogio su retirada de Mendoza y el haber dejado incorporar a Peñaloza, pasando por su flanco, para reunirse con el general La Madrid. Se empalagó con el primer suceso, y no supo sacar todo el partido que debía darle. Después de él no vimos que hiciese la menor hostilidad ni pusiese el menor embarazo a unas tropas debilitadas y ya medio vencidas. Me hago cargo de que el tren de artillería y la reputación personal del general La Madrid le impuso lo bastante para que no se le acercase, pero en la división del coronel Peñaloza no concurrían esas circunstancias, y, sin embargo, lo dejó pasar impunemente.

El 27 de agosto continuó el general La Madrid sus marchas para Mendoza, dejando de gobernador de San Juan al comandante Burgos, y cincuenta hombres, que sin duda desmembró de su ejército. Es de creer que sería lo inútil o que menos falta le haría, en lo que obraría perfectamente, pues no debía desprenderse de la fuerza que iba a necesitar en el campo de batalla.

El día siguiente, 28, continuó la marcha, y lo mismo se hizo por la noche, viniendo a amanecerle cerca del Chañar. Allí se presentó don Policarpo Torres, fugado de Mendoza, quien le dio importantes avisos. Uno de ellos fue que los prisioneros y carretas con cañones habían marchado, bajo la escolta de cincuenta hombres, en dirección al Retamo.

Ordenó al coronel Peñaloza y al de la misma graduación,

Baltar, que era su íntimo amigo,[1] para que marchasen esa misma noche con su división, que estaba bien montada, a rescatar los prisioneros, etcétera. Baltar alegó lo peligroso de la operación, la cual, en resumidas cuentas, no se hizo.

No puedo juzgar de la operación en cuestión con exactitud, porque ni conozco los lugares (en nuestro país no puede hacerse consultando las cartas geográficas, porque no las hay, y mucho menos topográficas) ni las circunstancias en que se hallaba el enemigo, el ejército y la provincia. Sin embargo, reflexionando sobre los pocos antecedentes que poseo y lo que suministran las Memorias, me parece que la operación era bastante peligrosa y aventurada. Por la misma razón que al día siguiente de proyectada la operación, que era cuando debió tener su ejecución, se hallaba Benavídez en Mendoza, estaba en situación, si no de impedirla, de hacerla, al menos, pagar bien caro. Sin embargo, no justifico al coronel Baltar, que, por otra parte, tantas pruebas ha dado de tener un carácter díscolo, caviloso e insubordinado. Tampoco he querido decir que la operación fuese imposible; solamente he pensado significar, apoyado en los pocos datos que tengo a la vista, que era difícil y aventurada, lo que no quita que se hayan ejecutado otras muchas semejantes con éxito y utilidad.

Después que comió el ejército (dicen las Memorias), marchó toda la noche sobre Mendoza, a cuya orilla fue a amanecer al día siguiente.

Según esta relación, deberíamos creer que esto fue el 29 de agosto; pero, con gran sorpresa, vemos poner este acontecimiento el 2 de septiembre, sin que se nos explique en qué se invirtieron ni dónde estuvo en los tres días que quedan ociosos e intermedios. Ésta es una equivocación bastante frecuente en las Memorias, la que las hace más oscuras por las multiplicadas enmendaduras de los números de las fechas, que prueban las dudas de su autor.

[1] Raro modo de servir y de mandar es el tener un general que consultar las relaciones personales de un jefe para impartir una orden, de cuya importancia cree estar seguro. Sin embargo, no es nuevo en nuestro país, ni en el señor Baltar, cuya habilidad consiste en saberse ganar un caudillaje, a cuya sombra se juzga seguro, por la importancia y la necesidad de considerar al personaje a quien ha sabido ligar y ligarse. Así lo vemos constituido en director del *bueno* del coronel Peñaloza, para extraviarlo y hacerlo marchar según sus intereses o sus caprichos. Esto es característico de nuestro país y de los campesinos. Luego hablaré de esto.

Suponiendo, pues, que las operaciones de esos días se quedaron en el tintero, daremos por hecho que la entrada a Mendoza fue el 2 de septiembre, y que el mismo día salió el ejército a situarse en el Plumerillo, a una legua de distancia.

Otra vez se dio orden a Baltar que marchase con la división Peñaloza, aumentada con una compañía de infantería y el escuadrón Julio. Aunque no desobedeció expresamente la referida orden, Baltar entretuvo el tiempo, de modo que su ejecución no produjo el efecto deseado. Benavídez se salvó con los restos que lo seguían, como se habían salvado sus carretas de cañones, etcétera.

Pienso que esta vez está toda la razón de parte del general La Madrid, pues es muy natural que la fuerza de Benavídez se hubiese disminuido, no sólo por las simpatías de los mendocinos con la buena causa como por el natural deseo de no dejar sus hogares. En el orden militar no es admitida la deliberación en el subalterno, que debe obedecer lo que se le mande, aunque eso importe correr un gran peligro; pero, aunque le concedamos al señor Baltar el privilegio de discutir las órdenes del general, como lo hizo en el Chañar y después en la batalla del 24, por esta vez no tuvo el menor vislumbre de razón, y su morosidad fue efecto de su excesiva *prudencia*, de la que no dejará de dar nuevas pruebas.

Me parece fuera de duda que, empleando el señor Baltar un poco de más actividad y persiguiendo a Benavídez con más vigor, pudo sacarse mejor partido; tomándole caballos y prisioneros, y desorganizando enteramente los restos que lo seguían. Mas nada de esto era decisivo. La cuestión debía ventilarse definitivamente en un campo general de batalla, y este acontecimiento, tan próximo como inevitable, debía ocupar con preferencia el espíritu y la imaginación del general.

En semejantes momentos me parece que no debió ocuparse tanto el general de esos nueve cañones que estaban en el sud, que no podían dañarle ni servirle de pronto. Mejor hubiera sido que, después de alejar al comandante enemigo Rodríguez, hubiesen volado esos jefes a reunirse al ejército y prepararse cuanto antes para recibir el ataque principal, que debía venir de otra dirección.[1] La misma audacia de Benavídez, que de prófugo que iba tomó otra vez la ofensiva y reocupó el Retamo, indicaba claramente que estaba bien sostenido y que había cambiado su rol.

[1] Aunque no puedo asegurarlo, algo he oído que por causa de este movimiento no se encontró en la batalla algún cuerpo de ejército de Mendoza.

Capítulo XXII

Batalla del Rodeo del Medio

[Fuerzas y errores del general La Madrid antes de la acción - Posición de combate; marchas del general Pacheco; inacción de La Madrid; su derrota - Acción de la caballería en ambas alas; comportamiento de los coroneles Álvarez y Baltar - Debilidades del general La Madrid y consideraciones sobre sus derrotas - Conveniencia de un proyecto frustrado - Los derrotados cruzan los Andes - Digno comportamiento de los señores Crisóstomo Álvarez, Acha, Lorenzo Álvarez, Francisco Álvarez, Peñaloza, Lardina, Ávalos, Acuña, Ezquíñego, Salvadores, Rojas y los jóvenes del escuadrón Mayo - Los servicios del general La Madrid - Conducta del coronel Baltar.]

Es muy singular la equivocación que padecieron en esa época nuestros generales, pues que, mientras el general Lavalle calculaba que Oribe se dirigiría con la mayor parte de su poder en busca de La Madrid, éste sospechaba que las fuerzas federales estaban muy lejos de él, y, en consecuencia, a inmediaciones de Lavalle.

Por el contrario, después de la batalla de Famaillá, el general Lavalle creía que el general La Madrid tenía más que sobradas fuerzas para rechazar a Pacheco (véase su carta), y ocupar, a principios de noviembre, el territorio de Córdoba, mientras el señor La Madrid suponía que, *atendida la debilidad de Oribe, hubiese marchado sobre él el general Lavalle, y ocupado también el territorio de Córdoba*, a donde debía dirigirse después de la batalla.

El 20 (de septiembre) se movió el general La Madrid del Plumerillo a los Potreros de Hidalgo, no porque supiese la proximidad del ejército enemigo sino a consecuencia de la ocupación del Retamo por Flores y Benavídez. Reforzado ya este jefe, y apoyado en el ejército de Pacheco, que lo seguía de cerca, pienso que eran inútiles y aun peligrosísimas las operaciones ofensivas que exigía el general La Madrid a su vanguardia. Ya era preciso, vuelvo a decir, no fijarse en otra cosa que en el empeño general que iba a tener lugar.

El 23 se avistaron los enemigos a la Cruz de Piedra, adonde

acababa de llegar nuestro ejército a dar de comer a las caballadas. En el acto se puso éste en movimiento para recibirlos, y ellos se retiraron hasta el puente. Allí se les dispararon dos granadas y un cañonazo, con lo que se pusieron en *precipitada fuga*, en la que fueron perseguidos hasta cerrada la noche.

Por de contado que esas granadas, ese movimiento y esa persecución, ni causó pérdida al enemigo, ni nos dio ventaja alguna. Todo ello no sirvió sino para instruir a Pacheco que tenía al frente todas nuestras fuerzas, y que debía prepararse para un combate general al día siguiente. Ello le reveló también que ése era el campo de batalla elegido por su contrario y, de consiguiente, tuvo ocasión y tiempo de tomar todas las medidas con anticipación y descanso.

Me creo autorizado a asegurar que ni hubo pérdida del enemigo ni ventaja nuestra, porque no hubiera dejado de decirlo el autor de las Memorias, y porque quiero decir otra observación que no está de más en este lugar.

Consiste en la importancia que da el general La Madrid a pequeños sucesos accesorios, que tienen poquísima o ninguna influencia en el desenlace del drama, pues tal puede considerarse, hasta cierto punto, una batalla. Parece que no se comprendiera la importancia de la acción principal, cuando los episodios llaman toda la atención del general. Mas volvamos a la narración.

Después de esta escaramuza, y de cerrada la noche, retrocedió el ejército a unos potreros de alfalfa, situados como a media legua del puente, donde pasó la noche.

El 24, tarde, al parecer, pues que se habían distribuido algunos reclutas a los cuerpos, se tuvo parte de que se avistaba por la otra parte del puente todo el ejército enemigo. "Es justo advertir (dicen las Memorias) que hasta este momento no se tuvo en nuestro ejército un conocimiento positivo de que venía todo el ejército de Pacheco." ¡Notable ignorancia, que es difícil concebir y explicar en un país que se suponía afecto a nuestra causa!

Nuestro ejército se puso en movimiento para ir a ocupar la posición que el general había elegido *al frente del puente, y, lo más, un cuarto de legua antes de llegar a él.*

La fuerza de nuestro ejército no pasaba de mil doscientos hombres (según las Memorias), pero en renglón seguido, pasando su autor a referir la distribución de nuestras fuerzas, lo hace de este modo:

Derecha: caballería; jefes Peñaloza y Baltar	560
Centro: infantes 300, artilleros 80; jefe Salvadores	380
Izquierda: caballería; jefe Álvarez	270
Reserva: íd. menos de 150; jefe Acuña	140
Total	1.350

Según esta evaluación ya tenemos ciento cincuenta hombres más, o, lo que es lo mismo, una octava parte sobre la primera; lo que si no importa mucho por el peso que podía poner en la balanza, sirve para señalar el grado de credibilidad que merecen estas evaluaciones de tanteo, al menos las que se hacen en las Memorias que nos ocupan.

El coronel Baltar, que era jefe de estado mayor, solicitó ser empleado en la derecha, es decir, al lado de su íntimo amigo Peñaloza, de quien es *alma, sombra, consejero y director*. Pero lo gracioso que hay en esto es que no sabemos en cual de los dos residía el mando, y que esta duda subsiste hasta después de la batalla y hasta hoy, pues que ni el tiempo ni las Memorias han bastado a aclararla, como veremos después.

El general La Madrid había elegido una posición, mas no nos dice si el terreno le ofrecía alguna ventaja; pienso que no, y que, según discurre el vulgo, sólo buscó un campo despejado en que el fuego es completamente igual. Retirándose del puente, renunció a la ventaja que podía darle, no la clausura de él, como dice el general, sino la de atacar la columna antes que desplegase.

Para esto era preciso que en cierto período de la operación tomase nuestro ejército la ofensiva y se lanzase sobre la cabeza del enemigo, con la que habría combatido a trances iguales, y acaso con la ventaja del número.[1]

Cuando no hubiera hecho esto, podía haber ocultado del mejor modo posible sus baterías, como lo hizo la tarde antes, para desenmascararlas en el momento preciso, y acribillar la columna al tiempo de pasar el puente, para lo que se deja entender que le convenía haberse aproximado más, cuando no lo hiciese desde antes, al tiempo adecuado para lograr su intento.

[1] Napoleón, en Arcola, para equilibrar su fuerza con la enemiga, a la que era muy inferior en número, buscó los desfiladeros en que sólo combatían las cabezas de las columnas. De este modo venció a un ejército mayor, combatiendo con fuerzas iguales.

Aun era preferible que hubiera cerrado el paso del puente al enemigo o que lo hubiera cortado, pues al fin le daba más trabajo; y si el enemigo iba a buscar más abajo o más arriba otro paso, se tomaba tiempo de maniobrar, de aprovechar algún descuido y de preparar mejor sus nuevos soldados. Ya que el general La Madrid da tanta importancia a las retiradas del enemigo, ésta no podía perjudicarlo.

A despecho de todas estas reflexiones que debieron ocurrírsele, hizo todo lo contrario, situándose a distancia que pudiese pasar libremente el desfiladero el ejército contrario y dándole el tiempo que quiso para preparar sus tropas y desplegar su línea. No es esto todo, como lo vamos a ver en seguida.

Protesto que tenía mejor concepto de la capacidad militar del general Pacheco que la que manifiesta la descripción de la batalla del Rodeo del Medio, que hacen las Memorias.

Según ellas, el ejército federal pasó el puente, e inmediatamente la gran columna de infantería varió a la izquierda, haciendo un cuarto de conversión sobre este costado, y corriéndose por el frente de nuestra línea, bajo los fuegos de la artillería. En tal estado, presentaba enteramente su flanco derecho, siendo éste un momento sumamente oportuno para que nuestra infantería la hubiese cargado.

Después de haber sobrepasado nuestra derecha sin hacer

En la segunda edición se intercala aquí una carta del general La Madrid referente a estos sucesos. Dicha carta aparece agregada a la primera edición (tomo III, pág. 205) a las de Lavalle y Pedernera que hemos transcripto en el capítulo anterior. En los originales falta la cita correspondiente, y Paz sólo menciona las últimas; pero en el legajo hay una copia que hace presumir la intención de incluirla. El texto es el siguiente. (*N. del E.*)

"Señor don José María Paz.

"Santiago de Chile, octubre 22 de 1841.

"Mi apreciado amigo y compañero:

"La fortuna aún quiere probar nuestra constancia. Después de haber formado de la nada un ejército en Tucumán, de dos mil y más hombres, y haber emprendido mi marcha a La Rioja, para obrar de acuerdo con nuestro común amigo el señor general Lavalle, según se lo anuncié desde Salta y Tucumán, y después, en fin, de haber hecho prodigios de valor con un puñado de valientes con que me lancé desde La Rioja a las provincias de Cuyo, hemos sido desgraciados en Mendoza el 22 del pasado, estando ya la victoria en nuestras manos, y hemos tenido que refugiarnos a esta república con más de cuatrocientos hombres, entre jefes, oficiales y tropa, cuyos nombres he mandado imprimir para conocimiento de sus familias.

movimiento alguno ofensivo, y sólo por socorrer su caballería de la izquierda, que había sido batida por el coronel Álvarez, retrocedió por el mismo camino, corriéndose otra vez en sentido contrario por el frente de nuestra línea y ofreciéndole el flan-

---

"Voy a hacer a usted una ligera relación de mi marcha y de los acontecimientos que han tenido lugar, para que forme usted una idea cabal de las cosas, y pueda reglar sus operaciones, puesto que usted es hoy, con su ejército, la esperanza de todos y de la patria.

"A mi llegada a Catamarca, con diez piezas de artillería y siete carretas, allanando con este tráfago la cumbre escabrosa del Totoral sin más elementos que la decisión y entusiasmo que había sabido infundir a mis soldados, y que reinaba también en los jefes y oficiales, había experimentado una crecida deserción en las fuerzas de Salta y Jujuy, cuyo ejemplo había también producido la de un corto número de mis paisanos. Maza y Lagos, que ocupaban el Valle de Paclín, lo abandonaron, así que de sorpresa ocupé las cumbres, y se dirigieron por las cuestas de más abajo a la provincia de Santiago, tomando su dirección a Loreto. Yo mandé en su persecución a los valientes teniente coronel Aquino y coronel Salas, con cuatrocientos hombres, largos, llevando entre ellos ochenta bravos cazadores de Córdoba, y pasé yo a ocupar la capital, destacando sobre La Rioja al valiente teniente coronel Álvarez, mi sobrino. A los tres días de estar en Catamarca, recibí aviso de la derrota y muerte del general Brizuela, por los pueblos Famatina, y retirada del general Lavalle hacia Salta por Santa María. Este acontecimiento, que no fue posible ocultar a la tropa, por haberlo comunicado el conductor antes de llegar a mí, produjo el efecto que era consiguiente: la deserción de muchos más soldados de Salta y Jujuy, y la de más de treinta tucumanos.

"En seguida recibí carta del general Lavalle desde las inmediaciones de Santa María, suplicándome y conjurándome por la patria a suspender mis marchas sobre La Rioja y esperarlo, y manifestándome su opinión de retroceder a Tucumán, donde podríamos dar con ventaja una batalla, suponiendo que Oribe, Pacheco y Aldao marchaban sobre nosotros. En efecto, suspendí mis marchas y lo esperé por ocho o diez días, hasta que llegó sólo con una pequeña escolta, dejando a Pedernera con ochocientos hombres de su ejército con que se había retirado desde Famatina, en Aconquija, camino de Guazan o el fuerte, que usted conoce.

"Preciso es advertir a usted que, para emprender yo mi marcha sobre La Rioja a buscar la reunión con los generales Lavalle y Brizuela, había dispuesto que el doctor Avellaneda, que quedaba encargado del gobierno de Tucumán, expedicionara con mil quinientos hombres sobre Santiago, al mismo tiempo que otra expedición salteña de mil hombres debía penetrar al Salado desde la frontera del Rosario, con cuyo movimiento combinado me proponía yo distraer la atención de Oribe, para que no pudiera evitar mi reunión con Lavalle en La Rioja, y anular al mismo tiempo a Ibarra apoderándonos de su provincia. Dispuesta ya esta operación y puesto Avellaneda en campaña, sobre el río Hondo, aparece el general Lavalle en Monteros, y hace que Avellaneda suspenda su marcha y licencie su tropa, imbuido como iba (y llegó después a Catamarca a verse conmigo) en que Oribe, Pacheco y Aldao marchaban sobre Tucumán, y que era preciso que yo con mi ejército retrocediese a dicha provincia, donde podríamos dar con ventaja una batalla. En efecto, Avellaneda,

co izquierdo. Tampoco se aprovechó este otro momento para hacer obrar nuestra infantería, y ya se sabe que en la guerra, perdida la ocasión, difícil es volverla a hallar.

Estas idas y venidas de la infantería del general Pacheco son

---

que no tenía los conocimientos que yo de la posición de Oribe, como no los tenía tampoco Lavalle, sorpréndese de la idea de dicho general, licencia su tropa, y me escribe con el mismo aconsejándome el retroceso.

"Preciso es asimismo advertir que yo había interceptado comunicaciones del gobernador de Catamarca, Balboa, a Lagos y Oribe, en que les decía que le era muy sensible la desgracia de tan buen amigo, pero que era preciso trabajar con más empeño que nunca para repararla. Cuando estas comunicaciones fueron interceptadas, es preciso advertir que tenía yo la noticia, por diferentes conductos, de la derrota de Echagüe por usted, en Entre Ríos, y de la muerte o destrucción de López, el gobernador de Córdoba, en el Río Cuarto o Carlota por Baigorria, y de la retirada de Oribe desde los llanos de La Rioja hacia Macha. Por consiguiente, debía yo figurarme que una de las dos era efectiva, pues había producido el efecto de hacer retroceder precipitadamente y en a pie a Oribe, con su ejército, desde los llanos de La Rioja, dejando abandonado al general Aldao con su ejército en San Juan y Mendoza, y en Chilecito a Lavalle, y Brizuela a sus inmediaciones, y a mí en Catamarca, y el convencimiento de haber hecho mi pueblo, para poner mi ejército en campaña, el último sacrificio, me hacía conocer que era forzoso destruir a Aldao, pues un retroceso en tales circunstancias desalentaría nuestra fuerza, daría doble ánimo a nuestros enemigos, y acabaría de arruinar para siempre los tres pueblos que nos quedaban. En estas circunstancias, y cuando ya el general Lavalle se dirigía desde Monteros a Catamarca a verse conmigo, recibe aviso Avellaneda de haber una montonera de santiagueños, de trescientos a cuatrocientos hombres, y encabezada por un Saravia, salteño, apoderándose de la frontera del Rosario, destruyendo por sorpresa a Matutí y Gama, que poco antes lo habían batido dos veces. Avellaneda convoca nuevamente a sus tropas que había licenciado, y me comunica este acontecimiento, que recibió primero el general Lavalle en Paclín, y lo condujo él mismo.

"Llega el general a Catamarca, y es reconocido por mi orden general en jefe del ejército, reservándome únicamente el derecho que me habían dado los pueblos, de la dirección de la guerra. En una larga conferencia que tuvimos con el general, en la cual le hice ver la necesidad en que nos colocaba el suceso de la frontera, de regresar uno de los dos a Tucumán para destruir aquella montonera, y llevar adelante la campaña contra Ibarra, y dirigirse el otro con el ejército a los pueblos de Cuyo, en unión con los riojanos que se presentaban bien gustosos al teniente coronel don Crisóstomo Álvarez, que había ya tomado La Rioja y una parte del armamento y municiones que empezaban a descubrir de los entierros del finado Brizuela, dejando a su elección el seguir a Cuyo o volver a Tucumán; eligió esto último, asegurándome que mi posición respecto a los señores Ferré y Rivera era más ventajosa que la suya, por los antecedentes que había con dichos señores. En efecto, a los dos días después de su llegada a Catamarca, emprendí mi marcha con el batallón cívico de Tucumán, ocho piezas de artillería, nueve carretas y el escuadrón Mayo, que eran los únicos que habían quedado, por haber hecho adelantar al general Acha con el resto de los cuerpos y dos piezas de arti-

inexplicables, a no ser que pensemos que hacía tan poco caso de la nuestra que pensara derrotarla sin batirla, y que todo le era permitido en su presencia.

Viendo el general *que sus órdenes para que cargase la caba-*

---

llería, hasta Amilgaucho, en protección de Álvarez, por si el Padre General intentaba atacarlo, habiendo convenido con dicho señor general Lavalle, que él llamaría la atención por aquella parte del norte de Córdoba, a Oribe, y desprendería también uno o dos escuadrones por Belén, sobre los pueblos del poniente de Catamarca, para dejar esta provincia enteramente libre y obrar de acuerdo sobre el ejército de Aldao, que permanecía en los Sauces, en la costa de Araujo. Hecho este acuerdo rompí mi marcha de Catamarca el 12 de julio, y el general Lavalle debía marchar al siguiente día para Tucumán, con ánimo de dar un galope hasta Salta para animar aquella gente y exigir de su gobierno, así como del de Jujuy, los hombres y recursos necesarios y posibles para la campaña.

"De la sierra de Catamarca se habían mandado disponer mil quinientas cabezas de ganado para la expedición sobre Cuyo, de las que el pico estaba ya adelante y lo había llevado el general Acha, y las mil restantes tenía ya aviso de haber bajado de la sierra en pequeñas divisiones, y las mandé dirigir con los mismos hijos del país, más a la punta y atrás a la misma Rioja a cuyo punto llegué con el ejército el 18, pero sin que me hubiese alcanzado ganado alguno, y encontré que el general Acha no tenía más que doscientas y pico de las que había traído, y la mayor parte chicas, y habiendo sufrido en el camino alguna deserción de los infantes y artilleros, que no bajó de cuarenta hombres. Inmediatamente repetí mis órdenes al gobierno de Catamarca para que me mandase alcanzar con el ganado, y me fue preciso parar cuatro o cinco días mientras se alistaban las carretas que habían sufrido en la marcha, se componía algún armamento y se hacía diligencia de algunas mulas y aparejos, para llevar las municiones de las carretas, en caso necesario, y esperar la llegada del ganado. En este ínter había que despachar al teniente coronel don Joaquín Baltar que había venido de los Llanos, mandado por el valiente coronel Peñaloza, a pedir algunas armas y auxilio de ropa para su fuerza, y un escuadrón para atacar al coronel Flores, que se hallaba en la Costa Baja con quinientos hombres de Oribe, y el coronel Llanos con unos pocos llanistas. Habiendo despachado ya a dicho jefe, a quien di el grado de coronel, por la valentía con que se había sostenido en los Llanos, en compañía del comandante general Peñaloza, resistiendo a todas las seducciones y ataques de Oribe, y poniendo a sus órdenes al escuadrón Julio del mando del teniente coronel Sotelo, y no pareciendo el ganado que esperaba de Catamarca, resolví dirigirme primero sobre el ejército de Aldao, que había quedado ya a mi espalda, por el flanco derecho en los Sauces, para que de este modo pudieran, sin recelo alguno, seguirme todos los riojanos, dejando enteramente libre su provincia. Al efecto, reuní a todos los jefes del ejército, que me habían ya manifestado privadamente la imposibilidad de continuar nuestras marchas sobre Cuyo, sin carne, sin caballos, pues no había más que los montados, y éstos en muy mal estado que no sufrirían ni aun para llegar ensillados a San Juan la mayor parte. Así que estuvieron todos los jefes reunidos, les pedí su opinión sobre el partido que deberíamos tomar en el estado en que se hallaba el ejército, ya por falta de víveres, como por la de caballos y bueyes: fueron de opinión que de-

llería de la derecha eran desobedecidas, dio orden al coronel Salvadores para que se avanzase con los infantes que tenía disponibles y las dos baterías, al intermedio de las dos líneas, siendo éste el primer movimiento y la primera señal de vida que

---

bían contramarchar a Catamarca, hasta reponer nuestros caballos, o dirigirnos sobre Aldao a los Sauces, sin embargo de que esta operación acabaría de dejarnos a pie, por la aspereza de los caminos que teníamos que andar. Yo les repuse que volver atrás era perder el ejército y el país, porque en tal caso cargarían sobre nosotros Oribe y Aldao, y perderíamos para siempre la provincia de La Rioja, y desmayaríamos a la de Tucumán, que había hecho tan costosos sacrificios para despacharnos, por cuyo motivo quedó resuelta la marcha sobre Aldao, al siguiente día; y al efecto, se ordenó al general Acha que retrocediese con la vanguardia, desde Ampisa.

"Estaban ya tomadas todas las disposiciones para la marcha a los Sauces en busca de Aldao, cuando al amanecer recibo avisos del gobernador de Catamarca de que Lagos y Maza, que se habían retirado precipitadamente para Loreto, a mi llegada a Paclín, estaban sobre la sierra del Alto con mil hombres, y que él se retiraba para Tucumán, si no le llegaba el auxilio que había pedido. Con esta noticia varié de plan, sin comunicarlo a nadie, y mandando contraorden al general Acha, para que sin pérdida de tiempo continuase su marcha sobre San Juan, me moví al día siguiente en esta dirección, con sorpresa de todos, y asegurándoles la pronta toma de Cuyo, sin que el fraile pudiera evitarlo. Al efecto, ordené al general Acha que, apurando sus marchas cuanto le fuera posible, se apoderase de San Juan sacando toda la caballada y mulada posible, y me mandase encontrar con ella y con algunos bueyes y ganados, despachando por delante, con el mismo objeto, cincuenta hombres al Valle Fértil, para sacar toda la caballada que encontrasen, y tomar también un cargamento de vestuario y municiones que venía de San Juan para Aldao, y salir con él a las Salinas. Todo se ejecutó y salió como deseaba. El gobernador de Córdoba, don Francisco Álvarez, jefe del escuadrón General Paz, fue el encargado de esta operación, que ejecutó con tanta habilidad como lo habrá usted visto por el parte de la gloriosa batalla de Angaco. Con este auxilio tan oportuno, se medio cubrió la desnudez del soldado, y se montó regularmente la vanguardia.

"El brillante resultado de esta operación atrevida sobre San Juan ya usted lo sabe, como también el resultado o fin desgraciado de tan valiente jefe, y su división, por un descuido o confianza que no debió nunca tener, la cual me ha arrebatado la gloria de las manos y a la república entera su libertad.

"Yo llegué a San Juan con sólo seiscientos hombres de las tres armas, y sesenta soldados de la legión Acha, de Álvarez, que se me reunieron diez o doce leguas más allá de San Juan, con el valiente teniente coronel Lardina, que había escapado de la sorpresa, y al siguiente día se me incorporó el bravo coronel y comandante general de los Llanos, don Ángel Vicente Peñaloza, que había mandado adelante a las Lagunas desde Mascauén con trescientos de sus bravos, aunque desarmados la mitad de ellos.

"Como Benavídez había fugado a mi vista, y al tiro de tres cañonazos que dirigí sobre el río de San Juan, con dirección a Mendoza, no debía detenerme yo en aquel punto, y pasé sin haberme detenido más que una hora en la plaza

sentimos dar a nuestro centro. Adviértase que esto debía ser haciendo uso de sus fuegos, los que se sufrían también sin cesar de parte de la artillería enemiga. El modo en que se expresan las Memorias da lugar a creer que hasta entonces habían estado

---

y me situé a media legua del pueblo, mientras me proporcionaba los caballos necesarios para montar los cuerpos que habían llegado a pie. Mi detención con este objeto sólo duró tres días, y continué mi marcha sobre Mendoza, bien montado ya, pero dejando al nuevo gobierno de San Juan veinticinco hombres de los bravos vencedores de Angaco, y más de setenta soldados entre enfermos y desertores, la mayor parte infantes y artilleros; de modo que llegué a Mendoza con ochocientos hombres, no completos, el 4 de septiembre por la mañana.

"Benavídez había emprendido su retirada el día anterior, llevándose más de tres mil caballos, y habiendo despachado a los prisioneros dos días antes. Mi detención en la plaza con las tropas formadas duraría dos y media horas, mientras tomé algunas disposiciones y tiré dos decretos; en seguida salí a situarme al Plumerillo, una legua fuera de la ciudad, y dispuse la salida del comandante general de los llanos, Peñaloza, con Baltar, al mando de cuatrocientos cincuenta hombres, en persecución del enemigo, cuya fuerza, no pudiendo salir esa noche por algunos inconvenientes que se presentaron, marchó al día siguiente por la mañana. En seguida pasé al pueblo, se dieron las órdenes convenientes para la elección del gobernador, y despaché por la noche un escuadrón al Fuerte de San Carlos con veinticinco infantes; y al siguiente día, al coronel Salvadores con la compañía de granaderos, a tomar el mando de la división.

"La elección de gobernador recayó en mí por unanimidad de sufragios, invistiéndome con la suma del poder, y me fue preciso aceptar mientras arrojásemos al enemigo fuera de la provincia, y llegasen de esta república las personas influyentes que estaban emigradas.

"En seguida me ocupé en organizar una maestranza completa para recomponer el armamento y los cañones que habían llegado estropeados en extremo, y construir todas las lanzas posibles. La maestranza quedó establecida a los cuatro días, y se trabajó con una actividad asombrosa.

"El decreto para la presentación de las armas, ofreciendo un premio de tres pesos por cada fusil, dos por cada tercerola o sable, y uno por cada lanza, produjo el efecto que me propuse: los soldados enemigos empezaron a presentarse con sus armas, y en pocos días reuní más de ciento cincuenta de las tres clases de armas, y se me presentaron más de doscientos soldados, de los que la mayor parte tomó partido en los cuerpos del ejército, y recibieron la gratificación de cuatro pesos el soldado, cinco el cabo y seis el sargento.

"El pueblo de Mendoza había manifestado un patriotismo y decisión sin límites, pero habían quedado muy pocos hombres de provecho entre la clase decente, y éstos temían comprometerse o dar la cara de frente, y habían muy pocos que se acercasen a darme los conocimientos que deseaba y eran precisos, porque a los pocos días ya se supo en el pueblo que habían encontrado a Benavídez en Coroconto, quinientos hombres al mando del general Flores, y que el general Pacheco con Aldao venían atrás con cerca de tres mil hombres. En fin, yo tenía que hacerlo todo personalmente, porque carecía de un hombre que me desempeñara. Peñaloza, después de haber batido y dispersado dos

callados nuestros cañones, si se exceptúan algunos cañonazos de que hace mención al principio.

Viendo otra vez que Peñaloza y Baltar no cargaban, y que casi toda la columna enemiga había pasado por su frente, dio

---

divisiones enemigas que alcanzó en su marcha, tuvo que regresar de cerca de Corocontо, por el refuerzo que recibió Benavídez, y la falta de hombres inteligentes y de capacidad hizo que los enemigos llegasen hasta el Retamo, que dista doce leguas de Mendoza, sin haber sido sentidos; el 19, pues, mi vanguardia, después de haber permanecido unos días en el Retamo, tuvo que retirarse a la Cruz de Piedra por los partes, dejando avanzadas del país.

"En estas circunstancias yo tenía al sur, en San Carlos, a treinta leguas de Mendoza, doscientos hombres en persecución de la fuerza que tomó esa dirección con Rodríguez, y había mandado a San Juan a desbaratar una montonera que se había apoderado de aquel pueblo, y de todos los enfermos y heridos que habían quedado allí por la ineptitud del gobernador Burgoa, que dejó sorprender al coronel Ávalos con doscientos cincuenta hombres. Esta noticia la recibí el 19 del pasado, y en el acto salí con todas las fuerzas que se componían de trescientos infantes, por haber llegado el coronel Salvadores con nueve cañones que se tomaron, y me dirigí al Retamo, y mandé oficiales en alcance de Ávalos por el camino de San Juan, y en busca del comandante Acuña y San Carlos, para que se me replegaran. El 22 estuvieron todos reunidos en los Potreros de Hidalgo, a cinco leguas de Mendoza hacia el Retamo, y marché el 23 sobre la vuelta de la ciénaga donde estaba la vanguardia enemiga, y al ponerse el sol fue puesta en fuga y desalojada del puente por una compañía de cazadores y el escuadrón Julio, que yo en persona me avancé sobre ellos, y mandé cargarlos con dicha fuerza, después de haberles disparado una granada y un tiro de bala rasa. Los enemigos, que eran setecientos, huyeron cobardemente y yo regresé con el ejército a unos alfalfares que distaban media legua a retaguardia, dejando mis avanzadas sobre la ciénaga, y después de haberlos perseguido hasta cerrada la noche.

"Al siguiente día por la mañana tuve parte de las avanzadas que estaba al frente todo el ejército enemigo, y salí a ocupar la posición que deseaba, al frente del puente. El ejército enemigo acabó de pasarlo cerca de las doce, con tres mil y más hombres, de los que mil seiscientos largos eran de infantería y el resto caballería, y trece piezas de artillería. A pesar de la excesiva superioridad numérica, yo no podía ni debía retroceder ya, así porque contaba con la decisión de mis tropas como porque todo paso retrógrado en tales circunstancias, y con San Juan ocupado por los enemigos, produciría indispensablemente la desmoralización del ejército y nuestra ruina inevitable. Mi fuerza no pasaba de mil ciento cincuenta hombres, y tenía entre ellos como cuatrocientos hombres del país, la mitad pasados del ejército enemigo de Benavídez y voluntarios del pueblo, y la otra de milicia, también voluntarios de la campaña, cuya fuerza, si me retiraba, era consiguiente que se me quedase; por consiguiente, me resolví a dar la batalla con todas las seguridades del triunfo, por el ardor del puñado de valientes que combatían por la libertad, contra los forzados esclavos de la tiranía, que sólo el terror al puñal los contiene.

"Los enemigos, después de haber cambiado algunas balas de cañón con nosotros, pero sin suceso por su parte, marcharon en columna por el frente de mi

orden al coronel Salvadores para que cargase a la bayoneta la cola de la columna enemiga. Salvadores replica, pero luego obedece, quedándose él en las piezas, y encargando del movimiento al comandante Ezquíñego. Este jefe lo hace con valor y es

---

pequeña línea, hacia mi derecha, ostentando su numerosa infantería, y después de haber dejado establecido a su derecha al coronel Granado con ochocientos caballos de la escolta del tirano, y una batería sostenida por una columna de infantería. El objeto del enemigo lo conocí desde que principió su movimiento, a mi derecha, hacer ver a mis soldados su superioridad numérica, y flanquearme por dicho costado, desprendiendo a mi retaguardia una columna; mas yo esperaba confiadamente la oportunidad para desbaratar su derecha, que dejaban a retaguardia, por medio del intrépido y nunca bien ponderado joven coronel Álvarez, que mandaba mi izquierda, compuesta de doscientos setenta caballos y cien infantes que destiné para su protección; cantando entretanto mis bravos al frente de nuestra pequeña línea, la canción de *A la lid*. Así que la continuada columna del enemigo empezaba a exceder mi derecha para realizar su pensamiento, ordené al Murat tucumano Álvarez, que cargara a su antiguo jefe que tenía al frente. Recibir la orden, cargar con admirable denuedo y arrollar completamente la derecha enemiga a su retaguardia, hasta hacerla repasar el puente, fue obra de un momento. Esta operación atrevida produjo el efecto que me había propuesto. La gran columna enemiga de infantería que iba marchando por el frente, a mi derecha, retrocedió precipitadamente y en alguna confusión que procuré aumentar, avanzando sobre ella mis dos baterías compuestas de ocho piezas y los doscientos cazadores que me quedaban en línea, y ordené a mi derecha que cargara sobre el flanco izquierdo del enemigo, que era ya su retaguardia, avisándole que la derecha enemiga estaba en completa derrota por el bravo coronel Álvarez. El valiente coronel Baltar, uno de los jefes más estimados del general Lavalle y de todo el ejército, por su bravura y capacidad, que siendo el jefe de estado mayor había querido ir a mandar la derecha que estaba a las órdenes de su bravo amigo, el coronel Peñaloza, con más de quinientos hombres de la mejor caballería de mi ejército, se acobardó sin duda en esta vez a vista de la numerosa infantería enemiga, y me manda decir que no puede cargar por tener al frente una columna de infantería y se queda parado, presenciando el retroceso precipitado del enemigo y el abandono que hicieron de su batería de la izquierda. Repito la orden con todos mis ayudantes y no es obedecida, a pesar de las instancias del coronel Peñaloza.

"Vuelvo a repetir, con enfado y de un modo terminante, la orden de cargar, aunque hubiesen diez mil columnas a su frente, que no había sino muy poca fuerza, y, mandando avanzar al coronel Ávalos con la reserva a proteger mi costado izquierdo que se había perdido a retaguardia del enemigo, mando orden al viejo y bravo coronel Salvadores, que estaba a la cabeza de mi infantería, para que cargue a la bayoneta con sus doscientos hombres sobre los ochocientos que retrocedían a su frente. ¿Qué le parece a usted que hace Salvadores? Ordenó entonces al bravo teniente coronel Ezquíñego, que era su segundo, que cargase, y él se quedó tras de los cañones. Ezquíñego, tomando en su mano la bandera, porque había sido herido el abanderado que la tenía, se pone al frente de los cazadores y carga a la bayoneta; los enemigos retroceden, pero es roto su brazo en que llevaba la bandera; cae ésta y tiene que retroceder. Los soldados, encon-

seguido de sus soldados, los cuales, sin embargo, se desbordan algo por *las espinas.* Iban ya a herir con sus bayonetas al enemigo, que seguía pasando en columna y haciendo descargas.[1]

En estas circunstancias es herido Ezquíñego en un brazo; cae él y la bandera que llevaba, pero mandando a su tropa que

---

trándose sin jefe y habiendo recibido la orden de dar media vuelta por el jefe herido, retroceden y se desordenan, empezando a retirarse; yo, que lo observo, corro en persona; los hablo, ordeno y conduzco formados a la primera posición, juntamente con las dos baterías, pero ya sin un tiro de cañón y los cazadores sin municiones. Se trajo el último cajón que había de fusil, y después de repartirse, el fuego se renovó por un corto tiempo, conservándose mi izquierda triunfante y avanzada. En tales circunstancias y después de mis repetidísimas órdenes al costado derecho para que cargase, se había movido al galope, no sobre el enemigo sino sobre su derecha, y, observado yo antes del desorden de mi infantería, que los polvos conversaban hacia el enemigo y que los de la caballería de éste corrían hacia el puente que tenían a su retaguardia; pero en estos momentos, precisamente, se me avisa que la caballería de mi derecha venía por mi espalda en desorden, perseguida por alguna caballería enemiga pero en corto número, y me fue forzoso abandonar el campo, ya sin municiones con qué defenderme y con sólo tres ayudantes y dos de los beneméritos Piñeyro del norte, de artillería, el capitán don Mateo y uno de sus hermanos. Los enemigos, que ya me llevaban la delantera, tomaron primero el único callejón por donde podía salvar hacia el pueblo, y logré introducirme por un portillo a la par de ellos, por un potrero, con mi distinguido y valiente ayudante de campo don Juan A. Gutiérrez y los dos Piñeyro, perdiendo al entrar al castillo a mis otros dos ayudantes: Enrique Pizarro y Santabaya, que fueron lanceado el uno y boleado el caballo del otro. Aquí tiene usted perdida una batalla que era ya nuestra.

"Como yo había pedido a la Comisión Argentina armamento, munición y otras varias cosas, cuando pasé el parte de mi entrada a Mendoza y triunfo de Angaco, esperaba también la llegada de la emigración que tanta falta me había hecho y estaba ya en camino, me fue forzoso tomar esta dirección con una columna de más de seiscientos caballos, la cual, a pesar de haberle hecho presente los peligros que teníamos que vencer en la cordillera cerrada y los ningunos recursos que traía, y aconsejándoles se dirigiesen al norte, contestó ella, así que salimos de las chacras del pueblo, que ninguno me abandonaría y me siguieron todos. Puesto ya en la quebrada y cerca de la cordillera, pude conseguir que, en fuerza de mi persuasión, se regresasen más de doscientos hombres, pues temía lo que realmente nos sucedió. Un furioso temporal al pie de la cordillera, que amenazó sepultarnos a todos y duró cinco días, cuyos detalles los verá usted en un papel que adjunto, aunque no es del todo exacto respecto al número, pues han perecido más de cuatrocientos treinta individuos entre jefes, oficiales y soldados, fuera de treinta mujeres.

---

[1] Esto es incomprensible, y cuesta creer que sea escrito por un general de los antecedentes del general La Madrid. ¡Ver a una columna atacada por el flanco, a punto de ser alcanzada con las bayonetas, y seguir andando y haciendo descargas!!!

haga *alto* o *retirada*, lo que, al parecer, no puede designar el autor de las Memorias. Los infantes se desordenan y retroceden, lo que observado por el general, los proclama, los contiene, y los forma bajo los fuegos enemigos, pero para retirarse y tomar su primera posición. La artillería hizo lo mismo.

Entonces se echa de ver que faltan municiones, y se manda a las carretas, donde sólo se encuentra un cajón, con el que se renueva el fuego, en que los enemigos no habían cesado.

Viendo el general que la caballería de su izquierda y su reserva no regresaban después de su victoria, y que la derecha del mando de Baltar y Peñaloza se había puesto en fuga, ordenó a Salvadores que ocupase unos cercos, y él se lanza a retaguardia a contener a los cobardes que huían y volverles a la pelea.

Ya se deja entender cuál sería el fin de ese pobre puñado de infantes, y de las baterías abandonadas de la caballería. Es consiguiente que se dispersasen y se pusiesen luego en completa derrota. Ni el general podía esperar otra cosa; así es que la orden que dio a Salvadores fue de circunstancias, y quizá con el fin de entretener aún un momento a los vencedores, para que salvasen los demás.

"En fin, mi amigo, aquí hemos sido bien acogidos y, tanto el gobierno como los habitantes de este país, han hecho cuanto han podido para aliviarnos; mas tengo el sentimiento de asegurar a usted que no cuento con la protección del gobierno para pasar al otro lado, mas puede estar persuadido que yo la realizaré muy pronto a toda costa y del modo que me sea posible, a pesar de la mezquindad de nuestros paisanos, los emigrados pudientes.

"El general Lavalle, de quien no tengo más noticias que las que da un boletín de guerra, fecha 7 de septiembre en Salta, que le será a usted remitido, creo yo fundadamente que debe haber obtenido un triunfo sobre Oribe, que había marchado al Tucumán con la poca fuerza que le ayudó y emprendía su retirada en aquella fecha, a la vista del general Lavalle.

"Por carta que hemos recibido hoy desde Montevideo, fecha 11 de septiembre, sabemos que usted debía moverse de Corrientes en todo un mes con más de tres mil hombres bien organizados y equipados, y que el gobernador López, de Santa Fe, estaba de acuerdo con usted y protegía la deserción del tirano y de Oribe. Dios lo ayude y lo haga más feliz que a nosotros:

"Dispense usted los borrones y enmendaduras de esta carta; la había dado a copiar a un joven, y he tenido que borrar varios embustes y dejar mal puestas algunas expresiones para no tomarme mucho trabajo y perder tal vez la oportunidad de mandarla.

"Su affmo. amigo y compañero Gregorio Aráoz de La Madrid.

"Mi marcha para Copiapó será muy pronto."

Dejaremos aquí al general para volver sobre las alas de caballería y analizar las operaciones de ellas. Principiaremos por la izquierda, dejando para lo último la muy célebre caballería de la derecha, que tan poco hizo, y que tanto debió de hacer, a las órdenes de Baltar y Peñaloza.

El coronel don Crisóstomo Álvarez con sus doscientos setenta hombres de caballería, más dos compañías de cazadores de infantería, derrotó la caballería de la derecha enemiga, sin que sepamos dónde los arrojó, si al ciénago o arroyo que tenían a su espalda, si los obligó a repasar el puente, o si huyeron corriendo indefinidamente hacia su derecha. Cualquiera de estas cosas que sea, nos resta saber qué hizo después el coronel Álvarez con su caballería vencedora.

Es natural que persiguiese más o menos a los vencidos, y que en esta operación lo hubiese alejado algo del campo de batalla, pues que no se lo veía en él. En tal caso, no concibo el peligro que podía correr por el retroceso de la infantería que iba a tomarle la espalda. Un único caso había en que esto podía efectuarse, y era el de que hubiese pasado el puente persiguiendo a los prófugos, que lo hubiesen pasado también, y entonces no eran menos de ciento cincuenta hombres de caballería de la reserva los que podían impedirlo. La que podía hacerlo era nuestra infantería, arrojándose sobre el flanco de la enemiga.

¿Y qué se habían hecho las dos compañías de infantería que llevó el coronel Álvarez? Si él creyó conveniente pasar el puente, que no lo creo, lo regular era haberlas dejado que lo guardasen para asegurarse él su regreso. Singular cosa que estas dos compañías, que por lo visto eran un tercio de nuestra infantería, no vuelvan a figurar en parte alguna.

He dicho que no creo que el coronel Álvarez pasase el puente, porque hubiera sido una falta (al menos si se hubiese alejado), de que no quiero creerlo capaz.

Vencida y arrojada al otro lado del ciénago, o bañado, o río, o arroyo, la caballería de la derecha enemiga ya estaba enteramente fuera de combate, y el deber del coronel era volver a atender a la batalla, fuese flanqueando la línea enemiga, fuese esperando nuevas órdenes del general. Nada de esto hubo, y tan sólo lo vemos aparecer (según dicen las Memorias) cuando, concluido todo, se presentó a nuestra agonizante infantería, a la que había dejado ya el general, y acaso también el coronel Salvadores, que se salvó por entonces.

De ello deduzco que la victoria del coronel Álvarez sobre la derecha enemiga ni fue tan rápida ni tan pronunciada ni tan completa. Que habría cargas y recargas, y todas esas peripecias que son consiguientes en un combate disputado; que al fin obtuvo ventajas que obligaron al enemigo a un contramovimiento, las que tuvo luego que abandonar; todo esto pudo ser. Entonces sería cuando regresó a la línea.

Y preguntaremos ahora: cuando el coronel Álvarez volvió a la línea y se encontró con sólo los infantes que iban a ganar los cercos, ¿venía solo, o arrastraba su valiente y vencedora división? ¿La llevaba cuando se abalanzó por entre los cercos para salir adelante y contener los prófugos? Cuando lo encontró en un callejón el general La Madrid enristrando su lanza contra los cobardes que huían y le dirigió una patética loa, ¿estaba solo, o acompañado de los que había mandado y conducido a la victoria? Nada nos dicen las Memorias, y a la verdad que era muy conveniente, tanto para el éxito de sus honrosos esfuerzos como para la mejor reputación del coronel.

Porque, hablemos claro, si habiendo el coronel triunfado completamente de la derecha enemiga y hecho todos esos primores que nos cuenta su tío, se presentó solo en la línea, o faltó a sus más importantes deberes, o lo que se dice es falso o sumamente exagerado.

Si, por el contrario, el coronel Álvarez regresó a su línea con su vencedora división, preguntaríamos aún si se hizo acompañar de ella cuando se abalanzó por entre los cercos a contener los prófugos, o si la dejó en la línea, o, mejor diríamos, con los moribundos restos de la infantería. Ambas cosas tienen inconvenientes tan graves que se resisten a toda credibilidad. Sea lo que sea, el general La Madrid debía habernos dicho qué se hizo esa invicta división y en qué punto se separó de ella su sobrino.

Desde el principio de la batalla, dice el general La Madrid que conoció el objeto del enemigo, que era rebalsar su línea por la derecha y flanquearla por este costado, pero nos calla lo que él pensó hacer para desbaratar el plan de su adversario. Si la carga del coronel Álvarez fue ordenada en este designio, la orden es digna de elogio, y tan sólo es sensible que la carga no fuese mejor secundada y sostenida. Un esfuerzo más general y simultáneo hubiera quizá dado más valiosos resultados; resultados, quiero decir, que, saliendo de la esfera de parciales y aislados, podían llamar la victoria a nuestras banderas.

Luego que el general La Madrid vio que la infantería enemiga contramarchaba de nuestra derecha hacia nuestra izquierda, mandó la primera orden al coronel Peñaloza, o Baltar, para que el ala derecha cargase la caballería que tenía a su frente. Baltar rehusó obedecer la orden, alegando que tenían a su frente cuatrocientos infantes; razón bastante, a su juicio, para disculpar su inobediencia y cubrir su responsabilidad.

Esta contestación me parece tan natural en el coronel Baltar cuanto que, en sus principios militares y en los de su escuela, toda caballería está inhibida de cargar, aunque expresamente se le ordene, siempre que haya diez bayonetas en las filas enemigas.[1] Una carga de caballería contra infantería es un absurdo en su opinión, es un hecho repugnante, cuya posibilidad no puede penetrar en su *mollera*.

Esta contestación es propia del coronel Baltar, vuelvo a decir, cuando se le hubiese mandado cargar infantería; pero cuando la orden le prevenía que cargase la caballería, no comprendo claramente el motivo de su resistencia. En el primer caso, podía reputarse ignorancia; en el segundo, o era miedo o mala voluntad. Me inclino a creer que cerca de la caballería enemiga estuviese algún cuerpo de infantería, el cual temiese Baltar que tomase parte en la pelea. En tal estado, no siendo muy entusiásticas sus disposiciones morales, siendo también inamistosas respecto de la persona del general en jefe, deduzco que se combinó la poca voluntad con la ignorancia y el miedo, para producir esa inaudita resistencia, no sólo a cargar, sino a hacer un movimiento cualquiera, fuera del de dar la espalda al enemigo.

A la verdad, la mayor parte de nuestra caballería nada hizo en el Rodeo del Medio, ni tomó la menor parte en el combate. Si el coronel Baltar cree poder sincerarse de su obstinada desobediencia, alegando que tenía a su frente un cuerpo superior de todas armas (aunque fuese esto admisible, que no es, en el orden militar), no podrá vindicarse de no haber hecho algo, y de haber sido mero espectador, si no fue causante del sacrificio de sus compañeros y de la humillación de nuestras armas.

No ignoro que para juzgar con exactitud sería necesario oír

[1] El general Rivera ha dado varias veces por única contestación a los cargos que se le han hecho, por no haber atacado oportunamente al enemigo: Que éste tenía infantería, y que él no era zonzo para hacer fusilar sus soldados de caballería.

al coronel Baltar; pero si me he avanzado a emitir una opinión formada en este asunto sin aquel requisito, ha sido apoyándome en el conocimiento del mérito, carácter y capacidad del coronel Baltar, que después he adquirido, y en el testimonio uniforme de los que se hallaron en esa batalla, con algunos de los cuales he conversado. Que el coronel Baltar, con la caballería de la derecha, no cargó ni hizo cosa alguna, sin embargo de las órdenes que se le dieron, es un hecho sabido e inconcuso.

Sin embargo, si alguna vez expusiese razones que pudiesen disculparlo, no me detendré en corregir mi error y estos apuntes, y dar una prueba de que, cualesquiera que sean mis sentimientos personales respecto del coronel Baltar, sólo quiero el esclarecimiento de la verdad, y que soy muy capaz de hacerle justicia.

Después de la segunda negativa a cargar que hizo el coronel Baltar, tuvo el general La Madrid la intención de *trasladarse a la derecha*, y, dándole o no un pistoletazo, ponerse a la cabeza de su división y cargar. Era sin duda lo que debía haber hecho. El motivo que tuvo para desistir de su primer intento es pequeño, por no decir ridículo. Los deseos que le manifestaron los jefes, por medio del coronel don Fernando Rojas, nunca podían atenderse a trabar su acción, en una circunstancia tan crítica, tan solemne y decisiva.

Por otra parte, un general que no tiene un puesto fijo en una línea de batalla, puede trasladarse a donde crea conveniente su presencia. Sin contrariar, pues, la solicitud de los jefes, pudo dirigirse a la derecha y, separando a Baltar, mandar a Peñaloza (de quien nos dice que estaba desesperado por cargar) que se pusiera en movimiento. Alguna otra causa debió retraerlo de un paso tan importante,[1] que si el general La Madrid recorre su memoria no dejará de encontrarla.

[1] Ya indiqué en otra parte que tengo indicios de que en el ejército se urdía una conspiración contra el general, cuyo autor principal era Baltar. Algo debió presentir el general, y debían agitarlo fuertes desconfianzas. Acaso temía un desafuero, si se presentaba antes una división en donde era preponderante la influencia de Baltar. Ganaría el general, y ganaría la verdad histórica, si nos hablase francamente. Para apoyar mi idea, y que no parezca destituida de fundamento, he recordado que el general La Madrid no deja de ser aprensivo en este sentido. Tengo presente que en estas mismas Memorias, refiriendo la campaña de Córdoba, del año 31, confiesa que se apoderó de él la desconfianza, respecto de mí, y que temió que yo quisiera apoderarme de su persona. Esta sospecha fue tan viva que, habiéndolo hecho llamar a mi cuartel general, fingió pretexto para retardar su comparencia; hasta que yo, que por algún otro moti-

No expresan claramente las Memorias quién era el que tenía el mando de la derecha y de la división Peñaloza, si éste o Baltar. Parece, a primera vista, que el jefe era el primero, pues que la primera orden del general fue dirigida a él, y sólo por haber Baltar interceptado al ayudante conductor es que éste no llegó a donde estaba aquél. En este caso, la insolencia de Baltar era doble insolencia, pues que no sólo desobedecía al general sino que impedía la transmisión de sus órdenes. Era ya una verdadera rebelión.

Sin embargo de esto, no puede concebirse cómo los ayudantes no pudieron llegar a donde estaba Peñaloza, que estando ansioso de cargar, como lo dicen las Memorias, lo hubiera sin duda hecho cuando supiese la voluntad del general. ¿Cómo es que éste (el general) no tuvo arbitrio de hacer llegar una orden directa hasta donde estaba el mismo Peñaloza? Esos ayudantes que iban y volvían con órdenes y repulsas, sin haber llegado a la presencia a quien iban dirigidas; ese coronel Baltar siempre interpuesto entre el general y Peñaloza; esa docilidad de los edecanes para subscribir a las indicaciones de un jefe inferior, *cobarde*, *insubordinado*, y que iba a ser causante de la derrota, son cosas que necesitaban una mejor explicación.

Sesenta hombres del escuadrón Mayo fueron los únicos de la derecha que cargaron el enemigo, los cuales, si hubiesen sido apoyados o secundados por cien hombres, se gana la batalla, dicen las Memorias.

Por de contado que esto último no lo creemos; pero, además de ser muy honroso para los ciudadanos del Mayo el patriótico esfuerzo que hicieron contra la voluntad del coronel Baltar, sirve para mostrar que había probabilidad de suceso y que, con más diligencia por parte del general, se pudo hacer que cargase, por lo menos, otra fracción de la derecha.

No respondemos de la exactitud de los detalles que dan las Memorias. Demasiados antecedentes tenemos de los descuidos

---

vo recorría el campo, me llegué y entré francamente en el suyo. Con esto se tranquilizó, y depuso sus infundadas sospechas. Todo esto nos lo refiere el mismo general, y ahora podría decir lo mismo, si refrescase mejor las especies. A mi juicio, esta vez también eran infundados sus temores, aunque fuese efectiva la conspiración. Según entendí, cuando se me refirió este negocio, ella no debía estallar de pronto, y tan sólo era una preparación para cuando estuviesen más sazonadas las cosas y asegurada la provincia de Mendoza; destituirían entonces al general La Madrid y traerían en su lugar al general Las Heras.

que padece el general La Madrid, y que hemos hecho notar cuando hemos presenciado los hechos, o, por otro modo, hemos estado instruidos de ellos. Ahora no hemos hecho sino discurrir sobre los datos que nos suministran aquéllas; así es que lo que decimos, fundados solamente en esos datos, es hipotético.

Pronunciada ya la derrota en los términos que nos la representa el general La Madrid, cuando él, saltando cercos, pudo caer al callejón que servía de canal (permítasenos la expresión) a la impetuosa corriente de los fugitivos, ya era muy difícil, si no imposible, torcer el curso de los acontecimientos y apoderarse de la victoria que se había escapado sin remedio. Sin embargo, son muy laudables los esfuerzos de cualquier oficial, jefe, o del general mismo, para hacer menores las pérdidas y menos funestos los efectos de la derrota.

Son dignos de elogio los que con este designio practicó el general, y es una verdad, que atestiguan muchos individuos, que corrió inminentes peligros personales. El valor, que nadie le ha disputado al general La Madrid, no se desmiente en esta ocasión, y, como en otras muchas derrotas, fue de los últimos que dejó el campo de batalla, cuando ya hubo perdido del todo la esperanza de ganarla. Pero, después de esto, me parece inconducente el pomposo alarde que hace de su carga con siete hombres contra veinte o treinta del enemigo. Esta abnegación personal hubiera estado mejor colocada una hora antes, cuando quiso ponerse a la cabeza de la caballería de la derecha, y se retrajo por la representación de los jefes. Cuando acababan de perderse mil hombres y desvanecerse las esperanzas de la patria, preciso era no congratularse tanto de haber hecho correr momentáneamente a veinticinco enemigos.

Me he detenido más en esta batalla que en ninguna otra de las que describen las Memorias, porque, conociéndola menos, me he empeñado más en comprenderla; he tenido que penetrar en la oscuridad de los hechos, sin más luz que la que suministran las Memorias, y las reflexiones que me ha sugerido mi buen deseo. ¡Ojalá que haya conseguido mi objeto!

La descripción de esta derrota es muy semejante a las que nos hace el general La Madrid de otras muchas que ha sufrido en su larga carrera. Su ejército estaba entusiasmado, e inflamado hasta un grado excesivo, por sus proclamas. Nunca faltaron los vivas atronadores, y las más solemnes protestas de morir o vencer. Todo presagiaba una infalible victoria.

Llega la batalla, para la que se han formado las líneas siempre en el mismo orden. Visto una, se han visto todas. Principia el combate bajo los mejores auspicios; un ala logra ventajas y hace retroceder al enemigo que se le opone, y ya se da el triunfo por seguro. Entonces la otra ala flaquea, y al fin huye, o porque los jefes fueron cobardes, o porque no quisieron combatir al enemigo. Éste, que estaba ya pronto a ceder el terreno y tomar la fuga, se alienta, y de casi vencido que estaba, toma el aire de vencedor; marcha adelante, y obtiene una victoria que no ha merecido.

El general, sin embargo, no desespera aún, y después de haber hecho prodigios con el centro, donde ha estado, lo deja, recomendándole se sostenga mientras él va, o a buscar la parte de su caballería que supone vencedora, o a contener y volver al campo de batalla, la prófuga. No consigue ni uno ni otro, y la batalla queda perdida sin remisión y completamente.

En estas andanzas lo ha perseguido un grupo de enemigos, cuya insolencia lo ha llenado de furor; vuelve de repente con cuatro u ocho hombres, que son por lo común sus heroicos asistentes o acompañantes; carga y rechaza a los vencedores, que siempre son unos miserables cobardes, para después continuar su honrosa retirada; y debe advertirse que esto ha sucedido siempre en los muchos encuentros parciales en que, desde subalterno, se encontró. Poco más o menos, son todos iguales.

La reputación de un militar es muy apreciable; hasta cierto punto, sagrada: pero la de un general es muy distinta de la de un granadero. Parece que no comprendiese la magnitud de los intereses que le están confiados, quien, mandando un ejército, se aferra tanto en ponderar hechos personales y comparativamente pequeños.

Los ejércitos o cuerpos de tropa que mandó el general La Madrid siempre eran beneméritos y valientes en grado superlativo. Sus soldados eran heroicos, y aunque llegado el combate huyesen del modo más vergonzoso (como nos lo refiere con frecuencia), no dejaban por eso de ser héroes.

Para que se vea que no hay exageración en lo que acabamos de decir, pedimos que se comparen las palabras del general La Madrid dichas a sus soldados, antes, al tiempo y después de una batalla. Compárense las de: "Huid, canallas, que no necesito de vosotros", que dijo a sus soldados, con las de: "Valientes amigos y compañeros", que les dirigió dos o tres horas después a los mismos.

Este abuso de palabras, fuera de lo que tiene en sí de incircunspecto, les hace perder su valor y hasta su significación. Un general que prodiga sin discernimiento y sin medida los elogios más desmesurados, se priva de un medio de premiar el mérito verdadero; y de un resorte poderoso para excitar la abnegación y el desprecio de los peligros. Por un efecto natural, las voces que significan los vicios contrarios se desvirtúan también, y su aplicación no produce el horror que debiera.

Me ocuparé ahora de un pensamiento que ocurrió al general La Madrid en los momentos de la derrota, el cual dice que no realizó por las esperanzas que tenía en que el gobierno de Chile declararía la guerra al dictador argentino o, por lo menos, auxiliaría los esfuerzos de la emigración. La razón que da para su desistencia es frívola, seguramente, pues que jamás pensó que fueran tales las disposiciones del gobierno chileno, y más bien creo que si renunció al proyecto fue por las dificultades del proyecto mismo, en lo que tenía sobrada razón.

No obstante, notaremos que un proyecto que de puro aventurado era un verdadero delirio, por un motivo que el general no podía prever, pudo hacerlo muy realizable, muy útil, y de no pequeños resultados.

Ya se advertirá que dirigirse el general La Madrid con unos cuantos cientos de hombres derrotados que le quedaban, por un flanco del ejército vencedor, para penetrar por su espalda en la provincia de Córdoba, era ya un movimiento difícil y peligroso; pero, si se considera que esto era para buscar al general Lavalle, que, según su cálculo, debía haber vencido y arreado a Oribe, era un positivo desatino. Otro, era el acontecimiento imprevisto que pudo haber decidido de su conveniencia.

El gobernador de Santa Fe, don Juan Pablo López, había cortado sus relaciones con Rosas, o antes diremos, Rosas las había cortado con él. El hecho es que estaban de malísima inteligencia, y nadie ignora lo que esto significa en el sistema férreo del dictador. Aunque no había ocurrido hostilidad alguna, esperaba con espanto los triunfos de Oribe, y cuando supo los de Famaillá y Rodeo del Medio, se aterró. Conocía que con el regreso de Oribe, su enemigo personal, y de su victorioso ejército, llegaba el tiempo y la ocasión de que se le pidiese cuenta del abrigo que había dado a los desertores, y de otros pecadillos de menos cuantía, cuando no fuese bastante crimen la especie de independencia que había manifestado.[1]

Se declaró, pues, contra Rosas, e hizo alianza con Corrientes, que tenía su ejército en campaña, y a la vista del que mandaba Echagüe, que fue luego derrotado en Caaguazú.

Es, pues, fuera de duda que el general La Madrid, que no hubiera hallado resistencia formal en la provincia de Córdoba, dado que él hubiera dejado atrás las fuerzas de Pacheco, habría hallado apoyo y protección en Santa Fe. Ya se comprenderá cuánto peso hubiera puesto en la balanza su presencia, y la de su división, en los destinos de la buena causa, que con la victoria del 28 de noviembre (la de Caaguazú) tomaban un vuelo extraordinario.

Este refuerzo era muy apreciable, no por su número sino por ser compuesto de hombres de otras provincias, que contrabalancearan la tendencia de los correntinos de regresar a su país; eran hombres, en fin, que habiendo recorrido muchas provincias y servido a la causa general, se habían sacudido de ese mezquino espíritu de localidad, que no deja ver más patria que los límites del pueblo donde nacieron.

[1] La mala inteligencia de López con Rosas venía de muy atrás. El nombramiento de Oribe para el mando en jefe del ejército fue una de las principales causas; pero la primera y radical fue que queriendo marchar sobre las huellas de su finado hermano, don Estanislao, quería para sí y su provincia la importancia que aquél disfrutó. Rosas no podía concedérsela, y he aquí un motivo permanente de discordia. Mas esta discordia no se manifestaba por acto ninguno público, y por más que el gobierno de Corrientes y yo, que mandaba el ejército de reserva, lo hubiésemos excitado, no pudimos obtener más que esperanzas vagas, pero no una declaración. De repente vino ésta, cuando menos la esperábamos, porque sucedió antes de la batalla de Caaguazú, y creíamos que aguardase su decisión para resolverse. Los triunfos de las armas federales en Famaillá y Rodeo del Medio hicieron este prodigio, que no había podido realizarse cuando los ejércitos de Lavalle y La Madrid estaban en pie; de modo que si Oribe y Pacheco hubieran sido vencidos, López no hubiera dejado de pertenecer a Rosas. López debía contar que entonces lo buscaría Rosas, lo regalaría, lo adularía, y finalmente, le daría el mando de su ejército. En tal caso, continuaba siendo nuestro enemigo. Sucedió lo contrario, y él perdió la esperanza de ser buscado por Rosas, quien, tan lejos de considerarlo, iba a vengar el desacato de su insubordinación. Entonces corrió a echarse en nuestros brazos y correr a todo trance por el único camino de salvación que le quedaba. Esto explica cómo López, que rehusó declararse contra Rosas cuando vacilaba su poder, se apresuró a hacerlo cuando se hizo más fuerte. López es un gaucho cortado en el molde de los demás caudillejos; si abrazó la buena causa, fue por motivos independientes de su ilusión.

No culparé al general La Madrid por no haber seguido su primera inspiración; ya he dicho que adoptarla hubiera sido una imprudencia, pero una imprudencia que, por razones que no podía alcanzar, pudo ser coronada de bellísimos resultados.

El paso de los Andes a cordillera cerrada es un triste episodio de este drama, que hiere la imaginación y oprime el corazón. No puede uno figurarse ese montón de patriotas, que han corrido, arrastrándose, por toda la extensión de la república, en busca de la libertad y la constitución de su país; que han arrostrado la muerte; que han sufrido privaciones y peligros sin cuento; no puede uno figurarse, digo, esa porción de hombres de todas las clases de la sociedad, luchando con la naturaleza y con la muerte, en medio de los Andes, ese gigante de la creación, sin experimentar las sensaciones más penosas, y sin tributarles un homenaje de respeto y de estimación.

Si me fuera dado, yo consignaría sus nombres en este pobre escrito, y los legaría a la posteridad, como los de unos soldados valientes, de unos ciudadanos virtuosos, de unos hombres dignos de la libertad, que no dudo hallarán al fin, después de tanto buscarla. No necesitan ser héroes en individualidades maravillosas; no es preciso emplear las exageraciones ni los recursos de la poesía, para que, además de nuestras simpatías, merezcan el respeto y el agradecimiento público.

Si sus trabajos no lograron ser coronados por la victoria, no por eso deben valer menos en la estimación de los argentinos. Ellos hicieron cuanto podían; y esto basta.

Merecen una particular mención muchos jefes y ciudadanos que se distinguieron, ya por su valor, ya por su abnegación y constancia. Sobre todos, el coronel don Crisóstomo Álvarez dio tan repetidas pruebas de valor, estuvo tan constantemente empleado en los puntos de mayor importancia y peligro, que sólo las operaciones de esta campaña adornarían una buena *hoja de servicios*. Sin necesidad de los empalagosos elogios del general La Madrid, sus compañeros y el público le han hecho justicia, y le asignan un lugar distinguido entre los valientes soldados de la república, y entre los beneméritos hijos de la libertad. Yo me hago un grato placer en proclamarlo, aunque una fatalidad lo haya puesto después bajo el poder que tanto combatió.

El infortunado coronel Acha, valiente campeón de la buena causa, se inmortalizó en la memorable jornada de Angaco. Este solo hecho de armas es un título de gloria imperecedero. Su atrevida resolución de esperar al muy superior ejército de Aldao, en la salida de la travesía, la sangre fría con que se condujo en tan crítica ocasión, su valor sereno, todo lo recomienda como a un jefe de prendas distinguidas. Su desgraciada muerte a manos de sus crueles verdugos reclama de sus compatriotas un sentimiento y una lágrima que nadie le negará.

El coronel don Lorenzo Álvarez, a quien vi en Buenos Aires el año 39, en casa de Orinero, y de quien tuve entonces vivas desconfianzas, abrigaba un alma noble y un corazón varonil. He oído frecuentemente hablar de su valor, y no dudo que poseía esa virtud en alto grado. Murió gloriosamente en la sorpresa de San Juan.

El ciudadano don Francisco Álvarez, de simple particular, es elegido para el gobierno de Córdoba, cuando esta provincia sacudió el yugo dictatorial de Rosas y el de su teniente, Manuel López. Subyugada otra vez por las armas de Oribe, vencedoras en el Quebracho, emigra, pero no para sumirse en un ocio inútil. Se dedica con la mayor abnegación a la carrera militar, soporta todos los peligros y fatigas de la campaña, a la cabeza de otros ciudadanos como él, y se inmortaliza, muriendo en San Juan con la muerte de los valientes.

El coronel Peñaloza, que había servido con fidelidad al general Quiroga, abraza por convencimiento la causa que antes había combatido, y es seguido de los valerosos riojanos, sus comprovincianos. Los lleva muchas veces al combate, y si no han sido felices sus esfuerzos, no son por eso menos dignos de una particular mención. Últimamente, urgido de la miseria, en país extranjero, movido por relaciones personales, capituló con sus enemigos y se subyugó nuevamente. Es de creer que no les pertenezca de corazón.

No conozco al coronel Lardina, como tampoco conozco a Peñaloza, ni a don Crisóstomo Álvarez, pero he oído hacer de él recuerdos honrosos. Me complazco en creer que son bien merecidos. El acto de volverse en la cordillera, en medio de un temporal, a buscar la casilla que antes habían dejado, con los que lo seguían, para evitar un desastre, una catástrofe, un escándalo entre compañeros y hermanos, ha hecho en mí una particular impresión. Si el que salvaba un ciudadano obtenía una corona cívica, el coronel Lardina merecía muchas, porque salvó a muchos de la muerte y de excesos que eran inminentes en la cruel situación a que estaban reducidos.

El coronel Ávalos (hoy general de la provincia de Corrientes) es un sujeto de una lealtad probada y de mucho juicio. Mereció siempre honoríficas distinciones del general Lavalle, en cuyo ejército sirvió, aumentando este mérito con la campaña de Cuyo, que hizo a las órdenes del general La Madrid. Hoy sufre con constancia la emigración y las demás penalidades que son consiguientes a la vida del proscripto.

El comandante Acuña tenía la opinión de un valiente, y, además, era un jefe muy querido de sus comprovincianos. Tanto él como Ávalos y otros tenían el muy relevante mérito de haber mandado a los correntinos en esa desgraciada pero gloriosa empresa.

El valiente mayor Ezquíñego (a quien tampoco conocí) se recomienda mucho por su carga a la bayoneta en el Rodeo del Medio. La situación era desesperada, pues que el enemigo estaba ya victorioso, y no podía oponerle sino un puñado de patriotas, cuyo destino está ya fijado. Sin embargo, toma la bandera y marcha al sacrificio como las víctimas que se engalanan en sus últimos momentos. Este acto basta para ennoblecer una vida entera. No creo que mandase volver a sus soldados, a no ser que, viendo todo perdido, quisiese que salvasen algunas vidas por una pronta retirada.

El coronel Salvadores, cargado de años y enfermedades, hizo esa campaña verdaderamente penosa. Su espíritu era más fuerte que su cuerpo. Su amor a la libertad suplía lo que le faltaba en vigor físico. Estoy seguro que este antiguo soldado hizo cuanto pudo.

No recuerdo haber visto alguna vez al coronel don Fernando Rojas, pero me merece el más honorable concepto. Él y Salvadores sellaron con su sangre, a manos de los verdugos, sus creencias políticas, y ennoblecieron la causa de su elección. Que nunca olviden nuestros compatriotas sus respetables nombres.

Los jóvenes del escuadrón Mayo, que hicieron esa prolija campaña animados siempre de un ardor renaciente, que sobrellevaron, a la par de los hombres habituados, las rudas penalidades de las marchas y los peligros de los combates, no pueden ser recordados sin que se les tribute el más merecido elogio. Su comandante, Acosta (de quien no hago memoria), se condujo dignamente el 24 de septiembre. Si él y sus compañeros hubieran tenido muchos imitadores, la libertad sería salva y la patria sería libre.

Esos salteños, a quienes conocí tan valientes soldados como patriotas fieles. Esos jujeños, tan modestos en la apariencia y tan fuertes de corazón. Esos tucumanos, que jamás dejaron de pertenecer a la buena causa. Esos cordobeses, en fin, que recorrieron la redondez de la república sin vacilar jamás en sus empeños, sin flaquear en sus creencias políticas, sin desmentirse su acendrado patriotismo, en quienes ese sentimiento era una convicción individual, todos, todos, son acreedores, en alto grado, a la gratitud pública y a las bendiciones de los argentinos.

Sensible me es no saber los nombres de otros jefes de los que siguieron hasta el fin la expedición.[1] Ellos, los oficiales particulares y los individuos de tropa, merecieron bien de su patria, y merecen un duradero recuerdo. Todos ellos hicieron cuanto se les exigió y cuanto podían. ¿Qué más podía desearse?

El general La Madrid, ese veterano de la independencia, no necesita que yo encomie su valor personal y sus dilatados servicios para que sean conocidos y apreciados del público. Su *hoja de servicios* es un documento importante que muestra cuánto ha sufrido y cuánto ha prodigado su existencia en los numerosos hechos de armas a los que, como jefe o como subalterno, ha concurrido.

No es preciso ocuparse de descripciones maravillosas para conocer y apreciar sus servicios. Siempre dispuesto a encontrarse con los enemigos, fue empleado con frecuencia, desde su juventud, en comisiones arriesgadas, que él desempeñó con su valor ordinario. Más tarde, empleado en escala mayor, manifestó constantemente su ardor por los combates y por las expediciones aventuradas. Como general en jefe, tampoco se ha desmentido, y, en lo general, ha sido consecuente a sus inclinaciones y a sus principios.

Si frecuentemente ha sido desgraciado, si ha cometido faltas, en que sin duda no ha tenido parte la voluntad, no por eso deja de merecer nuestro respeto por su patriotismo, por su abnegación y por su indisputable bravura.

Si me he visto precisado a manifestar las faltas que a mi juicio ha cometido, así lo demanda la verdad histórica, y la instrucción que puede resultar a nuestros militares. Si he sido severo, si he empleado tintes fuertes, él me ha provocado, tratándo-

[1] Los señores Puch, de Salta, regresaron de cierta altura, y, sin embargo, son muy dignos de una particular mención.

me con injusticia y aun acritud en sus Memorias. Nada supone que haga preceder mi nombre del epíteto de *hábil general*, si eso ha de ser para hacer el contraste más fuerte con las inepcias que me atribuye.

Poco nos queda ya que decir, pero no concluiremos sin añadir algunas líneas para emitir nuestro juicio sobre la conducta del coronel Baltar y algunos otros incidentes de menos importancia que tuvieron lugar en la cordillera.

No he conocido de nombre al señor Baltar hasta el año 40, que se le designaba como uno de los jefes que acompañaron al general Lavalle desde Martín García, en Corrientes, Entre Ríos y demás puertos que recorrió con el ejército libertador. Personalmente, sólo lo conocí en Montevideo, el año 43.

Según es de notoriedad, estaba el año 39 al servicio del Estado Oriental, porque habiendo acompañado al general Rivera en su peregrinación y emigración al territorio del Brasil, después de la derrota de la Carpintería, volvió con él, cuando las victorias de Yucutuja y Palmar lo hicieron dueño del territorio oriental. Baltar, como uno de tantos, obtuvo grados militares, hasta el de teniente coronel y, a más, la comandancia del departamento de la Colonia.

En este destino se hallaba cuando el general Lavalle pasó desde Montevideo a Martín García, para organizar su expedición, a que el general Rivera ponía positivos embarazos. Baltar, sin pedir ni obtener su dimisión, ni pedida su separación del Estado Oriental (así me lo han asegurado cuantos he consultado sobre esto), *desertó* de la Colonia y del Estado Oriental y se fue a Martín García a presentarse al general Lavalle, creo que con algunas armas y soldados, también desertores, que pudo arrastrar.[1] Allí obtuvo el mando de un escuadrón de los que formaron el ejército libertador.

[1] No pretendo, ni remotamente, disculpar la conducta del general Rivera, respecto del general Lavalle, y del resto de la emigración argentina. Además que este juicio no pertenece a este lugar, el público ha hecho la justicia debida. Pero, cualesquiera que fuesen las aberraciones y faltas de fe del general Rivera, ellas no justifican el proceder de Baltar. Un militar que toma servicio bajo una bandera, compromete su fe y su honor, y lo que sus más sagrados deberes prescriben: no abandonarlo, sino mediante un acto legal que deshaga el contrato y desate su compromiso. Cuando las circunstancias fuesen tales que se hubiese negado, con repetición, su solicitud, por lo menos debería, para disculpar su proceder, probar que la hizo y que no pudo lograr sus deseos. Otros jefes,

Allí gozó de mediana reputación, encontrándose en las batallas del Sauce Grande, Don Cristóbal y Quebrachito. Más tarde, cuando el general Lavalle se trasladó a La Rioja, ya lo vimos separarse del ejército para ligarse al comandante riojano Peñaloza, para hacer con él, en los llanos, la guerra de partidas al ejército invasor. Desde entonces no volvió a aparecer, hasta que, meses después, se incorporó al general La Madrid, cuando penetraba en las provincias de Cuyo.

No me he propuesto hacer la biografía del coronel Baltar, ni poseo los curiosos antecedentes que serían necesarios para formarla. Ni aun puedo hablar de lo que pasó en esa campaña, sino por algunas noticias generales y por lo que dicen las Memorias. Con arreglo a ellas es que haré una cortas observaciones. El conocimiento posterior que he tenido de este jefe me facilitará no poco esa ingrata tarea.

El principal talento de Baltar consiste en saberse insinuar en la confianza de algún jefe o caudillejo, sobre el que se propone ejercer más o menos influencia, según la facilidad que le ofrece el carácter y la capacidad de éste. Ya se comprenderá que tratándose de un hombre cándido e ignorante, aunque bueno y fiel, como era Peñaloza, este influjo se hace omnipotente. Se comprenderá también que, para conseguirlo, sabe halagar la ambición y demás pasiones, y que no desdeña adular servilmente a las personas de la familia de aquel cuyas buenas gracias se ha propuesto obtener. Así también consiguió, años después, gran influencia en Corrientes.[1]

---

como el coronel don Federico Báez, en idénticas circunstancias, obraron de otro modo que Baltar, y si pasaron al servicio argentino fue sin llevar una nota que ennegrecería una carrera más brillante que la de este jefe. Bien conocemos que él tachará de miramientos melindrosos estas reflexiones, pero debe saber que sin ellas la carrera militar vendría a ser una cadena vergonzosa de privaciones y perfidias; de modo que jamás un estado, ni un gobierno, ni una sociedad, ni un general, podrían confiar en los que le han jurado depender de ellos y defenderlos. He dicho que el coronel Baltar no apreciará esta delicadeza de sentimiento como conviene, porque su educación militar pienso que no ha sido muy esmerada. Ignoro en dónde, ni cómo, hizo su aprendizaje; en qué ejércitos y bajo qué generales ha servido antes. Parece, pues, que es un militar improvisado y de resolución.

[1] Un amigo mío, que conocía bien al coronel Baltar, hablando sobre los sucesos de Corrientes los años 45 y 46, me decía: "El mérito del coronel Baltar consiste, en gran parte, en saber manejar intrigas de costurero". No se vaya a creer por esto que sea galante, ni que las Madariaga, a quienes adulaba, sean

Esto explicará esa íntima unión que había entre él y el coronel Peñaloza, el cual no veía sino por sus ojos, ni obraba sino por sus inspiraciones.

Esta singular anomalía, agregada a la consideración personal que se debía dispensar a un jefe a quien seguían individualmente algunos cientos de hombres, hacía que este jefe, teniendo el mando de una división, no fuese responsable de sus actos oficiales, y que éstos emanasen menos de las órdenes del general en jefe que de las insinuaciones privadas de un director y amigo.

Si el general La Madrid se veía, por imperiosas circunstancias, obligado a tolerar un semejante estado de cosas, es digno de compasión; pero si él pudo evitarlo y restituir tal cual vigor a la disciplina militar, sería bien digno de censura.

No sabemos qué pensar a este respecto, porque, al paso que en la descripción de la batalla del Rodeo del Medio salva de toda responsabilidad a Peñaloza, para cargarla íntegramente a Baltar, nos dice poco antes que pudo evitarlo, pues que se arrepiente de haber concedido a éste que fuese al ala derecha, dejando, en cierto modo, su puesto de jefe de estado mayor.

Poco antes también nos cuenta que quiso, al llegar a Mendoza, mandar a Peñaloza a libertar los prisioneros que estaban en El Retamo, a lo que se opuso Baltar, sin que nos diga si aquél tenía parte en esta negativa. Otro tanto sucede cuando mandó a los mismos jefes en persecución de Benavídez. Baltar retardó la salida de más de una noche; Baltar hizo la persecución con flojedad y se retiró antes de tiempo, etcétera; sin que se nos diga por qué se le permitió ir, dejando su puesto en el ejército, y dándonos motivo de sospechar que Peñaloza era un autómata, sin juicio ni voluntad propia.

Sea esto como fuere, la irritación del general La Madrid contra Baltar era muy justa, y la creíamos tan natural que esperábamos que cualquier encuentro que tuviesen después de la acción del 24 podría traer explicaciones violentas y hasta consecuencias desagradables.[1]

---

otra cosa que unas viejas brutas y muy feas. Las incensaba para ganarse la amistad de los hermanos.

[1] Se puede aplicar aquello de:

> Calose el chapó;
> Requirió la espada;
> Mirole al soslayo;
> Fuese... y no hubo nada.

Nuestro temor fue vano, pues, contra todo lo que podía conjeturarse, la entrevista, que tuvo lugar al día siguiente a la noche en Vipallata, donde recién logró alcanzar al jefe de E. M., fue tan pacífica como si nada hubiese precedido. El coronel Baltar, que, según parece, se había propuesto disputar el premio de la agilidad, volvió a tomar la delantera, y sólo volvió a ser alcanzado el 27.

Aun entonces, siempre firme en su propósito de obtener el premio de la carrera, se ofreció a llevar al gobierno de Chile el aviso de la derrota. Generalmente es una prueba de distinción la elección de un oficial para que lleve el parte de victoria; estaba reservado al coronel Baltar, jefe de estado mayor del ejército, ambicionar la *honra* de ser el mensajero de un desastre, a que había contribuido tan eficazmente. Hay algunas personas que en ciertas ocasiones nada ven, nada calculan, sino las impresiones del momento; no es difícil adivinar las que entonces gravitarían sobre el ánimo del coronel.

Nada nos dicen las Memorias sobre las consecuencias que pudo tener en Chile su desavenencia con el coronel Baltar, o sea la reprobada conducta de este jefe. Por lo mismo, no sé qué crédito merezca lo que me dijo en Montevideo cuando, mandando yo el ejército de dicha plaza, se me presentó, tratando de sincerarse sobre los cargos que se le hacían relativamente a la acción del 24 de septiembre.

En nada menos pensaba yo que en tomar informaciones a este respecto, pues que mis actuales ocupaciones me alejaban de esos asuntos. Sin embargo, Baltar se empeñó en sincerarse, y recuerdo muy distintamente que dijo:

Que luego que llegaron a Chile, ocurrió a la Comisión Argentina para que, tomando informes sobre lo sucedido en la batalla, juzgase y fallase en justicia. Que, efectivamente, ésta se constituyó en una especie de tribunal, ante el cual hicieron el general La Madrid y él sus alegatos, después de seguirse algunos otros trámites; que después de una madura deliberación, la Comisión Argentina le absolvió, declarándolo inculpable.

Como nada dice de esto el general La Madrid en sus Memorias; como el general Deheza, a quien me acuerdo que pregunté alguna vez sobre esto, me dijo que nada parecido había ocurrido, estoy inclinado a creer que fue una invención de Baltar para captar mi estimación, lo que en esa época le convenía mucho. El tiempo aclarará el negocio, y el público y la posteridad juzgarán.

Capítulo XXIII

El año 1840 en Buenos Aires

[Primeros contactos de Paz después de su cautiverio - Su posición en política - Presentación en casa de Rosas - La conspiración en Buenos Aires: sucesos de junio; asesinato de Maza y ejecución de su hijo; errores y desinteligencias de los conjurados - La revolución del sud - Alta del general Paz en la plana mayor activa: disgusto y contrariedades; la idea de evasión.]

Je ne veux retracer maintenant que la part qui me concerne dans ce vaste tableau. Mais en jetant de ce point de vue si borné quelques regards sur l'ensemble, je me flatte de me faire souvent oublier, en racontant ma propre histoire.

Mme. de Stäel.

El 20 de abril de 1839 había sídome intimado el fin de mi cautiverio, y el 23 llegué a Buenos Aires, alojándome provisionalmente en casa del señor don Rufino Elizalde; a los ocho días tomé casa propia (es decir, alquilada por mí), pero dando aviso a la policía, según se me había prevenido, como también que no pudiese alejarme más de una legua de la plaza.

Las primeras visitas que recibí cuando acababa de bajar del carruaje fueron las del general La Madrid, don Mariano Lozano y el general don Celestino Vidal. El segundo de éstos me dijo que algunos amigos míos deseaban visitarme, pero que ignoraban si nos convendría a todos que lo hiciesen en las circunstancias, de lo que yo podía instruirles; mi contestación fue que ellos debían conocerlas mejor que yo, que acababa de salir de un calabozo. El señor Lozano repuso que creía mejor que por entonces se abstuviesen de toda comunicación, nombrándome a los señores doctor don Eusebio Agüero y doctor Saráchaga. Me conformé con su opinión, rogándole que agradeciese a dichos señores sus buenos deseos, quienes, por su parte, hicieron lo mismo, no poniendo jamás los pies en mi habitación; poco les sirvió su prudencia, porque el uno fue luego asesinado y el otro sufre aún las consecuencias de su voluntario destierro.

Algunas otras personas me visitaron en el día, pero a la noche fue mayor la afluencia; la sala del señor Elizalde estaba casi llena, y el empeño de todos por conversar conmigo, por oírme discurrir en cualquier materia, era tan marcado, que hube de apercibirme. Recuerdo que el desgraciado coronel don Sixto Quesada, que era uno de los concurrentes, recordó algunos sucesos del ejército nacional en la Banda Oriental, y como viese que daba una cuenta de ellos mejor sin duda que lo que podía él hacerlo, prorrumpió en esta exclamación: "¡Vaya, está visto que es usted el mismo que he conocido!" —"Y ¿por qué lo dudaba usted?" —le dije; a lo que repuso: —"Porque una prisión tan larga podía haber entorpecido sus facultades y debilitado su memoria".

La causa de su admiración consistía en lo que se habían empeñado en persuadir, sean algunos de mis enemigos políticos, sean algunos de los que debían ser mis amigos. Según ellos, yo era un hombre perdido para la política, para la guerra y para todo negocio público, por el decaimiento de mis fuerzas intelectuales,[1] que me había traído a una especie de imbecilidad moral. Este rumor se había querido propagar con una particular tenacidad, como tendré ocasión de hacerlo notar otra vez; por ahora diré algo de la causa que lo producía.

Nunca pertenecí a facciones, de modo que aunque me haya visto implicado en los partidos políticos, he huido, no sólo de las exageraciones, sino también de esas tendencias exclusivas de que adolecen los hombres que dependen de aquéllas. Un sentimiento de equidad me ha hecho, en lo general, ser justo hasta con mis enemigos; y otro, que es un consiguiente de aquél, me ha constituido siempre en una cierta independencia de mis amigos en lo que no he creído razonable y arreglado a justicia. Semejantes ideas no podían convenir a hombres apasionados, a quienes, más que el bien público, anima el espíritu de facción y los intereses de partido. Agréguese a esto las ambiciones, los odios, las venganzas, la codicia y otras pasiones, que sin duda serían contrariadas por el poder de un hombre que no estuviese dispuesto a capitular con ellas, y se hallará la explicación de

[1] En el momento de la victoria de Caaguazú, cuando el enemigo huía en derrota, dije a mi secretario, don Gregorio García Castro: "Pienso que mis compatriotas no dirán que soy un imbécil". Y a la verdad, sentí una satisfacción en poder desmentirlos. Un guerrero célebre de la antigüedad, abrumado de las fatigas y penalidades de la guerra, exclamó: "¡Oh Atenienses: si supierais a los peligros y trabajos que me expongo por obtener vuestras alabanzas!" Yo me contenté con demostrar a mis amigos que no merecía su desprecio.

la frialdad y hasta malquerencia que he experimentado de una gran parte de los sectarios de la unidad, en cuyo bando estaba inscripto, y por el que había hecho tantos servicios y sacrificios.

Sin embargo, no se crea que los ataques que por lo general me han dirigido eran francos y públicos; nada de eso. No eran tan necios sus autores que desconociesen que perjudicaría a su propósito tan chocante injusticia, y se contentaban con esparcir rumores que si no contrastaban el concepto que me ha dispensado la mayor y mejor parte de mis conciudadanos, podrían al menos debilitarlo.

Muy al contrario de lo que ellos se proponían, me sirvió inmensamente su innoble modo de proceder, y quizás a él debo el haber salvado de las garras del tirano. Éste, juzgándome sin duda por lo que siente, creyó que yo abjuraría la amistad política y las doctrinas de unos hombres que se conducían conmigo tan ingratamente, y concluyó que no podría jamás pertenecerles. Sin esto, pienso que Rosas hubiera terminado mi existencia, o me hubiera condenado a un eterno cautiverio.

Hay, en realidad, ciertos hombres hábiles en la ciencia del corazón humano, amaestrados en las cosas públicas, eminentes en la política, que no pueden comprender que otro posea ciertos principios que fijen la regla de su conducta; acostumbrados a buscar el origen de todas las acciones humanas en ciertos intereses que para ellos son todo, se equivocan miserablemente cuando quieren penetrar en el corazón del que no piensa como ellos. Sin negar, pues, la sagacidad del dictador, diré que se equivocó en cuanto a mí, porque no habiendo desde antes pertenecido a personas, sino a la causa de mi elección, no influyó en mis opiniones el desleal y poco generoso proceder de los que debían reputarse mis amigos.

Puede creer alguno que trato de hacer mi panegírico, y se engaña, porque sólo he tratado de dar una explicación. Si esa consideración hubiera de retraerme de decir lo que siento, mejor era no haber tomado la pluma. Si sospechase siquiera que había en mí un motivo indigno, me avergonzaría a mis propios ojos. No presumo de tener una gran capacidad, pero he querido tener juicio propio y obrar por mis propias convicciones, sin dejar de poner los medios de ilustrarme y asegurar en lo posible el acierto. Esto es, por supuesto, lo que no agrada a los que sólo buscan ciegos instrumentos, y es lo que no han hallado en mí. He aquí todo, todo.

Por más que mi seguridad requiriese la conducta más circunspecta de mi parte, y que mis amigos políticos estuviesen persuadidos de lo que importaba a la de ellos la frecuencia de relaciones conmigo, era imposible precaverse de la necesidad de comunicarnos y transmitirnos nuestros sentimientos e ideas; así fue que, por más propósitos que hiciésemos para ser cautos, no faltaban pretextos que nos aproximaban. Era también imposible, en la agitación que producía la tiranía del gobierno y los esfuerzos de una parte de la sociedad para sacudirla, no participar del general movimiento. Desde que llegué a Buenos Aires conocí el peligro de mi situación, y no fue mi vida sino una continua inquietud. Poco más o poco menos, era así la de todos.

En el acto de llegar, me presenté al jefe de policía, quien me recibió con frialdad, pero sin desatención. Luego se me indicó que debía, por la forma, presentarme en casa de Rosas; que si no lo hacía, extrañaría este requisito, y ya se sabe lo que en tal gobierno importaba una omisión cualquiera. Además, mi calidad de militar, en cuya clase es sabido que el preso que obtiene libertad se presenta al jefe, daba más colorido a esta exigencia. Yo tenía también un motivo para creer que estas indicaciones no partían del señor Elizalde, que me las hacía, sino que traían su origen del ministro Arana, cuya señora es hermana de la del señor Elizalde.

Elegí, pues, una noche, a los tres o cuatro días de haber llegado, y, acompañado del hijo mayor del señor Elizalde, fui a casa de Rosas. Es imponderable el silencio y lobreguez de aquella calle; eran raras las personas que pasaban por ella, y he conocido muchas que hacían grandes rodeos, por evitarla, cuando alguna urgencia los llamaba en esa dirección. ¿Qué diré de la casa? No había guardia, no había aparato militar alguno; un zaguán alumbrado con un farol, y un hombre que desempeñaba las funciones de portero; un gran patio sombrío y desierto, en que reinaba el más profundo silencio, es lo único que vi. Todas las puertas que caían a él estaban cerradas, a excepción de una en que se divisaba una débil luz; a ella nos dirigimos, y habiendo llegado, vimos dos hombres sentados delante de una gran mesa rodeada de sillas, que le daban el aspecto de un comedor muy común. Esos dos hombres eran el edecán Corvalán y el capitán del puerto, coronel Francisco Crespo.

Cuando hube dicho que venía a hacerme presente a S. E.,

me contestó el primero que no podía verse al señor gobernador, y cuando el joven Elizalde le dijo quién era yo, Corvalán, sin moverse de su silla, ni mudar de postura, me insinuó que no era preciso que me hubiese incomodado en ir, pero que lo haría saber al ilustre restaurador.

Me retiré bajo el peso de las más desagradables impresiones; por un lado celebraba haber salido de aquel disgustante paso, que se me había pintado como indispensable, y que sin duda lo era, a pesar de lo que dijo Corvalán; pero el sepulcral aspecto del edificio, su lobreguez, la certidumbre de que allí se alojaba un sangriento tirano,[1] el terror de que parecía que participaban hasta las paredes, producía sensaciones inexplicables, para los que no han estado en Buenos Aires, o en el Paraguay, en la época del doctor Francia. En seguida fui a casa del señor Arana, quien me recibió muy atentamente, y a quien dije la grosera acogida que me había hecho Corvalán, a quien trató de disculpar con su vejez, etcétera.

No pasaron dos días sin que se me trasmitiese por conducto de la señora de Elizalde, a quien se lo había referido su hermana, la esposa del señor Arana, que la señorita doña Manuelita Rosas había reñido mucho a Corvalán, porque no le había anunciado mi visita, pues aunque su tatita no pudiera recibirme por sus ocupaciones, ella hubiera tenido gusto en conocerme. He aquí a mi mentor, el señor Elizalde, que declara que aquella indicación equivalía a una muy clara invitación para que yo fuese otra vez de visita a casa de Rosas, so pena, si rehusaba a ella, de... de... de todo, porque todo puede acarrearnos el simple desagrado de un hombre dotado de un poder monstruoso, y que usa de él del modo que sabemos.

Me sería imposible significar la repugnancia que sentía para hacer este segundo cumplido del que no saldría tan brevemente como del primero. Habrían pasado ocho días de mi llegada, cuando, a la una de la tarde, me presenté en casa de Rosas, y a pesar de la hora, el silencio y la soledad de la calle y de la casa era la misma. Tan sólo había en el patio una puerta abierta, que era de la misma pieza en que noches antes había encontrado a Corvalán; allí encontré a alguno, que no sé si era edecán, a quien me

[1] Hacía poco tiempo que había sido fusilado Cienfuegos, porque se lo encontró con cierto disfraz en la calle de Rosas. Él alegó que iba a una cita amorosa, mas no se libró por eso del suplicio.

anuncié, y, mientras él partió, quedé dando largos paseos por el patio, que duraron cerca de media hora.

Al patio caían varias ventanas, pero perfectamente cubiertas con persianas, que no permitían ver cosa alguna interior; era seguro que Rosas, que nunca me había visto, como yo no lo he visto a él hasta ahora, querría conocerme, y que al efecto me estaría observando de la parte interior de las persianas; yo, que no dudaba de ello, traté de aparentar la más cumplida indiferencia, y, paseándome con negligencia, jugueteaba con mis guantes, que tenía asidos con una mano. Cuando después de hecha mi visita me retiré, y advirtió el señor Elizalde que mis guantes eran de un color verde oscuro, me significó la inconveniencia de ese color, y el peligro que había corrido; mas, como ya hubiese pasado, hubimos de tranquilizarnos, proponiéndome no hacer otra prueba.

Al fin se abrió la puerta del salón, al que salió la señorita doña Manuelita y una o dos señoras más, de las cuales una era tía, y la otra abuela; me recibió con atención y aun me manifestó benevolencia, pero sin hablar, por supuesto, una palabra ni de mis sufrimientos pasados ni de las cosas públicas presentes. La conversación roló sobre objetos indiferentes, y nada hubo de que pudiese resentirse la más refinada delicadeza.

La casa a que me mudé a los pocos días de mi llegada estaba situada en la calle de la Catedral, tirando para las Catalinas, y quedaba frente a frente de la que ocupaba el célebre Larrazábal, tan conocido por su adhesión a Rosas y por sus proezas federales; era, pues, un centinela, un testigo, un espía de cuantos entraban o salían de mi casa; mis amigos se me quejaron de esta vecindad y tuve, algo después, que buscar otra casa que estuviese menos observada; mas, antes de dejarla, tuvieron lugar los sucesos de junio, de que voy a ocuparme.

La tiranía de Rosas no había echado las raíces que hemos visto después, y el terror no había extinguido todo sentimiento de resistencia. Se preparaba, pues, a ella una gran parte de la población en la única forma que le era posible, es decir, conspirando. Los agentes de este plan lo creían tanto más realizable cuanto entraban ya en él algunos militares, y, muy principalmente, el coronel don Ramón Maza, joven de valor, de crédito, y que ofrecía las más bellas esperanzas. Yo sabía positivamente de lo que se trataba, pues que se obraba con tan poca reserva que he oído en un estrado, delante de dos señoras, hacer mención de los puntos más reservados, sin la menor precaución. Cuando yo hice notar esta informalidad, me dijo el amigo a quien me había dirigido que las señoras eran de toda confianza. Y tenía razón, porque no fueron señoras las que traicionaron a sus amigos y a la libertad, sino personas del sexo que se dice fuerte.

Como la indiscreción que acabo de señalar se cometían cientos, de modo que el secreto de la conjuración estaba en miles de bocas. Es portentoso que Rosas no la descubriese antes y, en mi modo de ver, nada prueba más que el sentimiento de oposición era sincero y noble el motivo que lo producía, que el no haber sido revelado antes.

Entonces sucedió lo que generalmente sucede cuando asuntos tan graves se emprenden sin la premeditación necesaria y cuando su dirección queda al solo entusiasmo. Aunque, como se ve, no ignoraba yo el movimiento que se meditaba, no estaba en el pormenor de sus arcanos, si es que había alguno. Cuando llegaba el caso de que yo empezase a penetrar en ellos, fue la explosión que desbarató por entonces el proyecto. Por esta razón no puedo dar un conocimiento distinto de lo ocurrido, y tan sólo diré que en lo general de la gente pensadora, acomodada e ilustrada, había excelentes disposiciones. Sé que cuando se necesitó dinero se abrieron generosamente los bolsillos de muchos, y que se reunieron muy regulares cantidades, y que hubieran podido reunirse cuantiosas.

Hasta el 22 de junio nada se me había dicho de que se me reclamase ningún servicio ni empeño personal; pero ese día el doctor Barros, mi amigo, me insinuó que el señor Albarracín, uno de los principales agentes, deseaba tener una conferencia conmigo sobre el asunto. Yo, que no había extrañado que no se me iniciase en los grandes misterios, porque, después de tantos años que estaba fuera de la escena, no conservaba relaciones militares, y siempre estuve persuadido que en esta clase de negocios no debe haber confianzas inútiles, puse mis reparos a la conferencia que me proponían, y dije al doctor Barros que no conociendo yo al sujeto que la deseaba, ni él a mí, me parecía más conforme a razón que él mismo (el doctor Barros), que estaba en todos los secretos, me trasmitiese todo lo que el otro quería decirme. El 23 por la noche, temprano, estaba en mi escritorio el doctor Barros, insistiendo aún en la conferencia solicitada, a que yo no tenía un gran empeño en negarme, cuando anunciaron dos sujetos que venían de visita, y que habían sido introducidos a la sala. Me despedí del doctor Barros y me encontré con el mismo señor Albarracín, acompañado del doctor Fernández, quien venía a convidarme para una tertulia que se daba al día siguiente en su casa. Por supuesto que no se habló de otra cosa, pero era muy claro que el señor Albarracín quería aproximársеme y vencer por medio de su comunicación el inconveniente que yo había observado.

Cualquiera verá que el inconveniente, que era casi de pura forma, estaba vencido, y que muy luego debía tener lugar la proyectada conferencia y entrar de plano en el negocio. Por otra parte, las noticias que con este motivo había adquirido del señor Albarracín eran las más favorables, y debo en justicia decir que merecía muy cumplidamente el concepto de juicio, lealtad, patriotismo y valor que tenía. Después probó que el asunto no podía haber estado en mejores manos, y que los que se fiaron de él habían depositado su confianza en un hombre digno de ella. Cuando lo he conocido más de cerca y ha sido mi íntimo amigo, he tenido motivos especiales de comprobar sus excelentes calidades, a las que reúne una suma actividad y un particular tino en el trato de gentes.

Es después que por este amigo he sabido algunos detalles de que haré mención, sin lisonjearme de que estos conocimientos aislados, y delicados por su naturaleza, me pongan en el caso de explicarlo todo.

Según todas las probabilidades, el 24 de junio debía ser decisivo para la parte más o menos activa que yo tomase en el negocio, pues era muy claro que hasta el convite para la tertulia que se me había hecho era para aproximarme a los conjurados. En ese día estaba de visita en casa de don Mariano Lozano, y, entre una y dos de la tarde, entró su sobrino político, don Manuel Ocampo, y lo llamó aparte para decirle algo en secreto; Ocampo salió, y Lozano volvió al grupo que formábamos tres o cuatro de sus contertulios. Después de doce o quince minutos de hablar cosas indiferentes, nos dijo que el coronel Maza acababa de ser preso, y que se anunciaban otros arrestos. La cosa era bien clara; la conspiración estaba descubierta, y el golpe por entonces fallido. Me retiré a mi casa y luego se supo que Albarracín, Ladines, su esposa doña Mercedes Rodríguez, y algunos otros, habían sido también presos. Me guardé muy bien de asistir a la tertulia del doctor Fernández, y creo que lo mismo hicieron los demás convidados. Éste me vio a los dos o tres días en casa de uno de sus enfermos, y me expresó los cuidados en que estaba por él y por mí, pues la noche del 23, cuando estuvo en casa, ya estaba hecha la denuncia y ya Albarracín debía ser vigilado por la policía; de consiguiente debía tener conocimiento de su visita nocturna; mas no tuvo consecuencia.

Estas prisiones y el motivo que las ocasionaba produjeron en casi todas las clases de la sociedad el estupor y la desconfianza; los unos veían sus esperanzas destruidas, los otros amenazaban con terribles venganzas. De los primeros, todos se ocuparon en componer lo mejor que podían sus asuntos para alejar toda sospecha, en combinar las respuestas que darían si se les hacían cargos, o en buscar escondites donde substraerse de la acción del gobierno, si eran buscados por la policía o la mazorca. Yo también me ocupé de lo último, pero con tan poco suceso que pienso que llegado el caso no hubieran sido bastantes a salvarme mis precauciones.

No salí de casa en los días inmediatos, y aun mi puerta estaba habitualmente cerrada; cuando llamaban, se abría con precaución, y yo desde la ventana de mi escritorio, que estaba enfrente, veía antes que él pudiera observarme quién era el que entraba: en caso de ser persona sospechosa, podía evadirme por los fondos a la aventura.

El 27 a la noche, temprano, estuvo de visita don Mariano Lozano, quien me tranquilizó, porque me dijo que nada se traslucía que pudiese dañarme personalmente, y que, de consiguiente, podía y aun debía pasear y dejarme ver libremente. Para aprovechar su consejo y por indicación de él mismo, salimos juntos a las nueve de la noche, marchando reunidos un trecho hasta separarnos, él para ir a la tertulia en casa del doctor Lahitte, y para ir yo a casa de Elizalde. Por lo que se vio luego, Lozano estaba muy engañado en cuanto al rumbo que tomaban los negocios, pues estaba muy distante de prever, ni aun sospechar, la tremenda catástrofe que tenía lugar a esa misma hora.

Cuando yo llegaba a la puerta del señor Elizalde, su hijo, joven estudiante, que venía de casa de Irigoyen, que estaba enfrente, batía el llamador de la suya para recogerse; las primeras palabras que me dijo cuando me acerqué a él fueron: "¿Sabe usted que el doctor Maza, presidente de la Sala de R. R., acaba de ser asesinado en el mismo recinto de las sesiones?". Y como yo dudase, repuso: "Mis amigos, los jóvenes Irigoyen, de quienes acabo de separarme, vienen ahora mismo de ver el cadáver". A esto abrió un criado la puerta y entramos en la casa, preguntando por el amo de ella. El señor Elizalde padre se había acostado por indisposición, y me recibió en la cama. Luego que supo la noticia se inmutó de tal modo que me dijo casi en tono de increpación: "¿Y se atreve usted a andar en la calle en una tal noche y a tales horas? Váyase usted, amigo, ahora mismo, pronto; y váyase tomando la sombra y recatándose en lo posible, porque se compromete y me compromete también con su visita". Lo hice así, pero no fue precisa la última precaución, porque las calles estaban tan solas que no encontré una sola persona en más de cinco cuadras.

A la mañana siguiente se supo que en la madrugada había sido fusilado en la cárcel el coronel Maza, hijo del Presidente de la Sala de R. R., y que ambos cadáveres se habían llevado en una carretilla, sin ceremonia, al cementerio, destinándolo a la fosa común, y sin permitírselos a sus familias. La consternación del pueblo de Buenos Aires fue entonces completa; nadie se podía dar razón de lo mismo que sentía, y costaba trabajo dar crédito a sus propios sentidos; parecía, más que una realidad, un penoso sueño, porque es sólo por grados que ha ido desarrollándose ese poder monstruoso que nada respeta y mostrándonos a todos de lo que es capaz el hombre tremendo que pesa sobre los destinos de nuestro país.

Yo había vuelto a mi encierro y a mis preocupaciones, desatendiendo los candorosos consejos del señor Lozano, cuando a las cuatro de la tarde del 28 tocaron a mi puerta con golpes redoblados y vigorosos. Un criado que se apostaba convenientemente en una ventana, avisó que el que los daba era un oficial militar, lo que era un nuevo motivo de alarma. Yo gané la ventana de mi escritorio para estar pronto, según las circunstancias, cuando, abierta la puerta, nos encontramos que el visitante era mi amigo el teniente coronel don José Arenales. Como es enteramente sordo, ya sea que hable, ya que bata una puerta, ya que haga cualquier ruido, lo hace con un desentono que él sólo no puede percibir. Desde que entró fue preguntando a gritos por mí, y cuando me vio dijo: "¿Qué milagro que está usted en casa tan encerrado y que no pasea?". Entonces, llevándolo lo más aparte que pude y llegándome cuanto me era posible a su oído, le conté el asesinato del doctor Maza, la noche antes, el fusilamiento del hijo en esa madrugada y los incidentes que habían acompañado estas ejecuciones. ¡Desearía poder describir el pasmo y la sorpresa del buen sordo cuando se persuadió de la realidad de lo que le decía! Nada sabía ni aun sospechaba, y lo que más lo confundía era que, habiendo pasado todo el día en la oficina del departamento topográfico, de que era jefe, nadie lo hubiese instruido de noticias de tanto bulto. La explicación está en el terror que empezaba a difundirse, el cual impedía que los amigos se comunicasen, si no era en el mayor secreto; como Arenales era sordo, y para hablarle era preciso levantar la voz, nadie se atrevió a hacerlo; es probable que si no viene a casa hubiera pasado semanas en su ignorancia, siendo el único en todo Buenos Aires que no participaba de la ansiedad general. Cuando húbele yo dicho lo que había, se apresuró a dejarme, añadiendo: "Tiene usted razón de estar encerrado; yo voy a hacer lo mismo; siento mucho haber venido. Adiós, amigo".

La fisonomía del pueblo de Buenos Aires había cambiado enteramente. Sus calles estaban casi desiertas; los semblantes no indicaban sino duelo y malestar; las damas mismas parecían haber depuesto sus gracias. El comercio había caído en completa inactividad; la elegancia de los trajes había desaparecido, y todo se resentía del acerbo pesar que devoraba a la mayor y mejor parte de aquel pueblo que yo había conocido tan risueño, tan activo, tan feliz en otra época; la transformación era cumplida. ¡Y qué lejos estábamos de pensar que aquéllos no eran más que los ensayos de la tiranía, y que llegaría tiempo en que los males llegarían a una altura que no preveíamos! Pronto vino esa triste convicción.

Volviendo a la malograda conspiración, haré algunas observaciones, debidas, en su mayor parte, a noticias que he obtenido después. Es fuera de duda que había elementos poderosos de oposición a Rosas, que si hubieran podido combinarse bien, hubieran bastado y aun sobrado para derribarlo del poder. Fuera de los que había aglomerados en Buenos Aires, había también en la campaña disposiciones análogas, que se malograron más tarde por una fatalidad incomprensible. En las tropas de línea mismas tenían grandes simpatías los revolucionarios, que se desperdiciaron por la mala elección que hizo de sus confidentes el coronel Maza.

Hubo también otra causa que quizá fue la principal: consistió en las vacilaciones que son consiguientes cuando un plan no está bien concebido ni bien organizado. Todo se preparaba al acaso, y sin tener determinado el tiempo ni la oportunidad.

Cuando las cosas habían llegado a un punto tal que toda demora era mortal por la dificultad de conservar un secreto que rolaba entre miles de depositarios, se acordó suspender todo para rogar al general Lavalle, que estaba en Montevideo, que viniese a apoyar con su presencia el movimiento. Si ésta no fue opinión de todos, fue al menos de algunos; porque yo entiendo que la conspiración no tenía un centro fijo de dirección, y marchaba con el día y según las deliberaciones de la noche antes; deliberaciones que variaban según los círculos en que se hacían.

Me convenció más de esto la conducta que se tuvo conmigo, pues que es evidente que no hubo una resolución positivamente tomada. Al principio, sin que hubiese ningún género de desconfianza, pues que no se recataban algunos de hablar delante de mí, no se pensó en que tomase parte, porque creían todo hecho; pero, aproximándose el desenlace, se veían de más cerca las dificultades que había que vencer, y se ocupaban de buscar nuevos medios. El joven Maza me han asegurado que fue el empeñado en que se me invitase, exigiendo mi compromiso de tomar el mando de las fuerzas luego que se hubiese verificado el movimiento. Conocía el peligro de que un sacudimiento tan fuerte relajase la disciplina militar, y se ocupaba con tiempo de los medios de precaver desórdenes; también quería evitar desórdenes de otro género, porque sé que propuso como condición indispensable que en la formación del nuevo gobierno entrasen personas respetables, aunque hubiesen pertenecido a diversas facciones políticas. Me parece claro que el joven coronel Maza juzgaba, desde entonces, conveniente sacudirse de la tutela en que hubieran querido mantenerlo, haciéndolo únicamente un instrumento de las facciones, empeño siempre constante de esa clase de asociaciones que han sumido el país en un abismo.

Otro de los fines que se proponía (según me lo ha asegurado el señor Albarracín, quien se asociaba a su modo de pensar) era hacer menos violenta la reacción, precaviendo, en cuanto fuese posible, represalias, o mejor diremos, venganzas y exageraciones. Éste es un mal indispensable en toda clase de reacciones, pero que es un deber aminorar cuanto se pueda, si se quiere consolidar el cambio. Lo demás es marchar de revolución en revolución, sin que jamás pueda tomar la sociedad el equilibrio necesario para su pacífica conservación.

Según la relación del mismo señor Albarracín, no se había descuidado de instruir de todo al general Lavalle, lo que era tanto más fácil cuanto era casi diaria la comunicación por medio de los buques franceses bloqueadores. Sin embargo, o fuese que el general creía que el negocio no estaba aún en sazón, o que calculase con otra clase de entorpecimiento, el hecho era que sus instrucciones no eran claras ni precisas, de lo que resultaba una falta de combinación, que fue fatal. Según un último acuerdo, de los conjurados debía trasladarse uno en toda diligencia a Montevideo, a ponerse de acuerdo con el general, suspendiendo entretanto la revolución. La catástrofe ni aun dio tiempo a esta medida, así es que ni aun marchó el enviado. Aunque hubiese ido, lo mismo hubiese sucedido.

A pesar del desastre de los conjurados en junio, quedaban aún elementos de libertad, no sólo en la ciudad, que ya empezaba a doblar su cerviz enteramente al yugo, sino también, y con mucho más, en la campaña. La conjuración había sido por entonces sofocada, pero no destruida; lo que fue debido a la valerosa lealtad de los presos, que resistieron toda clase de seducciones y amenazas antes que delatar sus cómplices. El primero de estos generosos valientes fue el coronel Maza, que murió sin verter una sola palabra que pudiese proporcionar a Rosas el hilo de la conjuración; el segundo fue el señor Albarracín, que, cargado de fierro, tuvo muchos días la muerte ante sus ojos, sin desmentir la firmeza de su carácter; lo mismo hicieron el señor Ladines y su esposa, doña Mercedes Rodríguez, que sobrellevaron paciente y silenciosamente los horrores de una larga prisión. Después de tiempo salieron en libertad los tres, mediante un número considerable de personeros para las tropas de línea, que les obligaron a costear, aprovechando luego la primera oportunidad que se les presentó de emigrar.

El general Lavalle hizo al fin su salida de Montevideo al frente de algunos argentinos, y se situó en Martín García, donde, reclutando hombres de las islas, reunió hasta cuatrocientos o quinientos hombres. Creo que es fuera de duda que esta vez faltó también combinación, porque no se puede comprender cómo es que no marchó, teniendo como tenía todos los medios marítimos, a dirigir el gran movimiento que se preparaba en el sud de Buenos Aires y que estalló en los últimos días de octubre, encabezado por don Pedro Castelli, que era seguido de toda la población.

Si el general Lavalle no tenía noticias exactas de lo que allí pasaba, esto mismo es una prueba de lo que indico; y si las tenía, no puede explicarse por qué no apoyó aquel patriótico pronunciamiento con su fuerza y su presencia. Creo que el movimiento del sud de Buenos Aires es uno de los episodios más brillantes de esta época; él fue tan espontáneo como general, tan desinteresado como simultáneo; casi no tuvieron parte en él los cuerpos militares, y fue todo obra del paisanaje, incluso los ricos propietarios de aquella campaña. Es seguro que ningún otro suceso ha sorprendido tanto a Rosas, y a fe que tenía razón para ello. El sud era la comarca predilecta, en la que se creía que conservaba más influencia; había sido, en una palabra, la cuna de su poder, y la tenía por su más firme apoyo; fue para él un desengaño, una sorpresa, un desencanto; puede creerse, sin miedo de equivocarse, que han sido los días más aciagos de su carrera.

Las noticias que llegaban a Buenos Aires eran por momentos más alarmantes para el gobierno. El primer movimiento había sido en el pueblo de Dolores, pero corría el contagio con una rapidez eléctrica. Chascomús, cuya importancia como pueblo de campaña nadie ignora, no sólo había secundado a Dolores, sino que se había pronunciado con mayor energía. No paraban en esto los temores de Rosas, sino que creía minado todo su ejército. Se hablaba de las inteligencias de los oficiales de Granada,* y de Granada mismo, con los revolucionarios, y se contaba con movimientos análogos que reventarían a las puertas de la misma capital. La desconfianza, que cuando las delaciones de Martínez Fonte y Medina Camargo había torturado a los unitarios, pasó a ocupar los ánimos de los federales, quienes se miraban sin poderse penetrar mutuamente; Rosas mismo creyó que su hermano, don Prudencio, era uno de los principales factores de la revolución del sud, y, en consecuencia, lo anatematizó del modo atroz que nadie ignora.

Sus enemigos en la capital llegaron a creerse, por unos momentos, en vísperas de su completo triunfo, y hubo hombre que creía que era llegado el momento de obrar, aunque nada hubiese preparado, ni disposición conocida para ello. Recuerdo que el doctor don Dalmacio Vélez me decía, en tono de invitación, que nada más restaba que hacer que marchasen unos cuantos hombres a apoderarse de la Fortaleza. Risa me causó la ocurrencia, al considerarme al frente de una o dos docenas, si es que

* Coronel Nicolás Granada, jefe de la división que defendía Tapalqué. (*N. del E.*)

hubiesen podido reunirse, de graves personajes con sus paraguas o bastones, marchando majestuosamente a decir a las tropas apostadas: *Retírense ustedes y déjennos el puesto.* Sin duda que para esta operación hubiera sido más adecuado un alcalde de barrio o el mismo doctor que daba el consejo, pero su espíritu era otro: no se proponía sino azuzarme, y dejar a mi cuenta los peligros, las dificultades y la responsabilidad de tan descabellada empresa. Así son ciertos hombres.

Este estado de terrible expectativa duraba aún a principios de noviembre, cuando se oyeron algunos cohetes disparados en la policía, como a las nueve de la mañana; luego se supo que se habían disparado en celebridad de la derrota de Castelli, en Chascomús, por don Prudencio Rosas. Exceptuándose los amigos y empleados de Rosas, fue un día de luto para Buenos Aires, y luto tanto más amargo cuanto era preciso comprimir el sentimiento que lo producía. La expresión de los semblantes se cambió enteramente, pues al paso que los federales manifestaban en sus miradas la más insolente altanería, los unitarios mostraban la desesperación mezclada aún con un resto de incredulidad y acaso de esperanza.

Serían las dos de la tarde, y estaba yo en la pieza que me servía de escritorio conversando con don Joaquín Achával, y haciendo tristes reflexiones, cuando entró don Antonio Urtubey, empleado en el Tesoro y antiguo conocido mío, dándome mil enhorabuenas. Mi sorpresa fue extrema, porque creí que algo tenía de insultante felicitarme por un suceso que en su concepto no debía agradarme; mi recepción no fue placentera; antes, algo dije para significarle mi disgusto, a peligro que me reprochase mi unitarismo; mas no fue así, pues muy atentamente me dijo que el motivo de su felicitación no era la derrota de Castelli, sino el llamamiento que me había hecho el gobierno a la plana mayor activa, en que me había mandado inscribir en mi clase de general. Le expresé en contestación mi perfecta incredulidad, porque no tenía el más remoto antecedente; pero él insistió, asegurando que acababa de registrarse en la oficina a que pertenecía la orden al efecto.

Éste fue el primer antecedente que tuve de que había cesado la clase de prisionero en que hasta entonces me había conservado, y no fue sino hasta el otro día que una nota del jefe interino de la inspección, don Casto Cáceres, vino a hacerme saber oficialmente la nueva resolución del gobierno.

Fue ella un golpe que me causó el más grande disgusto. ¿Cómo podía desmentir la mayor parte de mi vida pública inscribiéndome en el número de mis enemigos políticos y prestando servicios a una causa que había combatido sin cesar, y que había combatido como general en jefe? ¿Cómo podía hacerlo sin condenar todos mis actos anteriores? ¿Cómo podía subsanar una inconsecuencia tan remarcable? Ese día, ese mismo día, es el que tuve el primer pensamiento de mi evasión, en términos que si hubiera podido efectuarlo antes de contestar la nota de la Inspección, lo hago sin trepidar. Tanteé los medios, y desgraciadamente no se me ofrecieron ningunos. No había que dudar; una resistencia mía era una sentencia de muerte, y me fue forzoso aceptar tan penosa distinción. Entonces escribí una carta a Rosas, en que, agradeciendo muy templadamente su acuerdo, le significaba esperar que no se me exigirían esas pruebas de adhesión, es decir, esas bajezas chocantes con que tanto sus militares como sus otros adeptos procuraban sobrepasarse.

Debo esa consideración a Rosas, pues no se me exigió ni la concurrencia a esas escandalosas fiestas, ni el humillante honor de arrastrar el carro de su retrato en las no menos escandalosas procesiones que vio Buenos Aires repetirse hasta el fastidio. Sin embargo, para que no me faltasen motivos de mortificación, había otro general Paz (don Gregorio) cuyos brindis en los convites federales que seguían a las misas y procesiones no se quedaban atrás de los que pronunciaban los más exaltados mazorqueros; con este motivo, algunos, de buena o mala fe, afectaban confundirme con mi tocayo, provocando explicaciones que, sabidas por el gobierno o sus partidarios, podrían gravemente comprometerme. Esto dio ocasión a la contestación que di a una señora respetable, que en presencia de varias personas me dijo un día: "Ayer he tenido que defenderlo a usted fervorosamente, porque algunos creían y sostenían que era usted el general Paz de quien se habla en la descripción que trae la *Gaceta* de la última función". —"Señora, tuve que decirle, soy grato a los esfuerzos de usted, pero le ruego que no lo haga otra vez, y que deje decir lo que quieran."

Me produje así porque no todos obraban de buena fe en las dudas que manifestaban; pero, constándoles lo contrario, no dejaban de mostrar, por lo menos, incertidumbre. Fuese que realmente tuviesen temores de que yo fuese capaz de inclinarme a Rosas; fuese que querían exigir nuevas pruebas de mi modo de pensar, aunque a costa de mi seguridad personal; fuese, en fin, botaratada, lo cierto es que ponían el semblante muy contristado, y, con un aire de cómica condolencia, afectaban dudar de aquello en que ninguna duda cabía. Muchos de los emigrados hacían un juego parecido, y hasta hubo quien alegase, para poner en duda mis sentimientos, que Rosas no me había fusilado. Quizá no faltaba quien deseaba que lo hiciese, pero la Providencia lo dispuso de otro modo y ha conservado mis días a través de peligros de todo género.

Quizás estas indiscreciones hicieron que empezasen los federales a fijarse en mi inasistencia a sus funciones, en términos que un día supe que se habían expresado del modo más alarmante. El general don Felipe Heredia vino a decirme que en la del día antes se me había extrañado, y que los mazorqueros habían prorrumpido en amenazas. Ya esto era cosa más seria, y que requería de mi parte medidas más decisivas. Hasta mi resolución de fugar, luego que me proporcionase medios para ello.

Capítulo XXIV

Evasión del general Paz

[El general Paz concierta su evasión de Buenos Aires - El doctor don José Barros Pazos - Juventud prófuga - Peligros de su exaltación - Don Antonio Somellera - La corbeta francesa *Alcemène* - Llegada a la Colonia - Divisiones en el partido unitario - El doctor Valentín Alsina - El coronel Allende - Los voluntarios - Interpretación falsa que se daba a la palabra ciudadano - Lo que se entendía por militarismo - Necesidad de levantar el nivel moral en el militar - Ingerencia de éstos en la política - Obediencia pasiva - Influencia de los gauchos - Obra de las ilustraciones militares y las ilustraciones civiles - Egoísmo de los partidos.]

En el entretanto hice dos visitas más a Manuelita Rosas: una con motivo de mi nombramiento de general, y otra con no sé qué felicitación o quizá pésame que ocurrió; la última vez fui acompañado del general Heredia, y fue visible la frialdad de la hija del gobernador. Se aproximaba la crisis, y era indispensable una resolución decisiva.

La tomé, pero teniendo que luchar con la resistencia de mi esposa, que veía en ella los mayores peligros. Cuando le hacía mis reflexiones, cuando le mostraba hasta la evidencia que el riesgo estaba en aguardar, convenía, casi forzada por la fuerza de mis razones; pero luego que su imaginación se fijaba en los azares de la empresa, en la separación que iba a seguirse, en la dificultad de reunirnos, recaía con fuerza en su negativa. Sin embargo, al fin logré persuadirla, y di los pasos necesarios para mi salida clandestina, quedando todo arreglado para la primera noche de viento favorable que hubiese; algunas horas antes debíamos saberlo, mediante un mensaje convenido que traería mi criado, cuyo significado ignoraba él mismo.

En este momento abandonó el valor a Margarita, y, casi poseída de un acceso de desesperación, me conjuraba llorando a que no me fuese; me decía, con todo el calor de que era capaz, que un presentimiento terrible le anunciaba una catástrofe, con otras mil reflexiones de esta naturaleza, que si no me hacían vacilar, me ponían al menos en la más cruel tortura. A mi vez, me exalté también, y le manifesté con energía la terrible posición en que quedaría si no aprovechaba la ocasión que se me ofrecía, sin exceptuar el ridículo en que me dejaría mi cobarde desistimiento. Se convenció al cabo, y por única respuesta se levantó del sofá en que se había tirado desesperada, para hacer los preparativos necesarios.

Las únicas personas que sabían mi proyecto eran Margarita, su madre y hermana mía, Rosario, el doctor Pazos, que debía ser mi compañero de fuga, su madre, que había sido el principal agente para entenderse con el señor Atkinson, y éste, que había diligenciado la embarcación, etcétera.

El doctor Pazos hacía meses que estaba oculto en casa de su madre, en donde había hecho construir una especie de subterráneo; para verme con él usábamos de las mayores precauciones. Como él no salía, no sabía la casa que debía recibirnos antes de embarcarnos, y por cuyos fondos había de hacerse la operación: yo había sido impuesto de ella.

Para servirle de guía había de pasar a las ocho de la noche en punto por su casa, y, muy disfrazado, seguirme sin reunírseme ni dar indicios que estábamos de inteligencia. En esta forma habíamos de andar una parte de la población, hasta llegar a la casa consabida, cuya puerta se nos abriría mediante una seña convenida.

Todo se hizo así; mas, al llegar a la casa desde donde debíamos ir al embarque, a pesar que la calle era sumamente lóbrega y solitaria, vimos un hombre parado en la vereda, frente a frente de la puerta donde íbamos a entrar. Yo no trepidé; me acerqué, hice la seña, la puerta se abrió y entré; pero el doctor Pazos, que venía un poco más atrás, con gran asombro mío, siguió de largo, se cerró la puerta y quedé yo solo, en un gran patio, con el portero, que era un extranjero que casi no poseía nuestro idioma; le signifiqué que éramos atisbados por un hombre apostado en la calle, y no me contestó; luego supe que aquel hombre era un centinela perteneciente a la casa misma.

Mi primera persuasión, al ver lo que había practicado el doctor Pazos, fue que no quería evadirse, y que se volvería a su casa; mas, ¿era del momento este desistimiento, o calculado desde antes?; luego me vino la idea de que la presencia de aquel hombre que nos atisbaba fuese de mal agüero, en cuyo caso yo había hecho muy mal en penetrar en la casa. Finalmente, y lo he sentido mucho después y lo siento hasta ahora, me vino la sospecha de si, asustado con los preparativos de la empresa y creyéndola perdida, se hubiese ido a denunciarla como único medio de salvarse. Antes de un cuarto de hora que pasé en estas crueles dudas, la puerta vuelve a abrirse y entra el mismo doctor Barros, pero su venida fue para ponerme en los más duros conflictos.

Cuanto se llegó a mí, luego que me reconoció en la oscuridad del patio, me dijo: "Estamos perdidos, hemos sido descubiertos y no tardarán en venir a arrestarnos o matarnos. Señor general, me repetía, no haga usted uso de sus armas, porque cualquiera resistencia no hará sino agravar nuestra causa; además que toda resistencia es inútil". A esta sazón se había presentado un hombre, que al parecer era el principal de la casa o el que dirigía la empresa; a éste se dirigió el doctor Barros para decirle: "Ocúpese usted solamente de un hombre, que es el señor —señalándome a mí—: trate usted de salvarlo; todos los demás importamos poquísima cosa". Después de esta corta arenga, dejaba al pobre hombre para emprenderme otra vez a mí, repitiéndome lo mismo que antes: "Señor general, toda resistencia es inútil", etcétera, concluido lo cual, volvía al otro hombre para hacerle el mismo discurso. A ambos nos repitió estas mismas cosas por muchas veces, en términos que hubo de aturdirnos.

Al fin pude conseguir que se explicase algo más, y he aquí el fundamento de sus terrores: cuando yo llegué, y entré en la casa, él no quiso hacerlo, sea por probar cómo le iba al primero que se lanzaba en ella, sea porque el hombre que estaba enfrente le dio serios cuidados. Siguió, pues, calle abajo, como hemos visto, y luego torció a su derecha, y rodeando la manzana volvió al punto en donde se había separado de mí, y por esta vez se atrevió a penetrar en la casa misteriosa. En la vuelta que acababa de dar, había tenido que pasar por el cuartel de la Residencia, en donde sintió gran movimiento y notó que la guardia tomaba las armas, y aun creo que vio salir alguna patrulla; de aquí, pues, infería que este alboroto, según lo suponía, no podía provenir sino de una delación consiguiente, por la cual íbamos a ser rodeados de tropa, en cuyo poder no tardaríamos en caer.

Cuando supe esto me tranquilicé, y le hice observar en pocas palabras que siendo la hora de retreta no era extraño que la tropa se formase para pasar lista, que la guardia tomase las armas, y aun que saliesen patrullas. A pesar de mis reflexiones, él insistía, y nada bastaba a convencerlo; felizmente se hizo la seña para partir, y tuvimos que movernos hacia el fondo de la casa, en donde había una puerta que daba a la playa.

Entonces fue que supe, porque los vi salir de una sala que daba a un gran patio, que éramos buena porción de compañeros, que ni ellos sabían de mí ni yo de ellos, y que tampoco por entonces nos conocimos. Nos dirigimos rápidamente al punto del embarcadero, y, metiéndonos en el agua hasta los pechos, llegamos a una ballenera que nos esperaba. Aquél era el paraje más peligroso;[1] pero, si se exceptúa la excesiva fatiga para hacerlo por entre el fango y con el agua hasta el pecho, no hubo otra novedad. Luego que estuvimos dentro, se izó la vela y se movió lentamente nuestra embarcación para alejarnos de la costa.

Al principio todos nos ocupamos silenciosamente de mudarnos la ropa mojada, pues cada uno había llevado su atadijo con la precisa al efecto; mas luego de hecha esta operación y que nos habíamos alejado unas buenas cuadras de la costa, nuestra gente se fue poniendo más comunicativa. Nadie, sino el doctor Barros, sabía que yo era uno de los prófugos, y aunque le había encargado que no lo dijese, pues no había necesidad, él no pudo resistir, y lo contó a alguno, que lo refirió al oído de otro, hasta que se generalizó; más reservado había querido ser antes el doctor Barros, en este mismo sentido; pero ahora habían variado las circunstancias; luego me explicaré.

La primera moción que hizo alguno de los compañeros fue que las divisas punzó que aún llevábamos y los lutos federales de los sombreros fuesen luego quitados y arrojados al agua; fue unánimemente apoyada y, resuelta la afirmativa sin discusión y por aclamación, se hizo inmediatamente. Otro se avanzó a proponer entonces que hiciésemos una salva descargando las pistolas que llevábamos algunos, a lo que fue preciso oponerse, porque, navegando aun por las balizas interiores y bien cerca de la costa, llamaríamos la atención de algún lanchón del gobierno que podría andar de ronda, y apoderarse del nuestro, razón por la cual fue desechada; mas como se insistiese en celebrar de al-

[1] Justamente un mes después, el 3 de mayo, fueron sorprendidos en él, es decir, en el acto de embarcarse, y bárbaramente asesinados, el coronel Linch, Oliden, Meson y unos cuantos más. Sus cadáveres mutilados fueron llevados a la policía y luego al cementerio.

gún modo nuestra libertad, propuso otro que se entonase a grandes voces la canción nacional, a lo que también me opuse por la misma razón.

Sin embargo, las cabezas estaban exaltadas, y unos botellones de ginebra, que no sé cómo aparecieron, concurrieron a avivar la alegría que había sucedido al susto de poco antes. Era difícil contener en los límites de una tal cual disciplina a aquellos jóvenes que formaban el número de catorce pasajeros, que, aunque eran de buena educación y sentimientos, querían dar una gran expansión al gozo de verse salvos, o, como decían, respirar el aire de la libertad. Los pareceres que se emitían eran varios, y a veces contradictorios, en términos que el patrón de la lancha, en medio de esta algarabía y quizás auxiliado por los botellones, perdió enteramente la cabeza, y la embarcación quedó sin dirección.

La lancha venía a disposición de los pasajeros, de modo que podíamos dirigirnos a los buques bloqueadores, o en derechura a la banda oriental del río. Esto fue lo que preferí y a lo que se prestaron todos, porque sentía repugnancia, al tener que huir de mi país, ir a asilarme bajo la bandera que lo hostilizaba. Esto convenía también al patrón del lanchón, porque, llevando alguna carga de galleta, le ofrecía utilidad su venta en las costas vecinas. En consecuencia, pues, fue que se le dio la orden de dirigirse a la Colonia en derechura.

Habríamos andado más de una hora con rumbo vario, por las vacilaciones del patrón, cuando repentinamente vimos un palo, que todos creíamos ser de algún otro lanchón que navegaba con recato. La sorpresa y el susto vino a helar los ánimos, y la algarabía y habladero se convirtió en un sepulcral silencio. Entonces ya era conocido de todos, y pude hacerme oír para decirles que era necesario guardar algún orden y no perturbar al patrón. Luego se conoció que el palo que veíamos era de la fragata *25 de Mayo*, que se perdió años antes y que habiéndose ido a pique conservaba parte de la arboladura fuera del agua. Entonces conocimos que el patrón estaba incapaz de guiarnos a la Colonia, y, como una medida más expeditiva, se le dio la orden de conducirnos a los buques bloqueadores.

Ya se comprenderá que el patrón nos había llevado en una dirección errada, pues en vez de hacer rumbo al este lo había verificado al norte; ya se recordará que la *25 de Mayo* quedaba casi frente a la Recoleta, y entre ella y la costa es que nos hallábamos. Se hizo virar la embarcación para tomar la nueva dirección, pero sin conseguirse del todo que dejasen de importunar al patrón y acabarlo de desorientar.

Después de media hora, o tres cuartos, después de haber rodeado los palos del buque perdido, nos apercibimos que estábamos otra vez frente a la Alameda, cuya iluminación veíamos de cerca, y no sólo fue un motivo de alarma sino hasta de desconfianza; fue preciso que representase decididamente a aquellos atolondrados la urgencia de dar la dirección a uno y no interrumpirlo en sus funciones. El patrón no merecía ya confianza, pero, afortunadamente, entre los escapados venía don Antonio Somellera, antiguo oficial de marina, a quien conferimos el mando, que aceptó con buena voluntad, y desde entonces se regularizó el servicio e hicimos nuestro viaje sin inconveniente. Sería medianoche cuando atracamos al costado de la corbeta *Alcemène* que juntamente con la *Triunfante* formaban el bloqueo. El capitán reposaba, y sólo nos recibió el oficial de guardia, quien nos destinó al entrepuente y nos dio una vela, que extendimos para que nos sirviese de cama común.

Aun entonces deseaba pasar inapercibido, y hubiera querido que sin conocerse mi clase me hubiesen dejado pasar a la costa oriental; por esa noche fue así; al otro día fue imposible. A la madrugada recuerdo que me recordó el señor Sebastiani, que era uno de los compañeros de viaje, trayéndome café en un jarro de lata del que servía a los marineros; lo acepté con el mejor apetito, porque después de la mojadura y la fatiga de la noche antes bien lo necesitaba.

Cuando hubo amanecido, me invitó el capitán a pasar a la cámara, donde me recibió con la mayor atención, dándome las más corteses excusas por el mal alojamiento de la noche antes. Se sirvió el almuerzo en la cámara del capitán, a que asistió el capitán de la *Triunfante* y yo; mis otros compañeros almorzaron en el cuadro de oficiales.

La conversación con el capitán fue de poco interés, y yo manifesté mi deseo de seguir inmediatamente a la Colonia; todos mis compañeros quisieron lo mismo; sería poco antes de mediodía cuando estaban listos dos botes que debían conducirnos. Se dejó a mi elección señalar los que hubiesen de ir en el que yo había de ocupar, y preferí, como menos bulliciosos, a mi amigo el doctor Barros, a don Antonio Somellera y a dos jóvenes hermanos Romero, hijos de un antiguo capitalista de Buenos Aires. En el otro bote se embarcaron el señor Sebastiani, un Pirán, un joven Cantilo, dos Mamierca, padre e hijo, con otros que no recuerdo, hasta completar el número de nueve, que conmigo y los cuatro que me acompañaban éramos los catorce escapados.

Por mucho que se remó, como hubiese flaqueado el viento, nos tomó la noche antes de llegar a la costa oriental, y tuvimos que fondear y pasarla con la mayor incomodidad; con la oscuridad perdimos de vista el otro bote, y ni aun en la mañana del 5[1] pudimos percibirlo; más feliz que nosotros, nos precedió y llegó a la Colonia dos horas antes que el nuestro.

Entre diez y once del día arribamos a dicho puerto, y me causó una impresión indescriptible el ver muchas señoras que parecía se habían convenido en traer vestidos celestes. Como en Buenos Aires era un color proscripto, que podía llevar al insulto, al ultraje y hasta la muerte al que se hubiese atrevido a vestirlo, nuestra vista, acostumbrada sólo al punzó, no pudo precaverse de una sorpresa, principalmente en aquellos momentos en que ni aun podíamos darnos cuenta de la multitud de sensaciones que experimentábamos. Apenas nos habíamos separado diez leguas de Buenos Aires, y parecíanos hallarnos transportados a otra región remota. Que digan los que han salido en esos tiempos de Buenos Aires, donde se hablaba en secreto, donde tenía uno que prevenirse de sus domésticos hasta para conversar cosas indiferentes; donde era un gran delito usar éste o el otro color; llevar el pelo y la barba de ésta o la otra manera; donde podía tomarse una terrible cuenta de una sonrisa, de una mirada o un gesto; que digan lo que sentían cuando pisaban las playas de la opuesta ribera del Plata.

Por muchos días no podían sacudirse de esa inquietud, de ese recelo en que antes vivían, y costaba irse acostumbrando a usar libremente de sus facultades físicas y morales. Por lo común, un recién llegado a la Colonia o Montevideo era el objeto de las amistosas zumbas de sus conocidos, hasta que llegaba verdaderamente a persuadirse que estaba fuera del alcance de la mazorca.

Entre varias señoras que estaban en el muelle, se encontraba mi hermana política, doña Juana Ocampo de Paz, a quien

[1] Escapamos en la noche del 3 de abril del año de 1840. El 4 estuvimos en los buques bloqueadores. Y el 5 en la Colonia.

luego tuve el gusto de saludar. Me dirigí con ella a su casa, donde me alojé; mi hermano don Julián, su esposo, estaba en Montevideo, a donde lo habían llevado sus particulares negocios y de donde debía regresar pronto, como sucedió.

Mis compañeros de viaje se marcharon cuanto antes pudieron a Montevideo, siendo uno de ellos mi buen amigo el doctor Pazos, sobre quien debo una explicación. Dije que antes y al tiempo de mi fuga había tenido empeño en ocultarla, lo que no pudo después; he aquí la razón: Hasta mi salida de Buenos Aires, el gobierno no había puesto gran empeño en impedir la emigración de sus enemigos, y hasta se decía que secretamente la fomentaba. Algunos que habían sido sorprendidos y arrestados al verificarla, no habían sufrido en su vida, y se había contentado el dictador con ponerles la obligación de costear un número más o menos crecido de personeros para los cuerpos de línea, y una prisión indeterminada, como son todas; pero la mía no podía considerarse del mismo modo, y era muy claro que yo no sobreviviría sino muy poco si era descubierta en intentona. Era también casi seguro que el anatema hubiese alcanzado a cualquier otro del que se hubiese sospechado de estar de acuerdo conmigo.

Estas consideraciones persuadieron al doctor Pazos a que tomase sus precauciones, siendo una de ellas no querer aceptar una de mis pistolas, que momentáneamente le ofrecí (él no llevaba ninguna) para que me descargase un poco del peso que me fatigaba: "No —me dijo—, siendo hermanas las pistolas, sería una prueba evidente de mi complicidad en su fuga, la que pienso negar a todo trance si fuésemos arrestados, jurando, al efecto, que ni conozco a usted; le ruego —continuó— que usted haga lo mismo, llegado que fuese ese caso". Le ofrecí hacerlo, y lo hubiera cumplido; ya se deja entender que cuando pasó el peligro ya no había objeto para tanta reserva.

En la Colonia fui generalmente bien acogido por orientales y argentinos; los primeros me recibieron amistosamente; los segundos, con una equívoca alegría; su gran empeño era desentrañar mis ideas y conocer a fondo mis disposiciones personales con respecto a las fracciones en que empezaba a dividirse el partido que hacía la guerra a Rosas. La que aparentemente apoyaba al general Lavalle era allí todopoderosa, y se puede asegurar que tenía más influencia en los negocios que la que servía en los intereses de Rivera, y que las autoridades mismas del país; en

Montevideo pienso que sucedía otro tanto, según datos que tuve después. Mi conducta fue la que siempre fue guía de mis acciones, es decir, ofrecerme a la causa sin afiliarme a las facciones. Esto no podía satisfacer los deseos de hombres apasionados; así es que no fue sino a medias que me dieron su confianza.

Al otro día de haber llegado, fondeó en el puerto un transporte que venía de Montevideo conduciendo cincuenta o sesenta jóvenes voluntarios que marchaban al ejército del general Lavalle, entre los que iban también algunos jefes y el doctor don Valentín Alsina, cuya comisión no se conocía, pero se juzgaba que venía a instruir a aquel general de incidentes que no se fían a la pluma, o de hacerle indicaciones que reglasen su conducta; su misión era transitoria, pues debía regresar pronto. Como ésta, hubo varias, en que se emplearon sujetos de gran categoría, sin excluir el mismo doctor don Julián Agüero, como se verá después.

Al salir de Montevideo, los patriotas voluntarios, los soldados improvisados de que acabo de hablar, habían, a pluralidad de votos, elegido quien los mandase, y había recaído la elección en el coronel don Francisco Allende, en perjuicio de los coroneles Pueyrredón y Céspedes, que eran también de la comitiva. Nada absolutamente tenía que hacer el buque en la Colonia, pero tocó en el puerto con cualquier pretexto, y fue imposible al honrado jefe impedir que desembarcaran sus subordinados a pasearse por el pueblo; su resistencia hubiera tenido consecuencias desagradables, y, cuando menos, una abierta desobediencia. Permitió, pues, el desembarque a las ocho de la mañana, por el término de dos horas, con la expresa condición que, cumplidas que fuesen, estarían de vuelta para aprovechar el viento favorable.

El coronel Allende y el doctor Alsina bajaron también a tierra. El primero me buscó inmediatamente para darme cordiales abrazos y nuestras enhorabuenas por mi llegada; el doctor Alsina no dejó de manifestarme buenos sentimientos. Era preciso apresurarnos a convención para aprovechar las dos horas concedidas para solaz de los viajeros, y yo, contando con ello, muy de buena fe, me di mucha prisa con mis amigos. Mas habían pasado ya más de cuatro y nadie pensaba en volver al buque, cuyo patrón o capitán se fatigaba inútilmente, haciendo señales. Más de mediodía sería cuando el coronel Allende, que estaba en la casa que yo ocupaba, creyó conveniente salir en persona a recorrer el pueblo, en guisa de patrulla, para intimar a sus voluntarios soldados que la hora del embarque había pasado. Yo lo acompañé; mas, como aquéllos andaban visitando las casas, forzoso nos fue entrar también en las casas y visitar nosotros a la vez. Era difícil resistir a la invitación de las damas de la casa para tomar asiento, porque era desagradable hacer entender que se trataba de una especie de visita domiciliaria.

En una casa encontramos al doctor Alsina, que ocupaba un lugar entre varias señoras y señores, que sin duda gustaban de su agradable trato. A los pocos minutos que hubimos tomado asiento, interrumpió la conversación y, mirando su reloj, dijo al señor Allende: "Señor coronel, es ya pasada la hora del embarque, y no veo que él se verifique". El pobre coronel se excusó con la inexactitud de sus subordinados y con los esfuerzos que había hecho para hacerse obedecer, protestando que contaba que luego se conseguiría lo que deseaba. El coronel, a quien sin duda repugnaba el menguado papel que hacía, tenía poca voluntad de seguir registrando las casas, y se dejaba estar en la venta, lo que dio lugar a que el señor Alsina le repitiese por una y dos veces la misma observación. Urgido nuevamente, Allende se agitaba en su silla, y aun ordenó a dos o tres de sus soldados, que estaban en la misma casa, que fuesen a buscar a sus compañeros, sin que tampoco produjese efecto alguno esta diligencia. Al fin salió de la casa, siempre acompañado de mí, pero fue para retirarnos a la nuestra, sin ocuparse más en inútiles esfuerzos.

No pude menos de significarle mi extrañeza, tanto por la poca disciplina de aquella tropa, que era destinada nada menos que a derribar de su trono al terrible dictador, cuanto por su paciencia en cargar con una responsabilidad que humanamente no podía satisfacer. No dejé tampoco de observarle la irregularidad de que un particular, por respetable que fuese, como lo es sin duda el señor doctor Alsina, reconviniese a un jefe militar en público, recordándole con una repetición y gravedad premeditada el cumplimiento de sus deberes. A todo me contestó el coronel con lo que se contestaba siempre: que eran *ciudadanos* y voluntarios y que era preciso sufrir todo.

Recuerdo que terminé este entretenimiento diciéndole: "Pues, coronel, en lugar de usted, o no me haría cargo de una comisión semejante, o la llenaría de otro modo. Si esto no fuese posible, en el acto me dimitiría de un mando de farsa, que ni trae honor ni utilidad para la patria". El coronel no pensaba así, y continuó con su burlesca autoridad.

Llegó la tarde y la noche, sin que la dispersa turba pu
reunirse y, mucho menos, embarcarse; cada uno se alojó com
pudo y se ocupó de pasar la noche lo más divertido posible. Algunos se ocuparon de bailar y otros formaron una partida de música de guitarra y canto que recorrió la población, ya entonando la canción nacional, ya la nueva de *A la lid, a la lid*, etcétera. Yo tuve el gusto que honrasen mi casa, y que aun me diesen algún *viva*, probándome con esto que les merecía afección y respeto; sentimientos que yo les correspondía muy cumplidamente, sintiendo, sin embargo, que no fuesen mejor aprovechadas sus bellas disposiciones.

Aún me dieron otra muestra de aprecio, pues habiéndome llegado al puerto cuando había una porción de estos jóvenes entusiastas, en el muelle mismo, me rodearon para rogarme que me resolviese a acompañarlos al ejército. No era ocasión de discutir la materia con otras razones que las muy triviales que se me vinieron a la mano, y me excusé con decirles que no estaba preparado, pues no tenía ni montura, porque acababa de llegar de Buenos Aires con lo encapillado; fueron unánimes sus ofrecimientos de proporcionarme todo lo que me faltase si yo accedía a sus insinuaciones; fue entonces preciso acudir a otros inconvenientes más graves, que no hice sino tocar. Me rogaron en seguida que escribiese al general Lavalle, y se lo ofrecí y lo cumplí.

Al doctor Pazos, que tenía ya su viaje dispuesto a Montevideo, casi se lo hacen dejar, persuadiéndolo que los acompañase; me consultó este amigo y su resolución fue conforme con mi parecer. Marchó a Montevideo con ánimo de endosarse allí la camiseta celeste[1] y volar al ejército, pero sin duda mudó de parecer, porque nunca quiso después dejar la pluma por la espada, ni pensó en cumplir lo que les prometió.

No trepido en decir que esta juventud estaba animada de los más bellos sentimientos y del más puro patriotismo, pero que no comprendía la magnitud de la empresa a que se consagraba, ni la naturaleza de la obra que emprendía. ¡Pero qué mucho, si los viejos les daban el ejemplo de la frivolidad, de la ligereza y de la puerilidad! Ellos creían candorosamente que el duro ser-

[1] Todos estos jóvenes, que, como he dicho, serían cincuenta o sesenta, llevaban camiseta celeste con vivos blancos; los jefes lo mismo. Fueron a reunirse a los que formaban el escuadrón Mayo.

vicio militar era un juguete y que se ganaban las batallas cantando. ¡Cuántos, sin embargo, se sacrificaron tan inútil como generosamente, y cuántas esperanzas perdió la patria con su muerte prematura! Si me hubiese sido dado dirigir su entusiasmo, sin dejar de aplaudirlo, les hubiera presentado a la vista, muy distintamente, los peligros y penalidades que les esperaban; les hubiera exigido una disciplina racional, pero necesaria; hubiera, en fin, sólo aceptado los servicios de aquellos que sobre estas bases hubiesen querido prestarlos. A más de que hubieran sido entonces utilísimos, se habría sacado la inmensa ventaja de formar un excelente plantel de oficiales en todas las armas. No se crea que esto era inverificable, pues lo he realizado en la menor escala que me fue posible, con buen éxito y con conocida utilidad de la libertad y de la patria.

Ya que he hecho mención de la respuesta que me dio el coronel Allende cuando le aconsejé que estableciese alguna disciplina en su dorada tropa, diré la extraña aberración en que se incurrió en el ejército libertador, dando a la voz de *ciudadano* una significación singular. Con ella no se quería designar un argentino que estuviese en posesión de los derechos de tal ciudadano, sino un individuo que, estando enrolado en un ejército, que haciendo servicio en él, no estaba sujeto en manera alguna a los deberes militares ni a las órdenes de los jefes. Si se reconvenía a uno de estos soldados de nueva forma porque no concurría a una formación mandada, contestaba: "Soy ciudadano". Si en las marchas se separaba de la columna y se le prevenía que volviese, decía: "Soy ciudadano". Si se señalaban límites al campo y los traspasaba: "Soy ciudadano", respondía cuando se le hacía cargo. De este modo la palabra *ciudadano* vino a ser un *talismán*, que servía no sólo para sustraerse a las obligaciones que ellos mismos se habían impuesto ciñéndose la espada, sino para asegurarse la más completa impunidad.

Cuando meses después llegué a Punta Gorda, me sucedió preguntar a unos de estos soldados improvisados, al día siguiente de la acción del Sauce Grande, por qué se habían separado de la artillería a que pertenecían, pues que los encontré haciendo la marcha aisladamente: "Porque somos ciudadanos", me respondieron. Esto dio lugar a que les dijese: "¿Y qué son, sino ciudadanos argentinos, esos generales, esos jefes, esos soldados, y yo mismo? Por ser ciudadanos es que la patria nos impone el deber de defender su libertad y derechos; deberes que no tienen los franceses, ingleses ni brasileños, porque no son ciudadanos precisamente". Es incomprensible el abuso que puede hacerse de los nombres y de las cosas, haciéndolas servir en el sentido inverso de los fines de su institución; así sucedía con la *ciudadanía*, haciendo de ella un título de inobediencia y de desorden, cuando, por el contrario, debía ser de patriótica abnegación. Sin ella, sus servicios militares eran no sólo inútiles sino perjudiciales en extremo, por el mal ejemplo que daban y por los inconvenientes sin número que atrae a un ejército una porción de hombres que no están sujetos a la disciplina ni a reglas de ninguna clase.

Sea por la manifestación que siempre hice de estas ideas, sea por el anhelo que siempre puse en establecer y conservar la disciplina, sea por la mala fe de mis detractores, que tomaban aquello como pretexto, es cierto que se me ha censurado que yo quería *militarizarlo todo*. Pero venid aquí, murmuradores, y decid: ¿Qué es lo que yo he querido militarizar? ¿Hablan de los ejércitos que he mandado? ¿Queréis indicar los cuerpos veteranos o urbanos que se han puesto a mi cargo para batir al enemigo y vencerlo? ¿O habláis de la sociedad entera? Elegid.

En el primer caso, es preciso que nos enseñéis, sapientísimos señores, otro modo de conducir ejércitos, formarlos, hacerlos combatir y llevarlos a la victoria. Sin que pongáis una nueva escuela, yo, pobre viejo rutinero, no podré hacer otra cosa que militarizar aquello que debe y es preciso que sea militar, so pena de exponernos a estériles sacrificios y a miserables derrotas. Cuando queráis tratar en lindos versos un asunto cualquiera, se dice muy bien que queréis *poetizarlo*, porque, efectivamente, tal fin os proponéis, y el asunto lo merece, sin que por eso solo se debe acusaros de que queréis *poetizarlo* todo. Otro tanto puede decirse en cada profesión, en cada ciencia, en cada carrera, pues lo contrario sería confundirlo todo.

Mas generalmente es con la más clara mala fe que se me ha hecho ese reproche. Se ha querido dar a entender que, inculcando tenazmente en establecer las reglas de la disciplina en los cuerpos militares, quería hacerlas extensivas a toda la sociedad, y deprimir por este medio el estado civil. Desafío a que se me cite un solo hecho que pueda justificar semejante sospecha.

En todos los mandos que he tenido, el estado civil fue respetado; las autoridades de este género conservaron, en su más extensa latitud, todo el ensanche de sus atribuciones, mientras los militares se rindieron estrictamente en la esfera de la suya.

En oposición a otros militares que clamaron contra la extensión del fuero, que sancionó la administración del señor Rivadavia, siempre fui partidario de ella y sostuve en su favor acalorados debates; en prueba de ello, jamás entró en mis deseos el de restablecer aquel odioso privilegio. Cuando he tenido influencia, siempre la he empleado no sólo en promover la formación de los cuerpos deliberantes que establecen nuestras leyes, sino en que tuviesen la más perfecta libertad en sus discusiones; como un medio de conseguirlo, es que he procurado que los militares no se mezclasen en aquéllos, y no me negaréis que el mejor es establecer esa disciplina que me echáis en cara.

Me habéis también atribuido la tendencia a un gobierno militar,[1] y os habéis equivocado, si es que puede decirse equivocación una imputación maliciosa. Semejante necedad no merece seria contestación, y, sin embargo, os diré que mal se avenía esa tendencia con el empeño que he manifestado por que el país, nuestro país, tuviese una constitución. Rosas y sus federales, en la necesidad de decirme algo, sólo me imputaron que quería constituir el país *a balazos*, pero no me dijeron que quería mantenerlo inconstituido.

[1] He visto frecuentemente incurrir en el error de clasificar de gobierno militar al que preside un militar, y sólo por esta razón. No puedo hallar otra en el empeño que en estos últimos tiempos han tenido varios periódicos de llamar gobierno militar al del ilustre general Cavaignac. A esa cuenta, serían gobiernos militares los de los generales Washington y Jackson, en los Estados Unidos, y serían muy civiles los de Robespierre, en Francia, de Rosas, en Buenos Aires, del doctor Francia, en el Paraguay. Bastará quizá para probar que puedo discernir la diferencia de un gobierno militar del que no lo es, decir que he leído siempre con gusto y que conservo en mi poder las obras de Madame de Stäel, que tanto acusa el de Napoleón. Recuerdo que el general Lavalle, justo admirador de aquel hombre extraordinario, cuando yo hacía justicia a algunas observaciones de aquella célebre mujer, me decía: "Madame de Stäel lo indispone a usted con Napoleón, y yo me propongo reconciliarlo con el grande hombre". El general Lavalle se equivocaba, tanto más cuanto el héroe no necesitaba de mi pobre sufragio; además, soy el primero en reconocer sus extraordinarios talentos militares y políticos, sus eminentes facultades, su vasto genio y esa voluntad enérgica que todo lo subyugaba. Soy en realidad un admirador de Napoleón, no menos que lo era el general Lavalle, sin dejar de conocer que la libertad no podía adelantar bajo su potente mano. Con este motivo haré la siguiente observación: Es después que he leído la historia de Napoleón por Walter Scott que lo he apreciado y admirado debidamente. He visto entonces al hombre grande y no al ídolo; he visto un ser privilegiado, pero sin traspasar los límites de la naturaleza humana.

He deseado y he procurado que la clase militar ocupe en la escala social el lugar que debe tener, sin perjuicio de la libertad y en beneficio de esa libertad misma. Que el ejército sea honrado como lo es en los países bien gobernados, pero sin que sea opresor ni se sobreponga a las otras clases. Que sus individuos se consideren ciudadanos, pero no menos que ciudadanos.[1] En fin, he querido que los militares fuesen lo que deben ser.

Bien conocida y harto censurada ha sido la severidad de mis principios y la abnegación que he exigido de mis subordinados. Se me ha echado en cara mi *mezquindad*, porque, riguroso observador de una estricta economía respecto de los intereses públicos, que no he guardado seguramente respecto de los míos, he predicado con mi voz y con mi ejemplo la sobriedad y la parsimonia. Hasta mis compañeros se han quejado siempre (y esto lo sabe todo el mundo) de lo poco que los hacía adelantar en los ascensos, cuando en otros cuerpos militares, o en épocas distintas, se daban grados con profusión. Otras veces he sido objeto de amargas críticas porque no prodigaba elogios en mis partes militares, cuando otros generales las más insignificantes acciones las encomiaban hasta las nubes. A todo esto me sería muy fácil responder que si he predicado la economía ha sido, como se deja entender, en beneficio de las clases productoras; que si no he prodigado los grados militares ha sido para que no caigan en desprecio; y que si he economizado los elogios, no distribuyéndolos sino con discernimiento y justicia, ha sido para que se apreciasen debidamente.[2]

[1] Pienso que la Inglaterra es un país cuyas instituciones y costumbres pueden citarse cuando se trata de libertad, garantías e igualdad legal. Quizá porque soy militar, pero militar patriota, he visto siempre con gusto que entre los ingleses sus convites oficiales o no oficiales son siempre con brindis de orden: *Por el ejército y marina de la Gran Bretaña*. ¿Y será esto dar preponderancia al estado militar? Al contrario; honrándolo se hace un acto de justicia, y un acto de justicia no puede ser pernicioso. Sin eso, él procuraría indemnizarse.

[2] Me cuesta trabajo hablar de mí mismo, y más de argumentos tan repetidos y razones tan manoseadas, que se corre el peligro de que se tengan por una fastidiosa reproducción de lo que cualquiera otro diría en mi situación. Sin embargo, como es tan público cuanto avancé en este sentido: como son tan conocidos los antecedentes de mi larga carrera; como he sido el blanco a que durante toda ella se han dirigido esas críticas que me clasificaban de hombre montado a la antigua, excéntrico a la revolución y nimiamente apegado a las virtudes patrióticas, tengo derecho a hablar así, y a que se haga una excepción, si se quiere, a mi favor. Llegue esto o no llegue algún día a ver la luz pública,

A esto, he dicho antes, es muy fácil responder, pero no ha sido el objeto que me he propuesto, sino hacer ver que quien ha obrado así no podía querer que la clase militar se sobrepusiese a la civil, pues el que tal pretende se asocia a las preocupaciones de sus compañeros y las fomenta para apoyarse en ellas. Así obran los caudillos de todos tiempos y los tiranos de todos los países; así obran los que hacen una especulación de la carrera pública, y los que promueven sus intereses particulares con preferencia a los de la comunidad a que debieran consagrar todos sus servicios.

Recuerdo haber visto, hace mucho tiempo, una circular del ministerio de guerra español a los capitanes generales, prohibiendo la ingerencia de los militares en cuestiones políticas, por medio de representaciones en que colectivamente los oficiales de una división o un ejército pedían tal o cual cosa, en que se exprimía este hermoso consejo: "La disciplina militar debe ser más exacta, en proporción que las instituciones políticas del país son más liberales". Bellas palabras que deberían tenerse siempre presentes, y cuyo olvido ha producido males incalculables.

En efecto, ¿dónde es más rigurosa la disciplina militar que en los pueblos donde las instituciones liberales están bien basadas y han dejado de ser una mentira? ¿Qué cosa más regular y más exacta que la disciplina militar inglesa? ¿Cuál es el orden que se observa a bordo de un buque de guerra de los Estados Unidos de la América del Norte? Por el contrario, ¿qué ejemplo nos han presentado hasta estos últimos tiempos los jenízaros de Constantinopla? Era la tropa más indisciplinada y, por consiguiente, la más opresora; la licencia que le otorgaba el déspota era retribuida con la obligación de apoyar su poder absoluto, y si a la vez tenía que quejarse de las arbitrariedades de su señor, se indemnizaba cometiendo otras sobre las clases indefensas de la sociedad.

Puede creerse, por algunos espíritus delicados, que esa disciplina militar, llevada a un grado excesivo, consagre los principios de una obediencia enteramente pasiva y reduzca los hombres a meras máquinas, y de consiguiente, a instrumentos ciegos de un

---

cuando lo escribo lo hago fijando mi vista en mis contemporáneos, a quienes no temo desafiar a que me desmientan si pueden. Pero no; no lo harán, porque no podrían; tampoco lo harán mis compañeros de armas, quienes si se quejan es de no haberme acomodado a la desgraciada época en que nos tocó vivir.

jefe ambicioso. Si hay este peligro, ¿quién tiene la culpa de eso? ¿Serán los militares o los legisladores, que no han demarcado los límites de esa obediencia? ¿Por qué nuestros congresos, nuestros cuerpos deliberantes, no se han ocupado de eso? Siempre lo he deseado, y he empleado, siempre que he podido, mis débiles persuasiones para llamar la atención a tan importante materia; pero jamás encontraron eco mis solicitudes, porque, sea que se creía peligroso entrar en el asunto en circunstancias críticas como las que generalmente han rodeado nuestros gobiernos, desde la revolución, sea porque se temía que la clase militar subalterna abusase de las excepciones que se hiciesen a su obediencia, las cosas quedaron siempre en el pie, y la responsabilidad de los militares entregada a esa vaguedad indefinida que los constituye en la penosa alternativa de deliberar por sí en las emergencias políticas, en cuyo caso se les clasifica de *soldadesca insolente*, o en el de someterse ciegamente a las voluntades del gobierno, en cuyo caso se les llama *instrumentos de la tiranía*.

Presérveme Dios de pensar mal de todos nuestros legisladores; pero sí creo que entra en los cálculos de algunos demagogos el conservar indefinida e indeterminada la subordinación y la responsabilidad militar, para sacar partido en sus anárquicas empresas. Nada hay más general que asociarse un leguleyo a un jefe militar para influir en todas sus deliberaciones.[1] Otros, y esto se ha visto con demasiada frecuencia, han buscado en las

[1] El ilustre e ilustrado general Belgrano mandó a Santa Cruz de la Sierra al coronel don Daniel Ferreira, tan conocido por su honradez como por su estatura. Un día, en Tucumán, fui a visitarlo y me contó que había recibido comunicaciones de Ferreira, y aun tuvo la bondad de leer algunos trozos de sus notas. Como su estilo, aunque claro, no fuese muy elevado, me dijo: "No extrañe usted algunas incorrecciones, porque un capítulo expreso de mis instrucciones es que sus cartas, oficiales y no oficiales, han de ser de su redacción. He querido evitar que se le asocie algún leguleyo que lo extravíe, como sucede frecuentemente". Otra vez me decía el general Garzón, hablando de su país: "Aquí todos los jefes necesitan escolta y secretario". Y era así realmente; lo uno, porque no sabían escribir o lo hacían muy mal, y lo otro, por un abuso intolerable. A cada rato se oía decir: "Fulano es secretario del coronel Luna o del general Medina", etcétera; y al ver algunos soldados que andaban a su antojo, se añadía: "son de la escolta del comandante tal o cual". Estos soldados, que en lo general estaban afectos al servicio y seguridad personal de su jefe, eran los más indisciplinados. Era un gran abuso de que hago mérito porque se me ha ocurrido en este momento, y porque se vea que no capitulo con ellos, donde quiera que estén.

relaciones íntimas y privadas los medios de dirigir en circunstancias especiales la conducta de los jefes militares, haciéndolos servir a sus miras, y muchos, finalmente, se han servido de la penuria de recursos y sistemada pobreza en que se les tiene, para el mismo efecto. No es extraño ver a los que declaman contra el empleo de la *fuerza bruta* procurar dirigirla según sus intereses, en cuyo caso deja de ser *bruta*, y pasa a ser *fuerza inteligente*, de tal modo que a estos modernos "solones", que desdeñan a los hombres de espada, no les pesa de disponer de un par de batallones o escuadrones mediante la influencia privada que se procuran de un jefe.

No es de admirar, pues, que se haya abusado de la buena fe, del candor y de la ignorancia de muchos militares, y que se haya sacado partido, para empresas criminales, de sus necesidades, de sus vicios, de sus pasiones y hasta de sus virtudes. El secreto ha consistido en conservar el caos, para empujarlos adonde se quiera, para que sean siempre las víctimas.

Sería un error, en que no he pensado incurrir, el comprender en la denominación de militares todos esos paisanos del campo que se han armado, ya para defender la independencia nacional, ya para ventilar nuestras cuestiones civiles; ellos han presidido bandas informes, cuyo casual arreglo no puede entrar en la categoría de un sistema militar, ni de cuyas irregularidades se puede hacer cargo a la profesión de las armas. Quizás es porque ha faltado un tal cual sistema militar, que han tenido lugar esas irregularidades, que de otro modo se hubieran ahorrado en gran parte.

Tampoco quiero defraudar de la gloria y mérito que han contraído en distintas épocas de la revolución esos paisanos armados de que acabo de hacer mención; si ellos, a su vez, han venido a pesar sobre las instituciones y sobre la libertad del país, es debido al mismo origen. Habiéndose armado y combatido, se han condecorado con las divisas militares; en seguida se han creído militares, y han participado de la misma ignorancia de sus deberes que afecta a toda la clase. Por otra parte, los partidos, cuando les ha convenido, los han excitado para hacerlos servir a sus intereses, y algunas veces los han opuesto a los militares de profesión, presentándoles como una obra de libertad el anulamiento de éstos. Ya se recordará que en otras ocasiones se ha obrado en sentido inverso, apelando los partidos políticos a los militares para que comprimiesen a los gauchos.

Sólo en dos épocas de nuestra larga revolución pudiera decirse que se quiso basar el gobierno sobre el poder militar propiamente dicho: Primera, el año 1816, cuando el general Pueyrredón subió al Directorio Nacional, y entonces se ocurrió a las masas, a la plebe, a los gauchos, en una palabra, para derrocarlo. Segunda, cuando la revolución de diciembre del año 1828, y en esa ocasión se sirvieron del ejército, presentándole como obra muy patriótica y meritoria el derrocamiento de la autoridad, que se apoyaba en las turbas de la población.[1] Sin embargo, no puede decirse que se intentase seriamente en entronizar el *poder militar*, por cuanto los fautores de esta obra eran sus más declarados enemigos, lo que prueba que eligieron a los militares como un instrumento que romperían cuando les conviniese. Esta alternada fluctuación de los militares a los gauchos y de los gauchos a los militares, ha causado la mayor parte de las desgracias públicas. Quiera el cielo ilustrarnos a todos para que, circunscriptos en la órbita de nuestros deberes, no pensemos y obremos sino la felicidad de la patria.

Me he extendido demasiado en una materia tan abundante y sobre que volveré otras veces si continúo estas memorias. La creo tan importante, que siento no tener la capacidad bastante para expresar cuanto siento. Séame permitido envidiar a esos escritores hábiles, que honran nuestro país, la facultad de emitir sus ideas con gusto y elocuencia, y séame también desear que empleen sus talentos y sus plumas en un asunto vital para todos y digno de la más seria meditación. ¿Por qué le temen? ¿Por qué lo evitan con tan prolijo cuidado? ¿Por qué no penetran en él francamente? En estos días (1848, fines) se ha publicado en Montevideo una obra por el señor Lamas, en que se toca muy por encima la materia. Como sería demasiado larga esta digre-

[1] Nadie ignora que no concurrí a la revolución de diciembre, porque me hallaba en la Banda Oriental, y que sólo fue un mes después que llegué a Buenos Aires, llamado por el gobierno existente. Recuerdo que un conspicuo personaje (D. J.[ulián] S.[egundo] de A.[güero], me decía muy enfáticamente: "Vamos a dejarnos enteramente de milicias y concentrar toda fuerza pública en las tropas de línea". Este señor creía, sin duda, que esto me lisonjearía mucho y que me unciría sin remisión al carro de su omnipotente influencia. Fue visible su desagrado cuando me oyó decir que en nuestro país la organización de las milicias o guardias nacionales era un objeto de grande e indispensable necesidad. Después éste ha dicho que la revolución contra Rosas no había vencido, porque de sus dos generales, el uno (Lavalle) no se ocupaba de la política, y el otro (yo) se ocupaba demasiado. Lo siento, pero no puedo menos.

sión, me reservo para otra ocasión decir algo sobre su contenido; sin embargo, no dejaré de observar que se ha dejado arrastrar de la moda de atribuir el atraso de dicho país en la carrera de los adelantos sociales a la influencia de las ilustraciones militares que produjo la guerra de la revolución, en perjuicio de la influencia de las ilustraciones civiles.[1] En esto hace consistir la diferencia de los progresos sociales entre el Brasil y las repúblicas del Plata, de modo que está uno tentado a creer que es una verdadera calamidad para una nación el que tenga hijos dignos que se sacrifiquen por su independencia, su honor y su gloria. Si se admiten semejantes doctrinas, ¿a dónde irá a dar la Inglaterra, los Estados Unidos, sin contar la Francia y las antiguas repúblicas, cuyos ejércitos y escuadras, mandados siempre por generales denodados, están siempre dispuestos a sostener los gloriosos antecedentes de su bandera?

Bien conozco que todo esto se puede contestar con floridos discursos, y hasta con punzantes alusiones, pero ellas no oscurecerán la verdad. Si algo he exagerado, o si no he encarado la cuestión como merece serlo, no por esto dejarán de ser de algu-

[1] Si el autor pone en la categoría de ilustración militar a Artigas, Rosas, Rivera, Quiroga, López, y otros caudillos, podría comprenderse algo de lo que dice; pero si los coloca en otra esfera, como es justo y racional, sobre ser injusta, es enteramente falsa su aserción. Los progresos lentos del Brasil se deben más bien que a su falta de ilustraciones militares, a que la exaltación de las cabezas jóvenes no ha tenido ocasión ni oportunidad de desarrollarse, ni emitir doctrinas socialistas, ni otras utopías exageradas. Las verdaderas ilustraciones militares que ha habido en el Río de la Plata, como Belgrano, San Martín, Arenales y otros muchos, en nada han perjudicado a los progresos del país, a no ser que se entienda por perjuicio que sus eminentes servicios han eclipsado otros servicios de menos nota, en diversas profesiones. Admitido este raciocinio, más convendría al país no tener defensores, para que campeen, sin parangón ni competencia los servicios civiles y diplomáticos. Desgracia es que las armas y los militares sean necesarios, pues el mundo estaría mejor si sólo la razón hubiese de dirimir las cuestiones humanas; pero, siendo esto imposible, preciso es conceder algo a los que exponen su existencia y sacrifican sus comodidades por la patria. En cuanto a lo demás, si hubiésemos de graduar la preponderancia de las ilustraciones militares por los provechos materiales, nos bastaría citar al general Rodríguez, enterrado de limosna, en Montevideo; a los generales La Madrid e Iriarte, viviendo del mismo modo en dicha ciudad; al general Las Heras, sosteniéndose con el sueldo que le da el gobierno de Chile; al general Deheza, pasando trabajosamente en Pelotas; y yo, si me es permitido nombrarme entre ellos, en el Río Janeiro. Entretanto, sus ilustraciones civiles, como don Antonio Vidal, don Joaquín Sagra, el señor don Santiago Vázquez, que ya falleció, etcétera, han tenido una mejor suerte.

na utilidad mis observaciones, pues llamarían la atención a un objeto digno de ser considerado. Basta de él por ahora, para volver al coronel Allende y su entusiasta tropa, a quien dejé en la Colonia, dispuesto a embarcarse después de haber pasado una alegre noche.

A la mañana siguiente se embarcó aquella bulliciosa juventud, aprovechando yo esa ocasión de escribir al general Lavalle, avisándole mi llegada. El buque dio la vela, y quedó otra vez en su habitual silencio el pueblo de la Colonia. Luego que en Montevideo se supo mi evasión, me escribieron algunos amigos felicitándome, y *El Nacional*, periódico que redactaba el señor Rivera Indarte, hizo de mí una honrosa mención. Por lo demás, todo me convencía que la facción prepotente de la emigración me miraba con desconfianza, y no sabía ella misma si celebrar o sentir la rotura de mis cadenas. La Comisión Argentina, que llevaba las riendas de la revolución, o que al menos pretendía llevarlas, no me dirigió ni un cumplimiento.

Entre los sujetos que me visitaron en la Colonia hubo un señor Levás, inglés, comerciante, cuya casa servía de punto de reunión a la gente principal y en especial a los argentinos. Recuerdo que cuando la primera vez estuvo conmigo, me observaba con una atención tan marcada que me apercibí, aunque por entonces no pude explicármela. Cuando a los cuantos días vino mi hermano, le dijo: "Conozco que entre sus compatriotas hay hombres mal intencionados; ellos me habían hecho creer que su hermano, el general, era un hombre que tenía entorpecidas sus facultades intelectuales, y, lejos de eso, he encontrado en él un buen juicio y sensatez". Como a éste, habían informado a otros con respecto a mí, pero en ninguna parte, al menos que yo sepa, con más osadía e imprudencia que en la Colonia.

Otra señora, que había estado en el puerto el día que yo desembarqué, refirió a mi cuñada, doña Juanita Ocampo de Paz, que uno de los muchos circunstantes (un Mamierca, si no me engaño), había prorrumpido, al verme saltar a tierra, en esta exclamación: "Es por este hombre que nos vemos emigrados y sufriendo las penas del destierro, pues en años atrás no quiso venir de Córdoba con el ejército que mandaba a derribar al tirano que oprime nuestro país". Qué lejos estaba entonces de pensar que años después me harían esos mismos emigrados, si no un crimen, al menos un reproche, por haber querido ir a Buenos Aires a derribar al propio tirano.

Capítulo XXV

El ejército libertador

[Festejos por la batalla de Don Cristóbal - Paz y Rivera - Los que desconfiaban del general Paz - Lo que se llamaba campamento de Rivera - Enemistad de Rivera con Lavalle - La familia del general Paz - Procederes incorrectos de Rivera - El general Paz se embarca con dirección al ejército libertador - El gobierno de Corrientes y el general Paz - Don Salvador Carril - El doctor don Julián Segundo de Agüero - Sus tendencias - Racionamiento para el ejército de Lavalle - Deseos de este general de pasar el Paraná - Situación respectiva de los beligerantes - El general Paz llega a Punta Gorda - Estado de las relaciones entre los generales Paz y Lavalle - Penosa situación - Tiranía en las ideas - El general Paz al frente de una guardia - Resultados del desorden - El señor Penaud - Medidas que se toman - Indisciplina en el ejército libertador - Inacción de Echagüe.]

El general Lavalle, como es sabido, se había dirigido meses antes desde Martín García a Entre Ríos, donde ganó la acción del Yeruá. De allí siguió a Corrientes y protegió el movimiento de la provincia, que en masa se insurgió contra el dictador de Buenos Aires y su teniente, el gobernador de Entre Ríos, don Pascual Echagüe. Éste, después de su contraste de Cagancha, había vuelto a su provincia y reorganizado su ejército con los nuevos auxilios de Rosas. En Don Cristóbal sufrió otro revés, en que el ejército de Corrientes, al mando del general Lavalle, que había abierto su nueva campaña, si no obtuvo una victoria completa, consiguió, al menos, ventajas equivalentes, el 10 de abril del dicho año (1840).

El triunfo de Don Cristóbal se celebró con el más grande entusiasmo por los emigrados argentinos y los orientales, llamados colorados, que eran los partidarios de Rivera. Se hizo para solemnizarlo una especie de procesión, llevando las banderas francesa, oriental y argentina, en la mañana del sábado santo, que terminó en casa del comandante y juez político, don José Rodríguez, donde se sirvió un refresco adecuado. Se dijeron muchos brindis, y yo dediqué el mío al general Lavalle. Sin embargo, no se me ocultaba que mis compatriotas y correligionarios políticos no me trataban cordialmente. Por más que me creyesen decidido, como el que más, por la causa, la facción dominante siempre miraba en mí un carácter independiente, y acaso temían un rival del general Lavalle; yo no varié de principios, ni de opiniones, ni de conducta.

Apenas restablecido de un fuerte catarro que me retuvo algunos días en cama, proveniente de las mojaduras y resfrío que tomé cuando mi escape, llegó un oficial de la marina oriental con una buena ballenera y carta que me traía del general y presidente Rivera. Me felicitaba por mi evasión, y me invitaba atentamente a pasar a su cuartel general, que estaba situado en San José del Uruguay; que las desavenencias de éste con el general Lavalle habían estallado, pero no llegado a su colmo, como sucedió después. Sin embargo, la invitación de Rivera alarmó a los argentinos, quienes afectaban temer que yo me colocase con él contra el general Lavalle.

Esta consideración no me detuvo, y, firme en mi conciencia y en mis principios, acepté la invitación; pero, prefiriendo ir por tierra, despaché la ballenera con mi contestación.

En los primeros días de mayo me puse en camino con una pequeña escolta, precaución indispensable porque aún estaba el camino plagado de desertores, malhechores y aun blanquillos, o partidarios de Rosas y Oribe. A los tres días llegué a Mercedes, que era uno de los tres focos en que la emigración tenía sus talleres. Era poderosa la influencia que ésta tenía en los negocios, y tuve que admirar la destreza con que se habían mis compatriotas ingerido con los comandantes y demás autoridades, de modo que se puede decir que las dirigían. Yo me alojé en casa del comandante Cano, quien, aunque partidario de Rivera, no daba un paso ni dictaba providencia alguna que no fuese dictada o, por lo menos, sabida de los emigrados argentinos; contribuía sin duda a esto el buen concepto que, a despecho de Rivera, gozaba el general Lavalle entre los orientales, cuya causa también defendía, llevando la guerra contra el dictador de Buenos Aires.

Si en la Colonia había alarmado mi marcha al cuartel general de Rivera, en Mercedes aparentaron mis compatriotas una sorpresa mucho mayor. Don Nicanor Elías, hoy humilde siervo de Rosas y entonces su enemigo declarado, me visitó con atención y aun me sirvió con caballos, pero me significó la desaprobación de mi viaje por todos los argentinos. No pude oírlo con calma, y le contesté con un poco de exaltación: "¿Qué es lo que temen? ¿Es acaso que yo traicione los intereses de mi país? ¿Y quiénes son los que me censuran para disputarme mi argentinismo y los títulos que tengo a la confianza pública? Sólo unos necios pedantes pueden pensar de ese modo". Supe, después, que un tal Escribano y un Sáenz Valiente, que después se han prosternado a los pies del tirano, se produjeron contra mí con la mayor causticidad, poniendo en problema mi lealtad.

Mas no era preciso que lo dijesen para que conociese la antipatía de la facción dominante; no obstante, hubo personas que contradijeron sus absurdos, que me hicieron justicia, y aun me manifestaron amistad. Uno de ellos fue don Nicolás Caballero, quien, sin tener pretensiones a los primeros puestos entre los enemigos de Rosas, no sólo no fue como ellos a besar la mano que los había materialmente azotado, caleado, jeringado y... que sé yo qué otras cosas, sino que dio su vida a manos de los verdugos de su patria. Es una observación constante que aquellos emigrados más vocingleros y que más ostentación hacían de su odio al tirano, han sido los que han tenido menos dificultad en abjurar su fe política y sometérsele. Fuera de los que he nombrado y de otros muchísimos que podría citar, me contentaré con recordar a los hijos del respetable anciano don Miguel Marín, quienes no respiraban sino venganzas, represalias y confiscaciones, cuando tenían esperanzas de ir a Buenos Aires como vencedores, y que luego que los perdonaron no trataron sino de acomodarse, hasta que fueron a echarse a las plantas del hombre que habían maldecido.[1]

Después de un día de parada en Mercedes, continué mi camino y llegué a Paysandú, donde el comandante me declaró que no tenía absolutamente caballos que darme, y que era mejor que

[1] He hablado en este capítulo de azotes, calas y jeringas, y no quiero dejar pasar la ocasión de recordar lo que todos saben. En las calles, en los cafés, en sus casas, eran en Buenos Aires agarrados los hombres y llevados a ciertos lugares, donde los desnudaban y los azotaban, caleaban, jeringaban y hacían otras abominaciones. El azote se aplicaba hasta dejar los hombres inutilizados por muchos días; las calas consistían en unas velas de sebo de muy buen tamaño, que les introducían por el ano; las jeringas eran la aplicación de unas lavativas de ají, pimientas y otras materias irritantes; ignoro si se hizo uso del fuelle, mas no sería extraño. Estos caleados y jeringados son, en parte, los mismos que han ido a someterse a su caleador y jeringador.

fuese a San José, que sólo dista doce leguas, por agua. Lo hice así en una balandra que estaba pronta a dar la vela, en que me encontré con un señor Serna, emigrado del sud de Buenos Aires; gusté mucho de su sociedad y le merecí benévolas atenciones. Al fin llegué a San José, donde tenía su cuartel general, y lo que se decía su ejército, el general Rivera.

Todo parecía aquel campo menos que ejército o campamento militar. Apenas se veían a distancia, de los ranchos que ocupaba S. E. algunos otros, muy chicos; un medio galpón se decía comisaría, y unos cuantos cañones, que por lo desierto del campo parecían abandonados, completaban la perspectiva: lo que más importaba era una muy regular banda de músicos contratados, que costaban al estado más de cuatrocientos patacones mensuales, y que no tenían más trabajo que tocar cuando comía el general, y a la hora de retreta, un rato muy corto. Por lo demás, no creo que llegase a quinientos hombres el número de los que formaban lo que se llamaba ejército.

El general Rivera me recibió con su acostumbrada afabilidad, y me hizo alojar en una tienda de campaña que estaba en el mismo cuartel general. Desde nuestras primeras conversaciones ya me manifestó contra el general Lavalle el más profundo resentimiento. Yo me había propuesto indicarle uno de dos planes: primero, aumentar el ejército del general Lavalle con dos o tres divisiones orientales y dejarlo obrar libremente; segundo, designar su ejército como vanguardia y que el general Rivera lo apoyase con el suyo, pasando el Uruguay. ¡Vana esperanza! Muy luego conocí que mi trabajo era enteramente inútil, y me limité a disminuir la amargura de su resentimiento y presentarle los peligros que él mismo corría si era batido Lavalle. Recuerdo que le dije: "General, si el ejército libertador es destruido tendrá usted encima quince mil hombres que puede mandar Rosas contra su país". —"No me importa, me contestó, que mande veinte, pues estamos los orientales acostumbrados a batir los numerosos ejércitos de Buenos Aires". Ya nada había que hacer después de esto, y, sin embargo, se mostraba deseoso que yo permaneciese en su campo.

Se encontraba en él, con el carácter de enviado del gobierno de Corrientes, don José Isasa, antiguo conocido mío, que se ocupaba de otras atenciones muy diversas de las diplomáticas. Entre los dos se propusieron tantearme para que levantase el estandarte de la oposición al general Lavalle, oposición que había iniciado el célebre Chilavert; me negué abiertamente diciéndoles que era hombre de conciliación, y que no contribuiría a aumentar la discordia que dividía ya los aliados contra Rosas. Isasa me preguntó entonces si iría a Corrientes a formar un nuevo pie de ejército si el gobierno de la provincia me llamase al efecto; mi contestación fue que iría donde pudiese ser útil a la causa.

Yo había dejado mi familia en Buenos Aires, y la tenía, sin embargo, sobre mi corazón. Mis ardientes deseos eran que viniese a reunírseme, y el medio más a propósito que encontraba era de interesar al señor Mandeville, ministro inglés en aquella capital. Solicité, pues, al tiempo de retirarme para volver a la Colonia, una recomendación del presidente Rivera, que me la otorgó sin dificultad el mismo día de mi partida.

Ésta tuvo lugar el 24 de mayo, pero, como antes dije, Rivera quería que aún permaneciese, fuese porque le gustaba adornar su cuartel general con personajes, fuese porque esperaba traerme a sus intereses en la cuestión con Lavalle. Cuando le dije decididamente que quería regresar a la Colonia a esperar mi familia, y que no aceptaba su ofrecimiento de llevarla al Durazno o a su casa de Montevideo, fue visible su mal humor. Al acompañarme en despedida, se desfogó contra el general Lavalle, de quien dijo que era un ingrato y no sé qué otras cosas más. Yo lo contradije muy modestamente, y nos separamos en un estado medio entre amistoso e inamistoso, y, desde entonces, no traté sino de ocuparme de mi familia.

Tres leguas antes de llegar a Mercedes me encontré con el coronel don Bernardino Báez, quien me dio la noticia, de un modo vago, que mi familia había salido de Buenos Aires; no di crédito a este rumor, porque no esperaba que hubiese obtenido licencia y por el estado de embarazo en que estaba Margarita, razón por la cual todos mis cálculos se fijaban en un tiempo posterior. Habiendo llegado a Mercedes esa misma tarde, hablé por la noche con un joven de Montevideo, quien me dijo que el patrón de la goleta *Joven Italia* daba la misma noticia. En el acto lo busqué, y no fue sino con mucho trabajo que pude hallarlo en el puerto, muy avanzada la noche. Él me confirmó la noticia, y me dio tales señas que no pude ya dudarlo. Añadía que Margarita había salido de su cuidado pocas horas después de haber llegado a la Colonia. Figúrese cualquiera mi impaciencia por volar allá, al mismo tiempo que la satisfacción de que me serviría tan plausible acontecimiento. Mas antes quiero hacer referencia de los incidentes originales que sirven para mostrar el espíritu de aquel tiempo.

Habían corrido ya más de cuarenta días del triunfo de Don Cristóbal, y el ejército de Echagüe no sólo no había desaparecido, sino que cubría la capital y hacía frente al del general Lavalle. Los ánimos volvían a ese estado de penosa expectativa, y las opiniones empezaban a divagar en proporción a las brillantes esperanzas que antes se habían concebido. Los primeros con quienes me vi me preguntaron mi modo de pensar, y les dije que, en mi opinión, era precisa una segunda batalla, no habiendo sido decisiva la primera, o cosa parecida; al muy poco rato se me presentó la señora del coronel don José María Vilela, que pertenece a la clase media, y con los ademanes y tono de reconvención, me preguntó si era aquello lo que había dicho. Sobre mi respuesta afirmativa, sacó una carta de su marido para convencerme de lo contrario, en la cual, después de algunos chistes insípidos y detalles vulgares, concluía que la situación de Echagüe era la misma que el general Lavalle había tenido once años antes en los *Tapiales*. Oí con calma, y hasta con risa, este brote de entusiasmo, y después de algunas explicaciones quedamos, al parecer, reconciliados. Sin embargo, sirvió a probarme que el espíritu de facción, aun cuando invoca la libertad, tiraniza, sin pensarlo, hasta las opiniones. Después tendremos ocasión de confirmar esto mismo, advirtiendo ahora que el paso que daba esta pobre mujer no era aislado, sino acordado y resuelto por sus más conspicuos amigos, y que el fin era tomar algunos puntos que pudiesen interpretarse desfavorablemente al ejército del general Lavalle, para levantar un caramillo.

En los primeros días de junio llegué a la Colonia y encontré mi familia con el aumento de un hijo, que había dado a luz Margarita dos horas después de su desembarque. Puede clasificarse este acontecimiento de prodigioso; he aquí cómo sucedió.

El deseo de reunírseme hizo que apresurase sus diligencias en Buenos Aires para obtener pasaporte, y lo consiguió por la interposición del señor Mandeville, quien, además de los esfuerzos de su propia voluntad, halló el expediente de proteger a Margarita como hija que era de ingleses. No contento con facilitarle su salida, le proporcionó pasaje en el bergantín inglés de guerra *Camalión*, que la trajo con mis hijos, mi hermana y suegra, Rosario, y domésticos, a Montevideo. Margarita no quiso allí detenerse y, después de ocho días, se embarcó para la Colonia en un buque mercante. Les tomó un recio temporal, bajo cuya impulsión llegaron a la Colonia en una tarde de mayo. Era imposible desembarcar, porque la violencia de las olas no permitían sostenerse las embarcaciones menores, y el buque estaba tan atrabancado de pasajeros y carga que era penosísimo estar en él; añádase a esto que la fuerza del temporal no permitía cocinar, y que la lluvia había obligado a todos a acogerse a la cámara o bodega.

En esta situación tremenda anocheció, mas, providencialmente, calmó el viento a la medianoche, y se tranquilizaron lo bastante las aguas para que pudiesen navegar buques menores, y, de consiguiente, desembarcar. Casi al mismo tiempo sentía dolores Margarita, de modo que pudo prepararse lo preciso para que salvase a tierra con sus hijos, su madre y dos criadas; pero sin equipaje, ni más ropa que la encapillada. Por fortuna residía allí mi hermano, y pudo dirigirse a su casa como lo habría hecho a la suya propia. Antes de las cuatro de la mañana, y con la mayor facilidad, me había dado un hijo más, que se llamó Andrés, y que luego murió allí mismo, de edad de cinco meses.

Lo singular es que, luego que hubo desembarcado, recomenzó el viento con mayor violencia, y que duró por dos días consecutivos, durante los cuales nadie pudo venir a tierra. La señora doña Benita T. de Linch, que era también del número de los pasajeros, cuando desembarcó no pudo hacerlo por sus pies, sin embargo que su salud era perfecta, y, más o menos, sufrieron otro tanto los otros viajeros. Es, pues, muy probable que, sin la providencial interrupción del huracán, Margarita hubiera tenido que parir a bordo, y que el parto hubiese traído fatales resultas. Añádase a esto su pudorosa delicadeza, su genial vergüenza y su cortedad, y se convendrá en que fue preciso casi un milagro para salir felizmente de ella.

¡Y quién pensaría que, ocho años después, habría de perecer de resultas de un parto feliz, que tuvo lugar en medio de los recursos y comodidades y al lado de mí! La Providencia, que quiso entonces tan visiblemente preservarla, lo dispuso ahora de otro modo, privándome de una compañera fiel y querida. Respetemos sus inescrutables juicios, pidiéndole nos dé valor y resignación para sobrellevar las contrariedades de nuestra mísera existencia.

Apenas se levantó Margarita de la cama dejé la casa de mi hermano y ocupé una parte de la que se decía comandancia. Ésta es una gran casa del estado, que tiene varias divisiones, de modo que pueden habitar separadamente familias distintas. En la que se me cedió nos acomodamos con la mayor incomodidad, y aun fue preciso hacer algunos gastos para rehabilitarla. Sin embargo no pudo conseguirse otra mejor y fue preciso contentarse.

Llegado que hubo Margarita a Montevideo, uno de sus primeros cuidados fue instruirme de su salida de Buenos Aires, y, al efecto, remitió sus cartas a la Colonia; mi hermano me las dirigió con otras al cuartel general de Rivera, donde a la sazón me encontraba; mas, cuando llegaron, ya no estaba yo allí, habiéndome desencontrado en el camino. El paquete fue a poder del general Rivera, quien no hizo escrúpulo en imponerse de su contenido. Me lo devolvió a la Colonia, mal cerrado, pero con sustracción de una carta de Margarita, en que me decía que me traía un encargue del ministro Arana. Nadie, ni el mismo Rivera, podía sospechar de mis sentimientos, pero creyó que aquella carta podía servirle para sus intrigas y la guardó, negando, por supuesto, la sustracción. Yo ni hice caso de la carta, ni la quise reclamar, burlándome de semejantes miserias. Ya antes había sido violada esa misma correspondencia en Mercedes, en casa del comandante Cano, quien me dijo que la había abierto por equivocación; no tengo duda que los argentinos emigrados fueron cómplices, si no los principales actores de esta prevaricación, y aun es probable que de allí fue remitida directamente a Rivera. Como esta carta perdida ha de hacer después su papel, bueno es tenerla presente.

El encargue del ministro Arana era efectivo, pues al tiempo de despedirse Margarita de su familia, con quien la mía conservó siempre relaciones amistosas, le dijo: "Prevenga usted al señor general Paz que se conserve tranquilo, sin mezclarse en la guerra que se hace, y que va a encenderse más; y que el gobierno lo investirá de una misión diplomática cerca de un gobierno extranjero, idéntica a la que tiene el general Alvear; que no le exige más sino que no tome las armas". Éste era, pues, el encargue que motivó la carta, que metió bien poco ruido, a pesar del empeño que se tuvo en hacerlo. Pienso que hasta mis enemigos han hecho justicia a la lealtad de mi carácter.

A los pocos días de mi regreso a la Colonia se dejó sentir un gran movimiento entre los argentinos emigrados, dirigido a persuadirme que fuese al ejército libertador a prestar mis servicios. El doctor Alsina había regresado y me había traído carta del general Lavalle, en que me decía que *fuese a ocupar un puesto digno de mí.*[1] El mismo Alsina, no habiéndome encontrado en la Colonia, me dejó carta escrita, y de Montevideo repitió urgiéndome en el mismo sentido. Otros muchos hacían otro tanto, y los argentinos de la Colonia no me dejaban respirar para persuadirme lo mismo. Parecía una conjuración contra mi quietud, proveniente de un convencimiento universal de la conveniencia de mi presencia en aquel teatro: luego veremos la causa de esta agitación.

El 28 de junio fondeó en el puerto un convoy de más de veinte velas, custodiado por el bergantín *Pereira*, armado y tripulado por marinos franceses; en él venía el doctor don Julián Segundo de Agüero, quien de a bordo me escribió para decirme que ninguna otra ocasión podía presentarse más a propósito para que me trasladase al ejército libertador, y que si no la aprovechaba sería costoso y tardío encontrarla después. Me remitía también una letra de quinientos pesos de Montevideo para que dejase a mi familia. Era indudable que no podía presentarse ocasión más oportuna, y la acepté sin poder discernir el motivo de la prisa que me daban de todas partes, si se exceptuaba Margarita, que se oponía con todas las fuerzas de su alma y toda la elocuencia de su cariño. Ella misma no podía explicarse el motivo de su oposición; pero el instinto de mujer le hacía sentir que no entraba por mucho el aprecio y la amistad en las calurosas persuasiones que se me hacían. Al menos, los iniciados en los altos misterios llevaban objetos bien diferentes.

Mucho tuve que luchar para vencer la resistencia de mi esposa, si puede llamarse vencimiento una forzada conformidad. Es éste el único punto en que durante su vida me manifestó una tenaz oposición, y tanto más fundada cuanto que, al aceptar mi proposición de matrimonio, algunos años antes, me había exigido la promesa de renunciar una carrera que había envuelto en desgracias toda la familia. Todo lo desoí para correr nuevos peligros y hacer algunos más ingratos.

[1] Esta carta y otras muchas que hacen juego con estas memorias, deben estar entre mis papeles, que tengo poquísima gana de hojear. Si mi hijo después quisiese tomarse el trabajo de buscarlas y darles el lugar conveniente, puede hacerlo. Yo, que no tengo ni la práctica ni la costumbre de andar entre legajos, mal podría desempeñarme.

El 29 de junio me embarqué, dejando mi familia anegada en llanto. El bergantín *Pereira* me recibió a su bordo, en el que viajaba también el doctor Agüero. Antes de decir algunas palabras sobre este misterioso y grave personaje, me ocuparé de la causa que tuvieron los argentinos emigrados para clamar que fuese al ejército.

Don Pedro Ferré, gobernador de Corrientes, además de algunos motivos de discordancia con Lavalle, había protestado el proyecto de hacer pasar al ejército a la banda derecha del Paraná, sin que hubiese terminado la guerra en Entre Ríos. Con este objeto se había trasladado en persona hasta frente de la Bajada, por el río, y había prevenido al almirante francés que no auxiliase con sus buques el pasaje, sin su expreso consentimiento. Tranquilo con las seguridades del almirante, regresó a Corrientes, pero siempre dispuesto a disminuir la influencia de Lavalle, que se apoyaba en un partido numeroso de la misma provincia. Ésta, además, había quedado desarmada e indefensa después que se había movido el ejército, y no era extraño que quisiese organizar alguna fuerza que sirviese de cuerpo de reserva.

Sea con alguno de estos fines, sea con todos a la vez, resolvió invitarme a pasar a Corrientes y destacó al comandante don Manuel Díaz con comunicaciones y encargo de persuadirme y de proporcionarme el viaje; yo nada de esto sabía, pero no ha faltado quien me asegure que llegó primero a noticia de la Comisión Argentina, por un extraordinario que hizo desde Corrientes el doctor Thomson, su activo agente en aquella provincia; concertadas las fechas, me inclino más a creer que la comisión tuvo antecedentes de mi conferencia con el enviado Isasa, en el cuartel general de San José, y si es así, no tengo duda que quien pasó estos conocimientos (que, por otra parte, nada tenían de reservados) fue don Pascual Costa, viejo intrigante, agente de todos los partidos, sin excluir el de Rosas, ligado con Rivera por especulaciones fraudulentas y con los emigrados argentinos enemigos de Rivera por intereses de otra naturaleza. Si ello fue así, es indudable que las confianzas de Costa no podían dañar ni a mi reputación ni a mi lealtad; pero eran más que suficientes para alarmar a ciertas gentes que temían que mi nueva posición contrabalancease la del general Lavalle. Se propusieron, pues, estorbar, por entonces, mi viaje a Corrientes, y como el medio más expeditivo me propusieron el del ejército.

Cuando el comandante Díaz llegó por el Uruguay a la boca

del Guazú, supo en el buque francés allí estacionado que yo había pasado en el convoy para Punta Gorda, cerca de la cual estaba el ejército libertador, y perdiendo la esperanza de darme alcance, regresó a Corrientes, sin dejar de hacer diligencias para que las comunicaciones de que era portador llegasen a mi poder. He aquí lo que practicó:

Al pasar de regreso por el Arroyo de la China se las remitió al general Núñez, que ocupaba ese departamento, para que me las hiciese pasar al ejército; lo que nunca se verificó, no siendo sino después de más de un año que las recibí del modo más extraordinario que puede imaginarse. Derrotado Echagüe en Caaguazú, me apoderé de sus papeles, y es entre ellos que las encontré; interrogado Núñez, me había dicho que él me las había mandado, y que en el camino fueron interceptadas; pero lo más cierto es que se las guardó, sin saber por qué ni para qué, y que las perdió en la célebre derrota del Arroyo del Animal, donde fue batido.

El 29 por la tarde fondeamos en Martín García, donde paramos dos días para trasbordar víveres y otros artículos de que era conductor el *Percira*, para otros buques estacionados; él mismo debía quedar allí, y seguir el convoy el bergantín goleta *San Martín*, al cual pasamos el doctor Agüero y yo; luego estrechamos relaciones con el oficial que lo mandaba (Mr. Simón) y dos jóvenes más, sus subalternos. Sobre todo el doctor Agüero fraternizaba con éstos, descendiendo de la altura de su edad y posición para ponerse al alcance de sus juveniles entretenimientos, y los trataba con una confianza que no lo había hecho, ni con mucho, con el capitán del *Pereira*, que era un hombre de más respeto, por su edad y graduación. Luego advertí que éste era muy afecto al almirante Dupotet, y ésta era la razón de la antipatía que por él sentía el doctor Agüero.

Seguimos nuestro viaje subiendo lentamente el Paraná y avistando las costas de San Pedro, San Nicolás, Rosario, San Lorenzo, etcétera. En el anteúltimo de dichos puntos estaban colocadas dos baterías servidas por santafecinos, que se evitaron, entrando por el Arroyo de los Marinos. Durante el viaje encontramos dos buquecillos separadamente, que nos dieron noticias del ejército: en uno venía el doctor Thomson, que había dejado poco antes a Corrientes; en el otro viajaba don Pepe Lavalle, que se dirigía a Montevideo, mandado por su hermano, el general. Éste tuvo una larga y reservada conferencia con el doctor Agüero, y después se dignó dirigirme algunas palabras de atención. Supe que en la Colonia dijo a mis amigos, tomando un tono de cómica importancia: "Ahí va el general Paz, pensando ser jefe de E. M. del ejército; pero allí no se necesita de ese empleo"; y lo decía perfectamente, porque al ejército libertador no era aplicable ningún género de organización, ni regularidad, ni economía, ni contabilidad, ni orden, ni disciplina, ni cosa semejante; era un montón de hombres armados, distribuidos en otros montones más pequeños, que se llamaban divisiones, animados de entusiasmo y bravura, y muy afectos al general que los mandaba.

En uno de dichos buquecillos me vino una carta del señor don Salvador Carril, intendente del ejército e íntimo amigo entonces del general, en que no me rogaba, sino me conjuraba, a que fuese cuanto antes al ejército. "El general Lavalle, me decía, acaba de sufrir un ataque en su salud (creo que fue un mal de garganta) que, si le repite, puede dejarnos sin general, y esto entonces se pierde si no está usted, pues no hay quién pueda reemplazarlo. Olvide usted, concluía, la ingratitud de sus compatriotas y vuele usted a prestar nuevos servicios a la patria." ¿Me decía todo esto de buena fe el señor Carril? Pienso que sí, porque me escribió sin duda bajo las impresiones que le produjo la enfermedad del general, y porque, a pesar de sus relaciones con la gente grande, me conservaba aprecio. Creo también que él no le merecía a dicha gente plena confianza y que sólo se la dispensaban a medias.

Todas las noticias que recogíamos anunciaban una batalla próxima, y, tanto por esta razón como porque así lo habíamos combinado desde el principio del viaje, deseaba adelantarme. Aun el doctor Agüero había antes manifestado el mismo deseo, pero se fue enfriando en proporción que nos acercábamos; por esta razón no se trató del asunto sino con respecto a mí. No había sino dos modos de hacerlo: o empleando un bote del buque de guerra francés, o aprovechando una ballenera con bandera argentina que iba al mando de un pardo, que se decía oficial, llamado Calixto. Éste recibía órdenes del doctor Agüero, tanto para su buquecillo como para un gran lanchón que iba cargado de galleta, que se decía haber sido apresado saliendo de Buenos Aires y que no sabiendo qué hacer de aquel comestible, que vendido hubiera dado muy poco, se destinaba al ejército; nada tenían que ver los franceses con esta supuesta presa, por cuanto decía el doctor Agüero que había sido capturada por la ballenera de Calixto.

El capitán francés declaró que no podía distraer ni bote ni fuerza suya, porque la que traía era la absolutamente precisa para el servicio del buque; y en cuanto a la ballenera, encontré otra clase de dificultad en las reticencias y reservas del doctor Agüero, que aun se oponía indirectamente a que hablase con Calixto, fingiendo pretextos para que no se uniera al bergantín, y cuando lo hacía, hablando secreta y misteriosamente. Hube, pues, de renunciar al proyecto de adelantarme, y resignarme a seguir la marcha lenta del convoy, cuya llegada a Punta Gorda se verificó a eso del mediodía del 15 de julio, a los dieciséis días completos de mi salida de la Colonia.

El doctor don Julián Segundo de Agüero tendría entonces sesenta años, pero gozaba robustez y buena salud. Es sacerdote, pero ni su traje ni sus modales lo indican, pues afecta los del gran mundo, o, por lo menos, los de un secular de buen tono; jamás lo vi tomar el breviario, ni ocuparse de lectura alguna durante la navegación; o conversaba con los oficiales sobre asuntos juveniles, o se paseaba sobre cubierta en actitud reflexiva y meditabunda. Conversaba también frecuentemente conmigo, pero jamás se abandonó a la menor confianza, lo que prueba que es hombre que sabe dominarse y poseerse. Si esto es una ventaja, tiene el inconveniente de que tampoco inspira confianza a los demás, y al menos a mí jamás me la mereció.

Cuando se trataban cosas públicas era cuando más economizaba sus palabras; así es que me fijaba bien en las que llegaba a verter; quiero referirlas aquí, según las recuerdo, para dar una idea de este misterioso personaje.

La *Gaceta* de Buenos Aires había publicado una carta, cierta o supuesta, del doctor don Daniel Torres, residente en la Colonia, en que manifestaba el plan de un gobierno que debía suceder a Rosas, en que no tenía parte el doctor Agüero; este plan, si es que existía, aunque el doctor Torres había negado la carta, le había llegado a lo más vivo, y se propuso, hasta con socaliñas, averiguar lo que yo supiese a este respecto; no mentí al decirle que ningún conocimiento podía darle; mas, tornando la conversación sobre asuntos financieros, le referí lo que había oído a los emigrados de la Colonia sobre mejorar el medio circulante de Buenos Aires, que había caído en el último abatimiento. Consistía el proyecto en apreciar el papel moneda por el valor real que tuviese cuando la instalación del mismo gobierno, y conservarlo inalterable, pagando y recibiendo el estado por dicho valor real, sin permitir variación. No pretendo discutir el mérito o desmérito de semejante pensamiento, pero puedo decir que el doctor Agüero lo desaprobó con todas las fuerzas de su alma. Fue tal la energía de la reprobación, que estuve tentado a creer que el desacato de haberse atrevido a idear un proyecto sin consultarlo tenía mucha parte en su negativa. Sea lo que sea, yo esperé que él iba a proponer otro pensamiento, e, interpelado por mí, se contentó con decir: "El medio circulante mejorará mediante operaciones financieras que se sabrán a su tiempo". Medrados estamos, dije para mi capote, y me quedé tan a oscuras como al principio.

Otra vez le hablaba de la inclinación a la poesía de la *joven generación*, y le dije: "Los jóvenes del día son muy hábiles; hacen muchos versos." —"Pero muy malos versos", me contestó, y volvió a meterse en su concha.

En cierta ocasión dije que aquellos hermosos ríos y sus costas, abundantes de combustibles, convidaban para la navegación de vapor, y por entonces estuvo algo más comunicativo, para probarme que durante un siglo no podría tener lugar mi pensamiento, por falta de población y consiguiente inconcurrencia de pasajeros. Es una de las muy raras veces que hizo mención de la Europa, para referir que había navegado en sus ríos, donde la multitud de transeúntes costea los gastos que hacen los empresarios. No sé si decía lo que sentía, pero, a pesar de todo, yo creí entrever un mal disfrazado espíritu de localidad y una mezquindad de ideas.

Daba un gran valor a la resolución que tomó el general Lavalle de dejar Montevideo contra la voluntad de Rivera, para venir a enarbolar en Martín García el estandarte de la revolución; pero añadía muy modestamente: "Yo se la aconsejé; yo se la hice adoptar".

Según me lo recuerda mi memoria, es cuanto pude sacar de este oráculo viviente; por lo demás, nada del pasado, nada del porvenir, nada de los hombres, nada de las cosas. En vano fue incitarlo a que levantase siquiera una punta del velo con que cubría sus grandes proyectos políticos; fue inútil provocarlo a que diese una opinión sobre la futura organización de la república; en vano fue buscar la menor declaración sobre el objeto y resultados de aquella guerra a que nos empujaban con tanta fuerza. Nada pude conseguir, porque, siempre concentrado, rehusaba toda explicación; por esta vez ni aun me insinuó el pensamiento de los años anteriores, de dar de mano a la organización de toda milicia o guardia nacional y concentrar toda fuerza pública en el ejército de línea; la razón era clara: porque ahora no tenía gran interés en ligarme a su carro, como lo pensó en otra ocasión.

Si se hace un gran mérito de su reserva, pienso que no lo merece, porque si no la hubiera tenido, y me hubiese ofrecido la perspectiva de un mejor futuro para la república, mi entusiasmo se hubiese exaltado, y en algo podía el reverendo padre avaluar mi decisión. Muy al contrario; cada día me entibiaba más, no porque no me causasen horror las crueldades del tirano y su sanguinario sistema, sino porque no divisaba mucho de mejor, en lo futuro, para la república. ¡Y éste era el hombre que pensaba dirigir los destinos de nuestro país!

Son indisputables el talento y los conocimientos del doctor Agüero; recuerdo que lo he oído hablar en la tribuna del congreso nacional, y que no había orador que le sobrepasase en elocuencia; su tono, su metal de voz, su método, su lógica, todo arrastraba a la persuasión que se proponía inculcar; pero, a fuerza de reservarse, sin duda, para las grandes ocasiones, se hacía insulso y hasta insoportable. Además, se había persuadido que podía manejar a los hombres, a los jóvenes militares principalmente, hablándoles frivolidades, sin excluir asuntos de amoríos y libertinaje. ¿Creía este hombre llevar a los demás a la abnegación y a la muerte sin tocar el resorte poderoso de las grandes pasiones? Lo he visto chacotear, permítaseme la expresión, con algunos oficiales alegres, aplaudiéndose interiormente de su habilidad y destreza, sin advertir que cuanto bajaba de su esfera perdía de respetabilidad y verdadero influjo. Recuerdo que los oficiales franceses, cuando después de dejarlo en Punta Gorda siguieron conmigo hasta Hernandarias, protestaban malignamente que habían ignorado que era eclesiástico, y que por eso se habían permitido conversaciones obscenas en su presencia; dije malignamente, porque no ignoraban que fuese eclesiástico, y si luego lo aparentaban, era para hacer una amarga crítica, puede decirse, pues el vizconde de Descuidú se manifestó altamente escandalizado.

¿Y cuál fue el motivo que obligó a este anciano sacerdote, a este ex ministro de la República Argentina, a este Sieyès sudamericano, a dejar su morada de Montevideo para venir al ejército del general Lavalle? A nadie se le ha ocurrido que fuese para administrar los sacramentos, ni para los ejercicios de su ministerio, porque nada tenía más olvidado. Era el de inculcar la idea de que pasase el Paraná, dejando, aunque fuese intacto, el ejército de Echagüe.

En prueba de ello diré que el misterioso lanchón cargado de galleta, que se suponía presa hecha por nuestra ballenera, no lo era; sino que había sido cargado y aprestado en Montevideo, y era mandado por la Comisión Argentina con algunos miles de raciones para el ejército libertador. De aquí venía la importancia que daba el doctor Agüero a su cargamento; de aquí los secretos con Calixto; de aquí la resistencia a que me impusiese de lo que decía relación a él. No tengo la menor dificultad en asegurar que así como se atribuía la gloria de la salida del general Lavalle de Montevideo, quería ser el héroe de la pasada del Paraná por el ejército.

Supe después que estas raciones fueron pedidas por el general Lavalle, quien jamás perdió de vista el proyecto de trasladar el teatro de la guerra a la provincia de Buenos Aires, para cuyo efecto le convenía tener algunos víveres secos. Este proyecto podía verificarse después de una batalla feliz, o desentendiéndose del ejército que conservaba Echagüe. El general Lavalle no escrupulizaba la operación en ninguno de los dos casos, y sólo espiaba la ocasión oportuna; mas todo tenía graves dificultades.

En el primero, era preciso vencer a Echagüe; en el segundo, además del peligro de pasar un río de la importancia del Paraná, teniendo al enemigo a su inmediación, había que allanar la resistencia que harían los franceses a prestar su indispensable cooperación. El capitán de la corbeta, Penaud, que mandaba la estación francesa del Paraná, tenía órdenes del almirante Dupotet de no auxiliar el paso del ejército sino en caso de un revés, en que fuese preciso salvar los restos del ejército batido; y aunque se había hecho cuanto es inimaginable para ganar a muchos oficiales y para persuadir a Penaud, es más que probable que éste se hubiera atenido a sus terminantes instrucciones.

Desde mucho antes, y aun desde Corrientes mismo, el general Lavalle había manifestado deseos de engañar a Ferré y a los correntinos, y, desentendiéndose de Echagüe, dirigirse a la base del poder de Rosas, que estaba en la provincia que inmediatamente preside. Así lo había manifestado en diferentes ocasiones;

pero me persuado que nunca pensó seriamente en realizarlo, tanto por las dificultades de la ejecución como por la lealtad de su carácter, a la que debía repugnar un acto de indiferencia respecto del gobierno de Corrientes, y de ingratitud a la provincia que tan decididamente se había pronunciado en su favor. En tal suposición, la petición de víveres secos debió ser hecha en un momento de irreflexión, o de suma previsión, para un caso desgraciado. Sea esto como fuese, el hecho es que en Montevideo no se le dio este sentido, y que se creyó que la prevención se dirigía a facilitar a todo trance la deseada operación de que pasase el ejército a la margen derecha del Paraná, aunque la provincia de Corrientes hubiese de ser sacrificada.

Según lo que oí, y los conocimientos que pude adquirir, la situación del ejército libertador era tanto más ventajosa cuanto la del de Echagüe era desesperada. La batalla de Don Cristóbal, en que la caballería de éste había sido batida, había desmoralizádolo completamente, y sólo sostenía la campaña a favor de la superioridad de la infantería y artillería, y de las buenas posiciones que elegía para acamparse. Sus movimientos eran tímidos y lentos; sus operaciones inciertas y vacilantes. Pocos días antes el general Lavalle había dejado la infantería y bagajes en un reducto, obra pasajera de fortificación, para ir con su caballería a recibir la división del general correntino don Vicente Ramírez, que venía a aumentar su ejército, y Echagüe no tuvo la resolución de atacar el reducto, contentándose con disparar algunos cañonazos. Cuando volvió el general Lavalle y se incorporó a su infantería, Echagüe volvió a su rigurosa defensiva.

En esos días había empezado la deserción de los soldados federales, de los que muchos se presentaban al ejército libertador, en términos que es general la opinión que con un mes de paciencia se hubiera consumado la disolución del ejército de Echagüe. En él faltaba todo, mientras en el del general Lavalle reinaba una abundancia que una mejor administración hubiera sostenido con comodidad un ejército cuatro veces mayor. A la par de efectos de ultramar, que se distribuían con un desorden imposible de describir, abundaban las armas y las municiones, suministradas por la escuadra francesa; sin excluir el dinero, pues recuerdo que los oficiales del bergantín *San Martín* me dijeron que una vez habían traído en el mismo buque cien mil patacones, que habían entregado al ejército.

El general Lavalle, que sabía mejor que nadie la situación

respectiva de los beligerantes, debía conocer sus ventajas; pero no tuvo paciencia para esperar unos días más, después de haber esperado lo más, o, lo que es más probable, tuvo que ceder a sugestiones extrañas, porque es indudable que muchos, tanto en Montevideo como en la escuadra, pedían la batalla. Me confirmo en esta opinión por lo que dijo el general después de la del Sauce Grande: "He aquí la batalla que tanto me han pedido".

Luego que arribamos a Punta Gorda, mi primer cuidado fue escribir al general, avisándole mi llegada y pidiéndole caballos para trasladarme al ejército. Lo mismo hicieron el doctor Agüero y el señor doctor Salvador Carril, intendente del ejército, a quien habíamos encontrado allí.

El ejército sólo distaba seis leguas de Punta Gorda y, de consiguiente, la contestación no debía tardar; ésta llegó a las ocho de la noche, y era dirigida a los tres, que habíamos escrito colectivamente. Dicha carta, que conservo original, decía así: "Mis amigos Paz, Agüero y Carril: he recibido la correspondencia a las cuatro y veinticinco minutos. El dador les dirá la distancia a que están los dos ejércitos. No tengo caballos que mandar, ni uno solo. No puede tampoco venir Paz, porque no hay tiempo, y porque esta noche voy a hacer una maniobra para atacar a la madrugada; la artillería enemiga ha sido desalojada hoy. Hemos tirado ciento treinta tiros de a seis y ocho. Aún no he leído la correspondencia, ni las cartas de mi familia. Muy amigo de usted. —*Juan Lavalle*. —Julio 15."

Mi sorpresa fue grande al recibo de esta carta, y sin embargo no pensé en el momento sino en los medios de facilitarme los caballos que decía el general que le faltaban; los mismos deseos manifestaron todos y más que nadie los oficiales de la marina francesa, a cuyo bordo estábamos. Acabábamos de comer en la corbeta *Expeditiva* y nos paseábamos sobre el puente, cuando se recibió la carta, cuyo sentido nadie penetró a primera vista, hasta que les hice notar que el general Lavalle rehusaba muy claramente mi asistencia en la próxima batalla. Entonces convinieron en que debía suspender mi viaje, y hasta recuerdo que un oficial francés hizo la juiciosa observación de que cuando un general ha tomado una resolución es preciso no combatirla, ni procurar disuadirlo, lo que podría acaso temer si yo fuese consultado. Esto me allanó el camino y me excusó de recurrir a otras razones que saltaban a la vista, pero que expuestas por mí podrían interpretarse como hijas de poco celo o de un tibio patriotismo. Quedó, pues, resuelto que yo esperase allí los resultados de la batalla que iba a darse.

Por otra parte, mi marcha, si no imposible, era muy difícil y peligrosa, porque mientras desembarcaba, buscaba caballos, práctico del camino, y alguna otra compañía, hubiérase avanzado la noche, y mudando de posición, el ejército, posición que ignorábamos, era muy expuesto a dar con el enemigo o sus partidas; mi resolución, pues, fue comandada no sólo por la voluntad bien manifestada del general Lavalle, sino por la necesidad. Me confirmó en ella el silencio del impenetrable doctor Agüero, que se abstenía de emitir su opinión, dejándome entonces vehementes sospechas de que hubiese recibido otras comunicaciones, fuera de la colectiva de que he hecho referencia.

De la carta del general Lavalle se infería: Primero, que se había resuelto al fin a dar una batalla antes de tentar el paso del Paraná. Segundo, que esta batalla debía principiar en la madrugada siguiente. Tercero, que su artillería había obtenido ventajas en esa tarde. Cuarto, que no deseaba mi concurrencia. Éste fue el primer desengaño que tuve de que los esfuerzos de los argentinos para que viniese al ejército y el llamamiento del general Lavalle habían tenido otro objeto del que habían manifestado. Ya hice mención del que, a mi juicio, tuvieron realmente los primeros; pero, en cuanto al general Lavalle, pienso que hubo otros, de que me ocuparé un momento.

Este desgraciado jefe, este amigo antiguo, conservaba, según he sabido después, un vivo resentimiento porque le insinué que no hallaba por conveniente su viaje al interior, diez años antes, cuando, después de la capitulación con Rosas, quiso hacerlo. Es seguro que antes de alejarse veinte leguas de Buenos Aires hubiera sido víctima de su confianza, y, sin embargo que debía él después haber conocido la exactitud de mis observaciones, conservaba un amargo recuerdo, como lo expresó varias veces a sus amigos. Era, pues, una ocasión de desahogar esa pretendida ofensa, que sin duda no quiso desperdiciar. Además, ¿será permitido dudar si entraba por algo una puntita de emulación y el deseo de ceñirse él solo con el laurel de la victoria? No lo sé, y me cuesta trabajo pensarlo, porque sufro al suponer en el ilustre general un sentimiento menos noble, un rasgo tan pequeño.

Amaneció el 16 de julio, y la atmósfera estaba tan cargada de una densa niebla, que no se veían los objetos a doce varas de distancia. Habíamos pensado ser despertados con el estruendo de los cañones, y no se oía ni un tiro; llegamos a dudar de que se pensase en combatir, pero hacía el señor Carril una observación que nos quitaba toda duda. No parecía en el puerto un solo hombre del ejército, y esto, según él, era un indicante certísimo de que se preparaba de próximo un combate, porque los demás días jamás faltaban cien o más hombres, que venían arbitrariamente de paseo y que pasaban el día divirtiéndose. Serían las once cuando la niebla se despejó, y nosotros, acompañados de muchos oficiales franceses, bajamos a tierra. Reinaba el mismo silencio, la misma incomunicación, y una ansiedad en todos, más difícil de explicar que de comprender. Lo que por mí pasaba era extraordinario, figurándome a mis compañeros en un combate en que no podía tomar parte y ayudarles. Esta penosa situación se avivó grandemente cuando, pasado el mediodía, empezáronse a oír disparos de cañón. Era indudable que los combatientes llegaban a las manos, y yo, ocioso e inactivo, los consideraba desde seis leguas de distancia. Este tormento duró toda la tarde, en que continuó oyéndose el cañoneo, hasta que entró la noche sin que se tuviese una nota ni llegase un alma que nos sacase de cuidado.

En todas las épocas, y muy principalmente en las que determinan las fases de una revolución, se entronizan ciertas ideas dominantes que tiranizan, por lo común, la opinión, y no dejan lugar al raciocinio. En la que me ocupa dominaba de un modo más despótico un espíritu de intolerable jactancia y fanfarronería. Cuando se abría la campaña, todos gritaban que ésta se terminaría sin disparar un tiro, que el ejército enemigo estaba casi disuelto, o que no existía, y que no había más que *ir, ver y vencer*; cuando los ejércitos se aproximaban, se propalaba que el enemigo era diez veces menos que el nuestro, y que no podía resistir una carga. Se daba la batalla, y entonces se gritaba en sentido contrario, pero con igual exageración: que el ejército enemigo era mucho más numeroso que el nuestro, que había combatido bien y que todos nuestros soldados eran unos héroes, cualquiera que hubiese sido el resultado del combate. No es de extrañar que esto suceda más o menos en todas partes y en todas las guerras; pero lo que hay de notable es el grado excesivo de exageración, y que las personas que se suponen arriba del vulgo participaban muy cumplidamente de estas preocupaciones.

Con tales antecedentes, era reputado como sospechoso el que se hubiese atrevido a poner en duda el éxito de la batalla, y estoy seguro que el grave doctor Agüero y el señor Carril hubieran mirado como una muestra de equívoco patriotismo la menor incertidumbre a este respecto. Yo, a quien creo puede considerársele alguna experiencia en estas materias, veía con asombro que no se tomaba ninguna precaución de las que convienen en tales casos, y para proponerla tuve que protestar la seguridad que me asistía de la victoria, pero que, sin embargo, creía conveniente tal o cual medida.

Había en Punta Gorda más de cincuenta buques de cruce, pues estaban dos convoyes, uno que bajaba y otro que subía a Corrientes, y los buques de guerra franceses, en número de seis. Todos estaban fondeados al frente, pero lo más inmediato posible a la grande isla que está a la parte opuesta del canal. Por la noche, los oficiales y tropa que venían de paseo en los días comunes se iban a su campo, porque hubiera sido muy expuesto quedarse; se embarcaban también los que, perteneciendo al ejército, tenían que residir allí por cualquier motivo; de este modo quedaba solo el embarcadero, en términos que cuando llegaba por la noche algún correo del ejército, disparaba uno o dos tiros para que viniesen a buscarlo en un bote.

La noche se aproximaba; no había noticia alguna del resultado de la batalla, y todos se disponían a hacer lo mismo que las demás noches, trasladándose a bordo sin dejar ni un hombre que sirviese a los que podían llegar; me esforcé mucho para persuadir a los señores Carril y Agüero la conveniencia de dejar una guardia, ofreciéndome yo a ser el comandante de ella. Se me objetó entonces que los marinos franceses no querían darla y que no había tropa nuestra para formarla. Insistí aún en mi idea, proponiendo traer algunos oficiales o soldados convalecientes del hospital, que estaba situado en la gran isla del frente, y exigirles este servicio indispensable. Al fin se convino, y vinieron del hospital ocho o diez individuos que estaban más sanos que yo, y, de consiguiente, muy capaces de aquel pequeño servicio.

Heme aquí desempeñando las funciones de alférez o teniente, a la cabeza de ocho hombres, entre los que había cuatro o cinco oficiales, y procurando reunir unos cuantos caballos para extender un poco más afuera nuestras operaciones. Se acababa de poner el sol cuando yo terminaba estos preparativos, y es en esos momentos que apareció el primer hombre que se vio venir del ejército, descendiendo por uno de aquellos senderos estrechos que conducen desde las lomas al embarcadero de Punta Gorda; venía muy despacio, porque su caballo estaba cansado, y manifestaba su semblante una expresión muy marcada de disgusto y pesar, pero no de cobardía ni miedo. Una mujer que lo conoció, y acaso lo vio primero, le gritó: "Julián, ¿cómo les ha ido en la pelea?" A lo que contestó, con voz grave y sosegada, pero bien alta para que pudiese ser oída a la distancia a que estaba la interlocutora: "Más mal que bien". Admirable contestación por su laconismo, por su exactitud, y, más que todo, por el marcado contraste que hace con esas relaciones contradictorias que se dieron y se dan hasta ahora de esa particular batalla.

Como es de conjeturar, nos apoderamos del soldado para examinarlo más prolijamente, y lo que costará creer es que después de sus explicaciones pudimos comprender menos el estado de las cosas. La razón era porque luego que el declarante tuvo que contestar a interpelaciones formales y oficiales, ya se apoderó de él el espíritu de fantasía que dominaba, según he dicho, y no le dejaba contestar francamente. Si hablaba de los ataques de caballería, en todos había triunfado la nuestra, porque creía que era una mengua que hubiese cedido en algunos; nuestra infantería había avanzado bizarramente; los enemigos eran unos cobardes; los nuestros unos valientes, y, sin embargo, se habían dispersado y cedido el terreno. Todo esto era incomprensible, y sólo puede explicarlo el espíritu de la época, que se había personificado hasta en la tropa.

El doctor Agüero y los oficiales franceses se habían retirado a bordo; el señor Carril quedó en el mismo embarcadero para recibir y transmitirles las noticias que yo les mandase; y yo me avancé con mi formidable guardia de ocho hombres, para adquirir noticias y encontrar a los que fuesen llegando.

Algunas cuadras había andado cuando llegaron muchos individuos de tropa, oficiales y aun jefes. Entre ellos, el coronel Elías, los Carmelino, el comandante Hornos y otros. Se creerá que con las relaciones de personas tan caracterizadas adelantaría mucho; pues, nada de eso, porque unas diferían esencialmente de las otras, y se contradecían al fin. Cada uno refería lo que había pasado en el cuerpo a que pertenecía, y, según su referencia, éste había cargado, batido al enemigo, acuchillándolo, y luego se había dispersado por las zanjas pantanosas en que se habían enredado. En suma, ellos habían vencido, y, sin embargo, venían huyendo del campo de batalla. Ninguno quería cargar con la responsabilidad de una mala noticia, y, por lo mismo, huía de pronunciar la voz revés, contraste o derrota.

Hubo oficial de estos mismos, que venía huyendo, que cuando a la luz de las estrellas percibió la guardia formada, que se había aumentado con varios grupos que le habían precedido, empezó a gritar con toda la fuerza de sus pulmones: "¡Viva la Patria; victoria por nuestro ejército!", en términos de hacerme dudar a mí mismo. Sin embargo, no quise cargar con la responsabilidad de un parte positivo, y previne a uno de los oficiales que me acompañaban que fuese a decir al señor Carril lo que él y todos habíamos presenciado, añadiendo, de mi parte, que esperaba tomar conocimientos más expresos. La noticia de *victoria* se transmitió con una rapidez eléctrica y, como era natural, produjo en el puerto y en la escuadra explosiones de alegría, que se manifestaron en toda su fuerza. Veremos luego el inconveniente que esto trajo.

Hubo un incidente que, por algunos momentos, me hizo esperar en la victoria, y fue el siguiente. El cañoneo hacía tiempo que había cesado, pero, ya entrada la noche, se oyeron tiros más lejanos; esto me hizo sospechar que, batida la caballería de Echagüe, hubiese éste emprendido su retirada, y que, perseguido por la superior del general Lavalle, quisiese alejarla a cañonazos. Era la salva que se hacía en la Bajada, en celebridad de lo que decían su triunfo.

Uno, por no decir el principal de mis cuidados, fue reunir los hombres dispersos que venían llegando, y, al efecto, los hacía formar y desmontar con orden, que quitasen sólo el freno a sus caballos; alguno me representó que aquellos hombres no habían comido y que deseaban atender a esta necesidad: "Otra razón más, dije, para que se reúnan, pues será el modo que se les pueda distribuir la carne que he mandado preparar". Nadie se atrevió a contradecir abiertamente mis órdenes, pero me apercibí de la extrañeza que les causaban; este trivial principio de orden y regularidad era desconocido en aquel ejército, y he tenido después que agradecer, como una prueba de deferencia personal, que no se rebelasen contra mis disposiciones. Sin embargo, ellas no fueron enteramente cumplidas, porque, aunque hacía desmontar y formar los hombres, al menor descuido se escabullían los que podían, para irse a acomodar donde querían.

En medio de estos esfuerzos, y cuando serían las ocho de la noche, llegó el mayor don Pedro Rodríguez, santafecino, ayudante de confianza del general Lavalle, el cual me dijo que traía órdenes de su jefe. Cuando le pregunté cuáles eran, me contestó que las contenía una comunicación que traía, dirigida al señor Carril. "¡Cómo! —le dije—; y a mí nada me previene; ¿nada quiere que haga en esta circunstancia?" "—No sé —me contestó—; puede que la carta diga algo a este respecto." En seguida me habló privada y confidencialmente, y me insinuó la mira que tenía el general Lavalle de pasar inmediatamente el Paraná y llevar la guerra al otro lado, dejando a Echagüe con su ejército en pie. Me dijo que la batalla de ese día, sin ser una derrota, dejaba al enemigo la ventaja, y que el ejército nuestro venía a esa hora en retirada; que debía a toda prisa pasarse ganado a la isla, y prepararse todo para que lo hiciera también el ejército todo.

Cuando supo mis esfuerzos por reunir los dispersos, me rogó con encarecimiento que no pensase tal cosa, porque no era necesario, no siendo de esperar que se moviese el enemigo, y, más que todo, porque la tropa no estaba acostumbrada a esa orden; que era mejor dejarlos pasar la noche a su albedrío, y que era seguro que al otro día se reunirían espontáneamente; que, fuera de esto, todo empeño sería inútil.

Lo poco que en aquella solemne circunstancia me había sido posible hacer, era una oficiosidad mía; contaba con que el general Lavalle, haciendo justicia a mis deseos, a mi posición militar, a mi amistad, me hubiese asociado a sus trabajos; que, en aquella coyuntura, me hubiese hecho algún encargue, juzgando que mi servicio podía ser de alguna utilidad; no hubo nada de esto, y su desdeñoso silencio no sólo probaba la indiferencia, sino que yo venía a ser un estorbo, un peso en el ejército. Debo creerlo así, porque no puedo persuadirme que quisiera reducirme al rol que desempeñaba el general Iriarte, porque, además de no conocerme, era renunciar al buen sentido y hasta al pudor.

Formé en el acto la resolución de prescindir de todo negocio y reducirme al simple papel de espectador. Dije a los oficiales que me acompañaban que hiciesen lo que quisiesen, y lo mismo a todos los demás que había reunido, y me encaminé al puerto, donde ya no encontré al señor Carril, que se había embarcado para llevar las alegres noticias al señor Penaud, jefe de la marina francesa.

Cuando con Rodríguez llegamos a la corbeta *Expeditiva*, hallamos a este señor en una gran conferencia con los señores Agüero y Carril. Éste leyó la comunicación del general Lavalle, en que nada le decía de victoria, y sí de hacer pasar ganado a la isla, en el mayor número posible y sin perder tiempo. Esto es *vital*, decía la carta con repetición, añadiendo que él se movía, y que pronto estaría con él.

Esta contradicción con la noticia de victoria que acababa de darle al señor Carril, ya empezó a indisponer al señor Penaud, que sospechaba que no se le hablaba con sinceridad, y que, o antes se le había engañado, anunciándole el triunfo de nuestras armas, o ahora se le desfiguraban las cosas, para que coadyuvase al *paso del Paraná*. Para colmo de conflicto, se anunció en ese instante al general Iriarte, que acababa de llegar con una misión especial del general Lavalle para dicho jefe.

Introducido que fue en la cámara de la corbeta, donde estábamos todos reunidos, expuso que venía comisionado por el general cerca de la persona del señor Penaud; que le era forzoso pasar con el ejército a la otra banda del Paraná, y que para proteger esta operación exigía que situase en tierra una batería de las piezas de artillería, servida por artilleros franceses. Pedía también que todas las embarcaciones menores de la escuadra ocurriesen a la playa para facilitar el pasaje.

Ya hemos dicho cuáles eran las órdenes que tenía el jefe francés del almirante Dupotet, y, a vista de ellas, no se extrañará que preguntase si el ejército nuestro había sido vencedor o derrotado; mas esto lo hacía con tal vehemencia; manifestaba tanta desconfianza del señor Carril, a quien dijo algunas expresiones duras; exigía una respuesta tan terminantemente categórica, que ponía a todos en el mayor conflicto para hacerle entender que había un medio entre una derrota completa y una victoria decidida. Si se le decía que habían sufrido un desaire de la fortuna nuestras armas, concluía: luego ha sido derrotado el general Lavalle; en lo que no consentía el amor propio de sus amigos; si, por el contrario, se le insinuaba que el enemigo había sufrido pérdidas considerables, infería que nuestro ejército era vencedor, en lo que tampoco se quería consentir, porque entonces no prestaría los auxilios que se le exigían.

Después de una discusión tan larga como fastidiosa, lo único a que se pudo arribar fue a que auxiliaría con sus embarcaciones menores y los fuegos de sus buques el pasaje del ejército; y que cedería, para la batería que había de ponerse en tierra, dos viejas carronadas montadas en cureñas de mar, que se habían tomado a un buque de Buenos Aires, mas negándose absolutamente a dar cañones de su escuadra y artilleros que los sirviesen.

Serían más de las diez de la noche cuando tuvimos que contentarnos con esta concesión y retirarnos a bordo de la goleta *Unión*, buque mercante al servicio del ejército, donde estábamos alojados con los señores Agüero y Carril. Allí encontramos varios jefes de los dispersos del ejército, que habían venido en solicitud de cena, en donde la encontraron profusamente, porque el patrón, el italiano Balán, se ostentaba muy generoso, aunque ignoro si era suyo o del estado lo que suministraba.

Dejando a los recién venidos satisfacer sus necesidades gastronómicas, nos retiramos a la cámara del buque, a una segunda deliberación, los señores Agüero y Carril, el general Iriarte y yo. Allí declaré terminantemente que, movido por un motivo de delicadeza, cuanto por obtemperarme a la voluntad del general Lavalle, muy claramente manifestada, prescindía de toda intervención en los negocios militares y me reducía al estricto papel de espectador; que, en consecuencia, había desistido de pasar la noche en tierra, según había sido mi primera intención, y que nada me quedaba que hacer sino retirarme a dormir, si era posible hacerlo en una circunstancia como la presente.

Mis tres interlocutores se levantaron a la vez para conjurarme a que no hiciese semejante cosa, y a que continuase mis esfuerzos para remediar lo que era remediable. Cuando hice presente que no tenía autoridad ninguna, que me exponía a ser desobedecido, y que el general, que era el único que podía dármela, no había querido hacerlo, dijo el señor Carril que él investía todos los poderes del general en Punta Gorda, y que me los transmitía íntegros, seguro que mi voz sería escuchada, etcétera. El doctor Agüero empleó toda su elocuencia en el mismo sentido, y el general Iriarte añadió que, estando comisionado por el general en jefe para elegir el sitio en que había de situarse la batería de tierra, quería absolutamente que yo me le asociase en esta importante diligencia. Me fue indispensable ceder, y para principiar el ejercicio de mi anómala autoridad, mandé que todos los jefes y oficiales que estaban a bordo y que pertenecían al ejército bajasen a tierra en el acto.

Recuerdo que el coronel Elías (llamado vulgarmente *el Tigre*, por lo muy picado de viruelas) se había ya acomodado en un buen camarote, y dormía tranquilamente en un grueso colchón; cuando le intimaron mi orden, contestó que estaba enfermo; y repetía mi orden y me disponía hacerla cumplir, cuando se me llegó el comandante Hornos y me dijo al oído: "Señor general, si el objeto de usted, como creo, es reunir la tropa y regularizar el servicio, le ruego que no exija la concurrencia del coronel Elías, porque, tan lejos de ser útil para el ejército, es en extremo perjudicial, por el descrédito y general desprecio que todo el ejército hace de él". Hube de ceder a estas razones, y dejar a este *valioso jefe* que pasase entre sábanas una buena noche. Todos los demás fueron exactos, y bajaron conmigo a tierra.

Inmediatamente nos pusimos a recorrer los puntos inmediatos al embarcadero, para elegir el más a propósito para la proyectada batería, a lo que ayudaba la claridad de la luna, que estaba en su plenitud. Después de verlo todo, nos fijamos en la antigua batería, que, además de ofrecer la ventaja de la situación, tenía la de conservar algo del viejo foso y parapeto, de modo que con ligeras obras podría rehabilitarse. Resuelto esto, convinimos en que era preciso ponerlo sin pérdidas de instantes en conocimiento del general Lavalle, y pasamos a los ranchos, donde, con sumo trabajo, nos proporcionamos un mal recado de escribir. Puesta la nota, me resistí a firmarla, queriendo que sólo lo hiciese el general Iriarte, pero éste se obstinó en que también lo hiciese, y hube de ceder para no crear dificultades, que era mi ánimo evitar. La diligencia nos parecía tanto más urgente cuanto el señor Iriarte contaba con que nuestro ejército estaría a la mañana siguiente, y era de temer que el enemigo siguiese sus pasos. A la verdad, no puede ni concebirse ni explicarse la lentitud de Echagüe; ella salvó nuestro ejército.

Otra dificultad era remitir la comunicación que acabábamos de escribir, porque entre más de quinientos hombres que yacían (permítaseme la expresión) dispersos a su voluntad y entregados al sueño, era punto menos que imposible hallar uno que quisiese incomodarse, y carecíamos de autoridad para mandarlo. Así lo creía el general Iriarte, que pertenecía al ejército, y que, como tal, era reconocido en él. Yo mismo, que acababa de exigir de los jefes que bajasen a tierra, creí conveniente no exigir este servicio imprudentemente, y nos dirigimos al escuadrón Mayo, que había mandado adelante el general Lavalle, y que era la única tropa que había llegado en orden.

Serían más de las dos de la madrugada cuando estuvimos en su campo, y recordamos al comandante Chenaut, que lo mandaba. Tuve mucho gusto en ver a este antiguo oficial, que había servido muchos años antes a mis órdenes, y que, si no me engaño, participó de los mismos sentimientos al encontrar a su antiguo general. Vi también allí al comandante Canedo, que estaba en idénticas circunstancias, y algún otro conocido, que no recuerdo.

En general, los jóvenes del escuadrón Mayo me recibieron muy bien, y, a pesar de lo irregular de la hora, se levantaron muchos para saludarme. Al fin se halló un hombre que fuese con la carta, a quien se le dijo una proclama laudatoria por su patriotismo y se le tuvo en cuenta como un gran servicio.

Después de un rato de conversación me volví al puerto, donde pasé la noche sin otra novedad, pero entregado a amargas reflexiones. A más de lo que tenía de ingrata mi situación particular, la del ejército me daba serios cuidados; y, por más que las exigencias del amor propio me aconsejaban prescindir de todo y ser mero espectador, el interés público demandaba que hiciese aquello poco que estaba en la esfera de mi poder. La mañana del 17 me hallé combatido de estos diversos sentimientos, a lo que, agregándose nuevas instancias de las personas conocidas, monté a caballo para ocuparme de dar algunas providencias que el caso hacía urgente.

Dispuse que el comandante Hornos, hombre activo, vigoroso y de gran inteligencia en cosas de campo, diese desde luego principio a la operación de pasar ganado, y ya había hecho algo, cuando, muy tarde, se presentó don Pedro Rodríguez (el mismo de la noche antes), a decirme que él era el especialmente encargado por el general Lavalle de esta diligencia. Inmediatamente ordené al comandante Hornos que cesase en ella.

Era no menos urgente mandar ochenta o cien trabajadores con herramientas a medio reparar los parapetos destruidos y los fosos cegados de la batería; y cuando se pensó en llamar soldados, declararon paladinamente los jefes que no se conseguiría que la tropa prestase este servicio, y que era exponerse a un escándalo. El general Iriarte, especial encargado de la batería, tuvo que ocurrir al señor Carril, quien mandó que se obligase a los patrones y marineros de los buques mercantes a ejecutar estos trabajos, lo que se hizo forzándolos a ello, sin compensación alguna. Felizmente, no era mucho lo que había que hacer, y se concluyó en dos días.

El general Lavalle había mandado adelantar la artillería, que llegó esa mañana. Cuando supe que se aproximaba, quise salirle al encuentro, y marché en esa dirección; a poco de haber andado, me encontré con dos jóvenes a quienes pregunté quiénes eran y de dónde venían; me contestaron que pertenecían al cuerpo de artillería que iba a llegar, y que venían del ejército. Los reconvine por haberse separado de su campo, y me dieron la respuesta favorita: "Somos ciudadanos". "—Pues aunque sean ciudadanos —les dije—, les mando que esperen su cuerpo, para entrar con él al campo." Estando en esto, vi a otros dos, a quienes me dirigí para hacerles las mismas preguntas, y, sobre su idéntica contestación y excepción de ciudadanía, les impartí igual orden; pero cuando acordé por los primeros, que había dejado a alguna distancia, ya se habían escurrido y desaparecido. Cosa era de reír si una semejante indisciplina no afectase profundamente el orden de la milicia. Sirva esta muestra del arreglo que tenía el ejército libertador.

La tropa que había llegado el día antes, y la que llegó el mismo 17, permaneció allí; pero el cuerpo principal del ejército, con el general en jefe, sólo se aproximó a distancia de legua y media, donde permaneció, sin que el enemigo se hiciese sentir, ni aun con partidas. Su lentitud daba tiempo a hacer con algún más desahogo los preparativos, que sin eso hubiera sido imposible ni medio completar. El trabajo de la batería se acabó, y se pasó cuanto ganado se pudo a la isla. Habiendo ya llegado varios jefes, y entrado en sus funciones al modo que las desempeñaban, yo me retiré definitivamente de todo negocio y volví a mi papel de observador. Recuerdo que el teniente coronel Arrascaeta, que se decía encargado del estado mayor, mandó un oficial que me sirviera de ayudante, al que despedí, pareciéndome una especie de burla semejante distinción.

CAPÍTULO XXVI

ERROR MILITAR DEL GENERAL LAVALLE

[ENTREVISTA DE PAZ CON LAVALLE - INSPIRACIÓN SALVADORA DEL GENERAL PAZ - COMPOSICIÓN DEL EJÉRCITO LIBERTADOR - DISTRIBUCIÓN DE ARMAMENTO, VESTUARIO Y RACIONES - LAS MUJERES EN LOS EJÉRCITOS - GASTOS EN EL EJÉRCITO LIBERTADOR - LOS CORONELES VILELA, VEGA Y PEDRO JOSÉ DÍAZ - MANEJOS EN EL EJÉRCITO LIBERTADOR PARA CON EL GOBIERNO DE CORRIENTES - EL GENERAL RAMÍREZ - EXCESIVA LENTITUD DE ECHAGÜE - EL EJÉRCITO LIBERTADOR ABANDONA ENTRE RÍOS - DESACUERDO ENTRE PAZ Y LAVALLE POR LA RESOLUCIÓN DEL PRIMERO DE SEGUIR A CORRIENTES - EL CORONEL CHENAUT Y OTROS JEFES - EXALTACIÓN EN LAS IDEAS - MEZQUINOS AUXILIOS QUE SE DAN A PAZ - EXAMEN DE LOS ERRORES DE LAVALLE Y SUS RESULTADOS - SEPARACIÓN DE LOS DOS GENERALES - DESCONTENTO QUE EXPERIMENTAN.]

El 18 (de julio de 1840) se conservó el ejército en la misma posición que el día antes, sin que tampoco el enemigo hiciese movimiento. El mismo día fui a saludar al general Lavalle, a quien volví a ver después de más de once años que nos habíamos separado en el Desmochado, y después de haber corrido bien trágicos sucesos.

La recepción que me hizo fue amistosa en apariencia, pero no sincera; al través de expresiones de estudiada benevolencia, se entrevía una frialdad real, por no decir una refinada desconfianza. No me dejé engañar, pues allí mismo le indiqué mi intención de dejar el ejército y pasar a Corrientes a levantar un cuerpo de tropas que sirviese de reserva, al paso que cubriese aquella provincia que iba a quedar a merced del ejército de Echagüe. Desaprobó la idea, diciéndome que Corrientes era una tristísima provincia, sin recursos ni medios capaces para realizar mi pensamiento. He aquí lo que habíame dado lugar a él.

En el convoy que bajaba de Corrientes y que, como he indicado, estaba detenido en Punta Gorda, conocí a un comerciante muy conocido, llamado don Esteban Ramos; éste me había dicho que le constaba que el gobierno de Corrientes me había llamado por medio de un jefe, que se había destinado en comisión con este solo objeto; que tenía tanta más seguridad cuanto que él mismo había girado una letra de quinientos duros que el gobierno había querido remitirme para los costos de mi viaje. Ésta era la misión de don Manuel Díaz, de que ya he hecho mención.

Sin conocer Corrientes, ni sus recursos, ni las verdaderas intenciones de su gobierno, tomé mi resolución, porque, siéndome imposible permanecer en el ejército, no me quedaba otro arbitrio que éste o regresar a la Banda Oriental, lo que hubiese producido en el público un pésimo efecto. La vuelta de jefes menos condecorados, como Olavarría y Montoro, había causado sensación desfavorable, y la mía debía producirla peor. Además, quería salir cuanto antes del ejército, y sólo yendo a Corrientes en el convoy que subía podía conseguirlo; para volver a Montevideo o la Colonia tenía que acompañar el ejército en la acuática peregrinación que iba a emprender.

Entre las cosas que el general Lavalle me dijo, en tono de disuadirme de mi viaje a Corrientes, fue que en la situación del momento era imposible pensar en estado mayor y otros arreglos; pero que, luego que pasásemos el Paraná se elegiría un punto aparente para situar el ejército y entender en ellos; que yo era el destinado para presidirlos. Costóme contenerme para no reírme al ver semejante sandez, tanto porque la naturaleza de la campaña no podía dejarnos tiempo de estacionarnos, cuanto porque los vicios orgánicos de aquel cuerpo no permitían reformas. Mi contestación fue decirle que lo que él había hecho merecía hasta mi admiración; que el ejército tenía soldados muy valientes, pero que querer enmendar su organización actual era perderlo todo; que, a mi juicio, era preciso que así siguiese, llenase o no su misión.

Y era sincero en cuanto decía, como va a verse por el bosquejo que voy a hacer de ese ejército monstruo, no por sus dimensiones, sino por los defectos internos de su conformación.

El ejército, después de las pérdidas sufridas en el Sauce Grande, tendría tres mil hombres, entre los que se contaba un piquete de artillería, un batallón de infantería y el resto caballería. Esta última estaba distribuida en cuatro divisiones, que mandaban los coroneles Vega, Torres, Vilela, y la últimamente venida de Corrientes, a cargo del general Ramírez; cada división constaba de tres o cuatro escuadrones, y, además, había el escuadrón Mayo, y una que otra partida suelta. Lo que se decía estado mayor era desempeñado por un comandante Arrascaeta, cuya imbecilidad era proverbial y cuyas funciones eran absolutamente ningunas.

El general Lavalle era generalmente querido de la tropa, y

tenía una gran influencia en el soldado; nadie ignora que poseía ciertas dotes especiales que lo hacían amar, a la par del efecto que causaba su varonil presencia; poseía buenos talentos, tenía rasgos de genio y concepciones felices, que emanaban de aquellas primeras calidades; hubiera sido de desear más perseverancia para seguir un plan que había adoptado y un poco de más paciencia para desarrollar los pormenores de su ejecución. Estaba sujeto a impresiones fuertes, pero transitorias, de lo que resultó que no se le vio marchar por un sistema constante, sino seguir rumbos contrarios, y, con frecuencia, tocando los extremos.

Educado en la escuela militar del general San Martín, se había nutrido con los principios de orden y de regularidad que marcaron todas las operaciones de aquel general. Nadie ignora, y lo ha dicho muy bien un escritor argentino (el señor Sarmiento), que San Martín es un general a la europea, y mal podía su discípulo haber tomado las lecciones de Artigas. El general Lavalle, el año 1826, que lo conocí, profesaba una aversión marcada, no sólo a los principios del caudillaje, sino a los usos, costumbres y hasta el vestido de los hombres de campo o gauchos, que eran los partidarios de ese sistema; era un soldado en toda forma.

Imbuido en estas máximas, presidió la revolución de diciembre del año 28, y tanto que quizá fue vencido por haberlas llevado hasta la exageración. Despreciaba en grado superlativo[1] las milicias de nuestro país, y miraba con el más soberano desdén las puebladas. En su opinión, la fuerza estaba sólo en las lanzas y los sables de nuestros soldados de línea, sin que todo lo demás valiese un ardite.

Cuando las montoneras de López y Rosas lo hubieron aniquilado en Buenos Aires, abjuró sus antiguos principios y se plegó a los contrarios, adoptándolos con la misma vehemencia con que los había combatido. Se hizo enemigo de la táctica, y

[1] Conversábamos un día en la Banda Oriental sobre este asunto, y me decía que valía tan poco el paisanaje de la provincia de Mendoza, que se atrevía a ir solo con su asistente y hacer una revolución cuando quisiese. Del sud de Buenos Aires, me decía: "No conoce usted esa campaña, y por eso le da alguna importancia. Con sólo una mitad de caballería de línea (veinticinco hombres) soy capaz de meter todo el sud de Buenos Aires en un cuerno y taparlo con otro". Después de la revolución de diciembre, me decía frecuentemente: "Quisiera que los caciques Rosas, López, Quiroga, Bustos, Aldao, Ibarra y demás de la república, se reunieran en un cuerpo con sus numerosas hordas, para dar cuenta de ellos con quinientos coraceros".

fiaba todo el suceso de los combates al entusiasmo y valor personal del soldado. Recuerdo que en Punta Gorda, hablando del entonces comandante Chenaut, le conté que había organizado en años anteriores, y disciplinado hasta la perfección, un regimiento en la provincia de San Juan, pero que, desgraciadamente, este regimiento, por causas que no es del caso analizar, se condujo muy mal en la acción del Rodeo de Chacón. "Por eso mismo —me contestó—, que se habían empeñado en darle mucha disciplina, es que se condujo cobardemente." Hasta en su modo de vestir había una variación completa. Años antes lo había conocido haciendo alarde de su traje rigurosamente militar, y atravesándose el sombrero a lo Napoleón; en Punta Gorda, y en toda la campaña, vestía un chaquetón si era invierno, y andaba en mangas de camisa si era verano, pero sin dejar un hermoso par de pistolas con sus cordones pendientes del hombro. Llegó a decir que no volvería a ponerse corbata.

Esta vez quería el general Lavalle vencer a sus contrarios por los mismos medios con que había sido por ellos vencido, sin advertir que ni su educación, ni su genio, ni sus habitudes, podían dejarlo descender a ponerse al nivel de ellos. Al través del vestido y de los modales afectados del caudillo, se dejaban traslucir los hábitos militares del soldado del ejército de la independencia. Cuánto mejor hubiera sido que, sin tocar los extremos, hubiese tratado de conciliar ambos sistemas, tomando de la táctica lo que es adaptable a nuestro estado y costumbres, conservando, al mismo tiempo, el entusiasmo y decisión individual, tan convenientes para la victoria. Es natural que una disciplina llevada a los extremos acabe por hacer del soldado una máquina, un autómata, y que concluya con las disposiciones morales que tanto se necesitan; pero también es fuera de duda que si todo se deja al entusiasmo, desatendiendo la disciplina, jamás podría tenerse ejército propiamente dicho.

A propósito de *entusiasmo*: Se ha proclamado como muy eminente el que manifestaban los enemigos políticos de Rosas en la época que vamos hablando, y me ocurre una duda que quisiera absolver. No puede negarse que dicho entusiasmo era muy bullicioso y muy cacareado; pero, para juzgar más favorablemente de sus quilates, hubiera querido que fuese más sostenido. Él subía o bajaba con una rapidez asombrosa, según las buenas o malas noticias de nuestros ejércitos, según las más o menos probabilidades de vencer. Cuando he reconvenido a mis compañeros sobre los avisos exagerados de fuerza y poder que daban en sus cartas, me han contestado que esos avisos eran convenidos y, se puede decir, comandados, *para no enfriar el entusiasmo de nuestros amigos* en Montevideo y otros pueblos. Ya veo que se me dirá que exigir un grado mayor de abnegación no puede ser en este siglo de positivismo y en nuestros tiempos modernos. Mas ¿era acaso de otro siglo el gran Napoleón cuando en su boletín veintinueve más bien exageró que disminuyó los desastres del grande ejército, para excitar el patriotismo de los franceses? Seguramente que tenía otra opinión que nosotros del entusiasmo y de los sentimientos de sus compatriotas. Pero volvamos al ejército libertador.

La subordinación era poco menos que desconocida o, al menos, estaba basada de un modo particular y sobre muy débiles fundamentos. Todo se hacía consistir en las afecciones y en la influencia personal de los jefes, y, muy principalmente, en la del general. Éste me dijo un día, en Punta Gorda: "Aquí están tres mil hombres que sólo me obedecen a mí y que se entienden directamente conmigo". Esto lo explica todo, lo dice todo. Toda autoridad, toda obediencia, todo, derivaba de la persona del general, y es seguro que si éste hubiese faltado, se hubiera desquiciado en un día el ejército libertador. Más tarde, cuando los reveses del Quebracho y Famaillá hubieron puesto a prueba esa decantada decisión, no bastó la influencia personal del general Lavalle, y todo se disolvió.

En el ejército libertador, en tiempo de la campaña de Entre Ríos, y juzgo que lo mismo fue después, no se pasaba lista, no se hacía ejercicio periódicamente, no se daban revistas. Los soldados no necesitaban licencia para ausentarse por ocho ni por quince días, y lo peor es que estas ausencias no eran inocentes, sino que las hacían para ir a merodear y devastar el país. Eran unas verdaderas expediciones militares en pequeño, para las cuales los soldados se nombraban oficiales que los mandasen de entre ellos mismos, cuya duración era la de la expedición. De aquí resultaba que una cuarta parte del ejército estaba fuera de las filas, porque andaba a seis, doce, veinte y más leguas[1]; de modo que cuando se quería que estuviese reunido, era preciso ocurrir a arbitrios ingeniosos.

[1] Ya hice mención de lo que me dijo el señor Carril en Punta Gorda, que nunca faltaban cien o más hombres diarios, que venían del ejército a pasear. El paseo, con ida y vuelta, era de doce leguas buenas. Por lo menos costaba cien caballos cada día.

Una vez se consiguió avisando con anticipación que se trataba de dar una buena cuenta en metálico; y otras, que se preparaba una batalla, lo que siempre surtió buen efecto, porque es evidente que aquellos soldados eran valientes y decididos. Todo esto me lo referían unánimemente los jefes y oficiales del ejército, añadiendo, en tono de alabanza, que esas partidas merodeadoras, con sus oficiales improvisados por ellas mismas, habían batido otras enemigas que les habían salido al encuentro. Esto se quería explicar atribuyéndolo a una muestra de exaltada bravura y patriotismo; pero, en realidad, era un efecto de la más terrible desmoralización, que había de despopularizar, al fin, la causa y el ejército. Pienso que mucho había ya de esto en Entre Ríos, y me lo persuade más que los numerosos pasados que empezó a recibir el general Lavalle en los días precedentes a la batalla de Sauce Grande, eran en su mayoría de la tropa de línea y forasteros, pero no entrerrianos. Lo mismo sucedió después en otras provincias.

El propio general Lavalle sintió los efectos de esa imprudente licencia, pues recuerdo haber visto una orden general, dada en la campaña de Buenos Aires, que pinta al vivo los disgustos de su alma por los desórdenes que no podía remediar. Se proponía prohibir a la tropa que se separase a bolear caballos o hacer otras cosas peores, y no encontrando expresiones bastante fuertes en el diccionario militar, ni recursos en la disciplina que no existía, los apostrofaba, diciéndoles: *Son malditos de la patria los que no cumplen mis órdenes*, etcétera. El mal no fue menos por eso, y el desorden siguió hasta el fin.

El mismo desgreño se observaba en la administración de los caudales públicos, pues, aunque había intendente y comisario, pienso que estos funcionarios ni llenaron ni pensaron jamás seriamente llenar sus funciones. Testigos presenciales me han asegurado que cuando se dio la buena cuenta en metálico, de que hablé poco antes, hubo jefe de división a quien se le entregaron los haberes de su cuerpo, diciéndole: "Lleve usted estas talegas de dinero; pague usted la tropa en los términos prevenidos y vuelva usted lo que sobre". Por lo demás, el general Lavalle distribuía por sus manos dinero a los que juzgaba preferir,[1] mientras otros nada recibían.

[1] Conversábamos con el general Lavalle el día antes de mi viaje a Corrientes, y llegó un soldado a pedirle cuatro duros; el general llamó a su secretario Frías, y le dijo: "Dé usted a ese hombre una onza de oro". Otro vino a pedir-

Los agraciados poco aprovechaban, porque el dinero que recibían iba por lo general a la carpeta. El juego era la diversión universal, y me han asegurado que se hizo distribución de naipes a los cuerpos. No se crea que el general Lavalle obraba sin objeto, pues lo tenía, y llegó a conseguir lo que se proponía. Se proponía atraer a los correntinos, embriagándolos con una abundancia, con una licencia que no habían conocido, para hacerlos pasar el Paraná sin que se acordasen de su tierra. Al mismo tiempo, quería presentarse en las otras provincias como un caudillo popular y condescendiente; como un hombre, en fin, que era todo lo contrario del Lavalle de los años 28 y 29.

La distribución de armamento, vestuario y raciones no era menos irregular, y hablando del primero diré que tuvo el ejército una abundancia nunca vista en los nuestros, tanto por el número de armas como por su superior calidad. Fuera de los suministros que hacía la Comisión Argentina de Montevideo, los franceses proveyeron con profusión. A nadie se hacía cargo por las armas que perdía, rompía o tiraba; tal era la facilidad de conseguirlas. Esto no necesita pruebas, pues se deja entender por sí mismo.

El modo de distribuir vestuarios era de dos modos. Alguna vez se le daban al jefe de división, que los repartía bien o mal, según se le antojaba, y otras muchas venían los cuerpos formados al cuartel general, donde el general en persona iba dando a cada soldado poncho, chaqueta, camisa, etcétera. He oído mil veces celebrar, como un acto de extraordinaria habilidad, el fraude que hacían algunos soldados retirándose de la fila después que habían recibido un vestuario, para formarse en otro lugar a donde no había llegado la distribución, para que se le diese otro; repitiendo esta operación, hubo alguno que obtuvo tres, cuatro o más vestuarios, logrando, además, los aplausos de sus jefes por este raro rasgo de ingenio.

Muchas veces se repartieron a la tropa efectos de ultramar, finos, y particularmente las mujeres, a quienes se daba el gracioso nombre de *patricias*, tuvieron su parte en ellos. Me han

---

le un peso, y me preguntó si tenía dinero en la faltriquera; cuando se lo ofrecí, tomó dos, que dio al soldado. No creo que esto fuese de todos los días, y sí que quiso hacer ostentación de generosidad y abundancia, para que llevase esa impresión a Corrientes.

asegurado que se les distribuyeron pañuelos y medias de seda, y otras cosas de esa clase,[1] con la misma irregularidad que se hacía todo lo demás. Las mujeres son el cáncer de nuestros ejércitos; pero un cáncer que es difícil cortar, principalmente en los compuestos de paisanaje, después de las tradiciones que nos han dejado los Artigas, los Ramírez y los Otorgués, y que han continuado sus discípulos, los Rivera[2] y otros.

No eran así seguramente los ejércitos que mandaba el general Belgrano, y últimamente nos ha dado un ejemplo Urquiza, que hizo su invasión en 1846 a Corrientes, sin llevar en su ejército una sola mujer. Esto le daba una inmensa economía en caballos, víveres y vestuarios, al paso que facilitaba la movilidad y el orden en todas sus operaciones. El haberlo conseguido es una prueba de lo sólidamente que estaba establecida esa autoridad fundada en la costumbre de obedecerle por muchos años, y apoyada en el terror que ha inspirado con sus castigos crueles y atroces. Además, su campaña estaba calculada como de corta duración, y no le fue difícil persuadir que dejasen las mujeres en su campo del Arroyo Grande, a donde no habían de tardar mucho en volver.

El general Lavalle había hecho las campañas últimas de la Banda Oriental con Rivera, y allí había visto el manejo de este

[1] No se crea que reproche todo lo que voy notando, pues mal podría reprobar algo de lo que yo mismo he creído conveniente hacer. Por ejemplo: recuerdo que he mandado distribuir en Corrientes una o dos docenas de guitarras a los cuerpos para que bailasen de noche, pero sin que esto les impidiese el hacer sus ejercicios militares. Otra vez he mandado en Entre Ríos, como luego lo diré, distribuir a las mujeres un repuesto de zarazas y género blanco que había en comisaría, guardando todo el orden que era posible. Protesto que tuve que hacerme la mayor violencia para esta singular distribución, lo que no será difícil comprender a quien conozca mis principios; pero esto se hallaba establecido, tenía la sanción de la costumbre. Y no quería contrariarla. Lo que será digno de censura es el abuso, el exceso, el despilfarro. Por lo demás, un general tiene que someterse a las circunstancias, y, sobre todo, en casos excepcionales.

[2] Cuando la guerra del Brasil, oí un día contar al general don Frutos Rivera que, encontrándose Artigas en no sé qué situación crítica que se hacía más afligente por la extraordinaria deserción de los soldados, que les era imposible contener, se le ocurrió entonces un arbitrio que propuso a Artigas, quien lo adoptó y puso en práctica con el mejor suceso. Consistía en traer algunos cientos de chinas para distribuir a los soldados.

Aunque Rivera tiene fama de embustero, no estoy lejos de creer que habló verdad por esta vez.

caudillo, que él, a su vez, quería aplicar al ejército que mandaba. De aquí venía esa tolerancia, y aun consideración, con la clase más prostituta de la sociedad, lo que es más extraño para quien había conocido los principios severos del general Lavalle a este respecto; de aquí ese desgreño en las distribuciones; de aquí ese despilfarro en la administración.

La distribución de raciones participaba del mismo desorden que todo lo demás; la yerba y el tabaco se sacaban por tercios y sin cuenta ni razón. ¿Y la carneada? Se hacía a discreción; no hay idea del desperdicio, ni será fácil imaginarse cuánto se perdía inútilmente. Baste decir que donde campaba el ejército desaparecían como por encanto numerosos rebaños, y se consumían, sin aprovecharse, rodeos enteros.

Fuera de los suministros de todo género que hizo la Comisión Argentina del producto de gratuitas erogaciones, de valiosos empréstitos que contrajo; fuera de lo que daban los franceses; el general Lavalle celebró contratos y contrajo empeños que montaban a sumas considerables. No se detenía en ofrecer, y estoy persuadido que, siguiendo el sistema de Rivera, se proponía ligar los hombres y hacerlos depender de él por la esperanza de que los tuviese presentes para los pagos. De esos contratos resultaron esos cargamentos de efectos, poco adecuados para un ejército, que se distribuían a las chinas, y que, acaso, tenían otros empleos aún menos justos, sin que el general se apercibiese. Asombra oír a las personas instruidas de estos pormenores, que, por mucho que digan, es de creer no dirán todo.

En resumen: los costos que hizo el ejército libertador fueron ingentes, y es indudable que, con una mejor administración, hubieran podido sostenerse en la abundancia cuatro ejércitos como él. Sin embargo, debe tenerse presente que las circunstancias que rodeaban al general Lavalle eran extraordinarias, que todo era excepcional y salía de las reglas comunes. Sirva esto de descargo, añadiendo que su autoridad, al menos hasta que llegó a Corrientes, era revolucionaria; entonces la legalizó, pero no entraba en los cálculos de él, ni en el partido que lo sostenía, el conservar esa dependencia, que podía ser una traba.

Los que lo habían elevado hasta ponerlo al frente de la revolución, tenían un positivo interés en que su autoridad fuese anómala e irregular, para que, después que hubiese servido a sus miras, pudiesen, cuando les conviniese, derrocarla, y él, naturalmente, se creía más expedito no teniendo traba alguna que lo embarazase. Ha sido muy frecuente en nuestro país emplear a los militares como mero instrumento, teniendo buen cuidado de hacer recaer sobre ellos todo lo odioso de las revoluciones y de las medidas violentas[1] que ellas traen, y reservándose, en cuanto pueden, los medios de romper, cuando les plazca, el instrumento de que se han servido.

Mucho se ha dicho de los provechos y sórdidas especulaciones que hicieron algunos *exaltados patriotas* en Montevideo, tanto con los caudales que suministraron los franceses como con el producto de las cuantiosas erogaciones y empréstitos que se contrajeron, y cuyas obligaciones pesan aún sobre nuestro país, o, al menos, sobre nuestro honor. Se ha asegurado que el almirante Dupotet lo creía y lo decía así, y como él otros, bien que en la universal corrupción de Montevideo esto no debiese causar gran escándalo. Lo admirable es que en este siglo de positivismo, cuando se han hecho sudar las prensas con asuntos insignificantes, nadie haya tocado éste; antes, por el contrario, se ha procurado echarle tierra. Aún hay más: jamás se ha tratado de exigir ni dar una cuenta, una razón, una satisfacción cualquiera, de la inversión de tan ingentes caudales. Entre nosotros han estado después los intendentes, los comisarios, los que intervinieron en todos esos gastos, y ni una palabra, ni una sola palabra que indicase la intención de satisfacer al público y a sus propias obligaciones. Ya es tiempo que volvamos a las operaciones del ejército.

El 18, que indiqué antes, estuve a visitar al general Lavalle, que se conservaba a legua y media de Punta Gorda, sin que Echagüe hiciese el menor movimiento, que, a ser así, hubiera precipitado el nuestro. Varios jefes me saludaron en el ejército, pero en todos advertí una política forzada, una muy estudiada reserva; al que más extrañé fue al bueno del coronel don José María Vilela, a quien yo había apreciado no porque fuese buen militar, sino porque era buen hombre. Se llegó a decir algo al general Lavalle, y, como no se fijase en mí, le dijo éste: "Coronel,

[1] El señor doctor don José Gregorio Baigorri, canónigo y hombre conocido por sus talentos políticos en Córdoba, muy enlazado, además, con el partido unitario de Buenos Aires, me decía un día, hablando de la ejecución del señor Dorrego, que según la expresión del general Lavalle, que la ordenó, se había hecho "por su orden". "Eso ha sido un acto sublime, sublime; el más sublime que he visto", y alzaba la voz progresivamente, como en la escala del canto. Quería el bueno del doctor inducirme a que hiciese otro tanto.

salude usted al general Paz"; entonces me extendió una mano de hielo, haciendo con muy poca gracia muchas inclinaciones de cabeza. La timidez y el más marcado embarazo denotaba en sus acciones, lo que me probaba que temía disgustar a su jefe haciendo una demostración más de la que éste podía desear; estoy seguro que su corazón no participaba de esta frialdad, porque era un hombre bueno y no tenía sino motivos de afección hacia mí.

No pasaré por alto lo que me dijo el general luego que se retiró: "Éste es —me dijo— un excelente hombre; honrado, subordinado y sin pretensiones; cuando se suscita alguna disputa entre los jefes —añadió en tono de risa—, siempre fallo contra él, aunque tenga la razón en su favor, porque sé que no ha de resentirse ni enojarse".

El coronel Vega, que disfrutaba gran crédito dentro y fuera del ejército, había recibido una herida leve en el brazo, en la batalla que acababa de darse, y era objeto de particulares consideraciones. Al través de su genial moderación y cultura, se dejaba traslucir la convicción que tenía de su importancia: me habló con urbanidad, pero dejando caer las palabras, de modo que se tuviese por muy honrado el que las recibía. Me encontré con su hermano, don León Vega, a quien había conocido de comerciante, y que tampoco era entonces militar, y me chocó altamente el orgullo de este fatuo, que se le había metido en el cuerpo el mérito de su hermano, y se pavoneaba como si fuese suyo propio.

El coronel don Pedro José Díaz estuvo más amistoso, o, por lo menos, más comunicativo. Me dijo que habían deseado y celebraban mi venida; pero que, puesto el general Lavalle al frente del ejército y de la revolución, eran obligados a sostenerlo; que estaban ligados, y que no podían menos de llenar su compromiso. "Yo he venido, le contesté, resuelto a obrar en el mismo sentido; pero desde que ha podido abrigarse una duda de que yo pensase de otro modo, no debo quedar en el ejército, y, por tanto, pienso partir para Corrientes." Quiso combatir esta idea, pero en vano, porque la había tomado irrevocablemente.

No quiero pasar en silencio un pequeño incidente que contribuye a hacer formar juicio de las cosas y de los hombres que figuraban. El general Lavalle, que temía con justísima razón que le escaseasen los víveres en la navegación, había prevenido del modo más urgente al señor Carril que no se distrajese ni una sola galleta del repuesto que había traído el doctor Agüero, y que se habían depositado en la goleta *Unión*, que nos servía de alojamiento. El comandante Hornos, según la costumbre recibida, mandó un simple recado al señor Carril para que le remitiese un saco de galleta, y éste se lo negó, conforme con las órdenes que tenía. Hornos, ciego de cólera, prorrumpió en expresiones las más insultantes, y hasta en amenazas de separarse del ejército; el doctor Agüero, que lo supo, hizo que Balán, patrón de la goleta, le suministrase a Hornos el saco de galleta pedido. Llegó a noticia de Carril, que reconvino a Balán, quien, sin negar el hecho, dijo que esa galleta era de su propiedad, y que había querido hacer un regalo. El mal se remedió por el momento, dándose la enhorabuena interiormente el doctor Agüero; pero, ¿y la disciplina? ¡Ah! Mucho más podría decir; mas, ¿para qué? Ya es bastante.

El 19 estuvo el general Lavalle en Punta Gorda con todo el ejército, dejando solamente algunos puntos avanzados. Con este motivo, y los indicios que se tomaron de que el enemigo se preparaba a aprovecharse de sus ventajas, se apresuraron los preparativos, principalmente la pasada de ganado. Había mucho sobre la costa, pero era casi imposible hacerlo pasar a nado; se tomó el expediente de maniatar las reses y embarcarlas en los botes. Felizmente había muchos, pues fuera de los que pertenecían a los buques de guerra, servían los de los mercantes. Hubo en ese día largas conferencias con el comandante Penaud, de la estación francesa, y debo creer que se allanaron las dificultades para el paso del ejército. Yo no fui llamado, ni quise, por supuesto, hacerme el convidado; la fría reserva del general Lavalle no se desmintió en un punto.

Restaba otra dificultad, que era la repugnancia que podrían mostrar los correntinos, y, como medio de evitarla, se quiso separar al general Ramírez, que era el más caracterizado entre sus comprovincianos. Se ideó el medio de darle una comisión para Corrientes, haciéndole creer que el ejército se embarcaba, no para pasar a la margen derecha del Paraná, sino para descender este río hasta la Victoria, en donde tomaría tierra, para continuar la guerra en Entre Ríos. Que para esto se pedían nuevas fuerzas al gobierno de Corrientes, y que él era el encargado de conducirlas. En este sentido se redactó una comunicación, y se le dio un lanchón guarnecido de cuatro o seis hombres para que marchase cuanto antes, previniéndole que lo hiciese esa misma noche.

El viaje no era tan fácil, por cuanto tenía que pasar por frente a la Bajada y costear muchas leguas la ribera enemiga, contra su corriente, y sufriendo la contingencia de los vientos. Mas, esto poco importaba, como el que Ramírez cayese o no en poder de los federales, por cuanto lo único que se quería era deshacerse de él, para que no influyese en sus paisanos y los disuadiese de pasar el Paraná. Ramírez partió por la noche, pero, con asombro de todos y gran disgusto del general, se presentó al otro día, diciendo que no había marchado por falta de viento y que había pasado la noche en una isla inmediata.

Se puso todo nuevamente en juego para persuadirlo, y se arregló el viaje para la noche próxima; mas veamos por qué Ramírez era un tan incómodo personaje. Ya se recordará que era el jefe de la división correntina que se reunió al ejército en Alcaraz, después de la batalla de Don Cristóbal, cuando el general Lavalle dejó atrincherada su infantería para ir a recibirlo. Traía órdenes reservadas de Ferré, para oponerse a que el ejército de Corrientes pasase el Paraná sin expreso consentimiento de su gobierno, y, por más que fuese el cuidado que él había tenido de ocultarlas se habían traslucido, y se temía el efecto que podían hacer en los demás correntinos. ¡Vano temor! El general Ramírez no lograba el menor crédito entre sus comprovincianos, y sí un descrédito sumo, que se había procurado aumentar hasta el grado de un completo desprecio. Por otra parte, los correntinos estaban como embriagados con una abundancia que no habían conocido, con una licencia que los halagaba y con una perspectiva de gran importancia futura. Estaban también bajo las impresiones que les había dejado la batalla que acababan de dar, y temiendo que el enemigo los arrinconase sobre el río respetable que tenían a su espalda y los concluyese. El embarcarse, fuese para donde fuese, era su único medio de salvación, y no podían menos de adoptarlo.

Se ha dicho, sin fundamento, que el general Lavalle preparó premeditadamente estos sucesos, y hasta que se hizo batir, para obligar a los correntinos a que pasasen; pero no lo creo, porque es un absurdo exponerse a perderlo todo con la esperanza de lograr una parte de su plan, y porque el acto mismo tiene mucho de inmoral para que se lo atribuyamos a un hombre de mejores principios. Que el general Lavalle hubiese alguna vez consentido en pasar el Paraná, burlando los deseos del gobernador Ferré, se comprende muy bien; pero que expusiese todo su ejército, hiciese correr sangre, sacrificase su reputación militar intencionalmente, es lo que no se puede concebir ni explicar. Mejor le era destruir a Echagüe, y, aprovechando los momentos de embriaguez que siguen a la victoria, pasar el Paraná con su ejército triunfante. Es, pues, una vulgaridad, que no dejó de tener aceptación entre muchos, y en el ánimo de Ferré mismo, el decir que el general Lavalle cedió premeditadamente el laurel de la victoria; lo que hubo fue que supo aprovecharse, y lo hizo con habilidad, para lograr su objeto favorito de las circunstancias que le ofreció su mismo revés. Como muestra de que ésta fue la opinión recibida, recuerdo que oí decir a personas instruidas que el desaire que habían sufrido nuestras armas era feliz, pues que proporcionaba la ocasión de llevar la guerra al teatro en donde verdaderamente debía decidirse la cuestión.

Más tarde yo no pude pasar a los correntinos a la ribera derecha del Paraná, sin embargo que había ganado una espléndida victoria; pero entonces todo había variado, como explicaré después.

El general Ramírez vino a hablarme en privado para manifestarme, bajo mil sacramentos, las órdenes que tenía de su gobierno, y mis consejos no podían ser en el sentido de que causasen un escándalo. El señor Penaud quiso también saber lo que yo pensaba sobre la pasada del ejército, y tampoco dije cosa que pudiese entorpecerla. En el estado a que habían llegado las cosas, era lo mejor que podía hacerse, pero deseaba que se hubiese procedido con más franqueza, y diré también con más lealtad, con el gobierno de Corrientes, que nada podía estorbar. Fue una especie de perfidia inútil; qué digo inútil, ¡perjudicialísima! A veces creo que se quiso satisfacer una pueril venganza poniendo en ridículo al crédulo magistrado. Puede ser muy bien que, aunque hubiese vencido el general Lavalle, hubiese puesto, como lo hizo el año siguiente, 1842, obstáculos a que el ejército prosiguiese su victoriosa campaña; mas esto no disculpa actos irregulares y de una perfecta inutilidad.

Cuando Ramírez se presentó en la mañana del 20, se le reprochó su inobediencia y su cobardía, sin dejar el empeño de persuadirlo a que lo verificase en la noche inmediata; mas al día siguiente volvió a aparecerse bajo el pretexto o la razón de que el buque francés que estaba en frente a la Bajada, habiéndose retirado, su viaje era en extremo aventurado. Lo mismo sucedió las demás noches siguientes, en que salía para volver a la mañana con una relación bien o mal forjada. El hecho es que permaneció hasta el 23, que marchó el convoy donde yo fui, de modo que principiamos nuestro viaje juntos.

Yo llevaba otra comunicación del general Lavalle, en que se avisaba a Ferré de haber dejado el ejército la provincia de Entre Ríos y que yo iba destinado a proveer a la defensa de la de Corrientes. Esto era falso, porque nadie me había destinado; pero, al fin, era hablar francamente sobre el nuevo destino del ejército, y prevenía al gobierno que tomase medidas de defensa, a virtud de quedar completamente descubierta su provincia. Mas, dado este paso, que era el que desde el principio debió haberse dado, ¿a qué dejar en poder de Ramírez el oficio embustero en que se decía que sólo se pensaba en bajar el Paraná para desembarcar en el pueblo de la Victoria[1] y continuar la guerra en Entre Ríos?, ¿a qué fin pedirle nuevas tropas en la misma nota, sino para que pareciese más patente el engaño? Lo natural era haber recogido la nota que se había entregado al general Ramírez, y atenerse a lo que decía en la segunda. Se hubiera evitado la terrible contradicción que revelaban ambas, y de que se dio por gravemente ofendido el gobierno de Corrientes. Después he juzgado que en esto no hubo deliberada intención, sino olvido, descuido, abandono; de que no culpo al general Lavalle, a quien rodeaban inmensas atenciones de otro género, sino a los que lo acompañaban. El olvido de que me ocupo fue tan grosero que en la segunda nota ni se hacía mérito de la primera.

Relativamente a la misión del general Ramírez, tuve una discusión con el señor Carril, y como le merecía confianza le hablé con mucha claridad. Se hacía ostentación, aun en los asuntos más serios, de un aire de pillería, el más chocante y el más mal colocado; el mismo general Lavalle, cuyo carácter leal y franco debía alejarlo de un proceder tan impropio, se había dejado arrastrar de esa manía; si hablaba con una persona, por respetable que fuese, luego que daba la espalda, se hacía de ojo con alguno o algunos de su confianza, como si temiese que ellos se alarmasen de los cumplidos que acababa de hacer; a su ejemplo, los otros llevaban la burla por su cuenta hasta donde podían o querían. En el asunto Ramírez fue tanto el ridículo de que se colmó a éste, que le dije a Carril: "¿Por qué no alejan a este hombre, sin añadir el insulto a la mentira? ¿Por qué obran uste-

[1] Pueblo del Entre Ríos, algunas leguas más abajo de Punta Gorda.

des de un modo tan indigno?" A la palabra *indigno* se formalizó Carril; quiso dar algunas explicaciones, y terminó la conversación muy fríamente.

El 20 por la tarde ya se dejó sentir el enemigo, pero con una prudencia y lentitud admirables; cuando le convenía precipitar su marcha y atacar bruscamente, cuando más no pudiese, daba un paso y paraba, de modo que tardó cinco días cumplidos en andar seis leguas. Se pensó ya seriamente en transportar el personal del ejército a la isla, pero era preciso aún contar para esto con la circunspecta voluntad de Echagüe; él la tuvo, y dio el tiempo necesario. El general Lavalle me dijo, en un arrebato de satisfacción: "Es preciso que levantemos un monumento de oro al general enemigo que tan generosamente contribuye a que nos salvemos". No sé si alguna vez hizo Rosas cargos a Echagüe, que bien lo merecía. Sin su negativa cooperación no hubiera sufrido Rosas la importuna visita que hizo el general Lavalle a la provincia de Buenos Aires.

Al anochecer empezaron a pasar los primeros cuerpos, empleándose para ello todas las lanchas de los buques mercantes y de guerra. La operación era trabajosa, porque la rápida corriente del río llevaba muy abajo las embarcaciones, de modo que cuando habían llegado a la ribera opuesta tenían que tomar mucha altura para volverlo a atravesar. En la noche trabajaron los marinos con incansable tesón; vino la mañana del 22 y la obra no estaba concluida. Echagüe, que estaba campado a poco más de una legua, no se presentó en las alturas sino pasado mediodía. Ya para él no era tiempo; todo lo nuestro estaba salvo, a excepción de los que ocupaban la batería y algunos pocos más. Ésta rompió sus fuegos y volvió a detener el movimiento ofensivo de Echagüe, dando tiempo a que pasasen los restos que quedaban. Cuando fue tiempo, se clavaron tres o cuatro carronadas que la guarnecían, y se abandonó la batería. Todavía tardaron en ocuparla, pues no fue sino con la mayor timidez y precaución que vimos llegar los primeros hombres del enemigo, al caer la tarde.

Lo único que hizo Echagüe, no para impedir, sino para incomodar el embarque, fue situar dos cañones en una altura que dominaba el puerto y que daba sobre la costa, río abajo de la batería. Estos cañones rompieron sus fuegos, pero al momento se abocaron como veinte o treinta de la artillería francesa, que tenían sus buques, y desmontaron un cañón, retirándose más que de prisa. Sin embargo, nos mataron un hombre, único que perdimos en la jornada, y fue el pobre Calixto, aquel oficial de que hablé antes, que condujo *la escuadrilla del mando* del doctor don Julián Segundo de Agüero, de quien he hablado otras veces.

La tropa de Echagüe no se atrevió a presentarse a cara descubierta, porque apenas asomaba en las quiebras del terreno una partida, o un hombre solo que fuese, partían sobre él cuarenta o cincuenta proyectiles, que lanzaban los buques de guerra. Era pintoresco el golpe de vista que presentaba el hermoso Paraná, que, dividido en aquel punto por una gran isla, sólo tiene de ancho el canal como mil doscientas o mil quinientas varas. En primera línea se presentaban seis buques de guerra, que vomitaban fuego, y, tras de ellos, cerca de cincuenta buques mayores mercantes, que eran como los espectadores de aquel drama; entretanto, multitud de embarcaciones menores surcaban rápidamente las aguas, moviendo sus remos con extraordinaria celeridad, ya para poner en salvo los hombres que traían, ya para volver a buscar otros. A las cinco de la tarde todo estaba concluido y silencioso; no se veía un enemigo en la costa que acabábamos de dejar, pero tampoco uno nuestro se atrevía a poner el pie en ella.

Luego que anocheció se notaron luces en la batería, y fácilmente se comprendió que el enemigo la rehabilitaba para servirse de ella contra nosotros. Los buques de guerra se retiraron hasta salir de su alcance, y lo mismo hicieron los mercantes, subiendo unos, bajando otros el Paraná, pero quedando a la vista y con fácil comunicación por la isla que teníamos muy inmediata.

El general Lavalle estuvo a bordo de la goleta *Unión* en la mañana del 21, y allí tuvimos ocasión de conversar un rato. Él, que cuando le hablé el 18 de mi pensamiento de ir a Corrientes, lo desechó decididamente, lo propuso ese día, manifestando su aprobación: "He pensado, me dijo, en su ida a Corrientes, y no me parece mal, además de que algunos jefes correntinos me lo han pedido, para que usted trabaje en poner aquello en estado de defensa, si Echagüe quiere invadir". "—Celebro mucho, le contesté, que estemos de acuerdo, y espero que seré más útil que lo sería en el ejército." Ignoro si me hablaba el general con sinceridad, y tengo motivo de dudarlo, porque después se contradijo. Además, pudo creer que mi propuesta de ir a Corrientes tampoco era sincera, y quiso prestarse aparentemente a ella para probarme. Todo puede ser, porque, a lo que sospecho, aquellos hombres creían, sin duda, que yo había venido a mendigar una posición cualquiera, y no podían persuadirse que renunciase a la brillante perspectiva que se ofrecía a sus ojos, y al altísimo honor de pertenecer al ejército libertador, aunque fuese en una escala indigna de mis antecedentes. Todo puede creerse del estado en que estaban las cabezas, que no respiraban sino fatuidad, orgullo y la más necia vanidad. Mil veces me pregunté con asombro: ¿Si esto sucede cuando han sido desairados por la fortuna, qué sería si hubiesen sido vencedores?

El 22 era la isla un caos, un laberinto, una confusión completa. Conforme el día antes llegaban las lanchas, desembarcaba la gente, y ésta se acomodaba donde le placía; de consiguiente, no había divisiones, ni escuadrones, ni compañías. Cuando se trató de medio arreglar los cuerpos, se tocaron las dificultades que trae el desorden; no fue sino con mucho trabajo que pudo conseguirse un semiarreglo, y eso no sin escándalo. Los coroneles Díaz y Torres tuvieron una riña pública y ruidosa, en que hubieron de tirar las espadas, porque unos a otros querían reclutarse los soldados de sus cuerpos, abuso que había estado introducido. Estaba presente cuando Torres trajo su queja al general Lavalle, protestando que no se dejaría insultar impunemente por el coronel Díaz. La contestación del general fue decirle que eran cuestiones suyas (ellos coroneles), y que las decidieran como les acomodase, en lo que él no se mezclaba. Yo creí ver en esto la autorización para un duelo, que parecía inminente; sin embargo, no tuve noticia que sucediese, e ignoro cómo se arregló el asunto.

Ese día (el 22) volví a hablar al general de mi viaje a Corrientes, que él había aprobado espontáneamente el día antes, y, con gran sorpresa mía, lo hallé no sólo de diferente opinión, sino hasta resentido, porque quería dejar el ejército. "En Corrientes nada hay que hacer, me dijo, pues que Echagüe queda imposibilitado de mover su ejército, por falta de caballos, durante tres meses; y en este tiempo, o he sucumbido o he salido vencedor. Si lo primero, nada hará usted con el poder que pueda formar, porque será insuficiente, y todo estará perdido; si lo segundo, es decir, si triunfo, una simple carta de intimación bastará para arredrar a Echagüe. Lo más que puede hacer éste, continuó, durante estos tres meses, es mandar a Cabral[1] con trescientos hombres

[1] Cabral era un jefe correntino al servicio de Echagüe, que tenía su nombradía como partidario, y a quien empleaba en la vanguardia en sus invasiones a Corrientes.

que incomoden la frontera, y ya usted ve que ésta es bien poca cosa. Amigo, concluyó, aquí está la Patria, y usted se desentiende de lo principal para ocuparse de lo accesorio." Tuve que volver a decirle que mis servicios no podían ser de utilidad en el ejército; que cualquier arreglo que se emprendiese era inoportuno y perjudicial en las circunstancias; que era preciso que las cosas siguiesen como habían empezado; que el ejército era valiente y decidido; que estaba entusiasmado, y que podía esperarse mucho de estas disposiciones, pero que pensar en modificarlas de pronto era exponerlo todo. Le repetí que lo que él había hecho era mucho, y que merecía hasta mi admiración, pero que yo no podía servir con provecho en ese orden de cosas.

Y todo esto lo decía con sinceridad, porque el ejército era efectivamente valiente, decidido y entusiasta; porque el general Lavalle había hecho lo que yo no soy capaz de hacer, que es mandar tropas irregulares,[1] y porque meterme a reformador era tentar una empresa, sobre peligrosa, casi imposible en las circunstancias.

Al día siguiente daba la vela el convoy, y el tiempo urgía; tuve que volver a ver esa noche al general para decirle que algunos jefes, cuya falta no era sensible en el ejército, deseaban acompañarme a Corrientes: "Que se vayan los que quieran, dijo, pero sin mi licencia, porque no se las daré". "—General, repuse yo, ni ellos se irán sin aquélla, ni yo los aceptaré sin este requisito; mas no hay un motivo racional para que usted lo rehúse. Los jefes de que le hablo no mandan fuerza, si se exceptúa el comandante Chenaut, que manda el escuadrón Mayo; andan sueltos, sin destino y sin prestar servicio alguno." Luego que supo que los jefes en cuestión eran, además del comandante Chenaut, los coroneles Ramallo y Olleros y el comandante Canedo, y que reflexionó sobre lo que acababa de decirle, se tranquilizó y consintió en su marcha, pero siempre inculcando en que se desatendía el objeto principal, y como reservándose hacerles, a su tiempo, los debidos cargos.

[1] Supe de muy buen origen que cuando en el interior de la república supo el general Lavalle que yo había organizado un ejército regular en Corrientes, un año después que nos hubimos separado, dijo: "Yo sé que el general Paz formará un ejército muy arreglado y disciplinado, pero nunca será un caudillo como yo". Si fue un desahogo, lo dispenso en obsequio de la verdad de estas expresiones. Jamás seré ni podré ser un caudillo. Como militar de orden, puedo servir de algo; como caudillo, nada.

A poco rato de haberme retirado se presentó el comandante Chenaut a hacerle saber su resolución de ir a Corrientes, supuesto su beneplácito, según yo le acababa de asegurar. El general, que se hallaba conversando con el señor Carril, lo recibió con un aire glacial, y lo despidió diciéndole que no se oponía a su viaje; mas, apenas volvió la espalda, se cambiaron con el señor Carril gestos y señas tan despreciativos e irónicos que no se ocultaron a los soldados de guardia, que eran del escuadrón Mayo, y que rodeaban la tienda del general. Al momento fueron a referir a su comandante lo que habían visto, y éste, después de diez años, conserva un amargo recuerdo de lance tan desagradable. No dejaré de decir que, hablando conmigo esa misma noche y preguntando al general del mérito del coronel Olleros, tan tristemente célebre por su segunda defección en Montevideo, me dijo: "No conozco a fondo al coronel Olleros, pero puede juzgarse de su valor por lo que sucedió hace seis días en la batalla del Sauce Grande: Se me presentó en el acto de ella a pedirme colocación en el escuadrón Mayo, que, como usted no ignora, es un cuerpo de ostentación, cuando yo creía que quería batirse en las filas de la infantería, que es su arma." Entonces fue que hizo aquella grave reflexión sobre el cuerpo que mandaba Chenaut, en la batalla del Rodeo de Chacón, de que hice antes referencia.

Como el general Lavalle me hubiese dicho que algunos jefes correntinos se interesaban en que yo fuese a su provincia, y me hubiese nombrado al comandante Ávalos (hoy general), le pregunté a éste los motivos que tenía para desear mi viaje a su país, y me contestó que era porque estaba enteramente indefenso, y que yo podría utilizar el patriotismo y los pocos elementos que quedaban para resistir a Echagüe, si, como era probable, se dirigía sobre ella. Como yo le referí lo que el general Lavalle me había dicho, de que durante tres meses, cuando más, el comandante Cabral podía presentarse en las fronteras, me contestó: "Pues, señor general, basta el comandante Cabral con doscientos o trescientos hombres para trastornar el orden existente en Corrientes, porque queda la provincia enteramente indefensa y abandonada".

¿Me habló con sinceridad el general Lavalle cuando me daba esas seguridades de que Echagüe no podía invadir en tres meses, durante los cuales él habría decidido la cuestión en Buenos Aires, cuya decisión, siendo feliz, bastaba una simple nota de intimación para concluir con el caudillo de Entre Ríos? Pienso que sí, porque la exaltación de las ideas explica estas aberraciones. En cuanto a la invasión de Echagüe, se falsificó completamente su cálculo, pues en los últimos días de agosto ya estuvo la vanguardia de Echagüe en el territorio de Corrientes, y muy luego Echagüe mismo, con el cuerpo principal de su ejército; y en cuanto a que triunfando en Buenos Aires estaba todo concluido, ¿cómo olvidaba el general Lavalle la historia de nuestras guerras civiles, en que el gobierno nacional, contando con todos los recursos de la república, no pudo sojuzgar Entre Ríos, ni aun la provincia de Santa Fe?

Nada debo decir en cuanto a la cacareada inutilidad de mi viaje a Corrientes: los hechos han hablado bien elocuentemente para que necesite añadir una palabra. Un presentimiento triste y profundo me advertía que la causa necesitaría de nuevos esfuerzos, y que la provincia de Corrientes debía aún hacer más sacrificios. Ojalá que el general Lavalle se hubiese penetrado de esto, y, ayudando francamente mis designios, me hubiese dejado llevar algunos jefes y oficiales más, y me hubiera auxiliado con algunas armas, municiones y otros recursos, que se maltrataban sin utilidad de la causa y sin provecho de los consumidores. Ojalá me hubiera suministrado algo de los desperdicios de sus soldados; pero nada hizo, antes manifestó las disposiciones contrarias y me dejó partir sin más repuesto que unos doscientos fusiles enteramente inútiles, amontonados materialmente en la bodega de un buque, y quince barrilitos de pólvora mojada, que no sirvió ni para ejercicios. Esto mismo estuvo fuera de la intención del general, porque el señor Carril me dijo que era obra suya.

Para comprender bien el tamaño de este incalificable proceder, debe advertirse que el ejército libertador tenía cuantiosos repuestos de armas de toda clase, de municiones, de vestuarios, de efectos de valor, de yerba, de tabaco, monturas, y que de todo abundaba hasta la superfluidad. Allí mismo, en la isla, presencié distribuciones las más irregulares, de que resultaba que simples soldados tenían dos, tres o cuatro ponchos de paño. En el convoy que iba a Corrientes mandaban a sus familias gruesas encomiendas de lo que les sobraba, y solamente para los que me acompañaron se manifestó una mezquindad que rayaba en ridícula.

Respeto mucho al general Lavalle, y por nada de este mundo me permitiría ofender su memoria; pero me es forzoso decir que esta vez se dejó sorprender de un sentimiento de emulación que no era natural a la elevación de su espíritu y al vigor de su carácter. Quizá sugestiones extrañas lo crearon y lo alimentaron, quedándome ahora la satisfacción de que después conoció su error, e hizo cumplida justicia a la pureza de mis intenciones.[1]

El general Lavalle no podía ser enemigo mío, y, al contrario, no tenía sino motivos de amistad política y particular. Una queja infundada y ligera, que había alegado, sin duda, para disculpar su cambio, no podía influir en lo sustancial de nuestras relaciones. Mis victorias en el interior, al mismo tiempo que él era desgraciado en Buenos Aires, podían haber excitado su emulación. Este sentimiento duraba aún, y, sin desearme positivamente mal, no quería que yo figurase en una escala superior. Creo no equivocarme al decir que ni el general Lavalle mismo se comprendía, en lo que sentía con respecto a mí. La amistad antigua que habíamos cultivado estaba en lucha con sensaciones de otro género, de que, por desgracia, no está libre la humanidad. Ni él sabía distintamente lo que había de pensar y desear sobre mi separación del ejército y viaje a Corrientes. Estoy tentado a creer que quería que lo acompañase, pero desempeñando un rol imaginario. Conocía que podía ser de utilidad mi presencia en las provincias y alguna vez en el ejército; pero luego venían otras consideraciones a debilitar esos deseos. Recuerdo que una vez me dijo, para disuadirme de mi viaje a Corrientes: "Cuando estemos en la campaña de Buenos Aires, yo tomaré una parte del ejército, usted tomará otra, y maniobraremos convenientemente". ¡Vanas palabras! ¡Impresiones fugaces, a que di muy poco sentido!

En la mañana del 23 se me empezaron a presentar varios oficiales correntinos con pasaporte para Corrientes, lo que me sorprendió en extremo, porque no tenía antecedentes de esta medi-

[1] Me dio una prueba de esto cuando catorce meses después que hubo sufrido los reveses del Quebracho y Famaillá, y cuatro días antes de su muerte, me escribió dos cartas, notable una de ellas por su extensión, por sus detalles, por sus confianzas. Es un parte circunstanciado de las operaciones de la campaña. En esos momentos de desengaño, en que han desaparecido las ilusiones, se acordó del amigo, del hombre honrado, del patriota sincero, que había conocido, y quiso satisfacerlo, dándole una prueba que no dio a otro ninguno, porque de nadie más se acordó. Sólo una carta vino, además, para su señora; y adviértase que yo no había escrito ninguna.

da. Luego se ha hecho mérito de ella para probar que se pensó efectivamente en la defensa de dicha provincia, pero nada es más falso. Bien sabido es que los oficiales correntinos, con poquísimas excepciones, eran bisoños, y que si se les necesitaba, era para que con su influjo contuviesen la deserción de sus comprovincianos. Como la tropa había disminuido mucho, había oficiales de más, y ahora que estaba el Paraná de por medio eran menos precisos. Algunos jefes representaron al general que aquellos oficiales, tan lejos de serles útiles, les eran perjudicialísimos por su ineptitud y por cierto descontento que se les notaba; se agarró, pues, por los cabellos para descartarse de ellos, y se les dio pasaporte en número de cuarenta, más o menos. Entre ellos iban los comandantes Pucheta, Montenegro y Sánchez, cuyos escuadrones se dieron a otros jefes más afortunados o más idóneos.

Por última vez vi al general Lavalle en la mañana de este día (23), y su descontento por mi viaje rayaba en una especie de despecho. Le pedí unas pocas reses para esos mismos oficiales que él mandaba, porque los buques apenas llevaban los víveres precisos para las tripulaciones, y me contestó que no había carne sino para los que quedaban para seguir la campaña. Volvió otra vez a decir que la patria estaba en el ejército y que yo la abandonaba. ¿Para qué responder a esto? Me despedí y me retiré malcontento.

Se había logrado pasar a la isla como ochocientas cabezas de ganado vacuno y como trescientos caballos, casi todos de jefes y oficiales. El ganado no era mucho para surtir de víveres la expedición durante el tiempo que podía demorar en la navegación, principalmente si se atiende al desorden de las distribuciones; pero el de los caballos era insuficiente para expedicionar por tierra. Sin embargo, el día antes se había montado la división del comandante Saavedra, y se le destinó a una operación sobre Coronda, cuyo resultado fue ninguno. Se pensó en otro golpe de mano sobre el Rincón de Santa Fe, en donde, según se aseguraba; había inteligencias, y tampoco tuvo efecto. No quedó más que hacer embarcar, dos días después, todo el ejército, y descender el Paraná.

Capítulo XXVII

Formación del ejército de Corrientes

[Batalla de Sauce Grande: teatro de las operaciones; posición de los beligerantes; ataques y dispersión de la caballería e infantería de Lavalle; huida de Echagüe y su caballería; paralelo de los jefes y ejércitos contendientes; retirada de Lavalle; observaciones críticas - Observaciones de Paz a Carril sobre la necesidad de la constitución - Paz abandona Punta Gorda y se dirige a Corrientes - Estado indefenso de esta provincia - Dificultades para establecer la disciplina - Proclama del gobierno de Corrientes contra el general Lavalle; gestiones de Paz para evitar su circulación - Primeros amagos del enemigo - Entrevista de Paz con Ferré: disposiciones y exigencias para atenuar los resentimientos del gobierno de Corrientes - Organización del ejército de reserva y planificación de la defensa; dificultades para llevarla a cabo - Carácter de Ferré - Operaciones de la vanguardia de Echagüe - Defensa y desalojo del pueblo de Goya - Retirada de Echagüe - Negociaciones entre Ferré y Rivera.]

Antes de ocuparme de mi navegación a Corrientes, quiero decir alguna cosa de la batalla del Sauce Grande, que dio tanto que hablar entonces, y que hasta ahora [no] se concibe bien.

El Sauce Grande es un arroyo poco caudaloso que corre por un terreno incidentado de lomas y bajíos alternativamente. Como es consiguiente, a los costados del arroyo, y de trecho en trecho, hay bajíos y zanjas por donde vienen los aluviones, causados por las lluvias, a traer el tributo de sus aguas. Las lomas que quedan entre estos bajíos son llamadas cuchillas, y en una de ellas estaba situado Echagüe con su ejército cuando tuvo lugar la acción que voy a describir. Adviértase que en verano, que es tiempo de seca, las zanjas están secas y se puede transitar libremente; pero en invierno, que vienen las lluvias, me han asegurado que se ponen fangosas y hasta cierto punto intransitables.

Por la explicación que acabo de hacer se advertirá que Echagüe tenía tres frentes de su campo defendidos por el arroyo y los bajíos, pero que uno estaba descubierto completamente. Éste no bajaría de seiscientas a ochocientas varas de extensión, con la particularidad que, tomándolo como punto de ataque a la posición de Echagüe, no sólo no hay obstáculo, sino que lo favorece un declive descendiente muy suave.

La primera posición del general Lavalle era oblicua respecto de la de Echagüe, habiendo colocado su ejército en las nacientes del bajío que cubría la izquierda de la de Echagüe; de allí fue que, avanzando un poco sus piezas de artillería, cañoneó la tarde antes al enemigo; mas, fuese porque la distancia era mucha, sea por poca destreza de los artilleros, sea, en fin, porque el enemigo se cubría en algunas quiebras del terreno, el efecto fue muy poco, y no tengo noticias de otra pérdida que de las narices del comandante de la artillería federal, que se las llevó una astilla del palo, arrancada por una bala unitaria.

En esa tarde (la del 15 de julio de 1840) hizo el general una junta de guerra, a que asistieron sus principales comandantes, quienes unánimemente opinaron por la batalla. Creo que algo se habló del plan, que mereció entera aprobación. En esas circunstancias fue que se tuvo noticia de mi llegada a Punta Gorda, que se consideró por tan inútil como innecesaria.

Sin duda el general pensaba haber atacado al enemigo a la madrugada, pero la densa niebla que cubría la atmósfera le persuadió diferirlo hasta que aclarase. Esto sucedió cerca del mediodía, hora en que principiaron los movimientos preparatorios del combate. Éstos consistieron en dos ataques, desligados enteramente uno de otro y dirigidos oblicuamente sobre los flancos, o, mejor diremos, sobre los extremos de la posición enemiga.

El de la izquierda, que debía atacar la derecha de Echagüe, era compuesto de tres divisiones de caballería, que hacían los tres cuartos de esta arma, y que podían montar a dos mil hombres. Eran las divisiones Ramírez, Vega y Torres; mas lo singular es que esta gruesa columna no llevaba jefe alguno, y que los de las divisiones mandaban las suyas sin más dependencia que la del general en jefe, que no estaba allí, ni podía ver el ataque, ni providenciar cosa alguna. Así sucedió que los jefes divisionarios obraron a su arbitrio, y luego se descargaban los unos con los otros, sin que pudiese hacerse responsable a ninguno.

¿Por qué el general Lavalle no consintió que yo fuese? Quizá, colocado al frente de esa importante columna, le hubiera dado mejor dirección, y hubiéramos triunfado. No necesito mucha jactancia para pensar así, pues que cualquier cosa, hasta la presencia de un poste, que se llamase jefe de la columna, y a quien obedeciesen los jefes de las divisiones, era menos mala que mandarlas independientes entre sí, ya que no quería dar el mando a uno de los jefes de ellas. Todo se resentía del plan sistemático que se había adoptado, de quitar las jerarquías militares y dejar la influencia inmediata del general en todas las clases.

Antes de mediodía se separó esta columna, y, haciendo un gran rodeo para no ser notada del enemigo, como lo consiguió, fue a situarse sobre su derecha. Calculado que se hubo el tiempo de su arribo, se movió el otro ataque, que se componía del batallón de infantería correntina, aumentado con cien hombres reclutados en Montevideo; por todo, cuatrocientos cincuenta a quinientos hombres. Éste se dirigió sobre la infantería enemiga por una diagonal, pues estando a la izquierda de aquélla, debió, por consecuencia, llevar esa dirección. Parece que el fin del general Lavalle fue llamar vigorosamente la atención del enemigo por el frente, mientras la caballería lo envolvía por su derecha.

Nuestra infantería, que sería la mitad de la enemiga, a pesar de ser compuesta de reclutas, marchó valerosamente hasta aproximarse a medio tiro de fusil de la contraria, de donde, acribillada por la metralla, tuvo que retroceder a su primera posición, habiendo perdido, entre muertos y heridos, un tercio de su fuerza. Es admirable que el enemigo no la persiguiese, ni diese un paso adelante para aprovechar su ventaja; es fuera de duda que, si lo hace, era concluido el ejército del general Lavalle.

La caballería cargó a su vez, y casi al mismo tiempo, a la derecha enemiga, que consistía en la división del general don Servando Gómez.* Después de esfuerzos parciales y aislados, se retiró nuestra caballería en dispersión, sufriendo apenas una persecución insignificante. Lo célebre es que la mayor parte de la caballería de Echagüe se huyó del campo de batalla sin ser batida, al solo amago de nuestro ejército, lo que prueba la desmoralización del ejército de Echagüe; el mismo general huyó del campo, y fue a parar en la Bajada, no siendo sino a la madrugada siguiente que volvió a su campo.

Se me figura que eran dos enfermos que se debaten, cuyos esfuerzos son contrariados por las distintas dolencias que los aquejan. El uno, un ético, cuya debilidad le permite apenas mover las manos y ponerse en pie; el otro, un febricitante, cuya

* Éste comandaba la izquierda; la derecha estaba a las órdenes de Urquiza. (*N. del T.*)

exaltación misma traba y entorpece sus movimientos. El ejército de Echagüe se consumía de miseria y desaliento; el del general Lavalle no era más fuerte nadando en la abundancia y rebosando de bullicioso entusiasmo, porque el desorden lo enervaba, e inutilizaba aquellas ventajas. No hallo otro modo de explicar lo que me han dicho personas que estaban en el ejército de Echagüe, de que estuvo en el mayor peligro, y que si los ataques del nuestro, por lo menos el de la caballería, es mejor dirigido y más sostenido, estaba aquél concluido; y lo que todos saben del nuestro, que si Echagüe se mueve, si simplemente se mueve después de rechazada nuestra infantería, estaba sin remisión destruido el nuestro.

Nada de esto hubo, y el general Lavalle, luego que la infantería rechazada y en desorden volvió a su primera posición, la reorganizó, haciendo, entretanto, para distraer al enemigo, un amago por la retaguardia de su extrema izquierda con la división del coronel Vilela, que había conservado cerca de sí; este movimiento fue útil, porque sin duda contribuyó a mantener en respeto al enemigo, de modo que le dio tiempo de completar sus preparativos de retirada, que emprendió al anochecer.

No hay duda en que la posición de Echagüe era buena y apropiada para la defensiva, pero habiéndola oído exagerar hasta compararla a una fortaleza, tuve los mayores deseos de examinarla personalmente. Lo conseguí el año 42, cuando ocupé la Bajada a consecuencia de la batalla de Caaguazú; de allí he sacado los conocimientos que transmito en esta memoria sobre la posición. Entonces vi que el frente de ella no presentaba obstáculo alguno en la extensión de más de seiscientas varas. Por allí podía cargar con facilidad nuestra caballería, pero hubiera estado expuesta al fuego de la infantería y artillería, lo que se quería evitar. Recuerdo que cuando visitaba el campo, me acompañaba el coronel don Juan Camelino, que se halló en la batalla, y cuando yo observaba que por alguna parte podía haber penetrado sin obstáculo nuestra caballería, me contestaba: "Es que había infantería". Lo decía esto con tanta seguridad y magisterio que probaba la convicción en que estaba de que la caballería jamás puede ni debe lidiar con la otra arma. El asunto no merecía tratarse seriamente, y me contenté con preguntarle si la caballería del ejército libertador tenía a su favor alguna bula del papa que la dispensase de cargar infantería, aunque el caso lo requiriese. Él y todos los circunstantes echaron a reír, y se acabó la discusión. Ella, sin embargo, prueba las ideas que se tienen generalmente, y el atraso y deficiencia de esa caballería de poca disciplina, como la miliciana. Volviendo a la batalla del Sauce Grande, diré que me parece que el ataque de la infantería fue poco sostenido, y que un cuerpo de caballería pudo cooperar muy bien con ella, aprovechando el buen terreno que se dejó para ir a buscar otro poco adecuado.

Las pérdidas de ambas partes fueron pocas, y ésas más bien en escaramuzas parciales que en cargas propiamente dichas, exceptuando el ataque de la infantería. Toda nuestra caballería se quejaba de la mala calidad del terreno, de sus desigualdades, sus fangales, etcétera. Pero debieron advertir que esas desventajas eran recíprocas, pues que también se oponían a los progresos de la enemiga. Si ésta era una razón para no haber triunfado completamente, nunca puede ser una disculpa para haberse dispersado y dejado, en gran parte, el campo de batalla.

Concluiré esta descripción advirtiendo que la desventaja de los caballos, que tantas veces ha servido para disculpar reveses y aun para paliar derrotas, estaba esta vez en contra de los enemigos, cuyos caballos eran flacos y ruines. Como que el general Lavalle era superior en caballería y batía la campaña, tenía los mejores, a pesar del terrible consumo que se hacía de ellos. Confírmase esto por lo que me dijo el general Lavalle, que Echagüe no podía moverse antes de tres o más meses por falta de ellos.

Antes de dejar Punta Gorda, diré una palabra más de mi compañero de viaje, el doctor Agüero. No lo abandonó su exquisita reserva, y aun en el asunto de mi separación del ejército e ida a Corrientes, no abrió los labios ni manifestó su opinión. No así el señor Carril, que la combatió con todo el poder de su elocuencia, y pienso que con toda la sinceridad de su alma. Haré mención de una de sus reflexiones, y de las razones que con este motivo se cruzaron.

Cuando me alegaba la utilidad de mi presencia en el interior de la república y le rebatía esta idea, le decía: "¿Qué voy a decir a esos pueblos? ¿Qué les vamos a llevar? Me dice usted mismo que nada se piensa sobre constitución, orden, arreglos equitativos y mejoras de abusos. ¿Qué, pues, es lo que vamos a ofrecer?" "—Libertad, libertad y más libertad", me contestaba. Y cuando le observaba que esa palabra libertad, sin ir apoyada en esperanzas positivas de un orden constitucional, era una palabra vana y que nada significaba, porque los pueblos no eran tan necios que esperasen que podía haber libertad y orden sin instituciones, me decía: "Tiene usted razón; pero no hay más que hacer que gritar libertad hasta destruir al tirano, y luego volvernos a las andadas.[1] Yo —añadió— combato a Rosas porque no me deja vivir en parte alguna. Salí de mi país huyendo de él; me establecí en la Banda Oriental, y allí me persigue; pues le contesto a la guerra que me hace haciéndosela yo."

Cuando le pedí explicaciones sobre la contradicción que notaba entre el empeño que tuvieron en llamarme al ejército y la indiferencia después que llegué a él, me contestó: "Todos lo hemos deseado a usted sinceramente, y hasta el doctor Agüero me ha dicho que aun cuando su viaje no hubiera producido otra ventaja que la de traer a usted al ejército, lo da por bien empleado". Repuse que eso no explicaba el enigma, y concluyó con asegurarme que no sabía más que decirme. Sabía, sin duda, mucho más que decirme, pero no era tiempo de llevar a tanto la confianza.

No dejaré tampoco de decir una atención que merecí al doctor Agüero. El tedio me había dominado enteramente en Punta Gorda, y sólo aspiraba a salir cuanto antes de allí; por esa razón había retirádome de todo negocio que no fuese mi viaje, y aun había cerrado toda relación. Sabía que un buque de guerra francés debía custodiar el convoy hasta Hernandarias y podía hacer en él mi viaje hasta dicho punto, si lo solicitaba del jefe de la estación. No quise verlo y me resolví a ir en un buque mercante, pero el doctor Agüero, que lo supo, obtuvo oficiosamente este permiso del señor Penaud, y me trajo el aviso. Se lo agradecí.

El 23, entre dos y tres de la tarde, dio la vela el convoy, con buen viento, y nos separamos del ejército alejándonos de nuestras familias y de nuestras relaciones. Habríamos andado un par de leguas cuando vimos un escuadrón que desfilaba por entre el bosque de la isla, que llevábamos a nuestra izquierda. Era el del comandante Saavedra que se retiraba muy silenciosamente de su expedición a Coronda, adonde ni se había acercado por no sé qué accidente.

[1] Tan no me engañaba en mi modo de pensar, que, casi a ese mismo tiempo, los pueblos del interior y Corrientes cambiaron el lema de "¡Viva la Federación!" de las notas oficiales en el de *Patria, Libertad, Constitución*, la una; y *Dios y Constitución*, las otras. Mas los unitarios de Montevideo se mostraban en la palabra Constitución tan enemigos como el mismo Rosas. Ahora, a las cansadas, cuando quizá no es tiempo, empiezan a clamar por organización nacional. Ojalá les crean.

A medianoche pasamos por frente a la capital de la provincia de Entre Ríos, la ciudad del Paraná, cuyas luces no pude ver porque me dominaba un profundo sueño. Después de la agitación moral que había sufrido, ésta fue una crisis favorable que me restituyó la salud, que empezaba a faltarme, y la tranquilidad del espíritu. Di gracias a Dios de verme libre del torbellino de Punta Gorda. Pude afeitarme, porque en el ejército hubiera sido dar una muestra de poco patriotismo, y quizá de una fe política sospechosa, el hacerlo. Todos andaban de barba entera, y se exponía a un desaire el que no hubiera seguido la moda. Tan inconsecuentes somos los hombres, que los mismos que hacían la guerra a Rosas porque hacía cortar las barbas estaban dispuestos a perseguir al que se las rapaba. El señor Carril, con su barba blanca que se le une casi a las cejas, y sus ojos pequeños y hundidos, presentaba una fisonomía extrañamente rara.

El 24 por la tarde nos faltó el viento, y fondeamos, pero ya habíamos avanzado buenas leguas. Allí permanecimos cinco días por falta de viento, hasta que sopló el sud, y levantamos el ancla, para continuar, el 29. Llegamos a Hernandarias, y de allí debía regresar el bergantín goleta *San Martín*, que era el buque de custodia; me transbordé al *Luis María* para continuar el viaje.

Se me pasaba una ocurrencia que tuvo no pequeña influencia en los acontecimientos que se subsiguieron:

A los dos días de haber salido de Punta Gorda, cuando estábamos fondeados, teníamos una punta de tierra a nuestro frente, que era preciso doblar para continuar el viaje, pero que no permitía el viento hacerlo, por el dictamen de los prácticos. El general Ramírez, que iba en el bergantín *Cincinato*, llegó en un bote al buque de guerra a solicitar permiso del comandante francés para adelantarse. El comandante me consultó a mí, y yo traté de disuadir al general; mas él insistió, y el oficial francés me dijo que nada se perdía con otorgarle el permiso, por cuanto no podría el *Cincinato* doblar la punta, y tendría que esperar viento para hacerlo cuando los demás hiciesen lo mismo. En esta seguridad dejé de oponerme, y el señor Ramírez tuvo el permiso que deseaba. El bergantín levantó la ancla y se puso a bordejear trabajosamente; después de muchas horas consiguió doblar la punta, pero el oficial francés insistió aún en que no adelantaría camino porque tendría que volver a fondear luego.

Nosotros seguimos el viaje sin novedad y sin desperdiciar viento, pero el *Cincinato* nos aventajó de dos días, pues que no llegamos a la Esquina sino el 5 de agosto, y aquel buque había arribado el 3. La Esquina, que es un pequeño lugarejo con el nombre de pueblo, está situado en la confluencia del río Corrientes con el Paraná, y desde allí hay setenta y cinco leguas a la capital de la provincia. Allí supe la llegada del general Ramírez dos días antes, y que había pasado inmediatamente, por tierra, a verse con el gobierno.

Desde que puse el pie en la provincia que pensábamos defender, conocí que nada había preparado, y que estaba en estado de la más completa indefensión. El punto de la Esquina es fronterizo y sólo dista cinco leguas del arroyo Guayquiraró, que divide la de Entre Ríos; sólo lo separaban cuarenta leguas, o poco más, del ejército de Echagüe, y no había cosa que se pareciese a fuerza armada, ni otros preparativos militares; por momentos se esperaba ver aparecer al comandante Cabral, precursor de la invasión enemiga, y nadie pensaba en otra cosa que en huir, sin tomar la menor medida, ni para hostilizarlo, ni aun para descubrirlo; cualquier asomo de gente sospechosa, cualquier rumor, iba a ser la señal de una disparada general, que iría progresivamente aumentando la alarma y podía trastornar, de un golpe, el orden existente, como sucedió después, cuando la pérdida del Arroyo Grande.

Traté de informarme de los otros puntos de la frontera; y todos estaban en igual abandono. Comprendí, entonces, que lo que el comandante Ávalos me había dicho en Punta Gorda, de que bastaba Cabral con doscientos hombres para apoderarse de Corrientes, era de la más perfecta exactitud. Como pronta providencia, ordené que todos los jefes y oficiales correntinos, que habían llegado en el convoy con sus asistentes, tomasen caballos y formasen una partida de observación, mientras yo volaba a conferenciar con el gobernador y acordar la fuerza que los relevase. Fue un clamor general el de los oficiales reclamando contra la ejecución de esta orden. Todos querían ir a sus casas sin esperar cuatro o cinco días que podía tardar el relevo o la providencia que dictase el gobierno. Me sostuve en lo mandado, exponiéndome a una abierta desobediencia. Ella no tuvo lugar por el momento; pero en cuanto yo me marché, ese mismo día, los demás hicieron lo mismo bajo diversos pretextos. La frontera, en aquel punto, quedó otra vez sola.

Esto me dio una muestra de lo que tendría que hacer para establecer la disciplina; una orden que me parecía tan sencilla, tan natural y tan necesaria, hallaba una resistencia tenaz, ¿qué no debía temer de otras que requería el orden militar que iba a establecer? El comandante de la Esquina era el señor don Manuel Fernández, sujeto muy apreciable, pero que jamás había sido militar, ni tenía remota idea de la guerra. Sus buenos deseos era lo que ofrecía, y no eran bastantes en una situación tan inminente.

Después de estas y algunas otras providencias, marché la misma tarde del 5, y llegué al paso del Platero, donde pasé el río Corrientes. Al siguiente día estuve en Goya, donde fui muy bien recibido de la población. Como mi objeto era verme cuanto antes con el gobernador Ferré, no me demoré, y el 7 me puse en marcha hasta Santa Lucía, donde pernocté.

Sería un poco más de la medianoche cuando fui recordado por el comandante de Goya, don Manuel Díaz (el mismo que me había ido a buscar a la Colonia), que venía de Corrientes con comunicaciones para mí del gobernador, a quien, como es de suponer, había yo escrito desde la Esquina avisándole mi arribo. El señor Díaz debía hospedarme en Goya, darme las explicaciones que desease y proporcionar los medios de trasladarme al pueblo de San Roque (punto central de la campaña), a reunirnos con el gobernador, que debía dirigirse allí mismo.

La pretensión del señor Díaz para que regresase a Goya, que ya dejaba cinco leguas atrás, a recibir sus obsequios; la calma del gobernador, que más se ocupaba de su resentimiento con el general Lavalle que de los medios de salvarse; la apatía general de los habitantes, me revelaba que, sin dejar de estar asustados, no concebían la inmediación del peligro que los amenazaba. El señor Díaz me entregó también la proclama del gobierno de Corrientes que declaraba al general Lavalle traidor y desertor, y que fulminaba contra él el más furibundo anatema. El señor Díaz venía provisto de una multitud de ejemplares impresos de dicha proclama, y le exigí que no los distribuyese al público, a lo que accedió sin dificultad, mientras yo me puse a escribir al gobernador probándole la inoportunidad de semejante documento y la necesidad de suprimirlo o recogerlo. Agoté mi pobre elocuencia en este sentido, y a la misma hora despaché un *expreso* que encontrase a S. E.

Al siguiente día 8 estuve en San Roque, lugar de la cita que me daba el gobernador, y no encontré al señor Ferré, a quien tuve que esperar dos días. A quien hallé fue al señor don Baltasar Acosta, que marchaba en comisión cerca del general Rivera, con autorización bastante para renovar la alianza y celebrar otros pactos a voluntad de aquél. En suma, el gobierno de Corrientes se echaba en brazos del presidente oriental y se entregaba a él sin reserva, tanto en odio al general Lavalle, cuanto para que lo ayudase en el conflicto en que lo dejaba la ausencia del ejército libertador.

Acosta, lo mismo que Díaz, iba también provisto de un buen repuesto de ejemplares de la proclama, que iba distribuyendo, y que debía llevar a la Banda Oriental. Mi solicitud fue la misma para que suspendiese su distribución mientras resolvía el gobierno, y, además, obtuve de él que se detuviese hasta la llegada del gobernador, para acordar mejor los términos de su misión. También en esto fui complacido.

Hacía sólo 24 horas que estaba en San Roque, esperando al perezoso gobernador, y ya se recibió la noticia de que había aparecido en la frontera una fuerza cuyo número y calidad se ignoraba, siendo, sin embargo, enemiga. Efectivamente, era Cabral, con ciento cincuenta a doscientos hombres, que penetró en los límites de la frontera, pero que, sabiendo nuestra llegada, no se atrevió a internarse, y se contentó con revolotear hasta la llegada de otra fuerza mayor.

Al solo anuncio de esta partida enemiga que había aparecido en la frontera, la que tenía de parte de Corrientes un mayor Gómez, antiguo oficial de Artigas, que era una de las notabilidades militares de la provincia, se dispersó y ganó sus casas o los bosques, y quedó todo en la más completa indefensión. Don Baltasar Acosta ocurrió a mí por providencias, y yo me excusé de darlas, diciendo que si hasta allí lo había hecho era porque las circunstancias me autorizaban para hacerlo en la frontera, pero que en el centro de la provincia, casi a presencia de las primeras autoridades, no me consideraba facultado para expedirlas. No obstante, le dicté lo que me parecía conveniente providenciar, y él tomó sobre sí expedir las órdenes que le había indicado. No eran otras que llamar al vecindario de la frontera a las armas, prevenir el retiro completo de las caballadas, ordenar la formación de partidas de guerrillas, nombrando los oficiales que parecían más idóneos, y mandar que se hostilizase al enemigo.

Otro motivo tenía yo para rehusar una parte activa en las

deliberaciones militares, que era la resolución de retirarme si no se deponía ese espíritu de difamación y persecución al general Lavalle, que, aunque hubiese dado justos motivos de queja al gobierno de Corrientes, estaba al frente del ejército que combatía por la causa, cuya pérdida necesariamente acarrearía la de todos. Sobre esto hablé mucho al señor Acosta, de modo que cuando llegó el gobernador debió luego ser informado de mis disposiciones, no obstante la muy menguada inteligencia del señor Acosta.

Desde nuestra primera conferencia hablé al señor Ferré en el mismo sentido, protestándole que no me haría cargo de la defensa del país, ni tomaría el mando del ejército que iba a formarse, si no se volvía a los sentimientos de moderación y templanza, de que no hubiera debido separarse. El gobernador lo prometió, y, en prueba de ello, dio la proclama del 10 de agosto, que, si no desmentía la del 4, mostraba que se abstendría de recriminaciones, y, en una palabra, que variaba de política.

En cuanto a la misión del señor Acosta, logré que se redactaran sus instrucciones, llevando por base los intereses argentinos y la dignidad del gobierno comitente, ofreciendo, sin embargo, al general Rivera la dirección de la guerra y haciéndole todo el honor compatible con el nuestro propio. En cuanto a la proclama del 4, ofreció el señor Ferré desentenderse de ella en todos sus actos posteriores, suprimir los ejemplares que aún no se habían distribuido y hacer lo posible para que no circulasen los que se habían ya repartido. Como éstos eran pocos, su circulación fue muy limitada, y pronto cayó en olvido esa producción de la más imprudente ligereza.

La proclama del 10, la modificación que se hizo en la misión del señor Acosta y el retroceso que se hizo en la política del gobierno de Corrientes, no dejó de atribuírmelo el señor Rivera, y, como él mismo lo ha dicho, es uno de los más grandes cargos que pretende fulminar contra mí. Sin embargo, al principio disimuló, y sólo trató de arrancarme un pronunciamiento contra el general Lavalle, que hubiera publicado al momento. Cuando se desengañó de que no podía obtenerlo, es que se quitó la máscara y me declaró una guerra abierta. Más tarde hablaremos de esto, cuyos comprobantes existen en la correspondencia que conservo.

El resentimiento del señor Ferré contra el general Lavalle era tan fuerte como profundo; pretender atenuarlo era difícil, pero destruirlo era imposible. Cuando yo le decía que en las circunstancias en que se vio el general después de la batalla del Sauce Grande no tenía otra cosa que hacer para salvar su ejército y llevar la causa adelante, aglomeraba indicios y hasta pruebas para mostrar que ésas habían sido las intenciones del general desde que se movió de Corrientes, sin omitir la sospecha de que se había dejado voluntariamente rechazar por el ejército enemigo, para colocarse en esa posición, mediante la cual se quería disculparlo. Cuando me refería a la nota de que yo había sido conductor, para mostrar que el general no se había olvidado de Corrientes, presentaba la que trajo Ramírez como comprobante de la perfidia con que se lo había tratado. Tenía habitualmente sobre su mesa un gran cuaderno en que estaban todas las comunicaciones del general, cosidas y encuadernadas; y, a cada momento, hojeaba el legajo para hallar una contradicción, una inconsecuencia o una mentida promesa. Estaba la herida muy fresca para que pudiese cerrar; era preciso que cediese antes la inflamación.

Aun cuando acepté el mando, no fue sino interinamente, dejándome una puerta para salir si se me engañaba o si se desviaba del camino que me había prometido seguir. Los señores Isasa y Leiva acompañaban al señor Ferré, siendo el uno ministro en los departamentos de gobierno y guerra, y el segundo en la hacienda y relaciones exteriores. El señor Leiva se condujo con moderación y patriotismo; el señor Isasa, fuera de la superficialidad de sus aparentes talentos, que no le permite penetrar más allá de la corteza de un negocio, estaba completamente ganado por Rivera, cuyos intereses promovía a todo trance. El señor Ferré, sin dejarse arrastrar de sus opiniones, lo conservaba por consideraciones especiales.

Veinte reclutas que habían llegado a Caa-Catí para mandar al ejército libertador, por pedidos que días antes de la batalla del Sauce Grande había hecho el general Lavalle, y una partida que servía de escolta al gobernador, fue el plantel del ejército de reserva. Otras partidas que iban llegando, y que eran destinadas al mismo fin,[1] fueron engrosando aquel plantel. Luego salí de

[1] El general Lavalle, cuando formó el ejército, no quería infantería; conoció luego la necesidad de esta arma, y la pidió a Montevideo y Corrientes. Ya dije que de aquella ciudad le vinieron cien hombres, costosamente enganchados, y de Corrientes debían irle trescientos. Para completar este número, se había cotizado a los departamentos, y las partidas que éstos mandaban formaron los primeros dos escuadrones del cuerpo de ejército que triunfó en Caaguazú; la primera partida que llegó fue la de Caa-Catí, que era de veinte hombres. Esta

San Roque a camparme en Laguna Ábalos, donde el gobernador fue también. Después de cuatro o seis días se despidió de mí para regresar a la capital.

Me dediqué con todas las fuerzas de mi alma y cuerpo a la organización de aquel cuerpo, que crecía todos los días con los hombres que llegaban de los departamentos, pedidos ya expresamente para este destino: pronto tuvo quinientos, ochocientos, mil doscientos hombres. Ya entonces su instrucción y disciplina exigía esfuerzos superiores a mis medios. El comandante Chenaut, a quien encargué del estado mayor, me fue muy útil; y hasta el nulo y bribón de Olleros me fue de provecho para medio dar forma de batallón a uno que improvisé, sin cabos, sargentos ni oficiales. La artillería, que consistía en dos cañones de a ocho y cuatro de a uno, se puso a cargo de un Martínez, que se decía comandante, hombre sumamente vicioso e incapaz, en otras circunstancias, de mandar cuatro hombres. Al fin sabía que el cartucho y la bala se introducen por la boca del cañón, y esto lo hacía superior a todos los demás de que podía disponer.

En el plan que se formó de defensa se acordó defender sólo dos puntos, que eran el pueblo de Goya y la capital, haciendo para ello algunas obras de fortificación. Al primero mandé al comandante Canedo para que lo pusiese en estado de defensa, y disciplinase los cívicos, la milicia de caballería e hiciese las obras necesarias. Este jefe, con las mejores intenciones del mundo, se equivocó, hasta el punto de creer que Goya era inexpugnable y que la fuerza que lo guarnecía era capaz de una vigorosa resistencia; felizmente no llegó el caso de hacer una prueba, cuyo resultado nos hubiera sido funesto, porque antes mandé desalojarlo y reuní la guarnición a lo que se decía ya ejército.

Varias fueron las dificultades con que tuve que luchar: primera, la falta de jefes y oficiales inteligentes; segunda, los malos hábitos y desmoralización, cuyas semillas había dejado el ejército libertador;[1] tercera, la escasez de recursos de toda clase; cuar-

---

aversión del general Lavalle por la infantería era, sin duda, emanada de la que siempre tuvo el general Rivera, el que atribuye sus desastres a la falta de esta arma, sin que por eso quiera tenerla en los cuerpos que manda. En Cagancha triunfó por la infantería, y no se ha enmendado, ni eso bastó para que mudase de inclinaciones.

[1] Se me ha atribuido injusta y maliciosamente un espíritu de enemistad y malevolencia al ejército libertador, porque alguna vez he deplorado sus desórdenes. De aquí han querido también deducir mis sentimientos hostiles al gene-

ta, las preocupaciones del señor Ferré, en cuya cabeza no podían entrar muchas providencias que era indispensable tomar.

Quien haya conocido la provincia de Corrientes, o se haga cargo del rol pasivo que jugó en la revolución, conocerá la exactitud de la primera dificultad que he apuntado. La segunda tampoco necesita demostración, como tampoco la tercera. Diré sólo cuatro palabras sobre la última.

Pienso que el señor Ferré es un hombre honrado y de sincero patriotismo, de buena razón y medianamente instruido para nuestro país. Con sólo su buen juicio, sus principios económicos y su espíritu de orden, había hecho bienes en sus anteriores administraciones, y Corrientes le debía una gran parte de su importancia política. Siguiendo la moda de nuestros gobernantes, que todos querían ser condecorados con grados militares, se había hecho dar los bordados de brigadier, pero no tenía ni una tintura de lo que es milicia y mucho menos de lo que debía ser, conformándonos a los progresos que ha hecho entre nosotros el arte de la guerra.

El pensamiento de formar una pequeña maestranza en el ejército para la compostura de los montajes de la artillería y de fusiles y tercerolas, por lo menos en reparaciones leves, le parecía una profusión, un dispendio inútil, y me proponía muy seriamente que mandase todo a la capital, donde eternizaban las obras más insignificantes. La distribución de sables a la tropa lo llenaba de terror, porque temía que los rompiesen o desmejorasen, y quería que se los remitiese a los almacenes que él cuidaba con exquisito celo, prefiriendo que estuviesen encajonados para repartirlos la víspera de una batalla, si teníamos tiempo para ello. Cuando le dije que era preciso dar raciones de tabaco, yerba, jabón; distribuir de cuando en cuando una buena cuenta en dinero, y dulcificar la vida dura del soldado con algunos goces de poco costo, me contestó que lo creía una innovación peligrosa, por cuanto jamás se habían acostumbrado en Corrientes esas li-

---

ral Lavalle. Bastante he expresado en esta memoria que ese desorden, que nadie niega ni puede negar, era sistemático, porque el general Lavalle creía triunfar por los mismos medios que él había sido vencido. Desde que es así, no se disputan ni sus aptitudes ni sus talentos, y, cuando más, se dirá que fue un cálculo equivocado. Lo célebre es que cuando se reúnen tres o cuatro jefes del ejército libertador, y recuerdan sus campañas, censuran más que nadie sus desórdenes, pero se ofenden si otros los mienta o los critica. Si no se hubiera de hablar la verdad, más valdría tirar la pluma.

beralidades; pero, sobre todo, lo que más lo escandalizó fue que en un terrible aguacero en que el soldado no tenía una hilacha seca, sin dejar de hacerla penosa la fatiga de su profesión, mandé dar una ración muy moderada de aguardiente. Ya creyó que todo el ejército se entregaba a los excesos de la embriaguez, y que todos sus amados correntinos tomaban inclinaciones invencibles a los licores fuertes. En vano fue decirle que en todas partes se hacía, y recuerdo que le presenté el diario de Rosas en que describe su célebre campaña del sud, en que todas las mañanas, después de la diana, daba ración de aguardiente; en vano era decirle que era una medida higiénica para precaver enfermedades resultantes de las mojaduras, fríos y vigilias. Parecía de pronto convencerse, y hasta ceder, mas al otro día se promovía la misma cuestión con sus alegatos, réplicas, etcétera.[1] Tal era el carácter del señor Ferré.

Todas estas controversias, que no pasaban de amistosas y moderadas, me quitaban el tiempo y gastaban mi paciencia. Cuando el señor Ferré se fue, yo respiré más libremente, pero muy luego fue preciso ocurrir a la pluma para combatir sus preocupaciones. Es increíble lo que yo he escrito en ese período de mi vida pública, porque, generalmente, para una friolera, para un asunto trivial, tenía que aglomerar argumentos y demostraciones palpables. Por lo regular sus notas venían de la redacción del señor Isasa, y me quejé del estilo torpe y sin raciocinio de este hombre, y se le retiró mi correspondencia, pasándosela al señor Leiva, con quien nos entendimos mucho mejor.

Luego que se retiró el señor Ferré, levanté el campo, y me dirigí sobre el río Corrientes, llevando ya una columna de más de ochocientos hombres. El día era caluroso y llevábamos más

[1] El doctor don Santiago Derqui, asesor de gobierno y amigo particular del señor Ferré, me refería lo siguiente: Este señor opinaba que el tratado de amistad y comercio, celebrado con la Gran Bretaña, no obligaba a la provincia de Corrientes, por algunas razones que alegaba. Con este motivo, se entablaba todos los días una acalorada discusión, en que el señor Derqui agotaba su lógica para probar que la de Corrientes, como provincia argentina, estaba obligada a lo que había pactado el gobierno que representaba la Nación. Después de un largo debate, parecía el señor Ferré como vencido bajo el peso de la verdad y el raciocinio, en términos de tener el asunto por concluido y juzgado. Mas, al otro día, se retractaba y volvía a la carga, reproduciendo las mismas razones, u otras que había meditado en la noche. La discusión terminaba como el día antes, para recomenzar al siguiente. Después de años, no estaban más adelantados.

de dos horas de marcha sin que hubiésemos encontrado agua; repentinamente se rompe la formación, menos la del escuadrón que iba a la cabeza, porque estaba a mi inmediación, y se van todos a un barranco o laguna, que estaba a dos cuadras de nuestro flanco, a satisfacer la sed que tenían. Mi disgusto fue sumo, mis reconvenciones fuertes, pero reprimí esa costumbre, y no volvió a repetirse. Cosas semejantes en otro género sucedían todos los días, pero, combatiéndolas con perseverancia y energía, ganaba terreno en el sentido del orden y de la disciplina.

Pasé al sud del río Corrientes en demanda de pastos, porque nuestras caballadas, sobre ser escasas, estaban extenuadas, sea por la extracción de ellas que había hecho el ejército libertador, sea por todo a un tiempo. Cuando había elegido un campo adecuado y me preparaba a ocuparlo, en los últimos días de agosto, se recibió el parte de que un cuerpo enemigo de más de mil hombres, al mando del general Gómez, se había incorporado a Cabral, que, como ya indiqué, no había penetrado, y que se aproximaba al río Corrientes por la costa del Paraná. Yo me hallaba enfrente del Paso Nuevo, que está treinta o más leguas arriba; repasé inmediatamente el río para tomar una posición central y cubrir la capital, y dar la mano a Goya, que era el otro punto defendible. La escasez de pastos era extrema en el norte del río Corrientes, y el hallarlos y conservar los caballos era asunto de vital importancia. El general Gómez pasó el mismo río por el Platero, de modo que no tenía ya barrera alguna que le impidiese marchar.

Ignoro qué es lo que imprimió tal carácter de circunspección en sus operaciones, que las limitó a correrías insignificantes hasta que se situó en el lugar que le pareció oportuno para esperar el cuerpo principal al mando de Echagüe, de quien no era sino la vanguardia. Pienso que su circunspección provino de las noticias que debió adquirir de que ya contaba yo con un cuerpo regular de tropas, que tenía un batallón de infantería y algunos cañones que a él le faltaban. Sin embargo, este hombre, que traía soldados aguerridos, jefes y oficiales formados, debía saber que los míos nada entendían de armas ni de guerra, y que ignoraban hasta el modo de dispararlas. Con la pólvora mojada que traje del ejército libertador se hicieron los primeros cartuchos de fogueo, que frecuentemente se salían, después de inflamada la pólvora, por el oído, a la manera de la guía de un cohete, sin despedir el taco que estaba dentro del fusil. Si soy atacado de pronto, es muy dudoso que hubiera podido resistir, mas cada día se adelantaba un poco y era más fuerte. Se aumentaba también el personal, porque no cesaban de llegar hombres de los departamentos, que se agregaban a los escuadrones o formaban nuevos.

En estos movimientos se pasaron los primeros días de septiembre, que aproveché en formar algunas partidas de guerrilla y cuya guerra no pensaba desatender. Como en esto lo principal es la elección de oficiales adecuados, los buscaba con la más exquisita diligencia; no me lisonjeo de haber conseguido mucho, pero sí lo bastante para que esas partidas prestasen algún servicio. Establecí, además, una vanguardia, a cargo del comandante don Manuel Díaz, que se situó convenientemente para observar los movimientos del general enemigo.

La confianza de Díaz en los goyeros y escuadrón de indios cristianos de Santa Lucía, que mandaba, era tan excesiva que tuve más de una vez que contener su ardor. En la mañana del 8 de septiembre hacía un movimiento para observar mejor al enemigo cuando, en medio de su marcha, fue sorprendido por una guerrilla que precedía a un cuerpo enemigo de más fuerza. No fue preciso que éste llegase, porque a los primeros tiros huyó a escape toda mi vanguardia, sin hacer la menor resistencia. Lo más particular es que ni uno solo de los derrotados vino a darme noticia de lo sucedido, sino que se pasaron por mi flanco derecho y a buena distancia de él, que era el camino más corto para ir a su departamento, es decir, a sus casas.[1] El comandante Díaz tomó la misma dirección con el obje-

[1] Tienen los correntinos una fuerte inclinación a dispersarse, y aun no deja de haber algunos que desean una derrota para entregarse a excesos que en un orden regular no podrían quedar impunes. Así fue que el mismo día de la pérdida de Pago Largo, dos años antes, los mismos derrotados, los mismos correntinos, saquearon despiadadamente el naciente pueblo de Curuzú-Cuatiá bajo el especioso pretexto de quitar ese botín al enemigo; lo peor era que de esas ideas participaban muchos oficiales y aun jefes, de modo que hallaban su provecho particular en la victoria del enemigo. Combatiendo yo esa propensión, había dicho que borraba de nuestro diccionario militar las palabras derrota y derrotados, que no quería oírlas, y que les aseguraba que si se sujetaban a mi dirección nunca se verificaría su fatal significado. Al día siguiente de este pequeño desastre, se me presentó un comandante Zamudio, hombre de edad, honrado, bueno y grave, para darme el parte de que se le había presentado un soldado desatinado. Creí que era algún demente, y le dije: "Pues haga usted

to, según me dijo, de reunir su gente; pero lo cierto es que no me mandó parte inmediatamente, y que sólo supe el desastre por un vecino que se comidió a comunicármelo.

La impresión que causó fue profunda, y tuve mucho que hacer para disiparla. Felizmente, ese mismo día, dos partidas nuestras habían obtenido pequeñas ventajas sobre otros enemigos en distintas direcciones, y se balanceó nuestra pérdida.

Es inexplicable por qué el general Gómez no aprovechó mejor su buen suceso, porque es seguro que si marcha rápidamente nos pone en el último conflicto. Volvió a su anterior posición y esperó pacientemente a que quisiese venir Echagüe y a que yo me preparase mejor.

La situación del pueblo de Goya llamaba seriamente mi atención, pues podía de un momento a otro ser atacado. Yo me conservaba a la misma altura, pronto a darle socorro y sacar las ventajas posibles del empeño que pusiese el enemigo en tomarlo, pero no me inspiraban confianza las seguridades que me daba el comandante Canedo. Resolví, pues, hacer una inspección personal y rápida de los trabajos que se habían hecho y de la guarnición que debía defenderlos; al efecto, me trasladé una noche y permanecí hasta el día siguiente para juzgar por mis ojos. Encontré que los trabajos del comandante Canedo nada valían, y que un esfuerzo cualquiera del enemigo pondría la población y sus recursos en su poder. Resolví, pues, evacuarla, mas no en aquel instante, contentándome por entonces con prevenir que las familias y los intereses transportables se embarcasen, y quedasen sólo las personas de armas llevar.

El jefe de vanguardia, que era entonces el general Ramírez, tuvo orden de comunicarse con el comandante Canedo, y éste la de abandonar Goya cuando aquél se lo previniese, reuniéndoseme con la guarnición. El jefe de vanguardia sólo debía dar la señal cuando el enemigo se moviese ofensivamente. Sea que el general Ramírez se equivocó, sea que el enemigo hizo algún movimiento parcial, que él creyó que era una marcha pronun-

---

que lo vea el médico". "—No, señor general, si es un hombre… pues… desatinado…" "—Por lo mismo digo que vaya al hospital." "—Si no está enfermo, señor." "—Pues, ¿y qué tiene entonces?" Después de varias explicaciones llegué a comprender que era uno de los dispersos del día antes, y que por cumplir con mi orden no quería usar de la palabra derrotado, a la que había sustituido la de desatinado. Dio mucho que reír este *quid pro quo*, y se conservó la memoria por largo tiempo.

ciada, el hecho es que lo previno al comandante de Goya, y éste abandonó el pueblo, reuniéndoseme con su guarnición a dos leguas de distancia, que era el punto que yo ocupaba.

Con este motivo se perdieron unos cuantos tercios de yerba y unos pocos petacones de tabaco que no pudieron retirar, lo que causó al señor Ferré una tal congoja que me la manifestó del modo más patético. Si la ignorancia de lo más trivial que tiene la guerra no explicase estas miserias, sería preciso suponer que una ilimitada mezquindad y pequeñez de espíritu lo hacía detenerse en la consideración de tan menguadas pérdidas, que, por otra parte, habían sido indispensables a presencia de la magnitud de los intereses materiales y políticos que acababan de salvarse a fuerza de coraje, de abnegación y de personales sacrificios. He dicho que acababan de salvarse, porque no fue sino después que se retiró el enemigo, y que se le pasó el susto, que él levantó la voz para lamentar la pérdida de unos cuantos cientos de pesos. Este asunto motivó una nota oficial mía, concebida en términos muy categóricos; con lo que se dio por terminado.

El desalojo de Goya me fue de inmensa utilidad, porque quitaba una atención más, aumentaba mi fuerza con su guarnición y tres cañones, uno de a doce y dos de a uno, y porque dejaba más libres mis movimientos. Lo que se supo después confirmó el acierto de esta medida. El enemigo tenía inteligencias en la plaza, y el comandante Canedo era vendido por unos cuantos vecinos que lo habían rodeado y ganado su confianza. En medio de su cándida seguridad iba a ser víctima de la traición. Con esta ocasión se siguió una causa, hubo algunos presos, se sacó de Goya algunos vecinos y se fortificó el convencimiento de que la medida que había deplorado el señor Ferré había desconcertado los planes del enemigo y quizá salvado la provincia.

Definitivamente me entré en el Paso del Rubio, cinco leguas más arriba de Goya, en el camino de la capital, que queda aún a cuarenta y cinco leguas; había reunido todos mis medios y me disponía a operaciones más serias, cuando, en los primeros días de octubre, recibí parte de que el enemigo retrocedía rápidamente. Hacía más de diez que Echagüe se había reunido a Gómez con un cuerpo de más de mil hombres y que había pasado el río Corrientes, formando un todo de más de dos mil combatientes disciplinados y aguerridos y, de consiguiente, bastantes para medirse con un poder doble que el mío, llevando buenas probabilidades de suceso. Tiempo sobrado tuvo si lo hubiera querido, pero alguna rémora desconocida paralizaba sus movimientos, sucediéndole lo que a su comandante de avanzada cincuenta días antes y a su general de vanguardia durante la mayor parte de septiembre.

Para no interrumpir la relación de mis movimientos he dejado de mencionar un hecho curioso de armas que tuvo lugar en la costa del Uruguay. El coronel indio, al servicio de Echagüe, que mandaba los misioneros refugiados en Entre Ríos, llamado Tacuavé, había penetrado en las Misiones y avanzádose hasta el pueblo de La Cruz; el comandante don Francisco Solano Gigena, con el escuadrón López Chico, que había ido en su persecución, tuvo con él un encuentro que no fue desgraciado y, sin embargo, el escuadrón se dispersó y vinieron *derrotados*. Este escuadrón fue privado por una orden general del uso de sus banderolas, de modo que sus lanzas aparecían en las formaciones y demás actos del servicio sin aquel adorno. Esta pena les fue muy sensible y provechosa, pues este escuadrón, a quien meses después fueron restituidas sus banderas, se condujo siempre bien.

El comandante Esteche, con alguna fuerza que reunió y un escuadrón reglado, a las órdenes del mayor don Benjamín Virasoro[1], dio un segundo golpe a Tacuavé y lo arrojó del territorio de Corrientes. Desde entonces ya se hicieron sentir, aunque en menos escala, las animosidades de las familias de Virasoro y Madariaga; ambas pertenecían entonces a una creencia política; mas ya era de temer que los odios personales se sobrepusiesen a sus más íntimas convicciones. La primera de estas familias, cuyos miembros son sin duda más capaces, pertenece al partido que antes combatió, habiendo para esto abjurado sus principios.

La retirada precipitada de Echagüe era un misterio cuya explicación no podíamos darnos. Muy claro era que él había encontrado una resistencia que no esperaba, y parece que un presentimiento secreto le predecía las severas lecciones que más tarde debía darle el ejército de reserva. Sin embargo, no podía concebirse que, después de una invasión emprendida con arrogancia, se retirase sin empeñar un choque que motivase su retirada. Al emprenderla, hizo entender a cuantos veía que la efec-

[1] El gobernador actual de Corrientes, perteneciente ahora al partido federal.

tuaba no por temor de medirse con nosotros, sino por otro motivo poderoso que lo impedía. Este motivo era la aparición del general [Lavalle] en Santa Fe después de su campaña de Buenos Aires. Bien creo que Echagüe se alarmase por la proximidad del general Lavalle, pero nunca podía él pensar que este general, rechazado de Buenos Aires, pudiese estar tan desocupado para emprender operaciones en Entre Ríos; lo que realmente hubo fue que aprovechó esa ocasión de cohonestar su retirada, evitando así un choque que tuvo más que sobrado tiempo de haber buscado.

Desde los primeros amagos del enemigo, yo me había dirigido al general Rivera, pidiendo su cooperación por medio de una división que pasase el Uruguay y que obrase en la ribera derecha, territorio de Corrientes. La ofreció; y ésta, como otras veces, faltó a su promesa, no siendo sino muy tarde que el coronel don Bernardino Báez se aproximó al paso de Higos, sin permitir que pasase un hombre al teatro de las operaciones. Allí permaneció de mero espectador, sin que dejase este rol expectativo cuando al año siguiente invadió Echagüe segunda vez. Tan sólo se logró que, a virtud de las solicitudes de don Baltasar Acosta, mandase algunas armas y municiones, cuyo auxilio me fue de la mayor importancia.

Acosta había celebrado un nuevo tratado en que se le reconocía* como *Director de la Guerra* y se le investía del mando militar de las fuerzas correntinas. Don Gregorio Valdez fue comisionado para canjear la ratificación de este tratado y, autorizado suficientemente, partió para Montevideo. Con intermedio de pocos días, marchó para el mismo destino el bien conocido naturalista don Amado Bompland, amigo particular del señor Ferré, y hasta su íntimo confidente; iba también revestido de un carácter diplomático, si bien es que el gobierno de Montevideo no lo reconoció en él, y sólo lo admitió como enviado confidencial, alegando que era ciudadano francés, como lo es efectivamente.

Estas repetidas y misteriosas misiones que empleaba don Pedro Ferré podían despertar sospechas de tenebrosas inteligencias con el caudillo oriental; pero como en las circunstancias era tan importante la amistad de Rivera, y, además, se me decía que todo se reducía a recabar auxilios, me conformé plenamen-

* A Rivera. (*N. del E.*)

te con ellas. En efecto, Bompland llevó ese encargo y me pidió un presupuesto de lo que necesitaba el ejército: lo di, y a su vista prorrumpió Rivera en desahogos innobles, protestando que mis pedidos eran exorbitantes. La verdadera causa de su mal disimulado furor era que no había podido arrancarme documentos injuriosos al general Lavalle, como lo revela su correspondencia que conservo. Cualesquiera que fuesen mis sentimientos privados y los motivos de queja que yo tuviese, me hubiera degradado a mis mismos ojos sirviendo de instrumento a las miras interesadas del solapado caudillo.

Alegó también otro motivo de disgusto, y fue que mis comunicaciones eran muy extensas y exigentes; la correspondencia que conservo prueba la injusticia de este reproche. Él merece ser tratado más largamente, y lo dejo para otra ocasión. Trataré también del carácter de este hombre singular, que importa conocer y que tanto ha ocupado al público.*

* Aquí se interrumpe la continuidad, el capítulo siguiente trata los hechos posteriores a la derrota de Lavalle en Sauce Grande (16/7/1840). (*N. del E.*)

CAPÍTULO XXVIII

LA GUERRA CONTRA ROSAS

[EL EJÉRCITO LIBERTADOR EN LA PROVINCIA DE BUENOS AIRES - REFLEXIONES SOBRE LA CONDUCTA DE LAVALLE EN ESTA CAMPAÑA - SU RETIRADA - CAUSAS QUE INFLUYEN EN EL GENERAL LAVALLE PARA TOMAR ESTA RESOLUCIÓN - SUS MOVIMIENTOS EN SANTA FE - FATALIDAD QUE PRESIDIÓ LOS DESTINOS DEL INFORTUNADO GENERAL - PLAN DE RESISTENCIA DE LAS PROVINCIAS DEL NORTE - DESASTRE DE SAN CALÁ - EL GENERAL RIVERA: SU ORIGEN; SU EDUCACIÓN; SU CONDUCTA POLÍTICA Y APTITUDES COMO GUERRILLERO - CAUSAS DE DESINTELIGENCIA CON EL GENERAL PAZ - SUS INTRIGAS Y DESLEAL CONDUCTA - INTROMISIÓN DE URQUIZA EN ESTOS MANEJOS - LOS HERMANOS MADARIAGA - PRETENSIONES QUE PERSIGUEN - PROYECTO DE HACIENDA - TRABAJOS Y PREPARATIVOS DE DEFENSA.]

Los primeros pasos del general Lavalle en la provincia de Buenos Aires fueron felices y es una injusticia lo que algunos han pensado, que obró sin plan y al acaso. Nunca pensó en operaciones serias sobre Santa Fe (hablo cuando dejó Punta Gorda), de modo que sus movimientos parciales sobre Coronda y el Rincón más bien eran diversiones, u operaciones cuyo fin era proporcionarse caballos para penetrar en Buenos Aires. Acaso era también una concesión hecha a las exigencias de algunos oficiales santafecinos que lo acompañaban y una experiencia de la opinión pública en aquella provincia, que se suponía favorable.

Recuerdo que el general me habló en Punta Gorda de su desembarque en la costa de la provincia de Buenos Aires, de las precauciones que debería emplear, de los medios que pondría en juego para hacerse de caballos y conseguir una sorpresa. Contaba para ello con los conocimientos y cooperación de los muchos hacendados del norte de la campaña que lo acompañaban y que le ofrecían ilimitadamente sus servicios. En fin, me acuerdo que oí hablar al general de una operación más o menos parecida a la que practicó en San Pedro, lo que prueba que ella fue calculada y prevista.

Nada puede decirse en cuanto a su ejecución, pues el feliz resultado que la coronó es la mejor prueba del acierto. El golpe dado al general Pacheco fue de una inmensa trascendencia. Si se pudo o no sacar mayores ventajas de él, es lo que no me atrevo a decidir; ni estuve presente para poder juzgar, ni he hablado detenidamente con personas imparciales, porque, en lo general, era una época de pasiones en que es difícil llegar al conocimiento de la verdad. Unos los criticaban todo; otros, por el contrario, daban una omnímoda aprobación. Otro tanto ha sucedido sobre las disposiciones que encontró el ejército libertador en la provincia de Buenos Aires; unos la hacen subir a un grado de eminente simpatía, mientras otros la confunden con una marcada indiferencia o una positiva hostilidad.

De cualquier modo que esto sea, no puede desconocerse que hubiera sido de desear que el general Lavalle hubiese marchado sobre Rosas con más rapidez que lo hizo después de la derrota de Pacheco. Es probable que, sorprendido Rosas, no hubiera podido reunir todos los medios de defensa que acumuló en los Santos Lugares, ni dar ese ensanche a sus medidas en la campaña del sud, que se hubiera resentido de la conmoción general.

Habiendo llegado el ejército libertador hasta Morón, se presenta otra cuestión, que tampoco me atrevo a resolver por falta de datos imparciales. ¿Debió el general Lavalle atacar a Rosas en su madriguera? ¿Debió desentenderse de él y dirigirse a la capital, donde se asegura que lo esperaba la población para pronunciarse? ¿Debió marchar al sud? ¿Hizo mal en emprender su retirada? Que lo resuelva el que se halle en estado de hacerlo, que yo me contentaré con algunas reflexiones generales.

Quizás el general Lavalle se equivocó al calcular las disposiciones de la provincia de Buenos Aires, como yo me había equivocado, porque así me lo habían hecho entender las de las provincias interiores, cuando, once años antes, había marchado a libertarlas de sus caciques.[1] Nada más exacto que lo que oí al

[1] En 1829, cuando yo marchaba a Córdoba, salieron, acompañándome hasta San José de Flores, muchos sujetos patriotas y amigos míos. Se preparó un pequeño refresco, y con el vaso en la mano se hicieron votos por la felicidad de mi expedición. Era la opinión más común que no tendría que combatir, que sería un paseo militar. Decían que el descrédito de los caciques era tan grande, que se verían abandonados a mi aproximación. ¡Ah! Combatí dos años sin cesar; vencí en todas partes; corrieron arroyos de sangre, y si después se perdió todo fue causa de esa misma confianza. Las seguridades que me daban las personas mejor instruidas me hicieron creer que las poblaciones saldrían a mi encuentro; y llegué a la ciudad de Córdoba sin que una sola persona se hubiese puesto en inteligencia conmigo.

general Iriarte, discurriendo a este respecto en Punta Gorda. "Pienso —dijo— que los grados de decisión que encontraremos en la provincia de Buenos Aires deben medirse por las probabilidades del triunfo que les ofrezcamos. Según este cálculo, si llevamos tres mil hombres, tendremos una tercera parte por nosotros; si penetramos en ella, con cinco mil, debemos contar con la mitad; y con tres cuartas partes si llevamos de seis mil para arriba." Preciso era no confundir un entusiasmo generoso con una decisión equívoca y combinada con los fríos cálculos del egoísmo. Marchando sobre este pie, se hubiera acertado mejor.

¿Y qué nos admiramos de esto, cuando los mismos que habían huido de Buenos Aires porque sus vidas estaban amenazadas y que no podían esperar racionalmente composición de ningún género con el dictador argentino, necesitaban de ilusiones que los mantuviesen en sus buenas disposiciones? Ya hice mención de la razón que se me dio para disculpar ese espíritu de decepción y engaño que dominaba en todas las comunicaciones, referente al poder de nuestros ejércitos y al resultado de nuestros combates.

Nadie ignora que en todas partes y en todas épocas hay hombres tímidos, egoístas e interesados, que obran en las resoluciones políticas como en los demás actos de su vida; pero de la proporción en que están éstos, es de lo que se debe inferir el grado y quilates del entusiasmo general. A juzgar por lo que hemos visto, estamos tentados de creer que la mayoría de los enemigos de Rosas pertenecía a aquella clase.[1] Puede ser que se alegue también el *positivismo* del siglo; pero entonces es preciso confesar que nadie más que Rosas marcha al nivel de él; porque nada más positivo que el puñal, la verga y la jeringa por un lado, y por el otro la impunidad y las ventajas materiales.

Volviendo al general Lavalle, añadiré que nadie debió sorprenderse tanto como él de la fría indiferencia, o sea oposición, que creyó encontrar en la provincia de Buenos Aires, porque todos sus trabajos y esfuerzos se habían dirigido a vencer a sus enemigos con las armas que antes lo habían vencido a él, y debió esperar que esa conmoción eléctrica que sublevó la campaña contra su gobierno, el año 1829, hiciese lo mismo contra Rosas

[1] La revolución del sud, el año anterior, es una excepción, pues que el pronunciamiento fue tan general como desinteresado; tan uniforme como generoso; tan valiente como desgraciado.

en 1840. Esta persuasión, que sin duda era mejor que no hubiera alimentado, viéndola frustrada, influyó poderosamente en sus resoluciones.

Había otra causa que debió influir en ellas, y era la confusión misma del ejército, que, como hemos dicho antes, carecía de organización y disciplina. El general Lavalle acostumbraba llamarlo *ejército-pueblo*, y ya se deja entender que un ejército de esta clase no es el más a propósito para una campaña que empezaba a tener los visos de duradera. Por otra parte, el desorden que hacía pesar sobre la provincia de Buenos Aires, los males que trae en pos de sí, podía al fin enajenarle las voluntades y producir mayor explosión en sentido contrario al que debía desear. Algo de esto hubo en el interior, donde vimos pueblos que se habían declarado con unanimidad contra Rosas vacilar después, y hasta hostilizar a sus libertadores. Si no es por todo, al menos debió entrar por mucho en este cambio la conducta irregular del ejército, aunque no fuese más que para servir de pretexto a las difamaciones de sus enemigos.

Finalmente, ni el carácter ni la educación ni los principios del general Lavalle le hacían adecuado para esta clase de guerra, ni para mandar esa clase de ejército. Por más que sus convicciones del momento lo hubieran arrastrado a ese sendero, sus hábitos, su genio y, si me es permitido el decirlo, una cierta inconstancia en su carácter, lo desmentían a cada paso. De todas estas causas reunidas provino, a mi juicio, que el mismo anheloso empeño que puso en dejar Entre Ríos y llevar la guerra a la provincia de Buenos Aires, le vimos emplear, mes y medio después, de abandonarla.

Se dice que lo alarmó la formación de un cuerpo de ejército que reunía a su espalda el gobernador, entonces, de Santa Fe, don Juan Pablo López; mas esto no merecía la pena de un movimiento tan decisivo, tanto más cuanto no debía sorprenderlo, porque debió contar siempre con eso. Tampoco debió extrañar que el ejército de López se le escapase de entre las manos, porque nadie ignoraba la movilidad y, puede decirse, la invisibilidad de esas reuniones de gauchos en su país, que se desaparecen como por encanto, para después volver a presentarse, como sucede cuando están animados de esa decisión personal que han desplegado en muchas ocasiones.

Malogrado el ataque que preparó contra López, se dirigió el general Lavalle a Santa Fe, donde tomó la ciudad por fuerza de armas, pero dejando en pie la oposición de la campaña, que continuaba la guerra sin intermisión. Ignoro el plan que se proponía el general Lavalle ocupando la ciudad de Santa Fe, porque el pensamiento de ir a Córdoba no le vino sino después que supo la revolución en su favor que hizo aquella provincia. Se me ha asegurado que tuvo intenciones de dirigirse por el Chaco a Corrientes, lo que hubiera sido el más original expediente: digo original porque ningún peligro inminente amagaba ya a aquella provincia, y porque abandonaba la revolución entera con una retirada tan extraordinaria. Me inclino a creer que fue un pensamiento fugaz, que nunca tuvo una verdadera acogida, o que fue un arbitrio para halagar momentáneamente a los correntinos.

Es incomprensible, me decía el doctor D. V., cómo el ejército del general Lavalle destruyó en los campos de Santa Fe, y en algo más de un mes, veinte mil caballos que trajo gordos y potentes de la campaña de Buenos Aires; el señor V. ignoraba lo que puede causar de mal el desorden en un ejército. Puede ser que hubiese exageración en el número de caballos, pero es fuera de duda que el ejército sacó de Buenos Aires excelentes y numerosas caballadas, y que éstas desaparecieron, quedando *a pie*. Otro desastre causó la indisciplina en la sorpresa que sufrió a las goteras de la ciudad la división del coronel Méndez, que por su falta de vigilancia fueron, los que la componían, lanceados en sus camas. Otros encuentros hubo menos desgraciados, sin que por eso mudase la faz de los negocios. Éstos habían llegado a un grado en que era preciso tomar un partido para salir de aquella posición, y el general Lavalle prefirió el de dirigirse a Córdoba a reunirse con el general La Madrid, que con un cuerpo de ejército ocupaba aquella provincia.

Pero, ¿qué fatalidad presidió los destinos del infortunado general y del ejército que mandaba? ¿Por qué no emprendió su marcha tres días antes? No habiéndolo hecho con esta anticipación, ¿por qué no la hizo por el camino más recto y, de consiguiente, más corto? ¿Por qué, supuesto el rodeo que prefirió dar, no abandonó la mitad o dos tercios de sus carretas, para aplicar los bueyes de las que dejaba a las que le convenía conservar? ¿Por qué no las dejó todas, si era indispensable, para evitar una batalla desventajosa y alcanzar los auxilios que le venían de Córdoba y reunirse al general La Madrid? No puedo absolver estas preguntas sin atribuir una parte de estos errores al carácter del general Lavalle, cuyo amor propio sufría presentándose en Córdoba como fugitivo y mendigando los auxilios que le eran tan necesarios. No tengo, repito, los datos necesarios para emitir un juicio decisivo, pero no puedo explicar de otro modo esa cadena de prolongadas faltas que dio por resultado la desgraciada acción del Quebrachito.[1] Si por dos días hubiera podido retardarla el general Lavalle, su ejército hubiera sido abundantemente provisto de caballos, a cuya falta se atribuye el desastre; y el general La Madrid se hubiese reunido muy poco después con un cuerpo de más de dos mil disciplinados, entre los que más de una tercera parte eran de infantería. La pérdida de Oribe era entonces cierta, infalible, y la revolución triunfante hubiera enseñoreádose del territorio argentino. No sucedió así: Oribe triunfó en vez de ser vencido. ¡Oh! ¡Lo que media entre una batalla ganada y una perdida! Media lo presente y hasta el porvenir.

Aun después del desastre del Quebrachito,* en que, fuera de la infantería, la pérdida fue de poca consideración, hubiera podido remediarse mucho con la incorporación del general La Madrid, sin los elementos de desorden en que iban envueltos los restos de aquella jornada. La retirada era a discreción; la provisión de víveres era arbitraria; el remonte de la caballería estaba al cargo individual de los soldados y oficiales. Sólo en Chinsacate, a catorce leguas al norte de Córdoba, pudieron medio reunirse los dispersos, y eso porque Oribe no persiguió

[1] En una carta que escribió el finado doctor Varela (don Florencio) al general Lavalle, carta que fue tomada en el Quebrachito y cedida por Rosas al almirante Mackau, quien la publicó en Francia, después de desaprobar de un modo violento la retirada de Buenos Aires, le reprobaba aun más su marcha a Córdoba, recordándole que éste fue en otro tiempo el sepulcro de la revolución. Es inequivocable que aludía a los sucesos de 1831, en que yo caí prisionero, y entró en aquella provincia el ejército federal, lo que no puede quedar sin una contestación mía. Según el señor Varela, la revolución no murió en Buenos Aires con las transacciones del año 29, que dieron todo el poder a Rosas; con el desafío del general Lavalle en su proclama contra el que osase pisar el territorio sagrado; con la declaración de que no había encontrado en los federales sino buenos porteños; con la disolución del ejército; con la dispersión y fuga de los unitarios, y con su absoluto vencimiento en dicha provincia. Yo creo poderle decir, con tanta verdad como propiedad, contestándole, que en Buenos Aires había muerto del todo la revolución, y había recibido el triste honor de la sepultura; que yo la resucité en Córdoba y demás provincias. Y que si allí murió el año 31 fue por causas que no es de este momento especificar. La alusión es, además de falsa, una muestra de negra ingratitud.

* Más conocido por el nombre de Quebracho Herrado. (*N. del E.*)

con la actividad que pudo hacerlo, y quizá por los respetos del cuerpo de La Madrid.

Allí me han asegurado que se formó el plan de organizar una guerra popular, o sea de partidas y recursos, en escala mayor. Con este fin se destacó al coronel Vilela con una gruesa división que debía atravesar por tras la sierra de Córdoba, dirigirse al sud, promover el levantamiento de las provincias de Cuyo y apoyarse a la vez en ellas; al mismo tiempo, el general Lavalle fomentaría la guerra en el norte, es decir, la resistencia a las tropas federales, si seguían en su persecución, para lo que le ayudaría eficazmente el general La Madrid, que tenía tropas de Tucumán, y el gobernador Sola, de Salta, que avanzaba con una división de dicha provincia.

Según se deja entender, el general Lavalle renunciaba, hasta cierto punto, a la posibilidad de dar una segunda batalla, reduciéndose a una guerra de gruesas partidas o divisiones, que abarcaba la mayor parte del territorio de la república. Tampoco me atreveré a dar una opinión decidida sobre este gigantesco plan, porque para hacerlo sería preciso fundarse sobre las disposiciones de los pueblos, con que no sé hasta qué punto podía contar. Además, necesitaba mucha confianza en la capacidad de los jefes que habían de presidir estos movimientos, y la elección que se hizo del coronel Vilela no prueba ni discernimiento ni abundancia de ellos. Vilela era excelente hombre privado, pero no era ni un mediano jefe.

El desastre de San Calá es de lo más terrible que puede suceder en la milicia: una división escogida del ejército libertador fue batida por otra que tenía menos de la mitad de su fuerza, sin combatir, sin oponer resistencia, sin hacer algo por el honor de las armas que empuñaban y de la causa que defendían; fue una sorpresa, una fuga, una vergüenza, todo junto.

Los generales Lavalle y La Madrid siguieron su retirada al norte, y para evitar la provincia de Santiago del Estero se dirigieron por Catamarca. Tenían que pasar una travesía o despoblado de cerca de treinta leguas, sin agua ni recursos. La imprevisión y el desorden corrían parejas, de modo que la confusión llegó a lo sumo, y no faltaron desgracias, consecuencia inevitable de aquellos antecedentes. Siempre el general La Madrid fue tenido como jefe poco cuidadoso en materia de disciplina y orden militar, lo que ha motivado que algunos oficiales, queriendo hacerme una descripción apropiada del estado de las cosas, después de relatar algunos pormenores, me decían: "Figúrese usted del orden del ejército libertador, cuando el cuerpo que mandaba el general La Madrid era el modelo de disciplina".

Demasiado he seguido al ejército libertador, separándome de mi principal objeto. Volveré a él, dejando que el primero siga su campaña y sus reveses, reservándonos volver a él cuando lo hallásemos por conveniente.

Al acabar el cuaderno anterior pensé ocuparme del carácter, capacidad y conducta pública del general Rivera; mas he mudado de propósito, y sólo diré algunas palabras, porque está tan conocido, tan definido, tan explicado, que poco más pudiera decirse.

Su origen arranca de la última clase, y su educación ha sido la correspondiente a su origen; su ignorancia es grande, por más que el roce con personas instruidas y cultas le haya dado ciertos ribetes a que a veces quisieran desmentir aquellos principios. En un país rico como la Banda Oriental y en que era tan fácil adquirir, adquirió desde su niñez esos hábitos de prodigalidad y despilfarro que ha conservado siempre. Dotado de una imaginación viva, de una vista penetrante, de un carácter sagaz, de una audacia genial, debió desde su juventud distinguirse entre sus compañeros en las hazañas de la carpeta y demás actos de una vida ociosa y medio vagabunda, que era a la que se dedicaban los mozos de su clase; digo de su clase, porque su padre me dicen que tuvo bienes de fortuna, que no gastó seguramente en proporcionar a su hijo una educación científica ni esmerada.[1]

Adiestrado desde sus primeros años en esas intrigas vulga-

[1] El señor Bompland, después de evacuar su misión a Montevideo el año 41, en donde había tratado muy de cerca al general Rivera, me decía asombrado: "El general Rivera me ha referido hechos de su mocedad que no le hacen honor, como si no se apercibiera que, tan lejos de ser una virtud, debieran causarle eterna vergüenza. Me refería un día que, de acuerdo con otro pillo, hicieron una expedición a un pueblo de su país, llevando secretamente una partida de barajas o naipes compuestos, con los que desplumaron inhumanamente a todos los aficionados. Otra vez hizo otra excursión a correr carreras, donde, corrompiendo a los corredores de profesión, hizo que sus caballos, que no eran mejores, llevasen el vencimiento en todas las carreras. Lo más singular es —continuaba— que lo decía con un aire de satisfacción que probaba estar lleno de ella dentro de sí mismo. Si no lo hubiera presenciado, no lo hubiera creído del primer magistrado de una nación como la oriental. Entretanto, reconozco su habilidad y su genio."

res, y alentado con el suceso, las ha aplicado constantemente en los negocios públicos que han estado a su cargo. De aquí ese espíritu de falsedad, esa poca fe en sus promesas y esa dilapidación en los intereses de la comunidad, que no ha mirado sino como mira los suyos propios. Cómo pudo subir con tan limitados principios a la altura que llegó se explica por el estado de nuestra sociedad, por la situación excepcional del país y por otras mil circunstancias propias de la época; además, no le faltan cualidades relevantes que lo recomiendan, ni méritos reales a que no se puede menos que hacer el justo homenaje.

Como necesita tanto de la indulgencia ajena, es muy tolerante, lo que ha sido un suplente de la libertad en sus varias administraciones. Un hombre que mira los bienes de fortuna tan en poco, y que ha tenido tanta facilidad en adquirirlos, los malbarata del mismo modo: esto le ha valido la fama de generoso, y la merecería seguramente si hubiese dado con más justicia y discernimiento. No ha sido así; pues, generalmente, los que han utilizado de sus prodigalidades han sido pillos o malvados, que han tenido el arte de lisonjear sus debilidades. Además, un hombre quc ni tiene moralidad, ni aun ideas exactas de lo que ella significa y de lo que la constituye, todo lo confunde en su mente, resultando una mezcla indigesta de actos diversos y contrarios. Así, el general Rivera piensa que es la liberalidad el más desenfrenado despilfarro, y que es un medio de premiar servicios, o de complacer a los que quiere agraciar, ponerlos en una posición donde ellos puedan, por medio de especulaciones o de robos positivos, apropiarse la fortuna pública. De allí reportaba la ventaja de que el agraciado le quedaba agradecido y dependiente, por cuanto la ilegalidad de sus adquisiciones le hacía más necesario el apoyo de la autoridad.

Bajo su administración llegó la inmoralidad al más alto punto que pueda imaginarse; dudo que en pueblo alguno se haya visto tan entronizado el peculado y, en cierto modo, la rapiña. Para probarlo, basta indicar que el vicio había levantado con tanta altanería su horrible cabeza, que el hombre probo era despreciado y mirado como un cuitado, un imbécil, un inepto para la carrera pública. Pienso que es lo sublime del vicio cuando éste se enseñorea hasta hacer avergonzar y esconderse a la virtud contraria, y esto es lo que sucedía en la capital del Uruguay, sin que haya un ápice de exageración.

En esta corrupción general es muy fácil conjeturar que, casi sin excepción, los empleados públicos eran prevaricadores[1]; mas lo que hay de admirable es la consecuencia que se guardaban y se han guardado hasta el fin entre sí. En vano es que las querellas políticas los hayan dividido, que se hayan jurado enemistad, que se hayan combatido por la fuerza sin piedad; jamás tocaban este punto delicado, porque, al hacerlo, sancionaban su propia condenación, y, lo que es más, despertaban al país para que se ocupase de los males que querían perpetuar. Parecía un arma vedada, cuyo uso se había prohibido por el universal consentimiento.

El mismo silencio que en la prensa se observaba en la tribuna, y mientras se veía a los oradores de los cuerpos deliberantes ocuparse de bagatelas, jamás una acusación, ni una ligera censura de las horribles y nunca vistas dilapidaciones de los caudales públicos. Los lobos entre sí no se muerden, dijo uno; éstos se mordían cuando se trataba de otros negocios, pero en el de la administración de las rentas, jamás.

Cuando ascendió Oribe a la presidencia, publicó un cuaderno en que están registrados innumerables cargos que una comisión, incumbida de revisar las cuentas de la administración de Rivera en campaña, formuló con documentos a la vista. ¿Se creerá que este célebre documento no le ha traído responsabilidad alguna ante la opinión del numeroso partido que lo ha sostenido, y que jamás se tomó el trabajo, no de desmentirlo, porque era imposible, pero ni de disculparse? Bien sabía que no lo necesitaba, porque nadie se atrevería a tirar *la primera piedra*.

En estas dilapidaciones escandalosas, los militares, si tales deben llamarse esos caudillejos que mandaban sus reuniones de hombres por los mismos principios que el caudillo principal los mandaba a ellos, eran los menos beneficiados. Descendiendo la escala hasta los soldados, hallaremos en éstos unas víctimas sacrificadas a la corrupción general. Servían mal, sin duda, pero sin sueldo; generalmente sin vestuario, sin premios, y morían para dejar sus familias en la orfandad y la miseria. En cambio,

[1] Hubo uno (don J. J. M.) que resistió por algún tiempo a las seducciones del vicio y se conservó puro en el desempeño de cargos de importancia; mas al fin se cansó, porque vio que en su país, tan lejos de tenerse a mérito, era objeto de amargos reproches: le llamaban, burlescamente, el casto José. Al fin obtuvo el Ministerio de Hacienda, que otras veces había desempeñado con probidad, y, por esta vez, se dio tanta prisa que en pocos meses había acumulado un caudal. Generalmente les ha sucedido lo que a los jugadores, que no han aprovechado lo que les ha costado tan poco ganar.

se tenía con ellos una tolerancia, mediante la cual la deserción era casi un acto indiferente, y aun cuando estaban en sus casas, y esto era general a toda la plebe, vivían sin ley, sin regla y sin sentir la acción de la autoridad. En la campaña oriental era desconocido el ejercicio de la judicatura, y puede decirse enteramente el de la policía. Los asesinatos eran bien frecuentes y los robos no eran escasos, sin que sus autores tuviesen mucho que temer. Cuando llegaba a arrestarse a algún criminal y remitirlo a Montevideo, si tenía medios pecuniarios, o protectores, luego volvía a su distrito (según oí decir generalmente) a vengarse del que había promovido su prisión.[1]

Los que verdaderamente sacaban provecho de ese desorden eran esos intrigantes de profesión, esos palaciegos del vicio, esos políticos exclusivos que hay en todas partes y que rodeaban al poder. Dejaban a Rivera en plena posesión de ciertos goces y fomentaban su inclinación favorita por la campaña, para quedar, más a su salvo, dueños de la fortuna pública. A ellos seguían una infinidad de mandones subalternos, de comerciantes fraudulentos, de bribones de toda clase, que se lo cupletaban a costa del erario. Nadie, nadie de Montevideo, ignora esos contratos escandalosos, que exceden a cuanto puede decirse.

El general Rivera, considerado como militar, tendrá muy poco mérito si lo juzgamos por sus principios e instrucción profesional: ningunas son las nociones que tiene de táctica, y poquísima la importancia que da al régimen militar. Esto solo basta para hacerlo poco apto para un mando extenso y en escala mayor, aunque tenga y haya tenido en grado eminente otras cualidades que lo hacían distinguirse en uno más pequeño. Efectivamente, como guerrillero, y aun mandando cuerpos poco numerosos, ha hecho campañas muy felices y logrado triunfos importantes. En la que más sobresalió fue en la de 1838, contra

[1] Cuando el año 1840 pasé por Mercedes para ir al cuartel general de Rivera, el comandante Cano me presentó un joven oficial (un perfecto gauchito) que tenía el mérito particular de haber dado muerte al caudillo enemigo Doroteo Vélez. En proporción de la importancia del caudillo era la nombradía del matador y las recomendaciones que de él se hacían. Un año después pregunté por él, y me dijeron muy francamente que, como se había hecho incómodo y acaso peligroso a algunos vecinos, se habían prorrateado y dado doscientos patacones a la partida que se decía de policía para que lo asesinase. Así se hizo, sin que esto tuviese resultas, ni arrancase un signo de reprobación. Como este hecho hay infinitos, y podrían llenarse libros.

Oribe, en la que, con sus movimientos rápidos y bien combinados, inutilizó las ventajas del número y del poder. Para ello tuvo auxiliares poderosos.

El primero fue la ineptitud de su adversario, sin que prueben nada en contrario sus posteriores triunfos del Quebrachito, Famaillá y Arroyo Grande. En segundo lugar, su perfecto conocimiento de la campaña, pues le son familiares los de las cuchillas, los arroyos, sus pasos, sus bosques, etcétera. En tercero, sus vastísimas relaciones personales en todas las poblaciones y hasta en los ranchos aislados del campo, en donde hormigueaban los compadres, las comadres y los ahijados; cada uno de ellos era un centinela avanzado, que le advertía los movimientos del enemigo y que encubría los suyos. Estas ventajas han disminuido mucho cuando ha tenido que lidiar con competidores más capaces, ha salido del territorio oriental, y cuando ha decaído su omnipotente popularidad. En fin, cuando la guerra se ha hecho en escala mayor y cuando ha sido preciso aplicar otros principios que los que él aprendió en la escuela de Artigas.

Lo que le hace un alto honor es su clemencia con los vencidos, su generosidad con sus enemigos. Por más que éstos lo hayan provocado con actos de crueldad y barbarie, no ha desmentido esas inclinaciones de humanidad que lo distinguieron entre los tenientes de Artigas; desde entonces llamó la atención por el contraste que hacía su conducta moderada con los *Otorgueses, Blasitos y Andreítos*.

Mis desinteligencias con él empezaron, según llevo indicado, por no querer darle una prenda contra el general Lavalle; después ocurrió otro motivo que acabó de indisponer los ánimos. Sus primeras comunicaciones fueron en el sentido de dar impulso a la guerra, dejando ese sistema de mentiras y de falsas promesas con que había hasta entonces engañado a los pueblos, esperanzados en sus auxilios. Yo, olvidando su desleal conducta cuando la invasión de Echagüe, que acababa de pasar, manifesté olvidarla y tomar al serio sus nuevas protestas; en consecuencia de ellas, le hablaba francamente y lo urgía con el mayor respeto para que las hiciese efectivas. Hablándole como su subordinado, le pedía órdenes terminantes que huía de dar, para hacer menos notable su falta de cumplimiento. Me dijo últimamente que por febrero abriría la campaña, pasando el Uruguay, para cuyo tiempo debía yo estar pronto: en fines de noviembre fue la acción de Caaguazú, y él no se había movido del Durazno.

Entretanto estalló nuevamente su cólera, bajo el pretexto que mis cartas eran muy exigentes; lo que prueba que ellas lo mortificaban, no por su estilo, que era moderado, sino por la solidez de las razones que empleaba para persuadirlo. Sin pretensiones de ser un elocuente escritor, alguna diferencia había de notar entre ellas y las que recibía de un general Medina, Aguiar y otros, y, de consiguiente, era preciso romper una correspondencia que no podía sostener con la misma facilidad. Quiso también menoscabar el concepto que merecía yo a los correntinos, y ocurrió a un medio vil, que, al fin, no le produjo más que vergüenza, si hubiera sido capaz de tenerla.

Ya se recordará la carta que me escribió Margarita, de Montevideo, y que sustrajo de mi correspondencia, en que se me hablaba de un recado del ministro Arana. Hacía más de ocho meses que tenía la carta en su poder, sin haber dicho una palabra, correspondiéndose conmigo y tratando asuntos de la más grave importancia; acababa [yo] de repeler la invasión de Echagüe, y conservaba un puesto eminente y de la más alta confianza. Cualquiera de estas cosas bastaba para poner en ridículo las sospechas que quería arrojar sobre mí; y, seguramente, no se hubiera atrevido a emitirlas sin contar con la ignorancia y sencillez de los correntinos. Insinuó, pues, a Valdez y Bompland,* para que reservadamente lo transmitiesen a Ferré, de que yo no merecía plena confianza, y que tenía documentos que autorizaban sus sospechas. Hasta manifestó la carta, haciendo misterios y suponiendo que se me había caído del bolsillo, inadvertidamente, cuando estuve en su cuartel general, queriendo con esto ocultar la sustracción que hizo de mi correspondencia, a que yo mismo di poquísima importancia.

Con una sola palabra podía haberse contestado a su torpe calumnia: pues si tenía la carta, y con ella ese motivo poderoso de sospecha desde el mes de mayo anterior, que yo estuve en su campo, ¿cómo es que no habló de ella hasta que su resentimiento le aconsejó que la usase como una arma ofensiva? ¿Cómo es que no lo advirtió al gobierno cuando me dio el mando del ejército, cuando vio librada a mi dirección la salvación de la provincia? ¿Cómo es que no habló nada al comisionado don Baltasar Acosta, cuando celebró el tratado de alianza en agosto? ¿Cómo es que no insinuó cosa alguna al comandante don Ma-

* Comisionados de Corrientes ante el gobierno de Rivera. (*N. del E.*)

nuel Díaz, cuando iba a buscarme a la Colonia, antes le dio una carta recomendándome que aceptase el llamamiento del gobierno de Corrientes? El sentido común basta para conocer la mala fe de su hipócrita insinuación, que, por otra parte, no hizo efecto alguno en el gobierno de Corrientes.

Sin embargo, yo me valí de ella para renunciar el mando del ejército y solicitar mi salida de Corrientes, a lo que no accedió el gobierno, dándome inequívocas pruebas de ilimitada confianza.[1] No obstante, yo quería, por lo menos, un descanso tem-

[1] "¡Patria! ¡Libertad! ¡Constitución!

"El Gobernador y Capitán General de la Provincia.

"Corrientes. Febrero 3 de 1841.

"Al Excmo. señor Presidente del Estado Oriental del Uruguay.

"El general en jefe del Ejército de Reserva de esta provincia, Brigadier don José María Paz, ha sido instruido por el comisionado de este Gobierno acerca de ese Estado, don Gregorio Valdez, que V. E. de un modo firme y sin reserva alguna ha asegurado: 'que tiene motivos bastantes para dudar de la fidelidad del expresado general; opinando la conveniencia de su separación, fundada, además, en que en el Estado Oriental debían sólo quedar orientales, y correntinos en Corrientes'.

"Ofendido así, por primera vez, este acreditado argentino, y creyendo que su conservación en el mando del ejército podría traer algún mal que pesare sobre su acendrada delicadeza, lo renunció decididamente en nota del 20 del pasado, sin embargo de estar convencido del alto aprecio que merece a los argentinos y de la entera confianza que el pueblo, el gobierno y el ejército correntinos tienen en su nacionalidad, honor, valor y pericia.

"El gobierno, por estos antecedentes tan bien conocidos como valorados por todos los pueblos de la república y grato como el que preside, al nuevo e importantísimo servicio que el general J. M. Paz acaba de prestar a la Nación, y muy especialmente a esta provincia, debido a las cualidades que lo hacen caro para los argentinos, se hubieran degradado a sus propios ojos, a los de los pueblos, sus hermanos, y hubiera contrariado los intereses nacionales, admitiendo la renuncia; y expresó al general, de un modo tan irrevocable como él la hizo, que no la admitiría.

"El gobierno de Corrientes hace la justicia que debe a la circunspección de V. E. y no cree, en consecuencia, haya emitido ideas de tanta gravedad, del modo que se refieren, y tan inmerecidas para el general Paz, sin haberlas antes comunicado a este gobierno.

"Así lo aseguró a aquél en contestación a su renuncia, reservándose promover a este respecto las explicaciones que requieren la armonía entre dos poderes íntimamente aliados a su objeto noble y común: la justicia y la conveniencia de ambos.

"El infrascripto cree la revelación del señor Valdez obra de alguna grave e involuntaria equivocación, la que espera fundamentalmente ver desvanecida en

poral y solicité permiso para ir a la Colonia, donde estaba mi familia; se opuso también el señor Ferré, y, para disuadirme, me propuso la venida de mi familia, que él se ofreció a facilitar.

El poco caso que se hizo de la pérfida sugestión de Rivera fue un desengaño para él de que sus arterias estaban conocidas; pero no por eso mejoraron sus disposiciones, antes empeoraron, con el motivo que voy a decir.

El general don Ángel María Núñez ofreció sus servicios al gobierno de Corrientes, y éste los aceptó. Rivera lo desaprobó altamente, protestando que no veía en Núñez sino un traidor.[1] El señor Ferré ni yo hicimos caso, y Núñez vino al ejército. Después me ocuparé de este desgraciado hombre, retrocediendo ahora un poco para recordar un incidente que hace juego con otros posteriores, y con las esperanzas presentes que forman los enemigos de Rosas en cierto personaje, que más de una vez ha hecho creer que lo quiere ser él también. Hablo de Urquiza, gobernador de Entre Ríos en la actualidad.

Este caudillo, que no era entonces sino comandante de un departamento de la provincia de Entre Ríos, manifestaba por Echagüe, gobernador de ella, una aversión decidida. Esto, y los deseos que tenía de sucederle, lo hacían creer dispuesto a separarse de la causa que servía y abrazar la contraria. Alucinado con estos antecedentes, el general Rivera entabló ciertas relaciones por medio de don Juan Benito Chain, amigo personal de ambos; relaciones de que se hablaba con gran misterio y a que se daba una inmensa importancia. Pienso que debo conservar la carta de Rivera en que habla y encarga una religiosa reserva sobre tan delicado

---

la contestación a la presente nota, en la que no duda le hablará V. E. con la franqueza y lealtad que se debe a un gobierno aliado, y que tanto recomiendan el carácter personal y marcha pública de V. E.

"Dios guarde al Exmo Señor Presidente muchos años.

"Pedro Ferré."

Historia de Rosas, por el doctor don Adolfo Saldías. (Tomo III, págs. XVII y XVIII del apéndice.) (Nota del editor de la segunda edición.)

[1] Esta palabra traidor, a fuerza de abusar de ella, ha perdido su significado y valor. El general Lavalle fue declarado traidor por Ferré, y yo lo fui después por los Madariaga. Éstos, que habían declarado traidores a los Virasoro, anularon su misma declaración cuando ellos traicionaron la causa. Ha sucedido lo mismo que en Buenos Aires, donde Rosas declara "salvajes unitarios" a sus enemigos personales.

asunto. Entretanto, era todo una burla de Urquiza, a favor de la cual se hacían algunas especulaciones mercantiles. No tengo motivos para creer que éste obrase de mala fe, porque me han asegurado que Urquiza lo miraba con desprecio, y que sólo lo toleraba, manteniendo sus tontas esperanzas por el interés de su comercio.

Cuando avisé al general Rivera que el enemigo se aproximaba a la frontera, con el ánimo sin duda de invadir, me contestó que no creyese tal, pues, aunque el general don Servando Gómez se había aproximado con su vanguardia, le iba orden para que no penetrase, y que Echagüe, que se conservaba en su estancia de Alcaraz, había licenciado su ejército. Al ver el tono de seguridad con que se me daba la noticia y la clase de ella, debí juzgar, y hasta hoy lo creo, que fue participada por Urquiza, por conducto del intermediario Chain; y al considerar que al mismo tiempo que esto se escribía no sólo no retrocedía el general Gómez, sino que Echagüe en persona penetraba en Corrientes y pasaba el río de ese nombre, creo firmemente que fue la tal noticia un medio combinado entre Urquiza y Echagüe para descuidarme, y para que el general Rivera no concibiese temores por la suerte de Corrientes, ni le prestase auxilios. Sin embargo, de esta flagrante superchería el general Rivera no se apercibió, y continuó engañándose y engañando a todos con sus supuestas inteligencias.

Preciso es creer que el general Rivera, o aparentaba darles más valor de aquel en que las apreciaba, para dar un colorido a su incomprensible inacción y acallar las críticas que ella merecía en el público, o que es el más cándido de los hombres. Me inclino a pensar que había de lo uno y de lo otro, porque la experiencia nos enseña que, por lo común, los hombres amaestrados en intrigas vulgares y pequeñas son unos niños cuando se trata de negocios de otra esfera más elevada. Al fin, jamás se supo cómo terminó esa decantada amistad, ni el desenlace de esas pobres relaciones. Después los hemos visto combatirse con encarnizamiento, y a fe que Rivera no ha llevado la mejor parte. Lo singular es que ni aun se ha sacado el fruto de las lecciones de la experiencia, y que después no han faltado alucinados en el mismo sentido.

Trataron también de persuadirme de las favorables disposiciones de Urquiza, y me instaron algunos amigos para que tantease el camino. Me aventuré a ello, y le dirigí una carta por conducto del doctor don Juan Andrés Ferrara, quien la acompañó con otra suya. Tuve el honor de que Urquiza no me contestase; mas quedé en la duda de si se la había tragado o dado cuenta de ella al jefe de que dependía; no tardé mucho en salir de la duda, porque, tanto mi carta como la misiva del doctor Ferrara, fueron encontradas en el archivo de Echagüe cuando lo perdió en Caaguazú. Posteriormente, cuando a consecuencia de esta victoria ocupé el Entre Ríos, el cura de la Bajada, don Francisco Álvarez, amigo y paniaguado de Urquiza, se empeñaba en persuadirme que mi carta no había llegado al poder de éste, y que fue interceptada por Echagüe: vano subterfugio que no podía engañar a nadie.

El señor Ferré concibió también esperanzas de que Urquiza abrazase nuestra causa, y dio el paso, de perfecto acuerdo conmigo, que voy a referir.

El general Rivera había propuesto una entrevista al gobernador de Corrientes, que éste había aceptado. Con este motivo se trasladó el señor Ferré a Villa Nueva, con el fin de pasar al Salto, lugar designado para la reunión de ambos. La entrevista no tuvo lugar, porque Rivera, noticioso sin duda de que las disposiciones de Ferré no le eran favorables, faltó a ella, apelando a diversos pretextos. Mientras esto, Ferré se detuvo en Villa Nueva (que era mi cuartel general) muchos días.

Mientras esto, don Gregorio Valdez había regresado después del canje de la ratificación del tratado, y pasado a la capital de Corrientes. A su paso por la costa del Uruguay, supo que don Vicente Montero estaba en la Concordia, y le escribió saludándolo. Esto motivó una carta de Montero invitándolo a una conferencia en la costa de Mocoretá, en que decía se podía poner término a los males públicos.

Montero, cuñado, amigo íntimo y socio de negocios de Urquiza, no podía obrar aisladamente. Era indudable que obraba por autorización de éste. Los Madariaga, que ocupaban con sus escuadrones la vanguardia de Curuzú-Cuatiá, habían recibido y abierto la carta de Montero, por comisión que tenían de Valdez. Ellos la presentaron al señor Ferré, quien creyó, como todos creímos, que la negociación propuesta iba a entablarse en un sentido favorable a nuestra causa.

Se hizo un extraordinario llamado a Valdez y se le autorizó para que ocurriese a la cita de Montero el día, hora y en el lugar que señalaba. A los Madariaga, como encargados de la vanguardia[1] se les ordenó que diesen una pequeña escolta y auxiliasen la

[1] Preciso es hablar en plural, porque la autoridad de estos hermanos era una de las más raras anomalías. Cuando llegué a Corrientes ya ocupaban el

marcha de Valdez. El hermano Juan quiso cumplir tan exactamente esta orden, que él mismo se fue mandando la escolta, y se ingirió en la negociación, como luego se verá.

Valdez era esperado en Villa Nueva con una ansiedad difícil de explicar, y esperábamos nada menos que comprobantes auténticos de la defección de Urquiza de la causa a que había pertenecido.

Era el 4 de abril (año 41) por la noche cuando supe que Valdez había regresado, y me trasladé a una casa inmediata al campo en que vivía Ferré, deseosísimo de saber el resultado. El semblante glacial de los circunstantes me reveló, antes de hablar, que la misión nada había producido. Efectivamente, Valdez repitió lo que había antes dicho a Ferré, reduciéndose todo a que Montero, de acuerdo con Urquiza, proponía que, para ahorrar los males de la guerra, me separase yo de Corrientes y la provincia entrase en el gremio de la confederación con todas las añadiduras que requiere el *santo sistema*. Nada, pues, se había adelantado, sino poner en claro las disposiciones de Urquiza, destruyendo de raíz las ilusiones que habíamos formado.

Desde que oí hablar a Valdez inferí, de su modo forzado de explicarse, que no decía todo lo que había ocurrido, y supuse que querría tener con Ferré confianzas que no quería hacer extensivas hasta mí; suposición que era tanto más natural cuanto que yo era la persona excluida por el negociador enemigo. Me retiré a mi campo con esa persuasión, pero contando con que al día siguiente el mismo Ferré, en cuya lealtad confiaba, me aclararía el enigma.

Joaquín Madariaga había obtenido licencia para ir por algunos días a la capital, y con este motivo había acompañado a Valdez, que había de llevar el mismo camino. Esta circunstancia es

---

punto de Curuzú-Cuatiá, y todas las comunicaciones eran suscriptas por Juan, que es menor que Joaquín. Cuando preguntaba yo cuál de los dos hermanos tenía el mando, me decía Ferré que los dos, y que era indiferente dirigirse a uno o a otro. Yo, como ninguno que tenga tintura militar, no podía admitir ese duplo mando, esa media responsabilidad, y seguí considerando a Juan como jefe del cantón y de la vanguardia. Lo mismo sucedió en toda la campaña, sin que el hermano mayor reclamase, ni aún lo extrañase. Cuando la reacción, en 1843, don Joaquín, que sin duda tenía más juicio, aunque no era tan charlatán, se puso a la cabeza de ella, y ocupó en seguida la silla del gobierno. Posteriormente, el descrédito de Juan ha llegado a lo sumo, justificando la elección de su hermano para el primer puesto; digo justificando la elección sólo con respecto a la que podría haber recaído en su hermano.

esencialísima para probar que deseaba explorar los ánimos en la ciudad de Corrientes, para ver si era posible llevar adelante el plan que había concebido, y que su hermano, de acuerdo con Valdez, había propuesto al enemigo. Era una verdadera, una positiva traición, sin que pueda confundirse con las otras clasificaciones arbitrarias de que antes hice mención. Los hechos nos lo dirán.

Antes de ir a casa de Ferré, y sabiendo ya que el hermano Juan había ido a la conferencia con Montero, quise hablar a Joaquín, quien me repitió lo mismo que había dicho Valdez sobre mi exclusión, pero añadiendo que, *si consentía en retirarme, me ofrecían los enemigos asegurarme una pensión adecuada en un país extranjero*. El tono misterioso y acautelado que tomó Madariaga para hacerme esta como revelación, contrastó fuertemente con la indignación en que estallé cuando oí la proposición a que parecía dar algún valor este mentecato. "Si los correntinos —le dije— quieren entenderse con Rosas, pueden hacerlo, en cuyo caso yo me retiraré de la provincia, pero no será aceptando pensiones y vendiendo la causa que me había propuesto defender." Madariaga, que sin duda había querido hacer un tanteo, y que no esperaba una salida mía tan vehemente, se replegó sobre sí mismo, protestándome que no había hecho sino referir lo que sabía por su hermano que había propuesto el enemigo, pero sin pensar inferirme el menor agravio.[1] Tuve que contentarme con esta explicación, pero sin deponer mis sospechas.

Poseído de ellas es que volví a verme con Ferré, contando con adelantar algo más en el asunto, pues creía que Valdez había sido más franco en mi ausencia. Me maravillé al verlo a él, como a su ministro Leiva, tan tranquilo, tan satisfecho y contento, como si no hubiese ocurrido a su ánimo la menor desconfianza. Cuando yo le manifesté la mía, se mostró maravillado, y me protestó que nada había añadido Valdez a lo que yo había oído. "Si usted —le dije— no me guarda reserva, crea firmemente que se la guardan a usted, como el tiempo lo acreditará." Mis sospechas tomaron nuevo vigor con la reticencia de Valdez, y ya no

[1] Me ruborizo y me indigno de que el bruto Madariaga llegase a entender que era capaz de halagarme la propuesta que me hacía; por entonces no tenía fundamento para calcular su malicia, y, cuando más, me asaltaban sospechas; es después que conocí que el traidor medía a los demás por sus propios sentimientos.

dudé que había un secreto que no me era posible penetrar. Tan sólo me quedaba la duda de si lo conocía Ferré, y los hechos me probaron que no.

Ferré partía ese día, 5 de abril, para la capital, y yo me había prestado a acompañarlo, porque me proponía dar algunos pasos, cuya necesidad era imperiosamente reclamada por las circunstancias. Fuera del partido que llamaremos *federal neto*, había otro de oposición personal a Ferré, en que estaban inscriptos muchos de los más decididos liberales. No habían dejado de hacerme insinuaciones para atraerme a sus miras, pero, ocupado exclusivamente del gran objeto de la revolución, las había desatendido. El fin que me proponía en mi viaje a la capital era llamar a todos los amigos de la causa de la *unión*, y excitarlos a que, renunciando a pequeñeces de partido, contrajesen sus esfuerzos al intento común.

El 8 llegamos a la capital, que estaba ocupada en los deberes religiosos de la semana santa. Joaquín Madariaga, siempre con el pretexto de visitar a su madre y hermanas, llegó casi al mismo tiempo. Yo empecé mi obra y él la suya.

Echagüe había conocido que mi permanencia en Corrientes era un gran obstáculo a sus miras, por lo cual promovía mi separación; los enemigos de Ferré, sin serlo quizá de la causa, percibieron que para derribarlo del poder debían contar conmigo; Madariaga, con el solo objeto de entronizar su familia, quería servirse de estas disposiciones y traicionar a todos.

Convencido de que yo no me separaría de Corrientes, según el plan primero, mudó de rumbo, y, haciéndose el emisario de la oposición, vino a ofrecerme, a nombre de ella, que concurriría con todo su poder a que me suministrase la provincia toda clase de recursos para el sostén del ejército y campaña que debía abrir; pero que estos recursos no habían de pasar por manos del gobierno, sino directamente a las mías.

Fundaban esta pretensión en los temores de que Ferré emplease los recursos[1] en ganar prosélitos (como decían lo había

[1] En el congreso provincial había sido tan violenta la oposición a Ferré, unos meses antes, que éste se vio precisado a tomar medidas de cuya legalidad ni quiero ni puedo juzgar. Era indudable que la mayoría del Congreso le era contraria, a vista de lo cual no se extrañará que la oposición se creyera en el caso de disponer de las rentas públicas y de los sacrificios particulares, que además se prometían hacer. Esta oposición, repito, era personal a Ferré, y de ningún modo a la causa. Madariaga, y algún otro de su familia, era quien quería

hecho antes), más bien que en sostener el ejército que iba a combatir, y se extendían a otras acusaciones que no es de este lugar referir. Ya se deja entender que semejante pretensión importaba una revolución, y, sin hacerme cómplice, no podía aceptar la propuesta. La rechacé, pero asegurándoles, hasta el punto de contraer un compromiso, que los caudales públicos, ya fuesen procedentes de arbitrios extraordinarios, ya fuesen de las rentas ordinarias, serían empleados en el objeto preciso de su destinación, pero sin privar al gobierno de su administración.

Al señor Ferré y a sus ministros, sin participarles lo que se me había propuesto, les hice ver que el grande y único fin que debían tener en vista era combatir a Echagüe y triunfar de Rosas, y que esto sólo se conseguiría fomentando el ejército y no haciendo *ahijados*, que de nada valdrían si éramos vencidos. "Por el contrario —les dije—, si somos vencedores, el señor Ferré tendrá sus enemigos a sus pies y habrá dado el más solemne desmentido a las que considera imputaciones calumniosas."

Me lisonjeo que no fueron inútiles mis persuasiones, y que mi viaje produjo los buenos efectos que me prometí. La oposición desistió de sus maniobras, y Ferré, desahogado de sus ataques, pudo dedicar su atención a objetos más importantes. La opinión pública se uniformó, se reanimó el espíritu de todos, y los esfuerzos generales se dirigieron al objeto común.

Conseguí que se estableciese un periódico, recabando del doctor don Santiago Derqui que se encargase de su redacción. Llamé la atención hacia algún proyecto de hacienda que ofreciese recursos pecuniarios, lo que ocasionó la discusión sobre esta materia. De allí resultó la idea de emitir a la circulación una cantidad de papel moneda, garantido por suscripciones voluntarias de los más ricos propietarios. Ya no estaba yo en la capital cuando la adopción de este pensamiento, pero sé que el señor Ferré tuvo una parte muy principal, tanto en su concepción como en su ejecución. Es de notar que, desde que empezó a circular, la nueva moneda estuvo a la par del metálico, y que conser-

sacar partido de todo, aunque fuese a costa de la libertad y gloria de Corrientes. Puedo asegurar que no reveló a la oposición la tenebrosa negociación de Mocoretá; a hacerlo, se hubiera perdido. Quería entronizar a su familia por cualquier medio, y para esto era preciso trastornar el orden existente, aunque fuese traicionando la causa que había servido.

vó el mismo valor en los días de la batalla decisiva de Caaguazú. ¡Tal era la confianza que reinaba! No fue sino después de la desgraciada batalla del Arroyo Grande que el papel empezó a disminuir y que ha continuado sufriendo alteraciones, sin bajar por eso como en Buenos Aires.

Además de estas mejoras, se dio impulso a los preparativos militares. Se estableció una maestranza regular; se obtuvo que viniesen al ejército algunos jefes y oficiales argentinos del estado oriental, a pesar de las dificultades sin número que opuso el general Rivera; se estableció un correo periódico a Montevideo y se organizó mejor el servicio en todos los ramos.

Del número de los jefes recientemente llegados fueron el coronel don Faustino Velazco, el comandante don Felipe López y otros oficiales de menos graduación. Todos ellos prestaron buenos servicios y fueron de mucha utilidad.

Yo pude entonces contraerme a los prolijos cuidados de mi destino, con mejores esperanzas de obtener resultados felices. Desde que situé mi campo a las márgenes del arroyo de Villa Nueva, me había dedicado con todo el celo de que era capaz a la instrucción del soldado, a la formación de oficiales, al arreglo y disciplina del ejército. Mas ¿para qué ocuparme de referir los pormenores de mi ingrata tarea, las vigilias y las amarguras que tuve que devorar? Luchando sin cesar con el espíritu de desorden, con el mezquino sentimiento de localidad, con la más crasa ignorancia, con la penuria de recursos, con dificultades sin cuento, hube de agotar mi paciencia. Sin embargo, experimenté un consuelo que no sentía años después en el mismo teatro, y era el presentimiento de que mis trabajos no serían estériles, y que aquel ejército, que tantos me costaba, reportaría una victoria.

Cuando el espíritu está ocupado de negocios tan graves y de tamaños intereses, me parece ridículo hacer ostentación de los sufrimientos corporales a que están sujetos los militares en nuestro país. A presencia de aquéllos, se reputa en nada la precisión de vivir años bajo un techo de paja, que uno mismo se fabrica, cuando no está a la intemperie, de comer un pedazo de mala carne y de sujetarse a toda clase de privaciones.

Capítulo XXIX

El ejército de reserva

[Manejos políticos de Juan Madariaga - Importancia que daba Echagüe al doble papel de Madariaga - Desavenencia de Paz y de Ferré; su causa - El general Paz promulga un bando en el ejército - Hechos de armas - Echagüe emplea la seducción - El provincialismo - El general Núñez - Oficiales desertores - El doctor Ferrara: sus pretensiones y su carácter - Aplicación de leyes militares; la ordenanza militar y los castigos - El ejército de reserva - El general Núñez toma el mando de la vanguardia; sus cualidades para este servicio - Paso del arroyo Payubre y del río Corrientes - Plan del general Paz para batir a Echagüe - Reconocimiento del paso de Capitaminí - Posición del ejército federal - Movimiento del ejército de reserva - Dificultades del general Paz - Arbitrio adoptado - Preocupaciones del gobernador - La caja del ejército - Operaciones de campaña - Ataque de Mercedes - El estado de las fuerzas de la revolución obliga al general Paz a precipitar la batalla - Cuatrocientos hombres del ejército libertador atraviesan el Chaco y se incorporan al ejército de reserva - El coronel Salas - Recibimiento a las fuerzas que comanda - El capitán Acosta - Cartas del general Lavalle - Su fatal destino.]

En los últimos días de abril había regresado de Corrientes y con muy corta diferencia de tiempo recibí una comunicación de don Juan Madariaga, que estaba siempre en Curuzú-Cuatiá, avisándome que había llegado a su poder una correspondencia traída del campo enemigo por dos soldados con sus divisas punzó y demás zarandajas federales, los que se habían presentado, a la hora más pública del día, en el pueblito que le servía de cantón. La publicidad de su llegada le impidió ocultar su misión; pero, al avisarla, no remitía la comunicación, y se contentaba con decir, muy sucintamente, que todo era un mal entendido, resultante de algunas palabras sueltas, largadas en la conferencia, cuyo sentido se había interpretado equivocadamente.[1] Que el nego-

[1] Quizás explico mejor sus conceptos que lo que el mismo Madariaga lo hacía. Debo conservar su carta, mas no estoy en disposición de ponerme a registrar papeles. Escribo de memoria, pero, como ésta me es fiel, no temo equivocarme sustancialmente.

cio era de ningún valor, y que, en consecuencia, había despedido a los conductores.

Como se deja entender, no me satisfizo esta explicación, y le exigí la correspondencia original; entró entonces en cuidado, y se vino en persona a mi cuartel general a traer la carta en cuestión. Era de Montero, avisándole que, instruido Echagüe de su propuesta, rechazaba la candidatura de don Baltasar Acosta para el gobierno de Corrientes, por cuanto sus antecedentes no merecían la confianza de los gobiernos federales, sin perjuicio de que por sus actos posteriores pudiese después optar a él. En su lugar proponía a Cabral, Araujo o Gaona, y terminaba ofreciendo la cooperación de fuerza armada, si se juzgaba precisa para asegurar el movimiento.

La realidad estaba descubierta, y Madariaga estaba confundido; trató de disculparse lo menos mal que pudo, repitiendo que Montero había dado un valor que no tenían a algunas expresiones que dejaron él y Valdez escapar en la conferencia, mientras que no había sido más que un juego de voces, y concluyó negando la candidatura del señor Acosta. La torpeza y falsedad de sus excusas era patente; pero se me humilló, me rogó que lo disculpase con el señor Ferré, y terminó haciendo las más solemnes protestas de adhesión y fidelidad a la causa.

Si Madariaga no era de los mejores jefes correntinos, era de los más *ladinos*; tenía una larga parentela y relaciones con el partido de oposición; me convencí, además, de que no era capaz de dañar, tanto más cuanto que a él y a su hermano los tendría a la vista. Le reprobé severamente su conducta, mas le prometí olvidarla; hice más: le ofrecí interceder con el gobierno para que no tuviese consecuencias lo sucedido. Para probar mejor sus disposiciones, me avancé a proponerle que pidiese a Echagüe, por conducto de Montero, el auxilio de una división de su ejército, que apoyase el movimiento que esperaba que hiciese, a la que yo pondría una emboscada que le hiciese pagar su confianza: con admiración mía, accedió al momento, mas luego deseché la idea, porque generalmente me han repugnado esta clase de operaciones, y porque no quise poner a tan dura prueba un carácter voluble, pueril y falso.

El señor Ferré, a su vez, exigió la carta, y al mandarla empleé mis persuasiones e influencia para que se cortase el negocio y no se le diese ulterioridad alguna; hubimos de contentarnos con una solemne protesta que hizo el hermano Joaquín, por la prensa, renovando sus juramentos de fidelidad a la causa y su firme propósito de defenderla. Es excusado repetir que lo que decía un Madariaga se entendía que lo hacía a nombre de la familia; de consiguiente, este nuevo compromiso ligaba a su hermano en la misma forma que si hubiese sido por él hecho.

A esta protesta hacía alusión Montero en otra carta posterior dirigida a Urquiza, en que manifestaba no desesperar aún del cumplimiento de los ofrecimientos hechos por los Madariaga, porque podían haberse visto compelidos a dar aquel paso para disipar las sospechas que contra ellos se hubiesen concebido. Esta carta y otras, referentes al mismo negociado, existen en mi poder; ellas fueron tomadas en el archivo de Echagüe, que, como he dicho, cayó en Caaguazú. Urquiza, sin dejar de blasfemar contra su gobernador y su compadre, no sólo lo instruía de todas estas ocurrencias, sino que le mandaba la correspondencia original de Montero. Por una copia de carta, escrita a Rosas, tomada también en el archivo, se refiere que éste tenía un pleno conocimiento del negocio. Todos los papeles de esta referencia fueron encontrados en una cajita de lata barnizada de punzó y cuidadosamente conservada, lo que me induce a creer que Echagüe les daba bastante importancia, pues los honores de este acomodo no los merecieron otros muchos papeles de interés.

He aquí el resultado de los negociados que en aquella época se entablaron con el señor Urquiza, juzgándolo siempre pronto a desprenderse de la cadena que lo ata al carro de la federación. Desde entonces tuvo la rara habilidad de hacer creer a los que combatía que estaba dispuesto a pertenecerles, y siempre los engañó. ¿Será una fortuna o una desgracia, un mérito o una indignidad, aquella singular artería? Júzguese como se quiera: yo pienso que al fin se enredará en sus mismos lazos, y no es aventurado decir que es con este designio que muchos alientan las disposiciones que se le suponen. Dejemos este asunto para ocuparnos de él después, si continuamos estas memorias.

Sucede algunas veces que incidentes pequeños producen efectos más graves que lo que podía esperarse, y tal fue el que voy a referir. Entre la correspondencia de Montero, tomada a Echagüe, venía una carta que comprometía a un vecino de Corrientes, sujeto de mi amistad y enemigo de Ferré. Aunque éste conservaba contra él amargos resentimientos, a mi insinuación había depuesto sus odios, y trabajaba sinceramente en bien de la causa. Me propuse ocultar esta carta para que no llegase a noticia del gobierno, quitándole de este modo la ocasión y los medios de dañar a este buen hombre, a quien sólo podía acusarse un momento de debilidad, porque debe advertirse que la carta no era de él, y que sólo se hacía una referencia que podía haber negado. Sólo mi secretario, don Gregorio García y Castro, era depositario de este secreto, que reveló en confianza al doctor Derqui. Éste, sin duda ignorando mis intenciones, lo transmitió al señor Ferré, haciendo inútiles mis precauciones. Todo esto sucedió en tiempo posterior, pero lo refiero ahora por no volver sobre ello otra vez.

El señor Ferré, que después de la batalla de Caaguazú quiso, a mis instancias, visitar al ejército, y que nos alcanzó en Curuzú-Cuatiá, quiso absolutamente ver la carta, a lo que me presté con repugnancia; en seguida pretendió quedarse con ella, y me negué resueltamente. Insistió con la más terca tenacidad y yo me negué con la misma. He aquí una pobre competencia que produjo efectos graves, por cuanto fue causa de un profundo resentimiento de parte del señor Ferré. Mi intención era buena, pues no le quería dar armas para herir a un amigo mío, pero quizás en política hice mal, pues hubiera evitado un motivo no pequeño de desavenencia, además de que es probable que Ferré no hubiera llevado lejos su venganza. Debo advertir que una de las razones de mi obstinación fue el contraste chocante que formaba la acrimonia contra mi protegido, con la indulgencia sin límites que mostraba respecto de otros mucho más comprometidos, pero contra quienes no abrigaba prevenciones personales.

Esta bagatela, pues tal debe considerarse a presencia de los grandes intereses que se versaban, tuvo una no pequeña parte en las desavenencias que luego estallaron. Todo fue debido a la facilidad de mi secretario García y Castro, y la indiscreción del doctor Derqui, quienes, sin calcular el mal que iba a resultar, se permitieron confidencias que tuvieron un efecto deplorable.

Terminaré con decir que, desbaratada que fue la traidora negociación de los Madariaga, para quitar las tentaciones de que se entablase otra, promulgué un solemne bando en el ejército, en los pueblos de campaña y en el mismo Curuzú-Cuatiá, imponiendo la última pena al que mantuviese comunicaciones secretas con el enemigo o recibiese comunicaciones sin manifestarlas. Los Madariaga, que veían en este paso una pública reprobación de su atentado, y que marcaba al mismo tiempo su magnitud, se resintieron sin duda; pero era lo menos que debían sufrir.

Mi familia se aproximaba al territorio de Corrientes, habiendo tenido que vencer dificultades que no podían preverse. Me inclino a creer que el general Rivera no gustó de su venida, por cuanto deseaba que hubiese siempre un lazo que me ligase al estado oriental. Luego explicaré mejor esta idea.

En la madrugada del 22 de mayo tuve el indecible placer de abrazar a mi esposa e hijos, sin olvidarme de mi hermana, que los acompañaba, después de once meses de ausencia, en que todos habíamos sufrido y teníamos pérdidas que llorar. Las familias emigradas de Buenos Aires habían traído a la Colonia esa fiebre conocida con el nombre de sarampión, y se cree que contagiaron a mis hijos y domésticos. En el mes de octubre anterior mi casa se había convertido en un hospital, y era tal la violencia del mal que había en ella seis enfermos de gravedad, incluso mis tres hijos. En la noche del 20 al 21 la enfermedad llegó al último período de irritación, y la vida de todos estaba en el más evidente peligro. Mi hijo mayor estuvo desahuciado, como también el menor. Quiso la providencia salvar al primero, pero el segundo pereció a los cinco meses de su casi milagroso nacimiento.

Llegado que hube a Villa Nueva,[1] mi familia se estableció en una casa distante una milla del campo, donde la veía todos los días. Su compañía me hizo más llevaderos los cuidados de un mando tan prolijo.

He olvidado decir que durante los meses anteriores hubo dos hechos de armas, poco importantes, sin duda, pero que contribuían a crear el espíritu militar de mi flamante ejército. El primero fue una excursión, que hicieron con mi conocimiento los Madariaga, sobre Mandisoví, en la cual, si no se recogió el fruto que podía esperarse, por la inepcia de los jefes, no se sufrieron pérdidas. El segundo fue más feliz, pues el mayor Borda sorprendió al célebre Cabral, que había reunido a su cuerpo algunos correntinos prisioneros en varias acciones del ejército libertador.

Tampoco desechó Echagüe los medios de seducción, pues hizo venir a Corrientes, como escapados de su prisión, a varios

[1] Cuatro días antes de la llegada de mi familia a Curuzú-Cuatiá me había dirigido yo a aquel destino, con el doble fin de visitar la vanguardia y de encontrar aquélla. Reunido que me hube con ella, regresé a Villa Nueva. No habiendo antes hecho mención de mi salida de Villa Nueva, podía no entenderse mi regreso. Esto lo explica.

oficiales correntinos que habían pertenecido al ejército del general Lavalle y que se hallaban prisioneros en Entre Ríos, después de haber estado muchos de ellos en Buenos Aires. Un mayor Alonso tuvo la poca destreza de empezar su predicación desde el día que llegó; lo hice arrestar con otro oficial que lo acompañaba, y lo remití a Ferré, quien no quiso ver en su conducta toda la gravedad que tenía; después de algún tiempo de prisión fue puesto en libertad, mas no volvió al ejército.

Con el mayor don Valentín Silva, a quien tomaron prisionero en los puntos avanzados, hicieron lo mismo; mas éste no pudo, por circunstancias especiales, llevar adelante el engaño, y confesó paladinamente su vergonzosa misión. Otros varios, de menores graduaciones, la obtuvieron idéntica, y la desempeñaron como quisieron; es decir, o confesando que habían aceptado aquel encargo por salvar de las prisiones, o simulándola, en cuyo caso se les alejaba, mandándolos a la capital a disposición del gobierno.

Es imponderable la fuerza del provincialismo que distingue a los correntinos, aunque sean de las clases más elevadas de la sociedad. El punto jefe en que estribaba la seducción, y que hacían valer todos los emisarios de Echagüe, era decir a sus comprovincianos que yo era un extranjero que sólo quería servirme de ellos para ir a mi provincia. Les ponían delante el ejemplo del ejército libertador, y concluían por asegurarles que yo hacía lo que había hecho Lavalle. Querían, además, persuadirles que era mengua que fuesen mandados por uno que no fuese correntino, siendo esta razón tan poderosa que, aunque no adhiriesen a sus solicitudes, hallaban en todos la más amplia disculpa. En el mismo Ferré encontraban siempre iguales sentimientos, en tal alto grado, que parecía olvidar que el golpe que dirigían contra mí debía herirlo a él sin remedio.

El general Núñez llegó al ejército en el mes siguiente, y pasó a la capital a presentarse al gobierno. Sus servicios fueron aceptados y obtuvo colocación, no obstante las protestas del general Rivera. Aunque no tenía una gran idea de él como un jefe de orden y de instrucción, nunca lo creí capaz de las faltas con que después se manchó. Ignoraba también un hecho reciente, que bastará por sí solo para cubrirlo de infamia.

Cuando atravesaba la provincia brasileña del Río Grande del Sud para venir a Corrientes, lo hacía acompañado de un joven, que no conocí, pero que, según informes que me dieron, no carecía de mérito. En un exceso de cólera y de embriaguez lo mató por su propia mano y trató por todos los medios imaginables de ocultar el homicidio. Mas estas cosas nunca quedan secretas; el doctor don N. Funes, que es la persona de quien hablo, desapareció, y él aseguró que se le había separado en el camino y que ignoraba su paradero. El estado de inseguridad por la guerra civil que devoraba la provincia limítrofe, hizo al principio creer que hubiese sido víctima de alguna emboscada de bandidos; nada de esto hubo, pues después se supo que su amigo, su compañero de viaje, su correligionario político, había sido su asesino.[1]

Otro escándalo dieron dos oficiales que desertaron por meterse en los bosques, y sin duda esperar allí al ejército de Echagüe, cuya invasión se esperaba a cada instante. Uno de ellos era un Romero, hijo del gobernador de este nombre, que fue de Corrientes años anteriores; el otro, cuyo nombre no recuerdo, era de una familia más oscura. Éste fue, sin embargo, más feliz, pues que salvó la vida; el otro pereció en el suplicio.

Romero fue primero aprehendido por un sargento que mandaba la partida de policía del departamento de San Roque,

[1] Los pormenores de este suceso quedaron sepultados en el más profundo misterio, porque nunca se hizo diligencia judicial para descubrirlo. Yo lo ignoré por bastante tiempo, y cuando llegaron a mi conocimiento las primeras sospechas del hecho, se había separado Núñez del ejército, y estaba en Montevideo. Quien sabe este horroroso arcano es el mayor Ortega, oriental, que debió presenciarlo, y acaso algo más. Una conversación que les oyó el señor Murguiondo a dos oficiales de Núñez fue el primer indicio que se tuvo. El mismo Núñez me dio otro, que sólo después pude comprender y explicar. Sucedió, después de la batalla de Caaguazú, que se sacaban los prisioneros de tropa para los cuerpos, y él había informado contra dos hermanos entrerrianos, para que no se les sacase de la prisión por ser unos malvados; alguno, sin duda, le informó mal, que habían salido sus recomendados del depósito de prisioneros, y vino a reclamar en términos algo altaneros, diciendo que eran unos asesinos que no debían obtener su libertad, y, antes al contrario, continuar en su calidad de presos. Altamente chocado de sus modales y tono, le dije: "¿De cuándo acá, general, tiene usted tanto horror a los asesinos?". Yo aludía a varias solicitudes que había hecho para que al desgraciado Pancho Álzaga se le permitiese permanecer agregado al ejército, revocando la orden que había dado de su separación; mas él, sea que temiese que yo hubiese tenido noticia de su atentado, sea que el crimen se presentase a su imaginación, sea, en fin, algo de remordimiento, el hecho es que mis palabras tuvieron el efecto de un rayo; perdió el color, se demudaron sus facciones y vaciló sobre sus pies. Por entonces no supe distintamente a qué atribuir su turbación; después pude explicarla.

que era su domicilio, y traído al ejército, fue procesado y puesto en consejo de guerra. Éste, separándose de la severidad de las leyes, lo sentenció a presidio por intervención clandestina del auditor de guerra, doctor don Juan Andrés Ferrara, y, en consecuencia, quedó guardando arresto hasta ser remitido a Corrientes (a la capital). En estas circunstancias, vino a alguna diligencia el sargento que lo había apresado, y llegó por la guardia donde estaba preso: apenas lo vio Romero prorrumpió en insultos y amenazas de muerte, protestando que se vengaría y que no pararía hasta acabar con su vida. El sargento se quejó, lo que dio motivo a otro juicio, en el que el consejo de guerra lo condenó a muerte, que fue ejecutada al frente de todo el ejército. Debo añadir que las amenazas que hizo al sargento iban mezcladas con palabras subversivas y ofensivas a las autoridades y a la causa que defendíamos.

El otro oficial se presentó él mismo, sin que por eso dejase de ser sujeto a un juicio, en que salió sentenciado a prisión, que fue a cumplir a disposición del gobierno, lo que era poco menos que nada.

Habiendo nombrado al doctor Ferrara, me es forzoso decir algo sobre este señor y de las causas que originaron su separación del ejército. Poco antes del juicio de Romero se había presentado ofreciendo sus servicios, y los acepté, dándole interinamente la auditoría de guerra. Cuando se aproximaba la celebración del consejo de guerra, y que debía decidir la suerte de aquel oficial, me habló confidencial y privadamente para saber si mi deseo era que se fusilase; mi contestación fue que no quería sino que se cumpliesen las leyes militares. Él insistió, y yo me mantuve en mi primera contestación. Cuando vi la flojedad con que había procedido el consejo, no supe a qué atribuirlo; mas luego fui instruido de que había dicho en confianza a los jueces que yo quería que se condenase a muerte al reo, con el fin de indultarlo y recomendarme por la clemencia. Los jueces no quisieron ser menos clementes que yo, y he aquí el motivo de su flojedad.

Esta intriguilla, que sin duda había sido dirigida a salvar al reo, para captarse la benevolencia de los correntinos, me disgustó en alto grado, pero me contenté con una desaprobación pasajera, y quedaron las cosas en el mismo estado. Cuando el segundo juzgamiento de Romero, no estaba él en el campo, porque había marchado a Paysandú a hacer pasar a manos de Urquiza aquella carta mía, de que antes hice mención.

A este motivo de desagrado se unieron otros pequeños, cuyos detalles serían muy prolijos; baste decir que él venía, de acuerdo con algunos personajes de Montevideo, con el designio de ganar mi confianza, entrar en mis consejos y dirigirlos, si era posible. Aspiraba también a hacerse un circulito de algunos jefes, y a tomar la posible influencia en todas las deliberaciones. Jamás he rehusado los dictámenes juiciosos ni aun los consejos; lejos de eso, los busco y adopto, aunque vengan de mis inferiores, si me parecen justos y racionales; pero jamás he pensado por eso renunciar a mi propio juicio, y mucho menos a mi conciencia. Tampoco he querido ni tenido favoritos en los mandos que he desempeñado, de modo que los que se han quejado de que yo reducía mi amistad a cierto número de personas, no han obrado de buena fe, pues que el verdadero motivo ha sido que no los admitía a ellos en la clase de amistad que apetecían: la del *favoritismo*. Volvamos al doctor Ferrara.

No hablaré de las rarezas de su genio, de su carácter original, que toca en extravagante, pero sí de los arbitrios que tocó para acercárseme y dominarme, si posible le fuese. Trató primeramente de hacerme creer que era provinciano, nacido en Corrientes; en seguida, que era hombre de una severidad de costumbres y principios aún superior a la que me suponía; y finalmente, que era tan religioso que tocaba en devoto. Creyó que esta última era una buena recomendación para un cordobés, y así se lo dije un día en tono jocoso. No quiero decir que el no posea esas virtudes, pero es seguro que las exageraba, si es que las tiene, con el fin de cautivarme. Otra calidad tenía, que lo recomendaba mucho a mi estimación, y era su incansable contracción al trabajo: a toda hora del día o de la noche, que lloviese o hiciese calor, siempre estaba pronto para escribir y despachar cualquier asunto, y con la advertencia de que, cuando no estaba ocupado por mí, escribía de su cuenta, sin cesar. Escribir es su entretenimiento, su diversión, su pasión dominante. Tanto por lo que he observado personalmente como por lo que he oído a sus amigos, debe tener algunas toneladas de papeles escritos de su puño.

Ahora que escribo esto, me lo figuro con la pluma en la mano y gastando tinta con profusión. Si supiera que yo me ocupo de él, me consagraría sin duda algunas líneas más de las innumerables que me habrá ya consagrado. Sólo desearía que escribiese con la misma buena fe que yo lo hago, y le quedaría agradecido. Sin que él lo quede de mí, por la justicia que le hago, diré que su desinterés, según lo que yo he visto en sus acciones, es superior a todo encarecimiento.

Para dar la última mano a los tintes de resfrío que aquellas disposiciones habían engendrado en nuestras relaciones, vino otro pequeño suceso, que acabó de echarlas a perder. Fue cuando invadió Echagüe, y yo moví el ejército en dirección al río Corrientes. Marchaba una tarde a la cabeza de la columna, y el doctor Ferrara venía a mi lado, conversando de objetos indiferentes. Como media legua antes de llegar al campo que iba a ocupar, se presentó el doctor Derqui, que venía de la capital de Corrientes, enviado por el gobernador con objetos de servicio. La recepción que le hice fue amistosa y urbana, y pasados los cumplimientos de estilo, se colocó a mi lado, y continuamos el camino: ni aun noté por el momento el desvío del doctor Ferrara; pero, habiéndolo luego apercibido, lo llamé para que tomase parte en la conversación, a lo que se negó con cualquier pretexto. No paró aquí su displicencia, pues llegados que hubimos al campo, no quiso acercarse a mi tienda, ni aun venir a cenar, dando muestras del más marcado descontento. Ya esto era demasiado, pues pretendía circunscribir mis relaciones a la esfera que él quisiese señalarme. No pude ya contenerme, y quise corresponder su terca incivilidad de un modo que comprendiese para siempre que no era hombre que le pediría licencia para saludar a mis amigos. Quizá fui algo severo, mas el caso no era para menos. Sea como fuere, nuestras relaciones, aunque no terminaron del todo y aunque al día siguiente estuvo más tratable con el doctor Derqui, a quien no había querido ni saludar, bien que jamás lo hubiese visto, mi alejamiento por él, y recíprocamente, se hizo más patente. Así seguimos algunos días; casi ya no lo ocupaba, cuando aconteció la derrota del coronel enemigo Tacuavé y captura del comandante don Desiderio Benítez, pasado al ejército de Echagüe.

La justicia, la política, la disciplina militar, nuestra propia seguridad, requería un ejemplar castigo, y para su aplicación deseaba que fuese juzgado con rectitud y sin esas intrigas forenses que tan bien saben manejar los togados. Temí una nueva embrolla de parte de Ferrara, y la misma noche del día en que recibí el parte, lo hice marchar a la capital de Corrientes. Después encontré al doctor Ferrara en Montevideo, y últimamente en el Paraguay, adonde llegó por Cuyabá, desde Bolivia, en solicitud mía, trayendo comunicaciones de varios argentinos que estaban en el Perú. No tengo motivos para creer que sea mi enemigo, mas tampoco lo tengo por amigo. Es uno de esos hombres que, sin simpatizar conmigo, no puede menos de hacer justicia a mis puras intenciones y buenos deseos. Es un sincero enemigo de Rosas, a quien hace la guerra de todos los modos que puede.

He olvidado decir un incidente importante, que explica la aplicación de leyes militares que yo hacía en el ejército. Desde que me recibí del mando, pedí al gobierno una regla para conducirme, consultando si regía la ordenanza militar, para hacerla observar, y, en caso negativo, exigiendo una ley que marcase mis atribuciones y los deberes míos y de mis subordinados. El gobierno contestó declarando que la ordenanza militar debería observarse en el ejército de reserva, que es la denominación que había tomado el que estaba a mis órdenes. Cualquiera comprenderá que estaba muy lejos de exigir la rigurosa observancia de la ordenanza militar, pero, al menos, establecía una base que servía de regla, sin la cual era imposible marchar. Algunos sabios superficiales dicen que es injusto hablar de leyes militares respecto de soldados que no se pagan; digan esos sabios si deberemos romper nuestro único código y declarar que cada uno puede hacer lo que quiera. En tal caso, una guardia podrá abandonar impunemente su puesto; un centinela se echará a dormir; un oficial desobedecerá a su superior; el cabo hará otro tanto con el sargento, y todo será una horrenda confusión. Entretanto, el enemigo ataca, sorprende el campo y obtiene la victoria, sin que el general pueda impedirlo.

Si se quiere que precava estos resultados, será preciso que aplique algunas penas, y si no son las de la ordenanza, es indispensable que se le designen, a no ser que se prefiera que obre a su discrecional arbitrio. En este caso, habrá el peligro de que el día que está de mal humor abunde en severidad, mientras que, si lo toman en su buena hora, dejará impune el delito; pero, al fin, sabrá que su simple arbitrio ha de ser la regla de su conducta, y para que lo sepa él y sus subordinados, bueno sería que lo declarase el gobierno.

Mas es en esto en lo menos que se ha pensado, y lo que se ha querido es dejar indefinida tanto la autoridad del que manda como la obediencia de sus subalternos. Algunos, privadamente, han expresado sus conceptos, manifestando que querrían la observancia de la ordenanza militar, pero templada, según las circunstancias y las personas. Esta sola vaguedad encierra graves dificultades en la práctica; pero, para su satisfacción, les diré que así ha sucedido, pues nunca puede alegarse que se ha hecho una exacta aplicación. En prueba de ello, les haré observar que, hablando yo continuamente de ordenanza, de leyes militares, de disciplina, es difícil que haya ejército donde menos castigos se hayan hecho que en los que he mandado, mientras en otros, donde no se mentan las reglas y las formas, corre la sangre a torrentes y se estremece la humanidad al ruido de horrendos castigos.

Era el mes de septiembre, y el general Rivera, que había ofrecido que en enero anterior estaría con su ejército en el Uruguay, para pasarlo en febrero, ni aun había movido del Durazno unos cuantos cientos de hombres que llamaba ejército, y él mismo se había marchado a Montevideo. Entretanto, Echagüe completaba sus preparativos para la campaña que abrió efectivamente en dicho mes. Antes de concluirse, ya pisaba el territorio de Corrientes y se avanzaba en solicitud del ejército de reserva, que yo mandaba, para librar la batalla. Yo no podía ni debía aceptarla sin reunir todos mis medios; es decir, sin aumentar mis fuerzas, que eran bien inferiores a las invasoras, con la milicia de la provincia, que había de reunirse en este caso extremo. Para ello necesitaba retirarme, en la inteligencia de que, a proporción que perdía algún terreno, mi ejército se aumentaba.

Ganaba, además, tiempo para ir organizando las milicias o, si se quiere, reclutas que llegaban, operación que facilitaba la disciplina que había dado al cuerpo de ejército que había formado en Villa Nueva, que podría subir a dos mil hombres. Encajonando en estos escuadrones los nuevamente venidos, me era mucho más fácil esa educación rápida, esa media instrucción con que, por lo menos, debía contarse para que fuesen útiles en el día de un conflicto. No se perdió tiempo, y ayudado de la buena voluntad que reinaba y que se había avivado a presencia del peligro, se hizo cuanto podía esperarse.

Quería también aprovechar este tiempo debilitando al enemigo con una guerra de partidas, mientras me ponía en estado de darle el gran golpe, a lo que el país se presta admirablemente, siempre que haya quien quiera y sepa practicarla. Los Madariaga, y muy principalmente el hermano Juan, me habían ponderado hasta el fastidio lo mucho que debía esperar en este sentido de los cuerpos que mandaban él y su hermano Joaquín, que eran precisamente pertenecientes a los dos departamentos de

Curuzú-Cuatiá y Payubre, que eran los primeros que había de tocar el enemigo. En su insensata jactancia, me dijo muchas veces que creía que solos sus dos cuerpos bastarían para enloquecer al enemigo y rechazar la invasión. Aunque no diese crédito a tan ridícula promesa, esperaba que hicieran algo que se pareciese a esa clase de hostilidades; pero sucedió lo contrario, porque cuando las cosas se presentaron serias hubo de perder la cabeza, y me pidió con fastidiosa repetición y en tono clamoroso un jefe que los mandase, y refuerzos sobre refuerzos. Así lo tenía yo pensado, e hice marchar al general Núñez con un aumento de tropa, que, unido al de los Madariaga, formaron una vanguardia de ochocientos hombres.

Después de algunas guerrillas de poca importancia, hubo un encuentro más formal en el arroyo llamado María Grande, donde por descuido de un jefe, hubo de ser sorprendida nuestra vanguardia. Perdimos un capitán y cosa de veinte hombres muertos; los enemigos tuvieron su parte proporcional. Esto nada decidía; pero Núñez, que no carecía de valor ni de práctica en este servicio, al modo que se hace en nuestro país, perdió la confianza en los jefes correntinos, y me declaró positivamente que valían muy poco los que tenía a sus órdenes, no obstante que eran de los mejores que había.

Sin embargo de ese valor y esa experiencia, tenía Núñez todos los resabios de un gaucho, o, lo que es casi lo mismo, de un jefe educado en la escuela de Rivera. Las órdenes que llevó a vanguardia eran de hostilizar al enemigo por todos los medios posibles y obrar según las circunstancias, atacando a un cuerpo cuando pudiese hacerlo con probabilidades de vencerlo, y retirándose cuando se le presentase otro de mayor fuerza. Afectando que no comprendía el sentido de mis instrucciones, me urgía para que le diese órdenes positivas de atacar o retirarse. Como no podía dar las primeras de un modo absoluto, porque hubiera sido preciso decirle que combatiera todo el ejército de Echagüe, esperaba las segundas, y en este caso hacía recaer sobre el general en jefe su inacción y el desaire de la retirada.

Son bien comunes estos manejos en esos caudillejos que quieren a toda costa formar su crédito personal a costa del general que los manda y de la disciplina misma. En eso hacen consistir una buena parte de su habilidad y mérito, contando en poco, con tal que logren su objeto, hasta el éxito real de la operación que se les ha encargado.

Núñez, después del suceso de María Grande o Los Molles, porque allí fue lo principal de la refriega, ya no pensó en probar la suerte en otro combate, ni en urgirme, exigiendo órdenes perentorias. Se redujo a observar al enemigo, evitándolo, a pesar de que tuvo ocasiones bellas para intentar nuevos empeños. Estoy persuadido de que influyó en su desaliento el conocimiento práctico de las tropas y jefes que mandaba, los que no eran, sin duda, lo que se había imaginado. Habían bajado muchos grados en su concepto.

Entretanto, el ejército había emprendido muy lentamente su movimiento, no tomando el camino más corto para dirigirse al río Corrientes, sino tomando el camino del paso de Pucheta, en el Payubre. Este arroyo, con las lluvias, estaba a nado, y en esta forma lo pasaron los cuerpos. El enemigo nos siguió, pero pasó este arroyo por el paso del Naranjito, que está más arriba, quedando ambos ejércitos en el rincón que forma con el río Corrientes.

Mas no era mi ánimo esperarlo allí, y pasé a la margen derecha de dicho río, en el paso de Caaguazú. El río Corrientes estaba a nado y se pasó también en la misma forma que se había hecho con Payubre, bien que sea de mucho más caudal. Algunos de los ríos de la provincia de Corrientes tienen la singularidad de que mientras más se aproximan a su vertiente son menos accesibles, y el que lleva su nombre es de esta calidad. Principiando, pues, por la parte superior de dicho río, el primer paso que se presenta es el de Moreira; una legua más abajo está el de Capitaminí, y a las dos leguas, bajando aún, está el de Caaguazú. En seguida tiene otros muchos pasos, cuya enumeración no viene a nuestro caso.

Desde que me cercioré del estado del río y reconocí los pasos, me decidí a empeñar el combate cuando Echagüe se propusiera atravesarlo. Esta operación debía consumirle algún tiempo, que era el bastante para trasladarme al punto de pasaje que él eligiera. Con el fin de engañarlo, luego que hubo pasado el río todo el ejército, lo moví por una diagonal, aparentando internarme, pero sin alejarme más distancia que la que pudiese andar en la mitad del tiempo que él había de emplear en la operación.

Había hecho reconocer todos los pasos con la más prolija exactitud, y de todos los informes resultaba que el paso de Moreira estaba intransitable por una planta acuática, que llaman camalote, que forma una especie de tejido en forma de red sobre la superficie del agua o muy cerca de ella. Es verdad que no es imposible romperse, pero requiere mucho trabajo, tiempo y canoas o botes, que no había dejado yo una sola. Quedaba, pues, el de Capitaminí, que le es contiguo, y al cual parecían dirigirse los movimientos de Echagüe, que aún no había tocado la ribera izquierda del río. Yo apenas distaba dos leguas, pero mi posición estaba oculta por las quiebras del terreno y por el bosque que intencionalmente había elegido.

En la madrugada del 12 de octubre me trasladé con los generales y jefes de división sobre el paso de Capitaminí, para reconocerlo personalmente, dar mis órdenes a los dichos jefes, y explicarles lo que convenía que supiesen de mis intenciones, si el enemigo, como parecía, se resolvía a franquear el río en dicho punto. Asomaba el sol sobre el horizonte cuando vimos el ejército enemigo, que, formando una larga columna, tomaba la dirección del paso de Moreira. No me inquietó esto, porque, como he dicho, se me había avisado que estaba impracticable; mas fue otra cosa cuando recibí el parte de las avanzadas de ese lado de que había pasado un escuadrón, y luego otro, y otro, en términos que, guardada proporción, debía luego estar en la margen derecha todo el ejército enemigo. Confieso que casi me abandonó mi sangre fría, y que en aquel momento hasta me creí vendido por una infame traición, o, cuando menos, engañado del modo más torpe y culpable. Recuerdo que dije algunas palabras duras al capitán de guías o baqueanos, el célebre mocito Acuña, que era uno de los que había mandado a reconocer los pasos, y que había clasificado de impracticable el de Moreira. El pobre hombre se confundía, y con razón, porque, efectivamente, su reconocimiento había sido exacto; mas titubeaba y se desesperaba a vista de partes positivos y repetitivos de que el enemigo había pasado algunas fuerzas, y que continuaba haciendo lo mismo con el resto. Lo singular era que, para pasarlas con tanta rapidez, era preciso no sólo que estuviese despejado de camalote, sino que estuviese vadeable, o que la hondura fuese insignificante.

Desde que vi al ejército enemigo marchando sobre el río, había destacado ayudantes para que llevasen órdenes para que el ejército nuestro se alistase para moverse inmediatamente, y luego otras para que lo hiciese en dirección al enemigo. Yo mismo fui para acelerar y coordinar el movimiento, dando órdenes al general Núñez, cuya posición quedaba más cerca de Moreira, que detuviese cuanto fuese posible al enemigo, para que retardase su operación y nos diese tiempo de llegar a suspenderla o batirlo. Habríamos andado media legua aproximándonos al río, cuando recibí nuevos partes que desmentían los primeros. El enemigo no podía ni había pensado pasar el río; por el contrario, luego que se aproximó al paso de Moreira hizo alto, armó su tienda y campó tranquilamente.[1]

Ya no quise volver a mi campo, y, renunciando a la ventaja de permanecer oculto, vine a situarme a media legua del río, para estar más en aptitud de disputar el paso. Lo sucedido me revelaba la poca pericia de los correntinos en esta clase de servicio, porque era indudable que las guardias avanzadas no habían cumplido sus deberes. Era muy claro que, asustadas con la presencia del enemigo, se habían retirado a largas distancias, no obstante que mediaba un río profundo, y que su imaginación aturdida, y acaso engañada con las quiebras del terreno, les hizo ver ya al enemigo en la misma margen que ellos. En todas partes se castigan del modo más severo estas equivocaciones o estas mentiras, que pueden acarrear males irremediables; pero en nuestros ejércitos apenas son venialidades poco importantes. Si un general quiere dar al hecho una parte de la gravedad que merece, luego viene la cantinela: *Son ciudadanos; es demasiada tirantez; no se les puede sujetar a la ordenanza*, etcétera. Entonces, pues, o será preciso dejarnos de guerras que no sabemos hacer, o ser más indulgentes con los generales que tienen que lidiar con dificultades tan enormes.

En esta situación permanecimos algunos días, sin más movimientos que los precisos para mudar de campo y procurar pasto para nuestros caballos. El ejército iba siempre aumentándose, pero no sucedía esto sin trabajo; y trabajo que provenía no sólo de la primera autoridad del país, sino de los comandantes de departamentos y hasta de los empleados subalternos. No sucedía esto por mala voluntad ni por falta de patriotismo, sino por la ignorancia, las preocupaciones y escasez de inteligencia; me explicaré.

Había, por ejemplo, en la capital, un batallón cívico (al que denominé Guardia Republicana), compuesto de artesanos y

[1] No se crea que nuestros ejércitos van provistos de tiendas, como los de Europa; las tienen algunos jefes y oficiales, en escala muy diminuta; pero no por eso deja de ser un signo de acamparse el acto de armarlas.

gente pobre, que no podía conseguir que me mandase Ferré, porque alegaba que era la guarnición de la ciudad. En vano le decía que en la capital nada se había de decidir, y que el resultado de la batalla que iba a darse sería todo; que si ella se ganaba, sería salva la capital, y si se perdía, nada haría el batallón que había dejado ocioso.[1] La contestación era que la capital no podía quedar *exenta*. A la par del gobernador, pero proporcionalmente, pensaban y obraban los comandantes de departamentos, queriendo cada uno, con pretexto de conservar partidas de policía, guardar cerca de sí los mejores hombres, las mejores armas, los mejores caballos, que al fin no venían a servir sino a su seguridad personal, y ni aun esto, porque debo advertir que entonces no había el menor peligro interior, ni asomos de montoneras en el centro de la provincia. En cuanto al exterior, el ejército cubría perfectamente todas las avenidas, de modo que nada absolutamente tenían que temer de esa parte.

Mas no se piense que para darme esas repulsas se empleaban los conceptos expresos y categóricos, según lo he referido: se entretenía, se tergiversaba, se ofrecía y se mentía al fin. Para cada cosa de ésta, y aun para pequeñeces de menor importancia, tenía que escribir pliegos enteros y agotar los recursos de mi pobre elocuencia, sin obtener a veces más que resultados mezquinos e insuficientes. Recuerdo que para obtener una parte del batallón cívico, que fue lo que vino, adoptamos con el doctor Derqui, que estuvo unos cuantos días en el ejército, el arbitrio siguiente.

El general Núñez, desde que en los primeros pasos de la campaña se puso al frente de Echagüe, reconoció la fuerza y calidad de su ejército, y me pasó un parte y cartas particulares en que me decía que el ejército enemigo era respetable, que numeroso, que era disciplinado y aguerrido. De estas cartas se apoderó el doctor Derqui, y además nos propusimos abultar el peligro de nuestra situación para intimidar a Ferré y que consintiese en mandar el batallón cívico y dejar *exenta* la capital, que nadie pensaba atacar; produjo esto su efecto, pues se consi-

[1] Catorce meses después, la sola noticia de la pérdida del Arroyo Grande causó tal trastorno en la provincia, en la capital y en la cabeza de Ferré, que dejó la silla del gobierno y huyó cuando estaban los enemigos a ciento veinte leguas, dejando perdida para la causa la provincia toda. ¿Qué hubiera sido cuando el enemigo estaba a cuarenta leguas?

guió no sólo el batallón, en su mayor parte, sino que apurar a los comandantes de departamentos para que mandasen también una parte de sus guarniciones.

No menos trabajo costaba el que mandase el gobierno armas, municiones, vestuario y otros artículos, porque, a más del extraño error de creer que estos enseres tienen la virtud de obrar por sí solos, aunque estén depositados en los almacenes, en el sentido de defender el país, creía que era un atributo de la dignidad gubernativa el tener bajo su mano algunos repuestos[1] de artículos militares, sin los cuales pudiera considerarse menguado su poder. Yo hubiera perdonado muy de buena gana estas debilidades si hubiera tenido las bastantes armas; pero no era así, y tenía que sostener una lucha continua pero, hasta donde podía, moderada.

Es una grave dificultad cuando los que están a la cabeza de la administración de un país que está en guerra no tienen tintura de ella ni de las necesidades de un ejército. Graduando sus consumos por los de una casa particular o una estancia, todo les parece excesivo, sin calcular que no se lleva los hombres a la muerte sin ofrecerles algunos goces que les hagan menos ingrata la profesión y la disciplina, que es indispensable para vencer. Es una extraña anomalía de ideas la de los que quieren que no se use de rigor con el soldado porque no se le paga, y que no se le pague en dinero u otros artículos porque no lo consideran preciso.

Cuando el gobierno de Corrientes había mandado algunas arrobas de tabaco y algunas camisetas y calzoncillos, creía haber hecho más de lo necesario, y contaba con descansar durante medio año. Casi llegué a pensar que consideraba al ejército como un cuerpo inanimado, como un fardo, que puede guardarse y encontrarlo intacto después de muchos meses; apurando una vez mis solicitudes, le dije al señor Ferré: "Figúrese usted que un ejército debe ser considerado como un monstruo que con-

[1] Quien conozca al señor Ferré no extrañará esta observación. Hombre metódico, arreglado y económico, hallaba un placer en hacer acomodar y conservar con esmero los efectos de propiedad pública. Como brigadier que es y en circunstancias de una guerra activa, los militares le merecían la preferencia, y llego a creer que se consideraba descendido de rango si no tenía algunas espadas o fusiles encajonados de que poder disponer. Su actividad, por otra parte, necesitaba aumento, y este cuidado la entretenía. Cuando el Arroyo Grande, se perdió un buen depósito de armas sin sacarse de los cajones.

sume mucho". Celebró la ocurrencia mucho, pero, mirándola solamente como una figura retórica, no mudó de opinión ni de conducta. En obsequio de la justicia, debo decir que lo que jamás escaseó fue *jabón*, pues frecuentemente venían gruesos cargamentos, en términos que cuando llegó la retiraba se hallaba atestada la comisaría; no sé lo que motivaba esta parcial generosidad, y me inclino a pensar que, como Corrientes es un país ardiente, y sus habitantes gustan de bañarse y andar limpios, ponía esto en la categoría de la primera y principal necesidad.

En cuanto a dinero, ya recordarán todos que publiqué el estado de la caja del ejército,[1] a la que en un año apenas habían

[1] "S.S. E.E. del 'Nacional Correntino'.

"Hoy hace un año que el gobierno de la provincia de Corrientes me encomendó la organización del Ejército de Reserva, nombrándome general en jefe de él. Reconocido a tan alta confianza, no puedo dar un mejor testimonio de mi agradecimiento, tanto a aquel cargo como al pueblo que tan dignamente preside, que dando una razón exacta de las cantidades que han entrado en la comisaría de dicho ejército durante el año que ha precedido; tal es la relación que acompaño, y que ruego a ustedes se sirvan publicar. Con éstas, se han dado algunas buenas cuentas a los señores jefes, oficiales y soldados, y se han atendido a todos los gastos ordinarios y extraordinarios en el modo que ha sido posible. Además, S. E. el señor gobernador ha hecho suplementos a muchos individuos del ejército, cuando las circunstancias especiales de cada uno han hecho indispensable este auxilio.

"Como me prometo dar a ustedes igual razón todos los meses, resuelvo para entonces noticiarles sucesivamente del vestuario y otros artículos que han sido y que vayan suministrándose, y que deseo se sirvan ustedes publicar a su tiempo. Entre tanto, espero que no verán ustedes S.S. E.E. en este paso sino la consideración que debo a la primera autoridad del Estado, mi reconocimiento al pueblo generoso que hace tantos sacrificios, y mi respeto a las formas republicanas.

"Soy de ustedes, señores editores, su muy atento servidor.

"Villa Nueva. Agosto 10 de 1841.

José María Paz."

Relación de dinero entrado en la comisaría del ejército de reserva desde el 10 de agosto de 1840, hasta el 10 del mismo de 1841:

"1840. - Agosto	18. -	Recibido del teniente don Estanislao Fernández, dos mil pesos	2.000
"1840. - Agosto	21. -	Mandados entregar por el Excmo. señor gobernador, cuatrocientos ocho pesos	408
"1840. - Septiembre	17. -	Conducidos por don Alberto Villegas tres mil pesos	3.000
"1840. - Septiembre	30.-	Donativo hecho por el capitán Niella, seis pesos	6

entrado algunos pocos miles de pesos. Los que me conocen, y aun los que no me conocen, saben que no soy un despilfarrador; harto he sufrido las censuras de mis compañeros por mis principios de orden y de economía; harto me han criticado también otros, que no eran militares, por mi nimia *delicadeza*, como la llamaban; y después de esto, tener que estar pidiendo continuamente, a peligro de que se atribuyesen mis solicitudes a causas menos justas, era un sacrificio casi superior a mis fuerzas. Mi ejemplo, mi modo de vivir, mi completa abnegación, todo era poco para persuadir que merecían alguna atención mis representaciones. Ferré es uno de los hombres que mira a los militares de todos rangos, cuyo hábito gusta cargar sin embargo, como unos miserables peones, a quienes considera desde una elevada posición. Volvamos a las operaciones de la campaña.

El tiempo que permanecimos al frente de Echagüe no sólo fue aprovechado en el sentido de las mejoras materiales, sino que se adiestraba el ejército, se familiarizaba con la presencia del enemigo y se aguerría con pequeños encuentros. Había hecho pasar algunas partidas que lo hostilizaban por la espalda, y que

---

"1840. - Noviembre	12.-	Entregado por el comandante Canedo, como sobrante de un dinero que administró en Goya, ciento setenta y siete pesos ..	177
"1840. - Noviembre	14.-	Conducidos por don Martín Loreto, mil pesos........	1.000
"1841. - Marzo	10. -	Entregados por el mayor don Miguel Virasoro, seis mil pesos........	6.000
"1841. - Marzo	14. -	Entregado por el mismo, ciento cincuenta onzas de oro........	2.650
"1841. - Junio	8. -	Recibido por orden del señor general, para pago de la doma de potros, mil pesos	1.000
		Recibido del mismo, seiscientos veinticuatro pesos, con seis rs.	624.6
"1841. - Julio	11. -	Entregados por don León Spaldin, para pago de cueros, según contrata hecha con el Exmo. Gobierno, seiscientos noventa pesos........	690

"Villa Nueva, agosto 10 de 1841.

Tomas L. Conde."

"Conforme —

Paz."

Publicado en *El Nacional* de Montevideo el 17 de setiembre de 1841. (Nota del editor de la 2ª edición.)

si no le impedían del todo la saca de ganado, la dificultaban al menos, obligándolo a emplear gruesas divisiones. Sus comunicaciones con el Entre Ríos estaban tan completamente cortadas que en dos meses no recibió Echagüe una sola correspondencia, habiendo todas caído en mi poder, con pérdida de los conductores y derrota de las partidas que los escoltaban.

En todos esos pequeños encuentros fuimos felices, pero sobre todos en el ataque de Mercedes, pueblo situado cerca de Villa Nueva, y que quedaba diez leguas a retaguardia del enemigo. Como la emigración había sido universal, el pueblito quedó desierto, y Echagüe, que no quería conquistar sólo paredes, se empeñó en llamar algunos vecinos de los que habían ganado las fragosidades de los desiertos, para que lo poblasen. Un antiguo comandante de milicias, hombre pudiente, perteneciente a las primeras familias, llamado don Desiderio Benítez, se había ido con su hermano, teniente también, que había servido en el ejército, a las filas enemigas. Nombrado por Echagüe comandante del departamento que ocupaba, logró atraer algunas familias y repobló Mercedes, haciendo una mala trinchera para su defensa y apoyándose en un escuadrón fuerte, que mandaba el ya mencionado en otra parte coronel Tacuavé.

El coronel don Faustino Velazco fue destinado a dirigir las operaciones de las partidas al sud del río Corrientes, y tuvo la orden de reunirlas para caer sobre el pueblo de Mercedes y sorprenderlo. Lo consiguió cumplidamente, pero teniendo que batirse con bravura y buena fortuna. Primero batió al fuerte escuadrón de Tacuavé, que se le presentó fuera del pueblo, y en seguida penetró en él, empleando para ello una pequeña partida de infantería que le había dado. La mortandad del enemigo fue proporcionada, y quedaron prisioneros el comandante Benítez y el mayor Maroto, ayudante de campo del general Echagüe, con otros más de menos importancia. Velazco, después de dar el manotón, se apresuró a replegarse al ejército por los pasos de más abajo del río Corrientes, que era por donde había pasado al emprender su marcha. Fue en vano que el enemigo ocurriese a Mercedes con fuerzas numerosas; ya no halló fuerzas nuestras, ni habitantes; ni quiso repetir la tentativa de repoblarlo.

Maroto fue considerado como prisionero, perfectamente tratado y remitido a Corrientes. Tuvo la complacencia de recibir cartas de su familia, que se le mandaron entregar, lo que no había sucedido en su ejército, porque todos los correos venían a mi poder. En cuanto a Benítez, era otra cosa. Era un correntino tránsfuga y, sobre tránsfuga, activo cooperador del enemigo. Era, a todas luces, conveniente hacer un ejemplar que quitase las tentaciones de imitarlo, y que nos hiciese respetar del enemigo mismo. Fue juzgado como militar por un consejo de guerra y sentenciado a muerte con la observancia de todas las formas. El general Ramírez presidió el consejo; Juan Madariaga se excusó de entrar en él como vocal, por ser pariente del reo. Pienso que él y su hermano serían los únicos en el ejército que desaprobasen este acto de justicia; mas, si fue así, no se atrevieron a manifestarlo. Bien sabían que, a haber obrado con igual severidad con respecto a ellos, no estarían tan frescos al frente de sus escuadrones. Ferré aprobó cumplidamente todo lo obrado.

Por las comunicaciones tomadas al enemigo había sabido los desastres ocurridos al ejército libertador; tenía en mi poder los partes oficiales de las derrotas de Famaillá, en que fue batido el general Lavalle en Tucumán, y de la del Rodeo del Medio, en que lo fue el general La Madrid, en Mendoza. Era fuera de duda que por aquella parte estaba todo concluido para nosotros. A pesar de que el silencio sobre estos sucesos fue rigurosamente guardado por el gobierno y por mí, era de temer que traspusiesen y que influyesen de distintos modos en los dos ejércitos contendientes, es decir, animando a los ya desalentados soldados de Echagüe y abatiendo a los nuestros, que se habían engreído con los sucesos que habíamos obtenido. No es temeridad pensar que si en ambos ejércitos hubiera sido bien conocido el verdadero estado de las fuerzas de la revolución, hubiera sido muy difícil llevar al combate a los correntinos, o, por lo menos, todas las probabilidades estaban por el enemigo. Ésta fue una poderosísima razón que me obligó a apresurar la batalla, aunque fuese franqueando yo el río que servía de barrera al ejército contrario, como sucedió.

Al fin fue imposible ocultar una parte de estas desgracias, porque se recibieron avisos que una división perteneciente a las fuerzas del general Lavalle, batidas en Famaillá, había atravesado el Chaco y se aproximaba a Corrientes. Era conducida por el coronel Salas y otros jefes, que arrastraban como cuatrocientos hombres de varias provincias, pero en su mayor parte correntinos. Si este suceso patentizaba uno de los desastres que se habían querido ocultar, se compensaba la mala impresión que producía con el aumento de fuerza que nos daba y la cooperación de jefes de crédito que venían a reunírsenos. Así fue que, neutralizado este golpe, no produjo todo el mal efecto que pudo temerse. En el mismo ejército enemigo, más llamó la atención del vulgo la incorporación de una división al nuestro que la causa que la producía.

Por otra parte, los expedicionarios del Chaco venían impresionados de los triunfos del ejército del general La Madrid, por la brillante victoria del general Acha en Angaco, y no sospechando ni remotamente los desastres que se subsiguieron a tan insigne hecho de armas, suponían al primero de estos jefes reunido al segundo y obrando victoriosamente en el centro de la república. En prueba de ello, referiré lo que sucedió con el coronel Salas, jefe, como he dicho, de la división del Chaco.

Desde que llegó a la capital de Corrientes había propuesto al gobierno un proyecto de obrar separadamente, con una fuerza que se le confiase, sobre la frontera de Córdoba, atravesando una parte del Chaco. Cuando llegó a mi noticia este proyecto, *un si es no es* apoyado por Ferré, me indignó por su inoportunidad, creyendo ver una repetición de la funestísima campaña de Reinafé el año anterior. Lo desaprobé altamente, y el señor Ferré le contestó a Salas remitiéndomelo a mí. Cuando éste llegó, me presentó su proposición, que quise rebatir con observaciones generales; mas, como se encastillase en el triunfo de Acha y en las soñadas ventajas del general La Madrid, a quien era conveniente auxiliar con caballadas, que él podía sacar de Córdoba, tuve que revelarle, con las debidas precauciones, parte de nuestros secretos. Le dije que las operaciones del general La Madrid debían haberse paralizado por la derrota de Acha en San Juan, y que, por bien que hubiesen ido después las cosas, no podía estar en situación de ocupar la provincia de Córdoba.

El sentimiento de la más viva incredulidad se pintó en el semblante de Salas, y aunque no era dable que me la expresase, no me quedó la menor duda de que pensaba que era un cuento forjado por mí para disuadirlo de su brillante concepción. Sin embargo, ya no podía hacer más, y le dije terminantemente que olvidase por entonces semejante pensamiento, y que sólo nos ocupásemos de batir al enemigo que teníamos al frente; que cuando fuese tiempo y oportunidad, yo tomaría la iniciativa para practicar la misma operación que ahora no convenía.

El coronel Salas es un paisano de buena razón, sumamente

moderado, y que, bajo la apariencia de una frialdad glacial, encubre una alma ardiente y un espíritu perseverante y hasta tenaz. Es un oficial valiente, y aunque todas sus aptitudes, su educación y sus tendencias son las de un caudillo, no es inclinado a la crueldad ni a los desórdenes. Su aspecto y todo su talante es menos militar que cuanto se puede imaginar, de modo que la especie de disciplina que imprime en sus subordinados quiere que sea más bien efecto de la persuasión que de sus órdenes imperativas. No siempre le ha salido bien ese arbitrio, a pesar de los eternos sermones que dirige a sus soldados, como sucedió el año 45 en su desgraciada expedición al Chaco, de que trataré después; pero no por eso deja de seguir el mismo sistema. Voy a dar la razón por qué supongo que entonces me miraba con desconfianza.

Cuando estuve en Córdoba el año 31, abrazó el partido federal y combatió contra la causa que yo defendía y a la que él ha prestado después buenos servicios. Cuando caí prisionero estaba entre mis enemigos, y es probable que temiese que yo conservase esos recuerdos. Fuera de éste, había otros motivos más poderosos.

Me dicen que el general Lavalle le había ofrecido el gobierno de Córdoba, o apoyar su elección, que es lo mismo, y como podía hallar en mí un concurrente peligroso, nada tiene de extraño que me mirase como rival; temería, además, que yo cruzase sus designios, inutilizándolo por los medios que tiene un general, o que me le anticipase, abriéndome el camino por una victoria. He aquí, pues, un motivo para que él desease ir antes a Córdoba y entenderse con el general La Madrid más bien que conmigo. Después ha conocido el coronel Salas que yo no le pondría embarazo personal a su miras, y pienso que se tranquilizó completamente sobre este punto. Más tarde, no una, sino por varias veces, yo mismo he propendido a que verificase sus deseos expedicionarios, y si no tuvieron efecto, no fue por culpa mía.

Después de un descanso de unos cuantos días en la capital de Corrientes, la división del Chaco, con alguna disminución, llegó al ejército, donde le hice un digno recibimiento. Salí a su encuentro y le hablé adecuadamente, encomiando sus servicios y agradeciéndolos a nombre de la patria. El ejército se formó en su campo para recibirla. Después de campada vino el coronel Salas con todos los jefes y oficiales, que andarían por cincuenta, para cumplimentarme en mi cuartel general. Habían formado un círculo, el que fui recorriendo, dando la mano a todos y dirigiéndoles algunas palabras; llegué a un oficial que, al hablarle, se demudó notablemente; su mano temblaba dentro de la mía, y vaciló sobre sus pies, en términos que temí que cayese. Creí que se hubiese enfermado, y di orden para que se le atendiese, mientras concluía mi revista. Luego supe que éste era el capitán Acosta, el mismo que me hizo prisionero en Córdoba diez años antes. El recelo de que lo reconociese y el temor de que me vengase, traicionaron su firmeza, y hubo de sufrir un desmayo. ¡Qué mal conocía mi corazón! Ni por un instante abrigué un sentimiento poco generoso. Le mandé ofrecer todas las seguridades, y se tranquilizó completamente.

¡Se creerá que esos soldados tan indisciplinados del ejército libertador, sin más que el ejemplo, entraron sin dificultad en el sendero del orden!; tan cierto es, como que nuestros paisanos son dóciles, y que esos gauchos, tan indómitos al parecer, son muy susceptibles de disciplina cuando se les inculca con sensatez y no se les tiraniza o se les extravía.

Al principio sólo apareció la venida de la división del Chaco como una resolución espontánea de los jefes que la mandaron, tomada a consecuencia de los últimos desastres, pero no en contradicción con las órdenes del general Lavalle, y mucho menos como efecto de una verdadera sublevación. Se creyó que, en una universal dispersión, en que unos toman un camino y otros uno diverso, ellos habían elegido el más digno buscando la reunión con sus nuevos compañeros, para volver a combatir por la causa que habían defendido. Después se supo que, desgraciadamente, era lo contrario, y que si el objeto era bueno, los medios no habían sido los mejores. Los jefes principales solicitaron, efectivamente, permiso para dirigirse a Corrientes por el Chaco; el general, sin negarse, les dijo que aguardasen, y lo hicieron, hasta recibir un socorro pecuniario que se daba al ejército; mas después se separaron, desconociendo la autoridad del general y apartándose sin su consentimiento de la columna, a cuya cabeza marchaba en persona. En la carta que me escribió el general tres días antes de su muerte me dice que se ocupaba de continuar la guerra en Salta, y que, si esto no era posible, me mandaría dichos jefes (a quienes me recomendaba) con la fuerza que los seguía.

Quizá no era ya posible continuar la guerra; quizás era pasada la oportunidad y el tiempo de poder emprender la jornada del Chaco; quizá todo esto tuvieron presente los jefes que a ello se decidieron. Bueno es también advertir que en el sistema adoptado y seguido en el ejército libertador, esos actos no presentaban la deformidad que en otro mejor constituido. Sin embargo, no quiero juzgarlos; que lo haga el país y la historia. Lo que han dicho algunos, de que su separación fue la causa de la muerte del general, es inexacto, porque el general Lavalle pudo salvar, como salvaron los restos que llevó el general Pedernera al Perú. La muerte fue obra de su confianza, de una casualidad, de una fatalidad también.

Casi al mismo tiempo que la división del Chaco, llegó a Corrientes no recuerdo qué oficial, que traía dos cartas para mí del general Lavalle, del 2 y 3 de octubre:* la primera, de una gran extensión, era un detalle de su última campaña y de la desgraciada batalla de Famaillá, que la terminó. De esta carta han corrido innumerables copias, sin que nuestros escritores públicos hayan querido imprimirla, ni aumentarla. ¡Rara reserva! cuya causa no es difícil adivinar al que la lea con un poco de cuidado.

Por entonces no se supo positivamente la muerte del general, pero un rumor vago la anunciaba. Pienso que alguno de los últimos que se separaron de los restos de ejército y alcanzaron la división del Chaco, trajo la noticia, que trataron de tener oculta los jefes de aquélla; pronto llegó por otras vías la confirmación de su triste destino.

Como creo que he insinuado en una nota anterior, yo no había escrito una palabra al general Lavalle desde mi separación de Punta Gorda: la frialdad, el desvío de este antiguo compañero, me autorizaba para cortar mi correspondencia, y así lo había hecho, mientras Rivera y aun Ferré afectaban sospechar que yo venía a obrar no sólo por sus inspiraciones, sino por sus órdenes. Ya dije también que lo que el primero quería era una declaración mía, cualquiera, contra el general Lavalle, para publicarla y agitar más la discordia entre los argentinos.

Cuando, a mediados del año, fue enviado el capitán Aldao a la provincia de Salta, atravesando el Chaco, escribí al gobierno de Salta y al general La Madrid. Estas cartas fueron las que vio el general Lavalle, y de que hace mención en la suya. Cuando todo se hubo perdido, cuando se disiparon las ilusiones, cuando llegó la hora del desengaño, se acordó del amigo, de cuya

* Las cartas están fechadas el 3 y 4 de octubre. (*N. del E.*)

lealtad, acaso, había dudado. Entonces, sin más consejeros que sus sentimientos, hizo justicia a los míos y, echando la vista sobre todos los argentinos que sostenían la causa de la libertad, me prefirió para desahogarse y legar su última memoria. No escribió a nadie más, fuera de su señora, a quien dirigió, inclusa en la mía, una cartita, que tuve cuidado de hacer poner en sus manos.

He dado mucho aprecio a esta última prueba de confianza, tanto más apreciable cuanto antecedentes bien desagradables habían enfriado nuestras relaciones. La correspondo ahora mismo, deplorando sinceramente su fatal destino y tributando un recuerdo honroso a su digna memoria.

Capítulo XXX

Caaguazú

[Análisis de un plan del general Rivera. Sus principios militares y el valor de sus promesas - Actitud del coronel Báez - Ferré visita al ejército: proyectos e incidentes - Desavenencia entre Rosas y Juan Pablo López - Doble papel de López - Misión del coronel Ramón Ruiz Moreno ante el gobierno de Corrientes: recepción, honores y discursos - Preparativos de combate: Paz resuelve tomar la ofensiva - Paso del río Corrientes y maniobras de la vanguardia - Posición y planes tácticos sobre el campo de batalla - Instrucciones a los generales y jefes de división - El general Núñez: su actitud y sus aspiraciones - Escuadrones femeninos - La batalla: ubicación y actividad de la artillería; acción en las alas y centro de las líneas contendientes - Paz vencedor: retirada, persecución y rendición total del enemigo - Huida de Echagüe y menguada actitud de Juan Madariaga - Un hecho original. Demostraciones de júbilo - Partes de la victoria - Perseverancia del general Paz para conservar la disciplina.]

Mi correspondencia con el general Rivera, antes de la batalla de Caaguazú, estaba poco menos que interrumpida; mas, luego de la invasión de Echagüe, recibí una carta de letra suya, del tenor siguiente:[1]

[1] Innumerables cartas y papeles como éste existen en mi poder, que podrían servir de documentos justificativos de estas memorias, y que los habría citado en sus lugares respectivos si no me fuese muy penoso revolver papeles para extraer los que dicen relación a mi asunto. Dejo esta tarea a mi hijo, si algún día quiere decir algo de los hechos y vida de su padre, como también la de corregir alguna pequeña inexactitud que pueda haber, y aun de suprimir algunos pasajes que sea conveniente callar. Yo no desconozco que mientras más me aproximo a la época presente, en que he desempeñado un rol más elevado que en mis primeros años, mis impresiones son más fuertes y están más vivas; de consiguiente, puede ser que cargue la mano más de lo que convenga a una obra de esta clase; más también de lo que pueda ser útil para la historia. Acaso soy demasiado prolijo, a lo que puede aplicarse el mismo remedio. Sin embargo de la omisión de innumerables documentos, he querido copiar esta carta del general Rivera, porque muestra la falsedad e inconsecuencia de este hombre y sus miras interesadas, pero torpemente interesadas, en los consejos u órdenes que me daba. La carta es toda de su puño, y abundan incorrecciones de estilo y barbarismos, que he suprimido, y que se verán en el original.

"Señor general don José María Paz. —Montevideo, octubre 9 de 1841. —Con fecha 22 del pasado escribí a usted avisándole lo conveniente respecto a la invasión del ejército de Entre Ríos, el cual, por las noticias recibidas del Uruguay, el 28 estaba ya en el Pago Largo. Confío que en caso de aquel ejército se interne, buscará a usted con el objeto de batirse; importa que usted se le excuse, maniobrando hábilmente sobre el flanco izquierdo, es decir, a ponerle por delante el Miriñay, y dejarlo que él maniobre sobre el territorio de el Batel, o río de Corrientes, para así entretenerlo y alejarlo del interior de ese país, que usted debe dejar desierto, si es posible, apoderándose de todos los elementos de movilidad, y evitar una batalla, que usted sabe lo que esto importa. Yo voy a marchar y pronto estaré en el Uruguay, y no dude *que lo pasaré antes de veinte días, con cuatro mil hombres*. Le daré mis noticias; espero me dé usted las suyas para entendernos mientras no lo haga con el gobernador Ferré, a quien me dirigiré oportunamente. Saluda a usted afectuosamente su servidor Q. B. S. M. —Fructuoso Rivera."

Sin el perfecto conocimiento que tenía de este hombre, la carta que acabo de copiar hubiera podido distraerme de mi objeto y trastornar el proyecto que me había formado, esperando la realización de los sucesos que me anunciaba. ¿Quién puede dudar que el éxito de la campaña hubiera sido más seguro esperando que él invadiese el Entre Ríos? Felizmente, no me aluciné ni por un instante, y obré como si tal carta no hubiese llegado a mi poder. Sin embargo, ahora merece que haga de ella un ligero análisis.

A quien tenga la más vulgar tintura de la provincia de Corrientes, le costará trabajo comprender cuánta es la ignorancia de su topografía que manifiesta el autor de la carta, y a mí me hubiese costado otro tanto si no me lo hubiese explicado por el deseo que tenía el general Rivera de verme llegar al estado oriental, con dos, tres o cuatro mil correntinos, y seis o diez mil caballos, importándole bien poco que la provincia hubiese sucumbido, y que yo hubiese sido derrotado sin batirme. Desde mucho tiempo estaba resuelto a llevar sus tropas fuera del estado que presidía, y empleaba todo su poder y habilidad en atizar la guerra en el nuestro. Bastante se ha repetido, sin que yo responda de su autenticidad, la exclamación que le arrancó la desgraciada jornada del Pago Largo, donde los correntinos fueron por él cruelmente abandonados, sin embargo de sus más solemnes promesas. *¡Ya corrió sangre;* dijo, *ya los correntinos son míos!* Y se engañaba miserablemente. Los correntinos dejaron de pertenecerle para siempre.

Si se exceptúa la parte norte de la provincia de Corrientes, en que el gran lago Iberá casi toca en el Paraná, ocupa el lago, en lo demás, el centro de su territorio, desprendiendo en su extremo sud como dos brazos, que son los ríos Corrientes y Miriñay, de los que el primero se arroja en el Paraná, y el segundo se echa en el Uruguay. Las antiguas misiones jesuíticas, que en el día es un terreno despoblado, queda entre el lago y el último de dichos ríos, quedando de la otra parte toda la riqueza, los pueblos todos, y casi toda la población, inclusa la capital. Este territorio, que hace la totalidad de la provincia, era el que se me aconsejaba u ordenaba que abandonase, retirándome tras del Miriñay, donde nada tenía que cubrir sino un árido desierto, y donde hasta mis comunicaciones con el gobierno eran difíciles y no podían conservarse sino haciendo un gran rodeo por la Tranquera de Loreto.

Por de contado que con sólo practicar el movimiento que me indicaba habría puesto la provincia en manos del enemigo, siendo hasta imposible que el gobierno se conservase en la capital. Además, los soldados del ejército, cuyas familias quedaban abandonadas, se hubiesen desbandado, y hubiera sido inevitable la más vergonzosa y cobarde derrota. Toda la ventaja que realmente tenía este movimiento, en el concepto del general Rivera, era que me aproximaba al Uruguay, y que, pasando este río con algunos miles o cientos de hombres, y acaso con familias, iríamos a engrosar lo que llamaba su ejército.

El general Rivera, aun después del baño de civilización que ha recibido, no ha renunciado del todo a los principios militares que aprendió de Artigas, y da una gran importancia a esas reuniones, informes y confusas, en que van mezclados hombres, niños, mujeres, viejos y mozos; en que van carretas, ganados, caballadas y cuanto tiene pies y puede arrearse de los pueblos y de los campos. Esas reuniones han sido el medio y el núcleo de sus ejércitos indisciplinados, en medio de las cuales se ufanaba más que si se tuviese en el centro de una gran capital. Una cosa parecida es lo que pienso que deseaba ver venir de Corrientes a pedirle asilo en sus estados, adquiriendo así el derecho de organizar los correntinos a su modo, en numerosos escuadrones, y acaso proporcionarse alguna infantería, para la que, en su juicio, no pueden ser destinados los orientales, porque sería una especie de envilecimiento. Entre las ideas singulares que tiene, cree que sólo los negros (hablo de la gente de su país) pueden ser empleados en esta arma, así es que se le oye decir, y a muchos de sus jefes lo mismo: "Que nos manden negros, y tendremos infantes", etcétera.

La prevención de que procurase evitar una batalla estaba buena, porque él creía que nuestro ejército no estaba en estado de ofrecerla ni aceptarla; mas el medio que me proponía de maniobrar hábilmente detrás del Miriñay era el más absurdo[1] que podía imaginarse: ya he demostrado que él era ruinoso; ahora sólo he querido indicar que, tan lejos de probar habilidad, era estúpido e insensato.

¿Y qué diremos de la promesa de estar pronto con cuatro mil hombres y pasar ese río antes de veinte días? Quizá preguntará alguno: Cuando escribió estas terminantes palabras, ¿tuvo o no la intención de cumplir lo que en ellas prometía? Le diré decididamente que no; porque, para él, el ofrecimiento más solemne, hasta la fe jurada, no es más que un juego de voces sin resultado ni consecuencia. Establecido ya como está, sobre bases indestructibles, su crédito de falsario, o mejor diré, su descrédito, ha declinado toda responsabilidad, de modo que ésta vendría a pesar sobre el que le creyese, fiándose en sus promesas. Así me hubiera sucedido, si no las hubiera apreciado como merecen.

Jamás pensó el general Rivera en hacer cosa alguna en favor de Corrientes, relativamente a repeler la invasión que sufría, y voy a dar una prueba incontestable. El coronel don Bernardino Báez estaba situado con quinientos hombres en el paso de Higos o Bella Unión, que es lo mismo, mirando el territorio de Corrientes, que sólo divide el río Uruguay; no sólo, según sus órdenes, no pasó un solo hombre de su fuerza, pero ni hizo una simple demostración, que podía, sin compromiso y sin el menor peligro; fue, en todo el rigor de la expresión, un frío espectador

[1] Esto no impidió que el coronel Chilavert, procurando suavizar la fuerte y dolorosa impresión que le hizo la victoria de Caaguazú, le dijese en una arenga: "Aunque V. E. no se ha encontrado en el campo de batalla, suya es la gloria, pues que V. E. es quien la ha ganado. Este triunfo es debido a sus sabias disposiciones". Esta tirada tiene tanto de falsa como de ridícula. Es por el general Pacheco, testigo presencial, que sé este incidente.

de la campaña y de nuestra victoria. No fue sino después de obtenida ésta que hizo pasar algunas partidas, que tomaron pocos prisioneros, sin resistencia y sin trabajo. Esto no tiene contestación como tampoco tiene duda que la comisión única de Báez se reducía a recoger los restos del ejército correntino, que pensaba habían de ir a asilarse en el territorio oriental.

El ya coronel Chenaut, jefe de E. M. del ejército de reserva, había ido meses antes a Montevideo, con licencia temporal, y allí lo tomó la invasión enemiga. Cuando lo supo, se apresuró a venir a reunirse al ejército, trayendo consigo al coronel don Federico Báez, el mayor Echenagucía y algunos otros oficiales, entre ellos al ayudante mayor Tejerina, que con una rapidez asombrosa hemos visto un año después figurar en Corrientes en clase de coronel. La flexibilidad de carácter que posee este oficial, su habilidad para plegarse sagazmente a la facción que ve sobreponerse, más que su regular mérito, ha influido en su pronta carrera. Era hijo del doctor Tejerina, médico mayor del ejército del Perú, a quien me unían relaciones de sincera amistad, lo que contribuyó a que lo recibiese con muestras claras de benevolencia. Esto no impidió que se declarase por Ferré cuando éste trajo el ejército de reserva desde la Bajada. Cuando se eclipsó la estrella de Ferré le dio la espalda, para unirse a los Madariaga, sus encarnizados enemigos, y hasta tuvo la comisión secreta de espiar a los adeptos de su antiguo patrono. Luego que vio bambolear el poder de los Madariaga, con su sagacidad acostumbrada, buscó pretextos para separarse de ellos, mas sin poder impedir ser arrastrado en su caída. Está emigrado en la provincia de Río Grande, en una de esas posiciones indefinidas que alejan al que la obtiene de todos los partidos, porque a todos ha pertenecido y de todos ha desertado.

Mientras estaba nuestro ejército al frente del de Echagüe, mediante sólo el río Corrientes, quiso a mis instancias hacer una visita al ejército el señor Ferré. Lo verificó, gozando del espectáculo que ofrecía el enemigo clavado en el rincón de Moreira, sin poder avanzar ni adelantar un punto en su conquista; antes por el contrario, perdiendo en moral y fuerza física por la deserción y por nuestras armas. Allí tuve ocasión de explicar de viva voz al señor Ferré mis proyectos después que fuese batido Echagüe, que aprobó omnímodamente, dándome una ilimitada extensión de facultades. Para que se entienda mejor lo que después sucedió, quiero hacer mérito de un incidente especial.

Cuando, retirándome de Echagüe, pasé al norte del río Corrientes, se me ofrecieron caballos de los departamentos allí situados, y los rehusé, y aun hice devolver alguna partida, diciendo al gobierno que por entonces tenía los bastantes, pero que, llegado el caso de batir a Echagüe, los necesitaría con urgencia, para cuyo caso exigía que estuviese pronto el mayor número posible. Mis recomendaciones fueron tan vivas que el gobierno me contestó diciendo que no sólo estaban prevenidos los comandantes de departamentos de tener prontas las caballadas, sino que estaban, aunque sin fecha, tiradas las órdenes para su remisión, economizando de ese modo el tiempo que materialmente se emplearía en escribirlas. Esta idea, a que yo daba una gran importancia, porque me proponía sacar todo el provecho posible de la victoria, fue tratada a viva voz y obtuve las más completas seguridades. Para no dar ni aun pretextos a demoras, me limité rigurosamente a sólo hacer uso de los caballos que habían traído del sud del río Corrientes, y ni esto bastó para que no me viese engañado, como lo diré a su tiempo.

Otro incidente hubo, que nos puso a todos en conflicto, y fue un ataque de fiebre que sufrí en lo más crítico de las operaciones. Hubo una circunstancia que, si yo hubiese sido aprensivo, hubiera agravado notablemente mi situación; no fue así, porque miré con indiferencia lo que voy a referir. El doctor don Juan Gregorio Acuña era el médico principal del ejército, y bajo cuya dirección se había puesto mi curación. Al saberlo Ferré, me escribe reservadamente, y aun me manda decir con un oficial de su confianza que no tomase los remedios que me propinase Acuña, sino los que él me remitía, a cuyo efecto me fueron entregados, de su parte, vomitivos y purgantes en las dosis proporcionadas. Véase la idea que tenía el mismo Ferré de la moralidad de Acuña; desconcepto que le había granjeado el desarreglo de sus principios, y ciertos rumores, quizás infundados, que circulaban en el público. El gobernador Atienza, recorriendo la provincia, fue atacado de una violenta enfermedad, que lo concluyó en pocos días, sin que hubiese tiempo de trasladarlo a la capital. Acuña había sido el médico de cabecera, y se sospechó que hubiese abusado de su ministerio para acelerar la muerte del gobernante. Berón de Astrada era amigo íntimo de Acuña, y tomaba frecuentemente brebajes que éste le suministraba. Bien sabido es que cuando la batalla del Pago Largo, había llegado a un estado de entorpecimiento moral y físico que fue causa de su muerte, en la derrota que él mismo se preparó. El vulgo también atribuyó a Acuña esta fatal metamorfosis.

He sido siempre inclinado a despreciar, en honor de la humanidad, esas imputaciones atroces, que constituyen en la peor clase de asesinos a los hombres destinados precisamente a salvar la humanidad y socorrer a sus semejantes. No niego que todo es posible, pero es muy raro hallar esos monstruos destituidos de todo sentimiento honroso, como es preciso que sea el bárbaro que abusa de la más sagrada de las confianzas. Diré en obsequio de Acuña que tomé sus remedios, y con ellos me restablecí. Este acto de justicia que hago es tanto más sincero por cuanto me dio infinitos motivos de queja; tuve que separarlo del ejército, y fue muy luego mi enemigo declarado.

Hacía tiempo que se sabía la desinteligencia que mediaba entre Rosas y el gobernador de Santa Fe, don Juan Pablo López. Hacía meses que tanto el señor Ferré como yo habíamos anticipado algunos pasos cerca del último, que si no habían producido efecto, por lo menos no habían sido mal recibidos. En tal estado se hallaban las cosas cuando, pocos días antes de la batalla de Caaguazú, se anunció la llegada de un enviado de Santa Fe, que era el coronel don Ramón Ruiz Moreno, que venía autorizado para celebrar un tratado de alianza ofensiva y defensiva con Corrientes, contra el dictador de la República Argentina. ¿Se creerá que lo que al parecer debía retardar la explosión es lo que la precipitó? Nada es más cierto, como también nada prueba más la menguada capacidad de López.

Hacía mucho tiempo, como he dicho, que entre los dos gobernadores, Rosas y López, reinaba el más completo entredicho. Nadie ignora que, en el estado actual de la República Argentina, equivale esto a una declaración de guerra, a una enemistad jurada, a una hostilidad a muerte. Sin embargo, Rosas, que tenía sus ejércitos en las provincias interiores, hacía pasar por la de Santa Fe caballadas, que iban o venían, vestuarios, armas, municiones, sin que López pusiese obstáculo ni se apoderase de ellas. Rosas lo dejaba andar, reservándolo para su tiempo, que era cuando hubiese terminado la guerra que sostenía contra el general Lavalle; y López, que lo conocía hasta la evidencia, no tomaba otras medidas que acoger uno que otro desertor que se venía del ejército de Oribe, y baladronear en los ranchos de sus comprovincianos.

Durante ese largo período de expectativa, ni quiso declararse contra Rosas abiertamente, ni estrechar sus relaciones con

Corrientes. Cuando los ejércitos de Rosas hubieron vencido en Famaillá y Rodeo del Medio, y calculó que esas fuerzas, ya desocupadas, se convertirían contra él, se apoderó de su alma el temor, y vino a hacer por miedo el acto más arriesgado de toda su vida. Ni aun esperó para esto que se decidiera la cuestión en Corrientes, y, en vísperas de una batalla decisiva, vino a entablar relaciones que debería haber aceptado seis meses antes.

Si así lo hubiese hecho, hubiera sido crítica la situación de los ejércitos de Rosas en el interior. Sus comunicaciones estaban cortadas; inhabilitada la vía de remitirles auxilios; los ejércitos contrarios y los pueblos (es decir, los nuestros) hubieran recobrado un aliento incontrastable; es probable que Oribe y Pacheco hubiesen sucumbido, o, por lo menos, hubieran tenido que retirarse con los restos de sus numerosas fuerzas. Los temores que podía inspirarle el ejército de Echagüe, que sin duda estaba más cerca, antes de la invasión a Corrientes, eran de poquísima importancia, tanto porque no podía este general desentenderse de nosotros, cuanto porque el ejército de reserva hubiese maniobrado en el sentido de no dejarlo operar sobre Santa Fe. No puede concebirse, y mucho menos explicarse, la conducta de López, sino admitiendo la más marcada imprevisión, o una segunda intención, que es menos honrosa.

López, tanto por su educación como por sus principios, y, además, por los ejemplos que le dejó su hermano don Estanislao, a quien se ha propuesto por modelo, no puede pertenecer al partido que desea el progreso y que promueve la civilización. Si él desertó del partido federal, si se hizo enemigo de Rosas, fue por motivos de otra naturaleza.

1° Porque Rosas no quiso ni podía consentir que conservase la influencia que su hermano en los negocios generales, y la provincia moribunda de Santa Fe continuase gozando de la importancia política que antes había ejercido únicamente por el prestigio de su caudillo.

2° Porque desengañado Rosas de las aptitudes militares de López, y conociendo que no tenía capacidad para dirigir un ejército, le confirió a Oribe el mando del que destinaba a obrar contra el general Lavalle. Como, además, mediasen antipatías personales respecto del elegido, fue más vivo el resentimiento de López, que desde ese momento manifestó su disgusto, pero lo limitó, como he indicado, a promover secretamente la deserción y acoger a los que desertaban.

El coronel Andrade, santafecino, que siguió constantemente en el ejército de Oribe y que, por lo mismo, mereció sus distinciones, fue ya un objeto de emulación y de odio para López, que no le perdonaba el que no se hubiese vuelto a Santa Fe.

En este estado, es muy posible que López calculase que Oribe, cuyo ejército subrepticiamente quería desmembrar, sufriría algún contraste, y que entonces Rosas se vería forzado a buscarlo a él. Entonces lo llamaría, le daría un mando superior, le prodigaría auxilios y recursos, con que formaría un ejército, y habría satisfecho sus miras ambiciosas. Se habría también gozado en el descrédito de Oribe.

Mas las cosas sucedieron al contrario, pues que éste, lejos de sufrir contrastes, obtuvo las victorias del Quebrachito y Famaillá, sin contar las de San Calá y Rodeo del Medio, que consiguió Pacheco, que era su subalterno.

Todas las esperanzas de López vinieron entonces por tierra, trayéndole, además, la nueva situación muy graves y muy serios cuidados.

No sólo era imposible que Rosas le diese el mando deseado, sino que era seguro que al regreso de Oribe le pediría cuenta de sus manejos, de su incomunicación, que equivalía a una desobediencia, y, lo que es más, de los desertores que había apadrinado.

López tembló, y de miedo buscó la alianza, que meses antes le hubiera sido más provechosa.

No pudo, pues, menos de sorprendernos la decisiva misión del coronel Ruiz Moreno, cuando creíamos que López, después de contemporizar tantos meses, estaría aterrado con los triunfos de Rosas y ocupado en buscar arbitrios que lo reacomodasen con el dictador, si era posible. Aun al efectuar dicha misión, se echaba de ver un tinte de timidez que contrastaba singularmente con la sustancia del negocio. Quería el señor López que el tratado se tuviese oculto por algún tiempo; reserva que, hasta ahora, no puedo atinar qué objeto tenía. Mas todo esto era ya poco importante, y se atendió sólo al fondo del asunto.

El señor Ferré, que estaba en el pueblo de Saladas, recibió al enviado santafecino y nombró al doctor Derqui como apoderado del de Corrientes para que ajustasen el tratado, que se hizo sin la menor dificultad. En cuanto a las convenciones militares que eran consiguientes, se le insinuó a Ruiz Moreno que se dirigiese a mí, y él, que tenía naturalmente deseos de ver el ejército y observar las posiciones respectivas de los contendientes, se trasladó a mi cuartel general.

Lo recibí, como es de conjeturarse, del modo más amistoso, y le hice ver los cuerpos del ejército, que maniobraban por divisiones a su presencia. Gustó mucho de este espectáculo, y concibió las más fundadas esperanzas de que obtendríamos completa victoria. Es excusado decir que lo felicitaron muy cordialmente todos los jefes con sus respectivos oficiales, dirigiéndole palabras análogas al suceso que celebrábamos.

La división del general Núñez, quien había venido sólo a cumplimentar al enviado, campaba a media legua o más de distancia, observando el paso de Capitaminí, razón por que el señor Ruiz Moreno no la vio maniobrar cuando lo hicieron las demás del ejército. Sin embargo de estar el día muy avanzado, Núñez manifestó deseos de que su división tuviese también este honor, y me interesó en que, no pudiendo ella abandonar su puesto, llevase al enviado a las inmediaciones de su campamento. Así lo hice, siendo el mismo Núñez de la comitiva, sin perjuicio de haber anticipado órdenes a don Juan Madariaga, que accidentalmente había quedado a la cabeza de la división, para que la hiciese montar y formar en parada.

Después de hacer algunas maniobras, luego que hubimos llegado, se le mandó echar pie a tierra, y con todos los oficiales se avanzó (Madariaga) a cumplimentar al señor Ruiz Moreno. Los que componían mi comitiva, o sea la del enviado, serían treinta o cuarenta generales y jefes en su parte, y los oficiales que traía Madariaga serían otros tantos, con los que formó al frente, en línea paralela, a distancia de veinte o treinta varas. De allí se adelantó sólo unos cuantos pasos, y tomando la palabra hizo un discurso de felicitación a nombre de la división que momentáneamente mandaba, al enviado santafecino. Éste, que no le iba en zaga en punto a locuacidad, avanzándose también algunos pasos, contestó con otro discurso no menos altisonante. Madariaga, que al parecer había resuelto no dejar a Moreno con la palabra, o impelido quizá de esa irresistible manía de hablar, aunque sean disparates, que lo domina, pronunció una segunda arenga, que, por supuesto, el enviado no dejó sin contestación. Por tercera vez habló Madariaga, y Moreno tampoco quiso quedarse atrás, de tal modo que, sucediéndose uno a otro en su ridícula charla, nos habían esperado como una docena de discursos, dados y recibidos.

Para que el paso fuese más divertido, cada vez que hablaba

uno de ellos daba un paso adelante, en forma que vinieron a quedar al último a una vara de distancia, mientras las respectivas líneas se conservaban a las mismas que estuvieron cuando principió esta lucha de cortesía. Madariaga, para encontrar materia digna a tantos discursos, había ido sucesivamente tomando la personería de su división, del ejército, de la provincia de Corrientes, de la república y de la humanidad entera; Moreno le contestaba en el mismo tono, supliendo, además, ambos con gestos y ademanes cómicos la deficiencia de palabras que, a pesar de su charlatanería, empezaban a sentir.

La escena se volvía soberanamente ridícula, y empezaba a excitar la risa de los circunstantes, excepto, quizás, uno u otro oficial correntino, que, con la boca abierta, admiraba la elocuencia de su paisano. Forzoso era terminar para precaver que se apercibiese el señor Ruiz Moreno, y me apresuré a aproximarme a los interlocutores, cuyo diálogo, pues al fin iba tomando este carácter, no me costó poco cortar. Conseguido que lo hube, regresamos al cuartel general, donde nos ocupamos de otras cosas más importantes.

Estábamos a mediados de noviembre, y ofrecí a Ruiz Moreno que antes de terminar el mes atacaría a Echagüe, pasando el río que nos dividía, si él no se atrevía a franquearlo. A mi vez le exigí que López hiciese en los mismos días un movimiento para ocupar la Bajada, capital de Entre Ríos, que estaba casi indefensa. Así lo ofreció a nombre de su gobierno, el cual no lo cumplió, pues en los primeros días de febrero siguiente, que yo entré en dicha ciudad, hallé las cosas en el mismo estado, sin más diferencia que haber huido las personas de la administración, sin que López hubiera hecho algo para apoderarse de ellas. Ruiz Moreno partió sin tardanza, y nosotros quedamos preparándonos para el combate y esperando mucho, para lo sucesivo, de nuestro nuevo aliado.

No puedo discernir hasta ahora si Echagüe pensó seriamente en pasar el río Corrientes. Verdad es que, a falta de botes o canoas, mandó construir dos botes de cuero, que es bien sabido que suplen perfectamente. Es cierto también que varias veces aproximó sus columnas a la ribera del río, aparentando la intención de atravesarlo; pero esto fue todo, porque muy luego se retiraba y volvía a sus posiciones. El río estaba a nado, sin duda, pero en ciertos pasos el trecho que no daba vado era cortísimo, y, por otra parte, nadie ignora que los entrerrianos son casi tan nadadores como los correntinos, lo que hacía la operación menos difícil de lo que puede creerse a primera vista. Sin embargo, me persuadí que no lo intentaría, y que, si habíamos de combatir en una batalla, era preciso que yo me anticipase.

La noche del 26 al 27 de noviembre fue la destinada para que nuestro ejército atravesase el río, haciéndolo a nado la caballería e infantería, y en las canoas que pude reunir los cañones y los que no supiesen nadar. Al anochecer debían las divisiones aproximarse a la orilla del río para que no fuesen observadas por el enemigo en los puntos que le estaban designados, e inmediatamente debía darse principio a la operación. El paso de Caaguazú fue el elegido con otros menos principales, como el de Hinojo, la Garita, etcétera, que le son como adyacentes. De este modo, el paso de las divisiones era simultáneo en cuanto era posible.

El enemigo, que se había concentrado sobre el de Capitaminí, que, como hemos dicho, está dos leguas más arriba, nos dejaba en estos puntos libre la orilla opuesta, y cuando más, la hacía recorrer con partidas, que más de una vez habían sido escarmentadas. Era, pues, probable que no hallásemos resistencia, y aun que no nos sintiese; todo vino a concurrir para dar este resultado.

Era un día solemne, en que se toman una de esas grandes resoluciones que deciden, no sólo de la reputación de un general, sino de la vida de millares de hombres y del destino de los pueblos. Iba a dar una gran batalla y combatir con un río poderoso a la espalda, en cuya situación una derrota sería tremenda para los vencidos. Iba a jugar la suerte de la revolución argentina, y a destruir o aumentar las únicas esperanzas que quedaban a los amigos de la libertad. Este día, cuyas emociones tengo muy presentes, hubo todavía de verme vacilar en mi firme propósito de franquear el río, por la circunstancia que voy a referir.

No eran aún las dos de la tarde, cuando se dejó oír un vivo fuego de fusilería, acompañado de algunos cañonazos, por la parte de Capitaminí. Indagada la causa, supe que todo el ejército enemigo se había aproximado a la playa y que, colocando infantería y artillería, hacía serios amagos. Una compañía de infantes nuestros, con dos cañoncitos de a uno, contestaba los fuegos enemigos desde la orilla opuesta del río, que tendrá ochenta varas de ancho; pero, cediendo a los contrarios, muy superiores, había tenido que replegarse un tanto, con pérdida de ocho muertos y algunos heridos. Dos o tres soldados enemigos alcanzaron a pasar el río, y recuerdo que se llevaron como trofeo una o dos armas de nuestros muertos o heridos. No menciono estos pormenores sino para dar a entender que el empeño parecía serio, y que tuve razón para vacilar en mi resolución.

Si el enemigo había, por una rara casualidad o por algún indicio que yo no alcanzaba, resuelto pasar en Capitaminí al mismo tiempo que yo lo hacía en Caaguazú, iba a resultar la más singular situación, cuyas desventajas eran para mí. Ambos quedábamos cortados de nuestras bases respectivas de operaciones, pero con la diferencia de que a él no le traía ningún resultado sensible, por cuanto sus comunicaciones estaban ya interceptadas, mientras que yo no conservaba las mías, y, lo que es peor, le dejaba la parte poblada de la provincia, quedándome sólo un desierto. Si él obraba con actividad, se apoderaría de todos o mucha parte de los recursos y sometería las poblaciones; pudiendo extender su influencia hasta la misma capital, donde, seguramente, no hubiera permanecido el gobierno. El terror se habría apoderado de todos, y mi mismo ejército corría peligro de desbandarse, para ir sus individuos a socorrer sus familias, que estaban a merced del enemigo. No me quedaba sino repasar el río por donde lo había pasado, lo que podía estorbarme el enemigo, o ir a buscar otros pasos más abajo, o dirigirme al Miriñay, según el plan de Rivera, si es que la obediencia de los soldados me lo hubiese permitido; y todo era fatal. Lo que pensaban algunos, de abandonar Corrientes y dirigirme al Entre Ríos, es un disparate que no merece contestación.

Ignoro si Echagüe, cansado de su inacción, meditaba alguna operación más formal, como parece indicarlo la demostración de esa tarde: puede ser; mas entonces renunció a ella y, al caer el sol, retiró todo su ejército a su campamento, dejando tranquilo el punto que había amagado con tanto aparato. Yo me persuadí entonces que podía proseguir mi intento con más seguridad que nunca, pues después de haber hecho sufrir a sus hombres y caballos un sol abrasador durante las horas del día más calurosas, nada era más consiguiente sino que esa noche los hiciese descansar. Yo tenía la ventaja de no haber fatigado a los míos, y podía, sin grave inconveniente, aprovechar la noche con una tropa descansada.

Los preparativos de acercar al río algunas canoas y unos cuantos cientos de cueros para hacer pelotas, de tener reunidas las caballadas, de hacer fiambres para no encender fuego al día siguiente, se habían suspendido por una consecuencia natural del movimiento del enemigo esa tarde. A la caída del sol se aceleraron, pero sin poder impedir que la operación principal se retardase de dos horas.

Serían las nueve cuando el cuerpo de vanguardia, que encomendé al coronel Velazco, había pasado el río y empezaba a extender sus reconocimientos para cerciorarse que no había enemigo en las inmediaciones. Las demás divisiones llegaron también a los puntos que les estaban señalados, y dieron principio a su pasaje inmediatamente. El modo era el siguiente.

Luego que la división había llegado a la orilla del río, formaba en batalla o por escuadrones, si el terreno no lo permitía, y desensillaba; los hombres se desnudaban y, haciendo una especie de cajón, que es lo que llaman pelota, de la carona del cuero, cuyo uso es casi general, depositaban en ella sus armas y municiones, su ropa y su montura, sin exceptuar la valija, el que la tenía; a este cajón o pelota se asegura una cuerda de cuero, por la cual la tira el nadador. Hecho esto, y colocado el soldado a la orilla del río, monta a caballo en pelo y lo hace entrar en el agua; mientras el caballo hace pie, va montado; mas, cuando empieza a nadar, se tira el jinete a su lado y le agarra de la crin o de la cola, sin abandonar la pelota, que llega a la banda opuesta sin haberse mojado lo que va dentro. Para esto es preciso que el conductor sepa no solamente nadar sino conducir el caballo, porque es bien general que éste se vuelve atrás, manotea, y puede sumergir y matar al jinete de un manotón, si no es diestro y anda muy listo.

El bufido y respiraciones violentas de dos o tres mil caballos que nadaban a la vez, era tan fuerte que debía oírse a gran distancia. Me parecía muy difícil que hubiera dejado de sentirnos el enemigo, y, entretanto, nada era más cierto, porque Echagüe y su ejército descansaban profundamente de la inútil fatiga del día antes, sin imaginar siquiera que los *escueleros de Paz*[1] pasasen esa noche el río, para buscarlos en seguida.

La infantería pasó lo mismo, sin más desgracia que dos ahogados y algunas municiones mojadas, principalmente del batallón Voltígeros, que tuvo una gran pérdida de ellas. Como no todos los hombres tenían caronas a propósito, se distribuyó un

[1] Era opinión corriente en el ejército de Echagüe que, habiendo llevado el ejército libertador la mejor parte de la gente de Corrientes, no habían quedado sino los muchachos de escuela, que habían sido llamados a formar el de reserva. Como, por otra parte, yo les enseñaba a ser militares, les llamaban y gritaban en las guerrillas *escueleros de Paz*.

número de cueros de vaca para pelotas; los hombres que no sabían nadar, principalmente los oficiales de otras provincias, eran auxiliados con las canoas.

La artillería se desmontó, para pasarla en las canoas, y principalmente en una que era de mayores dimensiones. No quise que se pasase a la prolonga, por las desigualdades y barrancos del cauce, para no exponerme a la desgracia que hubo de sucederme la primera vez que pasé el río, en que hubo de perderse el cañón de a 12, desgracia que esa noche hubiera sido irreparable, por falta de tiempo. El parque y municiones de repuesto pasaron también en las canoas, operación que, por mucho que se activó, no pudo estar concluida hasta amanecido el día siguiente.

Sería la medianoche cuando yo pasé, a tiempo que ya montaba una gran parte de la caballería, y que la división de vanguardia empezaba a avanzarse en cumplimiento de las órdenes que había recibido. Después de eso, todos tomaron los puestos que se les designó, y esperamos la aurora, sin separarnos mucho de la ribera del río.

Amaneció el 27, cuando nuestra vanguardia se había perdido de vista sin que hubiese dado muestras de tropezar con el enemigo. Mi plan era que este cuerpo, que constaría de quinientos hombres, se hiciese ver del enemigo, el cual destacaría un cuerpo doble o triple en su persecución; la vanguardia se retiraría, atrayéndolo, y yo podía dar un golpe parcial, pero fuerte, al invasor. Mis cálculos fueron errados, porque, si el coronel Velazco anduvo tan circunspecto, lo que no desapruebo, que fue cerca de mediodía que se presentó al enemigo, éste anduvo mucho más prudente, pues no quiso destacar fuerza alguna, y, lejos de eso, reunió todas sus partidas, y con su ejército en masa se precipitó esa tarde sobre nuestra pequeña división de vanguardia.

El coronel Velazco se vio acosado de una multitud de tiradores, apoyados en fuertes reservas, que lo oprimían de todos lados, y, aunque no perdió tiempo en retirarse, se vio tan apurado que me pidió refuerzo sobre refuerzo, hasta que hice mover casi toda la caballería. Estas remesas sucesivas de tropa, que no iban sino a sostener el movimiento retrógrado del coronel Velazco, tuvieron su utilidad, porque impedían que el enemigo se precipitase sobre un cuerpo que era reforzado a cada instante por otros, cuya fuerza y procedencia no podían comprender.

Por otra parte, el enemigo venía más bien a un reconocimiento, en que quería emplear todo su ejército, porque no calculaba que una batalla general estaba tan próxima, sin dejar por eso de estar dispuesto para todo.

Desde por la mañana había formado mi ejército sin desplegarlo, haciendo que la infantería conservase sus caballos a soga, a retaguardia de la línea. Avanzando un poco de la cabeza del estero que está marcado en el croquis que se hizo de esta batalla, lo dejaba a la espalda, a muy corta distancia, y si ese día hubiera venido el enemigo, es probable que en esa disposición nos hubiéramos batido; mas, al cerrar la noche, cuando había dispuesto de la caballería de la derecha y de la reserva, quise hacer mudar de posición a la infantería, haciendo que practicase un cambio oblicuo de frente, retirando su ala derecha. El fuego era cada vez más vivo, y se aproximaba rápidamente; el menor desorden de nuestra caballería avanzada podía comprometer gravemente los negocios, y en precaución de esto es que quité la infantería de su primera posición, haciéndola entonces apoyarse en el estero. Los caballos de ésta, que se conservaban aún atados, eran una especie de obstáculo de que se podía sacar algún partido si avanzaba la caballería, y todo me persuadió a esperar en esta situación.

El fuego doblaba por instantes, y lo que más llamó mi atención fue que empezaba a extenderse a nuestra izquierda, de modo que la división del general Núñez, que hasta entonces no había disparado un tiro, tuvo que sostener un fuerte tiroteo. Serían las diez cuando el coronel Velazco dio parte de que el enemigo empleaba guerrillas de infantería, y, en consecuencia, pedía se le mandase de esta arma; fue una compañía, dos, tres y hasta un batallón, con cuyo auxilio se reduplicó el fuego, en términos que parecía una batalla dada a seis u ocho cuadras del cuerpo principal. Era un espectáculo curioso, por no decir magnífico, ver en la extensión de dos o tres mil varas, batiéndose en la oscuridad de la noche, dos cuerpos numerosos, cuyos fogonazos equivalían a una vistosa luminaria. Por otra parte, el ruido de la mosquetería, el sonido de los clarines y cornetas, que se dejaban oír con frecuencia, no pocos gritos y voces de mando, con el estrépito de los caballos, daban a la escena un aspecto solemne y particular.

El empeño del enemigo de prolongarse por su derecha me reveló que allí sería el punto principal de sus esfuerzos, y me sugirió el medio de inutilizarlos. Percibí también que el estrecho en que el río se aproxima al estero, aunque quedase a retaguardia de la división, era un punto importante que debía conservar, y mandé desde luego un piquete de infantería, que luego aumenté con todo el batallón Republicano, que serían más de doscientos hombres.

Sería la medianoche cuando, acompañado del jefe de estado mayor, recorrí el campo y reconocí prolijamente la circunferencia del estero, no obstante de haberlo hecho de día. Llegado a la izquierda, no quise separar de ella al general Núñez para darle mis órdenes sobre el terreno, pero llamé y llevé conmigo al coronel Salas, a quien di las instrucciones más prolijas, para que las transmitiese al general de su división.

El general Núñez debía hacer demostraciones sobre su izquierda, para engañar mejor al enemigo, llamar toda su atención y atraerlo al lazo que le estaba preparando. Cuando el enemigo hubiese pronunciado su movimiento ofensivo, debía replegarse rápidamente, entrar en el embudo, digámoslo así, que formaba el estero y el río, y escurrirse por la abertura estrecha, que guarnecía un batallón con dos piezas de a uno, y la ventaja, además, de varias quiebras que tenía el terreno. Núñez, obrando siempre con la misma rapidez, debía trasladarse a nuestra derecha, a la que serviría de reserva, obrando según las circunstancias.

Salas comprendió perfectamente mis explicaciones, y las transmitió a Núñez con igual exactitud. Éste verificó el movimiento al día siguiente con gran destreza, y puede decirse que fue toda la parte que tuvo en la batalla, porque, al colocarse a la derecha, o no comprendió bien mis intenciones, o no fue exacto en llenarlas. Se fue muy sobre la derecha, como para ser espectador de la batalla, sin que esto importase otra cosa que esas tendencias de caudillo, de que ya me había dado una muestra.

El coronel Velazco me había referido, entre asustado y asombrado, algunos días antes de la batalla, que Núñez, en ciertas visitas que había dado en hacerle, en las que entablaba largas conversaciones confidenciales, con el vaso en la mano, le decía que no tenía fe en el éxito de la batalla; que no tenía confianza de los correntinos; que el general Ramírez era un inepto; el otro, un cobarde, y los demás, unos entes nulos; que, cuando más, esperaba que su división haría algo por la victoria, y que, por lo tanto, le encargaba que lo tuviese presente el día del combate; que la buscase y se le reuniese. Velazco, que, sin ser un santo, oyó con escándalo esta proposición, no la contradijo sino en parte, pero vino a darme cuenta, para que tomase mis precauciones, reservadamente, contra las aspiraciones de este gaucho mimado.

La tarde del 27, cuando ya era inminente la ocasión de la batalla, aprovechando estos instantes solemnes, y para que la impresión no tuviese tiempo de borrarse, redacté una orden y la escribí de mi puño sobre la rodilla, y dándosela al jefe de estado mayor lo mandé a que él en persona la leyese y explicase a los generales y jefes de división. Siento no haber conservado un ejemplar, porque el único que se escribió se perdió entonces, pero, poco más o menos, decía lo siguiente: Que los generales, ni jefes de división, se permitirían movimiento alguno aislado que no estuviera en íntima relación con el plan general de la batalla; que sería criminal, y tratado como tal, el que quisiese, con pretexto cualquiera, distraer a otros de su deber y separarlos del punto u objeto que se les había confiado. Finalmente, que era una rigurosa obligación de todos y cada uno de los jefes concurrir por todos sus medios al éxito general de la batalla, sin detenerse en consideración de ningún género, bajo la más severa responsabilidad, que pesaría sobre el que contraviniese, etcétera. Núñez debió creerse adivinado, y si la admonición no era bastante para corregirlo, sobraba para contenerlo en el momento.

Este naciente caudillo, desde la acción de la Cagancha, en que, no sé si con entera justicia o por odio a Rivera, le adjudicaron muchas personas toda la gloria, quería que en todos los combates que subsiguieron se le considerase como el héroe del día, a lo que habían contribuido jóvenes lisonjeros, que lo habían afiliado a una sociedad secreta con el fin de hacerlo un pobre instrumento de su ambición y sus miras. Para conseguir su intento de hacerse notar como de primer personaje de la batalla y sacar el mejor partido que pudiese del general conflicto, es que convidaba a otro u otros jefes a que se le incorporasen, desatendiendo, por supuesto, sus esenciales deberes, y luego aparecer, si las cosas iban bien, como el principal o el único resorte de la victoria, y si las cosas tomaban un aspecto adverso, procurarse una buena escolta para salir del peligro.

Estas habilidades, que nada tienen de nuevo, pero que él, como otros, las creen fruto de su sublime inteligencia, comprometen, por lo regular, el éxito de los combates y son frecuentemente la causa de los desastres. Se figuran que dejando batirse y debilitarse otros cuerpos y conservando los suyos, van a ser los reguladores de la batalla y dueños de la victoria. Arrastrados de estos cálculos egoístas, en que puede mezclarse muy bien la cobardía, dejan pasar las ocasiones oportunas de obrar, y cuando acuerdan, ya el mal está hecho y no es posible remediarlo, es decir, ya la victoria se ha declarado por el enemigo y es imposible volverla a nuestras filas. No sé si me engaño, pero pienso que una cosa parecida sucedió al ejército federal en Cagancha, cuando el general Lavalleja se entretuvo inútilmente en el hospital Rivera, pensando que siempre tendría tiempo de cantar victoria.

Estos inconvenientes son más graves cuando un jefe de división, además de mucha ambición, tiene enemistad por el general en jefe, pues, entonces, se propone el doble objeto de desacreditarlo y de adquirir toda la gloria. En los combates más que en ningún otro negocio, se necesita la uniformidad y la simultaneidad de los esfuerzos y de los movimientos. El jefe que, por efecto de pasiones mezquinas, se separa de estos principios es un mal patriota y, sin conocerlo, puede hacer tanto mal como un declarado traidor. Muchos ejemplos pueden comprobar lo que he dicho, y los hallaría si los buscase en mi memoria, mas no quiero omitir uno, que es tan saliente como verídico. El año 31, en la batalla de la Ciudadela, en Tucumán, el general don Javier López, enemigo declarado del general La Madrid, que lo era en jefe, se retiró con su fuerte división y dejó batir el ejército a que pertenecía, pensando dominar después los acontecimientos. El resultado fue dar la completa victoria a Quiroga.

Serían más de las dos de la mañana del 28 de noviembre cuando empezó a debilitarse el fuego, que había durado toda la noche con rara actividad, pero no por eso se retiraron los contendientes, y tan sólo se propusieron tomar algún ligero descanso para disponerse a la batalla, que era inevitable. Yo, que no había dormido la noche ni días anteriores, necesitaba, sin duda, algún descanso y mis ayudantes y el jefe de estado mayor se empeñaron en proporcionarlo.

La noche era calurosa en proporción del día que había precedido, que fue abrasador, y la falta de agua en el punto en que estaba colocada la línea de guerrillas hacía que a cada momento viniesen a buscar agua en cuernos y porongos, pues no tenían caramañolas nuestros soldados. Las mujeres eran las encargadas, espontáneamente, de esta operación, y, aunque habían pasado muchas contraviniendo mis órdenes, que las habían mandado quedar al otro lado, tuve que capitular y permitirles seguir en su utilísima ocupación. A la verdad, me admiró ver la actividad con que venían a llenar de agua sus vasijas, para volver, sin permitirse la menor detención, a las guerrillas donde se hallaban sus maridos legítimos o postizos; operación era ésta que no carecía de peligro, pero que, al paso que probaba su tierna solicitud, mostraba el interés que tomaban en que los soldados no dejasen sus puestos. Sin embargo, las que habían pasado no eran en gran número, habiendo quedado la mayor parte, que había yo mandado que se formasen, a guisa de soldados, en la banda opuesta, para abultar algunas guardias que había dejado en los pasos de más arriba, y hacer creer al enemigo que estaban aguardados. El capitán correntino don Juan Bautista Vargas, a quien di la comisión de arreglar y mandar estos escuadrones femeninos, se manifestó muy contento de su comisión, y aun pienso que se creyó muy honrado.

Como yo estaba sobre la orilla del estero, estaba expuesto a ser pisoteado a cada rato por los caballos de las conductoras de agua, y fue preciso colocar a mi alrededor unas cuantas centinelas para preservarme. Estos solícitos cuidados, como el empeño de que reposase, fueron efecto de pura oficiosidad de varios jefes y de mis ayudantes. Todos a porfía querían conservar mis fuerzas para el acto solemne y clásico que nos restaba.

He hablado después con algunos del ejército enemigo y me han asegurado que esa noche fueron atormentados por la sed, lo mismo que al día siguiente. Debía ser así, porque, ocupando nosotros la ribera del río y el estero, no les quedaba otra agua. De este modo, no le quedaba otra alternativa a Echagüe que atacarnos o retirarse, para satisfacer aquella necesidad. Su amor propio de invasor no le permitía lo último; tenía, pues, que hacer lo primero.

Ya bien anunciado el crepúsculo me recordaron, y muy luego alcancé a ver el ejército enemigo, que apenas distaba dos mil varas del nuestro. Toda nuestra caballería, a excepción de la división Báez, se había replegado, y quedaba franco el camino que nos separaba. Los dos batallones que me quedaban, pues el Republicano estaba en el estrecho, se conservaban en columna, y algo ocultos por el estero.[1] La artillería tenía la misma posición.

[1] El de Cazadores tenía gorras punzó, y el de Voltígeros, verdes. El primero perdió catorce hombres de los fuegos del cañón enemigo, mientras el segundo no perdió ninguno; lo que atribuyo al color de las gorras que los hacía percibir, en tanto que los otros se confundían con el juncal de que abundaba el estero.

Esta disposición hacía que el general enemigo no pudiese percibir distintamente nuestra formación, aunque para conseguirlo se trepase sobre la tolda de una carretera e hiciese uso de su anteojo.

En esos momentos me dirigí al estrecho y, considerándolo como la llave de nuestra posición, le recomendé su defensa al comandante Virasoro, dándole la orden de sostener su puesto *a toda costa*; me lo ofreció con tal expresión de seguridad que quedé satisfecho. Sin embargo, después mandé al jefe de estado mayor que asistiese allí personalmente.

El enemigo se movió; el coronel Báez tomó su puesto en la línea; la artillería empezó a jugar; la nuestra, infinitamente más débil y más mal servida, al mismo tiempo que escasa de municiones, no podía competir con la enemiga. No había podido conseguir otro comandante para esta arma[1] que un joven extranjero llamado Picard, tan ignorante como estrafalario, tan inepto como calavera,[2] pero que, a falta de otro, suplió en aquel trance, y, es preciso decir, lo hizo lo mejor que pudo.

Yo no me había engañado conjeturando que los esfuerzos principales del enemigo serían sobre nuestra izquierda, pues sobre ella es que se dirigió la numerosa y acreditada caballería que mandaba el general don Servando Gómez. Su empeño siempre constante de extenderse a su derecha, probaba que quería flanquearnos, y el general Núñez, que había comprendido perfectamente mis intenciones, obró diestramente en el sentido de alucinarlo y atraerlo al lazo que le estaba preparado. Después de

[1] En los días antes de la invasión había venido de la Banda Oriental, conduciendo oficios del general Rivera para el gobierno de Corrientes, el mayor Goyena, antiguo oficial de artillería, que había servido conmigo en el ejército que llevé a Córdoba. Como lo tomase allí la invasión y casi le cerrase el camino para volver, y como me hallase falto de un jefe u oficial de su arma, le escribí a la capital llamándolo y ofreciéndole el mando en comisión de la artillería, mientras se diese la batalla, sin que por eso dejase el servicio del estado oriental, que había tomado. No sólo se negó este argentino renegado, sino que se apresuró a salir de la provincia, dando un gran rodeo por la Tranquera de Loreto y el territorio brasileño, y fue a hacerse el mérito con el general Rivera de haber resistido *a mis seducciones*. Le valió esta infame conducta algunos cientos de pesos y el grado de teniente coronel, pero le cubrió de un eterno baldón. Debo advertir que yo ofrecí en mi carta dar cuenta al general Rivera y obtener su aprobación. Después ha querido también ser traidor al estado que entonces servía, pasándose al enemigo en Montevideo.

[2] El mismo que se pasó al enemigo con Núñez en Montevideo, el año 43.

hacer amagos de carga y demostraciones falsas, cuando lo vio ponerse en movimiento, se replegó rápidamente, e hizo lo que yo le había mandado. En proporción que el general Gómez avanzaba con su división, se estrechaba al terreno entre la barranca del río y el estero, y, oprimidos sus costados por estos obstáculos, perdía cada vez más su formación. El batallón más fuerte que tenía, que era el de Cazadores, colocado convenientemente, tomó en flanco a la división Gómez, la que, no obstante sus mortíferos fuegos, continuó su movimiento sobre la división Núñez, que se retiraba. Cuando ésta pasó el estrecho y dejó libres los fuegos de otro batallón (el Republicano) que lo ocupaba, ya el enemigo no presentaba sino un pelotón informe, que no pudo resistir a los duplicados fuegos y volvió las grupas para salir por donde había entrado.

El batallón de Cazadores volvió a emplear, segunda vez, sus fuegos sobre la malhadada división Gómez, que, sin forma ni concierto, sólo trataba de salir, en el mayor desorden, de aquel infierno en que se había metido. Los fuegos cruzados de dos batallones debían producir un gran efecto en más de mil hombres agrupados, que por algunos minutos trataron de sostener la lucha y aun ganar terreno; pero no fue así, porque, registrado después el campo, el número de muertos era mucho menor del que debía esperarse. La razón no era otra que la impericia de nuestros infantes; aturdidos con un espectáculo al que asistían por primera vez, sorprendidos con maniobras que no habían previsto, estaban azorados, en términos que para que los Cazadores apuntasen sus fusiles fue preciso que me desgañitase; aun cuando dispararon, creo que más de la mitad dirigieron sus tiros a las nubes, pues que los fusiles estaban en una oblicuidad que se acercaba a la perpendicular. Verdad es que la retirada de Núñez los había sorprendido, porque, al principio, no entendieron lo que nos proponíamos, y esto pudo influir en su aturdimiento.

Cuando esto sucedía, nuestra derecha ya se había puesto en acción y atacado la izquierda enemiga; veamos cómo se practicó esto. Momentos antes del ataque del general Gómez, me dirigí rápidamente a la caballería de la derecha y, alzando mi voz cuanto pude, les dije: "Soldados, tengo que daros una gran noticia. —Sabed que tenéis el honor de dar la primera carga". A mis palabras, fue visible el sentimiento de curiosidad que experimentaron mis buenos correntinos, y que asomó sin disimulo a sus semblantes; cuando dije las últimas, creo que no fueron mal recibidas, y, al menos, yo quedé satisfecho. Dirigiéndome luego al general Ramírez, que mandaba esta caballería, le dije en privado: "General, no puede usted ignorar que su crédito ha sufrido mucho en otros combates, y que la opinión pública lo condena, con razón o sin ella. He aquí una ocasión de recuperar una gloriosa reputación, que le ofrezco y le deseo como su amigo. Marche usted, triunfe y desmienta prácticamente a sus detractores". El viejo general quiso darse por ofendido, mas le dije rápidamente: "Dejémonos de satisfacciones; lo que le he dicho es cierto, y lo que le exijo, de absoluta necesidad para su crédito y su gloria". Debió conocer que mi voz era la de un amigo, y me dijo: "Señor general, haré ver que no merezco las imputaciones de mis enemigos personales"; y diciendo esto, pidió su lanza, que llevaba su asistente, se encasquetó el sombrero, dio la voz de mando y partió.[1] El coronel Velazco, que mandaba la reserva, siguió tras él para apoyar y proteger su carga. Yo me trasladé otra vez al centro, y, de consiguiente, no fui testigo inmediato de lo que pasó en este costado; pero, según todos los informes, fue lo siguiente.

El general Ramírez cargó bien, mas no sin necesitar que la división del coronel Velazco entrase en acción para decidir el éxito de aquel empeño; varios escuadrones fueron rechazados, pero se rehicieron, y, protegidos por otros, volvieron a hacer frente al enemigo; al fin la victoria fue nuestra en este punto, y la caballería enemiga, dispersa en su mayor parte, y arrinconada la poca que quedaba a retaguardia de su infantería, ya no disputaba la victoria. Entonces fue que se presentó Núñez con su hermosa división, que era capaz de hacer mucho si hubiera habido algo que hacer; mas ya estaba casi todo decidido en este punto, y, sin embargo, se fue muy a la derecha, como a tomar una posición de expectativa y de cálculo (no militar, seguramente), que tanto he reprobado anteriormente. Quizá tuvo otra razón personal, que se me ha dicho después y que por entonces no me ocurrió. Me han asegurado que, siendo Núñez un valiente oficial de caballería, tenía un terror pánico al fuego de artille-

[1] Era de la más rigurosa verdad cuanto había dicho al general Ramírez, y aun más, pues su descrédito entre los mismos correntinos llegaba a términos que nadie quería estar en su división. Para que le obedeciesen, tuve muchas veces que hacer valer mi autoridad. A la verdad, estaba muy viejo. Él cargó y llenó su deber, pero el fuego no le duró mucho.

ría, y como la enemiga jugaba con rara actividad, quiso salir de su alcance. Puede ser algo de esto; ni es imposible en un hombre de valor esa preocupación contra el fuego de cañón, cuando vemos otros que se llenan de terror al ver un sapo, un ratón, un murciélago, y serían muy capaces de combatir con un tigre y con un león.

Las dos alas del ejército de Echagüe podemos decir que estaban fuera de combate. De la izquierda acabo de hacer mención. La derecha, después de salir del *cul-de-sac*, donde imprudentemente se había introducido, se retiró en desorden, fuera del alcance de nuestros fuegos, donde, a lo que me parece, se ocuparía el general Gómez de reorganizarla, para hacerla pesar aún en la balanza del combate. Mas, fuese que encontrase dificultades en la voluntad de la tropa, sea que el desastre de su izquierda acabó con el poco de ánimo que les había dejado su aventura del estero, nada hizo de provecho. El desorden continuó, y viéndose amagada de nuevo por nuestra caballería, se deshizo y desbandó.

Mientras esto, los centros de ambas líneas no estaban ociosos; según creo, el pensamiento de Echagüe era debilitar el mío con su superior artillería, que estaba bien servida y regularmente mandada por un oficial extranjero, cuyo nombre no recuerdo. La situación de nuestros batallones en un bajío, en que en mucha parte los cubría el terreno, los preservó de tener mucha pérdida. Mas yo, que era lo único que había allí montado, con una comitiva como de veinte hombres, entre ayudantes, guías, asistencia, etcétera, era el blanco de los cañones enemigos. Fue preciso hacer retirar los asistentes a una buena distancia para no exponer a tantos hombres a un riesgo inútil y quitar al enemigo aquel punto de dirección. Nuestra artillería contestaba, aunque débilmente, al fuego enemigo, siendo casi inútiles cuatro cañoncitos de a uno, que apenas podían compararse a unos pedreros. Sin embargo nos fue útil, y después supe que había sorprendido al enemigo, que suponía que no teníamos ninguna. Pienso que Echagüe no participaría de este error, que era común entre su tropa.

Cuando llegó la oportunidad, nuestros batallones hicieron un movimiento de frente, que no aguardó el enemigo, poniéndose en retirada. La emprendió en orden, con su artillería, parque, bagajes, infantería y los restos que le quedaban de su derrotada caballería; mas ya era su situación desesperada: atacados de frente, oprimidos por ambos flancos por numerosos escuadrones, su destino estaba irrevocablemente fijado. La poca caballería que le restaba se desprendía en grupos para salvarse por la única abertura que les quedaba, en términos que antes de media legua ya no quedaban más que los infantes y la artillería con el parque y bagajes. Nuestra infantería había acelerado el paso cuanto era posible, mas no podía dar alcance a la enemiga, que parecía tener alas. Sin embargo, por dos veces hizo un pequeño alto, como para tomar aliento, en que volvió a jugar su artillería; mas, luego que la nuestra se acercaba, emprendía la retirada con igual empeño. Las carretas ni los cañones no podían acompañar tan rápido movimiento, y empezaron a quedar las primeras, de una, de dos, o más. Ningún soldado se separó para aprovecharse del botín, y siguieron ordenadamente la marcha y formación que llevaban. Cosa ha sido ésa nunca vista, ni imaginada en Corrientes, cuyos habitantes son propensos a la dispersión y al merodeo.

Lo que a las carretas, muy luego sucedió a los cañones, que empezaron a abandonar de uno en uno, porque los caballos se cansaban y no podían seguir la celeridad de la marcha. Con este motivo me sucedió una cosa graciosa con el general Núñez, cuya relación no quiero omitir. Yo, con la infantería y alguna caballería que había llamado cerca de mí, seguía sobre las huellas de la columna enemiga, de modo que los cañones que abandonaba no sólo eran vistos, sino ocupados por la tropa que iba a mis inmediatas órdenes, antes que por otra. El general Núnez, colocado sobre mi flanco, seguía el movimiento general a una distancia que sólo alcanzaba a ver las piezas de artillería que abandonaba el enemigo. Acaso también ignoraba que yo iba a la cabeza, dirigiendo en persona la persecución, y quería darse el aire y el mérito de haber tomado cañones, que el enemigo abandonaba, y que no era él materialmente quien se apoderaba de ellos. Repentinamente se me presentó un oficial Roa, muy charlatán y gritón, que era su ayudante, y a grandes voces me dio el pomposo parte, en nombre de su general Núñez, de que se había tomado al enemigo un cañón. Me sorprendió que en la dirección que llevaba este general, a cuyo frente no había enemigo alguno, se hubiese encontrado una pieza de artillería, y pidiéndole explicaciones vine a saber que el cañón de que hablaba cra el que estaba ya en mi poder. Despedí al ayudante y continuamos nuestra marcha.

Al poco rato volvió el mismo Roa con un segundo parte, en que avisaba el general Núñez que se habían tomado otros dos cañones al enemigo, que, averiguada otra vez la cosa, eran los mismos de que acabábamos de apoderarnos. Entonces comprendí el espíritu de su oficiosidad: conocí que era lo que llaman nuestros paisanos *una gauchada*; quería, sin duda, que lo recomendase en el parte como apresador de toda la artillería, por haber ido avisando el abandono que hacía el enemigo de los cañones que tenía en mi poder. "Diga usted al general Núñez —previne al ayudante— que antes de recibir sus partes ya estos cañones estaban en nuestro poder, y que será excusado me avise de los restantes, que antes de mucho habrán corrido la misma suerte." Esto bastó para que no volviese a incomodarme.

Poco más de una legua habría andado la columna enemiga cuando tuvo que rendirse totalmente; ya había dejado todos sus cañones y carretas, ya había perdido muchos hombres, que quedaban exhaustos de fatiga, calor y sed. He visto expirar algunos en los tormentos que les causaban estas urgentes necesidades, sin que fuese ya tiempo de socorrerlos. Además, numerosas guerrillas de caballería, porque las de nuestra infantería no podían alcanzar, hostigaban por todas partes aquellos pobres restos, cuya tenacidad podía venir a serles fatal: al fin hicieron alto y levantaron una señal blanca; visto lo cual, se aproximaron algunos nuestros, a quienes ofrecieron rendirse, pidiendo por gracia la conservación de sus vidas. En el acto se rindieron, fueron desarmados, y di las órdenes más positivas para que se les respetase y tratase con humanidad.

Mandé que volviesen al campo de batalla y fuesen entregados al jefe de E. M., a quien había dejado encargado de los arreglos consiguientes; mas era una verdadera dificultad hacer marchar aquellos hombres enteramente agotados. Sobre todo, la sed los devoraba; se tuvo que hacer positivas diligencias para proporcionarles alguna agua.

Entre los rendidos allí no había ningún jefe de consideración, pues se habían ido separando en proporción que su situación se ponía más desesperada. Nada pude inquirir de Echagüe, ni sé hasta el presente en qué hora se separó del combate. No obstante, él corrió muy grandes peligros, por una circunstancia que debió serle muy funesta, si don Juan Madariaga, que no se halló en la acción, cumple mejor con las órdenes que tenía.

Hacía como seis días que lo había destacado con su escuadrón para hostilizar, por el lado de Payubre, la retaguardia y flanco izquierdo del enemigo. Antes de la batalla le previne expresamente que, luego que el cañón le anunciase que se empeñaba la acción, se hiciese sentir a toda costa sobre el flanco o retaguardia del enemigo. Nada de esto hizo, y me dio por pretexto que, prolongándose mucho el cañoneo, juzgó que no llevábamos lo mejor del combate. Que juzgue cualquiera del mérito de esta excusa, y de la situación de un general que tiene que contentarse con ella en nuestros ejércitos de paisanos. Sin embargo, como vagaba en la dirección que llevaba el enemigo en su retirada, se encontró a mediodía, es decir, más de seis horas después del cañoneo que anunció el principio de la batalla, con un grupo que huyó en dispersión, por el bosque, a su sola presencia; en este grupo iba Echagüe, quien, en su rápida carrera, perdió el sombrero. Al fin pudo salvar y ganar el Entre Ríos con cuatro o cinco hombres.

Hubo otro hecho original y característico, que no supe sino mucho después. Al principiar la batalla se me dio parte de un cuerpo enemigo que, ocultándose en el bosque, que a distancia de un cuarto de legua circuía nuestra derecha, trataba, sin duda, de franquearnos; no di gran importancia a la noticia, pero mandé un ayudante al general Ramírez para que lo hiciese observar. Este general mandó un escuadrón con este objeto, el cual se encontró luego con el enemigo que iba a observar. Ambos destacaron sus guerrillas, que rompieron luego sus fuegos. Después de algunos tiros, los oficiales que las mandaban se hablaron y se hicieron mutuamente el siguiente raciocinio, que luego sometieron a la ratificación de sus jefes respectivos: "Nuestro combate —se dijeron— en nada ha de influir para la decisión de la batalla, y sería una tontera matarnos sin necesidad y sin utilidad conocida; mejor será que nos conservemos inofensivos hasta ver a quiénes corresponde ceder el campo". Así se hizo, y cuando vieron la derrota de Echagüe, el oficial correntino dijo al entrerriano: "Ya es tiempo de que ustedes tomen el portante"; quien lo hizo con los suyos, sin hacerse de rogar.[1]

Yo no volví más al campo de batalla, y, en vez de eso, seguí mi marcha, reuniendo cuanto podía de nuestra caballería, que en la persecución se había diseminado por escuadrones, compa-

[1] Pienso que esto lo he referido en otra parte, aunque no puedo asegurarlo. Si así fuese, téngase por dicho una sola vez, que yo no quiero tomarme el trabajo de poner a releer lo que ya he escrito.

ñías y aun menos. Para reposar durante las horas más calurosas del día y proveer al posible arreglo y reorganización de los escuadrones y divisiones, campé en un bosque, donde había una laguna, donde todos nos guarecimos bajo las sombras que hacían los árboles. Apenas haría algunos minutos que me había desmontado cuando se oyó un tiro, y luego otro, y otro, que disparaban los soldados como muestra de alegría y de fiesta por la victoria. Mandé uno, y después otro, y otro de mis ayudantes a renovar la prohibición, mil veces hecha, de no disparar tiros arbitrariamente; mas, como siguiesen los disparos, lleno de cólera, monté a caballo y me dirigí al lugar más o menos de donde salían. Difícil era atinar de qué punto partían precisamente, porque bajo cada árbol había un fogón con sus grandes asados, y en cada fogón un círculo de soldados. Sin embargo, lleno de indignación, me encaré con uno de estos grupos, y lo reprendía acremente, cuando, a mi espalda, salió una voz que gritaba: *¡Viva nuestro general!*, la cual fue repetida por mil bocas, ocasionando una confusión mayor que la de los tiros que quería impedir; tuve que serenarme para agradecer aquella demostración de afecto, tan sincera y espontánea como universal, pero sin dejar de requerirlos sobre la prohibición de los tiros.

Puedo decir que en este momento empezó la lucha que tuve que sostener en toda la campaña contra el desorden, que hacía esfuerzos para introducirse, y que apoyaban con todo su poder varios jefes correntinos, y nada era más aparente para conseguirlo que esa libertad del soldado de disparar sus armas, gastar municiones y faltar a todas las reglas del orden militar. Yo, con mi cabeza llena de los proyectos de invasión, que a mi vez iba a ejecutar en Entre Ríos, calculaba que para hacerla con suceso debía no permitir que se relajase la disciplina, y que, por el contrario, debía vigorizarse. Hasta allí los correntinos habían defendido sus hogares, sus familias, sus intereses, y cualquiera se hace cargo de cuán poderosos eran estos estímulos para que ellos se dejasen conducir. Cuando éstos iban a faltar en una guerra que tomaba el carácter de ofensiva, era menester emplear otros resortes, de los que el principal era la obediencia militar. Por otra parte, la de Entre Ríos era una provincia hermana, y éste era un motivo para que yo no consintiese que entrasen como salteadores los que íbamos a libertarla. Y eso era lo que querían muchos correntinos, a la cabeza de los cuales estaban los Madariaga, como lo demostraré en el curso de esta memoria.

Mi primer parte al gobernador Ferré había sido dirigido desde el campo de batalla, aun antes de rendirse la infantería, por conducto de mi ayudante Portalea, quien sólo llevó dos cartas de mi secretario para el gobernador y para mi esposa. El segundo parte lo remití esa tarde desde la costa de Payubre, donde campé, y en él ya hice mención de las caballadas que había tanto recomendado. Mi intención era abrir la campaña ofensiva antes de diez días, o, por mejor decir, continuar la persecución que había principiado desde el campo de batalla. Así hubiera sido, sin la fatal demora de tan indispensable artículo.

Al día siguiente, 29, por la noche entré en mi campo de Villa Nueva, que encontré sin más detrimento que el que le habían hecho sufrir las aguas y el abandono en que quedó. Al enfrentar la columna se dispararon algunos tiros como señal de alegría y triunfo, lo que me causó el mayor desagrado, tanto por las razones que he apuntado antes, cuanto porque parecía que era una expresa resistencia a mis órdenes. Como era de noche, era difícil encontrar los culpables, que, conocidamente, eran protegidos por los comandantes de pelotón y aun de escuadrón; mas no por eso dejé de tomar medidas, haciendo a éstos responsables si tal cosa se repetía. Me resolví a luchar a todo trance contra la indisciplina, y aventurarlo todo antes que transigir con ella.

No era éste un ciego capricho; mi resolución provenía no sólo de mis principios, sino del convencimiento de que sin ella sucumbíamos, y yo me sacrificaría sin utilidad del público y sin gloria. Al día siguiente, al primer tiro que se oyó, hice buscar al que lo había disparado, y le mandé aplicar un castigo; lo mismo con el segundo y tercero, lo que bastó para que no continuase; pero muy luego vino Joaquín Madariaga a interceder por uno de los sentenciados, alegando que era un soldado muy benemérito. Con esta ocasión le hice una buena reprimenda, cuyos pormenores excuso por no incurrir en prolijidad, pero que serían útiles para hacer conocer bien el espíritu de estos caudillejos, que entonces empezaba a manifestarse. Éste también es el motivo que hace a cada rato ocuparme de ellos, porque, como después jugaron un rol elevado, a la par de funesto, no están de más estos antecedentes.

Logré sobreponerme a todo, y, mal que les pesase, se conservó el orden y se observó la disciplina. Si me he fijado tanto en los disparos arbitrarios de sus armas, es porque éste era un abuso muy antiguo, contra el que había luchado constantemente, no sólo como un punto disciplinal, sino también como una medida económica, que hacía necesaria la escasez de municiones.[1] Jamás pude decir que hubiese abundancia de este precioso artículo, y si cuando no escasea es preciso conservarlo, ¿qué será cuando es poco?

[1] Cuando los Madariaga obtuvieron después un mando más extenso, su gran medida era tener la tropa de los cuerpos, aun no lejos del enemigo, sin cartuchos, y cuando se los daban, porque era indispensable, el campo parecía un campo de batalla, por el fuego graneado que se sentía. Bien caro han pagado después el desorden que ellos mismos promovían, sin ser capaces de contenerlo cuando quisieron.

Capítulo XXXI

Carácter complicado de la guerra

[Observaciones sobre Caaguazú - Echagüe: su carácter; sus errores estratégicos y tácticos - Trato dado a los prisioneros - Planes de Paz y sus desinteligencias con Ferré respecto a la campaña de Entre Ríos - Los Madariaga como representantes del desorden - Inmovilidad del ejército: causas y consecuencias - Urquiza gobernador de Entre Ríos - Invasión simultánea de Paz y Rivera a esta provincia: comunicaciones, propósitos y acciones de ambos - Fracaso de la expedición de Núñez contra Urquiza; sus consecuencias - Inacción de López e incumplimiento de sus promesas; misión de su comisionado Ruiz Moreno; decadencia de los santafecinos.]

Ya instalados momentáneamente en Villa Nueva, reorganizando los cuerpos, aumentándolos con más de ochocientos prisioneros, y formando otros nuevos, tal como el batallón Unión, y varios escuadrones, nos separaremos un poco de esta narración para ocuparnos de algunas observaciones generales sobre la batalla y los movimientos estratégicos que la precedieron. Procuraré ser tan sucinto como posible me sea.

El general enemigo Echagüe, educado en la escuela de don Estanislao López, no conoce otros medios de disciplina que los que empleaba aquel caudillo. Sumamente tolerante con sus subordinados, sacrifica al concepto de *bueno*, que quiere conservar, todo otro interés, toda otra consideración. Ya creo que he dicho en alguna otra parte, y repetiré ahora, que esto no proviene de la bondad de su corazón, pues, en tal caso, no lo hubiésemos visto ser pasivo instrumento de las más bárbaras crueldades; tampoco creo que es cruel por inclinación, porque no se complace en ejecutarlas él mismo. En lo que consiste realmente su carácter es en un egoísmo perfecto, que lo hace indiferente a los males ajenos, e indolente en todo lo que no le afecta personalmente. Semejante a su modelo, quiere dar a entender que le horroriza la sangre, pero sirve con bajeza al que la hace correr a torrentes. Como militar, tiene muy limitada capacidad y carece de resolución; es tímido en sus planes, lento en sus operaciones, menos en la de dejar el campo de batalla cuando la suerte de las armas se ha declarado en contra. Si no es en la de Cagancha, en que este triste honor le corresponde a Urquiza, que vino con una celeridad prodigiosa y casi solo al Uruguay, en todas las demás que ha mandado, y en que no ha vencido, se ha retirado antes de tiempo.

Sus movimientos primeros, en la invasión de Corrientes, nada tienen de censurable, porque eran los marcados por la simple razón natural; pero la poca celeridad que empleó nos dio tiempo a prepararnos mejor para recibirlo. Pudo haber picado nuestra retaguardia con más viveza, a no ser que le sirva de disculpa el mal estado de sus caballos; mas él tenía la culpa de ello, pues su ejército, algo desordenado, consumía más de lo que, mejor regularizado, hubiera debido destruir. En esto le hace gran ventaja Urquiza, como que profesa distintos principios en cuanto a disciplina. Me dicen que al principio de su carrera era entusiasta admirador de Quiroga, y que preconizaba la sabiduría del sistema gubernativo de este feroz caudillo: como si no lo ha igualado poco le resta, es natural que la aproximación haya disminuido la vehemencia de su entusiasmo.

Desde que desaprovechó los primeros momentos, ya le fue más difícil conservar la superioridad que le daba el rol de invasor. Situado en el rincón de Moreira, cada día perdía en prestigio y poder. Su inacción allí fue memorable, pues no se puede atinar cómo no intentó cosa alguna en cincuenta días que estuvo allí plantado, y aun ni se concibe qué es lo que pudo estar pensando. Si era que algunos correntinos buscasen su ejército y que sus intrigas ganasen algún terreno, pronto debió desengañarse; y más creíble me parece que, frustrados sus primeros intentos, perdió la cabeza y se quedó en la posición de aquel que, pretendiendo subir a una altura, se quedó a medio camino, sin poder subir ni bajar.

Sin duda estaba equivocado con respecto a la importancia real de nuestro ejército, a quien no suponía capaz de presentársele en batalla campal; y aunque su modo de pensar no fuese exacto en toda su extensión, hasta cierto punto debo confesar que no carecía de fundamento. Sus tropas eran mejor armadas e infinitamente más aguerridas. El bajo concepto que tenía de los correntinos era disculpable, porque siempre que éstos han hecho algo ha sido con jefes y oficiales extraños, y ahora tenían muy pocos. Después de la batalla he podido apreciar lo que valían las tropas contendientes, y persuadirme que, a lances iguales, todas las probabilidades del triunfo estaban por las enemigas.

Puede argüirse descuido del general enemigo, pues no sólo no sintió a nuestro ejército cuando pasaba el río Corrientes, sino que, casi dos días después, ni aun sabía si era todo nuestro ejército el que tenía a su frente. Su marcha del 27 fue inconsiderada por la hora, pues pudo hacerlo con más comodidad al día siguiente, y tomándose tiempo para tomar mejores informaciones del terreno. Por lo demás, la acción fue lo que debía ser, si se exceptúa la inmovilidad en que mantuvo su centro mientras que sus alas eran acribilladas. Reducido a tal conflicto, lo peor era estarse inmóvil, y fue precisamente lo que hizo; más le valiera haber intentado un ataque central, brusco que fuese, para probar si adquiría una ventaja que equilibrase las pérdidas de los costados. Nunca podía serle más funesto el resultado que lo que fue, y él había ensayado un golpe que muchas veces ha llamado la victoria que parecía escaparse decididamente.

¿Pudo poner algún arreglo en la retirada, de modo que salvase un cuerpo formado al menos de caballería? Lo dudo, porque teníamos la ventaja de los caballos, y hubiera sido perseguido de cerca. Sin embargo, ningún esfuerzo hizo en este sentido, cuando no fuese más que para llenar hasta el último los deberes de un general, como lo hizo Quiroga en la Tablada y en Oncativo, en donde, perseguido con vigor, conservó siempre un cuerpo formado, con el que, si no disputaba la victoria, quería mostrar que había sido digno de obtenerla. Ni Echagüe, ni ninguno de sus jefes, trató de otra cosa que de salvar, sin pensar en lo que dejaban, ni en lo que podían aún salvar.

Por el espacio de seis días estuvieron llegando a Villa Nueva gruesas partidas de prisioneros que se hacían en todas direcciones, llegando a más de setenta los jefes y oficiales, y mil doscientos, o más, los de tropa. Entresacado que se hubo los que pareció conveniente para los cuerpos, marcharon a Corrientes los restantes, con los jefes y oficiales. Todos fueron tratados con humanidad, sin que ni uno solo fuese destinado a la muerte. Por más que quiera el mentiroso Rosas oscurecer la generosidad con que se ha correspondido a sus bárbaros asesinatos, no podrá conseguirlo. Los hechos, el país entero, los prisioneros, los Lamas, los Galán, los Vergara, los Benítez, publicaron su mentira y nuestra generosidad.[1] A pesar de que estaban tan frescos los atroces asesinatos del Pago Largo, no hubo venganzas fuera del campo de batalla, no hubo malos tratos, no hubo insultos. El único desahogo que permití a los correntinos era que cuando traían al cuartel general alguna partida de cincuenta o cien prisioneros, que inmediatamente eran conducidos al lugar del depósito, que apenas distaba dos cuadras, la multitud que los había rodeado le gritaba en coro: *Al chiquero, al chiquero*, aludiendo a lo que ellos, los enemigos, les decían en las guerrillas, cuando tenían que cederles el terreno. Protesto por mi honor que no se derramó una sola gota de sangre de los prisioneros, fuera del juzgamiento y fusilamiento del coronel Argañaraz, más de un mes después, en la capital de Corrientes; y eso porque conspiraba, no sólo por escaparse, sino contra la tranquilidad y seguridad pública, y contra las autoridades existentes.

Varias personas me han preguntado si premeditadamente elegí el 28 de noviembre, aniversario de la batalla del Quebrachito, para dar la de Caaguazú, y les he contestado que no hubo una designación fija de ese día, porque, pasando el río en la noche del 26, pudo muy bien la batalla tener lugar en el día 27, pero que preví, y aún lo expresé a algunos antes de pasar el río, que era muy probable que diéramos un aniversario glorioso a aquella fatal jornada. Como no creo en los días nefastos, di poquísima importancia a aquella circunstancia, y, antes, algo hallaba de consolante para nosotros, de expiatorio para nuestros enemigos, en reivindicar las glorias de las huestes libertadoras, humilladas un año antes en ese mismo día.

Habían pasado diez días después de la batalla, y sin embargo que mis pedidos de caballos eran continuos, no veía sus efectos, ni los de las reiteradas promesas que se me habían hecho. El gobernador de Corrientes y el pueblo, locos de contento, se en-

[1] Un mes después de estar los prisioneros en la capital de Corrientes, se intentó por algunos de ellos una conspiración, a cuya cabeza estaba el coronel Argañaraz, que, denunciada por uno de ellos mismos, dio lugar a indagaciones que llevaron al cadalso a dicho coronel. Al secretario de Echagüe, Benítez, se le creyó también complicado, y me han asegurado que estuvieron en peligro sus días; mas salvó con un recargo de prisión. Rosas, en el pobre designio de probar que yo he fusilado prisioneros, ha querido echar a mi cuenta la muerte de Argañaraz, de que ni supe, porque estaba a más de cien leguas. Además, no murió sino por conspirador.

tregaban a las diversiones y festejos de la victoria, sin recordar que para completarla era preciso emplear su actividad y una suma, quizás última, de esfuerzos. Ferré, ya pensando en la omnipotencia de Corrientes, juzgaba muy subalterno lo que faltaba que hacer, y graduaba mis pedidos de exagerados caprichos, y, lo que es peor, de destellos de una ambición prematura. Suponía que la victoria me había envanecido, y que el calor de mis solicitudes envolvía miras siniestras. Cuando menos, empezó a temer que quisiese hacer lo que hizo el general Lavalle, de pasar el Paraná con los correntinos, contra su voluntad; creyó también que debía ponerse en guardia contra la preponderancia que me podía dar la gloria militar que había adquirido.

Por otra parte, un hombre de mediana capacidad como el señor Ferré, que tampoco ha mandado ejército, aunque se adorne con los bordados que condecoran la última graduación militar, no puede comprender cuánto importa aprovechar los momentos de una victoria y sacar partido de la sorpresa y desorden que causa en los enemigos una insigne derrota. Se asombraba del valor que yo daba a los instantes, y pensaba, hasta cierto punto candorosamente, que la pérdida de tres o cuatro semanas en diversiones, misas de gracias y bailes, importaban muy poco. Mal podía yo oponerme a las diversiones, que las creo muy útiles para conservar el entusiasmo público; pero sí repruebo y reprobé que el gobierno se distrajese en fruslerías de sus más serios deberes.

En el Entre Ríos había aún medios de resistencia, pues Urquiza había quedado con fuerzas considerables en la costa del Uruguay, y era muy posible que Rosas las reforzase, haciéndolas pasar instantáneamente por Gualeguay o Gualeguaychú. Mi objeto era sorprender el Entre Ríos con la rapidez de mis marchas, y ocupar, antes de que se acabase diciembre, la capital de la provincia, como se lo había ofrecido a López, de Santa Fe. Así pudo haberse hecho si me vienen esas caballadas ofrecidas, para cuya conducción estaban (según me lo había asegurado) prontas las partidas en los departamentos, y en la secretaría escritas las notas para ordenar su remisión, sin más que ponerles la fecha.

Ante todas cosas, organicé una vanguardia, que hice mover a cargo del general Núñez, y yo empecé a arrastrarme con el ejército, por divisiones, para no perder tiempo, esperando que las caballadas me alcanzarían; así llegué a Curuzú-Cuatiá, donde a mi solicitud me alcanzó el señor Ferré. Ya el asunto de las caballadas era un motivo de resfrío, por más que trató de justificar su demora; a él se agregó el de la carta que me negué a entregarle, según referí anteriormente.

Otro de los graves motivos que tenía para acelerar mi movimiento era precaver la deserción, pues era evidente que, aprovechando esos momentos de entusiasmo, de embriaguez, que causa la victoria, los hombres se dejarían más fácilmente arrastrar lejos de sus hogares y familias. Mientras más tardase, mientras más tiempo diese a la reflexión, la imaginación del soldado le pintaría con viveza los peligros y trabajos de una nueva campaña, y trataría de evitarlos por la deserción. Ferré parecía dar poca atención a estas reflexiones, y me daba el inexprimible sinsabor de dudar si las atribuía a otros motivos menos nobles. Y no hay duda; después he conocido que si no lo creía del todo, lo sospechaba al menos, y que tomaba miserables precauciones.

Otro era el modo de pensar de ciertos jefes que querían decididamente la campaña, pero por fruto de ella no se proponían sino el pillaje, mas no un pillaje cualquiera, sino un pillaje desordenado, discrecional y arbitrario. Cuando se les hablaba de distribuciones regulares y premios, manifestaban la más fría indiferencia, mientras en los fogones y en los círculos excitaban la codicia y la venganza de los correntinos, recordándoles los saqueos y arreos de ganados que, en épocas anteriores, habían hecho los entrerrianos en su provincia. La cuenta que se hacían estos predicadores se reducía a que en un orden regular de premios les tocaría una cantidad determinada, según su graduación, mientras que, admitido el desorden que promovían con todas sus fuerzas, y jugando ellos de *diestros* y *maestros*, sacarían grandes rodeos de ganados, caballadas, yeguadas, muladas, etcétera, con que se enriquecerían en un momento. A la cabeza de estos especuladores estaban los Madariaga, porque, calculando la mayor inmediación de sus departamentos a la frontera, los hombres más a propósito que por la misma razón tenían en sus escuadrones, la popularidad que les daba su inmensa charlatanería, su descaro para adular las pasiones populares, su impudor para corromper las masas, su poco patriotismo, en fin, para convertir en su provecho particular los resultados de una gran victoria, contaban con sacar mejor partido del desorden que ningún otro.

El señor Ferré deseaba que el Entre Ríos pagase los gastos de la guerra, sin que por entonces dejase percibir el medio que se proponía; y todos, en general, deseaban alguna indemnización, ya como una compensación de las contribuciones y expoliaciones que habían sufrido en otro tiempo, ya como recompensa de los servicios prestados en la campaña y en el campo de batalla. Me han acusado injustamente de una rigidez de principios y de una severidad de ideas exageradas. Han dicho falsamente que yo rehusaba premiar a los que habían servido a la causa, por una delicadeza que podrá llamarse ridícula. Lo que quería era orden, y a buen seguro que hubieran ganado mucho en sus intereses los buenos servidores, y aun los mismos díscolos, pues hubieran aprovechado mejor lo que debió ser el premio de sus buenas acciones y no el fruto de sus rapiñas.

He aquí lo que propuse al señor Ferré, tanto para realizar el sistema de premios que me había propuesto, como para evitar la deserción y atender a otros objetos importantes.

1° Que él (el señor Ferré) se estableciese por unos días en la frontera, y cuando él no pudiese por cualquier motivo, su hermano don Manuel Antonio, u otra persona caracterizada que no perteneciese al ejército, munida con la autoridad bastante y poderes en forma del gobierno.

2° Que a su disposición quedase una fuerza de doscientos a cuatrocientos hombres, con que cubriese las avenidas de la provincia que íbamos a invadir, con el fin de precaver la deserción y los arreos clandestinos de ganados, caballadas, etcétera, los que deberían prohibirse bajo penas correspondientes.

3° Que se destinase un gran rincón o potrero, como el de San Gregorio, por ejemplo, o el que forma el Miriñay con el Uruguay, donde se depositarían religiosamente las haciendas que por orden y ministerio de la autoridad se extrajesen del Entre Ríos, de las que no se podría distraer parte alguna, salvo para manutención, hasta concluida la campaña.

4° Que yo, general del ejército, o si se quería, el mismo gobierno, mediante las formas que se quisiesen establecer, clasificaría los establecimientos de estancias como pertenecientes o no a enemigos de la causa, haciendo arrear las de los enemigos, para ser conservadas en el depósito o depósitos que establecía el artículo anterior.

5° Que de estas haciendas se sacaría para los gastos de la guerra, según se juzgase indispensable, pero conservando la mayor parte y la mejor para premio del ejército, que era el fin principal de esta medida.

6° Que se adjudicase un número proporcionado, según el grado y clase de cada uno, tanto en vacas como en caballos, yeguas, mulas y demás, no debiendo hacerse la distribución sino después de terminada la campaña.

7° Que el que desertase perdía el derecho al premio antedicho, como también al premio de tierras que se había ofrecido por una ley del congreso provincial.

Este pensamiento nada tenía de injusto ni de irrealizable. No era injusto, porque el enemigo confiscaba sin piedad las fortunas muebles y raíces de nuestros amigos; ni irrealizable, porque era sencillísima la clasificación de las personas. Casi todos los grandes hacendados que habían levantado gigantescas fortunas a expensas de nuestros correligionarios políticos, andaban con las armas en la mano, o habían emigrado. Sobre la capacidad de los depósitos para conservar en Corrientes esas haciendas, baste decir que los había tan seguros y tan extensos que podían contener muchos cientos de miles de animales de todas clases.

El señor Ferré, sin contradecir cosa alguna, ofrecía ocuparse del pensamiento y prestarse a su ejecución; mas lo hacía con tal vaguedad que me dejaba en la incertidumbre de si merecía o no su aprobación. Hasta el punto de despedirse, me aseguró que nombraría un sujeto de carácter y representación, para que con su respeto (porque dijo que no podía ser él), hiciese guardar el orden en la frontera; y nada hizo, y me engañó cumplidamente. ¿Quería o no impedir el pillaje de haciendas desordenado, que tuvo lugar y que yo había querido precaver? No lo sé: quizá temía despopularizarse; quizá no veía el peligro de que se verificase lo que yo estaba palpando. Quizá temía, también, como otros aun más conspicuos personajes que el señor Ferré, que yo lo militarizase todo, porque quería regularizarlo todo.

De los Madariaga supe, algunos días después, que habían dicho, refiriéndose a mí: "Ya éste viene como su antecesor (el general Lavalle) constituyéndose en defensor de los enemigos. No sería así si él hubiese perdido lo que han perdido los correntinos". Ya he manifestado cuáles eran mis miras, que ellos comprendían muy bien; pero, como he demostrado, no les convenía a las suyas un orden equitativo en la distribución: querían *manchancha*, para tomar una mucho mayor parte. Advertiré con este motivo, y porque tiene relación con lo que sucedió después, que los Madariaga quisieron tomar un tono colectivo, ya en sus declamaciones, ya en sus representaciones, como si representasen a todos los correntinos; tono que, aunque se los reprobé y contuve, volvía a retoñar a la primera ocasión que se ofrecía.

Alguno dirá que por qué no castigué a los Madariaga o, al menos, por qué no los separé; y en contestación diré que en mi presencia eran sumamente humildes; que afectaban una suma docilidad; que tenían entre sus paisanos un cierto prestigio, quizá por su misma tendencia al desorden, que convenía considerar; y que, finalmente, no los creí peligrosos en alto grado, y que no lo hubieran sido sin las faltas y el apoyo que les dio al fin Ferré, contra quien no cesaron, sin embargo, un solo día de conspirar.

Espero que se me dispense el que me ocupe tanto de los Madariaga, considerando que no es por su personalidad, ni por su gran importancia, sino porque eran los representantes del desorden, del montonerismo y del vandalismo; que por estos medios se habían propuesto elevarse al caudillaje. Ya se han visto después las poquísimas aptitudes[1] que tienen para jugar este rol, y no necesitaría decir una palabra sobre ellos; mas, como lo que quiero es dar una idea clara de los sucesos y hacer conocer ese funesto espíritu que anima a los gobiernos de nuestro país, esa tendencia a dominar las masas ignorantes por la licencia, para después tiranizar a todas las clases, no dejaré de volver muchas veces sobre esos pobres imitadores de los Artigas y de los López, de Santa Fe.

Antes de despedirse Ferré para volver a la capital, le rogué que hablase a las clases del ejército y a los oficiales, pero en familia (permítaseme la expresión), para que fuese más eficaz la persuasión. Le indiqué que los exhortase a concluir la campaña, y a que observasen la disciplina militar, etcétera. Accedió sin dificultad, y tuvieron orden, primero los oficiales, luego los sargentos y últimamente los cabos correntinos, de venir a su alojamiento. A todos les habló sin testigos extraños, y para que fuese

[1] El célebre Pirán, su amigo, me cuentan que dijo que eran gauchos con medias de seda, queriendo significar que eran gauchos contrahechos; mejor hubiera dicho caudillejos sin el carácter y calidades para serlo. Hablaba de los Madariaga.

la excusa más correntina, no dijo una palabra en castellano, y todas sus alocuciones fueron en guaraní. Estoy seguro que, sin contrariar abiertamente lo que yo me había propuesto, no lo hizo en el sentido que más convenía.

La pasada del Paraná era para los correntinos un fantasma aterrador, y el modo casi mágico con que el general Lavalle los transportó a la margen derecha de aquel río, sin poderlo evitar ellos, mortificaba su amor propio.[1] Ahora, que era imposible repetir aquella operación por los mismos medios, tomaban, en su estúpida ignorancia, precauciones excesivas y hasta ridículas. La principal era mantener en alarma continua al soldado; ponderar los sufrimientos de los que siguieron al ejército libertador, e inspirar desconfianza en el general en jefe y todos los que no eran correntinos. Sobre este punto era que yo deseaba que Ferré los hubiese tranquilizado, asegurándoles que yo nada intentaría semejante a lo sucedido anteriormente, y que, llegado el caso de pasar, se verificaría con su aprobación y con la más perfecta seguridad de que regresarían a su país en breve tiempo. En una palabra: deseaba que les inspirase confianza en mis promesas; promesas que estaba firmemente resuelto a cumplir.

No lo hizo así Ferré, sea porque realmente tenía desconfianza, sea, y es lo más cierto, porque ya se ocupaba de desvirtuar mi poder. Les habló fríamente y limitándose a encargarles que hiciesen la campaña de Entre Ríos, y cuando un sargento se avanzó a preguntarle qué conducta deberían tener si se les mandaba y aun si se les compelía a pasar, contestó que lo resistiesen. Esto lo supe después, porque, como era consiguiente, me lo ocultó, haciéndome entender que había satisfecho mis deseos. Si se me pregunta: ¿quería en este tiempo Ferré que se llevase la guerra a la derecha del Paraná? Creo que sí [responderé], pero a su modo, como luego veremos.

Con estas disposiciones se despidió Ferré de mí en Curuzú-Cuatiá, para volver al interior de la provincia a activar la remisión de caballos, que no se había hecho sino en escala menor y que había sido durante su permanencia en el ejército un punto de constante discusión. Al mismo tiempo me puse yo en marcha para el Mocoretá, casi arrastrándome, con sólo el fin de ganar algunas leguas, mientras me alcanzaban las caballadas. Así

[1] Recuerdo haber oído decir a Juan Madariaga que sólo por la imbecilidad de Ferré pudo el general Lavalle obtener este resultado.

llegué al paso del Cerrito, en dicho río Mocoretá, donde tuve que detenerme muchos días por falta de movilidad.

Los días se pasaban; el enemigo volvía de su sorpresa y tomaba aliento; podía ser reforzado, y, lo que no era una menor dificultad, daba lugar a la concurrencia de un tercero, que debía embarazarnos mucho y contribuir poderosamente a que se perdiesen tantos esfuerzos y sacrificios. Este tercero era el general Rivera, de quien debo decir algunas palabras.

Ya se recordará que en 9 de octubre me ofrecía el general Rivera que antes de veinte días habría pasado el Uruguay con cuatro mil hombres; pues sépase que en los primeros días de diciembre, que tuvo noticia de la victoria de Caaguazú, estaba en el Durazno, a más de sesenta leguas del Uruguay, con unos pocos cientos de malos soldados y sin pensar siquiera en moverse. La noticia de nuestra victoria despertó en él los sentimientos más vivos de emulación, y, sin haber concurrido en cosa alguna a nuestro triunfo, se propuso sacar todo el provecho, acelerando entonces con rara actividad su movimiento y la invasión, que practicó al mismo tiempo que nosotros.

He dicho que la noticia de nuestra victoria despertó su emulación porque me han asegurado personas fidedignas que su conmoción fue tal, por un suceso que no esperaba, que enfermó y que el cirujano Ferreira tuvo que sangrarlo, temiendo un ataque más formal. Se restableció; no para pensar de buena fe en hacer olvidar sus faltas, sino para aumentarlas embarazando nuestras operaciones y creándonos obstáculos cuanto cabía en su posibilidad.

Durante el mes que nos había hecho perder la falta de caballos, importantes sucesos habían tenido lugar en la capital del Paraná. Echagüe, después de su derrota, llegaba precisamente al expirar el término legal de su gobierno, y debía la representación provincial proceder a nueva elección. Si este general hubiera sido más feliz en su campaña, es más que probable que hubiese sido reelecto; mas el clásico desastre que acababa de sufrir en Corrientes no era una buena recomendación para captarle los sufragios. No sin temores de una violencia por parte de Echagüe, la Sala de R. R. nombró a Urquiza, que era comandante general del departamento segundo, de gobernador y capitán general de la provincia. En cierto modo me debió su elección, porque, si no hubiese vencido a su rival, no le hubiera éste dejado el puesto de sus constantes aspiraciones.

Urquiza manifestó en esta crítica situación actividad y energía. Con las divisiones que tenía bajo su mando, y más cuanto pudo reunir de dispersos de la última batalla y otros elementos, se puso en campaña para repeler la doble invasión que lo amagaba. Verdad es que no ofreció combates; que no disputó el terreno sino muy débilmente; mas, sin embargo, la actitud que tomó por sí sola tiene su mérito, pues que le venían encima fuerzas muy superiores y triunfantes.

Mientras yo penetraba por el norte, el general Rivera, habiendo pasado el Uruguay con dos mil hombres en San José, lo hacía por el este de la provincia. Urquiza, bajo esta doble presión, emprendió su retirada para Gualeguay, aproximándose al río Paraná en los pasos que correspondían a la provincia de Buenos Aires. Nuestras comunicaciones con el general Rivera se abrieron naturalmente a virtud de nuestra aproximación, y pudimos girar nuestra correspondencia en derechura.

Después de noticiarme su movimiento, me proponía una entrevista en Perucho-Verna, que no queda distante del Uruguay. Sobre ser inadecuado el punto, por cuanto me separaba demasiado de mi línea de operaciones, que era paralela y próxima al río Gualeguay, me debía hacer perder un tiempo precioso, que era indispensable aprovechar, para concluir con toda resistencia. Además, ya entreveía una de las artimañas con que el pobre hombre quería entretenerme para lograr su fin, que era apoderarse antes que yo de la capital de la provincia.

Sin negarme a la *entrevista*, la diferí para mejor tiempo, motivando fundadamente las razones que se oponían a que se efectuase *incontinenti*, y despaché al ciudadano don Juan Andrés Pueyrredón para que nos sirviese, entretanto, de órgano de nuestra mutua inteligencia. La vuelta de Pueyrredón me probó hasta la evidencia la exactitud de mis sospechas, y sólo me ocupé ya de asegurar el país, a despecho de sus arterías.

Parece que Urquiza prefería hostilizar a Rivera antes que a nosotros, que lo buscábamos por otro lado. Pienso así porque no se presentó al ejército que yo mandaba cuerpo, ni aun partidas enemigas, salvo alguna insignificante, que revoloteaba a la distancia. Mas, retirándose de Rivera, se aproximaba al Gualeguay, por cuya margen izquierda yo descendía. Es claro que aunque yo, con todo el ejército, estuviese en la imposibilidad de alcanzar su flanco, podía hacerlo con una división fuerte, oportunamente destacada. Así lo verifiqué, haciendo marchar al general Núñez con mil hombres de caballería[1] y cien infantes, escogidos y montados, como iban la mayor parte de los que llevaba el ejército.

Núñez se separó del ejército para esta expedición, en el Gualeguay, Paso de la Laguna y tuvo más que sobrado tiempo para haber caído sobre el flanco de Urquiza, que, perseguido por Rivera, se aproximaba a dicho río, pocas leguas más abajo. No puedo comprender por qué Núñez, en vez de la diligencia que debía poner en bien de los intereses generales y de los suyos propios, empleó más de treinta horas en andar seis u ocho leguas. No fue sino el día siguiente de su marcha que recibí una nota de Rivera, solicitando que hiciese un movimiento parcial, idéntico al que había practicado Núñez. Pero en postdata y de su propia letra, me decía que deseaba que no fuese Núñez el que mandase la división indicada, por el bien de la paz y armonía que debía reinar entre nosotros.

No quise negarme a esta indicación, hecha en términos tan moderados; y, a las veinticuatro horas de haber marchado Núñez, partió el coronel Velazco en su alcance, para tomar el mando de la división, y obrar de acuerdo con Rivera. Fue a esa distancia de seis u ocho leguas que lo alcanzó, y que, hecho cargo de la fuerza, se puso en contacto con Rivera, para obrar en común acuerdo. Ya era tarde: Núñez había perdido un tiempo precioso, había dejado escapar a Urquiza y avanzarse demasiado a Rivera, para que éste fuese quien lo persiguiese de cerca y se apoderase de las inmensas caballadas que dejó cuando se vio precisado a arrojarse al Paraná.

[1] Cuando marchaba Núñez, me trasladé a su campo y reuní los jefes de su división y la de Báez, que eran las destinadas a la operación, y les hablé recomendando el orden y la disciplina. Ya por ese tiempo, y aun antes, habían los Madariaga estallado en ciega enemistad contra el general Núñez, a quien, cuando llegó, habían cortejado con bajeza. El motivo principal era el de siempre: porque no creyó conveniente favorecer sus miras personales; mas, además había otra razón. Núñez, como entrerriano, y aun como pretendiente al gobierno de la provincia, quería que los correntinos no robasen, mientras los Madariaga predicaban la expoliación y el saqueo. Para estas predicaciones uno tomaba la representación de una provincia, y los otros, la de Corrientes. Recuerdo que en mi discurso les dije: "No reconozco aquí representante ninguno de Entre Ríos, ni tampoco nadie está autorizado para serlo de Corrientes. Ni estas provincias ni ninguna lo necesitan, porque estoy dispuesto a hacer ejecutar mis órdenes, que son de respetar las propiedades particulares". Los Madariaga lo tomaron para sí.

Pienso que Núñez, dotado de una ambición insensata y engreído con los inciensos de jóvenes inconsiderados, debió haber aprovechado, con apresuramiento, la ocasión que se le presentaba de adquirir gloria, obteniendo sobre Urquiza una semivictoria; además, se hubiera apoderado de numerosas caballadas, que tomó Rivera, y hubiera atraído a su partido los rezagados, que por cientos dejaba el flamante gobernador. La suerte misma de éste era problemática, y es probable que ni los pobres restos que pasó al Tonelero hubiera podido salvar. Yo puse a Núñez la ocasión en la mano, y no supo agarrarla. La culpa es suya, y, desde entonces, el crédito de este caudillejo no hizo sino retroceder a largos pasos. Pienso que le faltaba resolución en las grandes ocasiones, y que tampoco tenía el suficiente talento para discernirlas.

Cuando lo retiré de la vanguardia, tan lejos de desairarlo, motivé la orden con el pretexto de que, debiendo yo ausentarme del ejército, era llamado a quedar interinamente a cargo de él. El motivo era tanto más natural cuanto era pública la solicitada entrevista, y se urgía con generalidad que yo debía asistir a ella. Él, sin embargo, se dio por ofendido, y habló de retirarse y salir del ejército. Cuando le dije que su demora había ocasionado todo, pues sin ella el reclamo de Rivera ni la ida de Velazco hubieran llegado a tiempo, no supo qué contestar, y tuvo que resignarse con su destino.

Otro motivo tuvo de disgusto, y fue la candidatura para gobernador provisorio, que se hizo en la persona de don Pedro Seguí, vecino de la capital del Paraná, y a quien ni conocía de nombre. Me dijeron que era amigo de Ferré, y bastó para que me conformase. Núñez había creído, sin que yo se lo ofreciese, que subiría sin más preámbulos a la silla del gobierno, y aunque el nombramiento de Seguí era provisorio, le desagradó altamente. No podía ser de otro modo, por mil razones de política. Una sola basta: era una declaración de guerra al general Rivera el nombramiento de Núñez.

Sin embargo, le hablé como un amigo, y le persuadí de que quedase mandando el segundo departamento general; que formase una división de dos mil entrerrianos, con que engrosaría el ejército cuando pasásemos el Paraná; que prestase nuevos servicios, y que ganase crédito y gloria. "Lo demás, le dije, vendrá pronto, y usted se verá a la cabeza de la provincia de un modo decoroso, firme y honorable." A todo se conformó, y lo dejé encargado de los objetos que he indicado, con una fuerza proporcionada para llenarlos.

Al mismo tiempo disponía que otra división, al mando del general Ramírez, marchase sobre la capital, mientras yo, con el resto, seguía en la misma dirección, sin huir ni a Rivera ni a Urquiza, cuya suerte no estaba aún definitivamente fijada. Mas ella no era dudosa, y muy poco tardó en saberse que, perseguido por la vanguardia de Rivera, se había arrojado al Paraná, ganando la isla del Tonelero, para pasar en seguida a la provincia de Buenos Aires, cerca de San Nicolás.

Desaparecido del teatro este caudillo (Urquiza), ya no quedaba resistencia seria, y tan sólo una u otra montonera de poca importancia, a las órdenes de un Crispín Velázquez, de un Abraham, de un Olivera y otros caudillejos, podían incomodar las comunicaciones. Las mandé perseguir, y se logró con facilidad disolver la del primero, y que los otros se sometiesen y prestasen obediencia al nuevo gobierno. Verdad es que después lo traicionaron, desertando segunda vez, para volverse a buscar a su antiguo jefe; mas estoy persuadido de que fue efecto, su inconstancia, de las circunstancias, y que nos hubieran servido fielmente sin la dislocación que sobrevino en nuestro ejército.

En los primeros días de febrero llegué a la ciudad de la Bajada, que acababa de ser ocupada por la división del general Ramírez, que era entonces mi vanguardia; a su aproximación, había huido el gobernador delegado y las autoridades principales, dejando el pueblo en completa acefalía. El gobernador López de Santa Fe, que, según me había ofrecido, debía haber obrado militarmente sobre dicha ciudad desde dos meses antes (adviértase que desde la capital de Santa Fe, y viceversa, se ven los edificios de la Bajada, que no está separada sino por el río Paraná), no sólo nada había hecho, sino que ni prestó cooperación alguna a la división de ocupación, ni hostilizó a los prófugos, que debieron caer en su poder con los caudales públicos, armamentos y pertrechos que llevaban. La operación era, sobre fácil, segurísima, pues tenía una flotilla relativamente muy superior a la que mandaban aquéllos, y el Paraná, en una extensión de más de cuarenta leguas, hasta entrar en las aguas de Buenos Aires, le ofrecía un campo seguro y vasto para perseguirlos, si no se hubiese anticipado, como debió hacerlo. El resultado fue que se les dejó ir tranquilamente, sin que me diese López posteriormente otra excusa que el descuido o mala voluntad del comandante del puerto y del jefe de la flotilla,[1] a los que no sé que hiciese los cargos que merecían. Ya llega el tiempo que empecemos a ocuparnos de este ente original, a quien procuraré hacer conocer, aunque sea rápidamente.

Antes de llegar a la Bajada, a distancia de diez o doce leguas, ya me encontré un enviado suyo, que era el mismo coronel Ruiz Moreno que había intervenido en el tratado de alianza con Corrientes. Desde sus primeras palabras ya ensartó una cáfila de pedidos, entre los que era más notable la remisión de una división de ochocientos o mil hombres, a la que colocaría a vanguardia durante una excursión que pensaba hacer López sobre la frontera de Buenos Aires. Tras de esta pretensión venía el pedido de caballos, armas, etcétera. El comisionado ponía un empeño tan porfiado en obtener cualquiera cosa que fuese, que recordé la observación que había hecho durante mi prisión en Santa Fe, en donde los talentos diplomáticos se miden, o, si se quiere, se pesan por la tajada que saca el empleado en intereses materiales; por fortuna, no era preciso mucho para contentarlos, así es que cuando Cullen, en sus misiones a Buenos Aires, traía algunas armas, vestuarios, regalitos, etcétera, se hacía subir a las nubes su habilidad y profunda experiencia.

Sin embargo de esto, las peticiones de Moreno eran inacordables en su mayor parte. En primer lugar, el envío de una división importaba la solución del problema *del paso del Paraná* por los correntinos, y a cualquiera se le ocurre las dificultades que esto tenía, principalmente tratando de hacerlo con la aprobación del gobernador Ferré. En cuanto a caballos, había una verdadera dificultad, o, diré mejor, imposibilidad, pues apenas llevábamos los precisos para marchar. En cuanto a armas, le di algunas, y aun, pocos días después, le mandé algún dinero, asegurando al gobernador López que partiría los recursos de que pudiese disponer.

Mas, dejando esto aparte, porque desaparece a presencia de otra mayor consideración, diré que me llenó de asombro la vaciedad del comisionado y de su poderdante cuando quise abordar asuntos de mayor importancia. Cuando quise entrar en el plan que debíamos proponernos para las futuras, pero próximas, operaciones de la campaña, nada encontré de sustancial, y

[1] De Corrientes habían sido mandados uno o dos lanchones armados para aumentar la flotilla de Santa Fe, en previsión de lo que sucedió.

me convencí de que nada habían pensado a este respecto; lo peor, y lo que más me desesperaba, era que, cuando quería traerlo a este terreno, sobre no adelantar, veía que daban poquísima atención. Luego diré de las conferencias que tuve con el mismo López, en que me acabé de persuadir de que este pobre hombre nada había pensado, y que no había extendido sus meditaciones más allá del día de mañana.

Cuando quise investigar qué clase de operación se proponía con la división de ochocientos hombres que me pedía, no me dio otra explicación sino que pensaba hacer una entrada a la provincia de Buenos Aires, cuyo mejor resultado podría ser un arreo de ganado. Mas no era esta clase de operaciones en las que yo debía emplear las fuerzas disciplinadas del ejército, teniendo, por otra parte, fuerza de sobra para ellas la provincia de Santa Fe en más de tres mil soldados de tropas irregulares, de que podía disponer. Yo, y todos, debíamos creer que don Juan Pablo López era un hombre algo semejante a su hermano don Estanislao, cuyas gauchescas hazañas no se le caían de los labios, y era natural hallar en los santafecinos algo parecido a lo que habían sido en épocas anteriores. Mas todo estaba mudado: ni el caudillo se asemejaba a su modelo, ni los santafecinos del día eran los de diez años antes.

No sería difícil analizar las causas de esta mudanza, pero esta tarea me llevaría muy lejos, a más de que bien pueden inferirse de lo que vaya expresando en el curso de esta memoria. Fuera de eso, quiero cerrar este cuaderno, para tomar por entero los célebres sucesos de la Bajada, que decidieron de esta campaña.

Justo J. de Urquiza, 1852.

Capítulo XXXII

Momento histórico de la revolución

[Instrucción de los militares argentinos; causas de su atraso - Redacción de estas memorias; dificultades del autor - Disposiciones de los habitantes y estado político de la capital de Entre Ríos - Conducta, negociaciones e intrigas de Rivera; consecuencias de las mismas - Sus planes de anexión y su inmoralidad administrativa - La deserción en el ejército correntino; sus causas - Presencia y planes de Ferré - Crítica situación del general Paz: su renuncia al mando del ejército y su designación como gobernador de Entre Ríos - Actividades de Ferré y los Madariaga.]

A los militares de nuestro país es a los que menos se puede aplicar lo que se dijo de César: *que sabía hablar y escribir, como sabía pelear*; y a la verdad que son dignos de disculpa. A la poca instrucción, que era bien general en nuestra juventud, se debe agregar la más completa desaplicación, proveniente de la ignorancia de la mayor parte de los jefes de cuerpo, que, tan lejos de estimular a sus subalternos, hallaban cierta complacencia en que no fuesen más adelantados que ellos. Por otra parte, las ideas de entonces eran tan extraviadas, y tan arraigadas las preocupaciones, que se miraba con desdén y hasta desprecio a un oficial joven que diese mucho valor a la instrucción en otras materias, fuera de aquellas muy triviales de la profesión. Para colmo de dificultades, la escasez de libros, principalmente en el ejército que operaba en el interior, era absoluta, de modo que aunque alguno quisiese aprovechar mejor su tiempo, le era imposible conseguirlo.

La clase de oficiales se componía, por lo común, de antiguos sargentos que habían aprendido la rutina del servicio, y que por su buena conducta habían ascendido; o de jóvenes petimetres, que hacían consistir todo su mérito en ponerse bien la corbata, y hacer con elegancia su corte a las damas; los jefes que habían producido estas dos clases en nada menos pensaban que en formar otros que pudiesen aventajarlos.

Con tales antecedentes, ¡qué mucho es que no haya habido quien escriba los hechos militares de nuestros ejércitos, y que yo mismo, al redactar esta memoria, sienta las dificultades que son consiguientes a la falta de ejercicio! Sensible me es, ahora más que nunca, no haber cultivado este talento, para dejar una cosa más digna del asunto que trato y del objeto que me propongo. A cada paso tropiezo con mi falta de costumbre en este género, y, además, no escribo sino a intervalos y sujetándome a largas y frecuentes interrupciones. Ellas provienen, fuera del estado precario de mi salud y de otras circunstancias que afectan mi actual situación, de la desconfianza que se apodera de mí de que no llenare ni medianamente mi tarea. Cuando aquélla llega, tiro los papeles y la pluma, y no vuelvo a acordarme en muchos días, en que no me faltan tentaciones de arrojar al fuego cuanto he escrito. Esta desconfianza nace también del tono cáustico y grandemente crítico que temo haber dado a mis pobres producciones. Escribo lo que siento, lo que pienso, lo que he visto, según lo he comprendido, sin ocuparme mucho de pomposos panegíricos, como suele acostumbrarse en semejantes obras. Los partes militares, la prensa, la opinión pública, han hecho ya el elogio de los que han merecido bien de la patria. Ahora me propongo, principalmente, referir los hechos y asignarles sus causas, según me lo indica mi modo de entenderlos. Si, como deseo, alguna vez escribo sobre las operaciones estratégicas de nuestros ejércitos y sobre los sucesos puramente militares, no dejaré de encomiar debidamente a los que, a mi juicio, lo merezcan, y hacer a todos la debida justicia.

La advertencia que acabo de hacer explicará por qué hay en esta memoria repeticiones que hubiera deseado evitar, pero que me es bien difícil conseguirlo, atendida la especialidad de mis circunstancias. Cuando después de una buena interrupción tomo otra vez la pluma, se me presenta una idea o un hecho que he referido, y vuelvo a hacerlo, en la inteligencia de que es la primera vez que lo emito. La repetición, entonces, es tanto más irremediable, por cuanto no tengo paciencia para recorrer lo que he escrito. Agréguese que mi trabajo se empezó y se continúa sin plan trazado de antemano; que los ocios que me deja mi actual situación apenas me permiten escribir al acaso, y que yo mismo me asombro de la cantidad de papel que he llenado. ¿Por qué no diré también que es tiempo ya de que mi memoria flaquee, y de que mis facultades se resientan de mis sufrimientos y de mis cincuenta y ocho años?

En la capital del Entre Ríos me recibió la población con muestras de benevolencia, lo que nada tiene de extraño, porque, si no era sincera, la creían necesaria sus habitantes para desarmar el resentimiento del vencedor. Adviértase que no había allí un partido que nos fuese favorable, y que los únicos que se dejaban sentir eran puramente personales, sin dejar por eso de pertenecer a los que llaman *federación*. La opinión estaba dividida entre los dos caudillos que habían predominado; de modo que, quitando los echagüistas y urquicistas, nada quedaba de provecho en la provincia. Forzoso era servirse de alguno de ellos, y, entonces como ahora, se creyó que el partido de Urquiza simpatizaba más con nosotros; fue también el que se me aproximó y que, como ya indiqué otra vez, quiso persuadirme de que su patrono estaba dispuesto a entenderse conmigo.

Por más que Rosas nos proclamase unitarios, todos nuestros actos manifiestan que estábamos dispuestos a abrazar la forma federal, siempre que la adoptase la república. Queriendo, sin duda, hacer un ensayo o prueba de mis disposiciones, los representantes, las autoridades y vecinos de distinción se presentaron a cumplimentarme el día de mi arribo, adornados de la divisa punzó en el pecho, que en su concepto simbolizaba la federación. Aunque en el momento nada reprobé, les hice insinuar, después que se retiraron, que se la quitasen, pues la consideraba no como un emblema del sistema federal, sino como signo del partido que está personificado en el individuo que ejerce la dictadura argentina, y a quien hacíamos la guerra. Así lo hicieron, y desde este instante no se vio otra vez esa divisa de terror, de opresión y de sangre.

Los individuos que componían la Sala de Representantes eran tenidos por adictos al orden de cosas que acababa de cambiarse; pero, además que hubiera sido imposible encontrar amigos nuestros que les subrogasen, debo decir en su obsequio que en su mayor parte se prestaron de buena fe al que acababa de establecerse. No tengo la menor duda en asegurar que se hubieran desempeñado con fidelidad y se hubieran entendido perfectamente con nosotros sin la fatal dislocación que vino a echar por tierra nuestras mejores esperanzas. No les haré por esto el favor de suponerlos animados de un ardiente y desinteresado patriotismo —nada de eso—, pero, conociendo en lo íntimo de su corazón la justicia de la causa que yo defendía, la hubieran servido si hubieran podido hacerlo sin comprometer su seguridad personal, sus intereses y sus comodidades. Desde que vieron vacilar el edificio, cuyos cimientos se habían puesto en Caaguazú, sólo trataron, con poquísimas excepciones, de reacomodarse con su antiguo patrono, lo que no les fue difícil conseguir. Lo mismo sucedió con los demás empleados, que habían sido conservados en sus destinos.

El general Rivera, forzando sus marchas, había procurado anticiparse en la ocupación de la capital; mas fue inútil su empeño. Temiendo quizá lo que sucedió, o buscando un pretexto para tomar una parte en el cambio de la administración, se aventuró a despachar un parlamentario con una nota de intimación al gobernador delegado que tenía Urquiza, avisándole su aproximación y sus disposiciones a entrar en arreglos pacíficos. La nota, de que siento no conservar copia, aunque recuerdo que vi alguna, estaba concebida en los términos más blandos y conciliadores, queriendo con ella formar un contraste con el tono imponente de vencedor, que juzgaba que yo asumiría. Ofrecía, al mismo tiempo, pomposamente, garantir las personas, las propiedades, las opiniones, etcétera.

Lo chistoso fue que el mayor Mendoza, conductor de la expresada nota, llegó a la Bajada cuando ya la división del general Ramírez había ocupado la ciudad, que ya había un nuevo gobernador, y que el delegado de Urquiza, a quien venía dirigida, había fugado. Cuando yo llegué, aún permanecía el bueno del parlamentario con su nota, que fue a presentar, preguntándome qué haría de ella. Mi contestación fue que me parecía mejor que se volviese al campo de su general, si no es que prefería ir a Buenos Aires a entregarla a su título. Hizo lo primero.

No obstante este contratiempo, el general Rivera continuó sus marchas hasta cinco leguas de la Bajada, donde fijó su campamento. Desde allí se propuso promover algunas intrigas y entablar relaciones con los gobiernos de Santa Fe y Entre Ríos, reanudando las que estaban casi concluidas con el de Corrientes: mas entonces marchaba sobre distinto plan. Ya no quería ni entrevistas ni comunicaciones conmigo y se esforzaba cuanto podía para persuadir que no reconocía en mí carácter oficial, ni capacidad ninguna política, para que debiera tomar parte en los arreglos que se hiciesen. Su malevolencia provenía del vivo resentimiento que le había causado el chasco de la Bajada.[1]

[1] Posteriormente he sabido que son dos los fuertes motivos de queja que alegaba contra mí, expresándose entonces con la mayor vehemencia. 1° El

Mucho fue lo que nos dañó este hombre singular, y, sin embargo, no hubiera sido lo bastante para hacer inútil el fruto de nuestra victoria, sin los errores de Ferré y las sandeces de López.

Jamás pensó seriamente Rivera en dar un impulso vigoroso a la guerra, que la terminase con brevedad. Al contrario, sus concepciones no iban más allá del muy vulgar plan de alimentar las montoneras de Santa Fe, mientras que él aumentaba su poder en Entre Ríos, atrayendo las masas y haciendo jugar los resortes del caudillaje. Imbuido también en la ridícula idea de que el progreso de un país nace de la ruina de sus vecinos, se proponía parapetarse de la barrera que ofrece el caudaloso río y atizar el incendio y la devastación en la opuesta orilla. ¡Ah! ¡Qué caro ha pagado el estado oriental los groseros errores de su gobernante! Ha llamado a sí los males que quiso echar a su enemigo.

Los recursos de la provincia de Corrientes eran muy limitados para continuar la guerra, y forzosamente debíamos servirnos de los que ofrecía la nuevamente libertada. Ya indiqué antes que Ferré pretendía indemnizaciones y el ejército reclamaba premios. A una gran parte de estas necesidades debía proveer Entre Ríos, y he aquí que Rivera se presenta apadrinando los intereses de los que podían alarmarse por aquellas medidas.

Fuera de una pomposa proclama, en que ofrecía las más cumplidas garantías, decía en su cuartel general a todos los entrerrianos que iban a visitarlo: "Este país ha sufrido mucho, y no debe gravárselo con nuevas cargas. Si se necesitan recursos para continuar la guerra, el estado oriental, a quien tengo la honra de presidir, los tiene de sobra, y está dispuesto a emplearlos, para no gravar a esta pobre provincia". En seguida hablaba de una remesa de doscientos mil duros que esperaba, de refuerzos de tropas, de vestuarios, y de otras mil cosas de esta naturaleza, con que, si no había alucinado sino a rarísimos, había lisonjeado a los que temían se les hiciese contribuir con alguna parte de sus intereses.

Entretanto, el hombre que se producía de esta manera aso-

---

haber contribuido a que variasen las disposiciones del señor Ferré y su política cuando el general Lavalle pasó el Paraná, y dio aquél su tremenda proclama. 2° El haberme anticipado en la ocupación de la Bajada, arguyéndose de engaño, lo que, sobre falso, es absurdo; pues ni le prometí, ni pude prometerle renunciar a las ventajas de vencedor. Mas, aun dado que fuese un engaño, no es él, que hace alarde de engañar, quien debía quejarse de haber sido atrapado en sus propios lazos.

laba y robaba al país escandalosamente por medio de sus paniaguados, en términos que por todo el territorio que había dejado a su espalda no se veían sino esos arreos clandestinos de ganado, mulada y caballada, que tan hábilmente saben practicar nuestros gauchos y los orientales, que es lo mismo; puede decirse, sin la menor exageración, que, pasados algunos días, más de la mitad de lo que llamaba su ejército no se empleaba en otra cosa, y que muchos de sus jefes, como el funestamente célebre Chilavert, habían olvidado sus funciones militares,[1] para convertirse en ruines merodeadores.

Para que el lenguaje que usaba el general Rivera, sobre ser falso, llevase el sello del ridículo, debe advertirse que abrió su precipitada campaña con una caja militar exhausta, o mejor diré, sin caja militar. Apenas se tuvo noticia de algún limitadísimo gasto que hiciese, como, por ejemplo, el que voy a referir.

Pagó una sola vez a buen precio unas pocas reses, y aún menor número de mulas y caballos, para poder asegurar, con citación de testigos, que había comprado estas especies. Así es que se le oía decir frecuentemente y, lo que es asombroso, no temió decírselo al gobierno mismo de Entre Ríos, cuando éste le reclamó de los robos escandalosos que hacía su ejército: "He pagado las reses a tanto; las mulas y caballos a cuanto; como lo puede decir don fulano de tal, a quien le compré". Debo conservar copias de las justas reclamaciones del gobierno de Entre Ríos, y otros documentos que hacen al intento.

En la campaña, y muy particularmente por la costa del bajo Paraná, que era el camino que había traído Rivera, y por donde luego se retiró, había muchos jefes y oficiales partidarios de Urquiza, que, aunque estuviesen retirados, conservaban gran influencia. Por entonces no maquinaban, y, si lo hacían, era tan cautelosamente que no se dejaban sentir. Ponerlos en juego, hacerlos aparecer en oposición a los que había colocado el gobierno al frente de la milicia y los departamentos, y últimamente, persuadirlos a que levantasen el estandarte de la rebelión, fue obra exclusiva del general Rivera. Él fue quien excitó a los Ereñú, a los Páez y otros caudillejos, y les puso las armas en la ma-

[1] Chilavert había quedado atrás con un poco de infantería y seis cañones, que pasaron el Uruguay. Esta situación le permitía ocuparse exclusivamente de la expoliación del país, al que su patrono había ofrecido ostentosamente las más cumplidas garantías.

no, sin más objeto que causarnos dificultades y dañarnos, sin advertir que él mismo cavaba el abismo que debía de tragarlo.

La sublevación de Nogoyá y la derrota y muerte del joven comandante Ostrez, fueron fruto de sus maniobras; maniobras no subterráneas, sino públicas, y que él mismo me ha confesado después, hasta cierto punto. Se persuadía neciamente de que esos hombres, a quienes excitaba a la rebelión, le quedarían suyos, que los dominaría, y, por lo menos, podría desarmarlos cuando le placiese. Fueron ellos, poco después, y son hasta ahora, sus más encarnizados enemigos; los que lo han perseguido sin cesar, y batido no sólo en Entre Ríos, sino en el corazón mismo del territorio oriental.

Hizo en esta vez el general Rivera faltas muy graves y los mayores males a la causa, sin proporcionarse provecho alguno, y, lo que es más, alejándose como nunca de su proyecto favorito de incorporar las provincias de Entre Ríos y Corrientes a la república de que dependía, o que dependía de él. Muy al contrario de sus deseos, llegó su descrédito a lo sumo, y puede asegurarse que desde entonces cesó toda posibilidad de llevar a cabo su idea predilecta.

Ésta, que no era sólo de él, por cuanto participaban muchos orientales de distinción y de más luces que él, consistía en agrandar el estado oriental, o sea la República del Uruguay, con la anexión de las provincias de Entre Ríos y Corrientes, pertenecientes a la República Argentina, y la de San Pedro del Sud, que depende del Imperio del Brasil, sin perjuicio de agregar, andando el tiempo, la del Paraguay, con lo que quedaba redondeada la nueva nación. Este sueño, que sin los crasos disparates del general Rivera y los errores del gobierno oriental pudo tener algo de realizable, dejó de serlo enteramente, sin que ofrezca en el día ni una sombra de esperanza de que pueda verificarse.

La denominación de *orientales del Uruguay*, que no sólo con el más chocante énfasis, sino también con fastidiosa repetición, daba Rivera a sus paisanos, desorientalizaba a los correntinos y entrerrianos, que son occidentales del Uruguay, y fortificaba su verdadera nacionalidad. Todo creía remediarlo empleando la ya impotente palanca del gaucherío y caudillaje. Si en tiempo de Artigas fue ella bastante fuerte para trastornarlo todo, al presente ni aun para eso podía servir, y mucho menos para levantar el soberbio edificio que había podido concebir una imaginación desarreglada.

Agréguese a lo que he dicho la inmoralidad de su administración, el desarreglo de las rentas, el desorden y pequeñez de su ejército, sus imprudencias de todo género, y se verá que con pobrísimos medios se proponía cambiar la faz de una gran parte de nuestro territorio. Jamás hubo plan más mal concebido, ni más descabelladamente ejecutado. Jamás ofreció ni una vislumbre de probabilidad.

Disculpo al general Rivera como oriental, y también a los otros que concibieron tan grandioso proyecto, porque nada es más natural que deseasen el engrandecimiento de su país. Tanto más racional era ese deseo cuanto que, por su pequeñez, está expuesto a sufrir la influencia de vecinos poderosos; mas es forzoso confesar que él y sus colaboradores se equivocaron en la adopción de los medios. No faltaban entre ellos hombres de talento, ni aun jóvenes de los que pertenecen a la *nueva generación*, y, por lo mismo, es más de admirar que se alucinasen hasta dar a un proyecto gigante las dimensiones y la medida de un enano.

Dejaremos al general Rivera para ocuparnos después de él, mientras nos llaman la atención otros incidentes no menos graves, que tuvieron lugar en esta época, fecunda en errores; preciso me es ir por partes, pasando ahora a decir algo del ejército que estaba a mis órdenes, y de las disposiciones de varios de sus jefes.

El coronel don Faustino Velazco, a quien, en subrogación del general Núñez, había mandado con mil hombres a que, de acuerdo con Rivera, persiguiese a Urquiza, no pudo entenderse con aquél, pues desde los primeros pasos estalló la desinteligencia. Como el objeto de Rivera era anticiparse a la Bajada, hizo que Velazco se le quedase muy atrás, de modo que sólo llegó después de días que yo la ocupaba. Esta linda división sufrió un contraste de otro género, que me fue mucho más sensible.

Cuando se me incorporó en dicha ciudad, había perdido casi la mitad de su fuerza por la deserción, siendo los cuerpos que mandaban los hermanos Madariaga los que más habían sufrido. Hasta había algún oficial que se había manchado con este feo crimen.

No puedo asegurar que los Madariaga lo promoviesen expresamente, pero es fuera de duda que, propagando su sistema de robo y de desorden, eran los verdaderos causantes del mal, sin percibirlo, quizás, en toda su extensión.[1]

[1] Me inclino a creerlo así porque años después, en circunstancias más críticas, los he visto agitar y promover la insubordinación y el desorden, sin aper-

Nada es más cierto que cuando el soldado miliciano adquiere algo en la guerra trata luego de desertar, para asegurar lo que ha adquirido. He hablado del soldado miliciano, porque el veterano, que no tiene más hogar que su cuartel o campamento, ni más familia que sus armas, disipa entre sus camaradas lo que le ha producido la guerra; pero el miliciano, que cuenta pronto volver a los objetos de su afección, no tiene otro medio mejor de gozar lo que ha adquirido que volviéndose a su casa; así lo hace, luego que puede llevar algo a su mujer e hijos. No pretendo que estos sentimientos sean reprochables, pero no se me negará que, en ciertas circunstancias, es conveniente reprimirlos o evitarlos, y es lo que me proponía estableciendo recompensas, que tendrían su efecto terminada que fuese la campaña.

El coronel Velazco me participó que no tenía datos positivos para convencer a los Madariaga de ser los autores de tamaño escándalo, pero que su íntima convicción era de que, si no con una determinada y expresa intención, al menos indirectamente, lo habían promovido en sus conversaciones y doctrinas.

Puede que alguno que leyese estos apuntes extrañe que un jefe experimentado como Velazco no hubiese podido precaver los males, o, por lo menos, descubrir sus autores. Su extrañeza cesará si considera que el provincialismo de los correntinos es de tan subidos quilates que consideran como extranjeros a los que no son nacidos en su provincia; que tienen un idioma exclusivo, cual es el guaraní, que los pone en la aptitud de conspirar en presencia del jefe a quien traicionan; que tenían los díscolos un resorte poderoso que tocar, excitando la repugnancia general que tenían a pasar el Paraná, sin olvidar lo que halagaba a la muchedumbre el cebo del pillaje, y, sobre todo, el arreo de las haciendas (rebaños) del Entre Ríos, que pensaban hacer en su retirada. ¿Qué mucho, pues, que fuese fácil a los revoltosos hallar un auditorio adecuado, y que un jefe extraño se viese aislado, traicionado y vendido?

Sucedió que esas partidas de desertores que atravesaban el Entre Ríos para volver a Corrientes cometían robos, violencias y toda clase de excesos; esta conducta originó, naturalmente, la

---

cibirse que iban a ser sus primeras víctimas. La campaña que precedió a Vences y la jornada de este nombre son buena prueba de ello. No se piense por eso que como militares tenían gran crédito; pero eran los más charlatanes, principalmente el Juan; pertenecían a una clase más elevada, lo que les daba influencia, y tenían toda la impavidez que da la más fantasiosa ignorancia.

resistencia de los habitantes, de los que muchos se armaron y reunieron; hubo varios choques con los desertores, y no pocos fueron exterminados.

Cuando se me presentó la división, le hablé en términos algo duros, y le manifesté mi profundo desagrado, pero sin particularizarme individualmente. Su mismo pecado hacía que los Madariaga se atribuyesen las expresiones de mi desaprobación, y quedaron, respecto de mí, en el más completo retiro. Supe después que manifestaron grandes temores de que hiciese con ellos un acto de justicia, y que tomaron sus precauciones. Estaban a todas horas con caballo ensillado, y pasaban la noche en vigilia, prontos, sin duda, para fugarse, porque no tenían ni poder ni energía para otra cosa.

Dejando la infantería y artillería en la ciudad de la Bajada, había sacado la caballería al campo de las Conchillas, cinco leguas al norte de dicha ciudad. Yo me trasladaba con frecuencia del campamento a la capital, y de la capital al campamento, según lo requerían las necesidades del momento. Nuestras caballadas, que habían sufrido por las marchas y, más que todo, por la espantosa seca que afligía el país, llamaban urgentemente mi atención; su reparación no podía hacerse sino empleando tanta eficacia como orden.

Otro inconveniente que nos traía la deserción, que había empezado a picar en el campamento de las Conchillas, sin que por eso se pareciese ni con mucho a la que sufrió la división de Velazco, era que los desertores se llevaban los mejores caballos, y si podían, hacían un buen arreo de ellos. Varios jefes correntinos, aunque no se asemejasen a los Madariaga, manifestaban una pronunciada tibieza. Sin embargo, jamás se desmintieron, por entonces, en el respeto que me tributaban, y dondequiera que me presentase parecía recibir la confianza y aun el entusiasmo.

Desde antes de mi marcha de la provincia de Corrientes había sido convenido con el señor Ferré que se trasladaría a la Bajada luego que la ocupase, y, en consecuencia, se lo avisé con repetición cuando podía hacerlo sin peligro. No obstante la urgencia de mis instancias, se demoró preparando buque, cargándolo y arreglando no sé qué cosas más. Al fin apareció en...

Nuestras primeras entrevistas, sin dejar de resentirse de frialdad, nada tuvieron de inamistoso, sin embargo que me maravillaba la tibieza con que abordaba los puntos esenciales de nuestra situación, ya tergiversando, ya demorando su acuerdo o discusión. No fue sino más despacio que pude comprender los pensamientos que lo ocupaban, y que puedo reducir a los siguientes.

1° Impedir que el ejército pasase el Paraná. 2° Hacer que la provincia de Entre Ríos pagase los gastos de la guerra y le indemnizase los perjuicios que sufrió la de Corrientes en la campaña del Pago Largo y siguientes. 3°, y como medio de facilitar la consecución de sus primeros objetos, desautorizarme cuanto le fuese posible, reduciéndome al rol de un simple oficial subalterno, con lo que satisfacía también sus privados resentimientos.

Fácil es considerar que principió por el tercero de estos objetos, obrando cautelosa y reservadamente. Se empeñó en persuadir al gobernador de Entre Ríos, don Pedro Seguí, que no debía reputárseme sino como un jefe dependiente del gobierno de Corrientes, sin más representación, autoridad ni misión que la que de él emanaba, y que había querido conferirme. Que el mismo Seguí, como gobernador y capitán general de un estado soberano e independiente como el de Entre Ríos, era una entidad tan superior a mí que lo separaba una inmensa distancia.[1] Por este estilo le llenó la cabeza de ideas tan quijotescas y extravagantes, que este gobernador de mi hechura, que veinte días antes había estado a mis pies, tomó un tono y aire de superioridad burlesca, sin excitar en mí otro sentimiento que la risa y el desprecio. Bien lo probé cuando un mes después me recibió del gobierno de Entre Ríos; pues que, no solamente no le hice el menor cargo, sino que lo honré, delegando en su persona el gobierno y dispensándole mi confianza.

Desde mi llegada a la capital había sido investido con toda la autoridad militar de la provincia y nombrado general en jefe de sus fuerzas. No podía ser de otro modo, y era lo menos que podía hacerse, si se deseaba seriamente que llevase la guerra a su

[1] Permítaseme citar una anécdota particular y pequeña, que muestra el orgullo que logró inspirar al pobre don Pedro Seguí. Yo había mandado formar un cuerpo cívico o, si se quiere, de guardia nacional, en la ciudad, en que se enrolase lo principal del vecindario, para lo que estaba autorizado como jefe militar de todas las fuerzas de Entre Ríos. Como don Pedro Seguí no tenía más graduación que la de mayor, creí que podía la Sala de Representantes nombrarlo coronel de ese cuerpo, con lo que él obtenía una graduación superior y estimulaba al vecindario a enrolarse, dije a algunos este pensamiento, y, cuando lo supo, lo recibió como un insulto y una ofensa. Tal era el orgullo a que había llegado.

término. Ferré desaprobó secretamente esta medida, y se me insinuó por el ministro de gobierno de Entre Ríos, doctor don Florencio del Rivero, que convenía que renunciase esta investidura. No tuve dificultad, y se admitió en el acto mi renuncia.

No se crea por esto que Ferré quería desprenderse de mí, ni que yo me desprendiese de la provincia de Corrientes; por el contrario, quería que dependiese exclusivamente de él, pero conservándome para su seguridad personal, para la de su gobierno y su provincia. Todo lo que diré en seguida prueba evidentemente esa suposición.

Otro de los empeños de Ferré fue persuadir a los gobiernos de Entre Ríos y Santa Fe que yo no debía tener parte en las deliberaciones, y que a ellos incumbía exclusivamente discutir y establecer los arreglos necesarios para continuar la guerra. Al efecto, nombraron sus comisarios o representantes, que se ocuparon de un proyecto de acuerdo, o tratado, para la formación del ejército que debía llevarla a su término.

Al gobierno de Corrientes lo representaba el señor don Manuel Leiva; al de Entre Ríos, el doctor don Florencio del Rivero, y al de Santa Fe, el señor don Urbano de Iriondo, munidos todos de los respectivos poderes. Estos comisionados se reunieron muchas veces, y bosquejaron un proyecto sobre las instrucciones que Ferré había dado al suyo; mas, al quererlo formalizar, tocaron con la dificultad de si el general en jefe que nombraban los tres gobiernos contratantes querría aceptar la misión de mandar un ejército que ellos confeccionaban a su modo, y la responsabilidad que se le imponía sin su participación.

Ese general era yo, y se vieron precisados a venir los comisionados a consultarme su trabajo e inquirir mis disposiciones. Fácil es conjeturar que todo era obra de Ferré, pues el gobierno de Entre Ríos no tenía voluntad propia y el de Santa Fe en nada más pensaba que en sacar, aparentando docilidad, auxilios de armas, caballos y alguna fuerza que fuese a servir a sus órdenes. Mejor diría que en nada importante pensaba, y que sólo se ocupaba de ridiculeces que lo ponían muy abajo de las solemnes circunstancias en que se encontraba.

Mis objeciones al proyecto fueron terminantes, lo que hizo que se retirasen los comisionados a consultar a sus poderdantes. Ignoro si lo hicieron; mas puedo asegurar que el convenio no se hizo, y que las cosas quedaron en el estado indefinido en que estaban antes. Estoy firmemente persuadido que Ferré nunca pensó de buena fe que un acuerdo semejante podía dar resultado alguno; y que, si lo propuso, fue para encubrir sus miras secretas y salvar las apariencias. Daré aquí un resumen del proyectado convenio.

Cada una de las tres provincias debía dar un contingente de dos mil hombres, para formar un ejército de seis mil. Cada contingente tendría su caja particular para subvenir a sus gastos, y su jefe dependiente del general en jefe, sin dejarlo de estar de su gobierno respectivo. El equipo y armamento de estos cuerpos sería de cuenta de las provincias a que pertenecían. El general don José M. Paz era nombrado general en jefe del ejército.

No recuerdo si conservo alguna copia; pero, sobre poco más o menos, ésta era la sustancia del convenio. Al menos perspicaz se le ocurren las dificultades, por no decir imposibilidad, de su ejecución. Baste decir que la provincia de Santa Fe no tenía ni un solo escuadrón de tropas organizadas, capaces de concurrir a la formación de un ejército regular, y que la de Entre Ríos aun tenía menos, pues lo que no nos era abiertamente hostil, era de una decisión vacilante y dudosa. Lo particular es que el señor Ferré, que exigía que dicha provincia de Entre Ríos diese dos mil hombres para combatir sobre la marcha a Rosas y Urquiza, antes de un mes se retiró a Corrientes, dando por pretexto que toda la población era enemiga, y que, de consiguiente, no podía sostenerse en ella.

Había otro gravísimo inconveniente para la guerra ofensiva, que era la que hasta entonces nos convenía y la que llamaba toda mi atención. Este inconveniente era la demora que necesariamente traería la reunión de estos contingentes en las provincias de Entre Ríos y Santa Fe, y su tal cual organización; demora que daba tiempo a que Rosas reuniese sus fuerzas dispersas en los pueblos del interior, logrado lo cual, el proyectado ejército venía a ser insuficiente, aun cuando se hubiesen vencido las dificultades que se ofrecían y se hubieran subsanado los vicios orgánicos de que adolecía.

Mi situación, sobre penosa y desagradable, era en extremo delicada. El país, los emigrados de Montevideo, los mismos enemigos, me miraban como el director de una guerra en cuyos preparativos ni aun se me permitía deliberar. Mi reputación, mi honor estaban comprometidos, sin darme los medios de salvarlos, pues no se me dejaba más que una tremenda responsabilidad. De todas partes se fijaban las miradas en mí, y se creía que me estaba confiado el timón de los negocios, cuando no tenía ni participación en ellos.

En tal conflicto, resolví dar una prueba patente y pública de la prescindencia a que se me había obligado, y manifesté mi deseo de separarme e ir a Corrientes a reunirme a mi familia, mientras se hacían los arreglos que tenían entre manos. Ferré no sólo acogió mi idea con apresuramiento, sino que manifestó los más vivos deseos de que la realizase cuanto antes. Me facilitó buque, hizo aprestar una escolta de su confianza, lo hizo aprovisionar, y se mostró tan diligente como si de eso dependiese el éxito de una grande empresa.

Efectivamente; sin pensarlo, le facilitaba la ejecución de todos sus planes, que ya creyó ver realizados con mi ausencia. Cubría la vergüenza de la retirada del ejército, que tenía meditada, diciendo que, habiéndose retirado el general en jefe, no había podido hacer otra cosa, y podía entregarse, sin el contrapeso que yo le hacía, a la expoliación de la provincia de Entre Ríos, que era la segunda parte de la comedia que representaba.

La alegría que manifestó por mi ausencia, su apresuramiento por que la realizase, lo traicionó, revelando a los entrerrianos el peligro que iban a correr desde que quedasen en poder del gobernador y del ejército correntino. Al mismo tiempo, algunos emigrados de la república se alarmaron, y hasta el comercio temió por sus intereses. He aquí, pues, una especie de conspiración para impedir que yo marchase a Corrientes.

Eran las once de la noche del día anterior a mi partida, y ya se había embarcado algo de mi tráfago, cuando se generalizó la voz de mi próxima partida. A esa hora se me llenó la casa de gente, viniendo personas respetables y varios de los representantes. El objeto era pedirme que suspendiese el viaje, y que, al menos, les ofreciese no verificarlo hasta el día siguiente. No tuve arbitrio para otra cosa, y se lo prometí.

Al día siguiente firmaban muchos vecinos y emigrados una solicitud a la Sala de R.R. para que interpusiese sus respetos a fin de que yo no me ausentase. La Sala, por sí y a nombre del vecindario, me pasó una nota interesándose vivamente en lo mismo. No recuerdo ahora precisamente todos los pasos que se dieron en el mismo sentido, pero puedo asegurar que fueron tantos cuantos era posible dar.

No podía yo negarme a solicitudes tan fuertes y repetidas,

y suspendí mi viaje, sin saber precisamente lo que había de hacer; tampoco había desistido de él enteramente, mas esperaba que se calmasen los ánimos para emprenderlo de nuevo. Yo había dejado, desde que resolví marchar, el mando inmediato del ejército, en lo que también se había glorificado Ferré, y era ridículo que manifestase deseos de volverlo a asumir. Era también peligroso, pues que podría sospecharse una segunda mira, de que estaba yo muy distante. Los correntinos, sin dejar de tributarme consideraciones y respeto, estaban muy avenidos con la ida a su país, la que, al paso de asegurarles un pronto regreso, con arreos abundantes de ganados, les daba la certeza de que, si volvían a ser invadidos, tendrían otra vez un defensor.

Mi posición, pues, era desairada, y, sobre desairada, era inútil para el objeto que se habían propuesto los peticionarios; se apercibieron de esto, y, deseando darme una oficial que me pusiese en el caso de obrar, se fijaron en el gobierno de la provincia, que quisieron absolutamente que yo lo admitiese. Adviértase que Ferré, creyéndose ya solo en el teatro, había quitádose la máscara y declarado sus exigencias. Pedía que se abonasen a la provincia de Corrientes no recuerdo que cantidad de pesos, que abonó al gobierno de Entre Ríos después de la derrota de Pago Largo, y aun alguna otra cosa más, de que no hago memoria.

El gobernador Seguí, que días antes se había conducido conmigo con una risible altanería, fue uno de los más empeñados en que yo aceptase el fardo que él era insuficiente a llevar, en lo que no sé si obraba por voluntad propia, porque, aunque no la tuviese, el clamor público no le dejaba otro arbitrio.

A los entrerrianos de la ciudad se reunieron los emigrados, y a éstos mis amigos particulares, para persuadirme de que aceptase, interesando en ello hasta mi honor. "Si usted no acepta, me decían, forzoso es que se vaya a Corrientes u otro punto, pues que no puede continuar en una situación vaga, inactiva e indefinida. Si usted lo hace, Ferré va a disculpar todos sus actos con la retirada suya. Él va a dejar el teatro de la guerra; va a abandonar cobardemente la provincia de Santa Fe, faltando a sus más solemnes promesas; va a inutilizar todas las ventajas de la victoria; haga usted que sobre él recaiga la responsabilidad de tamañas aberraciones." Estas razones, más que ningunas, vencieron mi resistencia, y me presté a la aceptación de un destino que ni ambicionaba, y que no podía conservar. Era un verdadero sacrificio, sin que alguno de sus lados tuviese el más pequeño aliciente que lo compensase.

Se ha dicho que los federales de la Bajada prepararon diestramente y atizaron nuestras desavenencias para sacar partido para su causa. Puede haber habido algo de esto; mas, si lo hubo, fue tan poco que apenas tendría muy débil influencia. Al principio pareció que se inclinaban a Ferré; después se convirtieron a mí; mas ya he explicado las causas de estos cambios, y a fe que no es preciso fatigar mucho nuestra inteligencia para comprenderlos. Los federales se han alabado de su habilidad en dislocarnos, pero era porque les convenía, para hacer mérito con su antiguo patrono y para lavar ciertos pecadillos que no dejaron de cometer.

En mi nueva posición ya no podía pensar en llevar la guerra ofensivamente, pero me proponía hacer un esfuerzo desesperado, si era preciso, para conservar la barrera del Paraná, mantener en quietud la provincia de Entre Ríos y servir de apoyo al general López, que en Santa Fe esperaba la tormenta que estaba próxima a descargar. Nada de esto era imposible, si hubiese sido ayudado en alguna manera por las fuerzas de Corrientes o del estado oriental, que aún se conservaban en la provincia; pero, ¡cuánto es el poder de las pasiones, que ciega a los hombres más perspicaces, hasta hacerlos desconocer sus más claros y positivos intereses!

Era evidente que, colocado yo en la Bajada, servía de vanguardia a la provincia de Corrientes y a la República Oriental, que no podían ser atacadas sino después que hubiesen vencido los enemigos la resistencia que debía yo oponerles: eran, pues, esos gobiernos los más interesados en que yo conservase esa posición, y lo hubieran logrado a poquísima costa; nada quisieron hacer en ese sentido, principalmente el de Corrientes, y yo tuve que abandonarla, para que luego pagasen muy caros los efectos de su obstinación.

Ferré dejó definitivamente la capital y se trasladó al campamento de las Conchillas, situando su cuartel en medio del ejército correntino, mas dejando siempre un cuerpo de infantería y una parte de la artillería, que hacían la guarnición de la ciudad. Los Madariaga, aunque enemigos declarados de él, se le plegaron con el solo fin de apoyar las medidas que tomase contra mí. Tuvo la debilidad de creerles, para recoger bien pronto los frutos de su ceguedad.

A pesar de que para aceptar el gobierno de Entre Ríos guardé para con Ferré todas las consideraciones debidas, pues que no lo acepté hasta que pedí y obtuve su aquiescencia, a virtud de estar al servicio de Corrientes, reputó mi admisión como un desaire, como un desafuero y hasta como un crimen. En su campo, y alrededor de él, dejaron oír sus paniaguados la palabra *desertor*, al paso que, por otro lado, decían a los correntinos que mi separación y disgusto era únicamente porque no me permitía el gobierno que pasase con ellos el Paraná y los llevase a perecer en países lejanos, como hizo el general Lavalle con los del ejército libertador.

Marchando en esta línea, se propuso dejarme enteramente indefenso en medio de una población que, si no era enemiga hasta entonces declarada, tampoco era amiga, y que sólo esperaba la ocasión propicia de abandonar una causa que ni conocían, y a un jefe que apenas habían visto. Ordenó, pues, Ferré, que toda la tropa correntina de la guarnición dejase la ciudad y se trasladase a las Conchillas, y empleó medios rastreros para que hasta mis ayudantes me dejasen solo. No lo consiguió, pues que varios correntinos, exponiéndose a la clasificación de traidores con que se les amenazaba, prefirieron no abandonar a su antiguo jefe.

Mas en esta medida de Ferré hay una circunstancia que, si no fue obra exclusiva de su política, prueba muy poca generosidad.

No ignoraba el fuerte resentimiento de los Madariaga para conmigo, y es quizá por eso mismo que eligió al Joaquín para que viniese a desmantelar la plaza y llevarse la guarnición. Lo hizo con tal prolijidad, que no dejó ni municiones, ni armas, ni artículo ninguno que pudiera servir para la defensa; tomó, además, un tono chocante y altamente ofensivo, agraviando a varios oficiales que, no siendo correntinos, no querían marchar a reunírseles.

La conducta de Ferré, empleando a Madariaga, y recomendándole, sin duda, una chocante exactitud, fue también ingrata, pues que el motivo principal de la desafección de los Madariaga venía de que nunca quise apoyar la oposición que éstos le hacían. Por esta razón es que llegué a sospechar que su elección fuese efecto de la política, queriendo por este medio hacerlos irreconciliables conmigo. En tal caso, su astucia es digna de elogios; pero de los elogios que se dan a Luis XI, u otro malvado semejante.

¿Y se creerá que Madariaga dio todavía un paso para entenderse conmigo, en los momentos en que acababa de desempeñar tan rigurosamente su comisión? Quiso verme, y rehusé recibirlo; insistió, y lo admití. Principió por cargar a Ferré con los actos que acababa de ejercer, y no quise escucharlo. Estoy seguro de que, a la menor abertura que le hubiera hecho para conspirar contra Ferré, se presta a una nueva traición.

Quedé, pues, solo en la Bajada a merced de los acontecimientos. Tan sólo conseguí que se entregasen los prisioneros de Caaguazú que había en los cuerpos, con los que se formó un escuadrón, que se dijo de mi escolta, y un pequeño batallón de negros, que estaba ya formado.

Quiero suspender aquí esta relación para dar una vista sobre Santa Fe y sobre el campo del general Rivera, que se conservaba en Entre Ríos, pero en las inmediaciones del Uruguay.

Capítulo XXXIII

El fatal error de Ferré

[Fracaso de las tratativas con López; sus causas y sus consecuencias - Negociaciones de Rivera; su extraviado encono contra el general Núñez; sus intenciones - Nuevas relaciones de Paz con Rivera - Actitud de Ferré en su divergencia con Paz; mediaciones conciliatorias y buenos oficios de don Manuel Leiva; influencia de otros consejeros; personalidad de don José María Pirán - Vindicaciones de Ferré - Injustificación de su error; motivos públicos y privados que lo impulsaron.]

Desde mi llegada a la Bajada había procurado estrechar mis relaciones con el general López, conocer el estado de sus fuerzas, sus planes, sus miras y las probabilidades de su ejecución; mas nunca podía traerlo al punto esencial de la dificultad, porque divagaba y me dejaba en la misma oscuridad. Dándose los aires de un supremo gobernador de provincia independiente y soberana, sus relaciones se resentían de cierto embarazo, que no quería yo atacar de frente. Mientras no vino el señor Ferré, no vino a la Bajada; mas luego lo hizo, y yo me lisonjeaba que entonces se arribaría a conocer su verdadera situación y lo que en ella se proponía. Me engañaba redondamente, porque es imposible figurarse un espíritu más superficial, al mismo tiempo que estrafalario.

Llegó a la Bajada, y tuve una conferencia de tres o cuatro horas, en que me fatigué inútilmente por traerlo al punto de la dificultad, sin que pudiese adelantar cosa alguna. Una vez me dijo que había tenido un pensamiento, y me lisonjeé de que me iba a decir algo de sustancia; y, ¡cuál mi asombro cuando supe que se refería a varias activas diligencias que practicaba para descubrir el paradero del caballo malacara de Echagüe para apropiárselo, por supuesto! En este caballo, que sería muy bueno, salvó este general de la batalla de Caaguazú, y debía haberlo dejado en Entre Ríos, por cuanto no lo había llevado por agua a Buenos Aires. A mí, que era el vencedor de Echagüe, no se me había ocurrido ni indagar ni apropiarme este despojo, y él, no sólo se ocupaba de eso, sino que daba al asunto una importancia no común.

En suma: después de una eterna conversación nada obtuve, y me quedé ignorando qué fuerzas, qué clase de tropas, qué elementos de guerra, qué planes, qué miras y qué dificultades tenía. Todo su empeño consistía (y de aquí partían y allí venían a parar todos sus esfuerzos oratorios) en sacar armas, municiones, vestuarios y, sobre todo, caballos, sin perjuicio de algún dinero u otra cualquiera cosa que pudiese atrapar. Es indecible el ahínco que ponía en la adquisición de caballos, sobre todo, sin que, entretanto, pudiese explicar cómo una provincia que hacía tiempo disfrutaba de quietud no los tenía. Pienso que esta exigencia provenía menos del militar que del campesino, pues que cuando se le decía que nuestros caballos estaban flacos no los rehusaba por eso, como si las circunstancias hubiesen de darle tiempo de invernarlos y engordarlos.

La operación jefe que tenía que practicar el general López estaba saltando a los ojos del menos perspicaz; ella consistía en hacer lo posible para dificultar la marcha de Oribe, que venía del interior con su ejército, compuesto en gran parte de reclutas, y muy mal de caballos: ya que no pudiese impedir su reunión con las fuerzas de Buenos Aires, hacer cuanto estuviese a su alcance para embarazarla, debilitándolo, entretanto, cuando le fuese posible. Cuando tocaba este punto, y me esforzaba en traerlo a este terreno, divagaba y se salía inmediatamente de la cuestión; hube de creer, alguna vez, que lo tenía tan pensado, acordado y meditado, que juzgaba inútil ocuparse conmigo de ello, o que quizá quería tener por entero el mérito de la concepción, como tendría el de la ejecución.

Lo mismo sucedía cuando le hablaba de la campaña que podría hacerse sobre Buenos Aires. Parecía dar poquísima importancia, y, cuando más, se contraía a alguna irrupción pasajera, que sólo produciría el arreo de algunos miles de cabezas de ganado. En fin, me persuadí de que en esa guerra irregular, en que el mayor costo lo hace la decisión de los habitantes, podría ser más diestro de lo que se manifestaba, y que algo podría esperarse de los esfuerzos de los santafecinos.

Algo podían influir en esta falta de confianza, porque me persuado que también adolecían de ella sus relaciones, los celos que le causaría la importancia de mi posición. Heredero del gobierno de don Estanislao López, quería serlo también de esa influencia que ejerció en otras provincias de la república, y nada tiene de extraño que mirase con prevenciones desfavorables al hombre que podía balancearla. Tengo certidumbre que el general Rivera, siempre constante en el propósito de dislocarnos, tocó este resorte por medio de ofrecimientos y lisonjas. ¡Ah! Después otros, que no eran el general Rivera, y que eran argentinos, han empleado iguales medios con otros fines algo más remotos, pero con el mismo fatal resultado.

Por otra, parte, don Juan Pablo López se había propuesto por modelo a su hermano, y, lo mismo que él, pensaba identificarse con el gauchaje para regentearlo, extendiendo, hasta donde pudiese, su caudillaje. Naturalmente, veía en mí el representante de un sistema distinto, y era otro motivo para debilitar sus simpatías. Estas dificultades, que nunca faltan, ni faltarán, entre hombres dotados de pasiones e intereses diversos, se hubieran vencido con la concurrencia sincera y leal de los hombres pensadores, así es que no les doy tan gran valor que deba atribuirles una gran parte de las desgracias de esta época. Sin embargo, ellas marcaban la disposición de los ánimos, que más tarde se hubiera manifestado con más fuerza, y de que se hubieran aprovechado los díscolos, como lo han hecho siempre.

Estas operaciones, que no he hecho sino indicar, como la de caer sobre los ejércitos de Oribe y Pacheco, que se replegaban del interior, y la de marchar sobre Buenos Aires, eran las mismas que yo hubiese practicado en escala mayor si me hubiese sido posible pasar el Paraná con el ejército de Corrientes. Es muy probable que si hubiésemos convenido todos nuestros medios y puéstolos en acción, hubiésemos anonadado el poder de Rosas y redimido al país de la opresión.[1]

Cuando Oribe y Pacheco pasaron tranquilamente con sus fuerzas, atravesando toda la campaña de Santa Fe sin que se les

[1] Hallándome yo en el Janeiro, me visitó un joven salteño, Chavarría, dotado de muy buena razón y de muy nobles sentimientos. La acción de Caaguazú —me decía— salvó a la provincia de Salta el año 41. Vencedor Oribe en Famaillá, marchaba con su ejército triunfante, y amenazaba envolverla en los mismos horrores que habían sufrido las de Córdoba, Catamarca y Tucumán. En Concha, cuarenta leguas antes de la capital, recibió la noticia de la victoria de Caaguazú, y retrocedió en el acto, porque debió recibir órdenes para ello. A esta circunstancia debe la provincia de Salta no haber visto su suelo cubierto de cadáveres y correr a torrentes la sangre de sus hijos. No en la guerra, porque no la había, sino bajo el puñal de los asesinos.

opusiese la menor resistencia, empezaron a temer los hombres pensadores; cuando conocieron las intenciones del señor Ferré, de retirar el ejército de Corrientes, se apoderó de todos el desaliento. La incapacidad del general López, que el peligro ponía en transparencia, hizo llegar al colmo la desesperación. Desde entonces todo se dio por perdido en aquella provincia, cuya población estaba tan bien dispuesta y cuyos antecedentes habían hecho concebir otras esperanzas.

Si aun después de haber renunciado a la idea de pasar el Paraná con el ejército de Corrientes y llevar la guerra ofensiva, hubiera podido conservarme en la Bajada, les hubiera sido de gran auxilio a los santafecinos. Independientemente de lo que podría haberlos ayudado con algunas fuerzas, en más o menos número, relativamente a las que se me hubiesen dejado, los hubiera reanimado la idea de tener un asilo inmediato para sus familias y un punto fácil de retirada. Hubieran podido poner con tiempo en salvo sus depósitos, sus caballadas sobrantes y la gente inútil para la guerra; hubieran, de consiguiente, quedado expeditos para esa de movimientos y partidas, que era la que únicamente les convenía.

Llegado el caso de abandonar enteramente su provincia, hubieran pasado a la de Entre Ríos dos mil por lo menos, que podían contribuir a hacer más respetable la barrera del Paraná, que es la que me hubiera propuesto guardar, con la ventaja, además, de que hubieran tenido en continua inquietud la ribera opuesta, adonde podían pasar con facilidad a procurar sorpresas y golpes de mano, en menor escala.

El señor Ferré, retirando el ejército de Corrientes y negándose a dejar en Entre Ríos un solo hombre, cometió un doble error, cuyas consecuencias han costado muy caras. Mas no he llegado aún a este punto, que trataré más adelante.

El general Rivera, mientras permaneció en las inmediaciones de la Bajada, no cesó de poner en juego sus recursos *diplomáticos* para conquistar una influencia,[1] a que no le daban mucho derecho ni la victoria ni su cualidad de extranjero. Ya he indicado alguno de los medios de que se valía para desvirtuar las otras influencias y hacer prevalecer la suya. Ahora sólo añadiré

[1] La influencia que quería el general Rivera era la única, la exclusiva de toda otra influencia: la omnipotencia. Ni antes, ni después, nadie le negó una influencia racional y adecuada; mas ésta no satisfacía sus planes de agregación.

que entabló relaciones con los gobiernos de las tres provincias, ya separada, ya conjuntamente, en lo que no fue menos desgraciado. Propuso también una conferencia, que se verificaría en su campo, y mandó un comisionado, que fue su secretario don José Luis Bustamante; aquélla no se verificó, y la misión de éste tampoco dio resultado alguno. Es curioso notar que, después que se había empeñado en excluirme de toda deliberación en los negocios, el secretario quería entenderse privadamente y casi exclusivamente conmigo. Sucedió lo que debía suceder: que se hizo mucho mal, sin provecho alguno ni para la causa ni para él.

Desengañado, levantó su campo y se puso en retirada por el mismo camino que había traído, lleno de irritación y de disgusto. Fue principalmente en esa marcha retrógrada que trabajó en suscitar una oposición armada contra el gobierno, sirviéndose de los partidarios de Urquiza, y sirviendo por este medio eficazmente a la causa contraria. Queriendo resucitar los tiempos de Artigas, ensayó arrastrar al vecindario y formar eso que él llama convoy, mas no pudo conseguirlo. Los habitantes prefirieron quedar en sus casas, y, es preciso decirlo, no empleó la violencia. Aun unas familias de indios de Mandisoví, que había arrastrado, les permitió que se fuesen a su domicilio cuando lo solicitaron.

El general Núñez, a quien dejé, según se recordará, al este del río Gualeguay, había sido nombrado comandante general del segundo departamento militar, que es el que queda entre dicho río y el Uruguay. En él es también que asentó su campo el general Rivera, produciendo un conflicto que pudo tener muy graves consecuencias. Son bien sabidos los motivos de enemistad que mediaban entre ellos, desde que aquél se separó del ejército oriental para reunirse al general Lavalle; mas, era tan fuerte y profundo el odio que ahora le manifestaba el general Rivera, que los mayores esfuerzos que yo mismo hice para reconciliarlos fueron del todo inútiles.

Aunque Núñez no dependía de él, aunque no estaba al servicio oriental, y que se hallaba en otro territorio, se propuso atacarlo y destruir las fuerzas que por orden del gobierno de Entre Ríos estaba formando. Así lo hubiera hecho sin la formal oposición de sus jefes, que le declararon categóricamente que no desenvainarían su espada sino contra los enemigos de la causa y de su país. No obstante, sus disposiciones hostiles alarmaron a Núñez, que, por su parte, tomó medidas de defensa, llegando el caso de considerarse como dos cuerpos enemigos, olvidándose de los verdaderos, que casi tenían al frente.

Cuesta trabajo comprender cómo el general Rivera, que sabe dominar sus afecciones, y que siempre fue generoso con los que lo habían ofendido, como lo mostró después con el mismo Núñez, pudo dejarse arrastrar de un sentimiento de aversión tan profundo, que quisiese emprender una nueva guerra por un motivo puramente personal. Verdad es que él quería aniquilar la influencia de Núñez, que no podía serle favorable, pero era una insensatez procurarlo por unos medios que debían suscitarle otros muchos y mayores enemigos.

Me inclino a creer que tenía en mira crear al nuevo gobierno de Entre Ríos y sus aliados dificultades tales que los llevasen al punto de no poder marchar, y echarse en sus brazos. Al fin, y después de causar inmensos males, vino a conseguirlo, como lo dirá el curso de esta memoria; mas también se verá que no sacó más provecho que la convicción universal de que en sus manos se había perdido todo.

Con el fin de persuadir a sus jefes la necesidad y la conveniencia de atacar a Núñez, hizo una reunión de los principales, en la costa del Uruguay, y agotó su elocuencia, sin economizar ni las lágrimas, para inclinarlos a su modo de pensar. No por eso fue menor la resistencia de ellos, distinguiéndose en sus respetuosas observaciones los coroneles don Fortunato Silva y don Bernardino Báez. El general Rivera, entonces, dejó el tono de autoridad; se quejó amargamente, y, derramando copioso llanto, protestó que se desnudaba de un mando que no era respetado pos sus subalternos, y que cesaba, desde aquel punto, de ser general en jefe del ejército.

Cualquiera percibirá que éste no era más que un arbitrio oratorio, lo que se confirmó con la circunstancia de no haberse dado un sucesor; mas tampoco desconocerá que, tanto para sostener las apariencias de su supuesta abdicación, como para el resfrío que se ocasionó entre los jefes y el general, quedó el ejército en una especie de acefalía, y aun de dislocación.

Debe advertirse que los jefes, en su oposición, no se limitaron a resistir respetuosamente el proyectado ataque contra Núñez, sino que reclamaron contra sus manejos anarquizadores (los mismos que he descripto, y que, como referí, eran demasiado públicos), rogándole que se abstuviese de ellos. Exigieron también que se decidiese a hacer lealmente la guerra al enemigo común, y que uniese francamente sus esfuerzos a los míos y demás.

Se ve, pues, que, al mismo tiempo que en el Paraná hacían ilusorias las más bellas esperanzas nuestras pobres desavenencias, en el Uruguay no eran menos felices nuestros aliados. Un estado semejante debía tener un término, y es curioso observar que por distintos caminos venimos a arribar a un mismo punto: el de la debilidad y la importancia; lo que nos puso en la necesidad de entendernos y aproximarnos.

Visto el profundo desagrado con que Ferré recibió el aviso de mi elección para el gobierno de Entre Ríos, y cierto de que se llevaba el ejército, me dirigí al general Rivera, noticiándole oficialmente mi nombramiento, y usando de expresiones atentas y comedidas. Nada más importaba esta diligencia que un simple aviso, pero ella y el modo indicaban mejores disposiciones. Era reanudar nuestra correspondencia, que estaba interrumpida; era abrir la puerta a nuestras inteligencias. El general Rivera, que se veía aislado y casi abandonado de sus jefes, abrazó con apresuramiento este camino que se le presentaba, contestó del modo más satisfactorio, y mandó al teniente coronel Calventos, quien, además de lo que decían las comunicaciones, tenía orden de felicitarme a nombre del general, y darme las mayores seguridades de su amistad y buenos oficios.

Cuando llegó Calventos al Paraná [estaba] terminado ya todo negocio con Ferré y, de consiguiente, perdida toda esperanza de que variase de resolución en cuanto a la retirada del ejército, y de que dejase alguna fracción, por pequeña que fuese, para sostenerme en mi nueva posición. Calventos regresó con comunicaciones mías; mas, antes de ocuparme de ellas y de la prosecución de mis nuevas relaciones con el general Rivera, debo terminar la relación de lo que pasaba en la Bajada. Me contentaré con decir ahora que ni el general Rivera supo mis apuros en la costa del Paraná, ni yo sus conflictos en la costa del Uruguay. Se deduce, pues, que nuestra aproximación no fue ni por él ni por mí calculada, sino obra de las circunstancias.

No faltaron algunos amigos de la causa, y particulares míos, que oficiosamente se propusieron mediar para hacer menos desastrosos los efectos de nuestras divergencias con el señor Ferré. Uno de ellos fue don Manuel Leiva, que lo acompañaba en clase de secretario. Me insinuó una vez que aquél estaba dispuesto a dejar la parte de fuerza correntina que pudiera pagar, vestir y sostener la provincia de Entre Ríos, siempre que yo se lo pidiese. No vacilé un momento, y me dirigí oficialmente y del modo más comedido, haciéndole presente la utilidad de conservar la posición de la Bajada y el resto de la provincia, y la necesidad que había para ello de que dejase un cierto número de tropa, que le asignaba, comprometiéndome a asistirla debidamente, y hasta con abundancia. Su contestación fue perentoria, terminante y negativa.

Tengo la más perfecta seguridad de que el señor Leiva no obró por sí solo al hacerme la insinuación, sino por inspiración y aun orden de Ferré; y, ¿qué motivo tuvo éste entonces para negar un pedido que él mismo había promovido? Lo ignoro; pero no por eso dejaré de decir las conjeturas que formé, y que después ha corroborado el tiempo.

Lo más sencillo es pensar que quiso verme tomar el rol de suplicante, para tener el placer de negarse. Si tal hubo, fue un ridículo desquite, porque nada pedía para mí, pues que la fuerza que solicitaba era para emplearla en beneficio del común, inclusa la provincia de Corrientes, a quien iba a servir de un puesto avanzado.

Sin embargo, no estoy enteramente por esta suposición, y me inclino a creer que ella no entró por todo en el negocio. No hay duda que después de un hecho tan notable como el que acabo de referir, y con la circunstancia de que apenas mediarían veinticuatro o treinta horas entre el ofrecimiento y la negativa, cuesta trabajo hallar un motivo que atenúe su gravedad. Pero yo lo emprenderé, porque me complazco en no atribuir todo a la falsedad de los hombres cuando hay un resquicio que pueda salvarlos.

Quizá tenía Ferré sólo un deseo débil; quizá fluctuaba en la duda; quizá luchaba en lo interior de su alma la conveniencia pública y el deber con otro sentimiento menos noble, cuando se dejó arrastrar por las persuasiones de Leiva. Mas, luego que éste se separó para venir a hacerme el ofrecimiento, entraron otros consejeros y desbarataron aquellas disposiciones. No lo creo imposible, porque había hombres muy dispuestos al efecto, quienes llevaban la ventaja de halagar las pasiones de Ferré, que se saboreaba con la idea de verme pedirle misericordia. Se fue tan persuadido de esto que en todo el camino, en Goya y en Corrientes, decía con maligna sonrisa: "No tardará el general Paz en venir huyendo de la Bajada, mas Corrientes lo recibirá siempre como amigo".

Ya que he hablado de consejeros, forzoso es que diga algo del señor Pirán, personaje ridículo y de menguada celebridad, y que, no obstante, representó por un tiempo un papel importante, causando muchísimos males.

Apenas conservaba una idea confusa de don José María Pirán, cuando fue capitán de artillería en el ejército nacional que hizo la guerra del Brasil en la Banda Oriental. Después sirvió a las órdenes del general Rivera, en la guerra civil, y llegó a teniente coronel. En esta graduación se había retirado, y vivía oscuramente en un pueblo de campaña.

Los Madariaga, de quienes, por lo Balbastro, era medio pariente y amigo, me lo propusieron como un oficial inteligente en el arma que había servido, y los autoricé para que lo llamasen, ofreciéndole el mando de la artillería del ejército de reserva, mucho antes de la batalla de Caaguazú; él no aceptó, y se dejó estar en su retiro, viendo venir los sucesos, hasta que se ganó dicha batalla y ocupamos la Bajada, en cuya época se apresuró a venir, sin que nadie lo llamase.

Recuerdo que la tarde de la misma noche en que debían reunirse en mi casa los comisionados de los gobiernos aliados, para ofrecer a mi consideración el proyecto de tratado de que hice mención, se me presentó un hombre de aspecto muy vulgar, de maneras muy chabacanas, ataviado con un poncho de colores al que solemos llamar balandrán. Supe luego, por él mismo, que era el comandante Pirán, que venía a ofrecer sus servicios al ejército, sin siquiera tomarse el trabajo de formular alguna excusa por no haberlo hecho antes de la batalla, y cuando tanto se necesitaba un jefe de su arma. En la actualidad habían variado las circunstancias, por cuanto el comandante don Carlos Paz había obtenido el mando de la artillería desde más de dos meses.

Lo recibí con la más perfecta urbanidad, sin darme por entendido de su cobarde lentitud, lo que no me costó trabajo, porque, estando casi ya desprendido del ejército, miraba con indiferencia la venida de Pirán y sus motivos.

A cada instante, arremangando el poncho sobre los hombros, sacaba el yesquero para encender un cigarro; cruzaba las piernas una sobre otra, hasta quedar la una horizontal, y escupía frecuentemente... pues... por bajo del colmillo.

A pesar de sus tan ordinarios modales, que si no argüían poco respeto manifestaban, por lo menos, una falta absoluta de educación, tuve la paciencia de dejarlo seguir por dos horas con la palabra, que había tomado luego que entró. Me espetó sin piedad el más extravagante y risible discurso, dirigido todo a probar que no sólo se le debían a él todas las disposiciones que dieron la victoria de Cagancha, sino que, propiamente hablando, había sido el héroe de la jornada.

En su clase de comandante de artillería, había dado órdenes a los generales, quienes le prestaron obediencia. Al general Rivera, que al principio de la batalla se presentó en la línea a dar alguna disposición, le dijo: "Retírese usted, señor general, que yo sé lo que me hago mejor que usted". Aun peor fue con el general don Enrique Martínez, a cuyas órdenes estaba Pirán, y a quien, en idénticas circunstancias, replicó diciéndole: "Mándese mudar, señor general, y no venga a meterse en lo que me concierne". Por este estilo, ensartó tales desatinos que ya rebosaba yo de impaciencia, cuando vinieron en mi auxilio los comisionados, a quienes esperaba. Entonces lo despedí atentamente, aplazando para otra vez la continuación de su interminable charla. Fue la primera y última vez que lo vi en la Bajada, pues que no volvió a poner los pies en mi casa.

Por más que me esforcé por no darle motivo de queja, me queda la duda de si algo pudo resentirlo, sin que tuviese parte mi voluntad; pienso que no, y que el motivo de su desvío y de su enemistad provino de otras causas que, como eran menos justas, eran más deshonorables. Deseoso de figurar a toda costa, se le presentó un camino de conseguirlo, con toda facilidad, alistándose en el bando contrario; y esto es todo.

Luego que llegó, tomó nociones del estado de las cosas, y es muy natural que sus amigos, los Madariaga, se las dieron sumamente desfavorables a mi persona y a mi situación. Se aproximó a Ferré, cuyo lado débil le fue fácil encontrar, y, sin quizás esperarlo él mismo, se vio constituido en una especie de consejero, de bufón, de confidente y de amigo.

Bajo estos cuatro caracteres, principió y siguió cultivando sus relaciones con el imbécil gobernador de Corrientes, sin dejar por eso su estrecha intimidad con los Madariaga, lo que me persuade, o que se servían de él como un ciego instrumento, o que se puso de acuerdo con ellos para, en su tiempo, traicionar a aquél. Sea como sea, él fue cerca de Ferré el sostenedor de los Madariaga, y contribuyó a su momentánea y fingida unión.

Pirán es tan locuaz que degenera en un declarado charlatán.

No es extraño que entre miles de palabras dijese alguna que merezca llamar la atención. Fuera de eso, tiene ciertos intervalos que podrían llamarse lúcidos, si no recayese inmediatamente en la insensatez de la locura. En materias militares habla con un magisterio que le envidiarían el gran Federico y Napoleón, y pretende, frecuentemente, remontarse a una altura muy superior a la esfera de sus conocimientos. Entonces acumula desatinos tan extravagantes y ridículos, que su ignorancia y su falta de juicio se disputan la preferencia.

El señor Ferré, aunque es brigadier que usa banda y bordados, y que suele llevar el rigorismo de las divisas militares hasta poner presillas de charreteras en el poncho, no entiende una palabra ni de guerra, ni de milicia, ni de ejército, ni de soldados, ni de cañones, ni de cosa que se parezca. No necesito esforzarme para probarlo, pues que nadie ignora que el señor Ferré jamás desenvainó su virginal espada, ni ha quemado un cartucho, si no es para matar alguna desventurada perdiz. ¿Qué mucho es, pues, que oyendo dogmatizar a Pirán, y viéndolo abordar las cuestiones más difíciles de la guerra con toda la impavidez del charlatanismo, lo creyese un militar consumado? ¿Qué mucho si seguía sus consejos? Me han asegurado que sostenía en presencia de Ferré, quedándose éste pasmado de admiración, que la operación más acertada y más estratégica era la retirada del ejército, arrastrando *de malilla*, como suele decirse, con todo lo que le pertenecía. "Habiendo descansado algunos meses en su país, continuaba, se llenará de nuevo vigor y será capaz de llevarse de un solo envión, ejércitos enteros, ríos caudalosos, y cuanto se le ponga por delante."

De la admiración pasó el señor Ferré a la confianza, y, por de contado, lo instruyó de los motivos de desacuerdo que había tenido conmigo. Pirán los apoyaba, irritando su ánimo y los celos de que no estaba sino muy poseído; para corresponder mejor a tamañas confidencias, salía por los fogones ponderando la moderación de Ferré y la ingratitud mía. Una vez decía, en una rueda de veinte oficiales y soldados: "Supongamos que un negociante acaudalado toma un dependiente, a quien confía cierto caudal para que lo gire en utilidad común. El dependiente hace un buen lance y se rebela contra su protector, queriendo adjudicarse toda la ganancia. ¿No será esto la más flagrante injusticia? Pues, señores, el negociante acaudalado es el gobernador Ferré y el dependiente rebelado es el general Paz."

Ya se comprenderá que no siempre uso de sus textuales palabras, porque prefiero usar un lenguaje más culto. Adviértase también que, como ésa, podría citar otras mil comparaciones, sacadas de las carreras de caballos, de las tabernas o del juego de naipes, si no fuera por el temor de incurrir en una fastidiosa prolijidad, a más de que, como no será ésta la última vez que tropiece con este personaje, puede que me sirvan en adelante para hacerlo mejor conocer.

Estos chistes, que reproducía en presencia de Ferré, al paso que lo lisonjeaban, servían de distracción a sus pesares: a la verdad, debió ofrecérselos muy graves el reproche interior de su conciencia, sin dejar duda de que esas chabacanas chanzonetas hacían una tregua a sus remordimientos.

No es que carezca Pirán de donaire, y hasta de cierto ingenio, para esa clase de producciones, en que no suele economizar a sus amigos[1] sus chistes; por lo general, aunque soberanamente vulgares y eminentemente groseros, hallaron alguna vez acogida entre gentes que se tienen por más adelantadas que los correntinos; no es, pues, de admirar que éstos, a quienes quería persuadir de lo mismo que deseaban con todas las fuerzas de su alma, que era volver cuanto antes a comer las mandiocas de Corrientes, hallasen su elocuencia irresistible.

Había otro motivo de simpatía, que era su constante afición a pasar las noches sobre una carona, o, hablando en términos más elocuentes, sobre una carpeta, barajando los naipes, a que los correntinos son muy aficionados.

Subyugado Ferré por tan *relevantes méritos* (no se crea que este señor participe de la inclinación de sus paisanos al juego), no sólo aceptó su amistad sino que se apresuró a ofrecerle la suya. Por lo pronto lo hizo coronel, y en seguida comandante ge-

[1] En la Bajada, cuando conoció al señor Ferré por primera vez, salió diciendo a los que encontró a su paso: "Vaya, vaya, el señor Ferré había sido un obispito, nada más que un obispito". Efectivamente, usaba un gorrete guarnecido de trencilla de plata, que tenía un pico en la parte superior y le daba semejanza a una mitra. Añadiendo su modo de expresarse, tan blando; su pequeña cabecita temblona; sus pocos cabellos, que le dejaban una corona, tenía una fisonomía verdaderamente eclesiástica, aunque no se le cayesen las presillas de los hombros. Otra vez, hablando del general don Juan Pablo López, quiso ponderar no sólo la vanidad de su espíritu sino la incapacidad de contener alguna vez algo de substancia, y dijo: "Señores, don Juan Pablo López no es más que una Dama-Juana-Rota".

neral de artillería y jefe de estado mayor. Fuera de favores de otro género que le dispensó, lo honró también con comisiones diplomáticas, que desempeñó ni más ni menos de lo que debía esperarse. Creyó haber hecho para sí y para Corrientes una preciosa adquisición: nada menos que un sabio en el consejo y un paladín en el campo de batalla, que fuese la espada y el escudo de su provincia y de su persona, y, además, de un gracejo que lo hacía reír en los ratos desocupados.

Tengo aún otro poderoso antecedente para creer que las sugestiones de otros díscolos tuvieron su parte en la funesta resolución de la retirada. Este antecedente lo tengo del mismo Ferré, que lo hizo llegar a mi noticia por varios conductos.

Cuando, el año 1844, fines, me aproximaba al Uruguay para tomar por segunda vez el mando del ejército de Corrientes, el señor Ferré, que se hallaba en San Borja, proscripto y perseguido por los Madariaga, que estaban en el poder, me hizo insinuar que la retirada del ejército de Entre Ríos se había hecho por solicitudes de varios jefes y, muy principalmente de los mismos Madariaga, de lo cual conservaba documentos auténticos que podía exhibir. Esta misma noticia me fue transmitida por otros, el año siguiente, cuando ya estaba en Villa Nueva, entre los que recuerdo a don Manuel Díaz: mi contestación fue siempre que no me ocupaba de sucesos anteriores, y, fuera de eso, el señor Ferré debía tener presente que si los Madariaga entonces se habían declarado mis enemigos, más que por cualquiera otra cosa, era porque no había querido fomentar la oposición y aun conspiraciones que hacían contra él.

Posteriormente me ha asegurado el señor don Juan Andrés Gelli que en San Borja tuvo largas conferencias con el señor Ferré; que éste le refirió lo mismo que había dicho a otros muchos, y que le mostró una representación suscripta por varios jefes correntinos, entre ellos los Madariaga, alegando la necesidad de retirar el ejército y concluyendo por pedirlo.

Nada de esto justifica a Ferré, y mucho haremos concediendo que algo disminuya la más grave falta de toda su vida. Aun dado esto, su responsabilidad está íntegra; porque él solo debe responder de un acto que violó sus más solemnes compromisos, que burló las fundadas esperanzas de todos los patriotas, y que ha traído la causa por que se había sacrificado Corrientes al estado en que ahora se encuentra.

Para persuadir al gobernador López, de Santa Fe, a que hiciese cuanto antes su pronunciamiento contra Rosas, le prodigó promesas de auxiliarlo con todas las fuerzas de Corrientes, cuando llegase el caso inevitable de ser atacado. Posteriormente, cuando en los días que precedieron a la batalla de Caaguazú se hizo el tratado de alianza con Santa Fe, yo mismo, a nombre del gobierno de Corrientes, renové los mismos ofrecimientos, añadiendo que pasaría el ejército el Paraná en su auxilio. Conservo comunicaciones de Ferré sobre este asunto.

A mí, que le había declarado muy categóricamente, desde que me recibí del mando, que no consideraba mi misión como limitada a defender a Corrientes, sino a libertar, si posible nos era, toda la república, me había protestado, con no menos solemnidad, que me dejaría la más completa libertad de obrar con el ejército, pasando el Paraná y llevándolo donde conviniese, hasta la conclusión de la guerra. Cuando sobre esto conversábamos, añadía, arrasándosele los ojos en lágrimas: "Mire usted, general; es una injusticia y una falsedad decir que yo me oponía a que el general Lavalle llevase los correntinos a la campaña de Buenos Aires. En lo que no consentí, ni debía consentir, era en que lo hiciese dejando en pie el ejército enemigo de Echagüe, y a Corrientes a merced de éste".

Sus proclamas, sus manifiestos, sus declaraciones, todos sus actos gubernativos habían autorizado al público, y, muy particularmente, a los hombres comprometidos por la causa, a esperar esta vez del gobierno de Corrientes y de su ejército esfuerzos decisivos. El público y los patriotas se vieron chasqueados, y el enemigo, cantando victoria, sin haber corrido los riesgos del combate, hacía correr a torrentes la sangre de nuestros amigos por las calles de Buenos Aires. Díganlo las matanzas de abril de ese año.

A más del horrible abandono en que dejó la provincia de Santa Fe, que había sido excitada por él mismo, en circunstancias en que fuerzas considerables la atacaban, fue desocupada, y, por lo mismo, perdida para nosotros la de Entre Ríos; esto lo hizo sin que peligro ninguno la amenazase de próximo, sin motivo y hasta sin pretexto. No sacó más fruto que los arreos de ganado de toda especie que hicieron los correntinos en su tránsito; mas aun esto se hizo sin cuenta ni razón, y con el mayor desorden. El público nada utilizó, y sólo fueron particulares, y en lo general los particulares que menos lo merecían, los que utilizaron. Los Madariaga se distinguieron en esta gentil empresa, lo que dio motivo a que, al nombrarlos, se les llamase, como por equívoco, los Coreagas, con alusión a unos hermanos muy ladrones que hubo de este nombre.

Ferré tuvo la insensatez de creer que los correntinos habían ganado la batalla de Caaguazú, y de muy buena fe los declaró, en su mente y en su corazón, valerosos, aguerridos e invencibles. Pensó que una gran victoria era una cosa muy trivial, y que se repetiría la escena del 28 de noviembre, cada y cuando quisiese. Este fatal error le indujo a otros muchos, cuyos resultados deploramos aún.

Es tiempo de hablar de otros ambiciosos o díscolos que, desde otros puntos y por otros medios, prepararon, sin apercibirse de ello, los terribles errores en que incurrió Ferré. Había de estos seres perniciosos en Montevideo, en Corrientes y en otros puntos, y todos de consuno dirigieron sus esfuerzos al mismo objeto.

Alarmados con el poder que podía darme la victoria, abrumados con la gloria que de ella me resultaba, desesperados de ver una reputación que se elevaba más alto de lo que ellos deseaban, se propusieron, antes de tiempo, atenuar la rapidez de mi carrera, y preparar el ostracismo con que premiarían más tarde mis servicios.

Principiaron por halagar a Ferré, ensalzando extremadamente sus talentos civiles, administrativos y diplomáticos, y dándoles una intempestiva preferencia sobre todos los méritos militares. Hicieron más, pues que hubo quien se propuso probar que no era el general que había llevado los soldados a la victoria, ni los jefes que los habían dirigido, ni los que habían derramado su sangre para obtenerla, quien ganaba las batallas, sino el frío diplomático, que desde su gabinete combina y prepara los sucesos.[1] A virtud de estos argumentos, el señor Ferré se creyó que él era el vencedor de Caaguazú.

Desde Montevideo, a más de tributarle en público los elogios que eran justos, y que sin duda merecía, se procuró hacer-

[1] Un médico, Salinas, hombre célebre por su inmoralidad y sus crímenes, se hallaba asilado en Corrientes, contra el fallo de las leyes, que años antes lo persiguió en Buenos Aires. Se declaró campeón de Ferré, y publicó un artículo en que entraba en la algo metafísica distinción de lo que son méritos y servicios. Los primeros consistían en las sublimes concepciones del espíritu; los segundos consistían en los actos materiales, comandados por aquéllas. "De tal modo —decía— que los caballos, las carretas y los fusiles prestan servicio, pero no hacen mérito." Bien podía el articulista haber ensalzado a su héroe cuanto quisiese, sin colocarnos en la categoría de fusiles, carretas o caballos, que era la que, en suma, nos asignaba a los militares.

le entender, en reserva, que su prestigio era inmenso, y que debía contar con el apoyo de la opinión de los emigrados y del séquito que arrastraban en la Banda Oriental. Rosas publicó después una carta, que interceptó, de un célebre canónigo Vidal, en que le decía todo esto a Ferré, y le nombraba cierta categoría argentina, más notable por el misterio de que se rodea que por lo que hace o lo que dice.

No es que los emigrados fuesen realmente afectos a Ferré, ni que hubiesen depuesto su amargo resentimiento por su conducta anterior con el general Lavalle; estoy seguro de que había contra él prevenciones cien veces más fuertes que contra mí, pero lo que se quería no era ensalzar a Ferré, sino excitar su ambición y promover sus celos, para hacer un contrapeso (es su expresión) a mi poder.

Se equivocaron esta vez, como les ha sucedido en otras, consolándose con decir entre sus parciales que habían creído poder dominar la situación, y que no lo habían conseguido.

Capítulo XXXIV

Marcha del general Paz por la provincia de Entre Ríos

[Los que se conservaron en el puesto del honor - El general Paz resuelve situarse en Gualeguay; adhesión de la Sala de Representantes; estado de la capital de Entre Ríos - Partida del general Paz y dificultades de la marcha - Dispersión de las fuerzas de los coroneles Velazco y Báez - Situación crítica y extrema resolución del general Paz - El doctor Florencio del Rivero: su deserción y su triste fin - Carácter y sentimientos de Urquiza - Orden de marcha y peripecias de la pequeña columna que sigue al general Paz; breve permanencia en Gualeguay - El general Rivera: sus inoperantes disposiciones - Rápida ojeada sobre la organización del ejército oriental - El general Paz resuelve dejar la conducción de la guerra al general Rivera y retirarse del teatro de las operaciones - Tratado de Galarza.]

En marzo emprendió el ejército de Corrientes su retirada, quedándome en la Bajada sin más apoyo que los prisioneros de Caaguazú, que permanecían aún, y varios jefes y oficiales que quisieron compartir mis peligros y conservar hasta el fin aquel puesto de honor. Justo es que haga una mención honrosa de ellos, y que les tribute el justo elogio a que se hicieron acreedores. Si olvidase alguno, será por falta de memoria, y no debe imputarse a mi voluntad.

El doctor don Santiago Derqui, que era asesor del gobierno de Corrientes, había querido acompañar al ejército, y me servía de secretario; en esta clase prestó muy buenos servicios, y obró con una lealtad que mereció mi entera satisfacción. Indignado con la conducta de Ferré, renunció la asesoría, y prefirió correr los riesgos de una situación especial y dificilísima. El señor Leiva, aunque acompañó al señor Ferré a su regreso, sólo lo hizo para reunirse a su familia, con la que salió de la provincia inmediatamente, dejando el ministerio que desempeñaba.

Los coroneles Chenaut, Báez (don Federico), Velazco, López (don Felipe); los comandantes Paz, Silva, Murillo, Gigena; los mayores Echenagucía y Rodríguez, se condujeron muy noblemente. El comandante don Manuel Hornos merece una particular mención, como lo diré cuando describa la trágica marcha que tuve que emprender al Gualeguay y Uruguay. Tampoco debo olvidar a mis ayudantes de campo, Gómez, Pucheta, Forrens, Paz, Arroyo y Soler, siendo los dos primeros correntinos, que se separaron espontáneamente de sus comprovincianos a pesar de la declaración de traidores con que los amenazaba Ferré, y habiendo apostatado después los dos últimos, pasándose el año 45 al enemigo.

Don Santiago Albarracín, a quien había encargado de la comisaría; don Justo Pastor Figueras, jefe del ramo de maestranza; don Braulio de la Torre, a quien agregué a mi secretaría, tuvieron una conducta digna de elogios. Acaso en este momento olvido algunos, que agregaré por una nota cuando los traiga a la memoria. No me es posible nombrar todos los oficiales, para evitar prolijidad; pero tributo a todos la estimación a que se hicieron acreedores. Entre ellos hubo unos pocos correntinos, de los que recuerdo a los alféreces Núñez y Leyes, con unos cuantos soldados, que estaban afectos a mi comitiva.

Después de marchar el ejército de las Conchillas, y al día siguiente, si no me engaño, llegó de paso a la Bajada un escuadrón al mando de don José Virasoro, que, hallándose en comisión, seguía en alcance de los suyos. Se me presentó diciéndome que había entrado sin necesidad, para ofrecerme los servicios que pudiera prestarme. En su concepto, no eran otros que los de escoltarme para que me fuese a Corrientes, pues graduaba mi posición de tan peligrosa, que no creía que pudiese ni quisiese permanecer en ella. Le agradecí sus buenos deseos, y se marchó. Tanto este jefe como su hermano don Benjamín, actual gobernador de Corrientes, obtuvieron un certificado de sus buenos servicios y honrada comportación, porque, efectivamente, lo merecían. Sin haber tenido ocasión de distinguirse extraordinariamente, mostraron siempre más espíritu de orden, más moralidad, más honradez y menos inclinación al caudillaje que sus antagonistas, los Madariaga. Quizás estas distintas propensiones son una de las causas de su antipatía.

Mi objeto, al recibirme del gobierno del Entre Ríos, había sido reunir todos los elementos que aún podían utilizarse para conservar aquella provincia y oponer la resistencia posible al enemigo cuando hubiese de franquear el Paraná. Mas, como es sabido, esos elementos, en nuestro país, están, por lo común, en la campaña, concurriendo, además, en la situación en que me hallaba, la necesidad de pacificar la de Entre Ríos, que por varios puntos empezado había a rebelarse.

La posición de la capital en un ángulo del territorio, y sin duda el menos importante, no era el adecuado para este fin, y resolví salir a situarme en Gualeguay, donde pensaba establecer mi cuartel general y un campo de instrucción para las fuerzas que reuniese. Me propuse llevar, además, el armamento que tenía, los efectos para vestuarios, las municiones[1] y demás que podía sernos útil.

Este pensamiento pareció al principio tan adaptable que la Sala de Representantes quiso asociarse a él. Su presidente, director y factótum, el doctor don Francisco Álvarez, cura y vicario del Paraná, me propuso que expidiese un decreto mandándola reunir en el punto central de la campaña que fuese adecuado y que estuviese más cercano de mi cuartel general. Pienso que era sincero el deseo de ayudarme, porque no hallo qué segunda intención podía ocultar su solicitud. Buena prueba es de ello que, cuando los negocios se pusieron más delicados por la explosión, que fue sucesivamente manifestándose en otros puntos de la provincia, ya desistió de su pensamiento, y yo no se lo recordé, porque no me pareció adaptable. Hubiera tenido que llevar conmigo y escoltar a los representantes, porque los caminos estaban intransitables, por las partidas de los sublevados.

Era evidente que la situación de la capital, que ya era crítica, iba a serlo aún más después de mi salida. Por única guarnición quedaba un piquete de infantería de los prisioneros de Caaguazú, el cuerpo cívico y la tropa de policía. Los afectos de Urquiza y Echagüe levantaban por todas partes la cabeza, para deshacerse de sus huéspedes y apresurar nuestra expulsión. Pensé no haber dejado jefe alguno de los de fuera, deseando que don Pedro Seguí, en quien delegué el mando, se redujese a conservar la tranquilidad con los elementos propios del país. Él se avenía a esto, y aun lo creía más seguro, sin que me hiciese la menor objeción, ni por ello, ni por su permanencia en la capital.

Sin embargo, el coronel don Felipe López vino a proponer-

[1] He olvidado decir que en los momentos de retirarse Ferré, y después de muchos altercados y contestaciones, pude conseguir que me dejase una parte del armamento y municiones últimamente venido de Montevideo. Él no había sido costeado por los fondos de Corrientes, sino parte por el gobierno oriental y parte por donativos particulares.

me que se quedaría mandando la guarnición, en la cual tenía confianza, y además, alegando relaciones importantes que había adquirido, y que le servirían a su vez. Este jefe merecía mi plena confianza, y, de acuerdo con Seguí, accedí a su proposición, nombrándolo comandante de armas de la capital.

Es probable que sin la derrota que sufrieron los coroneles Velazco y Báez en las inmediaciones de Nogoyá, que causó la dispersión de la fuerza que iba a mis órdenes, se hubiese conservado tranquila la Bajada, y los que allí quedaron no hubiesen corrido los peligros que los hicieron emigrar.

El gobernador López, de Santa Fe, viéndose abandonado por Ferré, se vio igualmente en la necesidad de reanudar y estrechar sus relaciones con el general Rivera, y, a este efecto, nombró un comisionado, que fue el señor Crespo, que partiese a su campo con poderes bastantes para celebrar convenios y recabar auxilios. Mas, como no podía atravesar la campaña, tuvo que unirse a mi comitiva, y con ella marchó.

En los últimos días de marzo me moví de la Bajada con más de trescientos hombres de los prisioneros de Caaguazú, de los que algo más de la mitad era infantería. La penuria de caballos era suma, porque el ejército correntino no dejó uno que sirviese en las inmediaciones, y un mayor Berón, a quien había encargado la custodia de una caballada para cuando llegase este caso, se mandó mudar con sus paisanos, llevándose la caballada.

Llamábase don Benito Berón, correntino, pero antiguo vecino de Entre Ríos. Sin embargo, era empleado en el ejército de reserva, y había hecho en él la campaña. A nuestra llegada a Entre Ríos tomó servicio en la provincia, y le conferí la comandancia de Alcaraz y otros puntos de la costa del Paraná. En previsión de lo que podía suceder, formé un depósito de caballos, con orden de que los conservase cuidadosamente; cuando los necesité, me encontré sin comandante, sin caballos y sin noticias suyas, porque había seguido el movimiento de los correntinos, sin instruirme siquiera de lo que se proponía hacer. Después lo volví a encontrar en el ejército de Corrientes, el año 45, y no tomé más venganza que despreciarlo; la excusa que me dio fue que lo forzaron a seguirlos los correntinos que pasaron, quienes se habían llevado también los caballos.

Este incidente hizo aún más crítica mi situación, pues que tuve que salir de la Bajada arrastrándome; llevaba de doce a quince carretas cargadas con efectos de comisaría, de maestranza y de parque, de modo que mi marcha era sumamente lenta. El país, que es bastante despoblado, donde no se manifestaba hostil abiertamente, se mostraba notablemente esquivo. Esto provenía del conocimiento de nuestro estado precario, y de temor de los antiguos dominadores, que no tardarían en volver.

Antes hablé del teniente coronel Calventos, que vino a la Bajada con comunicaciones del general Rivera, muy satisfactorias, y a quien despaché con otras de igual naturaleza. En ellas le participaba de la retirada de Ferré y del abandono en que había dejado aquello. Le instruía de mis proyectos y de mi próxima marcha. Le pedía una fuerza de trescientos hombres que me esperase en el Gualeguay, los que me serían de grandísima importancia, tanto para asegurarme de los servicios de los prisioneros de Caaguazú, que hacían toda mi fuerza, como para contener las montoneras que se habían levantado, y que se engrosaban rápidamente. Con esta confianza, seguí mi penosa marcha hasta Nogoyá, adonde llegué en la mañana del 2 de abril.

Desde algunos días antes, los coroneles Velazco y Báez habían sido destinados a mandar las milicias del partido de la Victoria, formando una división tan grande como pudiesen. Oportunamente les instruí de mi movimiento, y tuvieron orden de reunírseme el mismo día en Nogoyá. Apenas serían las ocho de la mañana, hora en que acababa de campar, cuando por algunos dispersos se me anunció la derrota de estos jefes en la madrugada de ese día, no lejos del punto donde estaba. Durante la marcha, que verificaban en virtud de mis órdenes, no diré que fueron atacados, porque no se puede llamar ataque una gritería que armaron los enemigos dentro del bosque que atravesaban, y unos pocos tiros que a nadie ofendieron.

Cuál sería la disposición de la tropa, que esto bastó para que se dispersase o se reuniese a los enemigos, quedando los jefes solos, que procuraron escapar por donde mejor les pareció. Velazco apenas pudo escribirme un papelito, que llegó esa misma mañana a mis manos por medio de un niño, hijo de un vecino amigo nuestro, y se dirigió al Paraná. Había creído tan crítica mi posición, que creyó más seguro tomar ese camino, lo que hubo de costarle caro. Báez se dirigió a la parte del Uruguay, y se me reunió a los tres días.

Efectivamente, mi situación era terrible, y demandaba instantáneamente un partido decisivo, y lo tomé, sin lo cual hubiera sido imposible salvar.

Sobre mi derecha, y a distancia de menos de dos leguas, se encontraba el caudillo Páez, que era el que había derrotado a Velazco, el cual, con los que había reunido de la fuerza dispersa de éste, podría tener más de quinientos hombres. A mi izquierda se encontraba el coronel enemigo Crispín Velázquez, con otra reunión no menos considerable, y que aumentaba por instantes. Todas estas fuerzas podían caer de un momento a otro sobre mí, lo que no me hubiera dado mucho cuidado si hubiera tenido confianza en los trescientos o cuatrocientos que tenía a mis órdenes; mas, lejos de eso, eran objeto de nuestras más vivas sospechas.

A la calidad de ser prisioneros, a quienes acababa de poner las armas en la mano, concurría la circunstancia de pertenecer a las provincias que quedan al oeste del Paraná. Si cuando yo marchaba de frente tenían el aliciente de aproximarse a sus hogares, ahora que me retiraba se alejaban de ellos, lo que era un motivo más para que rehusasen acompañarme. Se debe exceptuar los ciento sesenta o ciento ochenta negros de infantería, que eran del Arroyo de la China, y que, en consecuencia, no estaban en este caso.

El arroyo de Nogoyá parece a la vista de poquísima importancia, pero se muda de opinión cuando se ha entrado en él. Sin más que treinta varas de ancho, poco más o menos, es un verdadero obstáculo, principalmente para carruajes, porque es un pantano que parece insondable. Para pasar las carretas que llevábamos, declararon los prácticos y nuestra propia vista que era preciso hacer lo que allí llaman *puente*, en lo que tardaríamos, por lo menos, de tres a cuatro días. El puente consiste en hacer un corte de árboles y fajinas, y formar una calzada, terraplenada después, del ancho y solidez bastantes para que pasen los rodados.

Podía prometerme ocultar por algunas horas la derrota de Velazco y lo crítico de nuestra situación, pero era imposible por más tiempo. Algunos hombres o mujeres que venían del pueblito, que estaba a pocas cuadras, y soldados nuestros que iban a proveerse de sus pequeñas necesidades, debían esparcir necesariamente la noticia. Yo había puesto incomunicados a tres o cuatro dispersos que llegaron, pero no era lo bastante, y por la tarde ya empezaba a propagarse. Iba a ser conocido del soldado nuestro mal estado en toda su extensión, y entonces todo era desesperado. Era preciso obrar, y obrar pronto, para no dar lugar a la reflexión. He aquí lo que practiqué.

Hice repartir con profusión vestuario, tabaco, yerba, municiones, y cuanto podía cargar el soldado sobre sí. Dije que me preparaba para caer esa noche sobre una montonera, dando a mi retirada todo el aspecto de una operación ofensiva. Con las distribuciones y otros preparativos, sin excluir el de ensillar los mejores caballos de los que en las marchas habíamos conseguido, logré distraer la atención del soldado y entretener la expectación pública. Los vecinos mismos fueron engañados, y estoy cierto que los avisos que darían a los montoneros que nos circundaban serían en este sentido, y aun tomarían sus precauciones para no ser sorprendidos.

El dinero que había en comisaría, que estaba en oro, lo distribuí a los ayudantes u otros oficiales de confianza, para que lo llevasen sobre sí. Se prohibió llevar equipajes, ni cargueros, a excepción de uno solo, en que iban los papeles de secretaría.

El doctor don Florencio del Rivero, a quien había yo continuado en el ministerio de gobierno y relaciones exteriores, confiriendo el de guerra y hacienda al doctor Derqui, me acompañaba y traía consigo su familia en un carruaje. Tanto por esta circunstancia como por la elevación de su puesto, fue preciso confiarle la realidad de nuestra situación y la resolución que había tomado. Su agitación fue extrema, y su irresolución sobre el destino de su familia lo mortificó por unas horas. Llevarla con nosotros ofrecía el inconveniente de que sería preciso que marchase a caballo, pues que ningún rodado podía acompañarnos; dejarla en el pueblito, y seguir él conmigo, hubiera sido lo mejor; pero no pudo separarse de objetos queridos, y, ya muy tarde, me declaró que se quedaba al lado de su familia, con el designio, decía, de volver a la Bajada y trasladarse por agua a Corrientes. Para apoyar su proyecto, me dijo que tenía muy buenas relaciones en el pueblito y en el tránsito, y que le sería fácil verificarlo.

Ya entonces me engañaba; en ese día, que se descorrió enteramente el velo que encubría a sus ojos nuestros peligros, resolvió abandonarnos, y, por una deserción caracterizada, reconquistar la gracia de Urquiza, de quien había sido amigo y partidario. He dicho caracterizada, porque fue revestida de circunstancias que hicieron tan poco honor a su lealtad como a su patriotismo.

En su carácter de ministro, era dueño de parte del archivo que venía, del cual sustrajo copias importantes, que fue a presentar a su antiguo patrono. En vano fue que ante él quiso darse el triste mérito de haber atizado nuestras discordias, y de alegar que, si admitió el ministerio fue para traicionarnos y enredarnos. Llegado que hubo al Paraná o Bajada el gobernador que había sucedido a Seguí, que lo era el presidente de la Sala y cura vicario, don Álvarez, lo mandó en comisión cerca de Urquiza, que estaba aún en el Tonelero, jurisdicción de Buenos Aires. Debía instruirlo del estado de las cosas, invitarlo a que viniese a ejercer su gobierno, y recomendarse él mismo de los pobres servicios que alegaba haber hecho en su obsequio.

Urquiza lo recibió bien, y aun pareció agradecerle sus oficios; mas, a una insinuación de Rosas, se lo remitió a los Santos Lugares, donde fue fusilado.

Se me ocurre una observación que puede servir para comprender el carácter y sentimientos del actual gobernador de Entre Ríos. Él, como he dicho, pareció satisfecho del doctor Rivero, pues que lo acogió bien, y nada menos le hizo sospechar del cruel destino que le esperaba. Pienso que hasta aquí obró Urquiza con sinceridad con respecto a él, porque, además de que sus faltas eran disculpables por las circunstancias, las había reparado; los unía también una antigua amistad, y Rivero era de gran utilidad en la Bajada, siendo el único médico que había. Todo me induce a creer que estaban restablecidas entre ambos las buenas relaciones y aun la amistad.

Pero habló Rosas, y Urquiza no vaciló un momento en sacrificarlo para dar esa prueba de sumisión y de su consecuencia a lo que se dice sistema federal. Para entenderse bien esto, debe saberse que las imprudencias de Urquiza, o sea su veleidad, o sea mala fe, lo habían hecho sospechoso a Rosas, y que Echagüe, su capital enemigo, apoyaba estas sospechas con todas sus fuerzas. La circunstancia de haberse aproximado a mí los urquicistas más que los echagüistas, daba valor a ellas. La idea del doctor Rivero debió acaso interpretarse en este sentido. Este desgraciado, por no separarse de su familia unos cuantos días, tuvo que dejarla para siempre, sin recoger más fruto de su debilidad que la infamia y la muerte.

Se ponía el sol del día 2 de abril cuando yo me movía de Nogoyá, dejando las carretas, las pocas tiendas que teníamos armadas y una guardia de los soldados negros más viejos e inútiles, a cargo de un sargento de la misma clase, el cual tuvo orden de conservar su puesto y el campamento hasta mi vuelta. Ni él, ni los soldados, nada tenían absolutamente que temer del enemigo, de modo que ningún mal se les infería.

No fue sino con trabajo que pasamos el arroyo de Nogoyá, en cuyo fango se sumían los caballos hasta más arriba de los pechos; algunos no pudieron vencer esta dificultad, y fue preciso esfuerzo para sacarlos. Cerraba la noche, que era oscura y tempestuosa, cuando nos pusimos en marcha; no habíamos andado media legua cuando nos rodearan las tinieblas, en términos que nos costaba distinguir los objetos más cercanos.

Un hermano del comandante Ostrez, muerto por las montoneros pocos días antes, se me presentó ese día ofreciéndome sus servicios, con una partidilla de diez voluntarios, a quien acogí, como deja entenderse. En la marcha de esa noche le confié la vigilancia de mi flanco derecho, que era el que más cuidado me inspiraba. No habíamos andado media legua cuando unos tiros, disparados sobre el mismo flanco, me obligaron a mandar inquirir la causa de ellos. El oficial Ostrez y su partida habían desaparecido. Los disparos que hizo fueron sin duda para darnos una falsa alarma e incomodarnos, porque ellos no podían interpretarse como una verdadera hostilidad.

Este pequeño hecho, que me mostraba a las claras que el verdadero fin de mi movimiento empezaba a comprenderse, y, por él, nuestra crítica situación, me obligó a hacer un *alto* de pocos minutos, para cerrar algunas distancias que podían haberse abierto en la pequeña columna, cuyo orden era el siguiente:

Al frente, sirviendo de guía y explorando, el comandante don Manuel Hornos con dieciséis hombres de su escuadrón, gente del país y práctica de la campaña. Estos hombres, que le eran personalmente adictos, me fueron de la mayor utilidad, como también el comandante, con sus conocimientos locales y sus relaciones. En seguida venía yo con mi estado mayor, y luego dos mitades formadas de los jefes y oficiales sueltos y paisanos que seguían nuestra marcha. Tras de ellos venía una mitad de tropa escogida por de confianza, a las órdenes del teniente don José Manuel Leaniz.

Seguía el pequeño batallón de infantería, luego un piquete de artilleros, que aunque prisioneros habían sido destinados a esa arma, y cerraba la marcha el escuadrón de mi escolta, compuesta también, como se ha dicho, de los mismos prisioneros. Este escuadrón había estado, hasta ese día, a las órdenes del mayor Silva, mas acababa de encargarlo del mando en jefe de él al comandante Murillo, quien nada hizo por contener la sublevación, siendo sólo el mayor quien desplegó energía y actividad.

Apenas había andado un par de cuadras, después del pequeño alto que había hecho, cuando nuevos disparos, aunque pocos, y un rumor confuso, se dejaron sentir a nuestra retaguardia. Un nuevo alto fue preciso para indagar la causa de este accidente, que muy luego se supo provenía de la sublevación de la mayor parte del escuadrón escolta, encabezada por el capitán Vázquez Novoa, a quien se había adherido el capitán Corbera, del mismo cuerpo. La sublevación no tenía mas objeto que separarse, para volverse a buscar los enemigos; así fue que no hubo desgracia particular alguna. He aquí cómo sucedió.

El comandante Murillo marchaba a la cabeza del escuadrón, y el capitán Vázquez a la de su compañía, que era la primera. Al pasar una pequeña zanja, en donde se estrechaba el camino, el capitán Vázquez, que se había confabulado con unos cuantos, hizo contramarchar su compañía por medio de dos cuartos de conversión, que hizo dar a la primera mitad, tomando, de consiguiente, una dirección contraria. El comandante Murillo, que ya había pasado la zanja, se contentó con gritar, preguntando la causa de aquel movimiento, y sobre la insolente contestación de Vázquez se resolvió a llevarme el parte de su *defección*. No así el mayor Silva, que cubría la retaguardia del escuadrón, quien hizo más dignos esfuerzos, que tuvieron éxito hasta cierto punto feliz.

Todo el escuadrón seguía el movimiento de la cabeza, contramarchando como lo hacía ésta. El mayor Silva, que lo notó, quiso imponerse del motivo de esta novedad, y obteniendo igual contestación de Vázquez que la que dio a Murillo, trató seriamente de oponerse. Entonces fue que se dispararon unos cuantos tiros, con los que acaso no hubo intención determinada de ofender.

En esta lucha, en que Silva gritaba "alto" y Vázquez "marchen", se dislocó el escuadrón, y una parte siguió a éste, y la otra quedó con aquél. Fue la que se salvó, continuando la marcha cuando volví a emprenderla, fuera de algunos hombres que, naturalmente, desertaron, o acaso se extraviaron en la terrible oscuridad que no permitía distinguir los objetos.

Era imposible perseguir a los prófugos, y, además, no había con qué hacerlo; hubiera sido exponerlo todo, y diré, asertivamente, perderlo todo, pensar en semejante operación. Varios jefes y otras personas me rodearon para conjurarme a que no me ocupase de otra cosa que de continuar con toda la rapidez posible nuestra marcha. Accedí; mas, como la infantería no podía seguir el trote y, además, está sujeta a más frecuentes descansos, resolví dejarla atrás, consultándolo con el mayor Echenagucía, que la mandaba. Este jefe halló justo mi pensamiento (que, como he dicho, era sugerido por todos) y protestándome que tenía bastante confianza en los negros, siguió su marcha separadamente. Recuerdo que le dejé al famoso baquiano Biquilo, a quien ofrecí entonces, y di después, una fuerte recompensa pecuniaria.

Como indiqué antes, yo había pedido al general Rivera una fuerza de trescientos hombres que me esperasen en el Gualeguay, distante veinte leguas de Nogoyá, y todo mi empeño era llegar a este punto, reunirme con esta fuerza, si es que me había sido remitida, y volver sobre Nogoyá y aun sobre la Bajada. Es probable que, si el general Rivera hubiera sido exacto y hubiese apoyado mis movimientos, las cosas toman otro curso. No fue así, como diré en seguida.

Al amanecer del 13 de abril descargó la tempestad con fuerza tan extraordinaria que pocas tormentas he visto tan terribles. El agua caía a torrentes, mezclada con granizo, y la fuerza del viento, que nos batía de cara, era tan terrible que fue imposible continuar marchando. Hicimos alto, e involuntariamente dimos frente a retaguardia, porque ni los caballos ni nosotros [podíamos] arrostrar la tempestad. En esta posición estuvimos dos horas, hasta que amainó. Era ya de día, y estábamos sobre el arroyo nombrado el Clé. Con la lluvia había engrosado su caudal, y nos costó mucho vadearlo.

El día nos permitió ver la disminución de nuestra columna, que estaba reducida a unos sesenta hombres por todo. El comandante Paz, con su piquete de artilleros, no parecía, y otros oficiales faltaban también; probablemente, muchos soldados, que aún restaban fieles, no eran más que extraviados; era forzoso tomar alguna medida para reincorporarlos.

Inmediatos aún al Clé, avistamos una casa habitada, e hice adelantar al comandante Hornos para tomar informaciones. Yo mismo me anticipé una cuadra, y sin desmontarme llamé a los hombres que encontré en el patio, y les previne saliesen en todas direcciones a buscar los soldados dispersos, y ofreciéndoles buenas gratificaciones. Me ocupaba en esto, sin haber tardado ni cinco minutos, cuando llegaba por el camino, que pasaba por el costado, mi pequeña columna, en que, como he dicho, venían formados jefes, doctores, diplomáticos y simples paisanos.

Todos veníamos tan mojados que no teníamos un solo hilo seco, y el viento frío que corría hacía más incómoda nuestra situación. La presencia de una casa, de cuya cocina salía una humareda que indicaba un buen fuego, tenía un atractivo tan poderoso que, una vez gustado, hubiera sido costoso arrancarnos, para continuar otra vez la marcha. Un mate, una taza de café, era en aquellas circunstancias un presente inestimable, pero que, desgraciadamente, para servirlo a todos, hubiera sido preciso emplear mucho tiempo. Agréguese que les habría venido la tentación de secar al fuego sus ropas, y no era tiempo de pensar en detenernos.

Los semblantes me revelaron la viveza de los deseos comunes, y fue precisa toda mi autoridad para contrariarlos. Sin haberme apeado del caballo y sin aceptar una taza de café, que el dueño de casa había salido a ofrecerme, corrí a ponerme al frente de la columna, y di la voz *de frente, marchen*, a que tuvieron todos que sujetarse.

Sin embargo, el comandante Hornos, que estaba en la casa tomando las informaciones de los caminos, de los enemigos y demás novedades que se supiesen, quedó en la casa, y a él se había agregado el doctor Derqui, que, por más regalón, se habría metido en ella sin que yo lo viese. Otros que, o venían más atrás, o que se escabullían, sin que pudiese yo remediarlo, hicieron lo mismo, lo que no detuvo mi marcha, esperando por instantes que el comandante me alcanzaría.

No sucedió así, y tuve que marchar solo y entregado a prácticos ignorantes o infieles, que me extraviaron de la ruta que debía seguir, de modo que sólo fue muy tarde de la noche que pude llegar a San Antonio Petisco, en el Gualeguay. Allí estaban, desde la tarde, Hornos, Derqui y el comandante Paz con su piquete de artilleros, que, viniendo por un camino más directo, me habían precedido.

No es por minuciosidad, y aun mucho menos por otro sentimiento más pequeño, que pongo estos pormenores. Creo que pueden ser útiles al que se vea en iguales circunstancias. Probarán también que en estos casos, más que en ningún otro, se necesita orden y disciplina. Es probable que la detención del doctor Derqui aumentó la de Hornos y del baquiano que lo acompañaba, y esto hubo de producir una grave dificultad. Muchas mayores hubieran sido sin la resolución firme que manifesté de no dejar detener a los demás.

Llegado que hube al Gualeguay, tuve la certeza de que el general Rivera no había mandado un solo hombre, y que no podía contar sino con mis propios recursos. Él se mantenía sobre el Uruguay y Gualeguaychú, completando la expoliación de esos partidos. No me quedaba más arbitrio que aproximármele, pues que mi posición en el Gualeguay ya ni tenía objeto ni dejaba de ser arriesgadísima.

Sin embargo, me mantuve seis días, con el doble fin de recibir alguna noticia de él y de no dar, en cuanto era posible, a mi movimiento el aspecto de una fuga. Al segundo o tercero de mi permanencia se me reunió el mayor Echenagucía con sus ciento y tantos negros de infantería, habiendo verificado su viaje sin novedad. Este jefe contrajo un mérito digno de elogio.

Al sexto día de hallarme en San Antonio Petisco tuve las primeras noticias del general Rivera. En vez de mandar la fuerza que le había pedido, prefería una misión pacífica, compuesta de un mayor, el capitán Ereñú y otro oficial, quienes llevaban el encargo de persuadir a los caudillejos que estaban en armas, a deponerlas y entenderse con él. Los oficiales comisionados eran de los más acérrimos federales que se habían acogido a su campo, y a quienes habían patrocinado.

Cuando me hicieron relación de su comisión, y me protestaron el empeño que llevaban de corresponder a los deseos de Rivera, les dije: "Si ustedes, de buena fe, se proponen desempeñar la misión que se les ha encargado, serán las primeras víctimas, porque no es ya tiempo de conciliaciones, y estoy viendo que, aunque ustedes se rehusasen, se verán compelidos a empuñar las armas contra su poderdante". Así sucedió a los muy pocos días, pues que aparecieron en las filas enemigas, y son los que han perseguido al general Rivera hasta expulsarlo de su país.

Perdida toda esperanza de volver sobre Nogoyá o la Bajada, me aproximé a Gualeguaychú; tan luego como hube pasado este arroyo, nos encontramos con el general Rivera, que se adelantó a mi encuentro. Nuestra entrevista fue amistosa, y nos colmamos de atenciones por ambas partes. Como esto sucedía a inmediación de la estancia de Galarza, nos dirigimos a ella y tomamos alojamiento.

En vista de las protestas de amistad y confianza que me prodigó, creí aún conveniente insinuarle que podía hacerse un movimiento sobre Nogoyá y la Bajada, siempre que se obrase con prontitud y con una división ya mayor que la que hubiera bastado ocho días antes. Se convino, y hasta me proponía yo ponerme a la cabeza de esta fuerza, agregando los restos que me quedaban. Pero ocurrieron nuevas demoras, y sólo fue después de cuatro o seis días que se me dijo que el coronel Blanco estaba pronto con su división y a mis órdenes.

Esta que se decía división, no pasaba de trescientos hombres, los que disminuyeron la primera noche en más de cincuenta, que se desertaron cuando supieron que se trataba de marchar. Esto era irrisorio, y, por de contado, le declaré que aquella fuerza, por su número y calidad, era insuficiente. Que si no lo creía él así, podía el coronel Blanco, que era un jefe a quien le suponían una gran capacidad, presidir la operación.

Blanco marchó, y sólo anduvo seis leguas hasta Gualeguaychú, donde creyó prudente detenerse y esperar. Allí permaneció por muchos días, hasta que se tomaron otras providencias.

Lo que admirará a quien leyere esto es que no sé hasta qué punto deba condenar al general Rivera por esta falta de sinceridad y formalidad en sus promesas, porque a veces he creído que no podía hacer mucho más de lo que hizo, atendiendo el desgreño de lo que llamaba su ejército. Para que esta disculpa sea mejor comprendida y apreciada, daré una ojeada rápida sobre el ejército oriental, el modo de reunirlo y organizarlo.

Cuando llega el momento de la necesidad o del peligro, salen jefes destinados a reunir hombres donde los encuentren, lo que ocasiona que muchas veces arrebatan los peones de las estancias y hasta los capataces, según el buen querer del comisionado. Los comandantes de los departamentos hacen otro tanto por su parte, sin que haya una ley, un reglamento, una disposición cualquiera que metodice el reclutamiento. Ya se apercibirá la puerta que se abre a las injusticias, a las venganzas y a los abusos. El que no haya innumerables es la mejor prueba del buen carácter de los hijos del país.

Empiezan a llegar las partidas al lugar destinado para camparlas, y cuando hay un número de ciento o doscientos hombres, se hace de ellos dos montones, que se llaman compañías. Entonces se les designan oficiales, se improvisan sargentos y cabos, se les distribuye armamento, y he aquí que se dice, muy seriamente, que se ha organizado un escuadrón. Con unos cuantos de éstos ya está formada una división, y siguiendo del mismo modo en progresión ascendente, se cree ya formado el ejército. Mas adviértase que ese ejército, esas divisiones[1], esos escuadrones, con la facilidad misma que se habían creado, se deshacían cuando pasaba el peligro o lo aconsejaba la necesidad, al modo, más o menos, que cuando se manda romper filas a una tropa formada. Entonces se iba cada uno por su lado, sin que se cuidase mucho de recoger el armamento y municiones, pues que es sabido que en otra reunión se volvería a distribuir otro.

Había otro medio de terminar una campaña y disolver un ejército, y quizá no me equivoco en asegurar que era el más frecuente. Esta tropa colecticia y sin disciplina se fastidia muy pronto del servicio, y deserta con facilidad y abundancia; por este medio, el ejército se iba consumiendo, y entonces el general tomaba el arbitrio de destinar al jefe de un departamento o de un cuerpo para que, retirándose con los pocos hombres que le hubiesen quedado, procediese a hacer nueva reunión, que a su vez tenía el mismo fin. Estos hombres que el jefe llevaba le servían de escolta, de base (o de señuelo), para llamar otros.

Bien se comprende que el servicio de las milicias no sea tan regular como el de las tropas de línea, ni su permanencia en las filas tan constante; pero que un general crea que éste es el único medio de formar ejército, sin tener un cuerpo de tropas regulares y disciplinadas, es cosa que admira, y, sin embargo, tal es el general Rivera. Desconoce enteramente las ventajas de la regularidad y del orden militar, y ya es demasiado viejo para que modificase sus ideas. No me cansaré de repetirlo: el general Rivera no ha marchado con el tiempo, y piensa aún que el sistema militar de Artigas es todavía adaptable. Otro tanto le ha sucedido en otros ramos de la administración.

[1] En la gigantesca forma que se dio a los ejércitos en los últimos tiempos del Imperio, el Gran Capitán, para dar más movilidad y mejor organización a aquellas formidables masas, aumentó las unidades progresivas del grande ejército, con lo que se llamó cuerpo de ejército, que era mandado generalmente por un mariscal, y tenía tropa de las tres armas. El general Rivera, parodiando al ejército que invadió la Rusia en 1812, llamó cuerpos de ejército a unos miserables grupos de cuatrocientos o quinientos hombres, y aun había algunos que no llegaban a ese número. Yo usé esa denominación cuando mandé el ejército aliado pacificador; pero, además que tenía el objeto político de conservar la separación del cuerpo paraguayo, no bajaban de tres o cuatro mil hombres cada uno, lo que entre nosotros ya es ejército.

Ya nada podía yo esperar ni intentar con respecto al Entre Ríos, fuera de dejar enteramente libre la acción del general Rivera, para que llevase la guerra según sus principios y su modo de conducirla. Para ello, el mejor medio era separarme del teatro, porque era incuestionable que a cada instante resultarían conflictos de nuestro modo de ver y obrar, que es diametralmente opuesto. ¿Cómo podría yo avenirme con las irregularidades del general Rivera, con su despilfarro y la indisciplina de su ejército? ¿Cómo amoldar mis ideas a las suyas? A mi vez diré, también, que soy demasiado viejo para variarlas. Cuando más, hubiera podido desearse que marchásemos separadamente y por distintos caminos a un mismo fin; lo demás era imposible. Los que han calculado de otro modo, si lo han hecho de buena fe, o ignoran la marcha de los negocios o desconocen el corazón humano.

Mi intención fue, desde entonces, retirarme, dejando el campo libre al general Rivera para que reuniese a su placer y utilizase los elementos que aún restaban, que no dejaban de ser de mucha consideración. Sin embargo, me presté a un tratado, que, sin ligarme a permanecer personalmente, establecía una alianza ofensiva y defensiva entre el estado oriental y las provincias de Entre Ríos y Santa Fe. La de Corrientes debía ser invitada a entrar en él.

Éste fue el tratado de Galarza, pues que fue celebrado en una hacienda de este nombre, en abril [de 1842], cuyo original y demás documentos conservo en mi poder. Él daba la dirección de la guerra al general Rivera, y, de consiguiente, el mando de las fuerzas. Le otorgaba la facultad de celebrar tratados. Los gobiernos contratantes se comprometían a poner en acción todos sus medios y recursos para llevar a cabo la guerra, y el del estado oriental se obligaba a dar un subsidio de ocho mil pesos fuertes mensuales a cada uno de los otros gobiernos, para subvenir al reclutamiento, equipo y armamento de sus tropas, con cargo de devolución, concluida que fuese la guerra.

Suscritos tres ejemplares del tratado por los comisionados, que lo fueron los señores Bustamante, Derqui y Crespo, se tocó la dificultad del canje de la ratificación, por la demora que debía ocasionar la del gobierno de Santa Fe, cuya correspondencia estaba interrumpida por los efectos de la misma guerra. En este estado, acordamos con el general Rivera, y se canjearon notas oficiales en este sentido, que, aunque no hubiese podido tener lugar el acto material del canje, se tendría y se consideraría entre ambos como real y positivamente ratificado el tratado. No impidió esto, sin embargo, que seis meses después el general Rivera alegase esa falta de canje para negarse a la observancia del tratado y para negar su vigencia.

Firme siempre en mi resolución de no permanecer al lado del general Rivera, de dejarle el campo y allanarle el camino, le propuse que delegaría el mando de la provincia de Entre Ríos en una persona de su plena confianza, hecho lo cual me retiraría a Montevideo. Se conformó, y después de muchas deliberaciones me indicó a un comandante de los tiempos de Artigas y Ramírez, llamado don Mariano Calventos, de tristísima celebridad. Éste vivía lejos y retirado, y mientras se lo llamaba, consultaba y preparaba, el general Rivera se trasladó a Paysandú, quedando yo en el Arroyo de la China.

En esos mismos días partió para Corrientes el doctor Derqui, con la misión de invitar al gobierno de aquella provincia a suscribir el tratado de Galarza, y yo aproveché esta ocasión de remitir un carruaje, para que se trasladase mi familia al punto que yo ocupaba.

Dejaré las cosas del Uruguay en este estado, para dar un salto al Paraná y Santa Fe, donde tenían lugar sucesos bien adversos.

Capítulo XXXV

Rosas opone el terror a los extravíos de sus opositores

[Sucesos en la capital de Entre Ríos - El doctor Francisco Álvarez - "Espléndida derrota" de los santafecinos - El general don Juan Apóstol Martínez - Su muerte "en forma ordinaria" - Dispersión del ejército santafecino - ¡Lo que va de López a López! - Inútiles cuestiones que ocupan a López - Rivera parte a Montevideo y el general Paz queda al frente de las fuerzas orientales - Delegación irregular y equívoca - Desgreño de la tropa - Ignorancia de los jefes - Subordinación solapada - El general Paz se sitúa en Paysandú - El general Aguilar; su actitud - Escandaloso comercio - Insinuación del general Paz para que cesasen las crueldades con que se hacía la guerra por parte de Rosas - El señor Mandeville - Digna actitud del comodoro Purvis - Barbarie de Rosas - Circunstancias en que ordena los asesinatos - Los emigrados en Montevideo - El general don Martín Rodríguez - Su carta al general Paz - Contestación a esta carta - Virtudes y defectos de la juventud - El coronel Olazábal - Irregularidades en el gobierno oriental - Patriótico pensamiento del doctor Manuel Herrera y Obes - Causas que se oponen a su realización. - La administración del general Rivera - Las fracciones del partido unitario; sus errores - El almirante Brown: sus sentimientos; sus servicios a la tiranía; perspicacia de Rosas para conservarlo adicto; sus padecimientos mentales - La escuadra oriental.]

Ya se ha dicho que el estado en que quedó a mi salida la capital de Entre Ríos era sumamente delicado; sin embargo, es probable que se hubiese así conservado, sin los acontecimientos de Nogoyá. Apenas llegó la noticia [de la derrota] de los coroneles Velazco y Báez, la plebe se manifestó, no sólo alterada, sino hostil al gobierno, el que no tenía sino un piquete de infantería que le restaba fiel: cuando éste le faltó, porque los negros participaron al fin de la general exaltación, no le quedó más remedio que la fuga, en que le acompañaron muchos comprometidos. Como la campaña era enemiga, no tuvo más medio de salvación que la marina, y ganó los buques que había en el puerto, no sin correr grandes peligros.

Ni aun eso pudo hacer el coronel don Felipe López, comandante de armas, quien tuvo que ocultarse en una casa particular, de la cual pudo escapar por la cooperación de algunas personas generosas y la tolerancia de la nueva autoridad, que hasta le suministró avisos que le fueron muy útiles.

Después de este movimiento, la plebe de la ciudad, a que se agregaron algunos gauchos de la campaña, quedó dueña y árbitra de la población, y para precaver los males de un tal orden de cosas, fue preciso nombrar un gobierno, cuya elección recayó en el presidente de la Sala de Representantes y cura vicario, doctor don Francisco Álvarez. Ignoro si debió su nombramiento a la representación de la provincia, lo que es muy probable; mas, de cualquier modo, fue un acierto, porque sus respetos y la amistad que merecía a Urquiza le dieron bastante ascendiente sobre la canalla, para que no se entregase a excesos de todo género.

Los sucesos se precipitaban, pues, casi al mismo tiempo, sufría Santa Fe los terribles efectos de la más inaudita derrota. Oribe, que con su ejército pasó por el territorio de Santa Fe sin ser hostilizado seriamente, como antes dije, apenas reforzado con algunos cuerpos en Buenos Aires, abrió nuevamente su campaña. Jamás la imprevisión, la ignorancia, la incapacidad, la cobardía también, se vieron obrar tan de acuerdo para inutilizar las buenas disposiciones de un pueblo. A nadie podía sorprender la invasión, pues el más estúpido sabía muy bien que había de venir; mas, cuando llegó la ocasión, nada se había preparado, nada se había prevenido; así fue que nada se hizo para rechazarla, ni aun para disputar el terreno.

Marchando los enemigos sobre la capital, fueron arrollando naturalmente las fuerzas de López, quien no pudo menos de reunir al fin sus fuerzas, o como el llamaba, su ejército, fuerte de tres mil hombres. Con éstos ocupaba la margen izquierda del Salado, mientras el enemigo asomaba por la opuesta. Un cuerpo destacado de éste franqueó el río por un paso de más arriba, y ésta fue la señal de la fuga más vergonzosa y de la más *espléndida derrota*. Apenas el cuerpo del coronel Salas, que llevaba la vanguardia, que se convirtió en retaguardia, disparó algunas tiros con las partidas avanzadas del enemigo.

En esta triste jornada, y en la no menos triste campaña que le precedió, y que sólo duró el tiempo que materialmente necesitó para marchar el ejército invasor, no hubo un solo hecho digno de elogio, ni aun de mención honorable. Hubo, sin embargo, uno bien indigno, que merece consignarse en esta memoria.

El general don Juan Apóstol Martínez que se me había incorporado después de la acción de Caaguazú, cuando vio la retirada del ejército de Corrientes, se acordó que había nacido en Santa Fe y solicitó ir a servir a aquella provincia, que se hallaba tan inminentemente amenazada. Pudo reunir unos cuantos hombres, con los que pasó el Paraná, y se presentó al general López. Después de un semiencuentro de vanguardia, que hubo en Coronda, se desquició un cuerpo de santafecinos, dos o tres días antes de la dispersión general, y el general Martínez, que se halló en él, llegó casi solo y desorientado a una casa, donde pidió práctico que lo llevase al campo de López. Fuese una infame combinación de muchos o no, el hecho es que el infiel guía lo condujo mal, con el designio de que cayese en poder de los enemigos, como sucedió. A las pocas horas le fue cortada la cabeza, *en la forma ordinaria*, para servirme de las palabras del mismo Oribe en otras ocasiones semejantes.

Varias veces quise informarme de los pormenores de este hecho infame y de las providencias que tomó López para vengarlo, y quedé siempre asombrado de su glacial indiferencia: no sólo no manifestaba indignación contra sus autores, pero ni mostraba remotamente apercibirse de que le incumbía haber hecho algunas indagaciones para descubrirlos y castigarlos. Estoy por lo menos cierto que no encontraba en este hecho la deformidad y horror que, a primera vista, halla en él un hombre de sentimientos más delicados.

La dispersión del ejército santafecino fue completa, y, sin embargo no se diseminó, sino que en su mayor parte se metió en el desierto del Chaco, para ganar la provincia de Corrientes, subiendo la margen derecha del Paraná. Ésa fue la dirección que llevó López. Otra parte, la menos numerosa, como también familias y vecindario, se apoderó de los lanchones, botes y canoas que hubo a la mano, y navegó río arriba, en donde sufrieron indecibles trabajos, hasta que pudieron también llegar a Corrientes.

Éste fue el desenlace que tuvo la insurrección de la provincia de Santa Fe contra la dictadura de Rosas. Esta provincia, que años anteriores bajo las órdenes de un López había rechazado victoriosamente los ejércitos de Buenos Aires, que había batido sus tropas y generales, y que había llevado sus armas hasta enseñorearse de la Plaza de la Victoria de la gran capital, sucumbió esta vez bajo las órdenes de otro López, al solo amago de una pequeña vanguardia, sin gloria y sin haber siquiera hecho algo para dejar medianamente puesto su honor. ¡Lo que va de tiempos a tiempos!, dirán unos. ¡Lo que va de López a López!, dirán otros. En cuanto a mí, pienso que todos tienen razón, como me sería fácil demostrarlo.

El general López se quejó del coronel Salas, acusándolo de que no llenó sus deberes, y con mucha más acritud lo hizo contra el comandante Oroño, quien, decía, había desobedecido sus órdenes. A este último lo puso preso luego que llegó a Corrientes, y quiso ejercer contra él actos de autoridad, a que se opuso el gobierno territorial. Quedó, pues, indecisa la cuestión, y no estoy tampoco habilitado para resolverla; sin embargo, creo poder decir que, fuese o no culpable Salas, fuese o no criminoso Oroño, no por eso hubiera sido menos infeliz el resultado de la campaña. Él estaba irrevocablemente fijado antes de empezarse, así fue que a nadie sorprendió.

Si se hubieran aprovechado debidamente los restos del ejército santafecino, asilados en Corrientes, pudieron dar un cuerpo de cerca de mil hombres, que, fuera de su país, hubieran sido susceptibles de una regular disciplina. López no pensó en esto, y fuera de las querellas particulares con sus jefes, de que ya hablamos, y otras menos ruidosas con el gobernador de Corrientes, no se ocupó sino de sostener a toda costa la pomposa investidura de gobernador y capitán general legal de la provincia de Santa Fe, en virtud de la cual quería que se le guardasen ciertos fueros, que eran ridículos e incompatibles con el orden de cosas existente. Después de algunos meses, consumidos en inútiles cuestiones, vino, con lo que le quedaba de su fuerza, a Entre Ríos, como luego veremos.

La candidatura de Calventos para el gobierno delegado de Entre Ríos, a pesar que no podía ser ejercida sino en la costa del Uruguay, que ocupábamos, alarmó a algunos vecinos, que vinieron a representarme los terribles antecedentes del candidato. Entre otros, recuerdo a don Francisco Barú, respetable vecino, y a don Mariano Elías, que me hicieron una reseña de hechos que lo recomendaban muy poco. Otros conocimientos que adquirí vinieron a corroborar aquellos informes, que, desgraciadamente, vino después a justificar el mismo Calventos, pasándose al enemigo. Era forzoso entenderme con Rivera nuevamente sobre este particular, y me disponía a hacerlo cuando recibí una invitación suya a que me trasladase a la hacienda de Espiro, donde concurriría él también, para que tuviésemos una conferencia sobre asuntos de alta importancia.

Accedí, y luego fui impuesto de lo que se trataba. Se proponía ir a Montevideo a activar las medidas gubernativas y financieras, que debían aumentar y proveer de recursos al ejército, hasta ponerlo en el pie de respetabilidad que se necesitaba, y, entretanto, quería que me resolviese a permanecer hecho cargo del mando durante su ausencia. "Ésta, me decía, no será sino de veinte días, pues no necesito sino ocho días de Montevideo, empleando los doce restantes en ida y vuelta." No era preciso que fuese quien la hacía esta promesa para desconfiar de su cumplimiento, pues que era casi imposible que en tan poco tiempo pudiese expedirse. Ni para lo material del viaje le alcanzaba el tiempo que prefijaba, pues nadie ignora su inveterada costumbre de ir por los ranchos haciendo paradas inútiles; mas, ni era racional negarme a su insinuación, aunque su ausencia durase unos días más, ni me perjudicaba, pues que yo tenía que esperar a mi familia que tardaría aún de Corrientes.

Todo se acordó según su deseo, y partió para Montevideo, diciéndome que todas las fuerzas orientales quedaban a mis órdenes. El general Aguiar, que era el jefe de E. M., tenía el mando inmediato, y en esos días se había movido con algo más de mil hombres a apoyar al coronel Blanco, a quien dejamos sobre Gualeguaychú, sin que hubiese hecho otra cosa que revolotear por allí inútilmente. El pobre general Aguiar, con más fuerza, no hizo mucho más, ni le era posible, a la verdad, porque ya Urquiza había vuelto al Entre Ríos, y reorganizaba lo que después fue su ejército. Éste cada día era más fuerte, en términos que muy pronto se vio en estado de tomar la ofensiva y perseguir al general Aguiar, que se había aproximado al Gualeguay.

El mando que me había dejado el general Rivera era, como todas sus cosas, irregular y equívoco. Después que se marchó, me presenté en el campamento del coronel don Santiago Lavandera, que tenía un batallón y la artillería del ejército, consistente en ocho piezas y sesenta u ochenta artilleros, a las órdenes del coronel Chilavert. Luego que hube llegado, vinieron los jefes y oficiales a cumplimentarme; se me saludó con una salva de artillería, y la música se dejó oír para celebrar mi presencia. Todas estas señales exteriores parecían indicar que, efectivamente, se me reconocía como el jefe de aquellas fuerzas; mas, cuando quise descender a los pormenores del servicio, e informarme del número de hombres que tenían los cuerpos, del estado de las caballadas, de las municiones, parque, almacenes, etcétera, me dijo, encogiéndose, el coronel Lavandera, que no se les había hecho saber oficialmente mi nombramiento, y que, tan sólo, se le había dicho, confidencialmente, que en caso de apuro, o de conflicto de enemigos, se obedeciesen mis órdenes.

Sin expresarse tan claramente, el general Aguiar me dio a conocer lo mismo, pues en cerca de cuatro meses no pude conseguir que me mandase un estado de la fuerza que estaba a sus órdenes, lo que evitaba con varios pretextos, y alegando, por lo común, que esperaba las que debían pasarle los cuerpos, para formalizar el estado general. Quizá no podría hacerlo aunque quisiese, porque en el desgreño de aquellas tropas y en la ignorancia de aquellos jefes, en que la mayor parte no sabían leer ni escribir, fácil es concebir que les sería muy difícil saber ellos mismos el número de soldados que mandaban, ni los destinos en que estaban ocupados.

Lo célebre fue que, después de esta dependencia a medias, de esta subordinación solapada, cuando Urquiza se le vino encima, y tuvo que replegarse hasta el paso de Paysandú para reunirse con la infantería y artillería que mandaba Lavandera, junto con el susto, les entró una docilidad y subordinación que, de puro excesiva, vino a parecer insolente. No sabían qué hacer, no querían dar un paso si no se los ordenaba, y llovían los partes de los movimientos del enemigo y de las más vivas solicitaciones para que les ordenase lo que habían de practicar.

Debo advertir que a esa fecha yo me había situado en Paysandú, y me había visto obligado a abandonar el Arroyo de la China, que ocupó el enemigo, cometiendo todos los horrores que acostumbra. El general Aguiar, pues, era el jefe de operaciones de las fuerzas que obraban en la parte occidental del Uruguay, el cual había sido arrinconado sobre las costas, como he referido.

Uno de tres partidos le quedaban que tomar, que eran el de aceptar una batalla; el de evitarla, pasando a la margen oriental de este río o marchando de Flanco; e ir a buscar la reunión del general López, que con la división santafecina, fuerte de quinientos hombres, bajaba desde Corrientes. Esto mismo le expuse a Aguiar, pero sin decidir resueltamente sobre ninguno de dichos puntos, por cuanto no podía hacerlo sin los conocimientos que tanto había pedido y que no se me habían suministrado.

Y en verdad, ¿podía aconsejar una batalla sin saber qué fuerza teníamos para aceptarla?, ¿podía mandar resolutivamente una marcha de flanco con el enemigo inmediato, sin saber los medios de movilidad? Lo dejé, pues, a la elección de Aguiar, sin dejar de indicarle que creía preferible el último de los tres arbitrios, que fue el que aceptó.

Permítaseme no ocuparme del vergonzoso comercio que hacían muchos jefes orientales, no sólo pasando caballos, mulas y ganados, sino estableciendo matanzas y graserías, en que ocupaban la mayor parte de su tropa; el coronel Chilavert se distinguió en este pobre tráfico, no menos que un célebre Masangano, proveedor que se decía del ejército, y que estaba exclusivamente contraído a hacer matanzas en Entre Ríos y acopiar cuerambres, que se remitían a Montevideo por cuenta del general Rivera. Sería fastidioso y prolijo descender a estos miserables detalles, cuando quizás he olvidado otros de mucho mayor importancia, como uno que ahora diré. Sírvame de disculpa que, habiéndose ocupado la prensa de entonces de los sucesos más prominentes, y omitido oscuros pormenores, no creo inútil para la historia hacerlos conocer a ellos y sus autores.

Dije que hablaría de un suceso de importancia, que había olvidado quizá por lo mismo que no es desconocido del público, pues que varias veces se ha hecho mención por la prensa. Me refiero a una insinuación que hice por medio del agente acreditado por el gobierno de Corrientes y por mí, que estaba en Montevideo, y que lo era mi hermano don Julián Paz, al ministro inglés Mr. Mandeville, que no sé con qué motivo vino de Buenos Aires a aquella capital. Se le rogó que interpusiera sus buenos oficios para que cesasen las crueldades y barbaries con que se hacía la guerra por parte de Rosas, prestándome a regularizarla, canjear los prisioneros, asegurarles, entretanto, un trato pasable y garantirles sus vidas. Esta proposición era más oportuna cuanto que el gobierno de Corrientes había declarado su resolución de tomar represalias y hacer la guerra en la misma forma que se le hacía.

El señor Mandeville no sólo se negó a intervenir en este negocio, sino que manifestó por él un horror que extinguió en mí hasta la más remota esperanza de que se encargase de él. No le haré la injusticia de creer que le fuese indiferente, y que no desease, en el fondo de su alma, que se adoptasen esas prácticas más humanas que ha introducido en la guerra la civilización y el cristianismo; pero estaba, a mi entender, tan persuadido de la ferocidad de Rosas, y estaba tan penetrado de la inutilidad de su tentativa que era mejor no hacerla.

Y es probable que así hubiese sido, y que, en lugar de mitigar los males los hubiera agravado. Mas esto era por el ascendiente que el señor Mandeville dejó tomar a Rosas, por sus ciegas deferencias, por sus adulaciones, por sus condescendencias, en fin. Si en lugar del señor Mandeville se hubiera hallado otro ministro más independiente, que se hubiera sabido conservar a mayor altura, es seguro que su insinuación, cuando no hubiera cortado los males, los hubiera disminuido. Una buena prueba de ello es que desde que en Montevideo el comodoro Purvis y otros extranjeros de nota clamaron contra las brutales crueldades de Oribe, crueldades de que eran testigos, se ha visto obligado Rosas y su teniente a aminorarlas, ocultarlas y, lo que es más célebre, atribuir a sus enemigos los mismos actos bárbaros con que se habían manchado.

Dije que el gobierno de Corrientes había declarado que tomaría represalias, mas debo advertir, en su obsequio, que nunca pensó llevarlas a efecto. No era el señor Ferré hombre capaz de ponerse al nivel de Rosas en esa carrera de sangre; y en cuanto a mí, innumerables pruebas había dado de mi respeto a los derechos de la humanidad en muchos miles de prisioneros, cuyas vidas he conservado en muchos pueblos, que no han encontrado sino hermanos en sus vencedores, y en innumerables familias, cuyas lágrimas he enjugado.

La represalia, pues, decretada por el gobierno de Corrientes, no fue más que un arbitrio para contener, si era posible, a Rosas; y tampoco podía ser de otro modo, ya que se consulte el carácter y principios de sus enemigos, ya que se atienda a los consejos de la política. Me explicaré.

El terror es un medio de gobernar que han empleado los tiranos de todos tiempos y de todas partes, mas será muy difícil encontrar uno que lo haya llevado a tan alto grado como el dictador argentino; el historiador a quien quepa la tarea de narrar sus hechos, se verá en conflictos para no darles la apariencia de exageraciones, y la posteridad tendrá trabajo en persuadirse de que es posible lo que nosotros hemos visto. ¿Y podíamos proponernos, racionalmente, los enemigos de Rosas, inspirar un terror igual o mayor, ejerciendo actos tan crueles y bárbaros como él? Además de que hubiera sido consumar la destrucción de nuestro país, es bien difícil que lo hubiésemos conseguido, pues estando él desde tan largo tiempo en posesión exclusiva de *esta arma*, era más difícil de lo que se piensa arrancársela para servirnos de ella. Forzoso era, pues, resignarnos a combatir sin ella, contentándonos con aquellos actos de severidad, si se quiere, pero que son reclamados por la justicia y por la conveniencia, para que no se interpretase nuestra moderación como una muestra de debilidad o de temor.

Éste fue mi modo de pensar y obrar, y me pareció entonces, y me parece hasta ahora, tanto más acertado por cuanto contraría los deseos de Rosas, dejando a sus adeptos siempre una puerta abierta a la conciliación. He dicho que esto contraría sus deseos, porque todo ha demostrado que su política ha consistido en colocar a sus partidarios entre la victoria y el exterminio, exigiéndoles compromisos personales de tal naturaleza que no les dejasen esperanza de indulgencia si eran vencidos. Las matanzas de octubre del año 40 se repitieron en la misma escala en abril del 42; mas no dejaré de hacer notar una circunstancia que muestra bien a las claras el carácter de nuestro enemigo. En ambos casos, para entregarse al desenfreno y a los más inauditos actos de crueldad y venganza, esperó que hubiese pasado la inminencia del peligro. En octubre, ya retirado el ejército libertador a Santa Fe, no daba cuidados al dictador; en abril ya se había disipado la tormenta que seriamente lo amenazaba.

En proporción que la victoria de Caaguazú y la pronta ocupación de Entre Ríos exaltaron las esperanzas de los emigrados de Montevideo, fue terrible la impresión que hizo en sus ánimos el triste desenlace de aquellos tan prósperos sucesos. De todos los ángulos del estado oriental, y de la capital más que de ninguna otra parte, se lanzaron militares de todas graduaciones y edades, jóvenes que hacían profesión de la poesía y de las letras, simples paisanos, y toda clase de gente, con destino al ejército, decían, pero muchos con sólo el fin de ingerirse, como pudiesen, en los negocios, sin tomar parte en los combates.

El antiguo general don Martín Rodríguez fue uno de los que al ruido de nuestros triunfos se dejó arrastrar de su ardor guerrero, y salió de Montevideo en solicitud del ejército y de las fatigas de la campaña, que creyó próxima a abrirse sobre Buenos Aires. Lo particular es que lo rodearon muchos jóvenes de grandes pretensiones, que sin duda creían servirse de los respetos debidos al general para ejercer su influencia, más o menos extensa. De éstos eran el señor doctor José Mármol, el señor Terrada y no recuerdo qué otros, hasta el número de quince o veinte.

Había llegado el general a Gualeguaychú con su brillante comitiva, cuando supo el fatal desenlace de los negocios en la Bajada, y que yo venía, casi solo, en retirada. Suspendió, en consecuencia, su marcha, hasta tomar mejores informes, y en seguida me dirigió una carta, que, aunque amistosa, no dejaba de contener conceptos que encerraban una fuerte censura. Recuerdo que reprobaba francamente que hubiese admitido el nombramiento de gobernador de Entre Ríos, y concluía deseando que pudiese decir yo, como Francisco I: *Todo se ha perdido, menos el honor*; pero debe advertirse que, al expresarme este buen deseo, dejaba entrever la más amarga duda.

Confieso que la carta me incomodó, mas sin que ni por un momento fuese el viejo general el objeto de mi irritación. Comprendí perfectamente de dónde venía el golpe, y le contesté, más o menos, en estos términos. Después de las expresiones de sincera urbanidad, le manifestaba un completo desvío de la pretensión de discutir ni justificar mi aceptación del gobierno de Entre Ríos, y me limitaba a decirle que creía tener tanto derecho como Francisco I para decir que se *había salvado el honor*, pero que éste, a mi juicio, no consistía en la opinión de cuatro mentecatos, sino en la estimación de los hombres sensatos.

Supe luego que, apenas llegó el conductor de mi contestación, se reunió la comitiva para considerarla, a manera que lo haría un cuerpo deliberante, y en sesión plena, que presidía candorosamente el viejo general, se abrió mi carta, y principió su lectura; era el señor Terrada el encargado de ella, quien lo hacía con un tono, energía y unción que tenía a todos pendientes de sus palabras; mas, cuando llegó a la explicación que yo hacía del honor, o mejor diré, de la clasificación de las personas cuya opinión podía darlo, mudó de tono, balbuceó y tuvo al fin que suspender la lectura para recuperarse. A cualquiera le parecerá bien extraña y hasta inconcebible tan notable alteración, pero cesará de serlo si se considera que estos jóvenes se creían como los órganos únicos, los directores y los representantes de la opinión pública. Se creen también muchos de ellos los únicos jueces competentes para juzgar los hombres públicos, y los dispensadores exclusivos del honor, de la fama y de la reputación.

Protesto con toda la sinceridad de mi alma que gusto mucho de la juventud; que aprecio debidamente los bellos sentimientos de que generalmente está dotada; que llevo hasta el entusiasmo mi admiración por los caracteres generosos, sin consultar la edad; que siempre he estimulado la aplicación, y que he distinguido a los que sobresalían en el estudio y las buenas acciones; pero que jamás he capitulado con la pedantería y con esa manía insensata de anticiparse al tiempo y a la naturaleza misma. Esto me ha valido censuras amargas y enemistades reales; mas descanso en mi conciencia y en la confianza de que esos mismos jóvenes, que tan injustamente me habrán tratado, me harán algún día plena justicia.

El general don Tomás Iriarte se dirigía también al ejército de Corrientes, arrastrando una comitiva más moderada. El coronel don Manuel Olazábal hacía otro tanto, pero con la diferencia de que éste había recibido considerables auxilios del gobierno de Montevideo, en armas, vestuarios, monturas, municiones y dinero. Salió de la capital con un buen cargamento y facultado para enganchar soldados y reunir jefes y oficiales. Lo admirable, y que contribuirá a dar una idea del irregular proceder del gobierno oriental, es que esta expedición, que debía componerse de una división que reclutaría el coronel Olazábal, se hacía sin conocimiento del general en jefe del ejército, ni de las autoridades del territorio en que debía obrar. Esta comitiva, que nunca pasó de veinte hombres, llegó hasta Gualeguaychú, de donde regresó, habiéndose perdido casi todo su costo, que no bajaría de veinte mil duros.

Para comprender las razones que tuvo el gobierno de Montevideo para esta generosidad con el coronel Olazábal, cuando otros no le merecían ninguna clase de auxilios, se debe advertir que era protegido del ministro de la guerra, general don Enrique Martínez, el cual quería formar un partido que le fuese adicto en el ejército que se disponía a abrir la campaña sobre Buenos Aires, y juzgó que el coronel Olazábal, con estos elementos de que carecían otros, podría formarlo, y apoyarlo también con la supuesta división que hubiese reunido y estaría a sus órdenes.

Si el gobierno de Montevideo, tan interesado en el buen éxito de la campaña, deseaba que llegase a un término pronto y feliz, lo natural, lo regular, lo más sencillo, era ofrecer esos recursos al encargado de dirigirla o, si se quiere, al gobierno de Corrientes, que estaba al frente de la oposición argentina al dictador de Buenos Aires. Cuando no se prefiriese esto, podría haber organizado una división y mandándola a disposición del general, con previo acuerdo; pero armar un coronel como por cuenta particular (permítaseme la expresión), para que se presentase, sin duda, al general haciendo valer personalmente el servicio y los recursos que traía, y reclamando una influencia proporcionada, es saltar por sobre todas las reglas del orden, y hasta de la dignidad de un gobierno regular.

Para que pueda apreciarse mejor este rasgo de generosidad del gobierno de Montevideo, conviene compararlo con otro que propuso uno de los más distinguidos miembros de la cámara de diputados, en ese mismo tiempo, y que fue desechado, precisamente porque no adolecía de los mismos vicios que el que acabo de referir.

El señor doctor don Manuel Herrera y Obes hizo moción para que se acordase un subsidio mensual de quince o dieciséis mil pesos al ejército de reserva, mientras duraba la campaña que iba nuevamente a abrir. Las razones en que la fundaba eran tan claras, tan convincentes, tan palpables, que nadie podía combatirlas; de modo que la moción fue aprobada casi por unanimidad. Pasó al senado para que la considerase; mas este *augusto cuerpo* pasó muchos días sin reunirse, por falta de número, decían, y la moción y los auxilios quedaron en el olvido, en términos que jamás volvió a hablarse de ello.

El pensamiento del señor Herrera era tan patriótico y tan útil que no pudo ser combatido en público, y, por el contrario, fue acogido con entusiasmo; eran precisas las tinieblas para contrarrestarlo, y en ellas se encerró el senado. Cómo podía desconocerse que el ejército de reserva era la vanguardia del estado oriental; que si vencía, nada tenía éste que temer, y que, por el contrario, si no triunfaba, tendría muy luego una invasión poderosa, como sucedió en el curso de ese mismo año. La fatal jornada del Arroyo Grande, la desolación de la República del Uruguay y todos los desastres que se han seguido, han sido la consecuencia de tantos errores.

Las más mezquinas personalidades intervinieron en este negocio, y a ellas fue debido que él no tuviese efecto. He aquí cómo sucedió.

Al general Rivera no le faltaron nunca, ni le faltarán jamás, amigos enteramente consagrados a su servicio, por la razón muy sencilla que medran con sus dilapidaciones y viven grandiosamente de los abusos que este hombre deja correr con el más inaudito desenfreno. Por sentado que los tenía en la adminis-

tración, en las cámaras y, muy particularmente, en
Muy luego se apercibieron éstos de que el subsidio pr
por el señor Herrera, por menguado que fuese, adminis
con regularidad, con economía y con probidad, daría más res
tados efectivos que las cuantiosas sumas que dilapidaba todos los días su patrono, de lo que resultaría un contraste sumamente desventajoso para él. Además, calcularon que, contribuyendo a que el ejército de reserva continuase en sus progresos, contribuían también a la gloria de su general en jefe, lo que aumentaría los pobres celos de Rivera, que, desgraciadamente, no eran sino demasiado manifiestos.

Por lo pronto se limitaron a combatir el proyecto del señor Herrera, empleando únicamente la fuerza de inercia; es decir, rehusando, con pretextos o sin ellos, asistir al senado, de modo que no pudiese haber número bastante, mientras se escribía al general y presidente, consultándole sobre el asunto. Cuando la contestación negativa de éste llegó, no fue precisa otra cosa que hacer correr la voz de que la moción del señor Herrera era desaprobada por S. E., con lo que nadie volvió a chistar, y, ¡cosa singular!, quedó el negocio tan olvidado como si no hubiera sido iniciado.[1]

[1] Hay muchos hechos que sin que uno pueda explicarse muchas veces la razón, se impresionan fuertemente. Tal es el que voy a referir. Él dará idea de lo que era desde años anteriores la administración del general Rivera, lo que valía la responsabilidad de los ministros, cómo entendían su misión los representantes del pueblo, y cómo la desempeñaban. Probará también cuánta era la impasible moderación, o sea la inmoralidad pública, porque algo de esto es preciso que sea, para tolerar lo que aconteció cuatro o cinco años antes de la época de que me ocupo. Hizo un ministro un contrato clandestino y en extremo fraudulento vendiendo a vil precio el derecho de pesquería en la isla de Lobos y otras inmediatas al puerto de Maldonado. Cuando se supo, muchos propietarios de aquella ciudad elevaron una petición a la cámara de diputados, patentizando el fraude y ofreciendo una suma inmensamente mayor por el derecho de pesquería en cuestión. El ministro interesado se vio horriblemente contrariado, y encargó a un tal Roso, escribano de Maldonado, hombre travieso y malvado, ofreciéndole una gratificación de media onza de oro por cada firma que buscase, para una representación redactada en sentido contrario. Difícil cosa era hallar firmas para una cosa tan contraria a justicia y a lo mismo que habían solicitado; mas el escribano Roso no se detuvo. Y ocurrió al sencillo expediente de redactar una solicitud corroborando la primera, a que no tuvieron dificultad de prestar sus firmas; y en seguida sustrajo el primer pliego, sustituyéndole otra representación en los términos que quería el ministro prevaricador, a que acompañaba, por supuesto, otros pliegos de firmas que se habían puesto para pedir lo contrario. La solicitud fue; se sirvió de ella el ministro; el contrato fraudulento no se anuló, y la cosa pasó así, sin que tuviese otra consecuencia.

No me sorprende que el señor Herrera no insistiese, ni quiero sorprenderme tampoco de que la cámara de diputados no reclamase del senado la consideración de una sanción suya, adoptándola o rechazándola, porque esto se explicaría, o por el miedo que tuviesen al general Rivera, o por el recelo de hacer aparecer una oposición en circunstancias inadecuadas. Lo que me admira es que en el público y en la opinión no tuviese la menor consecuencia, y que antes de tres días ya se hubiese olvidado todo, no quedándonos más que la triste convicción de que no estamos muy adelantados en el orden constitucional.

Fuera de las expediciones mencionadas, que venían a reforzar el ejército, había otras de menor cuantía, en que se mezclaban militares, literatos, poetas y simples particulares, pero todas representaban los distintos matices de las fracciones en que está dividido el partido enemigo de Rosas. Ya se habrá percibido que don Martín Rodríguez y su séquito eran los agentes del partido dicho por excelencia *unitario*, y que don Manuel Olazábal era el representante del denominado *lomos negros*, o, lo que es lo mismo, antiguos federales declarados después enemigos de Rosas. El general Iriarte, que casi no tenía existencia propia, era una cosa media entre ambas fracciones. Otras subdivisiones podría indicar, pero sería muy prolijo, y, además, quiero concluir para decir que tampoco faltaron patriotas desinteresados y puros que vinieron a ofrecer sus servicios animados de sentimientos intachables. Tales fueron Albarracín, Figueras y otros.

No desconocía yo las tendencias y las miras, más o menos disfrazadas, de los partidos que se proponían hacerme servir a sus intereses; a sus intereses, digo (salvando, se entiende, los de la causa), exclusivamente, porque yo no podía tenerlos personales, desde que era un provinciano que no podía aspirar a ocupar la silla del gobierno en Buenos Aires. Sin embargo, me propuse no negar a nadie el acceso al ejército, antes, por el contrario, acogerlos a todos con la más perfecta benevolencia. Los que llegaron a incorporarse al ejército antes de los acontecimientos de la Bajada, lo experimentaron así; los que no consiguieron llegar a tiempo, no tuvieron motivo de temer lo contrario.

Dejo para otra ocasión tratar de los inconvenientes que me ha traído mi calidad de provinciano para dirigir con suceso la guerra contra Rosas; por ahora sólo diré que esos partidos añejos, esos hombres apasionados, aunque no viesen en mí disposiciones ni posibilidad de apoderarme del gobierno de Buenos

Aires, se alarmaban de la influencia que podían darme mis victorias y del poder militar de que dispondría. A más, les fatigaba la independencia de mi carácter y mi entera prescindencia de partidos y fracciones. Aunque, generalmente hablando, no pudiera decirse que me hacían positivas hostilidades, no es por eso menos cierto que empleaban una guerra solapada, como la que se hace menos a un enemigo que a un hombre que puede ser un embarazo para el progreso de ciertas miras. Tiempo hubiera llegado en que se quitasen la máscara y obrasen abiertamente, mas no había llegado el caso, y se obraba con cautela. Sin embargo, no fue tanta como la que les convenía; pues, habiendo dejado traslucir muy anticipadamente sus manejos, ellos mismos han confesado su error y arrepentídose de haberse anticipado a los sucesos.

Otro incidente de diverso género tuvo lugar en esta época fecunda, que pudo haber influido poderosamente en el éxito favorable de la guerra, y que se inutilizó completamente por nuestras desgraciadas divergencias. Hablo de la negociación que el almirante Brown, que mandaba la escuadra de Rosas, entabló con el gobierno de Montevideo. Según ella, el almirante y la escuadra debían dejar el servicio del dictador, sin dejar el pabellón argentino, mediante la suma de doscientos mil pesos fuertes, que se le darían para gratificar las tripulaciones. Esta negociación, cuyos detalles no son bien conocidos, ha sido el objeto de mis más prolijas indagaciones, y de todo he deducido que fue iniciada de muy buena fe por el general Brown, con el decidido fin de separarse de Rosas y pasar al partido de sus adversarios políticos, sin abjurar por eso su nacionalidad, ni dejar de ser argentino.

Si para esto se dirigió al gobierno de Montevideo debió ser porque, hallándose muy distante del ejército de reserva, no podía comunicarse ni con el gobierno de Corrientes ni conmigo, y porque el gobierno de Montevideo era el único que podía, por entonces, hacer efectiva la condición del dinero, que sin duda creía necesario para que sus subalternos lo siguiesen. Sin eso, es probable que con nadie mejor que conmigo se hubiera entendido.

El viejo almirante Brown sirvió siempre con fidelidad a la causa de la libertad argentina, en época anterior. Cuando la revolución de diciembre, mereció tanta confianza al general Lavalle, que le dejó el gobierno en delegación mientras él salía a campaña, y lo desempeñó leal y satisfactoriamente. Cuando tomó servicio con Rosas fue cuando el bloqueo francés, y a nadie admirará que un inglés se alistase en la bandera opuesta a sus enemigos tradicionales.

Después combatió contra el estado oriental, que estaba en guerra con la República Argentina, o contra Rosas, si se quiere; mas, en su calidad de extranjero originario y argentino adoptivo, en su alcance político y en la limitada extensión de sus ideas, no es de extrañar que no llegase a esas distinciones que a los demás nos habían puesto las armas en la mano, asociándonos a los orientales. Él no veía más que la bandera de la patria de su adopción, y otra que le era contraria. He aquí el motivo y la explicación de sus procederes.

No fue así cuando, ocupada la ciudad del Paraná por nuestro ejército, decididas las provincias de Corrientes, Entre Ríos y Santa Fe, y en vísperas de armar una flotilla argentina que hubiera sido opuesta a la que él mandaba, vio entre sus contrarios tremolar el pabellón a que él había dado no pocas glorias. Creyó entonces que podía, sin deshonor, dejar el servicio del dictador, sin abandonar sus antecedentes, sus compromisos y su bandera. Así fue que un capítulo expreso de sus proposiciones era que conservaría su escuadra el pabellón argentino, bajo el cual había combatido siempre.

Estando las cosas tan adelantadas que el asunto del dinero estaba pronto y allanado, y que el convenio parecía próximo a su complemento, repentinamente lo abandonó Brown, reiterando sus proposiciones y negándose a toda ulterior inteligencia. No puedo menos de creer que la causa de este cambio fue el conocimiento que tuvo, en esos momentos, de los sucesos de la Bajada. Desde entonces percibió que la oposición argentina a Rosas era impotente y estaba vencida. Él retrocedió, porque, no combatiendo al lado de argentinos y bajo la bandera de su patria, juzgaba que era una *traición* el paso que había meditado.

Si Brown hubiese obrado de mala fe, y sólo se hubiese propuesto, como han pretendido algunos, dar un chasco al gobierno de Montevideo, arrancándole una buena suma de dinero (fuera de que no es de ningún modo admisible esta suposición en el honrado carácter del viejo almirante), nada le estorbó que pudiese hacerlo, por lo menos en una gran parte, que estaba pronta para serle entregada. Además de que, en tal caso, sería preciso convenir en que inició la negociación con autorización o consentimiento de Rosas, lo que no es creíble en este hombre desconfiado, que no querría poner a prueba los sentimientos del antiguo gobernador delegado del general Lavalle.

Acaso también contribuyó al malogro de la negociación las imprudencias del gobierno de Montevideo, la publicidad que se dio al asunto y otras necesidades muy propias del desgreño e imbecilidad del ministro general don Francisco Antonio Vidal, principal y único resorte de la administración de entonces. Quizás he hecho mal circunscribiéndome en cierto modo a esa época, porque la falta de secreto y circunspección parece hereditaria en todas las administraciones de Montevideo, y durable *in sæcula sæculorum.*

Una razón poderosa, al parecer, puede oponerse para combatir mi modo de pensar, y es que no se supo que Rosas le hiciese cargos, y que lo conservó en el mando que tenía. A lo primero contestaré que Brown era un hombre necesario para Rosas, pues que no tenía otro que mandase su escuadra; que, a pesar de lo sucedido, miraba en él un hombre de corazón sano, e incapaz de un profundo y dilatado disimulo; que debió considerar que su extravío era momentáneo, y que aun pudo atribuirlo a esa enajenación mental que lo dominaba sobre ciertos puntos y a ciertos intervalos.

Es de creer que, si lo conservó en el mando, tuvo buen cuidado de rodearlo de hombres de su plena confianza, como el famoso Alzogaray, y encargar el mando particular de los buques a oficiales adictos y comprometidos. Además, Rosas tenía demasiada perspicacia para conocer que, habiendo desaparecido el poder propiamente argentino que lo combatía, Brown no volvería a caer en la tentación de dejarlo.

Últimamente, si hubiese preferido castigarlo, naturalmente lo hubiese hecho, según su sistema de arbitrariedad y de irresponsabilidad, sin instruir un proceso, ni observar forma alguna; mas esto no era tan sencillo tratándose de un hombre tan expectable como el almirante Brown, relacionado con extranjeros, inglés de origen, y que estaba rodeado del prestigio de célebres victorias. Es, pues, fuera de duda que quiso Rosas cerrar los ojos sobre este negocio, o que si lo miró, lo hizo como sobre un hecho sin importancia y sin consecuencias.

Sin embargo, la enajenación mental del almirante se agravó, y debe advertirse que su manía consistía en sospechar de los que lo rodeaban, suponiendo que querían envenenarlo. Todos recordarán las precauciones que tomaba, llegando hasta el punto de preparar por su mano la comida que había de alimentarlo. Y cuando hacía esto un jefe de un valor a toda prueba, que no economizaba su persona en lo más rudo del combate, ¿no es natural creer que su manía provenía de un antiguo y arraigado sentimiento de desconfianza, avivado aún con los últimos sucesos, el cual lo había preocupado contra los hombres de que lo había rodeado Rosas, y contra Rosas mismo? Lo particular es que, fuera de esto, el general Brown conservaba en buen estado su razón, y no se le podían negar sus aptitudes para dirigir una división naval en las aguas del Plata, teatro, en otro tiempo, de sus hazañas y de su gloria.

Hay otro antecedente digno de notarse, y es que jamás cometió el almirante Brown actos de crueldad y, antes, manifestó decidida aversión a ellos, sin que Rosas lo reprobase, ni se los exigiese, como lo hace con todos sus generales. Esto prueba que Brown era una excepción, y que el dictador tenía un modo particular de considerarlo. Si hubo algunos, fueron practicados por sus subalternos, sin su consentimiento ni participación. Tampoco se le advirtió jamás esa animosidad feroz e insensata contra los unitarios, que tanto inculca Rosas en los que le obedecen. Todos los esfuerzos hostiles del general Brown, sin ultrapasar de lo que exigen los usos de la guerra, se dirigieron contra la escuadra y costas orientales, que juzgaba enemigas de su patria adoptiva.

Ya que he tocado este punto, me parece oportuno decir algunas palabras sobre la escuadra oriental, aunque me vea obligado a volver algunos meses atrás.

El gobierno oriental, o para hablar con más propiedad, el general Rivera, que nunca supo apreciar lo que valía un ejército regular, instruido y disciplinado, nunca prestó atención a este importante objeto, y creía muy bien defendido el país por esas bandas irregulares que se reunían a su voz y se disipaban con la misma facilidad. Esto era tanto más sorprendente por cuanto el país abundaba en recursos, y que sus rentas habían subido a un punto que sus mismos hijos no lo habían previsto ni esperado.

Como, por lo regular, no había ejército, ni aun en el sentido en que allí se tomaba esta voz, pues, fuera de algunos cientos de hombres, lo demás andaba por sus casas y por su cuenta hasta el momento en que se les mandase reunir, consumían muy poco, a más de que era rarísimo abonárseles alguna buena cuenta.

Razón era ésta para que debiese haber un sobrante extraordinario en las rentas, lo que, si no sucedía, era porque Rivera dilapidaba una parte, y la otra, mucho mayor, era presa de la rapacidad de los empleados y otros especuladores con la fortuna pública. Sería prolijo referir los escandalosos abusos y públicos latrocinios que se cometían, sin tomarse siquiera el trabajo de disimularlos. Baste por ahora decir que el mal había llegado al más alto grado, y que me parece imposible que en parte alguna se hayan visto en este género mayores desórdenes.

En medio de ellos, se tuvo la ocurrencia de formar una escuadra que disputase a la de Buenos Aires el dominio de las aguas, sin que me sea permitido, porque lo ignoro, dar a Rivera el mérito de la invención. Mas él no debe penarse por esto, porque el pensamiento no era muy feliz en el estado presente de las cosas. Habría sido más acertado contraer esos caudales y la atención del gobierno a poner un pie de ejército respetable, de donde debía indudablemente surgir la victoria, que en armar unos malos buques, que no sabrían ni preparar, ni conservar después.

Es probable que en la concepción del proyecto se mezclaron sórdidas especulaciones, en razón de que los mismos que lo promovían se proponían hacer exorbitantes ganancias.

El gobierno, o mejor diré, el país, gastó sumas crecidas, y aun puede decirse inmensas, comparativamente a la importancia de la escuadrilla. No hay una sola persona en la Banda Oriental que ignore los contratos fraudulentos y robos escandalosos que se perpetraron para aprontar, armar y tripular cinco o seis buques, que se pusieron al mando del norteamericano Coé, antiguo oficial de la marina de Buenos Aires.

Sin embargo que no era mayor la fuerza de Brown, nada hizo aquélla de provecho, y después de unos cuantos encuentros incalificables, y por lo común desgraciados y sin gloria, en que sólo hizo Coé y sus compañeros aquello muy preciso para no dejar enteramente en descubierto sus compromisos, dejó a Rosas la superioridad marítima y se encerró en el puerto de Montevideo.

Capítulo XXXVI

El general Paz en Corrientes

[El general Paz en Montevideo - Marcha hasta Río Grande - Intrigas y anarquía - Hacia un estado de "nacionalidad y orden" - Tendencias del partido que hacía la guerra a Rosas - Los militares que peleaban contra la tiranía - La constitución de la República - Reticencias en los directores del partido unitario - El coronel Baltar y los negocios de Corrientes - Las comunicaciones de los Madariaga - Don Mariano Gainza - Tentativas del general Paz para explorar la opinión en Corrientes - Su embarque en San Francisco de Paula: peligros en la travesía y tentativas de asesinato - El general Paz llega a Paso de los Libres - Regocijo en las poblaciones - Llegada a Corrientes - Pretensiones, intereses y antecedentes de los Madariaga - Incidente entre Baltar y Gainza - Conferencia que sobre él tiene el general Paz con el gobernador - Causas de la reyerta entre Baltar y Gainza; sobreseimiento de la causa - Las deudas de Corrientes - Don Juan Pablo López.]

El día 3 de julio de 1844,* cerca de la noche, me embarqué en el muelle de Montevideo en compañía del coronel Chenaut y del doctor don Santiago Derqui. En el bergantín de guerra brasileño *Capibaribí*, que debía conducirme al Janeiro, encontré a los coroneles López y Cáceres, que habían obtenido pasaje en el mismo buque, por relaciones particulares con el cónsul y encargado de negocios de la misma nación.

* Desde los últimos acontecimientos acaecidos en Entre Ríos (capítulo XXXIV) hasta esta fecha, el general Paz estuvo en Montevideo, donde dirigió la defensa de la ciudad, sitiada por el ejército de Oribe desde febrero de 1843. Como ya se ha indicado, la parte de las Memorias que corresponde a este período permanece extraviada e inédita. Con el objeto de cubrir el vacío, todas las ediciones anteriores han incluido los textos que se reproducen en el apéndice.

Es oportuno indicar, además, que a partir de aquí la confrontación con los originales ha determinado importantes modificaciones del texto hasta ahora conocido. De dichos originales, por otra parte, hay dos y hasta tres versiones autógrafas que no difieren sustancialmente en cuanto a su contenido. Se ha preferido, como es lógico, la versión más orgánica, que es, aunque sin una estricta fidelidad, la que se ha reproducido desde la primera edición. (Nota de la edición de Estrada, 1957.)

El 4 dimos la vela, al mismo tiempo que mi familia, que iba en la barca "Nuestra Señora de la Guarda", con destino al Río Grande. En este buque, fletado y provisionado por mí, se apiñaron un gran número de jefes y oficiales, que debían seguir viaje a Corrientes, luego que hubiesen arribado a dicho puerto de Río Grande.

Se temió que la escuadrilla de Buenos Aires, que bloqueaba a Montevideo, pusiese embarazo a nuestra salida, o que, por lo menos, quisiese visitar el buque en que iba mi familia. El *Capibaribí* le dio convoy hasta fuera de cabos, siendo el 5 a la tarde que nos separamos y perdimos de vista.

El 16 desembarqué en Río Janeiro, después de haber sido obsequiado ese día a bordo de la fragata de guerra inglesa *Alfredo*, donde fui cordialmente recibido por el comodoro Purvis.

Yo venía investido con el carácter de ministro plenipotenciario cerca de la República del Paraguay; esta misión se había calculado más bien como medio de facilitar mi viaje por el territorio neutral del Brasil que porque realmente tuviese el encargo de tratar negocios diplomáticos. Así sucedió que jamás hice uso de esta autorización, ni aun me anuncié en este carácter.

No dejé por eso de sufrir serias dificultades para continuar mi viaje. La política vacilante e indecisa del imperio, las maniobras de Guido, ministro de Rosas en dicha corte, el respeto que imponía el dictador argentino, eran otros tantos obstáculos contra los que había que combatir. Quizá me ocupe otra vez de estos pormenores; ahora quiero tratar por encima este asunto, para arribar cuanto antes a Corrientes, cuyos negocios llaman mi atención con preferencia.

No pudiendo obtener pasaporte, salí bajo un nombre supuesto en el vapor *Todos os Santos*, el 30 de agosto, y llegué a Santa Catalina el 2 de setiembre. Allí fui reconocido y obligado por el presidente Antero a permanecer mientras se daba cuenta a la corte. Después de una detención de cuarenta días, tuve que continuar mi viaje en el vapor *Thetio*, tomando otra vez nombre supuesto, que conservé hasta que llegué a Corrientes.

A mediados de octubre estuve en Río Grande, donde me reuní a mi familia. Estaban allí también muchos de los jefes y oficiales que habían salido de Montevideo; algunos, a virtud de mis órdenes comunicadas desde Río de Janeiro, se habían puesto en marcha para Corrientes.

Desde entonces empezaron a sentirse los destellos de una

facciոncilla que se formaba entre algunos jefes, en unión con otros emigrados. Como ella hizo no poco papel en los sucesos posteriores, es conveniente hacerla conocer, tanto en su nacimiento como en su marcha progresiva. Recomiendo al que leyere esto que observe cuidadosamente sus pasos, según los vayan marcando estos apuntes.

Si he hablado de su nacimiento es con respecto al ejército, pues en lo demás venía de muy atrás, y tenía su origen, raíz y fundamento en una parte de la emigración de Montevideo.

Su objeto era hacerme marchar según sus miras e intereses, en cuyo caso me apoyarían, haciéndome cruda guerra siempre que no me mostrase dócil a sus inspiraciones. A nadie son desconocidos los resortes que se tocan en lances semejantes para interesar en ciertas miras a militares jóvenes, inexpertos y poco versados en intrigas. Esto es lo que se hizo entonces, y con lo que se consiguió, por medio de dos o tres colaboradores, seducir a unos pocos, que se dejaron arrastrar ciegamente; tal fue el comandante don Carlos Paz.

Principiaron su trabajo procurando predisponer mi ánimo contra otros jefes que querían excluir de mi estimación y de mi confianza, para dejarme más dependiente de ellos. Esto solo era ya exigir de mí una injusticia, en que ni podía ni debía consentir, pues que, en mis principios y en los de toda recta justicia y equidad, el mérito y los servicios deben ser los únicos reguladores de las distinciones y de la preferencia de un general. En vano fue que se les quisiese hacer comprender, porque no se satisfacían sino con la *privanza exclusiva* y el *favoritismo*.

El coronel don Manuel Saavedra, que se puso (según parece, pues que obraba muy cautelosamente) al frente de estas intrigas, hizo llegar a mis oídos un sinnúmero de chismes contra varios de sus compañeros, y muy particularmente contra el coronel don Faustino Velazco, de quien refería agravios que me había inferido después de mi salida de Montevideo. Guardando las consideraciones posibles al coronel Saavedra, mandé al desprecio sus manejos, lo que, no obstante, no debió agradarle, pues que se enfrió mucho y fueron los primeros síntomas de su alejamiento. El coronel Chenaut conoce bien estas intrigas, y puede dar pormenores si se le pregunta.

Desde que en Montevideo me ocurrió el pensamiento de trasladarme a Corrientes, fue basado mi plan sobre dos puntos esenciales, de que hacía una condición *sine qua non*. La experiencia del pasado, y muy particularmente de lo que acababa de sucederme dos años antes en el mismo teatro, formaban en mí una convicción profunda. Además, el interés futuro de la república y el deseo de contribuir a que se cerrase alguna vez ese abismo de anarquía a que parece estar condenada, obraban también en mi ánimo poderosamente.

Los dos puntos a que he hecho alusión estaban comprendidos en estas dos palabras: *nacionalidad* y *orden*. Mi intento era centralizar en lo posible la revolución, darle un movimiento regular y uniforme, y un carácter verdaderamente nacional. En cuanto a la organización del ejército, debía girar sobre un pie de orden y disciplina racional; quiero decir, una disciplina moderada y convenientemente arreglada a nuestro estado y circunstancias.

Apenas se creerá que estos pensamientos encontrasen oposición en hombres interesados en la causa; y, sin embargo, nada es más cierto, pero con la diferencia de que esa oposición tenía diversos orígenes, es decir, que partía de distintas clases de personas, aunque todas deseasen sinceramente la caída de Rosas.

Ciertos hombres, dotados sin duda de muy conspicuos talentos, que dirigieron otra vez los negocios públicos, o que tuvieron gran influencia en ellos, pretenden recuperar su anterior posición; lo que ni es extraño, ni tiene nada que admirar, tanto más cuanto que es incuestionable que el país ganó mucho con su administración, y que, en muchos respectos, son muy acreedores al reconocimiento público.

Para conseguirlo, promueven con todas sus fuerzas la resistencia al dictador argentino, y se afanan en buscarle enemigos, no sólo en el exterior, sino en todos los ángulos de la república. Pero, para ocultar ciertas miras (que no digo que sean antipatriotas), se rodean del más impenetrable misterio en cuanto a su marcha y planes futuros, y quieren rigurosamente *personalizar la guerra*, sin ofrecer por remate a los pueblos más que vaguedades y palabras, que por el abuso son casi vacías de sentido.

Como si Rosas hubiera de ser eterno; como si después de él no pudiesen venir otros tiranos; como si la tiranía y la libertad fuesen dos seres humanamente organizados y personificados en Rosas, y ellos (adviértase que estos hombres se llamaban por excelencia *hombres de cosas* y no de personas, como si las cosas fuesen *nada*, y las personas todo), quieren persuadirnos de que, destruido el dictador y colocados ellos en el poder, está ya todo conseguido; y que, por lo tanto, no hay más que hacer que empuñar la espada y marchar a ojos cerrados, sin preguntar siquiera qué haremos después de dado el golpe.

Por patrióticas y liberales que sean las intenciones que se les supongan, no pueden negarnos el derecho de investigar si los nuevos sacrificios que se reclaman tendrán un mejor resultado que los de cuarenta años que llevamos de anarquía, y si se piensa en establecer unas bases más sólidas del orden futuro. A nosotros los militares, que vamos a derramar la sangre de nuestros compatriotas, sin economizar la nuestra, que vamos a arrostrar los cadalsos y demás cruentas ejecuciones que ha inventado la tiranía, justo era, cuando menos, darnos una vislumbre de esperanza de que nuestros trabajos tienen un objeto más permanente, si dijéramos, como la constitución de la república.[1] Es admisible, diré mil veces, que, en punto a estas reticencias, Rosas y sus más encarnizados enemigos estén en un perfecto acuerdo.

La resistencia a que yo estableciese una regular disciplina no venía expresamente de esa misma clase de personas, sino de aquellos que pretendían erigirse en caudillos, y de otros muchos que se proponían especular con el desorden. Son tan conocidos los manejos de esa especie de gentes que no merecen la pena de describirlos, pero, habiéndose puesto los Madariaga a la cabeza de ellos, me será forzoso luego ocuparme de su carácter, de su

[1] Dudo si en otra parte de estas memorias se ha hecho mención de un reproche que me hizo, entre sus confidentes, una de las mayores notabilidades argentinas; si fuese así, se me dispensará la repetición, porque ahora viene muy al caso. Dijo que la revolución no había progresado porque, de sus generales, el uno se abstraía enteramente de las cosas políticas (aludía al general Lavalle), y el otro, que era yo, se contraía demasiado a ellas. No contestaré la exactitud de esa observación en cuanto al general Lavalle, de quien era preciso que dijesen algo, porque pudo haber circunstancias especiales que les hiciesen desear que tomase más ingerencia en la política de los pueblos que fueron teatro de sus campañas; pero, en cuanto a mí, quedo asegurar que el cargo es injusto, o al menos, mi conciencia me lo dice así. No he tomado más parte que la que me dictaba el más puro y desinteresado patriotismo, mientras que mis censores, o mi censor, quería (a lo que pueden también haber concurrido circunstancias especiales) que no tomase ninguna. Lo que de mí han exigido esos señores es que, desenvainando mi espada, marchase a derribar al tirano, sin permitirme la menor investigación. Cuando he preguntado: ¿Qué haremos después que caiga? ¿Qué deben esperar los pueblos? ¿Qué piensan ustedes sobre esto?, la respuesta ha sido un desdén ofensivo.

capacidad y sus maniobras. Entretanto, sólo diré que, partiendo estos dos ramos de la oposición que he sufrido de puntos distintos, venían al fin a confundirse y mancomunarse, lo que explica esa liga entre las que se suponen y acaso son nuestras más altas capacidades y los caudillejos de Corrientes, de quienes pensaban servirse aquéllos.

Ya se comprenderá también que la facción militar que empezaba a mostrar su cabeza era una emanación de la primitiva, y que el cargo de indocilidad que me han hecho algunos viene a ser el mismo que acabo de contestar. Se deduce, pues, que esos partidos que pusieron embarazos a mi marcha, y que la cruzaron después abiertamente, no pretendían otra cosa que hacerme un instrumento de sus miras e intereses, y que mi culpa real y verdadera ha sido querer tener juicio y conciencia propia.

Mas no se crea, por lo que he dicho, que esta oposición se manifestó al descubierto desde el principio, pues que supieron encubrirla hasta que yo estuviese comprometido en una situación de donde no me fuera fácil retroceder.

Tan lejos de eso, me manifestaron en Montevideo disposiciones contrarias, siendo el señor doctor don Julián Agüero uno de aquellos a quienes manifesté francamente mis vistas, y no las desaprobó. Lo mismo hicieron otros muchos, porque no hice misterio de mi modo de pensar; antes, con la más pura intención, quise oír el dictamen de los demás, deseando que me demostrase si era malo el mío. Protesto, con cuanta solemnidad y veracidad me es posible hacerlo, que me hubiera adherido a una opinión cualquiera que me hubiera presentado como más útil a nuestro país. Las reticencias que se tuvieron a este respecto prueban o que no eran buenas las razones que tenían que aducir, o que no me consideraban digno de conocerlas.

En prosecución de las ideas que acabo de emitir, que son las mismas que emití entonces, quise conocer con anticipación las disposiciones de los Madariaga reinantes entonces en Corrientes, y las del pueblo que los había elevado al poder, resuelto a que, si no se conformaban con las mías, no encargarme de una obra que, si era posible, era superior a mis fuerzas en la forma en que otros podían concebirla. Para obtener esos conocimientos practiqué varias diligencias, sirviéndome para la primera del coronel Baltar, que se me presentó un día, por los primeros meses del 44, para decirme que pensaba trasladarse a Corrientes.

Este jefe, durante el laborioso sitio de Montevideo, no había querido ceñirse, y mucho menos desenvainar su espada, contrayéndose exclusivamente a algunos pequeños contratos de víveres que celebró con el gobierno.[1] Repentinamente dio de mano a sus pacíficas ocupaciones, y manifestó sus deseos de enfrascarse en la política y en la guerra, pero no allí, sino en el territorio argentino de Corrientes, adonde pensaba dirigirse.

Fue a verme, como he dicho, para comunicármelo y pedirme, según se expresaba, instrucciones. Hizo alarde de sus servicios, de su patriotismo, de la pureza de sus intenciones y de su ferviente anhelo por obrar en consonancia con mis opiniones y deseos. Si él, como creo ahora, hizo todo esto nada más que para explorarlos, se tomó un trabajo perdido, porque no necesitaba tanto para saberlos, desde que yo no hacía un misterio ni el menor empeño en ocultarlos.

Le hice, pues, una franca manifestación de mi modo de pensar, sin reservarle mi resolución de no ponerme al frente de los negocios de Corrientes sin que el gobierno y la provincia adhiriesen a la que yo juzgaba indispensable condición. Le expresé, además, que mi intención no era ir solamente a defender a los correntinos, sino a salvar la república, y que quería que los Madariaga y sus comprovincianos supiesen muy claramente esto. Todo lo encontró muy patriótico, en todo convino, y se comprometió a generalizar mis ideas y empeñarse en su adopción.

Aún hizo más, pues que me ofreció que me avisaría religiosamente lo que observase, para que en vista de ello pudiese yo conducirme. Si en algo me equivoqué, fue en creerlo capaz de buena fe, porque, a la verdad, no podía concebir que si este hombre me era desafecto, o no se conformaba con mis opiniones, tuviese interés en que yo hiciese un viaje inútil. Los sucesos aclararon después todo esto; por ahora baste saber que desde que llegó a Corrientes no se ocupó de otra cosa que de cap-

[1] Juzgando que haciendo sociedad con mi hermano don Julián hallaría en mí una protección indebida, lo buscó, de modo que, cuando vino a solicitarla, lo primero que me dijo fue que mi hermano estaba también interesado. Mi contestación fue decirle que eso no me haría variar de mis principios, con lo que sin duda quedó desagradado, aunque no lo manifestó. Recuerdo que se trataba una vez de las raciones de maíz para la caballería, y me vino con la solicitud de que pidiese el triple o cuádruplo de las que se necesitaban. Ya se comprenderá que fui demasiado bondadoso rehusándome urbanamente.

tarse el favor de los Madariaga, sin cuidar de hacerme la menor participación, según lo había prometido.

Desde antes de mi salida de Montevideo había recibido comunicaciones de los Madariaga, concebidas en sentido favorable, pero atestadas de pomposas vaguedades, que, aun cuando yo hubiese tenido mejor idea de su carácter, no me hubieran inspirado mucha confianza, porque, abundando hasta el fastidio en protestas de ardoroso patriotismo, nada determinaban clara y distintamente, al menos en el genuino sentido que yo deseaba. Añadiéndose a esto la incomunicación de Baltar, quise explorar nuevamente el campo por medio de otra persona, que fue el señor don Mariano Gainza, que se hallaba en Río Grande.

Escribí desde el Janeiro para que, sin pérdida de tiempo, se adelantase a Corrientes, con el mismo encargo de que había ido incumbido Baltar. Así lo hizo, pero, aunque no por su culpa al menos, ni por falta de fidelidad a su comitente, no tuvo su misión mejor resultado.

Llegado a Goya, cometió la indiscreción de hacer inoportunamente saber a algunas personas mis encargues, dándoles una extensión mayor que la que realmente tenían; dichas personas, acaso de buena fe, lo transmitieron al gobierno, y los Madariaga no se dieron por satisfechos, afectando ver en Gainza un emisario sospechoso. He dicho que afectaron, porque ni de lo que había dicho Gainza, ni de lo que realmente era mi encargue, podían inferir cosa alguna impropia en mí, ni desfavorable a ellos. Lo que más contribuyó al mal recibimiento de éste fue la antigua y jurada enemistad que le profesaba Baltar, quien se apresuró a perderlo en el ánimo de los Madariaga.[1]

Llegado que hube al Río Grande, traté de practicar aún nuevas diligencias en el mismo sentido, y dispuse que me precediese mi secretario, doctor don Santiago Derqui, a quien hice las mismas recomendaciones, con el expreso encargo de que, luego de que hubiese explorado las disposiciones de los Madariaga y del pueblo de Corrientes, me las hiciese saber, aunque no fuese

[1] Es bien sabido, desde Montevideo, el odio que profesaban a Gainza muchos argentinos, principalmente desde que entró a mandar la Legión. Sea porque éste no era favorable al general Lavalle, sea porque en el desempeño de sus nuevas funciones se manifestó extraño a la facción que quería dominar, sea, en fin, porque me fue afecto, sus comprovincianos de Buenos Aires le eran opuestísimos, y Baltar se constituyó su campeón en Corrientes. Luego se verá la hidalguía de este desfacedor de agravios.

sino por una comunicación escrita, para, en caso de que no fuesen conformes a mis deseos, suspender mi viaje, y evitar el escándalo de regresar, quizá después de una abierta ruptura.

Se me dirá, acaso, que por qué no escribía directamente a los Madariaga, consultándoles su modo de pensar; a lo que responderé que, conociéndolos, no podía acreditar nada de lo que me dijesen, y que, además, necesitaba saber el estado de la opinión pública, para lo que ellos no eran órganos adecuados. Era, pues, preciso que alguna persona que me inspirase confianza se acercase al gobierno, o, por mejor decir, a la familia que tenía el poder, y hablándole francamente obtuviese su conformidad o su negativa, y que, además, pulsase la opinión pública y me hiciese conocer el resultado de sus observaciones.

Esto era aún sin contar las dificultades que había para las comunicaciones, que tenían que atravesar un país devorado por la guerra, y a la especial situación en que me encontré al fin, cual era la de tener un plazo marcado y perentorio para hacer mi viaje, pasado el cual no podría verificarlo. Sólo una persona que conociese mi modo de pensar, y estuviese en antecedentes, podía hacerse cargo de las objeciones y darle solución; sólo *silla a silla*, pues que por cartas hubiera sido muy moroso, podían darse y recibirse explicaciones indispensables. Entretanto, no se perdía tiempo, pues que yo me iba acercando, y si se allanaba el camino a mi recepción no se había malgastado ni un solo día.

Todas estas diligencias fueron inútiles, pues que no recibí en mi camino aviso alguno. Mis comisionados, al menos los dos últimos, no querían mentir, dándome unas seguridades que ellos mismos no tenían, y tampoco querían que se suspendiese mi viaje, no queriendo responsabilizarse del mal que, a su juicio, traería esto a la causa, o lisonjeándose (esto es lo más cierto) con la esperanza de que mi presencia allanaría las dificultades y haría ceder a los ambiciosos hermanos.

El 30 de octubre, por la noche, me embarqué en San Francisco de Paula, guardando siempre el incógnito; el siguiente atravesamos la laguna de los Patos, y al tercero arribamos a Porto Alegre. Llevaba conmigo toda mi familia y algunos jefes y oficiales afectos a mi comitiva.

Fue la más acertada disposición la de tomar esa vía, pues es casi seguro que si hubiera dirigídome por el camino ordinario habría perecido. En la *Sierra de las Asperezas* he sabido después, a no dudarlo, que me esperaba una partida para asesinarme. Dicha partida se mantenía emboscada, pero estaba en relación con un vecino, cuya casa me han señalado, que le servía de centinela de avanzada y de espía. Por entonces sólo recibí un aviso reservadísimo y confidencial del coronel Sáenz, oriental al servicio del imperio, en que me aconsejaba no tomase esa ruta, advirtiéndome que no me fiase (eran sus palabras) *de farrapos, ni no farrapos*; con lo que pienso, hasta ahora, que quería indicar enemigos que eran o no eran brasileños. Después he tenido ocasión de hablar con este señor; pero, afirmándose en los motivos que tuvo para darme este aviso, jamás quiso adelantar su revelación.

Seguí mi viaje por agua hasta Santo Amaro, feligresía que está diez leguas antes de llegar a Río Pardo, y de allí continué por tierra, sirviéndome de bueyes, que es el único medio de conducción que se presenta. Ya entonces empezaban a ser peligrosas nuestras marchas, porque íbamos internándonos en un país devorado por la guerra civil. Yo había obrado de modo que ninguno de los partidos beligerantes pudiera quejarse de mí; sin embargo, desde que las autoridades legales no pusiesen embarazo a mi marcha, a pesar del incógnito, era de temer que los republicanos concibiesen sospechas de mis designios: bien conocerá cualquiera cuánto importaba a los dos partidos la amistad del jefe que iba a mandar las fuerzas de la provincia limítrofe de Corrientes. En Río Pardo encontré al argentino don Policarpo Elías, a quien merecí buenos servicios con sus relaciones y noticias. Él debía en pocos días seguir viaje hasta la costa del Uruguay, y me ofreció alcanzarme en camino. Lo cumplió.

En Santa María era ya muy peligroso el continuar mi marcha sin algunas precauciones, y pensé tomar la de separarme de mi familia y tráfago. Sabiendo (decía) que mi familia va sola, no habrá interés en incomodarla, mientras que yo, acompañado de dos hombres, hago la travesía hasta el Uruguay, guardando más que nunca el incógnito. Los sustos y lágrimas de mi familia me hicieron mudar de resolución: Margarita quería correr la misma suerte que yo, cualquiera que fuese, y hube de conformarme. Durante cuatro días que pasamos en Santa María, una partida de republicanos tuvo un encuentro con otra de legales, a distancia de una legua, en que hubo alguna sangre.

Nuestro viaje continuó, no sin graves recelos, hasta cerca del río Ytú, donde se nos incorporó don Policarpo Elías. Éste había hecho su marcha por Alegrete, y había torcido luego a la derecha para buscarme. Me dio la alarmante noticia de que una partida me buscaba por el camino de Alegrete, que creía debía llevar, bajo el pretexto de entregarme unas comunicaciones del general Rivera, algún designio siniestro. Mas ya entonces había mejorado mi situación, porque se me había reunido el capitán Aldao con algunos caballos y mulas, mandados de Corrientes a mi encuentro. Sobre ir más acompañado, estaba en aptitud de acelerar mi marcha, como lo practiqué. En la noche del 18 de noviembre estuve en Itaquí. Fue también un singular acierto el haber dejado a mi izquierda el camino de Alegrete y Uruguayana, para ir a tocar la costa del Uruguay, veinte leguas más arriba. Si es efectivo que algunos mal intencionados me buscaban por el primero, quedaron chasqueados.

Es ocasión de decir que meses después se me presentó en Corrientes el vecino del estado oriental don N., sujeto a quien tengo por verídico y formal, y me aseguró que el general Rivera había comisionado a dos oficiales *farrapos*, llamados uno Pintos y otro Ferreirinha, para que me buscasen en el camino; y preguntándole yo con qué objeto, me contestó muy francamente que con el fin de hacer *otro Barranca Yaco*; que esto lo sabía por un tal Baillo, escribiente de confianza de Rivera, y que había creído conveniente avisármelo para que me precaviera en lo sucesivo, ya que había escapado de esta primera emboscada. Sensible es que Baillo pereciese después en la India Muerta,* para que aclarase este misterio, si no es que existen otros que puedan hacerlo. En cuanto a mí, no puedo formar un juicio cierto; no hago sino presentar los hechos, para que el lector forme o suspenda el suyo.

El 20 de noviembre me embarqué en una chalana, y, descendiendo al Uruguay, estuve el 21 en el Paso de los Libres, territorio de Corrientes. Allí estaba el comandante *Mocito* Acuña [don Juan G.], el coronel don Zenón Pérez, como jefe de la costa del Uruguay, y don Antonio Madariaga, que, sin tener investidura alguna, lo mandaba todo, lo embrollaba todo y lo echaba a perder todo. El pueblo se embanderó; hubo algunos disparos de armas con pólvora, aunque los correntinos recordaban lo enemigo que era yo, en tiempos anteriores, del desperdicio de cartuchos, economía que, en la absoluta carestía de pólvora que había, era más esencial. La alegría degeneraba en locura en la

* Combate en el que Urquiza venció a Rivera, el 27 de marzo de 1845. (*N. del E.*)

masa de la población, por más que los adeptos de los Madariaga procurasen hacerme comprender que si yo veía aquellas demostraciones era porque sus patronos las permitían y autorizaban. Recuerdo que Antonio Madariaga hizo cantar, entre otras, una canción, himno, vidalita o no sé qué, dedicado a su familia. Todo era para hacerme entender la gran popularidad de que gozaban. Como yo no me manifestase decidido a obrar activamente sino después de saber si las ideas del gobierno estaban de acuerdo con las mías, y quisiese, entretanto, dejar mi familia en Uruguayana, para volver a buscarla si no nos conveníamos, Antonio Madariaga quiso desesperarse, y me juraba que sus hermanos lo pondrían todo a mi disposición. No dejé de extrañar no hallar correspondencia del gobierno, pero contestaban que se había ignorado a punto fijo mi venida.

Ya estoy en el territorio de Corrientes, pero me es forzoso volver atrás para desentrañar bien los antecedentes que han ido preparando la catástrofe que deploramos. Desde que arribé al Río Grande, de regreso del Janeiro, ya tuve noticia de una faccioncilla, que se formaba entre varios jefes militares y no militares, cuyo objeto y fin era hacerme marchar en sus miras e intereses para, en este caso, apoyarme, y, en el contrario, hacerme oposición. La mayor parte de ellos contaba como muy fácil conducirme a su arbitrio, y para ello era preciso enemistarme con otros jefes que no eran de su devoción, para apoderarse de la exclusiva influencia. El coronel Saavedra dio principio haciendo llegar hasta mí una porción de chismes contra el coronel Velazco y otros, que supe apreciar debidamente, pero sin tampoco desairar al chismoso. El coronel Chenaut conoce parte de esta intriga, y no dudo que la dirá a quien se la pregunte. Es fácil colegir que esta faccioncilla era un destello de la facción madre de Montevideo, de la que traía sus instrucciones.

Preciso es hacer mención de otro incidente para la mejor inteligencia. Desde que me propuse marchar a Corrientes, dos fueron los tópicos en que se apoyaba mi plan. Uno era que debía centralizarse la revolución, dándole un carácter nacional; otro, que la organización del ejército debía girar sobre un pie de regularidad y de una racional disciplina. Esto lo hablé con personas que parecían respetables, entre ellas el doctor Julián Agüero, que no desaprobó mi modo de pensar. Puesto este antecedente, de que yo hacía una condición *sine qua non* para tomar sobre mí el peso de la guerra en Corrientes, era natural que quisiese conocer las disposiciones de los Madariaga, entonces reinantes, y no perdoné arbitrio para conseguirlo.

Al coronel Baltar, que salió mucho antes que yo de Montevideo, le encargué que explorase estas disposiciones y me avisase francamente; me lo prometió con la más refinada hipocresía. Al teniente coronel don Mariano Gainza ordené, desde el Janeiro, que se me adelantase y viese de transmitirme la misma noticia. Finalmente, al doctor don Santiago Derqui di la misma comisión desde Pelotas. Yo contaba, pues, tener en el camino alguna luz sobre este importante asunto; pero no fue así, y llegué al Paso de Libres (que en la actualidad tendrá otro nombre), y me hallé tan a oscuras como había principiado mi marcha. Me maravillaba de no tener una letra de mis comisionados, y tan sólo recibí una carta, a los días de mi llegada, del ministro Márquez, en que me apresuraba extraordinariamente para que continuase a la capital, donde todo se allanaría según mi deseo. Su hermano, don Juan, tampoco dejó de hacerlo en el mismo sentido, pero siempre conteniendo estas cartas un fondo de reserva que dejaban en que pensar.

No obstante, el pronunciamiento público era universal, y la opinión se manifestaba tan a las claras a mi favor que, al paso que ello obligaba al gobierno a obtemperar, me forzaba también a condescender con los deseos de todos de que siguiese a la capital. Era necesario pasar primero por el campo de Villa Nueva, donde estaba reunido el ejército, y antes de pocos días estuve en Mercedes, pueblecillo que está inmediato. Allí recibí las felicitaciones de don Juan Madariaga, nombrado general en jefe, y de otros muchos empleados y particulares. Todos insistían en la conveniencia de mi viaje a la capital, asegurando que serían allanados todos los obstáculos, y quedó resuelto.

En el pueblito de Mercedes tuve varias conferencias privadas que me hicieron conocer que estaba en obra la faccioncilla de que ya hice mención, hija de la de Montevideo. Todo su empeño consistía en abultarme el poder de los Madariaga y ofrecerme su cooperación como único medio de dominarlos, con tal que yo les dejase toda la influencia en el consejo y operaciones que se ofreciesen. Sin ellos, daban a entender que no podría dar un paso.

Sin ocuparme mucho de estas insensatas pretensiones, sin halagarlas ni contrariarlas abiertamente, me dirigí a la capital de Corrientes, siendo mi camino una ovación continuada, tanto más lisonjera por cuanto era sincera y espontánea. Debe tenerse presente que en los mandos que he obtenido y destinos que he desempeñado jamás he formado partido, y que si he procurado merecer el aprecio de mis conciudadanos ha sido por un proceder imparcial y justo, y no por chocantes preferencias. Las demostraciones del pueblo de Corrientes eran una expresión de sus verdaderos sentimientos, y no el desahogo de una facción vencedora; pero tenían el inconveniente que casi siempre acompaña a las que no son producidas por el espíritu de partido. Sin duda que los hombres entonces son conducidos por principios más nobles y más honrosos; mas, como no son impulsados por las pasiones, ni son tan activos, ni tan tenaces, ni tan atrevidos. Los Madariaga, encerrados en el círculo de sus adeptos, toleraban todo, pero se proponían minar mi reputación, y fulminaban anatemas en secreto contra los que se mostraban más solícitos en aplaudirme.

Festejado y obsequiado, aunque marchando muy rápidamente para huir en lo posible de esos festejos que chocaban a la autoridad, llegué a la capital el 5 de enero de 1845, y a una legua empecé a encontrar la población que salía a recibirme. Es singular que allí recibiese por primera vez carta del doctor Derqui, que por supuesto no tuve tiempo de leer, la que me fue entregada por el comisario Albarracín; a los pocos pasos ya me encontré con el mismo Derqui. En seguida vino el gobernador, jefes militares, vecindario, etcétera, y entramos a Corrientes entre repiques de campanas, cohetes, aclamaciones de todo género. Fue de noche, bien tarde, que pude leer la carta del doctor Derqui, que me desazonó en sumo grado.

Se habían redactado en privado varios proyectos de ley para la creación de un directorio de la guerra, en mi persona, pero el gobierno insistía en que el nombramiento fuese de su exclusiva nominación, de modo que a su antojo podría revocarlo o suprimirlo. Yo había indicado, desde antes, que quería que en todo interviniese el congreso provincial. He aquí, pues, que apenas había puesto el pie en la capital y ya tropezaba con una tremenda dificultad, que me habían antes ocultado cuidadosamente.

Será oportunidad de decir algo de mis comisionados y de la forma en que procedieron. Baltar, por supuesto, traicionó completamente mi confianza, no porque tuviese revelaciones que hacer y con que dañarme, sino porque nada hizo para allanar el camino; antes al contrario, alarmó a los Madariaga, torciendo, sin duda, mis patrióticas miras. Cuando llegué, estaba completamente vendido a esos desgraciados hermanos, que tan mala figura hacen, y a quienes me dicen que ha traicionado a la vez. Me escriben de Montevideo que hay cartas de Baltar que presentan a los Madariaga con colores bien negros, y hay también fuertes indicios para creer que éstos desconfiaban últimamente de él. ¡Tales para cuales!

El comandante Gainza, mi otro comisionado, pienso que obró con lealtad; pero, poco versado en esta clase de negocios, obró con inhabilidad; aborrecido, por otra parte, por la facción madre de Montevideo, y, de consiguiente, por su subalterna de Corrientes, hicieron todo lo posible por perderlo en el espíritu de los gobernantes, presentándolo como un espía que yo había hecho preceder; como si su comisión no hubiera sido la más relevante prueba de mi franqueza y sinceridad. Sea ignorancia de lo que pasaba, sea temor que le inspiraron, no me dijo una sola palabra sobre lo que le había encargado, y, de consiguiente, me fue no sólo inútil su comisión, sino también perjudicial, como después se verá.

El doctor Derqui se disculpó diciéndome que su carta, que sólo podía ir a mi encuentro por conducto muy seguro, había sido dejada por mi ayudante Arroyo, que debió haberla llevado, y se había marchado sin ella algunos días antes, de modo que no pudo hacerla llegar a mi poder hasta la misma tarde de mi entrada en la capital, según se ha dicho. Este amigo me explicó el estado de las cosas. Los Madariaga, en su opinión, resistirían hasta cierto punto, pero el pronunciamiento general los obligaría a ceder. El señor Márquez, ministro de la guerra, hombre despreocupado y amigo mío, parecía pensar del mismo modo, aunque no se expresaba tan claramente. Quizá buscaba un término medio entre mis condiciones y la resistencia de los Madariaga. Entonces comprendí el motivo del silencio de mis amigos durante mi viaje. Temían que, sabedor de las dificultades que me esperaban, diese de mano a todo ulterior procedimiento y me volviese por donde había venido. Querían impedir esto, concurriendo con sus reticencias a que se me mostrase llano el camino; en ello obraban en perfecto acuerdo con los Madariaga, los cuales temblaban de que yo tomase una resolución semejante, que, sin duda, iba a arruinar toda su obra. Las miras, pues, de todos se habían fijado en mi venida; los unos contando con que ella haría ceder a los Madariaga, y éstos con la esperanza de que me rodearían, de modo que me hicieran plegar a sus exigencias, que consistían en investirme del *poder militar*, pero dejándome enteramente dependiente de ellos. ¡Ojalá en esto solamente hubiera consistido la felicidad del país y el triunfo de la causa! No era el sacrificio de mi amor propio el que me imponía el empeño de no condescender, sino el íntimo, el perfecto convencimiento de que, constituido en esa dependencia, nada podría hacer. Conocía de muy atrás a los Madariaga; sabía su ambición insensata, su poca capacidad, sus tendencias desordenadas, su poca lealtad, sus prevaricaciones anteriores y la falsedad de su carácter; era indispensable ligarlos de algún modo, o, por lo menos, hacer todo lo posible para poner la legalidad y la razón de mi parte, y salvar mi responsabilidad.

Después de muchas conferencias y discusiones, en que amigos oficiosos intervinieron, los Madariaga cedieron, y se arregló el negocio, más o menos como yo lo había propuesto. Esos amigos oficiosos se aplaudieron de sus manejos, contando con que mi venida a la capital había, efectivamente, allanado las dificultades y terminado felizmente el asunto. No consideraban que esos arreglos de circunstancias, poco sinceros en el fondo, no son sino una tregua a nuestras interminables discordias. Más hubiera valido que yo me hubiese entonces retirado de Corrientes, y que los Madariaga hubiesen seguido su camino como lo habían empezado. No dudo que el éxito no hubiera correspondido a los deseos públicos, pero puede ponerse en cuestión si hubiera sido peor que el que al fin han tenido estas cosas.

Cuando esto sucedía, sólo estaba en Corrientes don Joaquín Madariaga y uno o dos más de sus hermanos menos influyentes; pero es indispensable hablar en plural cuando se habla de ellos, tanto porque ellos mismos gustan de que se haga así, como porque se hablaba sin pudor de los intereses de la familia, como si estuviese ésta identificada con la causa. Sirva esta advertencia para siempre.

La ley del directorio fue sancionada el 13 de enero, y muy luego me recibí de él. Hubieron juramentos, felicitaciones, discursos, esperanzas y demás que se acostumbra, como se puede ver en los papeles publicados de esa época; pero muy luego tuve motivos de advertir que los Madariaga y su círculo no obraban de buena fe. Mil incidentes pequeños, palabras sueltas, acciones equívocas, lo manifestaban; no cansaré refiriéndolas, mas no dejaré de mencionar dos que ocupan en esta historia un lugar preferente.

Los Madariaga, en 1840, cuando yo fui a Corrientes, eran mayores de milicias, y por mí fueron hechos comandantes de escuadrón. No tenían servicios, antecedentes, ni otra recomendación que más facilidad en producirse (principalmente Juan es intolerable por su charlatanería), y más actividad que el común de sus paisanos. La reacción del 43, a la que dedicaré algunos párrafos separados, les dio nombradía, y obtuvieron del Congreso el grado de coroneles; hablo de Joaquín y Juan, que son los mayores y que más suponen. Tan lejos yo de desconocer el mérito que habían contraído en la reacción, lo ensalcé hasta las nubes, como puede verse en todos mis actos oficiales y privados. En prosecución de este designio, me propuse darles el empleo de coroneles mayores, y lo hablé con alguno, que sin duda se lo dijo al gobernador. Éste quiso que su nueva investidura de general viniese del congreso, e hizo que un tal Santos, hombre atrasado y oscuro, pero que era representante, hiciese repentinamente la moción para que el congreso lo condecorase con ese título. El congreso la desechó en el acto, diciendo que, cuando acababa de crearse un poder militar, que era quien debía dar esos grados (guardadas las formas, se entiende), no podía el congreso dar aquel ejemplo de inconsecuencia. La irritación del gobernador fue extrema con este motivo, y recuerdo que, tratando yo de atenuarla, se me quejó de sus paisanos, diciendo que se habían permitido algunos congresales palabras inconvenientes a su respecto, como decir que los Madariaga estaban ya demasiado premiados, y otras semejantes. Ignoro si fue verdad, pero lo cierto es que juró desde entonces un odio implacable al congreso, o, mejor diré, a las personas que lo formaban, que era lo más adelantado y respetable de Corrientes.

Debe advertirse que los Madariaga, desde subalternos, pusieron todo su empeño en ganar la plebe, y principalmente los gauchos; para ello promovían la licencia y toda clase de seducciones, por poco honorables que fuesen. Los escuadrones que ellos mandaban fueron siempre los más desordenados y los que continuamente merecieron reprensiones. Tampoco habían desatendido la añeja táctica de los caudillos, de indisponer una contra otra las clases de la sociedad; predicaban entre los gauchos, con el mayor descaro, el desprecio y hasta el odio contra la parte más acomodada y decente. Con el supuesto desaire del congreso, ese empeño se convirtió en furor, y no conoció límites. Varias veces me dijo don Joaquín: "No se equivoque usted, general; esos hombres valen muy poco; con sólo hacer venir a Nicanor Cáceres están metidos en un zapato". El comandante Cáceres, ese mismo Cáceres que después los ha abandonado, era el espantajo con que asustaban, porque tenía la fama de ser *gaucho malo*. Mi contestación fue decirle que se equivocaba si creía que buscaba apoyo en una facción que pretendiese formar; que recorriese la historia de mi vida, y me hallaría siempre en el sendero de la patria, y nada más.

Cuando avisé oficialmente a dicho gobernador que lo hacía coronel mayor, rehusó aceptar, pretextando que sus paisanos no lo creían digno de ese honor, pero el motivo real era que no quería obtenerlo de mí; mas no por eso me di por ofendido, como puede verse en las notas que se canjearon, y que manifestaré cuando mis atenciones me lo permitan. Por el contrario, le di las mayores seguridades, le brindé con mi amistad y le protesté, con todo mi corazón, de la rectitud de mis intenciones.

Al hermano don Juan conferí igualmente el empleo de coronel mayor, y éste, en los primeros momentos, lo aceptó, y aun hizo conocer mi resolución en la orden general del ejército, que permanecía en Villa Nueva; mas, después, para uniformarse con el hermano, renunció a su vez, pretextando que las instituciones provinciales exigían la aquiescencia de la Sala de Representantes para la expedición de estos grados. Le contesté que entendía que la ley del 13 de enero me facultaba para ello, pero que, siendo mis intenciones respetarlas, como lo había jurado, no tenía embarazo en participarlo al congreso, como se hizo, y con lo que quedó concluido el asunto, y él (don Juan) en posesión de su empleo. Más tarde, es decir, meses después, el gobernador se hizo dar el mismo grado por la Sala de Representantes, y lo aceptó muy corrientemente, sin que yo me diera por entendido.

El otro hecho es el escandaloso procedimiento del coronel Baltar, que en día claro, a menos de una cuadra de mi habitación y en la calle pública, acometió al comandante don Mariano Gainza, armado de un rebenque con cabo de fierro, según unos, o de uno de cuero, según otros, tan duro y consistente que equivalía al primero. Apenas hacía dos días que me hallaba investido de la toda autoridad militar, cuando el coronel Baltar quiso desconocerlo y desacatarla; eligió las circunstancias más propias al efecto, contando con que el gobernador lo sostendría, y que, por lo menos, pondría en conflicto las relaciones de ambas autoridades. El comandante Gainza, sin que yo tuviese el menor antecedente, se me presentó una tarde en mi casa, con un paso vacilante y la cara horriblemente estropeada; después de tres años de prolijos sufrimientos, en que ha estado a punto de perder la vista, no ha podido aún restablecerse. Preguntándole qué era aquello, me dijo que el coronel Baltar había tratado de asesinarlo en media calle, y que venía a quejarse a la autoridad, para que se le hiciese justicia y se castigase al criminal. Hice venir un médico que practicase la primera cura, y me dirigí al gobierno oficialmente, pidiendo un cuartel donde hubiese una decente comodidad para poner en arresto al coronel Baltar, intimando a Gainza que lo guardase en su casa, donde pasó a continuar su cura.

Baltar desempeñaba las funciones de comandante general de armas de la capital, y al avisarle al gobierno mi resolución, le indicaba que nombrase otro que las ejerciese. Acto continuo me vi con el gobernador, a quien encontré muy embarazado con el suceso y con mi resolución. Procuraba disculpar a Baltar, alegando que había recibido una carta insolente de Gainza; le contesté que no estaba a fondo instruido del asunto, pero que, por lo que acababan de informarme, ambos se habían dirigido cartas llenas de los más groseros insultos, y que Baltar había sido el agresor. Repuso que Gainza, en tiempos anteriores, había hablado contra el general Lavalle, y que Baltar había creído justo vengar la memoria de su antiguo general. Le hice notar la irregularidad de semejante alegato, contestándole con una pregunta. "No ignoro (le dije), señor gobernador, que contra mí se desbocan muchas personas de esta ciudad; ¿le parece justo y regular que mande apalearlas, para lo que no faltarían algunos miserables que desempeñasen este servicio?" Como sabía muy bien que era cierto lo que decía, pues él mismo promovía esas murmuraciones, retiró completamente su alegato, para concluir con una observación. "Quien va a perder en este asunto (me dijo) soy yo, pues van a censurarme de que no sostengo a mis amigos." "Señor gobernador, le respondí, ¿qué quiere usted dar a entender con esa pretensión de sostener a sus amigos? ¿Es acaso el empeño de sustraerlos, por esa circunstancia, del poder de las leyes y del alcance de los tribunales competentes? En el caso presente, no pienso obrar arbitrariamente, y, al efecto, he mandado procesar al coronel Baltar y al comandante Gainza, nombrando para fiscal a un jefe amigo de usted (el coronel don Félix María Gómez), que seguramente no torcerá la justicia en disfavor de su protegido. Si se tratase de un hermano, de un hijo mío, no obraría de otro modo, y me abstendría de emplear un argumento semejante como el que acabo de oír. Persuádase usted que, lejos de censurarlo, toda persona sensata aplaudirá su imparcialidad y rectitud." Así concluyó la conferencia; y como no pudiese el gobierno disponer por lo pronto de alojamiento decente en un cuartel, que sirviese de prisión al coronel Baltar, me ofreció las casas consistoriales, que yo acepté, y adonde fue colocado sin incomunicación y con todo miramiento.

Diré algunas palabras sobre el verdadero motivo de la reyerta. Gainza había dicho, en una casa de confianza, que Baltar en Montevideo no había prestado servicio alguno cuando la defensa de la plaza; lo que era evidente, pues nunca se dignó ni desenvainar, ni aun ofrecer su *cortante espada*, ocupándose sólo en especulaciones mercantiles. Baltar supuso que Gainza había ofendídolo en su reputación, y le escribió una carta llena de groseros insultos, y provocando un duelo. Gainza contestó con no menores insultos, pero de un modo que podía dudarse si admitía el duelo, sin embargo que me han asegurado que ha dicho que no fue su intención rehusarlo. De ello tomó ocasión Baltar para una satisfacción, que suponía que Gainza no quería darle.

Gainza tenía un hijo joven, dotado de recomendables calidades, que era muy de temer quisiese vengar la ofensa hecha a su padre. Uno de los objetos que me propuse, haciendo intervenir la autoridad y arrestando a Baltar, fue precaver desagradables ulterioridades. Cuando en mi conferencia se lo hice sentir al gobernador, tomando un aire de confianza y aproximándoseme, me dijo: "Es que nosotros podremos impedirlas". A lo que le contesté: "El modo de impedirlo es obrar en justicia". Después he sabido que el joven Gainza pasó a Baltar cartel sobre cartel de desafío, que el valentón rehusó admitir mientras estuviesen en el territorio de Corrientes, de miedo (decía) de las providencias que yo podría tomar contra él, siendo así que se podía contar como fuera de mi inmediata dependencia, pues me hallaba ya en el ejército, a muchas leguas de distancia, y gozaba de todo el favor de la familia Madariaga.

El verdadero motivo de la querella fue el deseo de satisfacer antiguas prevenciones que se tenían Baltar y Gainza desde el ejército libertador, y complacer a los Madariaga, que estaban resentidos con el segundo por el modo con que había desempeñado la comisión que yo le di; además, creía Baltar que, siendo

Gainza un hombre de edad, y no arrastrando un concepto de valentón, era una victoria fácil y un medio de hacerse respetar por un Francisco Esteban, *el Guapo*. Es preciso advertir que una fatalidad, que no puedo penetrar bien, hacía que Gainza fuese un hombre generalmente mal querido. En Montevideo estaba votado al odio del círculo dominante entre los argentinos, y me costó muchos debates y contradicciones infinitas el sostenerlo en el puesto de comandante de la legión argentina. La faccioncilla, hija de aquel círculo, que se había trasladado a Corrientes, llevó el mismo espíritu de persecución contra Gainza, y logró poner en sus miras a los Madariaga; he aquí todo.

Conozco que se me dirá que me detengo demasiado en hechos particulares; pero reflexiónese que ellos hacen conocer a los personajes que han de figurar en esta historia, y esto es importante.

Se aproximaba el tiempo de mi salida de Corrientes para trasladarme al ejército, y la causa de Baltar seguía sin interrupción. Mi pensamiento era llevarla a cabo hasta que estuviese en estado de juzgarla; pero el gobernador manifestó deseos de que se terminase el asunto, y su vieja y petulante madre me hizo una visita para decirme que Baltar era querido de toda su familia, y que toda sentía sus sufrimientos y deseaba su soltura. Este modo de hablar envolvía una tácita amenaza de ruptura, y, por lo menos, era seguro que, [en] cuanto yo marchase, se relajaría la prisión de Baltar, y no faltarían pretextos para colorir un acto tan avanzado. Quise, pues, ceder, y llamando la causa, puse un decreto de sobreseimiento, por razones especiales que no especificaba. El decreto fue firmado estando yo a bordo del buque que debía llevarme a Goya, desde donde pasaría por tierra a Villa Nueva.

Se me pasaba hacer mención de un curioso incidente que precedió a mi salida, y es el siguiente. Ese mismo gobernador de Corrientes, que tanto ha querido combatir y hasta ridiculizar el carácter de nacionalidad que se atribuía al directorio de la guerra, lo aceptaba con el más grande empeño para que se reconociese como deuda nacional la que había contraído y podía contraer Corrientes en la guerra que sostenía; quería un reconocimiento en globo y a ciegas, a lo que no quise acceder. Mi resistencia era tanto más fundada cuanto sabía que los Madariaga habían hecho una emisión de papel moneda, sin estar autorizados por el congreso, y [por] cuanto era público el manejo irregular de los cuantiosos intereses adquiridos por el embargo del convoy. Existía una casa donde estaban amontonados, sin cuenta ni razón, algunos efectos, que ni quise ver, ni librar una orden por una vara de lienzo, dejándoles toda la responsabilidad. A la singular pretensión de que reconociese la deuda, me contenté con decir que era justo que la nación cargase con la que había contraído Corrientes, pero que no podía reconocerla sin saber su monto y su inversión. Medió un negociado de amigos oficiosos, y el gobierno se contentó con mi respuesta, haciendo después alarde, en su mensaje al congreso, de que yo había reconocido el derecho a los reclamos que podría hacer Corrientes.

El general don Juan Pablo López, que conservaba el título de gobernador legal de Santa Fe, había sido llamado a la capital para que, si lo creía conveniente, prestase su aquiescencia a la ley de 13 de enero, que establecía el directorio de la guerra. Aprovechó el buque en que yo viajaba, para regresar a su campo, establecido en el Rincón de Soto, a tres leguas de Goya; también me proponía, con esta ocasión, pasar revista a la división santafecina que mandaba dicho general. Consistía ésta en trescientos a cuatrocientos hombres, con poca instrucción y menos disciplina. Las quejas del vecindario por los daños que les ocasionaban eran repetidas. Todo me persuadía la conveniencia de mudar el campamento a Villa Nueva, donde, reunido todo el ejército bajo mi vista, podría mejorarse su organización en todo sentido. Éste era un golpe para el general López, que, conservándose aislado con los restos del ejército santafecino que lo habían seguido, se figuraba que era aún gobernador, y que estaba en el territorio de su provincia. Creíase en una pequeña soberanía. El espíritu de localidad y las preocupaciones insensatas de los caudillos han sido dos obstáculos con que he tenido que luchar constantemente. Los he encontrado siempre sobre mi marcha.

Sin embargo, la revista se pasó, y la orden de marchar, luego que hiciese sus preparativos, fue dada al general López. Demoró su cumplimiento bajo diversos pretextos; mas fue preciso hablarle terminantemente, y la cumplió después de muchos días.

Capítulo XXXVII

Corrientes y los hermanos Madariaga

[El general Paz llega al campo de Villa Nueva - Estado militar de Corrientes - Las habilidades y designios de don Juan Madariaga - Los coroneles Báez, Velazco, Cáceres y López - Vástago de la facción de Montevideo - Deserción en masa - Tentativa de sublevación promovida por los Madariaga - El alférez Candía - Relaciones de Corrientes con el Paraguay - Misión del doctor Derqui ante el gobierno de esta nación - La familia Cossio: sus relaciones con el doctor Derqui; conflicto con don Juan Madariaga - Situación de Corrientes después del Arroyo Grande - Patriotismo de sus hijos - Los señores Márquez y Murguiondo - Servicios de los Madariaga a Corrientes - Don Joaquín es electo gobernador - Su campaña a Entre Ríos - El general Garzón hostiliza y dispersa el ejército de Madariaga - Incidente en el encuentro de la vanguardia en Arroyo Grande - Graves desórdenes dentro del ejército correntino - La distribución de carne, tabaco, sal, yerba, etcétera - Bosquejo de la administración financiera - Negocios de los Madariaga - Destrucción de las haciendas - El testimonio del general Paz; su carácter.]

Llegué a Mercedes el 11 de febrero, habiendo salido el 5 de la capital de Corrientes; hice una visita a la villa de Goya, la que, aunque momentánea y de improviso, me hizo conocer que los Madariaga no dormían y trabajaban subterráneamente.

Ya me tienen en Mercedes, o lo que es lo mismo, en el campo de Villa Nueva, a cuya inmediación está dicho pueblito. Muy luego pasé una revista al ejército, en que desplegó don Juan Madariaga, que lo había mandado, todos los recursos de su genio para presentarlo lucidamente. Claro es que esta revista general ni podía ni debía ser de investigación. Recorrí ligeramente las filas, hablé al ejército convenientemente y recibí los cumplimientos de los jefes. Allí encontré al celebérrimo inglés, pretendido general Plantagenet Harrison. Este aventurero había sorprendido a algunos patriotas de Montevideo, y trajo recomendaciones pomposas: se decía que poseía un caudal inmenso, y que lo sacrificaba, a impulsos de un entusiasmo caballeresco, por la libertad y la gloria. Hubo sujeto que me escribió que su adquisición valía un ejército. A muy pocas palabras ya se conocía que nada poseía, porque todo era preciso darle, y que era un loco estrafalario. Quería ser reconocido como brigadier, y lo rehusé; sólo lo aceptaba como coronel mayor. Me propuso un viaje a Río Janeiro, con el objeto de procurar armas, y aproveché la ocasión de deshacerme de él.

Preparado que se hubo un cuartijo para que pudiera habitar en Villa Nueva, me trasladé al campamento, dejando mi familia en Mercedes, mientras se trabajaba la casa que debía alojarla a la inmediación del campo. Entonces me dediqué a pasar revistas prolijas, cuerpo por cuerpo, para conocer el verdadero estado de ellos. Sabían hacer algunas maniobras, porque Madariaga había ojeado la táctica, pero nada entendían ni querían entender, no sabían, ni querían saber de las obligaciones respectivas, de los pormenores del servicio, de los rudimentos primeros, del servicio de campaña, y mucho menos de la parte moral de la disciplina. Todos los adelantos del ejército consistían en un medio barniz, en una simple apariencia que dejaba un fondo de ignorancia, de ineptitud y de atraso. Recuerdo lo que en conversación confidencial me dijo uno de mis ayudantes, después de esas revistas: "Señor general, la instrucción de este ejército se parece a la de un hombre que hubiese aprendido aritmética sin saber leer ni escribir". El mayor Villanueva, joven de una razón muy despejada, tenía razón.*

Sin embargo, en todas mis notas oficiales encomié la disciplina y el arreglo del ejército, y el mérito de su general. No debía hacer otra cosa, ya para complacer a los amigos, como para no alentar a los enemigos. Consideraba también que don Juan Madariaga, que había mandado en jefe, sentiría bajar al rol de subalterno, y procuré por honras y demostraciones extraordinarias, y por las consideraciones más delicadas, suavizar este paso indispensable. Por otra parte, ¿debía sufrir tanto su amor propio, cuando se ponía a mis órdenes?, ¿no era yo su antiguo general, cargado de antecedentes y servicios?, ¿no hacía un sacrificio en ir desde tan lejos a echarme encima la tremenda responsabilidad de salvarlos, y hacer triunfar la revolución? Él se atrevió una vez a expresarme sus designios, diciéndome: "Es inútil que el señor general se incomode en ponerse a la cabeza

* "El mismo que en la actual guerra de Oriente ha figurado como general de brigada en los ejércitos rusos." (Los editores, 1ª edición, tomo IV, pág. 161.)

del ejército; mejor sería que nos dejase la tarea de mandarlo, y que permanezca gozando al lado de su familia, conservando la alta dirección". Este consejo encerraba todo el plan de sus miras, que como las de sus hermanos, fueron servirse de mi nombre y reputación, para aumentar el poder y conservarlo. Hubiera condescendido, y hubiera hecho este sacrificio a mi patria, si lo hubiera creído útil. Pero no lo era, y los tres mil hombres que componían el ejército no hubieran sido otra cosa que lo que han sido en Vences, después que en sus manos perdieron lo que habían adelantado. Don Juan Madariaga tiene una locuacidad fastidiosa, posee una imaginación activa, pero no tiene discernimiento ni profundiza las cosas. Es absolutamente incapaz de mandar un cuerpo de tropas regulares, y si tiene alguna habilidad es para desquiciar, relajar y corromper todo lo que se le aproxima. Animado de los deseos más ardientes de ser caudillo, no tiene ni remotamente las calidades que se necesitan; al fin, ha concluido por el más sublime ridículo.

El material del ejército presentaba un cuadro terrible, a la par que miserable. Lo que se llamaba artillería, no merecía este nombre; lo que se llamaba parque apenas encerraba unos cuantos miles de cartuchos, en términos que a mi llegada sólo había en toda la provincia de Corrientes treinta y tantos mil tiros de fusil y tercerola. Un cuerpo que se engalanaba con el nombre de batallón de infantería, y que se había reunido apresuradamente para esperarme, estaba medio armado de malísimos fusiles, muchos sin bayoneta. La caballería, casi en su totalidad, tenía lanzas sin regatón, y por moharra un pedazo brusco de hierro ajustado a la asta, con un fragmento de arco de barril. Los pocos tiradores que había en la caballería estaban armados de un *número quebrado*, cuya unidad había sido una tercerola o un fusil. Había, pues, soldados que tenían un medio, un tercio, un cuarto, o un octavo de tercerola o fusil, por toda arma, pues sables eran tan escasos que una gran parte de los oficiales no poseían ninguno. Para entenderse bien esto debe tenerse presente que los correntinos, más que ningunos otros de nuestros gauchos, gustan de la arma corta, y en el desorden que habían estado y estaban, podían cortar, y cortaban sin responsabilidad las armas de chispa, en términos que había muchos que habían sido fusiles, y que no tenían más que un palmo o un pie de largo. Tal era el armamento del ejército correntino con que debía batir los ejércitos federales y destruir el poder de Rosas. ¡Ojalá éste hubiese sido el único inconveniente; que al fin podía remediarse, como se consiguió! La más grande dificultad estaba en moralizar esa masa de hombres, en desarraigar vicios casi inveterados y establecer una disciplina racional, sin la cual era imposible vencer. Éste fue mi plan y mi empeño; veremos hasta dónde pude conseguirlo.

Desde que se sancionó la ley del directorio, había sido una dificultad no pequeña la colocación que se daría a don Juan Madariaga. El gobernador, su hermano, en una ocasión que ex profeso eligió, me habló con el mayor interés de su hermano, y de que deseaba se le asignase un puesto digno y conforme a la estimación que de él hacía. El señor Márquez, algo más explícito, tuvo varias conferencias sobre la clase de colocación que le daría. Algo se dijo de jefe del E. M., pero era el menos a propósito para ese destino, porque hubiera abusado de la facilidad que él da a un espíritu turbulento y atrevido. Por otra parte, no tiene idea, ni remota, del mecanismo de la administración de un ejército; carece de todo espíritu de orden, de método y de regularidad; el E. M. hubiera sido un semillero de vicios y desórdenes. Ofrecí, pues, que le daría una brillante división a mandar, y que llegado el caso de una campaña, obtendría el mando y título de general de vanguardia.

A consecuencia de ello, luego que tomé el mando del ejército, le dije que formase una división a su placer, que eligiese los cuerpos que desease, y me lo indicase, para complacerlo. Se rehusó constantemente, pretextando que sus servicios serían más útiles ayudándome, con sus conocimientos locales, como un general suelto, y que cuando llegase el caso de invasión o campaña, aceptaría el mando que le ofrecía. El verdadero motivo de esta resistencia era que jamás había renunciado a la pretensión de mandar todo el ejército. Se veían forzados por las circunstancias a hacer una tregua, pero con la mira de renovarla en oportunidad. Fuera de eso, hacía años que no veía la capital, quería hacer una visita a su familia, deseaba partir en pocos días, y era mejor dejar ese arreglo para después. Consentí, y marchó en los primeros de marzo. Así como él, pidieron licencia otros jefes de los paniaguados de los Madariaga, para ir a diversos puntos de la provincia, y concedí a algunos, sin creer que su retiro envolviese un pérfido designio.

Casi junto conmigo, habían llegado a la provincia de Corrientes varios jefes antiguos, a algunos de los cuales di colocación poniéndolos al frente de las divisiones, que más tarde hice regimientos. Los coroneles Báez, Velazco, Cáceres y don Felipe López fueron de este número. Éste fue el motivo aparente que tomaron para entregarse a amargas murmuraciones. Debo advertir que estas colocaciones las hice de acuerdo con don Juan, quien no sólo las aprobó, sino que me instó muchas veces para que cuanto antes las verificase. Este consejo era dado muy de mala fe, pues trabajaba subterráneamente para que fuesen mal recibidas y produjesen descontento y hasta motines, contando con que entonces lo llamaría para echarme en sus brazos, y dejarlo campear a su placer. Él, y los jefes que se ausentaban, debían aparecer tanto más inocentes cuanto que estaban lejos del teatro; algunos agitadores subalternos eran los encargados de la obra.

Aquí volvió a aparecer en toda evidencia ese vástago de la facción de Montevideo, de que he hablado más de una vez. Hicieron los mayores esfuerzos en desacreditar a los jefes colocados y en irritar los ánimos contra ellos. Aparentaban por mí la mayor estimación, y aun respeto; convenían en mi capacidad y mérito; decían que estaban conformes con que los mandase, pero que no podían sufrir a hombres que eran inferiores a ellos. Se proponían formarme un círculo más digno (según ellos) separando de mi confianza a los que creían que la poseían; hasta acordaron en sus consejos admitir tres únicamente, de los que tenían por mis amigos, excluyendo a los demás. Eran elegidos el coronel Chenaut, el doctor Derqui y el comisario Albarracín. Era una concesión con que pensaban atraer a estos tres buenos patriotas, quienes en recompensa les ayudarían a apoderarse de toda la influencia. Así raciocinaban estos mentecatos, y en este sentido contribuían a la agitación universal, con la esperanza de que en el conflicto buscaría su consejo y su apoyo. En su delirio, fundaron una semilogia, en que iniciaron a algunos pobres correntinos; tuvieron la audacia de venir a tentar a los oficiales de mi secretaría; pero todos sus pasos eran conocidos, y no les dieron resultado alguno.

En la noche del 10 al 11 de marzo se desertaron cuarenta hombres del escuadrón Itatí, que luego se supo que iban juntos, sin cometer otro desorden que tomar caballos, que se dirigían a la capital a buscar al gobernador, a quien deseaban ver. Se dieron las órdenes necesarias para su persecución en la campaña, y siguió todo en quietud hasta la tarde del día siguiente, 12, en que el mayor don Timoteo Villanueva, correntino, y que pertenecía al mismo escuadrón Itatí, me dio parte que esa noche debía desertarse el resto del escuadrón, encabezando la deserción el alférez Candía, del mismo cuerpo. Era la tarde, y muy luego fue la hora de lista, en la que me presenté solo con dos ayudantes delante del escuadrón mencionado. En el acto hice arrestar al alférez Candía, lo mandé a mi guardia del cuartel general, y le hice remachar una barra de grillos. Cerrada la noche, no cesando un momento de tomar nuevas informaciones, hice arrestar a todos los cabos y sargentos del mismo escuadrón, pero faltaba un sargento, que era de los principales motores. Éste fue al fin hallado en el rancho de una mujer, y declaró al mayor Villanueva (no es el mayor que era mi ayudante) que la cosa era más seria de lo que se había pensado; que había combinación de mucha tropa de todos los cuerpos, para sublevarse, tomar las armas, apoderarse del parte, municionarse y cometer todos los desórdenes consiguientes. Se hicieron algunas prisiones en el batallón de infantería, que era el más indicado, y se esperó en la mayor vigilancia el resultado. Al sargento promotor, y ahora denunciante, se le tomó una tercerola fuera del campo, con algunos cartuchos, la que debía servir para hacer la seña a los coligados. Al disparo de un fusil o tercerola, debían tomar las armas y constituirse en rebelión. Entre las medidas que había tomado (antes de yo ir a Corrientes) don Juan Madariaga, era una no dejar un solo cartucho a la tropa, porque a su juicio era imposible que se pudiese obligar al soldado a conservarlo. Los cartuchos que tenía el sargento habían sido sustraídos a un oficial por su asistente, y suministrados al sargento.

La noche era sombría y oscura; los ánimos, a pesar del disimulo, parecían mal dispuestos; los secretos agitadores ostentaban la más refinada hipocresía; los jefes fieles estaban poseídos de una vaga desconfianza, pero siempre dispuestos a llenar honrosamente sus deberes. La tropa dormía o guardaba silencio en sus cuadras o ranchos, y yo me paseaba delante del cuartel general, mandando a cada momento ayudantes en diferentes direcciones, para asegurarme del estado del campo, cuando a las doce estalló sobre nuestra derecha, en un bosque cercano, el tiro anunciado. Fue simultánea la voz de los jefes que llamaban sus cuerpos a las armas, y antes de cuatro minutos todo el ejército estaba formado, pero en orden y con los jefes a la cabeza. En esta situación se esperó un buen espacio de tiempo, y viendo que nada había por entonces que temer, la tropa recibió otra vez la orden de entregarse al descanso. Los conjurados se intimidaron y retrocedieron; desde entonces no se ocuparon sino de ocultar las señas que podían hacer conocer su mal proceder, y de aparecer inocentes. Forzoso es penetrar más en este negocio.

La fermentación que hubo de producir tan tremendo resultado fue secretamente promovida por los Madariaga y por la faccioncilla argentina (la llamaremos así), en la esperanza de que yo me desprendería de los jefes que había colocado para asirme de ellos: mas no se crea por esto que los Madariaga y la faccioncilla eran amigos sinceros; no señor, era unión de circunstancias; ambos me ofrecían su poder para emplearlo contra el otro, y yo, no queriendo pertenecer, ni apoyarme en facciones, los había urbanamente despedido. He dicho que la fermentación fue promovida por ellos, mas luego se asustaron con el carácter de rebelión que tomaba el movimiento, el cual amenazaba disolver y destruir todo, lo que no entraba en sus cálculos; así fue que vine a servirme de muchos de ellos, que contribuyeron a sofocar la naciente insurrección. El coronel don Lino Lagos, que había trabajado infinitamente en ganar a los correntinos y que bien poco había adelantado, fue uno de ellos.

La causa del alférez Candía, en que estaba comprendida la del motín proyectado, se seguía. De las declaraciones resultó que la causa del descontento general era la violación de una promesa que solemnemente les había hecho el gobernador, asegurándoles dos cosas: 1ª, que nunca serían mandados por extranjeros, comprendiendo en esta clasificación los jefes argentinos; 2ª, que nunca saldrían a llevar la guerra fuera de su país. En cuanto a lo último, nada había hasta entonces; pero en cuanto a lo primero, habían sido engañados con la admisión de los jefes ya nombrados. Con este motivo me dirigí al gobernador pidiéndole explicaciones, y conservo su contestación equívoca y evasiva que sin embargo hice conocer de todo el ejército. Al mismo tiempo, este señor gobernador recibía en Corrientes los cuarenta desertores primeros del escuadrón Itatí, los agasajaba y mandaba licenciados a sus casas, en vez de aprisionarlos y mandarlos al ejército, para que fuesen juzgados. Más tarde, el mismo don Juan presidió el consejo de guerra que juzgó a Candía, y era tal la evidencia de su crimen, que no pudo dejar de condenarlo. Fue sentenciado a perder su empleo, y diez años de trabajos públicos, donde yo lo destinase; lo mandé a la escuadrilla, y a los pocos meses lo sustrajo calladamente el gobernador, para emplearlo otra vez de oficial en su departamento.

Mientras estos disturbios, don Juan Madariaga permanecía en Corrientes, donde se ocupaba de su célebre proyecto de casamiento con doña Modesta Cossio, suceso que no ha dejado de tener influencia en los males que se han sufrido; pero dejemos esto para después de tratar de un incidente más importante, pero con el que está relacionado. Rosas resistía a reconocer la independencia del Paraguay, que mira como provincia argentina. El presidente López,* fuertemente adherido al pensamiento de constituir una república soberana, era un enemigo natural del dictador de Buenos Aires. La alianza del Paraguay y Corrientes era un consiguiente indispensable, que días más o menos debía verificarse. En ello se negociaba, y la comunicación era bien activa, cuando el señor López acompañó a una de sus cartas un papel sin firma en que proponía la alianza, *siempre que se abriese su horizonte (era su expresión) y se le hiciera ver la posibilidad de que Corrientes se constituyese, así como Paraguay, en estado independiente*. Debo decir que nadie manifestó el deseo de adherirse a la indicación del presidente paraguayo, pero sí de aprovechar la ocasión de estrechar las relaciones existentes, y obtener la alianza. El doctor Derqui fueme propuesto como negociador por don Joaquín Madariaga, y se trasladó a mi campo para recibir mis instrucciones y diplomas correspondientes, que de nadie sino de mí podía obtener, con arreglo a la ley de 13 de enero. No hubo dificultad en arreglarlo todo, y el doctor Derqui marchó de mi campo perfectamente despachado, para seguir su viaje al Paraguay.

El comisionado llegó a la Asunción, donde fue urbanamente recibido, pero no en su carácter diplomático, y sólo de un modo confidencial. Fuese falta de circunspección en el doctor Derqui, tratándose de un país tan delicado como el Paraguay, fuese excesiva susceptibilidad del presidente, fuese, en fin, que el negocio no estaba aún en sazón, a nada se pudo arribar, fuera de recíprocas protestas de amistad y buenos deseos. Hubo, según supe después, un incidente desagradable que indispuso al señor López, pero no por eso dejó de tener conferencias con el comisionado, de las que no se hizo protocolo. Según Derqui, había convenido con el presidente en redactarlas en forma de

* Carlos Antonio López, que sucedió a Gaspar Francia. (*N. del E.*)

nota oficial, cuando a su regreso diese cuenta de su comisión, y mandarle a él una copia de dicha nota, para que en términos más o menos precisos expresase su conformidad. Cuando llegó este caso recibí una terrible nota del señor López, desmintiendo a Derqui y solicitando que la nota que había pasado la tuviese por no recibida. Mi contestación fue simplemente acusándole recibo, y dejando las cosas en este estado. Existen en mi poder estos curiosos documentos.

El doctor Derqui visitaba desde muchos años la casa de las señoras Cossio, cuya madre viuda lo recibía con distinción. La menor de las hijas, llamada Modesta, lo trataba con estimación, y era grandemente correspondida. Era un rumor añejo su casamiento, que sin embargo se demoraba indefinidamente. En esto nada había de positivamente acordado, sino esas indicaciones mudas, que tan elocuentes son entre los amantes, cuando algún secreto inconveniente los detiene. Las circunstancias políticas eran las que retraían al señor Derqui, que iba de día en día difiriendo una declaración, que sólo faltaba expresarla verbalmente. En esta situación fue que hizo su viaje al Paraguay, y aun entonces dio una prueba de afección a la familia de Cossio, llevando como secretario de legación a uno de los jóvenes hermanos de su futura. La misma noche del día que se embarcó estuvo doña Ángeles Acosta, madre de Madariaga, a pedir a Modesta Cossio para desposarse con su hijo Juan. La señora madre de la niña le contestó que su hija no conocía al señor su hijo, que no estaba dispuesta en su favor, etcétera. La señora de Madariaga insistió, y continuó sus visitas, que empezó también a practicar el presunto novio. Por más desengaños que le ofrecían, era tal la fatuidad y el orgullo de su familia, que ni suponían la posibilidad de la resistencia. La señora madre de la niña, que no tenía una solución expresa de parte de Derqui; el miedo, por otra parte, que le imponía el poder de la casa Madariaga, y hasta las amenazas que don Juan se había permitido contra la niña que lo desairase, en general, la ponía en el mayor conflicto. De estas indecisiones dedujo Madariaga que todo estaba concluido en su favor, e hizo correr la voz de su casamiento, y hasta mandó un fardo de adornos mujeriles, acompañado de algún dinero, como regalo de nupcias.

Mecido en estas ilusiones, salió de Corrientes en el mes de abril para volver en todo mayo a concluir su desposorio. En esos mismos días vino de regreso Derqui del Paraguay, y luego que hizo conocer expresamente sus deseos, la novia, que jamás había consentido en su matrimonio con Madariaga, y la madre, que sólo intimidada había prestado un negativo consentimiento, se apresuraron a romper con éste. El día antes de llegar al campo de Villa Nueva, recibió las cartas fatales que destruían sus necias esperanzas. El paquete de vestidos había sido devuelto sin abrirlo, lo mismo que unas treinta o cuarenta onzas de oro, que lo acompañaban.

Cuando me vi con él no dejé de felicitarlo por su próximo enlace, que era público, y me sorprendió sobremanera que él lo negase: lo atribuí, por lo pronto, a melindrosidad de novio, e insistí; pero se llegó, porque había otras personas, para decirme al oído lo mismo, añadiendo que luego hablaríamos, con lo que no toqué más el asunto. Cuando quedamos solos se quejó amargamente de Derqui y de la familia de Cossio, protestando que se vengaría; lo particular es que daba al agravio que se le había hecho el aire de una traición a la patria, pues decía en su despecho que no era él quien debía sentirlo, pues era feliz en no enlazarse con una mujer que no merecía aprecio, sino la causa que sentía los efectos del insulto que había sufrido. Cualquiera pensará que éstas eran palabras vanas, y yo lo creí entonces, y sin embargo nada es más cierto que este suceso ha tenido una notable influencia en los que se han subseguido. El doctor Derqui era mi amigo, y yo no podía permitir que se le sacrificase a una venganza particular. Sin que yo se lo dijese, lo conocían ellos, y nuestras relaciones se resfriaron totalmente.

Entretanto el gobernador fulminaba amenazas contra Derqui y la familia de Cossio. El ministro Márquez, amigo también de éste y de la justicia, hacía lo posible por templar las iras de los Madariaga, y substraer a Derqui a sus persecuciones. Como un medio de salir del paso momentáneamente, adoptó el de hacerlo marchar al ejército, con el pretexto de darme cuenta de su misión al Paraguay, encargándome que viese modo de arreglar las cosas, lo menos mal que pudiese, entre él y Madariaga (don Juan). Sondeé el vado con éste, y era imposible, pues cuando se tocaba este punto se extraviaba hasta perder la razón. Nada menos quería sino que Derqui renunciase al matrimonio con la señorita Cossio, y de este modo lo vengase las calabazas que había recibido. Derqui, como hombre de honor, no podía dejar chasqueada a una familia que todo lo arrostraba por él, y que estaba resuelta a expatriarse, si era preciso. Aunque yo no era capaz de proponerle una infamia, se apresuró a declararme que a su vez estaba resuelto a arrostrarlo todo, y que antes dirimiría la cuestión en un lance de honor. Don Juan, aunque frenético, no era hombre que adoptase medios de esa naturaleza, y se contentó con renovar sus amenazas contra Derqui, contra la familia de Cossio en masa y su descendencia.

Derqui volvió a Corrientes, y se casó, teniendo que vencer mil dificultades y hasta la resistencia del cura, que temía la cólera de los Madariaga. Si hubiera estado allí don Juan, es probable que no se hubiera verificado el casamiento, pero don Joaquín solo era menos indócil a los consejos de la razón y a las persuasiones del señor Márquez y otros hombres prudentes. Derqui tuvo que vivir aislado, porque todo el que lo visitaba incurría en la desgracia de la familia reinante, y rodeado de precauciones, que sin la tierna afección de su esposa y familia hubiera hecho un suplicio de los primeros meses de matrimonio. Más tarde, en el mes de octubre, con el fin de sacar al señor Derqui de su incómoda posición, me escribió el señor Márquez que podía llamarlo a mi secretaría, en lo que el mismo don Joaquín consentía. Cuando lo supo don Juan, que fue al marchar de Villa Nueva para ir a su misión al Paraguay, se renovó su frenesí; dijo que el casamiento de Derqui era un insulto hecho a la patria, y que no serviría si su enemigo era empleado de cualquier modo; logró trastornar a su hermano, en términos que me escribió declarando que si insistía en llamar a Derqui dejaría el puesto que ocupaba.

Para concluir este asunto he avanzado algunos meses y debo volver atrás.

Anteriormente ofrecí dedicar algunos párrafos a la reacción de la provincia de Corrientes, el año 43, y había olvidado hacerlo, sin embargo que es muy conveniente conocer este suceso, para mejor comprender los demás.

La provincia de Corrientes era decidida por la causa de la libertad; su aversión a Rosas era sincera; su odio a Urquiza era universal. Son los Madariaga los que han alterado estas disposiciones; son ellos, exclusivamente ellos, los que la han sometido a la influencia del dictador y la han puesto bajo la cuchilla de Urquiza.

En la fatal jornada del Arroyo Grande había sido vencido el ejército de Corrientes, pero su voluntad era la misma. Hizo Urquiza una media invasión, y no halló resistencia porque no hubo gobierno, no hubo generales, no hubo jefes, no hubo dirección. Los Madariaga fueron los primeros que se ocuparon solamente en pasar haciendas, propias o ajenas, a la Banda Oriental del Uruguay, para su negocio particular. Todo Corrientes es testigo de lo que acabo de decir. Como ellos, emigraron una considerable porción de jefes y oficiales, y muchos hombres de tropa. Urquiza hizo un arreglo con el nuevo gobernador don Pedro Cabral, y regresó sin penetrar en la provincia, para atender a la guerra del Estado Oriental, que lo llamaba con urgencia, dejando una débil guarnición insuficiente para sofocar el patriotismo de los correntinos. El menos perspicaz conocía que era la ocasión más oportuna de promover una reacción, y sólo faltaba la elección del que debía encabezarla y dirigirla. Los que primero pusieron mano a esta obra fueron los señores Márquez y Murguiondo; ambos han sido muy mal correspondidos por los Madariaga. Era indispensable la cooperación del gobierno brasileño republicano, que entonces imperaba en aquellos lugares, y ésta se obtuvo sin mucha dificultad. La colocación de los Madariaga al frente de esta empresa es exclusivamente debida a dichos señores Márquez y Murguiondo, que los pusieron en relación con el presidente Benito Gonçalvez, y los recomendaron como los indicados para ella. Sin duda, había personas de mucha más categoría, y jefes más graduados que los Madariaga, pero ellos lograron persuadir a los promotores del pensamiento, que eran los más aptos, tanto porque tenían más facilidad para explicarse que lo general de sus comprovincianos, como porque tenían más relaciones con el gauchaje.

Los Virasoro, émulos disimulados hasta entonces de los Madariaga, estaban también prontos para la empresa, pero hubiera sido preciso entenderse con ellos en primer lugar. Don Juan Madariaga, queriendo ostentar su desinterés y hacer más gravosa a los Virasoro su defección, me dijo muchas veces que cuando se trataba de pasar el Uruguay, lo había invitado con repetición a Benjamín a que tomase el primer puesto, y que él había preferido pasar a las filas enemigas. Como yo refiriese esto a un jefe correntino de graduación, pidiéndole explicaciones, me contestó: "Tenga usted por seguro que si los Virasoro hubieran dirigido la reacción, hoy tendríamos a los Madariaga con Urquiza". Desgraciadamente, no fue preciso tanto.

De todos modos, el servicio que hicieron los Madariaga entonces fue de la mayor importancia, y yo he sido el primero en encomiarlo. Todas mis comunicaciones, todos mis actos oficiales y particulares, demuestran que aprecié su hazaña más de lo que ella valía, y más de lo que la valoraban sus propios paisanos. Siempre hice justicia a don Joaquín, defendiéndolo contra otros correntinos que se esforzaban en probar que la empresa era tan fácil que sólo bastaba intentarla para conseguirla. No debe olvidarse que hubo vacilaciones en muchos de los que habían de acompañarlo, y él se sobrepuso a esos inconvenientes y triunfó. La disposición de la provincia de Corrientes era bellísima, y ni aun puede decirse que había sido enteramente sojuzgada por Urquiza, pues el comandante don Nicanor Cáceres, con algunas partidas, se conservaba en insurrección, sin haberse jamás sometido a las fuerzas invasoras. Como los Madariaga habían mandado en los departamentos de Curuzú-Cuatiá y Payubre, que están inmediatos al Uruguay, y conservaban relaciones e influencia, fueron por esta circunstancia los más indicados. El mismo Nicanor Cáceres había sido un subalterno suyo. Sin esta circunstancia casual, es probable que hubieran tenido mayores dificultades que vencer. En los departamentos interiores no eran conocidos, y hubiera sido preciso que otros jefes influyentes tomasen la iniciativa.

Los Madariaga entraron en la provincia de Corrientes como quien hace correría; iban a probar fortuna, y tenían perfectamente tomadas sus medidas para salvarse repasando el Uruguay, si no respondía la provincia a su llamamiento. Por medio de Cáceres y otros partidarios, tenían caballos apostados, y su pensamiento era salir por el paso de Higos, o sus inmediaciones. Pero todo salió perfectamente, y los ciento ocho hombres con que pasó Madariaga, aunque algo más numerosos que los treinta y tres del general Lavalleja, tuvieron el mismo éxito que éste en la Banda Oriental. Es falso lo que han propalado que había miles de entrerrianos, pues cuando más llegarían a cuatrocientos. La resistencia que opusieron fue poquísima, y no podía ser de otro modo; las cacareadas acciones de Bella Vista y Laguna Brava apenas pueden ocupar lugar (hablando en un sentido militar) entre unas pobres guerrillas. Sé de cierto que en la última no tuvo Madariaga ni un muerto, ni herido, ni contuso, ni un estropeado.

Cuando los Madariaga emprendieron la obra que por segunda vez libertó a Corrientes, no tenían plan ni mira política determinados. Ellos querían figurar y tomar el poder, pero no hubieran estado distantes de capitular con la llamada confederación argentina, para conservarlo. Bien sabido es que don Baltasar Acosta, tío querido y gobernador delegado ya entonces, se dirigió a Urquiza por medio de un tal Barberán, muy conocido, y por el de algún otro, para decirle que lo sucedido en Corrientes no importaba más que un cambio de personas. Cuando se divulgó esto, y la opinión empezó a pronunciarse contra un paso que se reprobaba altamente, se contentó don Joaquín, que estaba en campaña, con mandar decir a su tío que no *fuese majadero; que lo hecho en Corrientes importaba una verdadera revolución*. ¿Se hubiera atrevido el gobernador delegado a proceder de este modo, sin el beneplácito de los verdaderos depositantes del poder? El querido tío, íntimo amigo de sus no menos queridos sobrinos, ¿hubiera obrado contra las intenciones de ellos? Y una traición tan patente, ¿hubiera quedado enteramente impune si se hubiera hecho contra la voluntad del principal caudillo? Las relaciones del tío y los sobrinos eran estrechas; si se han relajado, ha sido después; y aún ahora puede sospecharse un convenio secreto.

La reacción fue completa, y la provincia de Corrientes dejó de pertenecer a Rosas, porque así lo quería la generalidad. En esta revolución aconteció lo que suele suceder en todas, que el caudillo que la ha dirigido se sienta en la silla del poder: don Joaquín Madariaga fue electo gobernador. La ocasión para obrar sobre Entre Ríos era a propósito. El general Urquiza tenía sus mejores fuerzas ocupadas en el Estado Oriental, y el general Garzón, con algunos cientos de hombres, era quien únicamente defendía la provincia. Madariaga reunió un ejército, que se hace subir a cinco mil hombres, y abrió su campaña. Ignoro qué plan llevaba y hasta dónde pensaba extender sus operaciones, pero es seguro que el arreo de ganados vacunos y caballares entraba por mucho, si no por todo, en sus combinaciones. La cosa parecía fácil; mas el general Garzón, que apenas pudo reunir mil doscientos hombres, tuvo un encuentro de vanguardia en el Arroyo Grande (nombre tristemente célebre) contra fuerzas muy superiores, y se replegó maniobrando mejor según siempre convenía. Los Madariaga avanzaron pocas leguas más; don Joaquín ocupó el Salto Oriental, momentáneamente, donde estuvo a pique de ser batido por los derrotados en las inmediaciones del Cuareim, por el coronel don Bernardino Báez; la tropa correntina cometió desórdenes, y tuvo que repasar el Uruguay, para proseguir su campaña en Entre Ríos.

Un ejército como el que pueden formar los Madariaga no necesita enemigos, ni batallas, para deshacerse. Apenas habían pasado algunas semanas, y ya la indisciplina, el desorden, la insubordinación empezaron a mostrar su horrorosa cabeza. Garzón no los atacaba, pero los acechaba; hubo una que otra guerrilla desgraciada, y se empezó la retirada sin haber llegado al río Gualeguay, que divide la provincia en dos partes iguales. Cuando Garzón supo el movimiento retrógrado de los Madariaga, se movió cautelosamente y lanzó algunas partidas en su seguimiento. Entonces la retirada se convirtió en fuga, en términos que encontrando el río Mocoretá, que divide las dos provincias, muy crecido, lo pasaron a nado en el mayor desorden, perdiendo más de seis mil animales, ahogados o extraviados en los bosques. Aun en el territorio de Corrientes, la fuga siguió en un espantoso desorden, el que fue trascendental a una división de seiscientos hombres, que habían dejado en el campo de Villa Nueva, la cual, al ruido de una retirada desastrosa del *invencible ejército*, hubo de evaporarse. Daba risa oír las charlatanerías y mentiras groseras de don Joaquín para paliar este desastre cuando se hacía memoria de él.

No quiero pasar en silencio un incidente que tuvo lugar el día del encuentro de vanguardia en el Arroyo Grande, de que he hecho mención; lo sé de personas muy afectas a los Madariaga, y que no suponían cosa alguna si no fuese muy en pro de ellos. Don Juan mandaba la vanguardia correntina, que se componía de las tres cuartas partes del ejército, y con ella atacó a una fuerza enemiga infinitamente inferior. Los correntinos fueron rechazados, pero no puede decirse propiamente batidos. Sin embargo, estuvieron expuestísimos a derrotarse ellos mismos, por la confusión y el desorden, y en esa noche, después que don Juan, con su numerosa vanguardia, se hubo replegado a tres o cuatro leguas sobre el ejército, ésta era un caos verdadero. Mas no es esto lo que quise relatar, sino lo que sigue. En medio de la confusión salieron muchas voces, acordándose de mí. *¡Ojalá estuviera aquí el general Paz!*, gritaron. Cualquiera pensará que don Juan lo tuvo a mal; pues, nada de eso; muy al contrario, les dijo: "Sí, hijos, hemos de tener al general Paz; lo hemos de traer, y él nos ha de dirigir". En esos momentos quizás hablaba con sinceridad.

Después de esta célebre campaña, el ejército, más o menos numeroso, siguió acantonado en Villa Nueva; pero sin disciplina nada, nada adelantaba; jamás pudieron los Madariaga restablecerlo en un pie de orden regular: los robos de ganados a todo el vecindario hicieron casi desaparecer estancias populosas; las licencias arbitrarias que se tomaban los soldados eran frecuentísimas, sin que el general se apercibiese de las fatales consecuencias de este desorden; dos asesinatos en el mismo campo, tuvieron lugar; un teniente fue muerto por un soldado, y el capitán don N. Solís lo fue también por el capitán Báez; aquél era uno de los que habían ido al Entre Ríos con Urquiza, y pertenecía a la división que mandaban los Virasoro; o bien fuese que se cansó de la expatriación, que se arrepintió de servir contra la causa de la libertad, u otro motivo, dejó las filas enemigas y se vino a Corrientes; ¡al día siguiente de haber llegado a Villa Nueva, y de haber sido recibido por Madariaga, fue atravesado de una estocada, en la puerta misma de una carreta de un vivandero, a menos de una cuadra del cuartel general! Tanto la perfecta impunidad del matador, como las antiguas reyertas que había tenido en tiempos anteriores con los Madariaga, dieron sobradísimos motivos para creer que no eran extranjeros a este crimen. El resultado fue que ningún otro oficial se pasó de los correntinos que había llevado Urquiza. Bien elocuentemente les hablaba el asesinato del capitán Solís, para disuadirlos de imitarlo. ¡Y había entre ellos tantos hombres sinceramente adictos a nuestra causa! ¡Tantos que yo había conocido, tan leales y patriotas! ¡Oh! Los Madariaga contribuyeron eficazmente a que se perdiesen para nosotros.

La carneada, es decir, la matanza de reses para el abasto del ejército, ofrecía cada día el espectáculo más repugnante, por el desorden, por el desperdicio y por la intolerable algazara que reinaba durante toda la operación. En los mismos corrales, que estaban a algunas cuadras de distancia, se hacía la distribución individual de la carne, y cada soldado tomaba su pedazo, y se iba al bosque inmediato a asarlo con las ramas que reunía. No sucedía así con la ración de los jefes, que se traía a sus ranchos. Por la profusión con que a éstos se distribuía, se puede venir en conocimiento del enorme desperdicio, que no producía más ventaja que dar muchos cueros para que los vendiese o malbaratase el general. La carneada se hacía para dos días, y en el que se practicaba esta operación no había ejercicio, porque no se podía contar con la tropa. Cada jefe, de mayor arriba, tenía una res de ración, lo que produjo quejas, cuando habiéndome recibido del mando se hubo de regularizar la distribución. El mayor del batallón Unión, Morales, se quejó al comandante don Matías Rivero, hoy coronel graduado, y de él pasó a mí su reclamo. Preguntado por mí, en qué invertía una res de carne, me contestó que era para que los soldados viniesen a su rancho, cuando se les hubiese acabado la carne; habiéndole dicho que los soldados recibían con abundancia la que les correspondía, no tuvo que objetar sino la costumbre en que habían vivido. El mismo desgreño había en todas las distribuciones, y, ¿quién lo creerá?, el soldado estaba mal atendido. No es extraño, porque ésta es la consecuencia natural del desorden.

Don Lino Lagos, personaje fantástico, de una apariencia quijotesca, pero sin ninguna clase de mérito, era comisario, y administraba, según nuestro uso, el tabaco, la sal, la yerba, etcétera. Todos los días se llenaba el patio de la comisaría de soldados, que en guisa de limosneros, iban a pedir alguna de esas especies; él, entonces, sin deponer su seriedad, pero con una mansedumbre admirable, iba distribuyendo pequeños pedazos (nacos) de tabaco, porcioncillas de sal y de yerba; pero cuando se trataba de algún jefe u oficial, a quien pensaba ganar, mandaba muy bizarramente medio rollo de tabaco o un tercio de yerba, que llevaba por lo regular arrastrando un soldado a la cincha del caballo. Este fatuo llegó a persuadirme de que con esta conducta y el auxilio de sus afiliados, tan imbéciles como él, se había formado un gran poder. Él ha contribuido a engañar a sus amigos de Montevideo, quienes a su vez ponderaban hasta las nubes sus talentos financieros.

Cuando esto llegó a noticia de don Juan Madariaga, creyó que se le defraudaba de esa parte de gloria y se puso furioso. Decía que Lagos nada sabía en materia de hacienda, y que él lo había hecho todo; citaba hechos que no quise contestarle, y acumulaba necedades hasta el fastidio. Como nada había que mereciese elogio, como la administración había sido lo más escandaloso y desgreñado, no podía menos que admirarme tanta pedantería. Entre otros, hubo un célebre contrato con un francés, M. Ingrés, importaba cuarenta mil pesos fuertes. Madariaga compró las facturas con un noventa por ciento de recargo; Ingrés cobraba un veinte por ciento de comisión, y como aquéllas iban falsificadas, montaba la pérdida del estado a un ciento treinta, más o menos, por ciento. Cuando hablé a Lagos de este contrato leonino, me dijo que él no había tenido parte en él, pues, aunque al principio Ingrés *se dirigió a él*, y *aun le ofreció un cuatro o seis por ciento por su cooperación*, se le retiró en seguida, concluyó el contrato con Madariaga, y no le dio parte ninguna. Esto nadie lo ha contado; yo lo he oído y presenciado: el señor Lagos no me conocía, seguramente, y me creía dispuesto a semejantes confidencias. Estoy cierto que después se ha arrepentido de su franqueza.

Me he extendido demasiado, y la materia es tan abundante que estoy tentado en seguir el mismo asunto. Quizá se me dirá que no debo ocupar tanto tiempo en las personas, pero debe considerarse que por ese medio se llegan a comprender los sucesos que hemos presenciado, pero que no conocemos sino muy imperfectamente.

Ya que he dado una idea del estado militar de Corrientes, antes de mi ida a la provincia, concluiré este asunto haciendo un bosquejo de su administración financiera.

Por más que la provincia de Corrientes no hubiese sufrido en sus intereses, en la media invasión de Urquiza; por más que sus ganados se hubiesen aumentado con los arreos que hicieron de Entre Ríos en 1842 y 44; por más que contase, por consiguiente, con más recursos que cuando estuvo la administración en manos de don Pedro Ferré, el desquicio, la dilapidación y el robo fueron tan escandalosos en tiempo de los Madariaga que a mediados del 44 se tocaban los extremos, y el país y el ejército empezaban a carecer de todo. Al descontento que producía la escasez se agregaba el descrédito en que había colocado a la familia reinante su última y descabellada campaña. Finalmente, contribuían a hacer crítica la situación de ella las diversas influencias que desde las fronteras de la provincia obraban en oposición, y que, más o menos, atraían partidarios y prosélitos. Sabido es que los Virasoro y más de setenta jefes y oficiales estaban en Entre Ríos, y trabajaban incesantemente. En la Uruguayana se conservaban el general Ábalos y el coronel Ocampo, y aunque no obraban de acuerdo con los Virasoro, pues siempre estuvieron muy lejos de plegarse a la causa que sostiene Rosas, no eran menos enemigos de los Madariaga, y obraban en ese sentido. Ocampo, íntimo amigo de Nicanor Cáceres, estaba ya en relaciones con él, y éste se prestaba secretamente a derribar al actual gobierno de Corrientes. Finalmente, don Pedro Ferré se mantenía en San Borja, en abierta enemistad con los Madariaga, y como es consiguiente, también tenía sus partidarios.

El anuncio de mi ida a Corrientes contribuyó eficazmente a tranquilizar los ánimos, suspender las maquinaciones y hacer renacer nuevas esperanzas. Esto explica el grande empeño de los Madariaga de que yo fuese a la provincia, y de que arribado a ella no regresase. Explica también la aparente docilidad [que] manifestaron cuando mi recepción del directorio, y el empeño de los otros argentinos facciosos en disimularme el verdadero estado del país, para que los aceptase como mis precisos sostenedores.

En estas circunstancias, dos sucesos vinieron en auxilio de la administración Madariaga, y consolidaron por entonces su poder. El uno fue, como he dicho, el anuncio de mi ida; y el otro, la captura del valioso convoy que iba de Buenos Aires al Paraguay. Cuarenta buques cargados de efectos de ultramar entraron a engrosar el tesoro de Corrientes e hicieron renacer la abundancia. Pero al mismo tiempo empezó el despilfarro y la más estrafalaria dilapidación. Algo naturalmente se empleó en atender las necesidades del ejército, pero una parte inmensamente mayor se invirtió en habilitaciones particulares a los adeptos de los Madariaga o a los que ellos querían ganar. Unos recibían a precios *(cómodos, se entiende)* facturas de cuatro, seis, diez y catorce mil pesos, que salían a expender bajo la promesa de abonar después al Estado su importe. De esta naturaleza fueron los créditos de un tal Arias y un español Saball, que se adjudicaron a la caja del ejército y que pomposamente figuran en las partidas que ingresaron a comisaría, que han publicado los mismos Madariaga. El primero de estos señores, aunque no recuerdo si pagó el todo, puedo asegurar que abonó con grandes demoras la mayor parte. El segundo no lo hizo, y cuando se trató de ejecutarlo se excusó con el mal éxito de un negocio de cueros que había hecho a la Concordia en sociedad con uno de los hermanos Madariaga, en que había invertido el capital que se le cobraba. La invocación del nombre de Madariaga importaba poner un obstáculo a la ejecución, porque entonces podía ser necesario desagradar a los hermanos y romper. Estos hechos, e innumerables más, los sabe todo Corrientes mejor que yo, que nunca quise informarme de ellos; sin embargo, por una casualidad llegó otro a mi noticia que no quiero omitir.

Con antelación a mi llegada, los Madariaga habían declarado propiedad del Estado toda bestia mular que hubiese en la provincia. En consecuencia, se habían reunido en gran número y las tenían en invernada en la costa del Uruguay, que es por donde se exportan para el Brasil. Yo apenas dispuse de poco más de cien para el servicio del ejército, y otras en menor número que, recuerdo, se dieron a don Policarpo Elías por artículos de guerra. Cuando en junio del mismo año 44 marchó la expedición de Santa Fe, que tan hermosos principios tuvo, don Juan Madariaga fue en comisión, como después se dirá, a la costa del Paraná. En momentos en que estaba en la mayor ansiedad por noticias de todas partes, llegó un *extraordinario* con una carta para dicho don Juan, con la recomendación de *muy urgente*. Creí que podía contener algún aviso importante y la abrí para avisárselo luego, como lo hice. ¿Y con qué me encontré? Con un aviso de don José Luis Madariaga, desde la costa del Uruguay, en que participaba a su hermano la propuesta que le hacían desde el territorio brasileño para la compra de las mulas del Estado, y en seguida le preguntaba si la mulada que tenían de su cuenta, a la sombra por supuesto de la del Estado, convendría incluirla en la venta. Pesaroso de aquel descubrimiento, me limité a remitir la carta abierta a don Juan, diciéndole los motivos por qué la había abierto. La venta no tuvo lugar por entonces, ya fuese conveniencia o vergüenza, mas después la han consumado, como otras muchas. El medio era muy sencillo: después de haber declarado que el Estado necesitaba todas las mulas que tuviesen los particulares en toda la extensión de la provincia, y de haberlas tomado el gobierno o los Madariaga, que era lo mismo, éstos se reservaban una parte, y sin duda la mayor, para vender por su cuenta. Como se hizo con esto, se obró en todo lo demás.

Mas dije que de este modo ganaban también prosélitos, y efectivamente era lo que sucedía; el diputado Santos, que hizo la moción en la sala para que el congreso diese el empleo de coronel mayor a don Joaquín Madariaga, era uno de los agraciados, pues tenía una tienda en la que vendía efectos que se decían del Estado. A semejanza de éste, había muchos que aspiraban a idénticos favores, y que para obtenerlos era indispensable que se plegasen a las miras ambiciosas de los que podían y querían dispensarlos. Hubo hombres verdaderamente honrados y patriotas que tenían que ocultar sus sentimientos con la esperanza de alguna gracia, que en su concepto no se oponía a la probidad, pero que siempre les era de conveniencia. Posteriormente ellos se han producido en un sentido que no lo hicieron antes, mas era ya tarde para atajar el mal que estaba ya hecho.

El desorden en la administración, mejor se diría en la destrucción de las haciendas de los que habían emigrado a Entre Ríos, era absoluto. Me contraeré pasajeramente a la valiosa estancia de "Aguaceros", perteneciente a don Pedro Cabral, para que se deduzca lo que se hacía en las restantes. Cualquier jefe, oficial, y aun sargento o cabo, sacaba, pedía, exigía reses y caballos. Todo se arreaba sin consideración. El mayordomo Gamarra, que, a mi juicio, es un hombre honrado, se me quejó mil veces, y me aseguró que hasta que yo me había recibido del mando no se había podido lograr la menor regularidad, ni evitar el desorden más escandaloso. Una vez hízome una representación por escrito, no recuerdo con qué motivo, en que exponía esto mismo, y por bien de él, para no exponerlo a la malevolencia de los Madariaga, tuve que llamarlo y encargarle que hiciera en otros términos su pedimento. No es sólo con injusticia y falsedad; es con la más infame impudencia que los Madariaga, y principalmente el hermano Juan, han querido echar sobre mi responsabilidad la desmejora de las haciendas de los emigrados: nada tendría de extraño, y cargaría gustoso con ella, si se hubiesen empleado debidamente sus productos; pero no ha sido así; la cabeza desorganizada de don Juan imprime el sello del desorden en todo lo que está bajo su influencia, y las haciendas de los emigrados no se libraron de ella. Aun sin estar emigrados, los dueños de las haciendas circunvecinas al ejército sufrieron lo mismo, y fueron también desolados. Un anciano respetable, don N. Fernández, llegó, en tiempo que mandaba el ejército don Juan, y encontró que varias partidas de tropa hacían correrías en su establecimiento de campo y destruían los ganados; corrió a apersonarse al general para imponerlo de lo que pasaba, si no lo sabía, y reclamar el remedio; la respuesta que obtuvo fue la siguiente: "No tenga usted cuidado, señor Fernández, por las vacas que se extraen de su hacienda, pues le prometo que en llegando la oportunidad le he de devolver cuatro por una". No sabe uno qué admirar más, si el descaro o la falsedad del ofrecimiento.

Algo de esto he consignado en un escrito aparte, que si no me engaño conservo, y que tenía por objeto hacer conocer el carácter personal de los Madariaga y su desordenada administración, sin duda, se hallarán muchas de estas observaciones repetidas, porque, entonces y ahora, no he hecho sino vertirlas según me han ocurrido; pero el lector sabrá coordinarlas mejor y comprender estos negocios, que es lo que solamente me propongo.

Si alguien leyese estos escritos, los censuraría acaso de muy personales, sin advertir que es muy difícil penetrar en los hechos y conocer sus verdaderas causas, sin conocer las personas que los produjeron. Hombre soy, y muy sujeto a pasiones y errores; pero tengo en mi favor que se me conoce incapaz de una impostura, y que ni aun para herir a mi mayor enemigo no inventaría una mentira. Saben también que si tengo pasiones no soy un furioso, que me deje arrastrar ciegamente de ellas; si algo de lo que he escrito es considerado como un desahogo, por lo menos créase que lleva el sello de la verdad, y que no soy inmoderado en ese mismo desahogo.

Algunos me han invitado a que escriba para el público, pero piensan que mis escritos contendrán descripciones de campañas militares únicamente, y que si toco otros asuntos será sin desmentir las calumnias de que han querido colmarme. Dicen que estoy muy arriba para descender a esas pequeñeces; pero además que sería imposible llenar sus deseos, porque no se puede tratar estos asuntos con abstracción de sus autores, era de esperar que alguno de estos oficiosos amigos se hubiesen ocupado, por patriotismo y amor a la verdad, de ahorrarme una parte de mi trabajo, dejándome la otra. No ha sido así; todos han considerado con indiferencia (muy pocas son las excepciones) los tiros de la envidia y de la calumnia que se proponían anonadar mi reputación. No tengo mucha fe en tales consejeros.

Capítulo XXXVIII

Plan del general Paz para la defensa de Corrientes

[Empeño del general Paz para moralizar el ejército de Corrientes - Don Justo Pastor Figueras - La administración de justicia - Trabajos inicuos de los Madariaga - Academias para jefes y oficiales - La ordenanza española - Bárbara medida de Madariaga para contener la deserción - Los correntinos engañados por los Madariaga - Las censuras al general Paz - Elementos con que se contaba para voltear a Rosas - Destrucción de las armas del estado - Corrientes después de la derrota de Rivera - La Tranquera de Loreto y el plan defensivo del general Paz - Lo que pudo hacer Rivera para evitar su derrota - La guerra popular - El coronel Manuel Saavedra - El teniente coronel de ingenieros F. Wirner - Dificultades para organizar los trabajos de la defensa - Importancia de Santa Fe - La falta de un hombre - El general López al mando de la expedición a Santa Fe - Su relación con los indios - El error de mantener la escuela de las montoneras - Pretensiones de López - Desorden en su retirada - Providencias del general Paz para precaver un desastre - López rehúsa los auxilios que se le ofrecen y propone al general Paz canje de soldados - Rechazo de esta propuesta - Don Jorge Cardasi - La soñada republiqueta de López - Jornada de Mal Abrigo - Fuga de López - Digno comportamiento del coronel don Bernardino López - Retirada del mayor Orzeto - Abandono del convoy - Carga del cacique Pedrito - Cobardía e ineptitud de López - Cómo entendían el honor militar los generales gauchos - López pasa el Paraná - Papel de Madariaga - Incorporación de López al campamento de Villa Nueva - Carta de don Agustín Murguiondo - Los secretos de estado en casa de los Madariaga - Papel singular de Joaquín Madariaga - Trabajos hostiles de Juan Madariaga - Las "altas inteligencias".]

Vuelvo a tomar el hilo de mi narración, que suspendí para ocuparme de la reacción, y de donde insensiblemente he pasado a dar una idea de la administración Madariaga.

Desde mi arribo a Villa Nueva, todo mi empeño fue establecer orden y regularidad en el ejército, cortar abusos, extirpar vicios, dar una educación militar al soldado, instruir a los jefes y oficiales en sus respectivas obligaciones militares y civiles, en fin, en moralizarlo todo. Al desperdicio y desgreño en todos los ramos, sustituí un plan de economía y arreglo, cuidando siempre de mejorar la situación del oficial y del soldado, como efectivamente lo conseguí. Se estableció una maestranza, que no había, y se empezó a componer el armamento y construir buenas lanzas: la artillería se montaba, y se hacían, lo mejor que se podía, adquisiciones de pólvora y otros artículos esenciales de guerra. Debo hacer justicia al mérito e infatigable actividad del comandante de este establecimiento, don Justo Pastor Figueras, que prestó servicios distinguidos. Todo empezaba a marchar con tal cual orden, y yo llegué a concebir esperanzas de mejor éxito.

La administración de justicia llamó tanto más mi atención, cuanto la repetición de los crímenes era alarmante. Asesinatos y robos se cometían con una deplorable frecuencia, y necesitaban una represión vigorosa; pero bien lejos de buscarla en la arbitrariedad tiránica de que hacen imprudente ostentación los caudillos que infestan nuestro país, la busqué únicamente en la aplicación moderada de nuestras leyes, y me lisonjeo que planteé insensiblemente los fundamentos de un orden legal, de que estoy cierto —sí, estoy cierto— no se olvidarán tan pronto los correntinos. Todos los criminales eran juzgados según las formas; se sustanciaban sumarios y procesos, había fiscales, defensores, consejo de guerra de oficiales, generales y ordinarios. Se pasaba la causa en consulta al que desempeñaba provisoriamente las funciones de auditor de guerra, y luego recaía la aprobación. Al principio parecía tarea muy difícil la de ser fiscal, defensor o juez, pero luego se fueron acostumbrando nuestros oficiales; se expedían con mucho mayor facilidad, y adelantaban visiblemente. Los juicios eran públicos; y eran llamados a formar el tribunal, indistintamente, los correntinos o los jefes y oficiales de otras provincias. Sin embargo, como era mayor el número de los primeros, se puede asegurar que siempre fueron más los correntinos que los de otra parte, aun cuando los reos no fuesen correntinos. El resultado fue el más feliz, pues los crímenes minoraron, sin que se hiciesen más de cuatro ejecuciones de muerte, inclusa la del ex capitán Corvera, autor de un motín el año 42, para pasarse al enemigo con alguna tropa, como lo hizo; los otros tres fueron desertores, asesinos, ladrones, salteadores de caminos, raptores y facinerosos famosos en toda la extensión de la palabra.

Mas estas semillas de orden y legalidad, que tan bien fructificaban, causaban un terrible disgusto a los Madariaga, que nunca quisieron ser más que caudillos y que, además, daban crédito a mi administración. Para destruir su efecto, se dirigían a la ínfima plebe y la excitaban en sentido contrario al que yo obraba. Me ahorrará toda demostración a ese respecto el hecho que voy a referir. Un día vino el coronel don Felipe López, que está en Montevideo y que seguramente no es amigo mío, a decirme muy alarmado que el señor Leus, joven mendocino, comerciante, sujeto de mucho juicio y patriotismo, que hacía tiempo estaba en Corrientes, y que entonces viajaba por la provincia en sus negocios particulares, se había costeado a comunicarle en reserva, al menos de su nombre, para que me lo transmitiese, lo que había presenciado. Habiendo dicho sujeto, que por otra parte merecía todo crédito, llegado a una estancia de las inmediaciones del Miriñay, halló a don Antonio Madariaga en la puerta del corral, presidiendo a una porción de gauchos que se habían reunido para una faena de campo, de los que la mayor parte, si no todos, eran soldados. Téngase presente que Antonio, después de Juan, es el más charlatán y más botarate de los hermanos Madariaga. En medio de todos, predicaba contra mis disposiciones, y decía que ejercía una odiosa tiranía, sujetando a consejos de guerra a los militares criminales; que esta tiranía era tanto más intolerable por cuanto se les ponían por jueces oficiales y jefes extranjeros, clasificando de este modo los que no eran correntinos; que él estaba mal mirado, lo mismo que sus hermanos, por mí, porque tomaban la defensa de los pobres correntinos, pero que estaba dispuesto a arrostrarlo todo por sus paisanos; añadiendo por este estilo una sarta de desafueros y mentiras. La calidad de reserva que exigía el denunciante, la de pertenecer el falso predicador a la familia reinante, la que precisamente lo sostendría, el desconcepto personal de Antonio Madariaga, todo contribuyó a que el asunto quedase en silencio, y no tuviese ulterioridad; pero sirvió para hacerme conocer lo que ya presentía, que empezaban a dar actividad a sus inicuos trabajos. Otros avisos, más o menos expresos, indicaban lo mismo, y hasta don Juan Madariaga se atrevió en un papel oficial, cual era la defensa del coronel don Bernardino López, a verter conceptos semejantes. En ella expresaba su extrañeza de que se les sujetase a esa vieja cartilla, la ordenanza española, la que, según sus expresiones, no conocía sino los nombres de *rey y amo*.

Como yo hacía frecuentes reuniones de jefes y oficiales, que con el título de academias eran una verdadera escuela de moral, de instrucción militar y civil (don Juan no estaba entonces en el campo, y aun su defensa, que mandó escrita, se leyó por otro), me serví de dichas reuniones para combatir sus doctrinas y hacer triunfar los buenos principios. Recuerdo que en una de las más numerosas hice mención de los conceptos vertidos en la defensa, y con la mayor moderación pregunté: ¿de qué cartilla o código me serviría, si no era de la ordenanza española? Como no se me designase ninguna, repuse que en tal caso sería preciso que obrase por mi solo capricho, y les hice ver cuánto perdería la administración de justicia dejándola al puro arbitrio de un hombre, cualquiera que fuese. Les dije que la ordenanza española había sido formada bajo un régimen monárquico, pero que en muchos puntos estaba modificada por nuestras leyes patrias, y que sólo obligaba en los que éstas habían dejado vigentes; que nuestros gobiernos, los más republicanos, habían mandado que rigiese la ordenanza española, en lo que no estuviese derogada por nuestras leyes, lo que era indispensable, mientras no tuviésemos un código propio que la reemplazase, y que seguramente se le asemejaría mucho, como ha sucedido con el código militar de Bolivia, y los de todos los países, ya republicanos, ya monárquicos. Mas, esto, era un pretexto que empleaban muy de mala fe, con el doble fin de desacreditar mi modo de proceder, y de no dejar arraigarse instituciones de ninguna clase, en un país que ellos (los Madariaga) pretendían despotizar eternamente. ¿Y estos hombres manchados de crímenes, y de violencias las más arbitrarias, eran los que reclamaban en nombre de la libertad, contra el empleo de las formas tutelares, que en los juicios militares como en los demás son la salvaguardia de la inocencia? ¿Eran los asesinos de los Bedoya y los Sopetegui (de este último me ha dicho francamente don Juan Madariaga que él lo mandó matar cuando la reacción), vecinos honrados y respetables, los que se quejaban de la severidad de las formas judiciales y de la vetustez de nuestras leyes? ¡Ah! ¡Es que ellos no querían ninguna!

Cuando la expedición a Entre Ríos, tomaron los Madariaga un arbitrio muy singular para contener la deserción. El comandante don Nicanor Cáceres fue colocado a retaguardia del ejército con su escuadrón, en un lugar aparente, para aprehender a los desertores que regresaban a la provincia, con la orden de lancearlos indistintamente; lo hizo así con unos cuarenta, según unos, y con más del duplo según otros, incluso un oficial, cuyas gorras y prendas de vestuario eran conducidas al ejército, como pruebas de su trágico fin. Don Juan Madariaga, cuando me hablaba de esta grandiosa medida, se llenaba de orgullosa satisfacción, ponderando el buen efecto que había tenido, pues logróse contener la deserción; pero el cuitado no advertía que el efecto fue momentáneo, y que pasado el primer sentimiento de terror que inspiró tan bárbara medida las deserciones iban a verificarse en grandes masas, de modo que hubiera sido preciso degollar a todo el ejército. Ellos lo previeron, retirándose con una precipitación vergonzosa, que se pronunció en declarada fuga, según hemos indicado.

Considérese si los hombres que supieron emplear estos medios debían escandalizarse de los consejos de guerra, y llamar tiranía la aplicación de las formas legales; pero tal es el estado de nuestra sociedad, tal la ignorancia de las masas, que no distinguen la libertad de la licencia, ni la tiranía del ejercicio legal de la autoridad. De estas disposiciones se sirven los caudillos, y a trueque de fraternizar en una carpeta, o con el vaso en la mano, se dejan nuestros pobres paisanos arrebatar por un tiranuelo sus más caros derechos y engañarse del modo más grosero. Este manejo, que no es nuevo, era para don Juan una obra de su invención y una prueba estupenda de su genio.

Resumiendo lo que he dicho, se concluye que en proporción que aumentaba mi empeño en moralizar el ejército y darle una organización militar crecía el de los Madariaga en neutralizar los efectos de mi celo. Desgraciadamente es más fácil destruir que edificar, y por mucho que trabajase, era poco lo que adelantaba. Entretanto, yo no trabajaba para mí, sino para la patria, para Corrientes y para ellos mismos. Más tarde han recogido el fruto de sus errores, pues ese mismo ejército, que tanto trataron de corromper, ha correspondido a sus esfuerzos, abandonándolos, defeccionándose, y huyendo vergonzosamente en Vences.

Me parece que ésta es la oportunidad de contestar a una censura que se me ha hecho en otras partes, fuera de Corrientes. Se ha dicho que yo quería militarizarlo todo. Si por todo se entiende los ejércitos que he mandado, el hecho es cierto, pero la censura injusta. Desgraciadamente los mandos militares que he obtenido han sido siempre en circunstancias difíciles, en momentos apurados, en lances críticos. En las ocasiones de abundancia y prosperidad, otros han sido siempre llamados a los destinos públicos; yo sólo he merecido la elección en los de conflicto. En ellos ha sido necesario improvisar ejércitos (al menos en estos últimos tiempos), para combatir otros más formados y aguerridos; ¿y qué tiene entonces de extraño que haya querido poner los medios de vencer, militarizando esas masas que era preciso emplear militarmente? Singular modo de discurrir es el de ciertos hombres, que deseando ardientemente un objeto se contradicen ellos mismos, tomando el camino opuesto al que debía conducirlos a él. Si se hubiese tratado de permanecer en una actitud tranquila, o de conservar el orden en una población pacífica, ya se deja entender que no sería preciso el establecimiento de un orden militar; pero cuando se quiere defender un país, cuando se está en guerra abierta (¡y qué guerra!), cuando están los enemigos al frente (¡y qué enemigos!), censurarme porque he querido adoptar los medios más eficaces, quizá los únicos de vencer, es una pueril necedad, es una ridícula maledicencia.

La misma crítica he sufrido en Montevideo, cuando quise organizar el ejército, que tan gloriosamente ha defendido la plaza, y la experiencia ha contestado victoriosamente a esos importunos censores. Ellos han visto por sus ojos que debido solamente a esa forma militar, que muy a su pesar logré dar a los cuerpos urbanos de la guarnición, es debida la conservación de la plaza. Después de mi salida en 1844 la disciplina se relajó, y ¿cuántos escándalos se han dado?, ¿cuántos peligros se han corrido? Sólo un milagro, y la intervención europea, han podido hacer que no caiga la plaza en poder de Oribe, y que esos mismos censores conserven sus cabezas sobre los hombros.

Considéreseme desde que me recibí del directorio de la guerra, cargado con una inmensa responsabilidad, y con cortísimos medios de corresponder a ella. Veíame mandando un ejército, cuyo único y principal defecto [no] era ser bisoño y estar desarmado, sino ser corrompido e indisciplinado. Con él solamente debía contarse para destruir el poder de Rosas y combatir sus armas victoriosas. Mis primeros cuidados se redujeron a restablecer el orden militar y proporcionarme armas y municiones. Con treinta y tantos mil cartuchos de fusil y tercerola, que era todo lo que poseía Corrientes, no podía pensarse en invasiones, y ni aun era posible una defensa regular. Recuerdo que cuando lo supe, dije al gobierno ¡que me maravillaba de verlos dormir tranquilos! Efectivamente, sólo la ignorancia podía darles la seguridad que ostentaban, y permitirles distraer los recursos en otros objetos.

Un año antes, y cuando cayó la provincia en manos de los Madariaga, tenía mucho mayores elementos de guerra, tanto en material como en la disciplina de su ejército, que conservaba alguna de la que recibió en el de reserva, y que tenía más frescos los recuerdos de Caaguazú. Mas, en el tiempo de que voy hablando, la desmoralización era completa, las municiones habían desaparecido, y las armas se habían inutilizado. Para conocerse la causa de esto, debe advertirse que la administración de los Madariaga, principalmente en la parte militar, era destructora, y que un ejército en sus manos marcha en una progresión decreciente, como ha sucedido con el que han sacrificado en Vences. En este sentido fue también fatal su campaña a Entre Ríos, pues dislocado el ejército, las municiones (fuera de lo que se perdió en la misma campaña) se gastaron sin combatir, y las armas se dispersaron por toda la provincia, antes y después de inutilizadas. No se podía viajar por todo el interior sin encontrar en los ranchos bayonetas sirviendo de asadores o de estacas en las paredes; fusiles destruidos o reducidos por un recorte brusco a su mínima expresión; sables convertidos en machetes, facones, y armas del Estado, de toda clase, destinadas a los más viles oficios.

En proporción inversa había mejorado el ejército de Garzón; que se había denominado *de reserva*. Su personal se había aumentado, y abundaba en armas y pertrechos de guerra. Hasta se le suponía capaz, antes que yo llegase, de tomar la iniciativa, en términos que cuando me aproximaba al Uruguay supe en el camino la alarma en que estaba Corrientes por el amago de una invasión, lo que me obligó a apresurar mi marcha. La especie era infundada, pero la alarma fue positiva.

Sin embargo, hallándose el general Urquiza con la mayor parte de sus fuerzas ocupado en la Banda Oriental, era la mejor ocasión que podía presentársenos de obrar ofensivamente en Entre Ríos. Iba preocupado de esta idea, y la hubiera realizado, sin los inconvenientes que he expuesto: antes de todo era preciso vencerlos, contando con que el general Rivera, aunque no lograse batir completamente al general entrerriano, le daría al menos bastante en que entender, para debilitarlo y ocuparlo por algún tiempo; pero no fue así, y la batalla de la India Muerta acabó con toda la resistencia que le hacía al invasor la campaña oriental, y dejó a Urquiza con un ejército vencedor y enteramente libre en sus movimientos.

Ya entonces era preciso renunciar a la invasión de Entre Ríos, pero no por eso renuncié a operaciones parciales [y aún] en escala mayor, como sucedió con la campaña sobre Santa Fe, de que luego hablaré. Por lo demás, al menos inteligente se le ocurre que una campaña sobre Entre Ríos era una operación desatinada, desde que el ejército invasor podía verse flanqueado y envuelto por tropas mejores y más numerosas, pues Urquiza, a la sola noticia hubiera pasado el Uruguay, fuera de los refuerzos que hubiera mandado Rosas, con las tropas que tan a la mano tenía en Santa Fe y el norte de Buenos Aires. Mi posición vino, pues, a ser esencialmente defensiva, y mi tarea, la de salvar la provincia de Corrientes, esperando la oportunidad que podía ofrecernos la intervención de dos grandes poderes europeos, cuyos ministros se debatían a la sazón diplomáticamente en Buenos Aires. A un mismo tiempo concebí dos pensamientos muy diversos, al parecer en su naturaleza y en su objeto, y traté de ponerlos en ejecución. Hablo de la proyectada fortificación de la Tranquera de Loreto y de la expedición sobre Santa Fe, que fue encomendada al general don Juan Pablo López, antiguo gobernador de dicha provincia. Me ocuparé antes de la primera.

Sojuzgada enteramente la campaña oriental, por consecuencia de la batalla fatal de la India Muerta, era infalible que Urquiza, reforzando su ejército con el de Garzón, se lanzaría sobre Corrientes. Era también natural que la invasión sería poderosa, ya por la calidad de las tropas, ya por el número a que podrían subir, y en tal caso no podía ni debía librar la suerte de la campaña y de la revolución a una batalla desventajosa. Era necesario antes debilitar al enemigo con maniobras adecuadas, con una guerra de partidas y con las ventajas naturales del terreno. Era probable que tuviésemos que abandonarle muchas poblaciones, y hasta la capital, pero era también indudable la disposición de los habitantes a emigrar, lo que es esencial para una guerra y una defensa de esta clase. Para cuando llegase este caso, creí de la mayor importancia hallar un punto seguro, donde pudiese colocar esa inmensa emigración, con más la parte de sus rebaños, que hubiesen podido arrear, con más las caballadas sobrantes del ejército, sus depósitos, parque, bagajes, etcétera, y pensé haberlo encontrado. Es la Tranquera de Loreto.

Cualquiera que estudie la carta de la provincia de Corrientes verá que, bordeada al lado del norte por el río Paraná, se aproxima éste tanto a la laguna Iberá, formidable por su extensión y por su inaccesibilidad, que apenas deja una entrada de pocas cuadras, que asimismo está cortada por un foso que sólo tiene una entrada, que es lo que se llama Tranquera. Fortificada esta línea, que tendría menos extensión que la actual de Montevideo, era muy fácil defenderla con todo o con una parte de nuestro ejército, mientras que la otra se ocupaba en otras operaciones. A la espalda quedan terrenos pingües, campos feraces, capaces de alimentar rebaños sin cuenta. Desenvolveré ahora los detalles de mi plan defensivo.

Suponiendo que sin dejar de maniobrar me hubiese visto obligado a entrar en mi línea fortificada, era a consecuencia de haber internádose el ejército enemigo en masa, hasta las mismas alturas. Para ello se habría metido en una especie de embudo, o mejor diremos, en un ángulo entrante, cuyos lados bordeados por el Paraná y la Iberá, tienen su vértice en la Tranquera, que ocupábamos y defendíamos nosotros. El cuerpo enemigo estaba entonces sin acción; o para tenerla, era necesario que retrogradase en todo o en parte, o que atacase nuestra línea. Si retrocedía, nuestro ejército se movía en su seguimiento; si se fraccionaba, era nuestro deber sacar partido de esta circunstancia; y si atacaba, teníamos el de rechazarlo y batirlo. Si se resolvía a formar un sitio o un asedio regular, nuestra posición, sin ser menos fuerte, era inmensamente más ventajosa que la de Montevideo, por cuanto teníamos a la espalda una campaña dilatadísima y abundantes recursos de subsistencia, además de una comunicación franca y fácil con el Paraguay. Pero tampoco entraba en mi plan dejar al enemigo tranquilo en esta situación, porque en él se incluía la guerra de partidas, de que he hablado; éstas, a cargo de jefes y oficiales, seguros y prácticos del terreno, lo hubieran inquietado sin cesar (hablo suponiendo la decisión de los correntinos), y le hubieran dificultado su subsistencia, como sucedió con Echagüe antes de Caaguazú. Sus comunicaciones hubieran sido completamente cortadas, y el poderoso ejército enemigo, detenido por un obstáculo insuperable, se hubiera visto aislado.

Ya se comprenderá que nunca entró en mi plan abandonar toda la provincia al enemigo, y que aun reducido el ejército principal a defender sus líneas en la Tranquera de Loreto, hubieran quedado fuertes partidas que lo hostilizasen por su retaguardia. Considérese la penuria de sus caballadas, pues las de la provincia hubiesen sido aseguradas, y se convencerá el lector de las gravísimas dificultades en que se hubiese visto el invasor. Me queda una hipótesis, y es que, como lo ha hecho en su última campaña, que ha terminado con la jornada de Vences, hubiese destacado una división por las Misiones, con el objeto de rodear la posición de la Tranquera de Loreto, y tomarla de revés.

Debe tenerse presente que esa división, por el camino que únicamente podía llevar, tenía que andar mucho más de cien leguas por caminos fragosos y pasando ríos fuertes y bordeados de terrenos pantanosos, mientras que nuestro ejército, dejando defendida su línea, podía destacar sobre ella la fuerza que quisiese con sólo hacer muy pocas leguas. Esa división, pues, debía obrar enteramente aislada de su ejército, de quien no podía recibir auxilios ni aun comunicaciones: para que ella pudiese llenar las miras del general que la hubiese destinado, debía ser tan fuerte como el ejército a quien iba a circunvalar por su espalda; sin esto, estaba expuestísima a ser batida, a no ser que se conservase a tal distancia que no llenase su objeto.

Añádase a todo esto la necesaria cooperación que debíamos esperar del Paraguay, pues aunque no había un pacto estipulado de alianza, ella estaba en la naturaleza de las cosas: el ejército de Rosas amagaba necesariamente su independencia mientras que nosotros la garantíamos, y sin duda que entonces ese tratado que hizo más tarde, y que tan poca duración tuvo, se hubiera verificado, a presencia del peligro común, de un modo más sólido y permanente. Pienso que una comparación con lo que ha sucedido en la Banda Oriental puede facilitar la inteligencia de mi modo de pensar, y para hacerla recuérdese que el general Rivera llevó a efecto la emigración, que abandonó las poblaciones al enemigo, pero que no tuvo un punto seguro donde colocar las familias, sus repuestos y sus caballadas. Adoptó el singular plan de andar maniobrando con un convoy de seiscientas carretas en que iban multitud de mujeres, niños y ancianos, y en que iba la riqueza de la campaña. Sus depósitos de caballadas seguían el ejército, o quedaban en lugares mal seguros; de ahí resultó que unos tras otros fueron cayendo en manos de un enemigo activo y superior que batía la campaña indefensa por todas partes. Si en vez de andar errando con ese inmenso tráfago, que al fin fue presa del enemigo antes de ser batido y que sin duda preparó su derrota final, lo hubiese colocado en Santa Teresa (por ejemplo), rehabilitando la fortaleza y cortando la boca del istmo que forma el mar con la laguna Merín, él se hubiera visto desembarazado en sus movimientos y hubiera contado mejor con unos hombres, cuyas familias estaban seguras. Adviértase que para la defensa de semejante punto no necesitaba destacar fuerzas de su ejército, pues sobraba la escolta que siempre acompañó al convoy, más la multitud de hombres que se empleaban de picadores de carreta, caballerizos y acompañantes (me aseguran no bajaban de mil quinientos) que debieran haberse armado y regimentado.

Desde los principios de estas guerras populares de nuestro país, desde los tiempos de Artigas, se ha visto que cuando un pueblo ha querido defenderse resueltamente, prefiriendo la expatriación a la servidumbre, esos convoyes que regularizaban y facilitaban la emigración en masa, eran el núcleo de la unión y un resorte secreto que mantenía la resistencia. Desde que los que están con las armas en la mano tienen los más caros objetos de su afección a su espalda, se creen en el deber de defenderlos; pero cuando esos objetos han caído en poder del enemigo, o se hallan dispersos y abandonados, se les caen también las armas de la mano y corren a reunírseles o a procurar el modo de auxiliarlos.

Vuelvo a tomar el hilo que había interrumpido para decir que, a falta de oficiales científicos en el ramo de ingenieros, comisioné al coronel don Manuel Saavedra para que, acompañado del comandante Rivero, del mayor Rocha y de los capitanes Gallardo y Rivera, se trasladase a la Tranquera y practicase prolijos reconocimientos. Lo hizo este jefe, y sus informes me confirmaron en la exactitud de mi plan, por más que este mismo no participaba, según se me aseguró, de la persuasión de su utilidad. Poco tiempo pasó en que el teniente coronel de ingenieros don Francisco Wirner de Morgenstein, húngaro de nación y científico en la facultad, me ofreciese sus servicios, que acepté con gusto, destinándolo a desempeñar la comisión que antes se había conferido al coronel Saavedra. Llevó también la de dar desde luego principio a los trabajos y recomendación eficaz para que el gobierno le diese los hombres y auxilios necesarios al efecto. Wirner correspondió a mi confianza cumplidamente, pero la adhesión que siempre manifestó hacia mi persona fue un motivo no menos eficaz para que los Madariaga lo mirasen con fuertes prevenciones y, lo que es peor, para que le retirasen los auxilios que necesitaba para el desempeño de su encargo. Como la Tranquera de Loreto queda en el fondo de la provincia y a espaldas casi de la capital, sólo el gobierno podía suministrarle lo preciso; respecto de mí, estaba demasiado distante para que pudiese hacer algo de importante.

Sin embargo, fue prolijamente reconocido el terreno y sus adyacencias; se levantó el plano de la línea fortificada, que mereció mi aprobación; se hizo el corte de las maderas necesarias; se hicieron delineaciones, y a pesar de las innumerables dificultades suscitadas por el mismo gobierno, la obra marchaba, aunque despacio, cuando vino en noviembre la alianza del Paraguay, que nos ofrecía un ejército numeroso. Entonces creí que debía verme muy pronto en estado de dejar la defensiva y mandé cesar unos trabajos que cada día se hacían más difíciles por la mala voluntad y la ignorancia del estúpido mandón y sus hermanos. Quizá más tarde me ocupe más despacio de los pasos que dieron a este respecto, aunque en la multitud de ocurrencias de que he de hacer mención, no será extraño omita infinitas de menos importancia.

Acaso se me preguntará, ¿qué se proponían los Madariaga con su estúpida aunque indirecta resistencia a la fortificación de la Tranquera? Ninguna otra cosa, sino llevar la contraria opinión a la que yo manifestaba, y por tanto, no perdían ocasión de desacreditar la medida, como dispendiosa y superflua. Por otro lado, creían darse el aire de valientes, desdeñando las fortificaciones y obras del arte. Era una risa oír al hermano Juan pavonearse ridículamente y decidir en materias militares, las más arduas, con un tono magistral y decisivo; daba fastidio oírlo ponderar el poder de Corrientes, su invulnerabilibad y el valor inaudito de sus paisanos; chocaba verlo asentar, como una consecuencia necesaria, que todos los ejércitos de Rosas, y diez más que fuesen, eran insuficientes para sojuzgar la provincia estando ellos a la cabeza. No es uno de los menores sacrificios que he hecho, el tolerar pacientemente estas sandeces; sacrificando mi natural viveza de carácter al bien de la patria.

Dije antes que el coronel Saavedra, aunque desempeñando la comisión que le había dado de reconocer la Tranquera, no participaba de mi persuasión; este jefe, que también pertenecía a la facción que se me oponía sordamente, supe después que en sus conversaciones privadas desacreditaba la medida misma sobre que debía informarme: éste era un título para la amistad de los Madariaga, que obtuvo desde entonces. ¡Cuántas veces se habrán acordado esos desgraciados, y habrán deplorado sus errores! Mas, ya se había pasado el tiempo, y pagando la pena de sus extravíos han sacrificado la causa y nuestras más bellas esperanzas.

Ya se habrá notado que algo he alterado el orden cronológico de los sucesos, para concluir este asunto antes de ocuparme de la expedición de Santa Fe. Voy ahora a hablar de esa tan feliz en su principio y al fin tan desastrosa campaña: no podré hacerlo sin emplear algunos tintes fuertes, pero es indispensable para que se forme un juicio exacto de las cosas.

En ella me proponía varios objetos: 1° Habituar a los soldados del ejército a operaciones lejanas y acostumbrar a los correntinos a salir de su país. 2° Dar un soplo de vida a nuestra revolución, que parecía estacionaria y exhausta. 3° Ensayar un movimiento sobre las provincias argentinas para probar hasta qué grado podíamos contar con sus simpatías. 4° Y principal, dar un desmentido a Rosas, que aseguraba a los ministros de los poderes interventores que no tenía oposición en la República Argentina, y que la de Corrientes era insignificante y quimérica. Ella (la expedición), apareciendo triunfante a las puertas de la provincia de Buenos Aires, debía desengañar a los señores Deffaudis y Ouseley,* y hacerles ver que los enemigos del dictador tenían un poder que él les negaba. No tengo duda de que ella contribuyó al desenlace que tuvieron las negociaciones y me confirma en este propósito una carta interceptada al general Garzón, que debo conservar en mi poder, en que lo manifiesta muy claramente. Fuera de que era un lenitivo para amortiguar las impresiones que había hecho en todos la desastrosa jornada de la India Muerta, y era un signo de vigor y de vida, cuando se nos creía desalentados.

Atendidas las disposiciones que se me aseguraba haber en la provincia de Santa Fe, podía esperarse que prendida la mecha, reventase la mina y que esa provincia guerrera, y acaso otras del interior, se pusiesen en pie y abrazasen nuestra causa. La de Santa Fe, que tantas veces había resistido con suceso el poder de Buenos Aires, podía en ésta decidirse con igual resolución y dar serios cuidados al dictador. Si se lograba, habría podido lanzar todos los elementos que no eran absolutamente necesarios para

* Plenipotenciarios de Francia e Inglaterra respectivamente. (*N. del E.*)

la defensa de Corrientes y formar un centro de acción para todos los argentinos del otro lado del Paraná. Si no podía conservarse la posesión de la capital de Santa Fe, tenían el Chaco por suyo, y una retirada libre y segura. Por lo menos, se hubiera adquirido armamento, artillería, municiones, vestuarios y algunos cientos de hombres, que naturalmente hubieran aumentado el número de santafecinos que ya seguían nuestra bandera. Para todo esto era necesario un hombre, y este hombre no lo hubo.

Era indispensable que el general don Juan Pablo López, que ostentaba en todos los actos oficiales el título de gobernador legal de la provincia de Santa Fe, mandase la expedición; no podía ser de otro modo; a él, pues, le fue encomendada y acogió la empresa con un entusiasmo extraordinario. Fue tal su contento, que no pudo guardar la reserva que requería una operación tan importante, y casi comprometió su resultado; tan pueril indiscreción ya me hizo vislumbrar el poco fondo de su inteligencia; pero no era posible retroceder. En junio se movió de Villa Nueva lo que se decía la división santafecina, que era un cuerpo de cuatrocientos hombres, y por otro camino, pero para reunirse en el mismo punto de embarque, otra fuerza de trescientos hombres, inclusos ochenta infantes a las órdenes del coronel don Bernardino López, nombrado jefe del E. M. de la división expedicionaria. El objeto era engañar la expectación pública en un negocio en que era vital que el enemigo ignorase el verdadero punto adonde se dirigían estas fuerzas.

Una extraordinaria creciente del Paraná hacía más difícil el pasaje de las caballadas, y para que sufriesen menos se pidieron buques a Corrientes, y embarcadas hicieron la travesía. En los últimos días de junio emprendió López su marcha por el Chaco, y en julio logró sorprender completamente el cantón de Andino, a inmediaciones de la capital de Santa Fe, que guarnecía la división del famoso mazorquero Santa Coloma, la que fue del todo muerta o prisionera; pasó en seguida a la capital, absorta con una aparición tan inesperada, y batiendo con suma facilidad la fuerza que había podido reunir el general Echagüe, se posesionó de ella. Tomó cinco piezas de artillería, bastante armamento, un depósito de efectos para vestuarios y más de trescientos prisioneros. El pueblo de Santa Fe recibió bien a nuestras tropas y todo induce a creer que se hubiera podido sacar mucho provecho de este primero e importante suceso, si el general López se hubiese conducido como las circunstancias requerían. Nada suponían las paredes de la población, y no mucho el vecindario pacífico del pueblo, que por otra parte no podía ser hostil a nuestra causa. En Santa Fe, más que en ninguna otra de nuestras provincias, el nervio de la fuerza está en la campaña, y a esto debió atender con preferencia el general. Si inmediatamente hubiese hecho marchar la mayor parte de su fuerza en la dirección del Rosario, sacando partido del estupor que había causado su victoria, es seguro que se decide la mayor parte de la provincia y que algunas fuerzas de Buenos Aires, que estaban acantonadas por las inmediaciones del Rosario, y que ya habían empezado a retirarse, le hubieran abandonado completamente el terreno.

Nada de esto se hizo y se dejó estar en la ciudad, bailando y sirviéndose de la buena banda de música que había tomado a Echagüe, contentándose con adelantar, a muy corta distancia, al comandante Gorordo, con una partida insignificante. Dio lugar a que los enemigos, azorados, se recuperasen, a que retirasen las caballadas, y a que el vecindario volviese a esa situación de expectación que precede a los cálculos egoístas; aun los hombres bien dispuestos a nuestro favor se acobardaron al ver su lentitud, y no trataron sino de conservarse en una posición que les permitiese arreglarse con el vencedor, cualquiera que fuese. Ni aun en la ciudad dio paso alguno que pudiese disculpar su permanencia; ni una sola medida política, ni un solo acto administrativo que mereciese atención. Se me ha dicho de algunas pobres intrigas que quiso poner en práctica para conmover la provincia, pero, además de la nulidad de ellas, era él mismo víctima de sus menguados artificios. Sólo citaré una, y fue la de hacer ofrecer amistad e indulto a Echagüe, por medio de algunos de sus amigos. Éstos le dieron esperanzas para entretenerlo, mientras Echagüe se reforzaba para tomar la ofensiva. Para colmo de desaciertos, estalló la división entre él y el jefe del E. M., coronel don Bernardino López, que representaba a los correntinos; éste se quejó de que sus paisanos eran desatendidos y mal gratificados, y ellos prorrumpieron en las mismas quejas. Hubo algo más y aún peor, y fue que descuidó enteramente la disciplina de la tropa que estaba acantonada en su mayor parte fuera del pueblo. Los jefes y oficiales se iban a pasear, y a su ejemplo, los soldados hacían lo mismo; para ello era preciso caballos, y éstos pasaban el día y aun la noche enfrenados y ensillados a la puerta de las pulperías en que se encontraban sus dueños; la fuerza santafecina se dispersó por las casas de su conocimiento, y si no hubo grandes excesos y latrocinios, fue debido más bien al carácter de nuestros soldados que al cuidado de sus jefes; pero los caballos se destruyeron, y cuando se acordó, estaban en malísimo estado los de toda la división.

Entretanto, el enemigo empezó a dejarse sentir, y el general López vio que era inevitable su retirada; aun para este caso, nada había preparado, y al emprenderla en los últimos días de julio tuvo ya que abandonar parte de la artillería y del depósito de efectos para vestuarios que había adquirido. Cuando se movió de Santa Fe, ya el enemigo picaba su retaguardia con sus partidas; después de algunas leguas, todavía hubo hesitaciones, y perdió momentos preciosos, que le costaron después muy caro.

A pesar de que se veía el general López precisado a una retirada, había engrosado su fuerza con más [de] cuatrocientos santafecinos, que se le habían incorporado, y con más de doscientos prisioneros, que había agregado a sus filas; traía tres cañones, mucho más armamento del que llevó, y unos pocos efectos para vestuario. Ya la expedición producía algo, y este algo hubiera sido mucho mayor si él hubiese obrado con más previsión, mejor discernimiento y más tino, aun admitida la necesidad de retirarse; mas, de todo carece el general López, y después de algunos años de emigración y de experiencia, puede aplicársele el dicho de que nada ha aprendido, y puedo vaticinar que nada aprenderá.

Se precia de tener un ascendiente indisputable sobre los indios del Chaco, y da a sus relaciones con los caciques una importancia suma, por no decir exclusiva. Cuando venía algún miserable indio, o más comúnmente, uno de esos asquerosos renegados, a que llaman "cautivos", con un recado del indio Pedrito, o de otro caciquillo, se llenaba de tal vanidad, y daba tal valor a la misión, como podía haberlo hecho por una embajada de la reina Victoria, o del Zar de todas las Rusias. Llegué a hablarle francamente sobre esto, como sobre otras mil cosas, pero me desengañé y concluía que era una cabeza vacía. "Me parece muy bien, general (le dije varias veces), que usted cultive las relaciones de los indios, pero no quisiera que diese a su amistad más valor del que tiene, y que le haga desatender otros asuntos mucho más importantes del servicio; su amistad puede sernos útil hasta cierto punto, pero comprenda usted que la base y nervio de su poder está en el arreglo de sus soldados, y no en dos o tres centenares de indios veleidosos, falsos, infieles, venales, y últimamente, cobardes hasta el extremo." Todo esto era predicar en [el] desierto, porque no teniendo él más modelo que su finado hermano don Estanislao López, ni más escuela que las montoneras que éste presidió, no daba un paso fuera de esa línea; y como no tenía ni las calidades, ni el carácter de aquel caudillo tampoco podía medrar como aquél. Mucho menos comprendía que las circunstancias habían variado, en términos que aunque resucitase su *finado hermano* (como lo llama siempre que se habla de don Estanislao López) no podría marchar por el mismo camino.

Mas no sólo es el general López el que ha incurrido en este error; jefes más conspicuos han sido víctimas de él, sin advertir que Rosas, aunque erigido en un tirano, no ha dejado de ser el representante de la barbarie y del gaucherío. Las ventajas que ha obtenido, y sus victorias, las debe a la habilidad con que ha sabido servirse de ese prestigio que adquirió entre la multitud, para organizar sus ejércitos y hacer soldados, mientras nosotros, queriendo democratizar, hemos hecho todo lo contrario. Causa lástima y risa al mismo tiempo recordar a algunos jefes nuestros, nacidos y criados en las ciudades, haciendo una ridícula ostentación de los atavíos y modales gauchescos, que tan mal saben imitar; en cuanto a mí, he mandado ejércitos compuestos de esos mismos gauchos, en silla inglesa, sin que me hayan desobedecido ni despreciado; pero he tenido también buen cuidado de no despreciarlos a ellos, ni ridiculizar un traje que hasta cierto punto puede llamarse nacional.

El general López abrigaba otra pretensión, que aunque más disimulada, no dejaba de percibirse. Fiel a su proyecto de ser la copia exacta de su modelo (el finado hermano), pensaba ser el caudillo, no sólo del gauchaje santafecino, sino también del cordobés, santiagueño, etcétera. Entre los que él llamaba santafecinos, y que formaban su división, había por lo menos la mitad de otras provincias; pero hubiese mirado como un desafuero que algún jefe que perteneciese a ellas quisiera ejercer alguna influencia entre sus comprovincianos. Esto explicará sus celos con el coronel Salas, cuando llegue la ocasión de hablar de ellos y de sus funestos resultados. En cuanto a los que podía inspirarle yo, pienso que llegó a tranquilizarse, bien fuese porque no me veía descender a gauchear a su manera, bien porque se penetrase del desinterés con que procedía.

Insensiblemente, me he extendido demasiado y casi me he

distraído de mi objeto principal, que es hablar de la desastrosa retirada de Santa Fe. Volveré a él.

En muy malos caballos, en gran desorden, y después de mil vacilaciones, emprendió al fin el general López su retirada sobre el Chaco, aproximándose a Corrientes. Para que se resolviese, fue preciso que su vanguardia sufriese un descalabro, aunque no de gran importancia, sobre uno de los pasos del Salado. Entonces, desatendiendo enteramente la columna de tropas regulares que había llevado, y dejándola del todo a cargo del jefe de E. M., coronel don Bernardino López, se rodeó de algunos hombres de confianza, y de dos o tres centenas de indios salvajes, con que tomó imprudentemente la delantera; desde allí daba o no daba algunas órdenes insignificantes al cuerpo principal, y recibía los partes que le traían. Cuando le decían que el enemigo se aproximaba, contestaba simplemente: *que la columna siga la marcha*, y hacía él lo mismo con sus indios, llevando por lo común un par de leguas de ventaja. Se me pasaba decir que una magnífica tropilla de parejeros hacía parte de su comitiva, y que no era la que menos atenciones le merecía.

Así continuó la retirada por algunos días, sin que se avistasen más enemigos que algunas partidas ligeras, lo que le infundió confianza, y lo persuadió que no se le hacía una persecución en forma. Esta necia confianza acabó de perderlo, no porque le aconsejase tomar un partido valeroso, sino porque creyó que podía permanecer en el Chaco, establecer su cuartel general fuera del territorio de Corrientes, y conservar algo de esa soberanía que acababa de dejar en Santa Fe. Luego explicaré todo esto; mas, antes quiero hacer mención de las providencias que ya había tomado, para precaver un desastre y asegurar su retirada.

Inmediatamente que la expedición pasó el Paraná, hizo lo mismo el coronel don Juan Francisco Soto con cien hombres, que después fueron aumentados al duplo, y fue a situarse en San Javier, quedando así escalonada esta fuerza a más de la mitad del camino. El general López tuvo la singular ocurrencia de pedirme dos mil caballos antes de emprender su retirada, y también algunos jefes y oficiales. Lo primero era un despropósito imposible de realizar, pero en cuanto a lo segundo, lo complací, apresurándome a mandar al coronel Salas, al comandante Olmos y a don Benito Miguens, y los coroneles Saavedra y Ocampo tenían orden de seguirlos, y otros muchos. El mayor Cárdenas había sido situado a la parte del Chaco, frente al paso de Pindotí, con una partida para servir de intermediario a la comunicación. El general don Juan Madariaga, con una fuerza de más de quinientos hombres, había ido a ocupar la margen izquierda del Paraná, con orden de pasarlo si el caso lo requería, y llevaba el encargo de reunir caballadas y demás recursos que se pudiese. Un oficial de artillería con un piquete de tropa de la misma arma, había también pasado el Paraná para incorporarse al general López, y servir las piezas que había tomado al enemigo. Finalmente, el coronel Ricarde, que cubría el punto de la Esquina, y que el mismo día y a la misma hora que el general López caía sobre Santa Fe, perseguía al cuerpo enemigo que tenía a su frente, haciéndole algunos prisioneros, y llamando así la atención por otro punto que aquél por donde se dirigía el principal ataque. Lo mismo se hacía por la parte de Curuzú-Cuatiá, adonde fue destacado el coronel Hornos para hacer demostraciones con idéntico objeto.

Desde el momento que supe que el general López se retiraba de Santa Fe, se pusieron a disposición del general Madariaga todos los buques que habían servido para el pasaje de la división, con orden de reunirlos en los puntos en que hubiese de pasar el general López; éste designó el paso de Pindotí, que es el que presentaba más comodidad, tanto por su inmediación, que es casi frente a Goya, como por los puntos de defensa que ofrecía para proteger el pasaje; Madariaga, en consecuencia, acumuló los buques y demás recursos en dicho paso; pero, con asombro suyo, supo en los mismos momentos en que enfrentaba López que éste había resuelto no pasar el río allí, y que se dirigía a otro paso, siete u ocho leguas más arriba, adonde encargaba se le llevasen los buques y auxilios: esto fue la víspera de su derrota, y por más que hicieron algunos para disuadirlo, no pudo conseguirse hacerlo variar de intento. Entretanto, era imposible hacer subir aguas arriba buques grandes de cruz, sin un viento hecho, y éste no lo había, de modo que fueron absolutamente inútiles todos los medios de transporte que se habían preparado.

Véase cuál fue la causa de esa fatal resolución. Ya indiqué que la flojedad con que el enemigo perseguía la columna expedicionaria persuadió al general López que sólo lo seguían pequeñas partidas de observación, y entonces creyó que podía establecer en el Chaco la silla de su gobierno y formar una especie de provincia separada que lo dejase en más independencia y que le diese los aires de jefe supremo del nuevo estado improvisado. Con el fin de hacerme esta propuesta, había mandado desde el camino a su secretario don Agustín Sañudo para que me lo propusiera y obtuviera mi aprobación; acompañaba a su solicitud la petición de toda clase de recursos, y la muy singular propuesta de que le cambiase los doscientos prisioneros que había incorporado a su división por otros tantos soldados del ejército que le merecían más confianza que los noveles patriotas. Era precisamente el día 12 de agosto a las nueve de la mañana, el mismo día y hora en que sucedió el desastre de Mal Abrigo, cuando el secretario Sañudo desempeñaba su comisión, y desenvolvía las razones que apoyaban la solicitud de su jefe. Su tono tenía algo de descomedido, fuera de lo que tenía de insensata la proposición, lo cual motivó una muy severa reprimenda, que me fue forzoso aplicarle. Mi contestación fue enteramente negativa; pero no tuvo tiempo de llevarla, porque la derrota de Mal Abrigo hizo inútil toda diligencia a este respecto.

Se inutilizó todavía otra operación de que se pudo sacar mucho partido. El bravo griego, el intrépido marino, el patriota don Jorge Cardasi, había venido meses antes de Montevideo con un buquecillo armado de su propiedad, y agregándole algunos del estado de Corrientes, se había formado una flotilla de guerra, muy capaz de competir con la que los enemigos tenían en las aguas de la Bajada. Descendió el Paraná para cooperar con las fuerzas de tierra que había llevado el general López, y llegaba al Rincón de Santa Fe cuando se disponía éste a abandonar la ciudad. Impuso a la escuadrilla enemiga, que no se atrevió a medirse con Cardasi, y pudo muy bien servir para conducir algunos de los enseres y la artillería que quedó abandonada por falta de medios de transporte. Mas, como todo fue confusión y desorden, la flotilla no hizo otro servicio que hacer flotar nuestra bandera en el bajo Paraná, por unos días, y quizás impedir que subiese la enemiga a incomodar nuestras costas y acaso estorbar el pasaje de la división expedicionaria.

Voy a detallar la jornada de Mal Abrigo, de ese fatal combate que nos hizo perder todas o la mayor parte de las ventajas que con tanta gloria habíamos adquirido un mes antes, y que influyó muy desfavorablemente en el ánimo de los correntinos. Desde los desastres del ejército libertador, su repugnancia a salir de su país se había robustecido, y los Madariaga, según he indicado, habían secundado con todo su poder este sentimiento. Con sólo conseguir que marchasen a Santa Fe había obtenido un triunfo, y si el éxito hubiera sido cual debió ser, o por lo menos hubiesen llegado salvos, esa repugnancia hubiera disminuido inmensamente, y allanádose mil dificultades para las futuras operaciones de la campaña. Sucedió lo contrario.

Marchando el general López, según su costumbre, dos leguas adelante de la columna con sus indios, enfrentó el día 11 de agosto al paso de Pindotí, donde con sólo dar una conversión a la derecha y acercarse a la costa del Paraná, que no distaba más de legua y media o dos leguas, se habría encontrado con el general Madariaga y los buques y recursos que lo esperaban; mas, resolvía en su cabeza otras ideas, las que le parecieron realizables, en la persuasión de que el enemigo había dejado de perseguirlo porque sus partidas se habían hecho sentir menos en los días próximamente anteriores. Estas ideas eran las que había ido a proponerme su secretario Sañudo, mediante las cuales él habríase instalado en el Chaco, erigiendo una especie de *republiqueta*, reservándose el uso de los indios, entablar cotidianamente solicitudes de vestuarios, de raciones (que llaman vicios), de caballos, de ganado, de municiones, de armas, etcétera, en fin, haciendo una cosa parecida a lo que hacía Rosas desde *el desierto* con el gobierno de Buenos Aires en años anteriores.

No es que yo renunciase a la idea de operar por el Chaco; muy al contrario, comprendí las grandes ventajas que debía sacar de operaciones bien combinadas y dirigidas, pero ya no era tiempo de hacerlas en escala mayor, como acababa de practicarlo sobre Santa Fe. Mi plan era entonces hacer expediciones más pequeñas sobre las fronteras de Córdoba y Santiago, sin olvidarme de Santa Fe, y pensaba extenderme hasta Salta, de donde teníamos noticias que había buenas disposiciones. Cuando insinué mi pensamiento al secretario Sañudo, fue que me contestó, reproduciendo las intenciones del general López, que éste no consentiría en dar al coronel Salas, que era el indicado para estas expediciones, ni un hombre de las fuerzas que mandaba. Fue esta contestación la que motivó la fuerte represión que hice a Sañudo, de que hice mención antes, y a la que contestó, excusándose con que no había sido su intención decir que el general López desobedecería, sino únicamente que no gustaría de la medida. Más tarde veremos los efectos de esta resistencia solapada de López, que causó males gravísimos.

El general don Juan Madariaga, viendo que López había pasado de Pindotí, dejando atrás los medios que habían de servirle para pasar el Paraná y poner en completo salvamento no sólo su fuerza sino el cargamento de familias que habían seguido la expedición desde Santa Fe, hizo los mayores esfuerzos para subir el Paraná e irlo a buscar en el paso que últimamente indicaba, y que como se ha dicho, quedaba algunas leguas más arriba; pero el viento era contrario y fue imposible vencer la corriente, que era tanto mayor, cuanto el Paraná estaba crecido. Nada, pues, pudo hacerse para que al día siguiente hubiese encontrado, en el punto nuevamente elegido, los auxilios que debían serle tan necesarios.

La noche del 11 campó su columna, y al tiempo de moverse el 12, ya se dejaron ver algunos enemigos, cuyo número fue sucesivamente aumentándose. Luego se percibió que éstos acumulaban fuerzas considerables, y que aceleraban la marcha de modo que iba a ser inevitable un choque decisivo. El coronel don Bernardino López fue transmitiendo continuamente estos partes al general López, que llevaba siempre sus dos leguas de delantera, sin poder obtener más orden ni contestación sino que siguiese la marcha, y acelerándola él mismo, de modo que la distancia que lo separaba de la columna era cada vez mayor. Llegó el caso indispensable de que los enemigos se echaban sobre la retaguardia de la columna, y que era forzoso combatir o dejarse lancear por la espalda. Fue el primero de estos extremos el que muy dignamente eligió el coronel López, y dando media vuelta, formó apresuradamente su línea. Seguramente que no obró con gran inteligencia en la disposición del combate, pues se quedó sin reserva, y cometió otros defectos no menos importantes. Pero de todos modos, abandonado cobardemente por el general, cargando con una responsabilidad que no le incumbía, y resolviéndose a tomar el partido más digno de los dos únicos que le quedaban, él obró bien y militarmente. El consejo de guerra de oficiales generales le hizo plena justicia en este punto, aunque no hubiese sido tan inculpable como subalterno, pues durante toda la retirada, y aun en Santa Fe, se constituyó en censor continuo del general, y se puede decir que promovió la indisciplina.

El resultado del combate no fue dudoso; nuestra caballería cargó a la enemiga, la contuvo algún tiempo, y aún me aseguraron que en algunos puntos la hizo retroceder; algunos escuadrones, según la maniobra favorita de los federales, se presentaron sobre los flancos; nuestra tropa, cuyos caballos eran pésimos, se desordenó y huyó; la derrota fue completa. Nuestros infantes, que con los prisioneros incorporados excedían mucho de ciento, quedaron en el campo, rodeados de enemigos; los prisioneros se pasaron a los suyos, y el valiente y desgraciado mayor Orzeto, con los pocos que le quedaban, se corrió por su flanco izquierdo, ganó un bosque y defendiéndose y continuando su retirada por lo más fragoso, logró al cabo de uno o dos días llegar a la costa del Paraná, y salvarse con la mayor parte de los suyos.

Veamos lo que hacía entretanto el general. Según se ha dicho, en proporción que recibía los partes de la proximidad del enemigo, de su aptitud y de su inevitabilidad de un combate, aceleraba su marcha y se alejaba del teatro de la pelea. Aun creyó que le era conveniente separarse de poco más de cien indios de que se rodeaba, y los dejó atrás, adelantándose con sólo los hombres de su absoluta confianza y la magnífica tropilla de caballos. En el camino alcanzó al mayor Cabral, que con un piquete de infantería custodiaba unas carretas de parque y otros efectos, y sin decirle una palabra del combate que atrás tenía lugar, le ordenó que hiciese alto y se sostuviese, y continuó su precipitada fuga. El mayor Cabral obedeció, y muy luego los derrotados le anunciaron lo que había sucedido. Las carretas se perdieron, pero se salvó el mayor y la mayor parte de su piquete, habiéndose ahogado algunos hombres, al pasar un arroyo profundo. El general, al dar la orden que hemos visto al mayor Cabral, ignoraba quizá la suerte del combate, y sin embargo, él huía como un desatinado; o si ya la sabía, su objeto fue sacrificarlo, para que entretuviera, ya que no pudiera contener a los enemigos, y que estos se detuviesen en saquear las carretas, para disparar más a su salvo.

El cacique Pedrito, que mandaba los indios que, según he indicado, dejó atrás el general López, hizo a muy poca costa un servicio de la mayor importancia. A tres leguas del campo de batalla, perseguían aún a los nuestros algunas partidas que, aunque poco numerosas, eran bastantes para acabarlos, en el estado de dispersión y desorden en que huían; el cacique con sus indios las cargó, les mató un oficial y ocho o diez hombres, con lo que les hizo suspender la persecución; ésta cesó entonces de todo punto, y pudo salvarse la mayor parte de nuestra tropa; ella fue llegando al Paraná en partidas, y hasta individualmente, y no siendo ya molestada por el enemigo, y siendo todos nadadores, en lo general, la pérdida fue menor de lo que hubiera debido.

Preciso es que concluya este asunto, que ya es demasiado largo, pero es indispensable concluir la ingrata relación de la jornada de Mal Abrigo. El general López manifestó en ella, y durante toda la retirada, una cobardía y una ineptitud sin ejemplo; pero no se crea por eso que esta miserable conducta provenía en todo de falta de valor o de carácter. A un hombre que ha sido militar, que ha mandado soldados, que ha obtenido puestos elevados, no se le puede suponer tanta falta de corazón ni tal anonadamiento. Provenía en mucha parte del modo con que esos paisanos vestidos de uniforme, esos campesinos de espada, esos generales gauchos, entienden el valor, el honor y los deberes militares. El general López era hombre que en alguna guerrilla de poca importancia y cabalgando en un excelente parejero era quizá muy capaz de presentarse, de hacer algunas arremetidas y caracolear, ostentando, a la par de su destreza en el caballo, una bravura *sui géneris*. Si esto arranca a los gauchos, que como él guerrillean a pata de caballo, algunos aplausos pueriles, cree haber hecho una cosecha de crédito, que le ahorre el peligro en las ocasiones verdaderamente importantes, y que lo excuse de arrostrarlo noblemente. No se puede explicar de otro modo tan portentoso olvido de todo pundonor, y hasta de toda vergüenza. Aún hay más para comprobante de mi modo de pensar, y es que como los hombres de la educación del general López entienden de otro modo el honor, que lo entienden los hombres que se han educado en él, comprenden también de manera muy diversa el patriotismo, la virtud y las conveniencias sociales: más de una prueba tendremos en el curso de esta narración.

En medio de la inaudita imprevisión, del más completo abandono, que manifestó el general López durante toda la retirada, tuvo el más exquisito cuidado para poner en salvamento un par de baúles, que mandó con un oficial y una escolta escogida por el paso de Pincotí, para que fuesen entregados a su mujer, que estaba en la provincia de Corrientes. Estos baúles fueron embargados, sellados y remitidos a mi disposición por el general Madariaga. Luego veremos el contenido y el destino que tuvieron estos baúles entretanto. Volvamos al general, que habiendo pasado el Paranacito, que es un brazo profundo aunque angosto del Paraná, y creyéndose a cubierto de la persecución del enemigo, que no había dado un paso más, pensaba sin duda conservarse fuera del territorio de Corrientes y realizar, en cuanto fuese posible, su soñado proyecto. Con este motivo, el general Madariaga le pasó órdenes terminantes (abusando por supuesto de una autoridad que no tenía) y aun mandó al coronel Soto para que le hiciera una intimación fulminante, y trajese consigo los pocos hombres y caballos que se habían reunido con aquél. López no tuvo más remedio que pasar el Paraná, sin esperar mi contestación, que era el motivo que él alegaba para su resistencia.

Aún hizo otros avances el general Madariaga, pues se atrevió a quitar el mando de la fuerza expedicionaria (de su propia autoridad) al general López, y ponerla a las órdenes del coronel Salas, bajo el pretexto que era el único medio de salvar al general López de la irritación popular e impedir mayores desórdenes. Siempre que oigo irritación popular recuerdo los excesos de la mazorca de Buenos Aires, y *la benevolencia de Rosas que tanto hace por contenerla*. Madariaga quería parecérsele en algo, pero como es tan mal copista, no ha hecho sino disparates en su carrera como caudillo. El ensayo le salió muy mal, porque la medida que él decía que tomaba como salvadora produjo el efecto contrario, y la división empezó a desbandarse, no porque López tuviese concepto, ni disfrutase popularidad, sino porque los santafecinos creyeron herido su espíritu provincial, que poseen en alto grado, y acaso porque temieron que el nuevo jefe los sujetase a un orden, a que no son muy afectos. En resultado, Madariaga tuvo que retroceder, retirando del mando a Salas y reintegrando a López, muy a su pesar. Todo esto se sucedía con tal rapidez que no había tiempo de esperar mis resoluciones, a las cuales todos ellos se referían en su mutua correspondencia, y en las comunicaciones que me dirigían; de modo que llegué a verme en conflicto, porque variando por momentos la situación de las cosas, mis órdenes llevaban el peligro de llegar después de un cambio completo, y fuera de toda oportunidad. Agréguese a esto la ansiedad en que me ponían los informes de Madariaga, que aseguraba que la tropa se rebelaba contra López, y aun quería asesinarlo, y los de éste, que me decían todo lo contrario. Finalmente, mi resolución fue que el mando de la fuerza santafesina quedase en el general López, pero que marchase inmediatamente con ella a Villa Nueva, lo que tampoco agradaba a este jefe, porque ya que no podía quedar en el Chaco, hubiera preferido quedar en la costa del Paraná separado del ejército, en lo que estaban también conformes los santafecinos, pues los ejercicios, el orden y la disciplina, por más moderada que fuese, les desagradaba.

Me es forzoso decir algunas palabras sobre el gobernador don Joaquín Madariaga, que en este asunto jugó un papel singular. Será también no fuera de propósito que retroceda un poco, para hablar de una ocurrencia no menos particular de que no he hablado antes, por acelerar esta relación, pero cuya referencia me parece ahora de alguna importancia, y que hasta cierto punto se liga con la presente.

En el mes de mayo, si no me engaño (sépase que tengo toda la correspondencia, pero que no quiero detenerme en examinar), recibí carta de don Agustín Murguiondo, sujeto patriota y amigo mío, que estaba en la Uruguayana, avisándome la llegada de don Benito Optes, socio en el comercio de Montero; ya se sabrá que éste es íntimo amigo, hermano político y socio en negocios mercantiles de Urquiza, el cual traía encargos de entenderse con alguno de mis amigos, para hacerme conocer las disposiciones tanto de dicho general como de Garzón y de Ángel Pacheco. Según Optes, había entre los tres un perfecto acuerdo para derribar de sus puestos a Oribe y Rosas, en los que debían colocarse aquéllos, quedando Urquiza como su colaborador, con una influencia proporcionada. El coronel don Lucas Moreno, íntimo en la confianza de Garzón, había hecho estas revelaciones a Optes, para que las transmitiese en la forma que se ha dicho. La importancia del asunto, la necesidad de una rigurosa reserva, me decidieron a no comunicar este asunto con el gobierno de Corrientes, hasta que estuviese más en sazón, porque tenía un conocimiento perfecto del desgreño de aquella administración; las mujeres no le eran extrañas, y la madre y hermanas de los Madariaga, las hermanas del ministro Valdez, las Lagraña, las Cabral, etcétera, eran siempre depositarias de los más importantes secretos de estado, de que hacían un uso vergonzoso. Mas hubo una ocurrencia extraordinaria que me obligó a variar de resolución, y lo impuse a don Joaquín de las aberturas de Optes y del estado del negocio; la ocurrencia fue la siguiente.

Un viejo Azcona, correntino, emigrado a Entre Ríos, vino con licencia de Garzón a la Uruguayana, y debía regresar expirado que fuese el plazo de su licencia; tenía en el ejército un sobrino, el mayor Azcona, que mandaba el escuadrón Payubre, el cual me pidió licencia para ir a visitar a su tío, en lo que consentí sin dificultad. Éste logró persuadir al tío de que, en vez de volverse a Entre Ríos, se viniese a Corrientes; pero para hacerlo, sin faltar en la apariencia a la palabra que había dado a Garzón, y no comprometerse, propuso que lo capturasen a su regreso, situando una canoa con gente armada, que lo sustrajese del buque en que hacía su viaje. El mayor Azcona se entendió con el comandante don Zenón Pérez, que lo era de la costa del Uruguay; éste apostó la canoa en el lugar conveniente, y el viejo Azcona fue substraído violentamente, en apariencia, con alguna correspondencia, que fue abierta por Pérez, y en este estado me fue remitida con los partes de lo sucedido. Ahora, pues, el viejo Azcona era precisamente el conductor que Murguiondo y Optes habían escogido para llevar las contestaciones a las proposiciones que había traído el último, y al saber que había sido capturada y embargada la correspondencia de que era conductor, concluían que la muy reservada de ella estaba en poder de los aprehensores. Como en la que me remitieron no se encontraban, tenían por seguro que la parte reservada había sido remitida a Madariaga, haciéndome un misterio del hallazgo. Conservo las cartas del señor Murguiondo, en que pretendía probarlo hasta la evidencia, y que pusieron en tortura mi discernimiento. Es excusado decir que hice las más prolijas diligencias para averiguar el rumbo que habían tomado dichas comunicaciones reservadas, sin que pudiese adelantar un punto. De todas maneras, subsistiendo la duda de si estaban o no en poder del gobernador, creí mejor noticiárselo, y lo hice por medio del doctor Derqui, que a esa sazón había venido a mi cuartel general a recibir instrucciones para su misión del Paraguay. Ya se deja entender que no dejaría de recomendarle la más rigurosa reserva, pero antes de pocos días tuve el desagrado de saber que era poco menos que público en Corrientes el asunto y que aun en la tertulia de familia, que tenía el gobernador en su casa, se hablaba de él sin rebozo. Fuese efecto de pueril debilidad, fuese cálculo para hacer escollar la negociación, lo cierto es que ella se generalizó lo bastante para que algunos adictos al partido federal que hubiese en Corrientes pudiesen avisar a Entre Ríos. No puedo discernir si a esto fue debido que Optes recibiese una carta en que se le decía que no se ocupase de cosa alguna fuera de sus negocios mercantiles, con lo que quedó terminado el que tan bellas esperanzas había hecho concebir.

El señor Murguiondo, como he dicho, insistía con una perseverante tenacidad en creer que las comunicaciones reservadas de que era portador Azcona habían sido interceptadas, y que reservándomelas, habían sido remitidas a Madariaga; todas las diligencias que hice para descubrir este arcano fueron vanas, hasta que con el tiempo llegué a persuadirme de que las comunicaciones de que hablo llegaron efectivamente a su título, y que el viejo Azcona no traicionó sino a medias sus compromisos con Garzón; queriendo quedarse en Corrientes, se hizo capturar, pero tratando de disimular su inteligencia, confió el paquete reservado al patrón del buque, el cual lo condujo fielmente.

Aunque entonces creí que podía haber algo de real en el proyecto presentado por Optes, al que es excusado decir que di mi plena aprobación, y aún ofrecí cooperar con todo mi poder, lo que después se ha visto, en la malhadada negociación de los Madariaga con Urquiza, da motivo a sospechar de la buena fe con que hicieron sus proposiciones, o mejor diré, abertura. De cualquier modo, ellos (los enemigos) debieron conocer a primera vista que, firme en mis principios y leal a mis compromisos, no apearía un punto de los que había defendido, bien que estuviese dispuesto a cualquier sacrificio personal y a concesiones que sólo afectasen mi individuo. Después no volvió a tratarse de este negocio, que quedó sepultado en el olvido.

Si ahora he hecho mención de él ha sido para manifestar las razones que tuve para no dar al gobierno una noticia anticipada del proyecto de expedición a Santa Fe, pues aunque lo traté con don Juan Madariaga y con el general López, y no dudaba que el primero lo avisaría reservadamente a su hermano, el gobernador, quería hacer recaer sobre él la responsabilidad, si llegaba a traslucirse, y entonces creía que don Joaquín sería más consecuente a su hermano que a mí, como pienso que efectivamente sucedió. Es verdad que el proyecto se traslujo, pero se supo que fue por culpa de López, o al menos lo persuadían así los datos que se obtuvieron. Sólo se habló expresamente al gobernador, llegado el caso de verificarlo, y para pedirle ya los buques en que los hombres y caballos habían de atravesar el Paraná, y demás que podía reclamar su cooperación.

Por entonces nada dijo el gobernador, ni se quejó de que no se le hubiese iniciado en el plan, desde que se concibió; por el contrario, se manifestó tan satisfecho, que se trasladó personalmente desde la capital hasta el Paso del Rubio, que era donde se practicaba el pasaje del Paraná, para activar con su presencia los preparativos, y hasta aumentó las caballadas que yo había destinado para la expedición con algunos cientos, que ofreció espontáneamente al general López. Estas disposiciones satisfactorias fueron mayores en los momentos en que la expedición entró triunfante en Santa Fe, en términos que sus adeptos le atribuían en sus oscuros conciliábulos la mayor parte de la gloria, sin que yo me inquietase a contradecirlos; pero cuando las esperanzas que se habían concebido empezaron a flaquear, y mucho más cuando el desenlace nos trajo tan amargos desengaños, el gobernador Madariaga, y lo que es peor aún, su hermano don Juan, que había sido un frenético aprobador de la expedición, con una vileza sin ejemplo, se constituyeron en censores, procurando hacer recaer sobre mí la responsabilidad del suceso. Entonces empezaron las quejas del gobernador, ya diciendo que se había guardado con él una ofensiva reserva, ya alegando que no debí confiar a la ineptitud de López una empresa de tanta importancia, ya, en fin, manifestando un dolor desesperante por la muerte de los correntinos que murieron en el combate de Mal Abrigo, sin que le mereciesen la menor condolencia los que no tenían *la honra* de ser sus paisanos. Con este motivo fue que escribió a su hermano las más sentidas cartas (de las que vi algunas), en que se acusaba de haber consentido en que los correntinos saliesen de la provincia, pudiendo echarles en cara que no habían sido consecuentes con sus promesas.

Don Juan Madariaga, que, como he dicho, estaba en la costa del Paraná, empezó entonces sus trabajos hostiles, y con una ligereza de que él solo es capaz y con la infamia que le es propia, se permitió censuras amargas y conversaciones sediciosas. El pretexto que tomó consistía en dos cargos: primero, que yo no me interesaba por los correntinos. Segundo, que no obraba contra el general López con la energía que debía hacerlo, y que él merecía. Yo había ofrecido sujetarlo a un consejo de guerra, y obrar en toda justicia, que era cuanto correspondía, mas como Madariaga no buscaba más que un pretexto, poco le importaba la razón; lo que él quería era desacreditarme en el concepto de sus paisanos, y creyó equivocadamente que era ocasión de conseguirlo. A su regreso al campo de Villa Nueva, ya era un hombre diferente; en mi presencia era diferente, sumiso, y hasta adulón.

Sin embargo lo sucedido, aunque en gran parte cubierto de tinieblas, y que no puede clasificarse sino de un ensayo, probaba sus reprobadas intenciones, y que no buscaban sino que se les presentase la ocasión de sacar a la plaza sus miras. Si entonces escogieron mal la oportunidad, porque en lo general se hizo justicia a lo acertado de mis operaciones, no dejarían de aprovechar otra que se les presentase, o de crearla. Cualquiera pensará que los Madariaga deseaban que yo dejase el puesto que ocupaba, y que saliese de Corrientes; no señor, nada de esto. Ellos veían muy bien que les era preciso, así es que siempre era una amenaza mi ofrecimiento de dejarlos. Lo que querían ellos era servirse de mi nombre, de mi crédito exterior, de mi prestigio entre los mismos correntinos para hacer a mi sombra todo cuanto deseaban. En una palabra, pretendían dejarme toda la responsabilidad, y tener ellos todo el poder. Esta pretensión no era única ni exclusiva en ellos; lo mismo habían procurado aquellos jefes facciosos de que hablé antes, y que entonces se habían ligado estrechamente con los Madariaga; lo mismo, con ciertas modificaciones, se habían propuesto ciertas categorías argentinas de Montevideo, que se denominaban pomposamente entre sí de *altas inteligencias*, y lo mismo puede que se propongan aún algunos que crean posible que pueda yo ser necesario en los negocios públicos o militares.

Capítulo XXXIX

Invasión de Urquiza a Corrientes

[Aversión de los correntinos a las operaciones ofensivas - Los Madariaga fomentan esta aversión - Formación del consejo de guerra para juzgar a López - Sentencia - Expedición al Chaco al mando del coronel Salas - Los celos personales de López la hacen fracasar - Los Madariaga, censores perpetuos del general Paz - Fuga de López - Pretensiones territoriales del Imperio del Brasil - Su interés por el desmembramiento de la República Argentina - Misión de Florencio Varela ante el gobierno inglés - Proyecto de separación de las provincias de Entre Ríos y Corrientes - Oposición del general Paz a este proyecto - El encargado de negocios del Brasil en Montevideo: sus sentimientos con respecto a su país - La nacionalidad argentina en Entre Ríos y Corrientes - La política del gobierno del Paraguay: su proyecto de alianza con el Brasil; fracaso de éste - Alianza del Paraguay y la provincia de Corrientes - El pueblo paraguayo y su gobierno; su ejército; el soldado paraguayo; un general de dieciocho años - Las relaciones del presidente López con el general Paz - El general Paz presenta su renuncia como director de la guerra a la Sala de Representantes - Los Madariaga evitan que llegue a su destino - Invasión de Urquiza - La columna paraguaya - Urquiza llega al paso de Santillán - Mal servicio de la vanguardia correntina - Reunión del ejército aliado - Masa informe que presentaba la columna paraguaya - Madariaga toma el mando de la vanguardia - Situación de ambos ejércitos.]

Reclamo toda indulgencia para que esto se lea con paciencia, y al hacerlo se coordinen mejor las ideas que no hago sino suministrar. Ni mi profesión ni mi salud ni los quehaceres domésticos y privados que ahora me ocupan, me permiten un trabajo regular. Sólo el empeño de satisfacer deseos de conocimiento y dar mi tintura sobre sucesos que no se conocen bien, ha podido poner la pluma en mi mano; de otro modo sería una tarea superior a mis fuerzas. Considérese que tengo documentos importantísimos que acreditan casi todo lo que expreso, que sería preciso consultar y acompañar para que fuese un trabajo en forma. Si el tiempo y mis circunstancias me lo permitiesen, puede que haga un extracto de ellos; entretanto, iré continuando sin más guía que mi memoria.

Al fin tenemos al general López en Villa Nueva con la fuerza santafecina expedicionaria; la correntina había sido licenciada por don Juan Madariaga después de cantarle tristísimas endechas, para que fuesen a descansar de su campaña de mes y medio. Era graciosamente ridículo oír a este farsante, charlatán y fatuo, deplorar hipócritamente las desgracias de sus comprovincianos; se enternecía, lloraba y declamaba como un cómico. Al oírlo, se podría creer que las pérdidas eran mayores que las de la tristemente celebre campaña de Napoleón en Rusia de 1812, cuando no habíamos perdido más de cincuenta correntinos; su hermano el gobernador, le *hacía dúo*, lo que hubiera importado menos, si no hubiera tenido el objeto de influir en la tropa, inspirándole aversión a las operaciones ofensivas fuera de su provincia. Para poder hacer algo de provecho, me era forzoso luchar contra esta preocupación; mas era necesario tiempo, paciencia y fortuna.

Se inició la causa que mandé formar al general López y otros jefes principales de la expedición, que eran el coronel don Bernardino López, coronel Canedo y comandante Gorordo. El proceso, que compone un grueso volumen, fue encomendado al coronel Cáceres, quien lo [siguió] con tanta prolijidad como eficacia; él existe en mi poder, y atestiguará enteramente las enormes faltas del general López y la justicia con que fue condenado. El consejo de guerra de oficiales generales, cuya sesión duró dieciséis horas continuas, fue el acto más imparcial y más solemne de cuantos yo he tenido noticia en estos países. El secretario de López, don Agustín Sañudo, que fue su defensor, leyó un cartapacio de cerca de cuarenta fojas, fárrago indigesto de necedades y ridiculeces. El presidente fue el general Deheza; los jueces, por todos, once. Los nombrados eran trece, pero habiendo López recusado a uno, se hizo salir otro, para que quedase número impar. El fiscal lo acusó de cobardía, falsedad y malversación y pidió la muerte; el consejo le salvó la vida, pero lo destituyó de todos sus empleos y grados militares, confiscando al mismo tiempo cuatrocientas ocho onzas de oro, que se hallaron en aquellos baúles que habían sido embargados y remitidos por Madariaga, devolviéndole alguna ropa y alhajas, que igualmente contenían. Los demás jefes salieron absueltos.

Entretanto, yo no renunciaba a mi plan de obrar por el Chaco sobre las provincias del interior de la república, pero en escala menor, y sin emplear fuerza correntina. El coronel Salas deseaba ardientemente prestar esta clase de servicio, y autorizado por mí, hizo los mas vivos esfuerzos para obtener un número de hombres voluntarios, de los que formaban la división santafecina, que, como se ha dicho, tenía naturales de todas las provincias. Para esas expediciones aventureras y lejanas era indispensable en nuestras circunstancias consultar la voluntad de los que habían de formarlas, de lo que se valió López para emplear las mayores bajezas e intrigas, a fin de que Salas no reuniese el número de hombres necesario. A pesar de eso, algo se hacía, tanto en este sentido como en el de captar la voluntad de algunos indios del Chaco, que debían auxiliar la pequeña expedición, lo que excitaba los celos de aquel caudillo de un modo extraordinario. Hasta entonces, había hecho cuanto podía, por medios indirectos y subterráneos, para oponerse a la expedición; mas, repentinamente, mudó de plan, pareció conformarse, y se notó con sorpresa que muchos de sus aficionados se prestaban a ser parte de la expedición. Ellos debían obrar a su tiempo.

Reunidos ya de ciento a doscientos hombres y contado con la cooperación de algunos indios, marchó Salas, de Villa Nueva, provisto por mí de algunos auxilios y de otros que él se proporcionó de su propio peculio; pues debe advertirse que el tiempo que estuvo separado del ejército lo había empleado útilmente ejerciendo su industria. En proporción que Salas se aproximaba al Paraná se dejaban sentir rumores siniestros sobre el éxito de la expedición, en términos que cuando pasó este río habían tomado un carácter alarmante. Ellos llegaron hasta mí, lo que me obligó a dirigirme urgentemente a Salas, para que me informase sobre las disposiciones de sus soldados, y que suspendiese el movimiento si mis temores eran fundados; la contestación de Salas fue darme las más completas seguridades.

Un capitán Echagüe, que lleva este apellido porque desciende de un criado de la casa de este nombre, y que es el mismo que con el grado de mayor figura ahora en Santa Fe, había venido con López, y se conservaba en el Chaco, con cuarenta hombres; en conformidad a mis órdenes, debía incorporarse a Salas y concurrir a la expedición, la que tenía por objeto caer sobre la frontera de Santiago y tomar caballadas y hombres, que agregaría a sus filas; luego se rebatiría sobre la de Córdoba, donde Salas tenía prestigio y relaciones, y haría otro tanto. Después de estos primeros golpes, se hubieran preparado otros, que hubieran puesto en alarma muchas provincias, y quizá producido importantes resultados.

Salas pasó el Paraná, mas a muy pocas leguas, el famoso cacique Pedrito, íntimo amigo de López, se le presentó de un modo hostil, y la mayor parte de la tropa capitaneada por Echagüe se pasó a Pedrito, poniendo a Salas en el más inminente peligro. Después de la fuga de López es cuando pude ver algo más claro estas cosas, y entonces supe que sus instrucciones reservadísimas contenían expresamente la prevención de que el coronel Salas y el comandante Gorordo fuesen asesinados. Felizmente no sucedió así, pues aquel jefe, con un puñado de hombres y algunos indios que permanecieron fieles, pudo resistir la persecución que se le hizo y repasar el Paraná, malogrando enteramente el proyecto, y lo que es peor, con pocas esperanzas de volverlo a emprender. El capitán Echagüe, después del crimen que había cometido, dio oídos a las proposiciones del gobernador de Santa Fe, y se fue allá arrastrando consigo a la mayor parte de los sublevados. He aquí el fruto de las pasiones y de los celos personales de López; por dañar a Salas y frustrar su empresa, hizo perder para la causa varios oficiales y muchos hombres de tropa, sin que los ganase él, pues pasaron a las filas de su rival y su enemigo, el general Echagüe, actual gobernador de dicha provincia de Santa Fe. Ojalá hubiese sido éste el único ejemplo que presentó durante este período el clásico extravío de esos ambiciosos caudillos: nos restan aún que ver muchos y sus funestos efectos.

Era indudable que López había sido el agente secreto de esta horrible trama, pero no pude obtener pruebas positivas, y además, mediaban otras consideraciones que me retraían de una medida violenta. Los Madariaga, que me habían censurado porque no procedía rigurosamente contra López, desde que vieron que lo sujetaba el fallo de un tribunal, y que comprendieron que lo ejecutaría seriamente, declinaron de su animosidad y manifestaron algún interés por él. Se habían constituido, aunque con disimulo, en acechadores y censores de todas mis operaciones, de modo que bastaba que emanasen de mí para que procurasen desacreditarlas entre sus paniaguados. Por eso es que censuraban en secreto la expedición de Salas, aunque nada me dijesen a mí contra ella, y creo muy fundadamente que no fueron extranjeros al fatal desenlace de la expedición, por intermedio de su tío el coronel don Juan Francisco Soto, comandante del partido de Santa Lucía; el mismo que después los abandonó para pasarse a Urquiza.

Lo que había pasado era más que bastante para que debiese *cautelarme* de López, y como una medida, en la apariencia, de conveniencia, pero en el fondo, de precaución, le ordené que desocupase la barraca que habitaba en el campo santafecino, dejándola para el jefe que debía mandarla, y que pasase a otra que se le señalaba, para alojamiento. Su conciencia, que no estaba sana, le hizo sin duda temer las ulterioridades de esta medida, y aparentando obedecer, hizo trasladar algunos muebles de poca importancia, y al anochecer del mismo día desapareció del campo con tres o cuatro hombres. Mi primera sospecha fue que se dirigía al Chaco, de acuerdo quizá con algunos de los que había mandado; pero muy luego supe que no era más que una miserable fuga, para sustraerse a la acción de la autoridad, y ganar el territorio brasileño. Colocado allí, nadie pensó en molestarlo, sin embargo no dejó de escribir algunas cartas tan hipócritas como ridículas.

Lo dejaremos allí; pero antes diré cuatro palabras sobre su carácter, capacidad y educación. Es ignorante en sumo grado, no habla diez palabras sin estropear horriblemente el castellano. Es un gaucho en toda la extensión de la palabra; pero no un gaucho callado, penetrante y reflexivo, como era el hermano, sino, por el contrario, locuaz hasta la charlatanería, superficial y ligero hasta el enfado; pero no se crea por eso que es franco y claro, sino que tiene la singular habilidad de hablar desatinadamente horas enteras, sin que pueda, el que lo escucha, comprender una palabra, ni ligar dos ideas de las que parece haber querido expresar. Nunca tengo noticia que haya dado pruebas de valor, pero sabe el lenguaje de los gauchos y el modo de seducirlos; éste es su mérito. Por lo demás, las palabras patriotismo, honor, deberes militares, libertad, tienen para él muy distinto significado que para los demás; todo esto lo entiende de un modo peculiar, pero que viene a refundirse en su propio interés y conveniencia.

Voy entrando en lo más interesante de mi narración, me es sensible que mi poca versación en escribir no me permita tratar dignamente la materia; sin embargo, haré lo que pueda. Quiero ahora dar una idea del Paraguay y de la política de su gobierno, sin olvidar la del Brasil, que tanta influencia ha tenido en estos negocios.

El gobierno imperial, y en general, la población brasileña, ha heredado de los portugueses esa insaciable sed de territorios que devoraba a sus mayores. Como si no poseyeran terrenos inmensos, que no pueden ni poblar ni utilizar, y de que ellos mismos no saben qué hacer, conservan pretensiones territoriales en todas sus fronteras. Sus límites con la Banda Oriental y con Bolivia están indefinidos, y por todas partes tienen cuestiones territoriales que ventilar. El gobierno, estudiosamente, las prolonga, acechando la ocasión de decidirlas a su favor y engrandecerse. Obrando en el mismo sentido, procura debilitar a sus vecinos, y como el más poderoso es la República Argentina, es consiguiente que pretenda subdividirlo hasta el infinito. Rodeado además el imperio de estados pequeños, su influencia será omnipotente, y vendrá a ser de hecho el regulador universal de Sudamérica. Ya vimos en años anteriores que siéndole imposible conservar su conquista en la provincia Cisplatina (Banda Oriental), se contentó con segregarla de la República Argentina, haciendo que se constituyese en estado independiente. Esto mismo explica el interés político que el Brasil ha tomado en la independencia del Paraguay, sin que sea necesario suponerle otras miras, que no han dejado algunos de entrever, para hallar la clave de su política.

Muchos han considerado esta monarquía, única en el nuevo mundo, como una planta exótica, cuya conservación será dificilísima. De aquí han deducido que este imperio concluiría por la influencia de los principios democráticos, o que él anonadaría las repúblicas, haciendo triunfar los monárquicos. Sea de esto lo que fuere, pienso que son cuestiones ajenas de mi propósito, y dignas de ser tratadas con más detención e inteligencia. A mi objeto basta probar que el gobierno imperial ha mirado con placer el derrumbamiento de la República Argentina, y que ha obrado consecuentemente. Puedo asegurar también que algunos de mis compatriotas han entrado en esos proyectos, sin que pueda discernir si seriamente pensaban en ellos, o si únicamente los promovían como un arbitrio para suscitar enemigos al dictador de Buenos Aires.

Cuando el señor Varela (don Florencio) partió de Montevideo a desempeñar una misión confidencial cerca del gobierno inglés, el año 43, tuvo conmigo una conferencia, en que me preguntó si aprobaba el pensamiento de separación de las provincias de Entre Ríos y Corrientes, para que formasen un estado independiente; mi contestación fue terminante y negativa. El señor Varela no expresó opinión alguna, lo que me hizo sospechar que fuese algo más que una idea pasajera, y que su misión tuviese relación con el pensamiento que acababa de insinuarme. Yo, obrando según la lealtad de mi carácter, y no escuchando sino los consejos de mi patriotismo, y en precaución de lo que pudiera maniobrarse subterráneamente a este respecto, me apresuré a hacer saber al comodoro Purvis y al capitán Hotham que mi opinión decidida era que se negociase sobre estas dos bases: 1ª La independencia perfecta de la Banda Oriental. 2ª La integridad de la República Argentina, tal cual estaba. No tengo la menor duda que estos datos fueron transmitidos al gobierno inglés, y que contribuyeron a que el proyecto no pasase adelante por entonces. El señor Varela desempeñó su misión, a la que se le ha dado gran valor, y por lo que después hemos visto, y de que hablaré a su tiempo, me persuado de que hizo uso de la idea de establecer un estado independiente entre los ríos Paraná y Uruguay, la que se creía halagaría mucho a los gobiernos europeos, particularmente al inglés. Puede que después me ocupe de las razones en que me apoyé para combatirlo, y que creo fueron más eficaces en la consideración de esos mismos gobiernos que la artificiosa charla de los partidarios del proyecto. Estos mismos habían lisonjeado desde mucho tiempo antes a los orientales con el de reunir esas mismas provincias a la República del Uruguay, sin lograr otra cosa que eludirlo y hacerlo cada día más impracticable.

En ese tiempo apareció en Montevideo el señor Sininbú como encargado de negocios del Brasil, quien manifestó las más pronunciadas simpatías por el gobierno que residía en la plaza, y por el triunfo de nuestras armas. Son sabidas de todos sus operaciones, desconociendo el bloqueo de Rosas y la desaprobación de su corte. En dos visitas que nos hicimos, conferenciamos sobre este negocio, y mis opiniones fueron las mismas que había expresado al señor Varela y a los señores Purvis y Hotham. Mi franqueza era tanto más debida, cuanto el señor Sininbú había tenido la de manifestarme iguales sentimientos con respecto a su país. La provincia brasileña del Río Grande del Sud combatía aún por separarse del imperio y constituirse en república independiente, y él declaró que su gobierno estaba dispuesto a sepultarse entre sus ruinas antes que consentir en la desmembración de una sola provincia. A un caballero tan leal como el señor Sininbú, y tan penetrado de los intereses de su país, no podían desagradarle los idénticos sentimientos que me animaban respecto del mío; así fue que se manifestó muy complacido, y creo no equivocarme en decir que merecí su estimación.

Era muy claro que el pensamiento de separación de las provincias de Entre Ríos y Corrientes había llegado al conocimiento del señor Sininbú, pues quiso explorar mi opinión; mas, después he sabido que un argentino notable (órgano por supuesto de la facción argentina en Montevideo) redactó una memoria ensalzando el proyecto y la presentó al diplomático brasileño. El mismo sujeto me lo ha referido y me ha escrito largas cartas, persuadiéndome a que lo adoptase, cuando yo estaba en Corrientes. Lo particular es que para recomendarlo se proponía probar que era utilísimo a la República Argentina. Que se adoptase como un arma para debilitar el poder de Rosas, se comprende; pero que se preconizase como conveniente a nuestro país, es lo que no me cabe en la cabeza.

Aun en el sentido de debilitar el poder de Rosas, era equivocado el pensamiento, porque la nacionalidad argentina es popular en Corrientes y Entre Ríos. Los trabajos del general Lavalle y los míos la han fortificado y robustecido. Dicho general fue muy querido de los correntinos, y lo recuerdan siempre con entusiasmo; en cuanto a mí, tuve siempre el mayor cuidado en ligar a los correntinos con los otros argentinos, y en que éstos se condujesen de un modo capaz de llenar tan noble objeto. El fruto se está palpando, pues que esas ideas de separación y de una burlesca soberanía no han tenido acogida entre las masas, aunque los caudillos las hayan hecho algunas veces vislumbrar, y aunque hayan hecho cuanto les ha sido posible por desacreditar a los que no eran correntinos. En Entre Ríos aún tienen menos valor esas ideas.

La separación y progreso de la Banda Oriental, que se alega como un luminoso ejemplo, no tiene aplicación por varias razones. 1ª Porque su situación geográfica le concede puertos exteriores, quizá mejores que los de la República Argentina. 2ª Porque mediaron celos y odios profundos. Ya se recordará que de un ángulo a otro de la entonces provincia oriental se oía el grito de *mueran los porteños* cuando Artigas desobedeció las autoridades nacionales, y aun después.

Aunque sólo se considerase la cuestión bajo un aspecto puramente militar y de circunstancias, era ese pronunciamiento sumamente antipolítico y perjudicial. Era indudable que limitando la nacionalidad de esas provincias con el río Paraná no verían sus intereses positivos más allá de esa barrera, y asegurada que fuese, poco les importaría lo que sucediese del otro lado; por otra parte, los argentinos de otras provincias, que entraban por mucho en la balanza, no querrían hacer sacrificios exclusivamente reducidos a la defensa de un país que había dejado de pertenecerles. El hecho es que los Madariaga, a quien ninguna consideración ha detenido cuando ha estado por medio su interés personal, nunca se atrevieron a pronunciar la palabra *separación*, porque conocían muy bien que esa palabra los privaba de muchos auxiliares, y los despopularizaba en su propio país. Cuando más, se permitieron una u otra expresión vaga, incierta o misteriosa; al menos yo no he sabido que se avanzasen a más.

En los próximos renglones diré algo del Paraguay; ahora he creído que convenía anticipar estas nociones, que tan poco se ocultarían al lector.

El Paraguay, o mejor diré, su gobierno, por una política equivocada y errónea, participa de los deseos de ver fraccionada la República Argentina, bien sea esto por un espíritu de antipatía a Buenos Aires, bien porque crea consultar su propia seguridad. Pero, ¿cómo es que no ve aquel gobierno que debilitando a un vecino que cree peligroso robustece a otro más fuerte aún? Las vistas de la política deben extenderse más allá de la vida de los hombres, y si el presidente del Paraguay no ha alargado la suya lo bastante, no ha comprendido la misión que le ha encomendado su país. Cuando la misión del doctor Derqui, a consecuencia de aquella invitación anónima, en que ofrecía prestarse a la alianza, si se hacía ver la posibilidad de la separación de Corrientes, se le trató de persuadir con razones poderosas, cuales eran los verdaderos intereses del Paraguay, sin que nada se consiguiese por entonces. Es de creer que más tarde produjeron algún efecto, pues vimos a dicho gobierno entrar francamente en una alianza ofensiva y defensiva, sin que se *aclarase su horizonte*, o, al menos, sin que yo lo llegase a percibir. Sin embargo, es de creer que hubo otro motivo para esta mudanza.

El gobierno imperial, que tan interesado se mostraba en la independencia del Paraguay, la había reconocido, y acreditado un ministro residente en la Asunción. Éste era el señor Pimenta Bueno, quien hizo todo lo posible por insinuarse en las buenas gracias del presidente, y que efectivamente obtuvo hasta cierto punto su intimidad: llegó hasta celebrar un tratado de alianza ofensiva y defensiva entre ambos gobiernos, el cual, después de mucha demora, no fue ratificado por el Brasil, que no llevaba su benevolencia por el Paraguay hasta comprometerse en una guerra contra Rosas. El pretexto fue decir que era antes necesario hacer una demarcación o reconocimiento de límites, lo que el Paraguay juzgó inadmisible. Sin embargo, se remitió por Itapuá pólvora, y aun creo que algunas armas. Viéndose frustrado el presidente López en su proyecto de alianza con el Brasil, buscó por segunda vez la de Corrientes, y la propuso al gobernador Madariaga, con quien conservaba correspondencia. Conmigo sólo habían mediado algunas comunicaciones oficiales sobre puntos accesorios, después de las que canjeamos con ocasión de la malograda misión Derqui.

El señor Pimenta Bueno apoyó sin duda el proyecto de la alianza con Corrientes, y quizá fue el alma de esta negociación, porque rehusando su gobierno tomar parte activa en la guerra, le convenía buscar enemigos al dictador argentino, que a la vez garantiesen al imperio contra su poder y afianzasen la independencia de la nueva república. Pero, aún entonces, no abandonó enteramente el pensamiento de desligar a Corrientes de la República Argentina, como se verá en lo que más abajo diré.

El gobierno del Paraguay conocía muy bien la ley de 13 de enero, que establecía el directorio de la guerra, cuyas disposiciones autorizaban exclusivamente a esta autoridad para ajustar tratados y entender en las relaciones exteriores; no obstante, el presidente López, al hacer su invitación, manifestaba deseos de tratar juntamente con el director de la guerra y con el gobierno de Corrientes, y aún proponía al último una entrevista para arribar más fácilmente al arreglo de la alianza. El gobernador Madariaga se excusó con su enfermedad, y propuso mandar en su lugar a su hermano Juan, que era su *alter ego*, a quien asocié al señor Márquez, muniendo a ambos de los más cumplidos poderes y cartas credenciales. Por más que el señor Márquez representó que sólo el director de la guerra estaba autorizado por la ley para celebrar tratados, el presidente se obstinó en que figurase el gobernador de Corrientes como parte contratante, llegando a hacer una condición *sine qua non* de este requisito. En ello era secundado por el señor Pimenta Bueno, el cual decía muy *cándidamente* al señor Márquez que no podía comprender la autoridad de que se había conferido al director de la guerra, ni la facultad de que había sido investido. Como si los nombres importasen mucho, se fijaba en el que me había conferido la ley de 13 de enero, sin advertir que mucho mayor irregularidad envolvía la pretensión de asociarme a una autoridad ilegal para el efecto que se buscaba. Sin embargo, era el asunto demasiado importante para que no se hiciesen sacrificios, si fuese menester, y consentí en que el gobernador de Corrientes autorizase por su parte los mismos enviados, como al fin se hizo. Este empeño en desconocer hasta cierto punto la capacidad del directorio de la guerra, en hacer intervenir al gobernador de Corrientes, y en conferenciar con Madariaga personalmente, revela la intención del presidente López y de su consejero, el señor Pimenta, de desvirtuar esa sombra de autoridad nacional que en mí residía, y de separar en cuanto les era posible al gobierno de Corrientes del resto de la república; aun el deseo de entenderse personalmente con los Madariaga da lugar a sospechar que algo pretendían adelantar, que no debía confiarse a la pluma, ni a un tercero. Fuese lo que fuese, lo más interesante era la alianza, y ella se consiguió.

No se crea por lo que antecede que yo no mereciese crédito y buena opinión al presidente y a sus compatriotas; por el contrario, pienso que me la dispensaban más allá de lo que merezco; pero sabía el señor López mis sentimientos argentinos, no ignoraba la lealtad de mi carácter, y esto bastaba para que se me excluyese de confianzas que debían herirlos. Por lo demás, es fuera de duda que la alianza reposaba en mi reputación militar y en el concepto de probidad con que me honraba, como él mismo lo ha declarado posteriormente.

Sobre todo lo que hayan dicho del Paraguay, es preciso suspender el juicio. Se habrá oído ponderar la inocencia, la docilidad, las virtudes de los paraguayos; sus bellas disposiciones, su patriotismo, su entusiasmo contra Rosas; hasta su robustez, su destreza en nadar y cabalgar, han sido objetos de admiración a la distancia; pues bien, sépase que en todo hay que rebajar mucho, muchísimo. Con un gobierno como el del doctor Francia, ¿qué adelantos morales podía haber obtenido aquel desgraciado pueblo? ¿Qué virtudes podían haberse cimentado? ¿Qué género de progreso puede concebirse? Es verdad que el paraguayo obedece con una servilidad de que no hay ejemplo a la autoridad que ha sucedido a la del finado dictador; es fuera de duda que mira como un sacrilegio la menor acción o expresión que pueda ofenderla; es cierto también que lleva tan lejos esa obediencia que se hace un deber de conciencia el espionaje y la delación; pero esto todo, y no pasa de ahí la decantada subordinación del soldado paraguayo.

Educados por el doctor Francia, a nadie respetaron sino a él o al que le ha sucedido, y que designan con el nombre de supremo. No hay gradaciones en aquella sociedad; todo está nivelado, fuera del gran personaje que ejerce la primera o quizá la única autoridad. En el ejército sucede poco más o menos lo mismo. Ya se recordará que el dictador no concedió grados militares sino hasta capitán, y éstos eran tan precarios que poco o nada significaban de lo que significan en todo el mundo. Aunque el actual presidente ha hecho algunas variaciones a este respecto, y hasta ha dado grado de coronel, está muy distante el ejército paraguayo de tener una organización regular, ni aun haberse aproximado a ella.

He visto una proclama del señor López, con motivo de su venida al campamento del ejército en los últimos meses del año pasado (si no me engaño), en que dice que está maravillado de tener un ejército donde no hay crímenes que castigar. La cosa parecerá y es algo peregrina, si no es que concedamos que los paraguayos se han convertido en ángeles; sin embargo, no tengo duda que hasta cierto punto tiene razón el señor López, porque el prestigio de la autoridad suprema es tal que contiene a los más osados. Estoy persuadido que el campo paraguayo sería un modelo de quietud y silencio, como era la calle de Rosas en Buenos Aires o como serían los Santos Lugares, si a éste se le antojase mandar que nadie levantase la voz y todos hablasen en secreto. A primera vista, podría cualquiera comparar ese ejército a una tropa de tímidas ovejas, que el pastor conduce a su arbitrio; pero se equivocaría completamente el que creyese que esa moderación tiene otro principio que el que he indicado; esas aparentes virtudes, como que no toman su origen en una buena educación moral, ni en la rectitud del corazón, desaparecen luego que cesa de obrar el resorte que las sostenía, y se dejan ver los vicios opuestos en su más chocante deformidad.

Ésta es la razón por que el soldado paraguayo, que, según las circunstancias, parece un manso cordero, es en otras ladrón, desordenado e insolente. En el ejército pacificador se mostraron tan aficionados al robo que temí que me hubiese sido muy difícil contenerlos cuando se hubiese avanzado la campaña, y hubiésemos penetrado en otros territorios. Otro tanto sucede en punto a subordinación, pues si el soldado obedece a sus oficiales, sólo es en cuanto los considera sostenidos por la primera autoridad; pero si esta creencia se debilita, o cesa, toda disciplina está perdida. Cuando digo *si esta creencia se debilita o cesa* no quiero significar que el subalterno se haya constituido en rebelión contra el gobierno, y éste lo haya desautorizado; nada de esto; basta que el inferior haya desagradado al gobernante, y caído de sus buenas gracias; basta que éste lo haya hecho apercibir por un acto cualquiera, y que lo haya entendido el soldado; se acabó entonces todo ese fingido respeto; se acabó la ley militar, si es que puede decirse que la hay en un estado semejante de cosas; se acabó esa ordenanza que sólo invoca el mandón, en su exclusivo provecho. Repetidísimos hechos que tuvieron lugar con los jefes y oficiales argentinos, que agregué durante la campaña a las tropas paraguayas, atestiguan esta verdad; los que ocurrían entre los paraguayos no llegaban por lo común a mi conocimiento. Mientras alguno de aquéllos conservaba la benevolencia del general don Francisco Solano López era considerado y obedecido de los paraguayos; mas bastaba que se resfriase la amistosa correspondencia para que se resintiese el orden militar.

Este general de dieciocho años, este don Francisco Solano López, es hijo del presidente, y como tal, es considerado por sus paisanos como una emanación de la suprema autoridad, como un retoño del gobierno y como su representante nato en el ejército. No debe, pues, admirar que sea obedecido ciegamente y que represente en su respectivo teatro el mismo papel que hace su padre en la república. Por otra parte, el señor López, que no puede tener celos de un niño, que sin duda lo tiene destinado por sucesor, y que quiere acostumbrar a los paraguayos a que le obedezcan, apoya con todos sus medios el poder de su hijo. Es probable que cuando termine su carrera el señor López todo esté preparado para que su hijo, el general, empuñe las riendas del gobierno, y que esto suceda sin dificultad, si alguna combinación, interior o exterior, que por ahora no puede preverse, no cruzase estos planes.

Dejaré estos pormenores para ocuparme otra vez de la negociación; después de algunas dificultades fue llevada a cabo, y dio el tratado de alianza ofensiva y defensiva que vio la luz pública. Se celebró otro, secreto, que no importaba gran cosa, y que se conocerá algún día. En cuanto a la inteligencia personal entre el señor López y los Madariaga, no creo que se avanzó gran cosa, porque don Juan se hizo conocer muy pronto, por más que las disposiciones de aquél fuesen las mejores a este respecto; sin embargo, no dejó de hacerse algo en su principio, que después no dio ningún resultado a los interesados; luego me ocuparé de ello.

Mi comunicación desde esa época empezó a ser regular y frecuente con el señor López: nuestras relaciones parecían estrecharse. ¿Había sinceridad en ellas? Diré lo que pienso, y que ya creo que indiqué antes. Gozaba del mejor concepto en el del señor López; pienso que tenía por mí verdadera estimación; en los paraguayos había hasta entusiasmo; mas, era argentino de buena fe, no ocultaba estos sentimientos, y por más que los manifestase amigables a la nueva república, no se me creía a propósito para los manejos secretos que se tenían en vista. Temían también que ganase influencia entre los paraguayos, y querían lo que han querido otros muchos: servirse de mis conocimientos y crédito para hacerlos servir a sus miras. Sería preciso algún tiempo y un ánimo más desocupado para escribir prolijamente y detallar los sucesos que han tenido lugar en los cincuenta días que han precedido a la llegada del ejército pacificador a Villa Nueva. Sin embargo que no me es posible hacerlo del modo que deseo, procuraré dar una idea remontándome ligeramente a algunos sucesos anteriores, cuyo conocimiento es esencial para la inteligencia de los que acabamos de presenciar.

Desde que me recibí del mando del ejército que se decía *Cuarto Libertador*, me contraje con la eficacia que me es propia a corregir los abusos, que abundaban; a establecer una regular disciplina, que no había; y a moralizar a esta masa de hombres que se resentía por todas partes de corrupción y de preocupaciones. Fui constantemente contrariado por los Madariaga, que se prometían acaudillar estos buenos soldados, y que, para ello, presentaban la licencia como el mejor medio para llegar a sus fines; ya antes lo tenían puesto en práctica y, para marchar a mi objeto, tenía el doble trabajo de desarraigar los vicios introducidos y plantar en su lugar las buenas instituciones.

Entre los Madariaga es bien conocido el don Juan, que sin [ser] el más autorizado, porque no era el gobernador, era de más influjo, tanto por el irresistible que ejerce sobre su hermano, cuanto porque, teniendo el mando militar, estaba más en contacto con la última clase de la sociedad... [ilegible por destrucción]... Su mando, de consiguiente, era mucho más extenso que el del mismo gobernador, y sus órdenes eran cumplidas en toda la provincia porque nadie ignoraba que tendrían la sanción del gobernador y que le vendría una responsabilidad de hecho al que las resistiese; más que todo, era de temer el odio y la venganza del intruso mandón ofendido, y ya había más de una prueba de cuán caro debía costar la desobediencia.

Es verdad que todos los que llevan el apellido de Madariaga, en cualquier ángulo de la provincia que estuviesen, tenían, como una emanación del gobierno inherente a su próximo parentesco, una suma de facultades de que hacían un uso ilimitado. A su voz se abrían las arcas públicas y todas las receptorías de la provincia hacían los abonos que ellos les prescribían. Hacían contratos empeñando la fe del gobierno sin precedente autorización y, cuando más, se dignaban por pudor invocarla falsamente, porque contaban con la aquiescencia del hermano, y, finalmente, tomaban toda especie de medidas gubernativas. Pero este terrible abuso era más notable en el modo de proceder de don Juan, el que no tenía barrera que lo contuviese y que no salvase. Las valiosas estancias de los prófugos han sido un vasto campo de sus dilapidaciones; se puede decir que las ha destruido para regalar, sin juicio y sin discernimiento, a los que pensaba ganar para sus miras ambiciosas. El hermano mayor, que es gobernador y que adolece de una enfermedad terrible, miraba todo esto sin celos ni envidia porque lo tenía designado como sucesor suyo... [ilegible por destrucción]...

Mi llegada a la provincia y los sucesos que se siguieron, hasta ponerme al frente del ejército y de la defensa del país, hicieron a don Juan ocultar su ambición o, por lo menos, aparentar que la reducía a más estrechos límites. Protestó su absoluta conformidad, su adhesión a mi persona y el más desinteresado patriotismo. Vanas protestas que encubrían la más loca ambición y las más pérfidas intenciones, como los sucesos lo demostraron.

Por noviembre de 1844 marchó al Paraguay en la mejor armonía, y autorizado suficientemente para negociar el tratado de alianza con aquella república; al despedirse, me rogó que le escribiese cartas de suma confidencia, para manifestar al presidente López y probarle la confianza que yo le dispensaba. Todo se hizo así, y también el tratado, que llenó la medida de su orgullo. Creyó a su vuelta ser el hombre de los destinos, y el que debía regir los de estos países; creyó que el ejército del Paraguay estaría a su devoción, y que podría emplear los mismos medios para desmoralizarlo y acaudillarlo que había puesto en práctica con el de Corrientes. Creyó, en fin, que había llegado el tiempo de quitarse la máscara y mostrarse al descubierto.

Desde que regresó a Corrientes, sus cartas y el tono que empezó a usar me revelaron este cambio; las de su hermano, a quien le hacía prescindir en esta clase de intentonas, me lo habían mostrado aún más claro. Mandé entonces una persona de mi confianza cerca de ellos a pedir explicaciones, y darlas, si fuese preciso, y sus discursos manifestaron sus miras hostiles. El ataque había principiado.

Sin embargo, aparentaron que amainaban, y propusiéronme una entrevista en Bella Vista, a la que no quise concurrir, porque ya conocí su objeto, y entonces fue que mandaron al ministro Márquez, con aquella célebre y nunca bien ponderada intimación, que motivó mi renuncia de la *dirección de la guerra*, hecha en 28 de diciembre a la Sala de R. R., a donde nunca llegó, porque ellos se intimidaron un tanto, pero sin apear de sus pretensiones, que se prometían renovar y obtener por otro camino.

Llegó al Rincón de Soto la primera columna paraguaya, y el gobierno me hizo entender que era de su exclusiva incumbencia el proporcionar todo lo necesario para su marcha por tierra, manutención, caballos, etcétera; todo esto estaba acordado en el convenio que se franquearía por los valores estipulados. Prescindí de ello absolutamente, y me reduje a esperar el resultado de mi dimisión, de que había dado cuenta al gobierno del Paraguay. El empeño de irme desautorizando no había cesado y continuaba, aunque más tenebrosamente. El coronel Tejerina había salido de la capital con una fuerza de ciento sesenta infantes que venían al ejército, y sólo lo sabía yo por noticias particulares. Este jefe, como si rehusase estar a mis órdenes, venía deteniéndose en el camino, esperando que se pusiese en marcha don Juan con la columna paraguaya, que se prometía regentear también; y a fe que tenía motivo para esperarlo, porque era el candidato para mandar el ejército paraguayo, luego que se retirase el hijo del presidente. Felizmente se hizo muy luego conocer, y no hubo ese peligro. Yo, que veía todos estos manejos, los dejaba obrar, y me preparaba para dejarles el campo libre; quizá con todos los medios de acción y de poder tendría mejor don Juan el de salvar la patria y llevar a cabo la obra de la revolución. Mi mando era pasivo, mi acción muy limitada y mi desagrado sumo.

En esta penosa situación es que nos tomó la rápida invasión de Urquiza; tuve que volver a tomar un mando que ya de hecho iba cesando. Muchos jefes, que habían traslucido el estado de las cosas, por más que habían hecho empeño de ocultarlo, habían caído en el más grande desaliento; el ejército todo se resentía de estas disposiciones, sin que fuesen de todos conocidas las causas que las producían. Era preciso toda la inminencia del peligro para restablecer las cosas en su juicio, y aun esto era con trabajo, y después de esfuerzos costosos.

En la madrugada del 13 de enero [de 1845] tuve el primer parte de la aparición de una partida enemiga en Pago Largo. Ya esto decía bastante, pero no era lo suficiente para convencer a los incrédulos. Don Juan Madariaga había sido siempre el primero de ellos, y daba tanta importancia al poder de Corrientes y a sus recursos militares que se reía muy magistralmente cuando se hablaba de invasión, aún en tiempos más desgraciados. Sin embargo, despreciando hablillas ridículas, se empezaron a tomar medidas que justificó el aviso que se recibió esa misma tarde del coronel Báez, desde el Salto, en que avisaba que Urquiza y Garzón se habían dirigido a Corrientes.

Por los avisos que se me habían dado, suponía ya la columna paraguaya en marcha, y aun la creí ya pasando el río de Corrientes en el paso de Borda. Como ya no podía ni debía llevar esa dirección, expedí ordenes para que se detuviese del otro lado, y que si ya hubiese pasado alguna parte, repasase el río inmediatamente. ¡Qué error! No se había movido aún del Rincón de Soto, y yo la creía hacía días en movimiento.

El ejército se movió de Villa Nueva el 16 por la tarde, habiendo despachado sus parques, comisarías, hospitales y bagajes, por el Paso Nuevo. El enemigo había perseguido el día antes a nuestra vanguardia hasta María, y se había concentrado en Ábalos.

Era incierta la dirección que tomaría Urquiza; era más probable que siguiese las huellas del ejército, pensando apurarlo en el paso del río Corrientes, como ya lo había hecho Echagüe; otros creían que por lo mismo no haría tal, y además se referían a conversaciones tenidas muy anteriormente en el campo enemigo, en que los jefes correntinos se prometían aconsejar que el ejército invasor se dirigiese a Santillán. Pero, ¿cómo debía esperarse que lo consiguiese estando a la inmediación de una fuerte columna, y habiendo, además, ordenado al general don Juan

Madariaga que formase una división para observar dicho paso, [compuesta] de la infantería que traía Tejerina, del escuadrón de la Esquina, de la fuerza que reuniese en los departamentos inmediatos y de la que necesitase y pidiese al general paraguayo, de quien ya sabía que no había llegado al río Corrientes, pero que venía en marcha? Nada de esto se hizo, y el enemigo llegó a Santillán cuando sólo había una pequeña guardia de vecinos, que disparó a su aproximación.

Es incomprensible cómo habiéndose movido de Ábalos el enemigo en la tarde del 18 yo no tuve parte hasta la madrugada del 21. Fue un descuido inexplicable de nuestra vanguardia, en que había jefes prácticos y experimentados. El comandante Cáceres culpó al coronel Velazco, y éste a Cáceres y a Paiva.

Sea lo que fuese, yo no supe el movimiento del enemigo hasta la madrugada del 21, hallándome en las inmediaciones de la posta de García. En el acto se puso en movimiento la columna que estaba a mis inmediatas órdenes, con dirección al Paso Nuevo, y yo me adelanté sobre el mismo punto; a muy corta distancia recibí comunicación del general don Juan Madariaga, en que me avisaba que por unos paisanos se había sabido que el enemigo en la tarde antes se había aproximado a Santillán, y principiado a pasar; que si esto último era cierto iba a separar mil caballos del cuerpo paraguayo, los que se me incorporarían, y él, con el resto de la columna, ponerse en retirada para el interior de la provincia, con el fin de salvar el convoy y bagajes, juntamente con la infantería, que tomaba sus medidas en este sentido para el caso de que se confirmase la noticia de que el enemigo estaba pasando el río en Santillán.

A la sazón, el cuerpo paraguayo se había ya movido del Rincón de Soto y había pasado el Santa Lucía para dirigirse al Paso de la Huerta, en el Batel, y de allí al Paso Nuevo, en el río Corrientes. La disposición que me anunciaba el general Madariaga era la más antimilitar, y podía ser de las más fatales consecuencias. Practicada ella, el ejército enemigo venía a quedar interpuesto entre los dos cuerpos del ejército, y se hacía dificilísima su reunión. Sin duda, el general Madariaga, al pensar en ella, se persuadió de que nuestro ejército tardaría mucho en pasar el río Corrientes, y que el enemigo lo haría con más facilidad; pero era todo lo contrario. El enemigo empezó a pasar en la mañana del 21.

Mis órdenes, en esta situación, fueron urgentes, terminantes y positivas, para que la columna paraguaya se dirigiese al paso de Bedoya, en el Batel, y para que la que venía de Villa Nueva, forzando la marcha, viniese al mismo punto; yo me adelanté personalmente, y en la noche del 21 estuve en el campo paraguayo, que se hallaba a tres leguas del paso de Bedoya, donde estaba ya la fuerza argentina, que es la que venía de Villa Nueva. En la mañana del 22 se encontró reunido el ejército aliado, y fallido el proyecto del enemigo (si es que lo tuvo) de interponerse entre los dos cuerpos. La orden general de ese día produjo la organización del ejército en dos cuerpos, de los cuales, el primero era formado del ejército argentino, a mis inmediatas órdenes, y el segundo, de la columna paraguaya, a las del general don Francisco Solano López, joven paraguayo de dieciocho años, hijo del presidente de aquella república. Adornarán quizás a este joven general muy bellas cualidades privadas, pero ningunos conocimientos militares y, lo que es más, ideas ningunas de la guerra y del modo de hacerla. Por otra parte, desde el momento dejó entrever una exquisita susceptibilidad y vivísimos deseos de que en el ejército de su país no se introdujesen jefes ni oficiales, sino en el carácter de instructores, y sin tener mando ni influencia alguna. Todo esto era una terrible dificultad, mucho más si se considera que la fuerza que mandaba no era otra cosa que una masa informe, sin instrucción, sin arreglo, sin disciplina e ignorando hasta los primeros rudimentos de la guerra. En el mismo grado se hallaba la infantería y la caballería, y es fuera de toda cuestión que dicha fuerza no estaba en estado de batirse, ni poder contarse para cosa alguna.

Sea dicho en honor del joven López, que muchas de las dificultades que presentaba para el arreglo de su cuerpo eran sugeridas por un coronel Oto, que hacía funciones de *mentor*, hombre díscolo y caviloso, muy conocido por muchos de los que estuvieron en el ejército de Rivera, en tiempos pasados, en donde había dejado los más ingratos recuerdos. Como una prueba de esto, debe decirse que desde que se separó del general López marchó todo mucho mejor, y mejoró cada día la instrucción del cuerpo paraguayo. Por lo demás, merezco la confianza del general López, y aprecio sus bellas calidades.

Al mismo tiempo que se daba esta forma al ejército aliado, se mandaba formar una vanguardia al mando del general Madariaga, nombrado jefe de ella. Desde el día antes (21), había sido destinado el coronel Salas a observar al enemigo en Santillán, pero el 22 se organizó definitivamente este importante servicio.

Sin embargo de la precipitación con que había invadido el enemigo, de la celeridad de sus maniobras y de la horrible situación en que nos encontrábamos, el enemigo no había obtenido ventaja alguna, pero había pasado sin oposición el río Corrientes, más abajo de su confluencia con el Batel, y nos encontrábamos ambos ejércitos sobre un terreno llano, unido y sin obstáculo alguno intermedio; este terreno es una hermosa lonja, ceñida por los ríos Batel y Santa Lucía, la cual se va estrechando en proporción que se sube por la margen de estos ríos.

Capítulo XL

Traición de los Madariaga

[Movimiento de los ejércitos contendientes - Camino adoptado por el general Paz para evitar una batalla - Observación sobre los ríos de la provincia de Corrientes - Operación del ejército de Urquiza - Marchas y contramarchas del ejército de Paz - Críticas de los "sabios de fogón" - Designios de Juan Madariaga - Indecisiones de Urquiza: resuelve seguir al ejército de Corrientes - Plan del general Paz para batirlo - Planes de Juan Madariaga; cae prisionero de Urquiza - Completa dispersión de la vanguardia correntina - Pobre estado de la caballería paraguaya - Situación del ejército de Corrientes después de la derrota de su vanguardia - La infantería paraguaya - Marcha del ejército correntino - Partes falsos - La posición de Ibajay - Carta de Juan Madariaga - Urquiza llega a la posición de Ibajay; precipitada retirada que ejecuta - La falta de caballos - Papel del ejército correntino y del gobernador en la retirada de Urquiza - Los coroneles Ocampo y Hornos - Fuerzas que operaban sobre el enemigo - Débil acción de la vanguardia de Corrientes; sus causas - Trabajos del gobernador Madariaga a favor de Urquiza y contra el general Paz - Negociaciones de Urquiza con los Madariaga - Poco empeño de los correntinos para continuar la guerra - Habilidad de Urquiza para sortear una difícil situación - Conferencia del general Paz con el gobernador Madariaga - Falta de decisión y energía en el ejército correntino; sus causas.]

El 23 [de enero de 1846] empezaron a sentirse los movimientos del enemigo por la banda norte del río Corrientes, y nuestro ejército los hizo también muy lentos, alejándose y aparentando tomar el camino de San Roque, pero habiendo llegado el 24 a la posta de Rolón (dos leguas del paso de Bedoya), los dejamos a la izquierda, para tomar el que se dirige a la isla de Juárez.

Nuestro ejército, obrando en el sentido de evitar una batalla, para la que no lo creía preparado, tenía dos caminos que tomar: 1º Pasar el Santa Lucía y replegarse sobre la capital, o Caa-Catí. 2º Seguir por la lonja estrecha que queda entre los ríos Batel y Santa Lucía, en una altura en que éstos son impracticables por los inmensos esteros que bordean sus orillas. Este último fue el preferido.

El gobernador don Joaquín Madariaga estaba situado en San Roque, donde reunía un cuerpo de tropas, el que, agregados dos escuadrones paraguayos y cien infantes, pasaba de mil hombres. Se le previno que pasase el Santa Lucía y defendiese esa línea hasta donde le fuese posible. Dicho señor manifestó sus temores de que el enemigo pasase también dicho río y amenazase la capital. Se inclinaba a que nuestro ejército pasase también el Santa Lucía, pero esto ni era conveniente ni era posible, como se verá. Mandé hacer prolijos reconocimientos de los pasos de San Roque e Isla Alta, y estaban casi impracticables por la creciente de las aguas e inundación de las costas, que llaman *bañados*.

Los ríos de Corrientes tienen una originalidad que los diferencia de todos los demás ríos. Éstos, por lo general, son más caudalosos y menos practicables en proporción que se alejan de su origen. Con los de Corrientes sucede lo contrario, pues remontando hacia sus cabeceras, son inaccesibles por los esteros, bañados y malezales que los bordean. Mejor será dicho que esos malezales y esteros sirven de origen a esos ríos. El de Santa Lucía, como también el Batel, tienen esta calidad, y de consiguiente, mientras más avanzase el enemigo, más se metía en un cajón del cual no podía desviarse.

Sin embargo, estuvo indeciso, bien porque no se hubiese resuelto sobre la dirección que había de tomar, bien porque ignorase la situación de nuestro ejército. Sus primeros movimientos fueron costeando el Batel subiendo por su margen derecha, y de consiguiente, parecía resuelto a seguir el cuerpo principal de nuestras fuerzas; pero desde la altura de la posta de Rolón, tomó a la izquierda, dirigiéndose a los pasos de la Isla Alta, y aparentando pasar el Santa Lucía. Es indudable que en esta operación, por pronto que la hiciese, no podía invertir menos de dos a tres días, y en tal caso mi plan consistía en caer sobre la retaguardia de su ejército, y desbaratarla; por tanto, me era necesario conservarme siempre a una jornada de su ejército, y para ello era preciso tener una vanguardia activa y diligente, que me instruyese por momentos de sus operaciones. El general Madariaga desempeñó este servicio con actividad, y, efectivamente, sus partes fueron continuos, de modo que no me dejó ignorar la situación del enemigo.

De aquí resultaron las marchas y contramarchas que hizo el ejército, maniobrando siempre en una limitada área de terreno, pues cuando el enemigo se aproximaba a Santa Lucía era preciso observarlo más de cerca, y cuando se desviaba era preciso seguir su movimiento. Esto no lo comprendían todos, y de aquí resultaba que los sabios de fogón se permitían a veces críticas, o por lo menos discusiones, propias de la indisciplina y de la ignorancia. De uno y otro había en nuestro ejército.

Al general de vanguardia fue preciso revelarle algo de estos planes, y mi numerosa correspondencia se ocupaba, como es natural, de muchos de mis pensamientos a este respecto, lo que más tarde produjo males, cuando esta correspondencia fue a poder de Urquiza.

Como se ha dicho antes, el general Madariaga no carecía de actividad, pero tenía un juicio muy limitado y una ambición desmedida. El proyecto de mandar el ejército correntino había fracasado con mi firme resolución en no consentirlo, y más que todo, con la invasión enemiga, pero no se había abandonado el pensamiento de realizarlo por otro camino que se presentase. El peligro en Corrientes, más que en ninguna otra parte, tiene el poder de uniformar los ánimos y acallar exorbitantes exigencias. Sea dicho de paso, que el gobernador, en una de sus cartas desde San Roque, cuando la invasión era ya indudable, creyó conveniente decirme que la autoridad del *directorio era reconocida, y que obrase en esta inteligencia*; lo que prueba que antes la había desconocido, y que el peligro le hacía volver sobre sus pasos, y desmentirse a sí mismo. ¡Qué hombre! ¡Qué gobierno!

Pero volvamos a don Juan, que alucinado con el mando de la vanguardia y con el servicio que hacía, que a su juicio sería sin duda de gran mérito, aunque no había hecho un solo prisionero, ni sostenido un combate cualquiera, creyó hallar un medio de llegar a su objeto, que era apoderarse de la fuerza correntina. Con este fin empezó a pedirme varios cuerpos de caballería, que no trepidé en mandarle, pero la demanda iba tan en progreso que llegaba la ocasión de negarla, cuando sucedió la catástrofe que lo puso en poder del enemigo; mas, no anticipemos los sucesos.

El general Urquiza, después de muchas hesitaciones, y aun de algunos días perdidos en indecisiones, levantó su campo del paso de la Isla Alta y se dirigió a San Roque, en cuyo pueblo desierto entró sin resistencia. No era creíble que allí quisiese pasar el Santa Lucía, porque el paso es peor que el de la Isla Alta, y era difícil atinar con el objeto de este movimiento. Hasta ahora creo que fluctuaba en penosas incertidumbres, y que sólo vino al pueblo de San Roque porque era preciso hacer algo.

Mas duró poco su permanencia en dicho pueblo, pues inmediatamente salió por el mismo camino que había entrado, y esta vez ya fue para lanzarse decididamente por la huella de nuestro ejército. Esto era precisamente lo que más deseaba, no porque nos diese más seguridad del triunfo, sino por evitar las alarmas de la capital y las quejas del delicado gobernador. He dicho que esto nos daba más seguridad del triunfo porque si el enemigo hubiese intentado pasar el Santa Lucía podíamos hacerle costar caro su arrojo en la Isla Alta o San Roque, y si hubiese contramarchado para pasarlo más abajo, donde son mejores los pasos, lo hubiéramos también pasado nosotros en otro punto, quedando sobre su flanco y en actitud de maniobrar con conocida superioridad.

Empeñado ya el enemigo en seguir nuestro ejército por la lonja de tierra que queda entre los dos ríos, no nos restaba más que conducirlo hasta el punto que fuese más conveniente para batirlo, haciendo antes lo posible para debilitarlo y hacerle fatigar sus caballadas. En este sentido fueron dadas las órdenes al general de vanguardia, cuya fuerza montaba ya a mil quinientos hombres de nuestra mejor caballería. Deseaba que se hostilizase al enemigo, que se presentasen ligeras guerrillas, que se le diesen alarmas de noche y se le obligase a una gran vigilancia, pero que de ningún modo se comprometiese un choque formal, de cuyo éxito no podía tener seguridad ni aun probabilidad.

Así siguió nuestro ejército hasta la mañana del 4 de febrero, que se hallaba en Cayubay, estancia de Naveiro, mientras la vanguardia se había conservado alejada, a distancia de seis leguas. En esa mañana se puso a la vista de la enemiga, a quien contuvo, y hasta un escuadrón nuestro cargó con suceso a otro enemigo, que hizo retroceder con poca pérdida. Este pequeño suceso exaltó la imaginación de nuestro general de vanguardia, y perdió la cabeza. Ya se creyó el héroe de la campaña, y dueño de la victoria: entonces fue que hizo castillos en el aire, y que reveló su plan de hacer de la vanguardia un ejército, y de atraer a ella toda la caballería del primer cuerpo, dejándome con la paraguaya. Después he sabido que conferenciaba y trataba de probar a los que lo rodeaban la conveniencia de formar en la vanguardia dos columnas: una propiamente dicha vanguardia y otra de reserva. ¡Qué tal!!! Esa misma mañana fue que me escribió mudando de tono, pidiéndome unos siete escuadrones más para reforzarla, y son éstos los que debía negarle terminantemente.

Pero no hubo tiempo para esto, porque sus ilusiones duraron tan poco que no hubo ni el de recibir mis contestaciones.

El ejército enemigo había reunídose a su vanguardia, y campado a media legua de la nuestra; varios jefes representaron el peligro de mantener a la inmediación una columna de caballería tan numerosa, en un paraje estrecho, ceñido por esteros y bosques de palmas; le indicaron también la inconveniencia de mantener una guardia en el paso de un estero, cuya permanencia comprometería las demás fuerzas, si no era que se le abandonaba enteramente. Nada bastó para convencerlo, pues declaró que quería hacer un simulacro (¡¡¡Un simulacro!!!) de combate. Aprendan los militares lo que es un simulacro, y sépase cuán peligroso es fiar la suerte de muchos a manos inexpertas.

En este estado permanecieron ambas fuerzas en expectación por algunas horas hasta que a las dos de la tarde, el enemigo decampó y se puso en movimiento, lanzando una parte de su caballería con extraordinaria rapidez. La guardia mencionada fue, por supuesto, envuelta inmediatamente; ésta envolvió a dos mitades que se habían dejado para protegerla, las que hicieron lo mismo con un escuadrón colocado más atrás con idéntico objeto, y estas fuerzas, ya en completa derrota, fueron arreando toda la columna, que en varias fracciones estaba colocada de distancia en distancia, por todo el camino. La carga del enemigo era rápida e impetuosa; nuestras fuerzas no combatieron, pero ni se pensó ni se trató de ello; todo fue un desorden, una espantosa disparada que duró por más de tres leguas.

Entretanto, el general venía envuelto en este torbellino, y tuvo la desgracia de rodar y caer con su caballo. Estaba rodeado de los suyos, lejos aún del enemigo; su caballo no pudo levantarse, pero le ofrecieron otro; otros quisieron alzarlo a la grupa y nada se pudo conseguir; parecía estupefacto, anonadado; al fin llegaron siete hombres del enemigo, de [los] que huyeron más de doscientos, y lo tomaron prisionero.

La disparada hubiera seguido hasta el mismo ejército sin la acertada medida de haber colocado al general Ábalos con su división en un punto intermedio entre la vanguardia y el ejército; esta misma división estaba poco menos que deshecha, porque el general Madariaga le había estado pidiendo escuadrones y partidas sueltas, para emplearlas según sus caprichos: estaba reducida a doscientos cincuenta hombres. Sin embargo, sirvió para contener, ya a puestas del sol, a los pocos enemigos que perseguían nuestra derrotada vanguardia, y aun para hacerle algunos muertos, con lo que cesó enteramente la persecución.

Esta noticia se recibió en el ejército, al anochecer, por los primeros derrotados que vinieron, y luego por parte que dio el general Ábalos, e inmediatamente se tomaron medidas. Mi primer cuidado fue tomarlas para contener la dispersión de los derrotados, y establecer otra vanguardia, de la que se encargó desde luego el general Ábalos. El ejército se puso en marcha hacia San Miguel, donde estuvo en la madrugada siguiente. Entretanto, no habían llegado sino algunos dispersos sueltos, a quienes había sido preciso imponer, para contenerlos, e impedir que siguiesen su derrota hasta sus casas; no había salido un escuadrón, ni una compañía reunida. De mil quinientos o mil seiscientos hombres de la mejor caballería que formaban la vanguardia, faltaban nueve décimas partes, y casi todos los jefes; del general Madariaga ya se decía que había caído prisionero, pero no había aún un dato cierto.

Nuestra caballería había sufrido un golpe tremendo; la del enemigo, tanto en número como en moral, había adquirido una superioridad decidida.

La caballería paraguaya se hallaba en estado de no prestar sino muy poco servicio. Sobre no tener una organización regular, sobre no tener ni la teoría, ni la menor experiencia de la guerra, carecía de oficiales y de clases inferiores; había escuadrón que no tenía más oficial ni jefe que un teniente, y estaban muy mal montados, no porque no se les hubiese dado caballos, sino porque no los cuidaban y los destruían en muy pocos días. Era extraordinaria la incuria que había en esta parte, sólo comparable a la dificultad de remediarla, por la imposibilidad de hacer entender al joven general y demás jefes, la necesidad de cuidar escrupulosamente este poderoso elemento de guerra y de victoria. Así es que la caballería paraguaya ha sido en toda la campaña de poquísima utilidad, porque cuando se le nombraba para cualquier servicio, luego se contestaba que no tenían caballos.

Muy luego se supo, a no dudarlo, que el general Madariaga había sido prisionero, y que una galera que llevaba había sido tomada con toda la correspondencia. Esta pérdida fue fatal, pues le revelaba a Urquiza nuestros planes; le hacía ver claramente que nuestro ejército se retiraba con el fin de atraerlo a una situación conveniente, para destruirlo y que la que él graduaba de una fuga era una retirada sistemada, que tendría su término y que no carecía de objeto.

Sin embargo, él continuó avanzando, porque era consiguiente que tratase de sacar partido de una ventaja tan remarcable como la que acababa de conseguir; pero aún esto lo hizo con precaución, y siempre con su ejército reunido.

Nuestra situación, a la verdad, había desmejorado inmensamente, porque fuera de hacernos perder el contraste del 4 una gran parte de nuestra mejor caballería, había hecho una fuerte impresión en los ánimos, y la moral había sufrido con exceso. En una palabra, nuestra caballería era en todo inferior a la del enemigo, y no podía pensarse en una batalla sin correr el riesgo inminente de ser batida la nuestra y expuestos nuestros batallones a quedar en el campo, aislados en medio de todo el ejército enemigo, en donde era seguro que hubieran sucumbido. Aun sin esto, era peligroso llevar al combate una infantería tan bisoña que mucha parte (la mayor) no sabía disparar, ni cargar sus armas; su primer o único ejercicio había sido en el Batel, al día siguiente de su incorporación al ejército; la falta de oficiales y clases inferiores era la misma que en la caballería, y los que había [eran] tan extraños a su profesión, a sus deberes y al arte de la guerra que no podían rendir ningún servicio. Los dos batallones que había eran de mil hombres cada uno, y tenía cada uno por única dotación un mayor (que se decía tal), ocho oficiales y dieciséis sargentos. Por este tenor era todo lo demás, sin exceptuar su vestuario y equipo, menos su armamento, porque sus fusiles eran de buena calidad.

Era, pues, indispensable buscar una posición en que la caballería enemiga no pudiese obrar libremente, y en que nuestra bisoña infantería, apoyada en la artillería, pudiese hacer su aprendizaje práctico de la guerra, en una batalla con probabilidades de buen suceso. Esto es lo que se encontró en Ibajay; pero no anticipemos los sucesos.

El 5 de febrero hizo el ejército una marcha de dos leguas y campó muy temprano, arriba de San Miguel; allí se supo que el coronel Paiva se había incorporado a nuestra retaguardia (a la que hemos llamado antes y seguiremos llamando vanguardia) con una fracción de su regimiento, de más de cien hombres, y que daba la noticia que otros jefes con otras fracciones, que habían recostádose a la izquierda en la derrota, estaban en aptitud de hacer otro tanto. Preciso era no dejar sin apoyo estas fuerzas y el general Ábalos tuvo orden de practicar un movimiento inverso, mientras el ejército permaneció a dos leguas de San Miguel, más de veinticuatro horas. Más tarde se consiguió, porque en la mañana del 6 el enemigo se hizo sentir por las inmediaciones de San Miguel, que ocupó el mismo día. Los jefes dispersos que esperábamos no llegaron, porque habían tomado otra dirección, para salvar; habían descendido por la margen izquierda del Santa Lucía, para atravesar ese río más abajo, y así lo hicieron.

Nuestro ejército se movió en la tarde del 6, dejando la vanguardia a no larga distancia, y en la noche continuó su marcha; desde temprano empezaron a recibirse los partes de que el enemigo se echaba sobre nuestra retaguardia; que la escopeteaba con tesón y encarnizamiento; que el enemigo aceleraba su marcha; que la precipitaba, etcétera. Estos partes me hicieron concebir que el enemigo se había decidido a forzar la marcha de un modo extraordinario, y que pensaba, sin duda, comprometer al ejército nuestro a una batalla, en el paso fragoso de la cañada de Ibiratingay, adonde íbamos a llegar; de consiguiente, era forzoso precederle de algún tiempo, para no vernos enredados en este mal paso, con las columnas del segundo cuerpo que iban adelante, y con el inmenso tráfago de carretas, tanto del ejército como del numeroso familiaje que se retiraba en esa dirección.

Así se hizo, y al amanecer, cuando estábamos cerca de la cañada de Ibiratingay, se supo que no había habido tal enemigo, ni tal persecución de nuestra retaguardia, ni tales guerrillas, ni cosa semejante. Por entonces creí que había sido originado el error de estos partes de una equivocación crasa del jefe de vanguardia, pero después he sabido su verdadera causa. Fue de un juguete que quiso hacer el comandante de los puestos avanzados, para eludir, y si se quiere, asustar al general de vanguardia, y reírse a costa de su miedo. ¡Que se forme idea por este hecho del estado de moral y disciplina del ejército! ¡Que se aprecie aún más esto sabiendo que, cuando mucho después lo he sabido, he creído conveniente darme como inapercibido de este suceso! Sin embargo él sirvió para revelarme más claramente el estado del ejército y confirmarme más en mi propósito de no dar una batalla a lances iguales, y de sólo aceptarla con ventajas de una posición escogida. En esa célebre noche se vio muy claramente el desaliento de nuestra caballería, la que estoy seguro hubiera aguantado muy poco si el ataque hubiera sido efectivo.

En la mañana del 7 se pasó Ibiratingay, cañada ancha de más de una legua, penosísima en tiempo de lluvias, y sumamente molesta por el malezal aun cuando está seca, como nosotros la encontramos. Campamos en la parte norte, y en la tarde nos movimos una corta distancia, para aproximarnos a la Barranquera. Al día siguiente fuimos a un arroyo de poca agua, llamado también Santa Lucía, y a la noche llegamos a un campo inmediato, donde la pasamos.

En ese día hubiéramos dado alcance al gran convoy en que iban más de ochenta carretas, con efectos de parque, maestranza y cosas de menos importancia. Las carretas eran viejas, los bueyes malos, y aquéllos iban sembrándose en las quiebras del camino. Se dio orden al coronel Allende, encargado de dicho convoy, de quemar la carreta que se rompiese, echando su carga en otras, y quemando asimismo, lo que no pudiese cargarse, de bancos, catres de bolsillo, mesas y otras chucherías, con que los particulares las habían recargado. Así se hizo.

En la mañana del 9 el ejército maniobró en la línea, en el campo de Itaguate, sobre su marcha, que continuó para entrar en el bañado de Ibajay; luego que se pasó éste, el ejército tomó posición, y fue ésta la elegida para esperar al enemigo. El gobernador Madariaga debía llegar ese mismo día a las inmediaciones, con la división que había formado al norte de Santa Lucía; efectivamente, esa noche estuvo a dos leguas de distancia.

En la mañana del 10, habiendo reunido los generales y jefes principales, fuimos costeando el bañado, y reconociendo la posición que ocupábamos, y que debíamos defender. En prosecución de este intento, llegamos al campo del gobernador, que estaba en la posta de Argüello; después de los primeros cumplidos, me dijo que quería hablar a solas, y nos entramos a una pieza aislada.

Allí se manifestó fuertemente conmovido, para decirme que hubiera deseado que su hermano hubiese muerto mil veces antes que hacer el desgraciado rol que se veía obligado a representar; que le había escrito con fecha 5 (al otro día de su captura); que me iba a mostrar la carta, pero que me rogaba que no me enfadase por lo que contra mí decía; que considerase su terrible situación, y que lo disculpase. Se lo prometí, asegurándole que no vería en sus producciones, cualesquiera que fuesen, más que la voluntad del enemigo bajo cuyo férreo poder se hallaba, y que descansase en este concepto. Me dio efectivamente la carta, pero no habiendo traído anteojos, se ofreció a leerla, y lo hizo, no sé si con fidelidad; lo cierto es que las disculpas anticipadas de él me parecieron infundadas, porque nada había en la carta que me ofendiese personalmente. En sustancia, decía así: Que por un suceso, no raro en la guerra, había caído prisionero — que don José Virasoro le había servido y considerado mucho — que lo mismo había hecho el general Urquiza, cuya amabilidad y generoso proceder encomiaba sobremanera — que había tenido ocasión de conocer que sus proyectos sobre la provincia de Corrientes eran los más útiles y benéficos, y que estaba dispuesto a entenderse con él y transar, pero debiendo yo ser excluido de toda ingerencia en el asunto y de la escena política.

Me dijo que el 8 había contestado, y que por la seguridad de su hermano se había visto obligado a contemporizar aparentemente. Efectivamente, así lo hacía en la contestación que me leyó, en que se prestaba a la negociación, y le prometía que iba a preparar los ánimos, luego que se reuniese al ejército. Me aseguró que toda esta promesa era fingida, y que si deseaba hablar con los jefes correntinos era, por el contrario, para decirles que estuviesen prevenidos, por si recibían alguna carta de don Juan, no prestarse a sus exigencias. No sé si lo hizo, aunque efectivamente conferenció con los de su mayor confianza; luego volveré sobre este particular.

En la mañana del 11 el enemigo se presentó en la margen opuesta del bañado de Ibajay, y su vanguardia principió, desde luego, a pasarlo; a cosa de dos tiros de cañón hicieron alto sus descubridores, y muy luego la columna, que los seguía; después de una hora de quietud retrocedió y se situó a poco menos de una legua, en la otra banda del bañado, donde permaneció todo el día. Nuestra posición era fuerte, pues el enemigo no podía llegar a ella sino por un lodazal de muchas cuadras, pero era demasiado extensa, porque tenía un frente de dos leguas; era preciso hacer difíciles los pasos más practicables, para que el enemigo nos diese tiempo de ocurrir con nuestras fuerzas donde acometiese. Se empleó, pues, ese día en poner algunos obstáculos ligeros, pero bastantes a entorpecer la marcha de una columna, principalmente de noche.

El 12 se pasó en reconocimientos, que practicó el enemigo sobre nuestro frente, con que aparentaba abrigar el proyecto de forzar la posición, pero que, a la verdad, no tenían otro objeto que ocultar el de retirarse precipitadamente, que había concebido. Efectivamente, en la noche del 12 levantó su campo, y volvió por el mismo camino, precipitando su marcha de un modo extraordinario; no fue sino el 13 que nuestras partidas alcanzaron su retaguardia en las lomas de San Juan, a siete leguas de Ibajay, y cuando ya mediaba entre ambos el bañado de este nombre y la cañada de Ibiratingay, de que se ha hecho antes mención.

Era preciso sacar el partido posible de la violenta retirada del enemigo, moviéndonos nosotros en su seguimiento, pero esto podía ser por varios caminos: o tomando el mismo que habíamos traído, y por donde había contramarchado el enemigo, o costeando por la derecha el Santa Lucía, para pasarlo enfrente a San Roque, y aproximarnos al río Corrientes al mismo tiempo que el enemigo. El primero de estos caminos sin duda era algo más corto, pero estaba completamente devastado, era más fragoso, exceptuando el paso de los ríos, y era imposible, de toda imposibilidad, remontar nuestra caballería, que lo necesitaba absolutamente.

El otro, aunque tuviere algún insignificante rodeo, nos ofrecía la ventaja de venir por el centro de nuestros recursos, recibiendo caballadas y auxilios de toda clase. Debe advertirse que el ejército no había tomado caballos del vecindario, y que los únicos que había empleado en la campaña eran los que sacó de Villa Nueva. Cuando me vi por la primera vez con el gobernador en Ibajay, me ofreció caballos, suponiendo que debía necesitarlos; mas, yo que tenía los precisos para un día de combate, y que ocupaba en Ibajay una área limitadísima, lo que me obligó a quedarme con un caballo por hombre, haciendo alejar los demás; que no quería consumir el poco pasto que había, y que, finalmente, no quería distraer la tropa en reconocimiento y elección de caballadas estando al frente del enemigo, no acepté por el momento, diciéndole que me los conservase para su tiempo, es decir, para cuando fuese preciso marchar tras de Urquiza, y perseguirlo. Con esto contaba, cuando muy pronto tuve un muy amargo desengaño.

A la artillería le faltaban algunos caballos, y al día siguiente del ofrecimiento del gobernador, y de haberle rehusado por el pronto, y aceptádolo para su tiempo (es decir, el 11), le hice pedir cien caballos para la artillería. ¡Cuál fue mi asombro cuando me dijo que no los tenía, porque la división que él mandaba había desflorado la caballada y dejado inútiles rezagos! ¿Qué se había hecho la caballada de la provincia? ¿Qué, la que por todas partes se había recogido? Sin embargo, me dijo que se buscarían caballos, y se mandarían los cien pedidos, y más cuantos se pudiesen, para remontar nuestra caballería y acelerar nuestra marcha, para arrinconar al enemigo sobre el río Corrientes.

La división del gobernador, fuerte de ochocientos hombres, porque los paraguayos se habían incorporado, estaba perfectamente montada, y tomó la vanguardia; era de esperar que se anticiparía con mucho a las demás columnas en que marchaba el ejército, el cual y que llevando artillería, carretas e infantería desmontada, debía hacer menores marchas; pero no sucedió así, pues en todo el camino fue la segunda columna echándose sobre la primera, que parecía sólo moverse para desocuparle el terreno, de modo que casi juntas llegaron a San Roque.

Desde el mismo Ibajay había sido destinado el coronel Hornos con doscientos entrerrianos, la legión Curuzú-Cuatiá y el piquete del mayor Careaga, para que forzando sus marchas y pasando el río Corrientes por los pasos de más abajo, se anticipase a Urquiza en la frontera de Entre Ríos, e hiciese una rápida excursión. Debía en el tránsito remontarse, como era indispensable, pero no lo pudo conseguir, sino muy tarde, no sólo porque el señor gobernador no le dio caballos, sino porque hasta impidió que los tomase. De todo resultó que no pudo anticiparse a Urquiza, y que únicamente pudo incorporarse a la vanguardia que mandaba el coronel Ocampo, el 1° de marzo, cuando dieron alcance a la retaguardia de Urquiza, en Mocoretá.

El ejército, en varias columnas, había continuado sus marchas, formándolas en cuanto era posible, y siempre en la esperanza de que llegarían las caballadas ofrecidas: éstas no aparecían, y cada día se hacía mayor la dificultad de alcanzar en el paso del río Corrientes el ejército enemigo, que había sido el objeto de nuestro movimiento. Cuando menos, era de desear que algunos cuerpos bien montados se adelantasen a hostilizarlo y sacar ventajas positivas de la difícil operación que iba Urquiza a practicar. Como la columna del gobernador tenía la más completa movilidad, había contado con ella para este fin; pero no fue así, como va a verse, permitiéndome también expresar las razones que influyeron para esto y las deducciones consiguientes.

Los jefes correntinos, empleados en la vanguardia, a quienes naturalmente llegaron las comunicaciones del enemigo para el gobernador, y viceversa, les daban dirección, pero guardando un misterioso silencio; sin embargo, las noticias se transmitían por otros conductos, y llegaban a mí; así sucedió con la correspondencia que despachó Urquiza desde Yaguareté-Corá, y después, desde Villa Nueva. La voz de que Urquiza quería la paz, de que estaba dispuesto a separar su causa de la de Rosas, la de que sólo quería entenderse con los correntinos, se iba generalizando: con este motivo, se hacían entrever proyectos conciliatorios que halagaban a muchos y entibiaban a casi todos los del país, cansados de sacrificios, vigilias y campaña. A los más adictos a los Madariaga se les presentaba también el expediente de una transacción, como el medio de recuperar a don Juan Madariaga, y para conseguirlo era necesario no irritar, y de consiguiente, no incomodar la retirada de Urquiza.

En prueba de ello, referiré lo que me dijo terminantemente el gobernador Madariaga, en las inmediaciones de San Roque. Ya se recordará que la división que él mandaba, tanto por su confección como por sus medios de movilidad, además de su situación avanzada, era la indicada para anticiparse al enemigo en el río Corrientes, incomodarlo y dificultar este peligroso paso, mientras se reunían las restantes columnas del ejército, y podían dar golpes decisivos; pues bien, cuando llegó el caso de verificarlo, el gobernador Madariaga no vaciló en declararme que él no pasaría el Batel, que está a tres leguas del paso del río Corrientes, por donde lo atravesaba Urquiza, porque eso sería comprometer a su hermano; el hecho es notorio que él hizo alto con su división en la margen del Batel, y que para franquearlo fue preciso que llegasen las columnas que venían atrás, las que no tuvieron tiempo de obrar sobre el ejército enemigo, que ya se había adelantado: el gobernador hizo solamente pasar un escuadrón con el mayor Alemis, que sin duda tendría órdenes únicamente de observar y de hacerle llegar misteriosamente las comunicaciones que le llegasen del enemigo, o de su hermano. No fue sino después que hubo pasado el Batel todo nuestro ejército, y que recibió noticias de su hermano, en que le decía que Urquiza había resuelto definitivamente seguir a Entre Ríos, que él atravesó este río.

Se me dirá que por qué no dispuse que quedándose él obrase la fuerza que mandaba, a cargo de otro jefe, en el sentido que convenía; me es fácil responder que él había ido reuniendo en su división todo lo que había de descontentos y conspiradores contra la autoridad del directorio: allí estaban los coroneles Saavedra, Baltar, Paz y otros, que abiertamente procuraban, para desacreditar al general en jefe, hacer ver que la campaña había fallado, que el enemigo se retiraba intacto, que se habían ya perdido las ocasiones de destruirlo y que todo lo que se hiciese era inútil y vano. De estas mismas ideas participaban muchos correntinos (por esos y otros motivos), lo que dio lugar a que otros jefes concibiesen sospechas siniestras. Véase la carta del coronel Velazco, a quien, habiendo hecho pasar el río Corrientes con una fuerza adecuada, no pudo hacer cosa de provecho. Todo, pues, prueba que cuando yo hubiese tomado la medida de quitar al gobernador el mando de dicha división poco hubiera conseguido, pues el espíritu de los que la componían, con pocas excepciones, era el mismo, y además hubiera sido adelantar un rompimiento que hubiera inutilizado la medida: fue, pues, preciso tolerar y procurar sacar el mejor partido con los medios que me quedaban.

Cuando Urquiza emprendió su violenta retirada de Ibajay, el coronel Ocampo fue destinado con dos escuadrones a seguir su retaguardia, e incomodarla; llevaba a sus órdenes al comandante don Plácido López, enteramente adicto a los Madariaga, al cual destinó a los puestos avanzados muy lejos de pensar que así proporcionaba un medio al enemigo de girar sus comunicaciones más seguras, con el gobernador. Efectivamente, este jefe sirvió de intermediario, y las despachó a sus títulos, sin participarlo a su inmediato jefe, ni a mí. Sea dicho en honor del coronel Ocampo, que obró siempre con la mayor lealtad, y que cuando le fue posible fatigó al enemigo, y contribuyó a que dejase la multitud de caballos flacos, de que quedaba sembrado su camino: el número de los que dejó Urquiza en la provincia de Corrientes no baja de diez mil.

El coronel Ocampo pasó el río Corrientes poco después que el ejército enemigo, y muy luego los coroneles Velazco y Salas, a quienes, con cuatro escuadrones, hice salir desde el Batel a tomar la vanguardia que había quedado, por la resistencia a marchar del gobernador; entonces fue [que Velazco], desde el paso de Pucheta, en Payubre, me dirigió la nota de que se ha hecho referencia.

Las fuerzas que obraban en ese momento sobre el enemigo eran las siguientes:

Coroneles Velazco y Salas, con 4 escuadrones ...	400 hombres
Coronel Ocampo, con 2 íd. ...	150 hombres
Coronel Hornos, con 1 íd. ...	200 hombres
Comandante Cáceres, con 2 íd. ...	250 hombres
Mayor Careaga, con un piquete del	50 hombres
mayor Azcona, disperso desde la acción del 4 de febrero, que se había reunido a don Antonio Madariaga, y la fuerza que estaba en la costa del Uruguay ...	200 hombres
Total ...	1.250 hombres

La parte de estas fuerzas que se habían desprendido del ejército estaba mal de caballos, porque, como se ha indicado, el gobernador me había faltado completamente a los ofrecimientos que me había hecho de este artículo; mas, sin embargo, los coroneles Ocampo y Hornos alcanzaron al enemigo en Mocoretá, y dieron un golpe pequeño a su retaguardia. A pesar de esto, es indudable que pudo hacerse mucho más, si se considera el número de fuerzas que se había destinado a incomodar al enemigo, y a que éste (aunque es digno de todo elogio el esmero con que supo conservar sus caballos) no iba mejor montado. Hubo poca armonía en los movimientos de las fuerzas de vanguardia, poco acuerdo entre los jefes y no mucho ardor, generalmente, en perseguirlo. Acaso se pudiera explicar esto, porque habiéndose libertado la provincia de la invasión, la misma desaparición del peligro hacía a sus hijos menos exigentes en el castigo del invasor; pero no, la causa principal es preciso buscarla en la anarquía que empezaba a sentirse mediante los manejos del gobernador y sus adherentes, que querían mancillar mi reputación militar, elevando la del general enemigo, y por los otros motivos más personales aún que hemos indicado, y en la falta de mutua confianza, que cundía con una rapidez extraordinaria.

La narración de estos sucesos me han hecho adelantar un poco, en términos que me es forzoso retroceder al río Corrientes, donde quedé con el ejército.

Éste había principiado a pasarlo en Caaguazú, en la inteligencia de que Urquiza haría alto en Villa Nueva, según se lo había escrito al gobernador, y en donde me proponía estrecharlo y batirlo, llegada la ocasión. Entonces fue que supe casualmente de una nueva comunicación que había llegado a S. E., el cual, a mi interpelación, contestó sin mandarme la comunicación, pero avisándome que Urquiza había resuelto desocupar la provincia y seguir su retirada al Entre Ríos. Entonces fue también que el gobernador se creyó autorizado para pasar el Batel, y seguir la retaguardia del ejército, como lo hizo con una pequeña parte de su división, destinando lo demás a la pacificación interior de la provincia, según lo expresó.

Fue a situarse en el pequeño pueblo de Mercedes, a tres leguas de Villa Nueva, donde se estableció un taller de intrigas, de seducción, de inmoralidad, de indisciplina; allí fue donde se pusieron en juego esas bien conocidas maniobras de caudillaje, representándome [a mí] y a todos los jefes de fuera que no eran de su devoción, como extranjeros a los intereses de Corrientes, como indiferentes a los sacrificios que tendría aún que hacer la provincia, y como empeñados en una guerra inútil que ellos (los Madariaga) podían terminar sin costo. El célebre escritor don Marcelino Parejas había sido traído desde Corrientes y desempeñaba cerca de S. E. las funciones de secretario privado; estaba misteriosamente encerrado confeccionando correspondencia cuyo destino se ignoraba, y, aunque nos escribíamos algunas veces con el gobernador, estaba sorprendido de la insignificancia de sus cartas. Me había ofrecido una visita, pero, retardándose ésta, y queriendo penetrar en lo posible estos tenebrosos negocios, me trasladé a Mercedes, donde tuve una larga conferencia.

Cualquiera pensará que yo obtuve en ella algo de importancia, pues nada de eso. Principió por tratarse de las negociaciones con Urquiza, y me hizo oír la lectura de una larga carta que se había redactado (por el señor Parejas, sin duda) en que se extendía pomposa y filosóficamente, lamentando los males de la guerra, [encareciendo] las ventajas y dulzura de la paz, y levantando a las nubes sus ardientes deseos de arribar a un tal resultado; cuando observé que aquello, en mi opinión, nada significaba, convino, y añadió (fueron sus propias palabras), lo consideraba como *un sermón de agonía*, dando a entender que consideraba todo esto como de poca importancia, y que si seguía ese juego era con el fin de entretener a Urquiza. Sin embargo, como éste le pedía mandase un enviado, en medio de su molesta reticencia dio a entender que cuando llegase este caso se aclararía más esto y podríamos ver mejor. Cuando se le exigía una explicación más positiva, sin dejar el misterio, daba a entender que la conservación de su hermano le obligaba a observar esta línea de conducta, pero protestando vagamente su patriotismo, su honor, sus compromisos por la causa, etcétera. Debe advertirse que ésta era para mí una noticia bastante delicada porque desde la posición de don Juan se habían hecho correr rumores absurdos. Se dijo que muchos se habían alegrado y festejado su desgracia, lo que era para S. E. una blasfemia, un delito inconmensurable, y hasta llegó a asegurarse que yo había preparado la caída precipitándolo hacia el enemigo; todo lo que dijese, pues, para que pudiese ser bien acogido debía...*

* Nota del editor. Desde la pág. 594, que comienza con el párrafo: "Fue a situarse...", hemos seguido fielmente la versión respectiva. Las ediciones anteriores continúan, a partir del mismo punto, con el texto de otra que, según ya hemos indicado, trata los mismos sucesos, y dice así:

"El viaje del gobernador a Mercedes, aproximándose el ejército, al que nunca llegó, tenía por objeto sembrar la anarquía y preparar el desquicio que tuvo lugar en abril; allí se hacía visitar de los jefes y oficiales que eran sus favoritos, los instruía en lo que fuesen a hacer, los regalaba y despachaba para que fuesen a hacer prosélitos en el ejército; el coronel don Bernardino López, agente principal del gobernador para esta obra de iniquidad, obtuvo una asignación reservada de los fondos públicos para corromper oficiales y tropa; entonces, más que nunca, se puso en juego ese tremendo resorte para el soldado correntino, de que el *el general Paz quería sacarlos de su país, para llevarlos a otras provincias*, añadiendo algunos, pérfidamente, *a la de Córdoba*. Con bien poco disimulo se hacía correr la voz de que *Urquiza era amigo de Corrientes, que ofrecía separarse de Rosas, y que quería la paz, a la que no había más obstáculo que yo.* El gobernador Madariaga llegó a decir a sus allegados *que el general Urquiza era amigo que convenía a Corrientes*, teniendo, además, poder y recursos de que yo carecía.

El general Urquiza había, efectivamente, pensado detenerse en Villa Nueva, para desde allí continuar las negociaciones con el gobernador Madariaga, según lo había anunciado desde Yaguareté-Corá; mas, viendo que nuestro ejército lo estrechaba, y que pasando el río Corrientes iba a verse muy pronto amenazado de cerca, resolvió continuar su retirada, desocupando definitivamente la provincia de Corrientes. Buen cuidado tuvo don Juan de avisarlo, de orden de Urquiza, a su hermano el gobernador, previniéndole que mandase comisionados a Entre Ríos (como lo diremos en otro escrito separado), destinados a tratar exclusivamente de esta nefanda negociación.

El desaliento, una inquietud vaga y la más cruel ansiedad empezaban a apoderarse de los ánimos menos prevenidos; todos sentían que algo se tramaba, y que mis relaciones con el gobernador estaban en el fondo alteradas, aunque en lo público no hubiesen sufrido interrupción; la conversión del general Urquiza era un acontecimiento que halagaba; la perspectiva de una paz hallaba buena acogida. Como se me suponía resistir esa paz, desde entonces mis órdenes y la eficacia de los jefes que me secundaban, hallaban obstáculos casi invencibles en esa fuerza de inercia, más embarazosa que una desobediencia aclarada; los jefes que de buena fe desempeñaban sus deberes respectivos sentían y no podían explicarse esa flojedad y poco empeño de los correntinos. De éstos, aun los que no estaban iniciados en los secretos de los Madariaga, creían haber hecho todo con repeler la invasión, y parecían querer dar a entender que no debía pasarse de allí y que no habían de salir de su país para llevar la guerra a otra provincia.

Creo haber demostrado que sin esas fatales disposiciones que todo lo embarazaron y frustraron durante toda la retirada del enemigo, en que apenas el benemérito coronel Ocampo disparó algunos fusilazos, pudieron sacarse grandes y quizá decisivas ventajas, aún después que Urquiza hubo pasado el río Corrientes. El prestigio de su superioridad estaba desvanecido con su precipitada retirada; el encanto estaba roto. Había dejado en su fuga de ocho a diez mil caballos rezagados, y habían empezado a presentársenos pasados, que llegaron al número de treinta en tres o cuatro días. Por lo demás, es seguro que hubiera quedado la mayor parte de la división correntina, y que muchos entrerrianos hubieran ganado los bosques para luego pertenecer a nuestra causa. Urquiza lo conoció muy bien, y es forzoso hacer justicia a su tino para decir que obró muy hábilmente, precipitando sus pasos para salir de una situación que, sin embargo de la *traición* de los Madariaga y de la inconcebible ceguedad de otros, no le ofrecía sino pérdidas y desastres. Se marchó, pues, a Entre Ríos, para evitar la completa desmoralización de su ejército, y para dar lugar a que las intrigas de los Madariaga produjesen su efecto, sin dejar por eso de continuar las suyas.

El gobernador me había ofrecido una visita; pero, retardándose ésta y queriendo penetrar en lo posible estos tenebrosos negocios, me trasladé a Mercedes, donde tuve una larga conferencia."

Sigue igual que en pág. 595 desde: "Cualquiera pensará..." hasta "...sus compromisos por la causa, etc.", en pág. 596, y concluye:

"Hemos dejado sentado que se hubieran obtenido mayores resultados de la campaña *si nuestro ejército hubiese obrado con más decisión y energía.* Quizá se preguntará: ¿Por qué no se hizo? ¿Será porque no lo mandase y exigiese el general Paz? De ningún modo; yo, que comprendía muy bien las situaciones respectivas, hice los mayores esfuerzos, ya con mis órdenes, ya con mi ejemplo. Mas todo fue inútil: el gobierno sólo tenía en vista sus intrigas para salvar a su hermano *a toda costa*; mis enemigos sólo trataban de dañarme, pretendiendo probar prácticamente que había hecho una campaña estéril; y los correntinos, en la generalidad, sólo pensaban en descansar, arreglar sus casas y sus muchos o pocos intereses que habían padecido con la invasión." (*Nota de la edición de Estrada, 1957.*)

Apéndice

Parte de las acciones de la Tablada

"Campamento General en el Río Carnero, junio 29 de 1829.

"El 18 se movió el ejército desde el Segundo, a buscar decididamente al enemigo, que había llegado el día antes al Salto; mas al hacerlo, no se ocultó al general que firma que, habiendo varios caminos y campos que se atraviesan sin obstáculo, le era fácil al enemigo evadir el combate y dirigirse sobre el pueblo, que para tal caso, precisamente, había sido fortificado. Al moverse, lo anunció nuevamente al gobierno sustituto, para que se estuviesen en vigilancia.

"Eso mismo fue lo que hizo el enemigo; pues, sintiendo nuestra aproximación bajo la margen derecha del río Tercero, lo pasó dos leguas más abajo y se dirigió rápidamente por los campos, dejando el camino muy a su izquierda, hasta la Capilla de Cosme, desde donde siguió a la ciudad, y llegó en la tarde del 20.

"En la madrugada de este día estuvo nuestro ejército en el Salto, donde sólo encontró los vestigios de la marcha precipitada del enemigo. De los dispersos que había dejado, se tomaron más de veinte prisioneros y algunas cargas de víveres. El ejército tuvo un rato de descanso, y contramarchó por el camino más inmediato a la ruta del enemigo. El 21, a pocas leguas de Córdoba, se supo que la plaza había rechazado los primeros ataques y que aún se sostenía.

"Esta noticia inflamó al ejército, que continuó su marcha

con el más vivo deseo de dar un pronto auxilio a los sitiados. En esta persuasión, llegó por la noche a las goteras de la ciudad; pero muy pronto se supo que la plaza se había rendido por capitulación, y fue preciso retirarse, dejando para después su salvación, para maniobrar sobre el ejército enemigo, cuyos fogones se avistaban en una inmensa. línea sobre los altos de la Tablada.

"El ejército pasó el río en la misma noche, y se situó sobre los altos del frente. En la mañana del 22 se movió por sobre los mismos, en dirección al enemigo, quedando la infantería frente del pueblo y siguiendo con la caballería a observar su posición. El enemigo, sin duda, pensó engañar con varios polvos que se retiraban en dirección de la sierra, aparentando con esto que desprendía divisiones a retaguardia para destruir alguna parte de nuestro ejército que se atreviese a aproximarse.

"A las dos de la tarde se puso en movimiento la infantería que había quedado frente del pueblo, y se incorporó a la caballería que ya había marchado por el potrero de la hacienda de don Pedro Juan González, que para el efecto fue preciso romper. Desde que llegamos a la cerca opuesta, ya se percibió que estaba allí toda la fuerza enemiga, menos la que guarnecía la plaza. Con esta cerca se hizo la misma operación que con la primera, abriendo tres grandes puertas para las tres columnas en que estaba formado el ejército.

"La de la derecha, al mando del señor coronel La Madrid, se componía del escuadrón de voluntarios, de la división del señor coronel Martínez, que la formaban los Lanceros de la Unión y milicia de Santa Rosa, y la del señor coronel Allende, que la componían los escuadrones de Ischilín y Río Seco.

"La del centro se batió a las inmediatas órdenes del señor coronel Deheza, jefe del estado mayor, que se componía del batallón segundo de cazadores, que mandaba el señor coronel Videla; del quinto de la misma arma, que encabezaba el teniente Larraya; de una parte del de Cazadores de la Libertad, a las órdenes del mayor Barcala, y de la artillería ligera, a las órdenes del mayor Arengreen.

"La izquierda fue mandada por el gobernador de Tucumán, general don Javier López, que se componía de las fuerzas de dicha provincia, cuyos cuerpos eran dirigidos por los coroneles Paz, Lobo, y teniente coronel Murga. La reserva la formaba el regimiento número 2 de caballería, que encabezaba el coronel Pedernera.

"El enemigo se movió con la mayor rapidez, manifestando

de un golpe la superioridad numérica de sus fuerzas, y desplegando su línea que envolvía, por su extensión, ambos costados de la nuestra.

"El coronel La Madrid tuvo orden de formar en escalones, y apenas pudo verificarlo para recibir la impetuosa carga del enemigo. La milicia de Córdoba cargó bien, pero es preciso decir que cedió al número; fue arrollada y vivamente perseguida hasta sobre nuestra artillería e infantería.

"El enemigo creyó por un instante que el triunfo era suyo, pero bien pronto tuvo motivo de desengañarse. El número 2 de caballería marchó oportunamente en auxilio del ala derecha, que se veía comprometida, sin embargo de la intrépida carga que dio el escuadrón de voluntarios, al mando del coronel La Madrid. No obstante las primeras ventajas que el enemigo había conseguido sobre este costado, el choque se renovó con encarnizamiento, y se vio muy pronto obligado a retroceder, concurriendo a esto muy eficazmente la brillante carga del coronel Pringles con un escuadrón del número 2, y la de la escolta del general que suscribe, conducida por sus ayudantes de campo, Plaza y Paunero.

"Desde ese momento el arrojo del enemigo se enfrenó, y, sin cesar de perder terreno, ya no se le vio hacer sino amagos insignificantes y esfuerzos vanos para reorganizar una fuerza que era triple o cuádruple de la que se le oponía.

"El señor general López, después de varias cargas dadas y recibidas con intrepidez por el cuerpo de tucumanos, arrolló el ala derecha enemiga, arrojando de su frente a los que se atrevieron a buscar o esperar el choque de sus fuerzas.

"El centro del enemigo cargó también hasta lograr penetrar, por el intervalo de los batallones, algunos soldados, en términos que uno de aquéllos tuvo que dirigir sus fuegos a retaguardia. Con esto huyeron bien escarmentados de un arrojo más bien debido a su ignorancia que a su intrepidez.

"Entonces se manifestó el empeño del enemigo de concentrar sus fuerzas sobre su izquierda; me obligó a hacer lo mismo sobre el costado inverso, relativamente a nosotros. El batallón 5º forzó nuestra derecha, y el fuego de sus tiradores bastó para hacer más pronunciada la retirada del enemigo, que continuó verificándola en la más espantosa confusión hasta cerrar la noche. El general López, con algunos escuadrones de Tucumán, logró todavía dar una carga a un cuerpo de los que se retiraban, y hacerles muchos muertos y heridos.

"El enemigo fue perseguido hasta que la noche no permitía ver los objetos, y la dispersión fue casi completa. El ejército se había alejado más de dos leguas en la persecución, y fue preciso volver al campo de batalla, donde había quedado parte de la artillería e infantería, con las caballadas y otros enseres. El ejército cantó la victoria, y sus individuos se felicitaron mutuamente de haber correspondido a sus compromisos y a las esperanzas de sus compatriotas.

"Pero estaba todavía reservada otra gloria. El general enemigo apenas pudo reunir un número corto respectivamente al que había tenido su caballería, mas contaba con la infantería que guarnecía la plaza. En su desesperación concibió el proyecto aventurado de tentar otra vez fortuna en un segundo combate, y lo verificó en la madrugada del 23, cuando nuestro ejército se ponía en movimiento para venir a la plaza. Todo formaba una sola columna, porque el terreno no permitía más, y el ataque se hizo por la retaguardia, en que necesariamente hubo alguna confusión.

"El ruido del cañón que había sacado de las trincheras nos avisó a todos de su proximidad. Los batallones habían descendido al bajo; pero muy pronto fueron conducidos por el señor jefe del estado mayor en persona, el 5° de cazadores y los Cazadores de la Libertad a las alturas de donde habían descendido; no ya por el mismo camino, sino por las escabrosidades que quedaban a la izquierda de la columna; pero después fue mandado el 2° de la misma arma en apoyo de los primeros. Este movimiento de la infantería decidió del combate. Sin embargo, él se hubiera prolongado, sin la bravura de estos batallones. El 5° se cubrió de gloria: arrolló y quitó una bandera a la infantería enemiga, que es la que se remite a disposición del Excmo. Gobierno sustituto.

"El señor coronel, jefe del estado mayor, don Ramón Deheza, prestó importantes servicios el día 22, pero el 23 los hizo muy distinguidos. Él condujo los batallones, y bajo su dirección triunfaron del enemigo.

"El coronel Pringles dio una carga, con que arrolló otra vez la caballería enemiga, y el cuerpo de tucumanos hizo lo mismo con la que se presentaba por la derecha. El coronel La Madrid es recomendable por la serenidad con que contuvo los primeros ataques del día 23.

"El enemigo se desbandó entonces, y la derrota fue declarada. Sus infantes perecieron casi todos. Su caballería se dispersó completamente, y mi ayudante de campo, teniente coronel Plaza, con algunos soldados de esta arma, la persiguió con tenacidad.

"El campo, que con corta diferencia había sido el mismo en los dos combates, ha quedado cubierto de cadáveres; el número de prisioneros es considerable; el armamento, su artillería, todo está en nuestro poder.

"Nuestra pérdida, proporcionalmente, es moderada. Luego que se tengan las relaciones detalladas de los cuerpos, se le pasarán a V. E.

"Después de destruido el último resto de enemigos, fue destinado el señor coronel La Madrid, con una buena división, a perseguirlos, y el resto del ejército contramarchó sobre la plaza, donde había dejado el enemigo una pequeña guarnición y varias partidas de caballería, que cruzaban las calles. A su aproximación, desaparecieron las últimas y a la plaza se le intimó rendición en la jornada establecida. El recomendable capitán, ayudante de campo del general que suscribe, don Dionisio Tejedor, fue encargado de aquella operación, la que desempeñó, volviendo con la contestación de que sólo pedía las vidas la guarnición, y que la plaza estaba pronta a entregarse. Se le hizo regresar, otorgando lo que se pedía y llevando el signo sagrado de parlamentario; pero una partida de malvados, que ocupaba una azotea, hizo fuego sobre él, y privó a la patria de este joven benemérito.

"El bravo capitán Correa, también ayudante de campo del que suscribe, tuvo igual suerte, pues, habiendo sido mandado a hacer un reconocimiento sobre el pueblo, antes de la aproximación del ejercito, se precipitó con una mitad sobre un número mucho mayor de enemigos, y murió gloriosamente. A vista de todo, creyó que la plaza se defendería, y se encomendó el asalto al señor coronel Deheza con los batallones de cazadores, mientras la caballería recorría la circunferencia, para purgarla de algunas partidas de caballería que podían conservarse; y ya se penetraba por algunas calles inmediatas a la plaza, cuando se supo que la muerte del capitán Tejedor había sido efecto de la perversidad de algunos soldados, y no de la mala fe de los que mandaban la guarnición.

"Efectivamente, ésta había dejado ya las armas; y el jefe, que lo era el español Antonio Navarro, había fugado abandonando a sus compañeros. El ejército penetró sin resistencia en la plaza, donde recibió las enhorabuenas de los ciudadanos, que poco antes se creían víctimas de la tiranía más feroz, y que por encanto se veían restituidos a la libertad.

"El señor general don Javier López, con su división, ha cooperado eficazmente al éxito de la campaña. Él y su provincia han prestado un servicio a que debe quedar eternamente reconocida la de Córdoba. Los señores coroneles don José Julián Martínez, don José Videla Castillo, don Juan Pedernera, don Segundo Roca, ayudantes del señor general López, teniente coronel don Lorenzo Lugones, y jefe de estado mayor divisionario, teniente coronel don Isidoro Larraya, comandante Mendivil y otros, son dignos de recomendarse a la consideración pública.

"Después de los que llevo nombrados, son dignos de una particular mención el capitán del 5º de cazadores don Saturnino Navarro, que mandaba la valiente compañía de volteadores de este cuerpo, y el cabo Manuel Arrieta, del mismo, que tomó la bandera de que se ha hecho referencia. El capitán de la división de Tucumán, don Dionisio Mendivil, pereció combatiendo esforzadamente.

"Mis ayudantes de campo, mayor don Casimiro Rodríguez y capitán don Ramón Campero, han llenado su deber muy satisfactoriamente.

"El señor coronel Allende recibió en la primera carga una herida leve en la cara; y el comandante de lanceros don José María Martínez, otra en un hombro.

"Sería muy prolijo nombrar a todos los jefes y oficiales que merecen una particular mención. Todos, a porfía, han mostrado cuánta superioridad tienen los soldados de la libertad sobre los esclavos de la tiranía. Todos han manifestado el mismo entusiasmo, todos el mismo valor.

"Algunas pequeñas diferencias acaso no provienen sino de la diversidad de lances que se presentan en el curso de una batalla. La gloria es suya, es de todos.

"El ejército no comió, no durmió, no cesó de caminar en tres días; sin embargo, el deseo de batirse fue general; el entusiasmo, en todos, se aumentaba en proporción que crecían las privaciones. Los veteranos y los milicianos manifestaron igual ardor. Entre estos últimos, se han distinguido los del Río Seco, con su comandante César.

"El general que suscribe, saluda al señor gobernador sustituto a quien se dirige, ofreciéndole sus más altas consideraciones." —*José María Paz*.

Partes de las acciones de Oncativo

"Cuartel General en Impira, febrero 25 de 1830.

"Al Excmo. señor Gobernador y Capitán General Delegado de la Provincia.

"Excmo. señor:

"Son las once de la noche, hora en que acabo de llegar de perseguir al enemigo, que ha sido completamente batido y deshecho en la jornada de hoy.

"Ocho piezas de artillería bien dotadas, mucho armamento, más de setecientos prisioneros, inmenso número de caballadas y boyada, con cerca de cien carretas, son el fruto de esta memorable victoria. Don Félix Aldao, el coronel Vargas, otros varios jefes y más de treinta oficiales, quedan en nuestro poder.

"El enemigo ha tenido un considerable número de muertos. Por nuestra parte ha habido la muy sensible pérdida del teniente coronel de los Lanceros Argentinos, don José León Ocampo, del capitán don Rafael Rodríguez, del mismo cuerpo, y del capitán don Domingo Arias, del número 2 de caballería.

"La bravura de nuestros soldados es digna del mayor elogio. Los milicianos han combatido a la par de los veteranos. Luego que las primeras atenciones me lo permitan, daré el parte circunstanciado de este combate memorable.

"El general enemigo ha huido con un pequeño resto de sus tropas, después de perseguido por más de seis leguas, en que ha perdido tres cuartas partes de la fuerza que sacó del campo de batalla.

"Sigue acosado a la vista, por una división al mando del coronel Echevarría.

"Dios guarde a V. E. muchos años." —*José María Paz.*

"Cuartel General, febrero 28 de 1830.

"El general enemigo había abierto su campaña manifestando intenciones pacíficas; mas, sin embargo, se avanzaba rápidamente al corazón de la provincia. Se hicieron reclamaciones a este respecto, mas él las despreció, y continuó sin interrupción sus marchas hostiles.

"Nuestro ejército, entretanto, que obraba en distintos puntos, se había reunido en Anisacate, y se procedió sin demora a organizar sus divisiones en la forma siguiente:

"La primera, compuesta del escuadrón de voluntarios, de los Lanceros Argentinos y milicias del Río Segundo, fue puesta a las órdenes del señor coronel La Madrid. El escuadrón de coraceros, los lanceros de Salta, milicianos de Santa Rosa y del Río Seco, formaban la segunda, a las órdenes del señor coronel Puch. Los batallones 2° y 5° de cazadores con una batería de seis piezas, hacían la tercera, a las órdenes del señor coronel Videla Castillo. La división de reserva se formó del batallón de Cazadores de la Libertad, regimiento número 2 de caballería y escuadrón de Lanceros Republicanos, al mando del señor coronel Pedernera.

"La de vanguardia se encomendó al señor coronel Echevarría, y era compuesta de los Lanceros del Sud, un escuadrón de los lanceros de Salta y las milicias del Río Cuarto y Calamuchita.

"El escuadrón de puntanos, que mandaba el señor coronel don Luis Videla, se agregó a esta división.

"En esta forma se movió nuestro ejército el 18, bajando por la margen izquierda del río Segundo, al mismo tiempo que el enemigo maniobraba por la derecha del Tercero. Él traía el camino principal que viene de San Luis; mas, a poca distancia del Salto, varió a la derecha, y, bajando igualmente, vino a situarse en la Capilla de Rodríguez, donde efectuó el paso de este río.

Este movimiento obligó al infrascripto a seguir el que había principiado, descendiendo hasta la Capilla de Cosme.

"Allí se perdieron tres días, porque, estando pendientes las negociaciones, fue preciso esperar su desenlace. Al fin ellas fueron rotas por el general enemigo, quien despidió a los comisionados del gobierno de Córdoba, con expresiones y tono amenazantes.

"Los comisionados llegaron al campo del infrascripto en la madrugada del 23, y poco después se supo que el ejército invasor, atravesando la campaña que media entre ambos ríos, se dirigía al norte, hasta colocarse en el camino que conduce a Buenos Aires, en las inmediaciones de Oncativo.

"En este día el ejército de Córdoba continuó sus marchas hasta las cercanías del Pilar, y por la noche siguió cinco leguas más abajo hasta situarse en el paso de los Tesera. Esta posición le facilitaba buscar al enemigo, y obligarlo a un combate, ya permaneciese en quietud, ya tomase cualquiera otra dirección.

"El 24 se supo que el ejército agresor se conservaba inmóvil, y resolvió el general que suscribe no diferir por más tiempo una batalla que las circunstancias hacían ya inevitable.

"La comisión mediadora del Excmo. Gobierno de Buenos Aires había obtenido desde el 22 el accésit del gobierno de Córdoba para trasladarse al campo del enemigo, y, después de allanadas algunas dificultades, lo verificó en este día. El infrascripto, ansioso de dar el último testimonio de sus deseos por la paz, la invitó nuevamente a que ejercitase sus nobles oficios, y mandó un oficial bastante autorizado que los expresase, juntamente con las proposiciones que le parecieron más razonables; pero exigía un término perentorio, pasado el cual sería preciso decidir por las armas la cuestión que desgraciadamente no había podido terminarse de otro modo. El oficial regresó con una contestación verbal que manifestaba el interés que los honorables mediadores tomaban por la pacífica transacción de este negocio.

"El ejército pasó el río Segundo en la tarde del 24 y estuvo allí la mayor parte de la noche hasta la madrugada del 25, que emprendió su marcha en dirección al enemigo, a cuyo frente estuvo a las diez y media de la mañana. El infrascripto esperó en vano a que un parlamentario le anunciase el resultado de los últimos esfuerzos de la comisión mediadora: su silencio se tuvo, como era natural, por una negativa formal, y se procedió a los preparativos de un ataque, que tuvo lugar pocos momentos después.

"El enemigo estaba acampado en un montecillo circular, que caprichosamente se eleva en medio de una dilatada llanura.

"El crecido número de carretas en que había conducido su artillería, infantería y bagajes, lo rodeaban en dos filas que guarnecían sus cazadores y ocho piezas de artillería. Por una de ellas fue disparado el tiro que dio principio al combate. Su caballería se prolongaba a nuestra derecha, algo atrasada de aquella fortaleza movible.

"Nuestro ejército hizo entonces un movimiento de flanco por la derecha, con el que obligó al enemigo a un cambio de frente, atrasando su ala izquierda mientras se sostuvo un cañoneo por ambas partes y nuestra artillería disparó algunas granadas con buen suceso. La enemiga flanqueaba perfectamente los ataques de nuestra caballería, y, sin embargo, era preciso hacerlos, porque la contraria parecía decidida a conservar la defensiva.

"Se resolvió, pues, atacar su izquierda, a cuyo efecto la división del señor coronel La Madrid, que ocupaba la derecha de nuestra línea, fue reforzada con algunos escuadrones. El coronel Echevarría, con parte de la suya, tuvo orden de flanquear al enemigo, y el señor coronel Pedernera, con la caballería de la reserva, la de sostener ambos ataques. La división del señor coronel La Madrid verificó la carga con la mayor bravura, y arrolló la caballería que se le opuso, lo mismo que el señor coronel Echevarría por el flanco. Mas el enemigo movió todas las masas de esta arma sobre la misma dirección, y renovó el combate encarnizadamente. Un sinnúmero de cargas sucesivas tuvieron lugar por instantes; se lidió por ambas partes con desesperación, pero, al fin, la carga del regimiento número 2 de caballería, apoyado en los Lanceros Republicanos al mando de los coroneles Pedernera y Pringles, fijó la victoria en nuestras filas, y la enemiga fue contenida y envuelta.

"Entretanto, el batallón 5° de cazadores y, en pos de él, el 2 de la misma arma, a las órdenes del señor coronel Videla, juntamente con el escuadrón de coraceros, al mando del señor mayor Paunero, penetraban por el centro de la línea enemiga y despreciando el fuego de su batería y cazadores que los flanqueaban. Este movimiento concurrió eficazmente a asegurar las ventajas obtenidas por nuestra caballería, y, lo que es más, privó a la contraria del apoyo de su artillería e infantería, que por él quedaron separadas de su ala izquierda.

"El general enemigo procuró en vano hacer un movimiento

de flanco para volver a ligar sus líneas, dando un gran rodeo; esto era ya imposible por la posición respectiva de las fuerzas, por el tumultuoso desorden en que había quedado su caballería, y, últimamente, por la persecución incesante de la nuestra.

"La división del señor coronel Puch, y el batallón de Cazadores de la Libertad, que habían quedado a nuestra izquierda amenazando la fortificación enemiga, siguieron el movimiento de los primeros batallones, de modo que nuestro ejército reunido, quedó interpuesto entre las dos alas del enemigo. Desde entonces su derrota fue declarada, a pesar de los inútiles esfuerzos que hizo por reorganizar lo que le restaba de caballería. Ella fue perseguida por la nuestra, y el batallón 5° siguió a una buena distancia con tres piezas de artillería, al cargo del ayudante Paz. El señor coronel Videla Castillo recibió orden de volver con el batallón 2° a reforzar la división del señor coronel Puch; y el batallón de Cazadores de la Libertad, que se había quedado observando y conteniendo la derecha enemiga, la recibió también para intimar rendición o batir la infantería atrincherada en las carretas. Dicho jefe lo verificó, y esta fuerza aislada y sin recurso alguno para sostenerse, depuso las armas y quedó prisionera; con ella, su artillería, parque y demás.

"La caballería continuó la persecución a una gran distancia, dejando el camino marcado por los trofeos que se iban consiguiendo. Entre ellos, es de notarse la captura del mayor general coronel don Félix Aldao. A las 6 de la tarde, el general enemigo llevaba más de cien hombres, y nuestros escuadrones lo tenían a la vista; pero los caballos se habían agotado. Los nuestros, que sin duda habían trabajado más, estaban en peor estado que los suyos. El señor coronel Echevarría continuó, sin embargo, la persecución, cuyos resultados hasta ahora se ignoran. El resto del ejército volvió al campo de batalla.

"Es difícil explicar el ardor que ha manifestado el ejército en esta memorable jornada. Todos los jefes y oficiales, la tropa misma, parecían penetrados de la necesidad de vencer.

"El entusiasmo fue tan general, y llegó a tal punto en todas las clases, que aún en los simples soldados se hacía sentir en aquellos momentos críticos el efecto de sus esfuerzos individuales, bien para reunirse cuando habían perdido la formación, bien para volver a la carga cuando lo urgía la inútil tenacidad del enemigo.

"El general contrario, que se lisonjeaba de no contar entre

sus soldados sino voluntarios y decididos, no ha tenido uno solo pasado de los nuestros, mientras nosotros contamos con muchos de los suyos.

"El señor coronel Deheza, jefe del estado mayor, prestó servicios importantes, ya en dar dirección a las columnas, ya en presidir la ejecución de sus movimientos. Los oficiales del estado mayor, tenientes coroneles Espejo, Arrascaeta y demás, se comportaron satisfactoriamente.

"Los ayudantes de campo del general que firma, coronel Zamudio, teniente coronel Rodríguez, mayores Campero, Cuevas y Cuello, llenaron sus deberes con el honor que los caracterizan. De igual recomendación es digno el secretario militar del que suscribe, don Félix María Olmedo.

"El coronel La Madrid, con el escuadrón de voluntarios y demás cuerpos que formaban su división, se condujo con la mayor bizarría.

"Los coroneles Pedernera y Pringles son acreedores a igual distinción. Los escuadrones que ellos mandaban y la primera división fueron los que sostuvieron lo más rudo del combate. Allí fue donde perecieron gloriosamente los bravos Ocampo, Arias y Rodríguez.

"Los valientes salteños no han desmentido la reputación que adquirieron en la guerra de la independencia. Han manifestado el valor que distingue a los habitantes de aquella heroica provincia.

"Sería muy prolijo nombrar a todos los que la han merecido; pero sería también injusto no hacer una particular mención de los coroneles Larraya, Albarracín y Videla (don Luis); y de los tenientes coroneles Correa, Melián, Aresti, Virto, Barcala, Leiva, Chenaut, Aparicio, Martínez (don José María), Isleño, Argüello, Moyano, Martínez (don Segundo), Ocampo (don Juan Bautista), Balmaceda y don Eufrasio Videla.

"La artillería, al mando del comandante Arengreen, ha obrado con valor e inteligencia.

"Es muy justo recomendar las milicias de la provincia: ellas han rivalizado en valor a los veteranos; sus jefes les han dado el ejemplo de decisión y de bravura.

"El territorio de Córdoba, Excmo. Señor, no será más hollado impunemente. Sus hijos saben sentir bien cuánto valen la libertad y la gloria de su país. No serán esclavizados.

"Nuestra pérdida es imposible detallarla por ahora; no se

han recibido aún las relaciones de los cuerpos. Muchos de los jefes están aún fuera del ejército, y algunos, del campo de batalla.

"Sin embargo, se puede asegurar que es muy pequeña. La del enemigo es considerable: pasan ya de novecientos prisioneros los que hay en nuestro poder. Oportunamente se darán las relaciones que las expresen; este número crece con los que vienen a cada instante de todos los puntos de la campaña. Los milicianos, y aun los simples vecinos del campo, se esfuerzan indeciblemente en perseguir y aglomerar trofeos de victoria, tomando y presentando a algunos dispersos de la batalla que se han diseminado en todas direcciones, manifestando con ese interés y diligencia las virtudes de un singular patriotismo.

"El general que suscribe saluda al Excmo. Gobierno Delegado, a quien se dirige, con las protestas más sinceras de su particular estimación." —*José María Paz.*

Parte de las acciones de Caaguazú

"¡Patria! ¡Libertad! ¡Constitución!"

"Cuartel General en Villa Nueva, diciembre 3 de 1811.

"El General en Jefe, al Excmo. señor Gobernador y Capitán General de la provincia:

"Mes y medio hacía que el ejército invasor permanecía como clavado en la banda del sur del río Corrientes, mientras el de mi mando estaba en la opuesta, observando cuidadosamente el momento en que aquél se propusiese atravesar aquella barrera, para atacarlo sobre la marcha.

"El río, que tendrá de cincuenta a sesenta varas de ancho, estaba a nado, y el general enemigo, no obstante haber mandado construir dos grandes botes de cuero y hecho otros preparativos, no parecía dispuesto a franquearlo. Nuestras partidas lo acosaban en varias direcciones, y habíamos logrado repetidos aunque pequeños triunfos; mas, sin embargo, era preciso terminar con tal estado de cosas, y salir de tan incierta situación. Al efecto, resolví ahorrar al enemigo el paso del río, verificándolo con nuestro ejército, y reducir nuestras operaciones a la limitada área que circunscribe el expresado río Corrientes, el Payubre y la gran montaña que, a distancia de algo más de una legua, corre paralela al primero. En la tarde del 26 del pasado, debió nuestro ejército acercarse cautelosamente al río, para atravesarlo del mismo modo con la noche; pero esta operación se retardó de dos horas, porque el enemigo, ese mismo día, hizo un serio amago por el paso de Capitaminí, empeñando un fuerte combate, en que fueron balanceadas las perdidas. Este incidente me hizo sospechar, por algún tiempo, que el enemigo, cansado al fin de su inacción, se hubiese resuelto a forzar el paso; pero a la caída de la tarde volvió a sus posiciones, confirmándome en el concepto de que estaba muy distante de resolverse a una maniobra tan atrevida. Entonces se activó nuestro movimiento, y el ejército se dirigió en varias columnas a los puntos más aparentes, para efectuar el pasaje. A las dos de la mañana lo había verificado la infantería y caballería en Caaguazú, pero la artillería y parque, no obstante haber reunido algunas canoas, no pudo practicarlo tan pronto. Fue ya de día que acabó de pasar el último. El ejército acampó en un baldío, y con el fin de atraer la orgullosa vanguardia del general Gómez, hice adelantar solamente una división, al mando del coronel Velazco. Luego que ésta se hizo sentir, fue recibida por otra, a la que en vano provocó para que se alejase de su ejército: no lo pudo conseguir, contentándose el enemigo con empeñar fuertes guerrillas enemigas era tal que revelaba la proximidad de tomaron un carácter demasiado serio por la mucha fuerza que cargó sobre nuestra división avanzada, la que tuvo que replegarse, sosteniendo valerosamente el empuje de las armas enemigas, no obstante que fue apoyada por la división del general Ramírez.

"Era ya cerrada la noche, y el fuego se sostenía con encarnizamiento por ambas partes, pero la audacia de las guerrillas enemigas era tal, que revelaba la proximidad de todo su ejército. Muy pronto se hizo también sentir el fuego por nuestra izquierda, que ocupaba la división del general Núñez, de modo que fue general un vigoroso tiroteo por todo el frente de nuestra línea, y a no muchas cuadras de ella. La tenacidad de los enemigos hizo indispensable reforzar nuestras guerrillas con el batallón Voltígeros, habiendo hecho lo mismo el enemigo por su parte.

"Entonces el fuego recobró una viveza extraordinaria que, presentando una iluminación de nuevo género en la extensión de muchas cuadras, duró hasta las tres de la mañana. Su actividad y duración fue tal, que pudo equipararse a una batalla nocturna. A la dicha hora calmó, para dar descanso a los combatientes y tiempo de prepararse para la batalla, que debía tener lugar muy luego.

"Amaneció el 28 de noviembre, y apareció el ejército del enemigo a dos mil varas, poco más o menos, del nuestro. El general contrario, puesto de pie sobre una carreta, según lo he sabido después, procuraba en vano descubrir la situación de nuestras fuerzas, las cuales, ya por la aparente irregularidad de nuestra línea, ya por las pequeñas desigualdades del terreno, no podían ser bien observadas.

"Mas, era forzoso llegar a las manos, y, en consecuencia, desplegó su línea de batalla, teniendo a la derecha las divisiones de vanguardia del mando del general Gómez; al centro, su infantería y artillería; a la izquierda, la caballería entrerriana, y a retaguardia, su parque, bagajes y reserva. En esta forma se movió sobre nuestro ejército, que estaba organizado en la forma siguiente: La ala derecha, a las órdenes del señor general Ramírez, se componía de la segunda división de caballería, de su inmediato mando, y de la cuarta, que manda el coronel don Federico Báez; el centro, compuesto de la artillería y los batallones Cazadores, Voltígeros y Guardia Republicana, estaba a las órdenes del teniente coronel don Felipe López; la izquierda, al mando del señor general Núñez, se componía de la primera división, que está a sus inmediatas órdenes, y de la quinta, que obedece las del coronel Salas; la reserva, a las órdenes del coronel don Faustino Velazco, se formaba de la tercera división, de su mando, y del escuadrón escolta. Muy inmediato al paso de Caaguazú, se encuentra un estero vadeable de figura irregular, pero oblonga, cuyo extremo norte toca casi con el río, dejando solamente una abertura de ochenta varas, inclinándose a la parte de arriba; dicho estero dividía nuestra línea, dejando a una parte el centro, derecha y reserva, y a la otra, el ala izquierda del ejército.

"Era de creer que el enemigo atacaría esta ala, que parecía más débil, como sucedió efectivamente; en consecuencia, el señor general Núñez tuvo la orden de hacer demostraciones de recibir la carga, para mejor atraer al enemigo, y replegarse rápidamente en los momentos precisos por la abertura que quedaba a retaguardia, entre el estero y el río, para pasar a ocupar nuestra derecha y completar la derrota de la izquierda enemiga, que quedaba destinada a sufrir todo el peso de nuestra caballería. El movimiento de nuestra izquierda fue ejecutado con habilidad y precisión, al tiempo que la derecha enemiga se precipitaba sobre ella, y el señor general Núñez se transportó con su fuerte división a la nuestra, llenando de terror al ala enemiga que le era opuesta, y contribuyendo a completar su derrota. En la expresada abertura o boquerón, se había colocado el batallón

Guardia Republicana, y fue destinado el coronel Chenaut, jefe de estado mayor, a tomar el mando de este importante punto.

"La derecha enemiga, terriblemente alucinada por la calculada retirada del general Núñez, se lanzó audazmente en su seguimiento, teniendo al mismo tiempo que romper su formación, porque el terreno, que disminuía sucesivamente, le obligaba también a disminuir su frente. En tal estado, recibió primero por su flanco izquierdo los fuegos del batallón de cazadores, que había vadeado el estero; pero, sin desistir del ataque, continuó su marcha hasta dar con el batallón Guardia Republicana, que guarnecía el estrecho, el cual lo recibió con los suyos.

"Fue entonces todo confusión en el enemigo, y retrocedió espantado, sufriendo por segunda vez los fuegos de los cazadores, para ir a medio rehacerse a gran distancia, y replegarse sobre su infantería.

"Al mismo tiempo que nuestra ala izquierda ejecutaba el movimiento que acaba de describirse, nuestra derecha cargaba bizarramente la opuesta enemiga, por orden que para ello recibió el señor general Ramírez, siendo no menos bizarramente sostenida la carga por la reserva, en virtud de orden que también le fue dada al señor coronel Velazco.

"El combate se trabó encarnizadamente en este punto, contribuyendo a prolongarlo la caballería del general Gómez, que, según se ha dicho, se había replegado sobre su centro, para venir a tomar una parte en el empeño, lo que, sin embargo, no hizo sino muy débilmente.

"Muy luego todo fue confusión en el ejército enemigo, que sólo presentaba una enorme y desordenada masa circulada por nuestra caballería, excepto por el lado en que se jugaba su superior artillería contra la nuestra, y las columnas de nuestra infantería.

"Acosado éste en la forma que se ha dicho, empezó a pronunciarse su derrota, y se separaban gruesos grupos de su caballería que pretendían ganar el bosque, y que eran perseguidos y despedazados por los escuadrones de la nuestra, continuando así hasta que quedó sola la infantería y artillería, con su parque y numerosos bagajes.

"Nuestros batallones se habían puesto también en movimiento, con lo que los restos del ejército enemigo, consistentes en su artillería e infantería, emprendieron la más desastrosa retirada. Después de algún tiempo, hicieron un pequeño alto para disparar algunos tiros de cañón, que siendo contestados por nuestra artillería los obligaron a precipitar su movimiento, para no detenerlo hasta después de rendido. Sus carretas iban quedando sucesivamente por el cansancio de los bueyes, y muy luego sucedió lo mismo con los cañones, no obstante de estar sus cajas perfectamente provistas; nuestra infantería no podía darles alcance, y de la caballería se destacó una nube de tiradores que acosaban aquellos mutilados restos sin cesar; el calor era excesivo, y al fin, exhaustos de fatiga, de sed y cansancio, se rindieron como doscientos infantes, que era lo único que les quedaba, pues lo demás había perecido en la persecución después de haber combatido con bravura y hasta con desesperación.

"Desde el principio de la batalla es asombrosa la actividad con que han obrado las baterías enemigas, disparando sus tiros en todas direcciones, pero muy principalmente contra la artillería y los batallones de nuestro ejército; pero la Providencia ha preservado a nuestros valientes, y su efecto ha sido poquísimo. Nuestra artillería, no obstante su inferioridad, ha prestado importantes servicios, y ha impuesto no poco al enemigo. La persecución de la dispersa caballería enemiga continúa por muchas leguas, y aún hasta hoy se están trayendo prisioneros, de los extraviados que han quedado en los montes.

"Anteayer, el comandante don Juan Madariaga, que obraba cuando la acción por el otro lado de Payubre, encontró un grupo de sesenta hombres en Ábalos, y habiéndoles intimado rendición, y negádose, los batió y acuchilló, tomándoles algunos prisioneros; estos mismos, el día antes, nos habían muerto villanamente cuatro hombres que cuidaban una caballada, a menos de una legua de este campo, arrebatándola, pero que fue también represada.

"El resultado de la batalla ha sido pulverizar completamente el ejército enemigo; tomarle su artillería, consistente en nueve cañones; su parque; bagajes; tres banderas, que presentará a V. E. el teniente coronel don Joaquín Madariaga, comisionado al efecto; gran porción de armamento de toda clase, que es imposible por ahora especificar, porque aún se está recogiendo, y toda su caballada.

"La mortandad del enemigo es grande, y tenemos hasta la fecha prisioneros en nuestro poder, los jefes y oficiales cuya lista acompaño[1], y más ochocientos hombres de tropa. Nuestra

[1] Y que se ha publicado en boletín suelto y en el *Nacional* de hoy.

pérdida es pequeña y, sin embargo, hemos sufrido la muy sensible de los valientes oficiales don Ambrosio Zárate, don Bruno González, don José B. Cabral y el alférez don Julián Lemos, que murieron gloriosamente, rindiendo su último aliento en defensa de la noble causa a que se consagraron. La relación que se adjunta instruirá a V. E. de los individuos de tropa que igualmente han perecido, y los heridos de toda clase que hemos tenido. Es también incluso la relación de todos los señores jefes y oficiales que se hallaron en la gloriosa jornada de Caaguazú.

"Los señores generales y jefes de división, y los señores oficiales todos, se han conducido del modo más honroso; las clases inferiores y los soldados han correspondido igualmente a las esperanzas que la Patria tenía en ellos; mi edecán, don José Ignacio Serrano, y mis ayudantes de campo, todos, han desempeñado sus funciones con honor y exactitud; mi secretario militar, ciudadano don Gregorio García y Castro, no se ha separado un momento de mi lado durante el combate, como tampoco el capitán de guías don Juan Gregorio Acuña, el cual ha prestado muy buenos servicios durante la campaña. El coronel jefe del E. M. y los ayudantes dependientes de este ramo, se han conducido dignamente y han llenado sus deberes del modo más satisfactorio.

"La heroica provincia de Corrientes debe gloriarse de tener tan dignos defensores y de contar entre sus hijos los valientes soldados que han sabido humillar tan orgulloso enemigo, y hacer triunfar la justicia y la dignidad de la República Argentina. Finalmente, Excmo. Señor, me sería difícil recomendar particularmente a los individuos que lo merecen, porque todos, generalmente, nada han dejado que desear en el desempeño de sus funciones y deberes. La Patria debe serles reconocida, y la causa sagrada de la libertad espera mucho de su valor, virtudes y constancia.

"Dios guarde a V. E. muchos años, Excmo. Señor.

José María Paz."

"Es copia. —Gregorio García y Castro."

Publicado en *El Nacional* de Montevideo, el 14 de diciembre de 1841. (Biblioteca del doctor Ánjel J. Carranza.) (Nota del Editor de la segunda edición.)

Actuación del general Paz en el sitio de Montevideo

"Rosas había llamado, a consecuencia del desastre inesperado de sus armas en Caaguazú, los ejércitos que al mando de Oribe y Pacheco habían llevado el terror a los confines de la república, pero habiéndose encontrado a su arribo disipado el peligro, el inmenso ejército de Rosas pudo entonces pasar los límites de la república, y llevar la guerra a la del Uruguay, para establecer en la presidencia al general de sus tropas.

"El general Rivera, que le salió al encuentro, fue completamente derrotado en el Arroyo Grande; su infantería, prisionera; su parque y bagajes, tomados; escapando él con algunos centenares de esa caballería indisciplinada, tan pronta a desbandarse y abandonar el campo de batalla, como fácil de reunir de nuevo, dondequiera que uno de los caudillos lo intenta. Rosas había triunfado, pues, de todas las resistencias que el país le había podido oponer; la república vecina quedaba, por la victoria sobre Rivera, y la consiguiente elevación de Oribe, sumisa y complaciente aliada.

"Oribe se avanzaba lentamente sobre su buena ciudad de Montevideo, al frente de doce mil hombres, el ejército más numeroso que jamás había militado en aquellos países bajo un solo jefe. Precedíanle el terror de su nombre, espantosamente célebre por las matanzas de prisioneros y ciudadanos, hechas en el Quebrachoerrado, y en las ciudades de Córdoba, Tucumán y Mendoza, y la repetición de iguales atrocidades con sus propios compatriotas, después de su fácil victoria en el Arroyo Grande, donde habían sido degollados, sin excepción de uno solo, todos los oficiales tomados prisioneros.

"La noticia de la batalla del Arroyo Grande se esparció por todos los países interesados en el éxito de la guerra como el desenlace final de la lucha, y los espíritus más obstinados pudieron, al saberla, enrollar el mapa de la república, como Pitt, después de la batalla de Marengo.

"En Montevideo, pasados los primeros momentos de consternación, el gobierno y los millares de hombres, cuyas cabezas quedaban desde aquel momento puestas a talla, compulsaron sus medios posibles de defensa, que por entonces consistían en trescientos hombres armados. No había fondos en caja, no había artillería, nada en fin, de lo que puede asegurar la defensa de una ciudad. Pero entre sus habitantes se contaba por entonces un general, sobre cuyos talentos militares todos tenían una absoluta confianza. Cuatrocientos emigrados argentinos se agolparon a su modesta habitación de emigrado, a obligarlo por su intercesión a admitir el empleo de general en jefe de la plaza, que el gobierno le ofrecía: Todavía es quizá tiempo de salvar la ciudad, decían, si el general Paz quiere ponerse a la cabeza de los ciudadanos. El general Paz, admitiendo el peligroso empleo que se le confiaba, aseguró que si el enemigo dilataba quince días y se trabajaba con actividad, la plaza podría resistir.

"No es nuestro ánimo establecer que al general Paz exclusivamente se haya debido la sorprendente y por siempre memorable resistencia de Montevideo. Muchos orientales animosos, y la población en masa de aquella ciudad reclamarían por su parte de esfuerzos y de valor. El joven coronel Pacheco venía desde la campaña reanimando los espíritus aturdidos por el reciente desastre, con actos de energía y de valor dignos de un héroe; la legislatura dio la libertad a los esclavos, para formar de ellos soldados, y todas las medidas tomadas mostraban el deseo, por lo menos, de resistir. Pero, mucha distancia hay entre desear las cosas a conseguirlas. Montevideo, sin el general Paz, carecía de un general de reputación que inspirase confianza; que reuniese todos los votos; y sobre todo, que por su sistema de guerra fuese capaz de organizar la defensa de una ciudad. Rivera, muy apto en otro tiempo para mantenerse en las campañas, no sólo era menos adecuado para esta tarea, sino que había dado órdenes al coronel Pacheco Obes para que recabase fondos del gobierno de Montevideo, llevase todos los recursos de guerra que encontrase y fuese a reunírsele a la campaña, adonde se proponía hacer su guerra habitual y restablecer en una larga campaña sus fuerzas debilitadas. El éxito ha probado cuán poco debía esperarse de este plan.

"Pero una vez decidido el general Paz a encargarse del mando de la plaza, los espíritus se reanimaron, brotaron de todas partes los medios de defensa, según que el general indicaba su oportunidad; improvisose de la noche a la mañana una muralla que dividía la ciudad de la campaña; las reclutas de los negros se disciplinaban sin descanso; los ciudadanos, sin excepción, reconocían un cuerpo, hasta que al fin, cuando el enemigo triunfante se presentó, la ciudad estaba en las trincheras, resuelta a disputarle la entrada.

"Cuando los hechos están consumados, no siempre el común de los hombres alcanza a descubrir los motivos, al parecer injustificables, de tal o cual línea de conducta. Pregúntase ahora, ¿por qué después de tres años de sitio no se ha podido tomar la ciudad de Montevideo, y por qué Oribe no se avanzó a marchas forzadas, con mil hombres, inmediatamente de haber vencido en Arroyo Grande, en lugar de haber dejado pasar dos meses antes de acercarse con el grueso de su ejército? Pero Oribe podría contestar por otra pregunta. ¿Cómo era posible entonces concebir que la ciudad de Montevideo, cuyos recursos militares conocía él, sin fortificaciones, sin artillería, sin ejército, osaría resistir el poder de Rosas, reconcentrado en un ejército cinco años victorioso y mucho más terrible que por su número irresistible, por los horrores que perpetraba como un medio de someter los pueblos a la sola idea de su aproximación? No llegan los deberes de un general hasta prever lo imposible; y acaso a la dignidad del presidente legal, que después de seis años venía a tomar posesión de su "ínsula", no sentaba bien presentarse sino rodeado de todos los esplendores del triunfo, haciendo desfilar por las calles de Montevideo las columnas sin fin del ejército de un gran aliado.

"Ni todas las dificultades de la defensa de Montevideo estaban vencidas con haber desenterrado algunos cañones carcomidos por el orín, y levantado una muralla de ladrillos. El día que Oribe saludó enfáticamente la plaza con veintiún cañonazos, un sacudimiento eléctrico de pavor recorrió de un extremo al otro la línea de vecinos armados que se habían improvisado para resistirle. La noche sobrevino, centenares de los defensores de la ciudad abandonaron sus puestos para ir a esconderse en sus casas o estar listos para embarcarse al menor amago, llegando en las noches subsiguientes a tal punto el desaliento, que fue preciso establecer un cordón de centinelas a la retaguardia. Más tarde, los españoles, que hacían el servicio de escuchas, se pasaban al enemigo por batallones, con sus oficiales a la cabeza, y nada, sin embargo, era más natural. Cualquiera que sea el entusiasmo del momento, los hombres no están dispuestos a las fatigas de la guerra sino después de ese largo noviciado y de esa segunda naturaleza que en el soldado forman el hábito y la disciplina. Eran los soldados de Montevideo ciudadanos ricos, comerciantes o artesanos, arrancados repentinamente a sus goces o a sus ocupaciones; eran los oficiales, jóvenes doctores, literatos, poetas, llenos de entusiasmo y de abnegación, pero que flaqueaban ante las fatigas a que no estaban acostumbrados, como viajero que, seguro de que está rodeado de bandoleros, se duerme sin poderlo remediar.

"El general Paz, que se ha hecho notable con su apego a la disciplina de las tropas, sin la cual no aventuraría jamás una batalla, tenía sin embargo esta vez que combatir a la cabeza de hombres que no sabían hacer una evolución ni disparar un tiro, y lo que es más, incapaces de obedecer, por la conciencia de su importancia individual. Pero el general, forzado por la necesidad, no se arredró en presencia de dificultades de este género, y en presencia del enemigo emprendió la misma tarea que dos años antes en los pantanos apartados de Corrientes. Desde que Oribe se hubo acercado a tiro de cañón, el general Paz empezó a hacer, mañana y tarde, pequeñas salidas, para mantener el fuego continuo; para habituar a sus reclutas al zumbido de las balas; para familiarizarlos con el espectáculo de sus compañeros, muertos a centenares diariamente, sin contemplación al rango de las personas así sacrificadas; y sin apear de este sistema, hasta que hubo alejado los puestos avanzados del enemigo a una conveniente distancia, y establecido baterías exteriores, fuera de la muralla. Si un jefe no se desempeñaba dignamente, si un doctor retrocedía con su compañía de doctores, literatos, comerciantes y banqueros, el general estaba allí para apellidarlos, al jefe y compañía, cobardes y poltrones, y señalarles una posición enemiga que debía ser tomada a la bayoneta incontinente, después otra, y otra después, hasta que lograba hacerlos cruzar sus bayonetas con las de los enemigos.

"El resultado de este sistema fue más allá de donde los espíritus pequeños, que lo desaprobaban altamente, podían alcanzar. No sólo logró el general Paz reducir el espíritu indócil del ciudadano a la sumisión pasiva y maquinal del soldado; no sólo dio a los hombres de fraque la conciencia de su superioridad sobre las tropas de bárbaros que sostienen a los tiranos; no sólo introdujo la emulación que sostiene al guerrero, y la sed de gloria, sino que la transformación fue a obrar de rebote en el campo enemigo y quebrantar el orgullo de aquellos asesinos que, cinco años hacía, estaban habituados a pisotear pueblos y vencer los mal organizados ejércitos que a sus furores oponían, hasta que de victoria en victoria habían llegado a las puertas de Montevideo, que encontraban guarnecidas por una turba de ciudadanos de antemano señalada a las ejecuciones horribles de la mazorca. Y en efecto, "el Cerrito de la Victoria", ocupado por Oribe al frente de Montevideo, ha sido el Kremlin del poder de Rosas, su cenit y su apogeo. Desde allí ha empezado a descender y desmoralizarse. El general Paz, no obstante la incapacidad de sus tropas, tuvo desde el primer día la alta inspiración de arrebatarle la iniciativa, y condenándolo con sus salidas diarias a defenderse, no obstante ser el invasor, y retirarse abandonando palmo a palmo el territorio adyacente a la ciudad. De doscientos combates que han tenido lugar en aquella lucha memorable, los ciento noventa han sido provocados por los sitiados, y la victoria coronándolos casi siempre con sus laureles. El ejército de Rosas ha obtenido algunas ventajas accidentales, colocando emboscadas o haciendo volar las minas, y el uso de estos medios prueba que los sitiados tenían el hábito de pisar el territorio ocupado por los sitiadores.

"Montevideo fue por estos medios colocado fuera de la posibilidad de ser tomado por las armas, y Rosas, obligado a esperar del hambre y de las privaciones de los sitiados lo que no le era dado esperar del valor de sus soldados o de la habilidad de sus tenientes.

"La resistencia de Montevideo trajo todavía otras consecuencias que hoy día han tomado un carácter tan elevado, que han llegado a ocupar el primer papel de este drama de la oposición al despotismo de Rosas. La provincia de Corrientes, conquistada casi sin disparar un tiro desde que el general Paz le faltó, volvió a echar tierra las autoridades de Rosas, y principiar la lucha en que por dos veces había sucumbido.

"Montevideo victorioso definitivamente de Rosas, la situación de la República Argentina no cambiaba, porque es bien claro que el Estado Oriental, después de una lucha tan prolongada, no se hallaría en estado de llevar la guerra a la margen opuesta del Plata. El general Paz y la Legión Argentina, que contribuían a la defensa de Montevideo, no se hacían ilusión ninguna a este respecto; la sangre allí derramada ningún cambio podría preparar para su patria. La revolución de Corrientes establecía un centro argentino para llevar de nuevo la guerra a Rosas e intentar arrebatarle la república que despotizaba. Esto fue al menos, lo que el general Paz comprendió desde que la noticia de aquel acontecimiento llegó a sus oídos; por lo que, sin dejar el mando de la plaza, empezó desde Montevideo a concertar los medios de sacar partido del acontecimiento.

"Empezaban, por otra parte, a desenvolverse en Montevideo males incurables en medio de tantos conflictos y consecuencias necesarias, que nada podía evitar. Cuando la ciudad estaba en peligro, todas las miradas se reconcentraban en el general Paz; todas las medidas que proponía eran llevados a efecto por el gobierno civil, como otras tantas órdenes superiores, bien así como el enfermo que, amenazado de morir, toma sin replicar cuantos remedios le aconseja el facultativo. Cuando las fuerzas le vuelven, empero, y se siente convaleciente, discute, escoge, resiste, en fin, si su paladar o su corazón no le predisponen a aceptar el brebaje. Contra la práctica de las ciudades sitiadas, había un general de las fuerzas, y una autoridad civil, con cámaras y demás ruedas del sistema constitucional. Ambiciones nuevas se desenvolvían, muy nobles, sin duda, pero muy solícitas por abrirse paso y sacudir toda sujeción. El general en jefe era, además, extranjero al país y a la política del gobierno. Pasado el pavor de los primeros meses del sitio, y seguros ya de no caer en manos de Oribe, cada uno pudo repasar por el tamiz de la crítica la conducta del general Paz, brusco para algunos, exigente e inconsiderado para con los que a su juicio no llenaban su deber; pero económico de la sangre de los ciudadanos, que debió tener en más que la sangre de los negros. En una palabra, en el estado actual de seguridad, la persona del general Paz no era en todo rigor absolutamente necesaria, y por lo menos dos reputaciones se habían formado durante el sitio que se creían capaces de reemplazarlo, explicándose las operaciones militares, después de haber obtenido el resultado, como del viaje de Colón los portugueses que decían: ¿Qué tiene de particular? ¡Yendo, yendo siempre al occidente, al fin había de descubrir la América!

"El general Paz meditaba hacía tiempo una salida general para forzar a Oribe a una batalla, no obstante que los sitiados no tenían caballería. Tiene la bahía de Montevideo la forma de una herradura, un costado de la cual está ocupado por la ciudad, terminando el otro extremo más prolongado, en el Cerro, coronado de una fortaleza, que está también en poder de los sitiados. El país medio entre la fortaleza y la ciudad en su mayor parte está en poder de Oribe, que a alguna distancia de la bahía tiene su cuartel general, en el "Cerrito". El general Paz, sin dejar transpirar su pensamiento, había acumulado en el cerro de Santa Lucía una fuerza respetable de infantería, estando allí de antemano situados los trescientos hombres de caballería con que aún contaba la plaza. El comandante de la posición recibió instrucciones escritas, que le trazaban los movimientos que a tal hora de la noche de un día designado debía hacer sobre las vecinas posiciones enemigas; el general fue en persona después, y con presencia de los lugares explicó más detalladamente su propósito. Cuando todo estuvo preparado, a medianoche se puso él en movimiento con la mayor parte de la guarnición de la plaza, y marchando en torno de la bahía, llegó al punto que quería atacar, pero extrañó no oír el fuego que, según las instrucciones, debía hacer el jefe de la fuerza y de la fortaleza. Tuvo, pues, que esperar el día para reconocerse, y grande fue su sorpresa cuando vio la división de cuyos movimientos dependían los suyos, formada a tres cuartos de legua del lugar que entre ambos debían atacar. El general Paz tuvo el sentimiento de ver la llanura cubierta de soldados enemigos, que confiaban a la fuga su salvación, sin tener a su lado los trescientos hombres de caballería que había ordenado ocupasen en la noche un lugar preciso. El general Paz, sin arredrarse todavía, acomete al campo enemigo, introduce la confusión y el desorden por todas partes, y después de arrollar cuanto encuentra y hacer un buen número de prisioneros, se retira al Cerro con sus tropas que habían alcanzado hasta la retaguardia de las posiciones de Oribe. Las personas menos entendidas concibieron, cuando la científica operación hubo fallado, que el ejército de Oribe había estado a un dedo de su pérdida y que Montevideo había perdido la ocasión de levantar el sitio con la victoria más completa, obtenida por una batalla cuyo plan había sido calculado, estudiado y comprobado desde un mes antes. ¡Cuánto no debía amargar al que había concebido este proyecto, verse arrebatado el fruto de sus meditaciones por un cuitado que se creyó con el derecho y capacidad de discutir y examinar el acierto de planes de que no se le confiaba sino una pequeña parte de la ejecución! Este mismo jefe es el que no ha muchos meses perdió la plaza de Maldonado por una torpeza y una petulancia igual.

"Desobedecido el general Paz de un modo tan injustificable, y no creyendo al gobierno muy dispuesto a castigar el atentado de un jefe que gozaba de todo su favor, dio su dimisión, y con una veintena de oficiales argentinos que escogió de entre los centenares que habían tomado las armas con él, se embarcó en un buque de guerra brasileño, revestido del carácter de enviado plenipotenciario de la república uruguaya cerca del gobierno del Paraguay.

"Para dar una idea de su conducta administrativa durante su encargo del mando de la plaza, sólo recordaremos que, no gozando de sueldo ninguno, los miembros del gobierno y algunos amigos se reunieron para costearle un vestido de que sus exterioridades hacían sentir la indispensable falta.

"Oribe hizo a sus talentos el alto honor de acometer la plaza dos días después de su salida, equivocando la influencia personal con los resultados del trabajo de dos años sobre los espíritus, que no era la obra de un día destruir. Mientras tanto, la diplomacia de Rosas se encargó de perseguir al general fugitivo en la capital del imperio, y la *Gaceta* agotó el diccionario de los epítetos para caracterizar la política brasileña, que rompía la neutralidad prestando sus buques de guerra a las maquinaciones del manco boleado general Paz. El tiempo descubrirá la parte que el gobierno del Brasil tomaba en estos actos; por lo que al general respecta, él fue a establecerse modestamente en Río de Janeiro, en una quinta apartada de Playa Grande, donde se habría hecho olvidar de todos, si un día, después de haber asistido la noche anterior a un baile que daban los extranjeros, no se hubiese sabido que había desaparecido. Súpose después que las autoridades de Santa Catalina lo habían detenido; que continuaba su marcha al interior del país; y que honrado y favorecido por las demás autoridades locales, había llegado por fin con un numeroso acompañamiento a la frontera de Corrientes, en donde el ejército lo recibió con todos los honores debidos al general en jefe, pues hacía seis meses, por lo menos, que la orden del día lo había hecho reconocer como tal. Montevideo había dado ya para la guerra en general todos los resultados que podían esperarse de su fuerte posición, y dejándola confiada a sus propias fuerzas, cualquiera que fuese el resultado del sitio, el general no traicionaba deber alguno, puesto que su presencia allí nada podría hacer contra el hambre, único medio de rendirla, puesto que era de todo punto imposible tomarla por la fuerza de las armas. Su presencia en Corrientes, por el contrario, establecía un centro poderoso de acción para reorganizar las resistencias puramente argentinas, y llevar de nuevo la guerra al punto de donde había partido; interceptadas las comunicaciones entre Montevideo y Corrientes por un ejército de observación que Rosas colocó en Entre Ríos, el nombre del general dejó de sonar en las márgenes del Plata, y tan sólo servía como norte lejano para dirigir a su apartado campamento los militares y patriotas que de los diversos puntos de América venían a ayudarlo en su futura empresa, en aquella tarea tantas veces comenzada como destruida, para volverla a principiar de nuevo.

"La intervención anglofrancesa llegó por fin al Río de la Plata, a poner un término, de grado o por fuerza, a la guerra entre Buenos Aires y la Banda Oriental, cuando llegó la noticia de la declaración de guerra contra Rosas hecha por el Paraguay, y la existencia de un ejército de seis mil hombres perfectamente disciplinados, armados y equipados, al mando del general Paz, independientemente de diez mil que a sus órdenes había puesto el Paraguay. Todo arreglo para terminar la guerra entre las dos repúblicas del Plata, de parte de las potencias interventoras, se hacía por el momento inútil e ilusorio, puesto que entraba una tercera república en la lucha, y una cuarta y poderosa entidad, el general Paz, con todo lo que no habían contado las instrucciones de los agentes europeos, por manera que el sitio de Montevideo venía a ser un hecho accesorio de la gran lucha, que lejos de terminarse, apenas iba a principiar.

"Inútil sería detenerse a señalar el importante papel que el general Paz tiene en todos esos acontecimientos; baste decir que el tratado de alianza del Paraguay con Corrientes lo señala a él como representante de la República Argentina en el tratado, y que al confiarle a él sus fuerzas, el Paraguay deja traslucir demasiado cuánto había trepidado en declarar la guerra a enemigo tan poderoso y temible, si no hubiese contado con un general cuyo nombre solo es una prenda y una garantía de la victoria.

"Es un hecho notable esta confianza de tres repúblicas depositada en él para que las salve en los momentos de mayor conflicto, y el acierto con que ha correspondido a la alta idea que tienen de sus talentos, mucho más en América, donde, precisamente porque es ficticio, el espíritu de nacionalidad, verdadero provincialismo, se muestra esquivo y hostil para aquellos que han aprendido a apellidar extranjeros. Las cartas del general Paz, recibidas en Montevideo y Río de Janeiro a principios de este año, mostraban un entusiasmo por el estado de sus tropas y la posición imponente que había organizado, que le es enteramente extraño a él, que nunca deja traslucir otra cosa que una fría seguridad en sus medios y fe casi ciega e instintiva en los resultados; cuando tuvo noticia de la llegada de los agentes interventores pidió a éstos, por sus comisionados en Montevideo, una declaración de lo que podría prometerse de ellos en el concepto de que, teniendo a su disposición un ejército poderoso, estaba dispuesto a abrir la campaña contra Rosas, cualesquiera que fuesen las disposiciones de la Francia y de la Inglaterra. Los señores Deffaudis y Ousseley le hicieron contestar que, para no inducirlo en error, nada podían prometerle que no estuviese sujeto a modificaciones que no les era dado prever; pero que, mientras sus gobiernos estuviesen en hostilidad con Rosas, podía contar con la cooperación de las fuerzas navales, que estaban a sus órdenes. Estas explicaciones y las solicitudes del gobierno del Paraguay han debido influir en mucha parte para decidir a los agentes interventores a enviar la expedición que remontó los ríos con los vapores *Fulton*, *Gordon* y *Firebrand*, y que después de la sangrienta jornada de Obligado, llegaron hasta los puntos ocupados por el general Paz. Los oficiales de la marina inglesa y francesa que visitaron su campamento no han hallado palabras suficientes para expresar a sus superiores la admiración que habían experimentado al encontrar en el seno de las selvas primitivas de la América un ejército tan rigurosamente disciplinado, y un acantonamiento en que las reglas, usos y prácticas del arte militar europeo eran observados con la mayor escrupulosidad; y, la verdad sea dicha, esta minuciosidad en los detalles ha sido llevada por el general Paz a un punto que él mismo no había alcanzado en sus anteriores ejércitos; oficiales superiores han sido depuestos por faltas de insubordinación o de servicio, y un hecho reciente muestra cuánta es su severidad para restablecer las prácticas militares y el exacto cumplimiento de los deberes que el servicio impone. El general López, de Santa Fe, aquel caudillo que en 1842 se ligó con él antes de la batalla de Caaguazú, fue encargado de hacer una incursión en su provincia, con instrucciones que demarcaban la conducta que debía observar. El general, llevado de su celo o de su valor, traspasó las instrucciones, y no obtuvo los resultados que el general en jefe se prometía de su empresa. Sometido a un tribunal militar, fue declarado culpable y depuesto, dejando muy en breve el territorio de la provincia. Este hecho, que en Europa es insignificante, en la guerra del Plata es muy significativo. Rosas lo habría hecho fusilar por una simple orden y sin forma de juicio; un general de los muchos que le han hecho la guerra habría disimulado la falta por aprovechar de sus posteriores servicios.

"Las últimas cartas del general Paz anunciaban su determinación de abrir la campaña con el principio del año de 1846, y por rumores muy acreditados, pero que aún carecían de un carácter oficial, se sabía de que Urquiza, el jefe que Rosas había mandado a su encuentro, había firmado un armisticio con el general Paz. Este acontecimiento tan extraño en las guerras del Plata, puesto que Rosas tiene por fin el exterminio de sus enemigos, y éstos la caída del tirano, era considerado muy posible, sin embargo, por los que están interiorizados en los antecedentes biográficos de los hombres llamados a figurar en aquellas sangrientas escenas. Al conocimiento que se tiene de la política del general Paz, solícito siempre de atraer a sus intereses los caudillos y los jefes que por motivos muchas veces secundarios sirven a Rosas, se añade que Urquiza ha pertenecido hasta 1831 al partido unitario, del que se separó cuando con la captura del general Paz y la pacificación que este suceso trajo por consecuencia, el gobierno de Entre Ríos ofreció una amnistía a los que de su provincia estaban emigrados, como sucedió con Urquiza. Por otra parte, aunque este caudillo entrase en las miras de Rosas más tarde, seducido por los honores y empleos que le prodigaba, no ha llevado a la guerra otra pasión que un odio inextinguible, inveterado, contra el general Rivera, del Uruguay, a quien ha hecho despiadada guerra hasta derrotarlo definitivamente en India Muerta.

"Sea de ello lo que fuere, el general Paz se halla hoy día en la situación más imponente que se encontró jamás jefe ninguno de los que han intentado la ruda empresa de desbaratar el poder del tirano, que en quince años ha ahogado en sangre todo espíritu de resistencia. A más de su ejército, superior en disciplina a las bandas aguerridas de Rosas; a más de la alianza de dos repúblicas; la cooperación de la marina de la Inglaterra y la Francia, cuenta con un prestigio inmenso entre los hombres de su partido, prestigio que lo reviste de una autoridad obedecida donde hay un argentino que Rosas no haya subyugado. Éste es un hecho enteramente nuevo en la República Argentina. Los enemigos de Rosas carecieron siempre de un jefe que reuniese todos los votos, y sometiese todas las miras particulares de hombres que no tenían entre sí otro vínculo que su deseo de ver restablecido un orden de cosas tolerable y racional. Para ellos un caudillo habría sido un tirano, y Rosas ha triunfado siempre oponiendo a las resistencias parciales que los pueblos en masa, pero sin concierto, levantaban, la unidad y hierro de su poder, que no reconoce otro centro ni otro fin que su persona. El general Paz, después de 18 años de perseverancia, de victorias, de cautiverio y de contrastes personales, ha llegado por fin a identificar con su persona la victoria en los campos de batalla, y por tanto a hacerse la esperanza viva y oriflama de todos los partidos. El general Paz ha llegado, por una reputación adquirida por medio de servicios honrados y leales, al mismo punto que Rosas a fuerza de crímenes espantosos, matanzas y confiscaciones. Cuando un gobierno se ha extraviado, el general Paz, no pudiendo evitarlo por el consejo, lo ha dejado extraviarse y aguardado pacientemente que el tiempo lo aleccione; cuando se le ha pedido que entregue el ejército que él ha creado y conducido a la victoria, lo ha entregado, descendiendo él del mando supremo a la condición de simple particular o de emigrado.

"Esta personificación de todas las resistencias opuestas a Rosas y su sistema, durante tantos años, trae aparejada una consecuencia política para el día siguiente a la última victoria de Paz sobre Rosas; victoria que puede demorar más o menos tiempo, según que Rosas quiera o pueda llevar su estúpida y brutal tenacidad hasta lo imposible, pero que vendrá necesariamente, como la consecuencia lógica sigue a la causa, como la pólvora se incendia, desde que está en contacto con el fuego. El general Paz será el presidente futuro de la república, proclamado por el triunfo, sostenido por el partido que ha hecho a Rosas la guerra, y aceptado sin recelo y sin ojeriza por los vencidos. Todas las calumnias oficiales de Rosas no han podido disminuir el respeto que sus enemigos le tienen; y en las provincias del interior hay pueblos que se levantarán en masa a su aproximación, y caudillos que hoy sirven a Rosas, ante cuyos pasos se adelantarán con sus ejércitos.

"Su conducta desde 1829, su obstinación en no abandonar las vías legales, y su moderación y pureza en la administración, le han valido este respeto universal. En vano ha sido que los políticos le hayan aconsejado muchas veces que adopte el mismo sistema de Rosas, que oponga el terror al terror para quebrantarlo. En el ejército no reconoce más autoridad que la de los consejos militares para imponer penas, ni otra legislación que la de las ordenanzas militares; para los pueblos, las leyes civiles y criminales, y los tribunales ordinarios. Pero con estos medios tan sencillos, la presencia del general se hace sentir dondequiera, por la asiduidad con que persigue no ya los crímenes sino las más leves infracciones, y esto con una tenacidad, con un ahínco, que llegan a hacerse molestos. Si la fortuna corona sus esfuerzos, llevará a la presidencia este espíritu de legalidad, este culto a las reglas ordinarias de justicia, para reparar las brechas espantosas que en la moral pública ha hecho el crimen administrado oficialmente por la política subversiva de Rosas, que ha hollado, después de conculcar todas las leyes, los preceptos de la moral, aun en sus aplicaciones más indiferentes.

"Por lo demás, si el general Paz no es un político de altas concepciones, está muy distante de hacerse un caudillo, ni un tirano. Tiene con todas sus buenas prendas, la rarísima cualidad de hacerse impopular. Sus maneras frías previenen poco en su favor, y el tono brusco con que corrige a cada momento a los que de él dependen, por faltas que nadie habría reconocido hasta que él las nota, le enajenan la afección de la multitud. Para amarlo es preciso estar lejos de él, y sólo sus talentos de primer orden como soldado, su intachable pureza de miras y de costumbres, y su perseverancia inaudita, han podido conciliarle la estimación alta y el prestigio sin límites que ha reunido entre sus compatriotas.

"¿Cuál será la conducta de la diplomacia francesa e inglesa en las márgenes del Plata, ahora que este nuevo campeón se presenta en la arena? ¿Va a limitar su intervención a Montevideo? ¿Va a detener al general Paz en la carrera de triunfos que lo traerán hasta derrocar al tirano; y si cae en sus manos abandonarlo al juez del crimen para que lo juzgue y sentencie según lo que resulte del proceso? Sería curioso ver a la Europa haciendo lo que un tiro de bolas hizo en 1831, lo que un gobernador provincialista en 1842, lo que un jefe indisciplinado en Montevideo en 1844; estorbarle que acabe con la guerra civil que despedaza las márgenes del Plata, lo que no podrá obtenerse sin la destrucción del gobierno sanguinario y absurdo que la fomenta con sus planes ambiciosos sobre las otras repúblicas, con sus atrocidades y vejaciones en el seno de la que oprime; impedir que, volviendo la República Argentina a entrar en las vías que la civilización cristiana ha acreditado para gobernar los pueblos, rehabilitando el derecho y limitando el poder a las prescripciones de la moral siquiera, retorne, en producciones hijas de la paz y seguridad individual, los beneficios de un gobierno ilustrado. En fin, los sucesos continúan aún su marcha fatal, y las noticias de América nos traerán, de vez en cuando, un nuevo rasgo que añadir a los datos que sobre la vida pública del general Paz nos ha suministrado nuestra residencia en aquellos países, y la atención con que hemos seguido siempre la conducta de este hombre, que parece predestinado a tomar lugar entre Bolívar y Washington, por sus talentos militares y sus severas virtudes republicanas." - Domingo Faustino Sarmiento.

Relación de las actividades del general Paz durante el sitio de Montevideo*

"Testigos de los sucesos de que fue teatro Montevideo, desde el 11 de diciembre de 1842, hasta el 16 de febrero del siguiente, y estimulados por el autor de los *Apuntes históricos*** sobre la defensa de aquella plaza, nos hemos resuelto a escribir estas líneas con el objeto de citar algunos hechos que, a nuestro juicio, contribuirán a explicar el estado de esta Capital por aquel tiempo, el tamaño de la obra, por su defensa, y los esfuerzos, capacidad y crédito a que fue debida.

"No intentamos una impugnación de los *Apuntes históricos*; reconocemos, desde luego, el mérito de esta obra, que consigna los detalles de un suceso heroico que hará una época célebre en la historia del Río de la Plata. Pretendemos sólo referir hechos que no estuvieron en conocimiento del autor, o que creyó prudente silenciar, pero que deben también tenerse presentes para la historia.

"Estamos en posesión de documentos que obtuvimos entonces, y que contienen algunos de los sucesos de que hablaremos; los otros, han pasado a nuestra vista, como a la de toda la población de Montevideo.

"Si algunos arrojan una mancha sobre personajes de aquella

* El autor sería Juan Gelly, véase Juan Beverina en su edición de las *Memorias* (tomo III, pág. 337). (*N. del E.*)

** Andrés Lamas. (*N. del E.*)

escena importante, esto no entra en nuestro objeto; será lo que nos haga desagradable nuestra pequeña tarea; pero hemos creído deber a la verdad y justicia el sacrificio de esta consideración.

"Hablaremos del encargo de la defensa de Montevideo hecho al general don José María Paz, y su dimisión y aceptación posterior del mando de las armas de aquella plaza. Y como en estos sucesos tuvo gran influencia la situación de este general en aquella época, respecto del gobierno oriental, nos será forzoso ocuparnos con preferencia de sus causas, pues de otro modo no explicarían lo bastante el origen y circunstancias de aquellos acontecimientos; por esto mencionaremos algunos de los sucesos de Paysandú, pero lo haremos rápidamente, así porque no queremos escribir la historia de ellos, como porque ya de muchos años son del dominio público, y bastará sólo indicarlos para que se sepa de lo que hablamos.

"Como sólo pensamos referir hechos que se omitieron en los *Apuntes históricos*, dejaremos con frecuencia varios que pueden llenarse con la lectura de aquéllos. Así, pues, no nos prometemos que este escrito sea un trozo de buena redacción historial; pero lo será de verdad incontestable.

"Situación del general Paz en Montevideo, el 11 de diciembre de 1842

"El resultado de las negociaciones de Paysandú, tan conocidas ya, acabó de convencer al general Paz de lo que era una verdad para todos: que la mira del general don Fructuoso Rivera, presidente del Estado Oriental, era la de absorber los elementos de la revolución de Buenos Aires, cuya realización esperaba de la mediación de la Gran Bretaña, que solicitaba y aun le había sido prometida; y cuando esto no sucediese, hacer del Entre Ríos el punto de defensa para apoderarse de aquel país en el caso de una victoria, y mantener a la defensiva, entre los límites del Paraná, los elementos revolucionarios en aquella parte de la República Argentina, prolongando en ella la guerra civil que tanto incremento había dado ya al Estado Oriental. Así lo probaban todos los actos del presidente Rivera, muy especialmente las medidas que públicamente puso en práctica para impedir una expedición sobre la margen derecha del Paraná, incitando, entre otras, y auxiliando la insurrección en Entre Ríos, por todos los medios que estaban en su posibilidad para embarazar la acción del general Paz en aquella provincia, recién ocupada por las armas de la libertad.

"El presidente Rivera recibió amargos desengaños; conoció que su impopularidad en aquel país crecía en una gran progresión, y nada había que temer de su influencia en él. Por otra parte, la fuerza oriental que podía pasar a la margen derecha del Uruguay era muy inferior a la argentina. De manera que, vencido allí el ejército del tirano al mando de Oribe, éste hubiera elegido a su arbitrio el camino que le aconsejaran los intereses de la causa que defendía, quedando por el mismo hecho asegurado el Estado Oriental; y en ese sentido se negociaba sin peligro la reunión de los dos ejércitos, siempre que el nuestro quedase en la conveniente aptitud de obrar por sí mismo.

"Pero don Pedro Ferré, de ingrato recuerdo, gobernador de Corrientes y juguete de mezquinas pasiones, entró de una manera visible en el plan del presidente, contrariando el pronunciamiento heroico y honorable de aquella provincia, cuyo ejército, grande, entusiasta y poco antes vencedor, vino a ser, sin saberlo, en Arroyo Grande la víctima de las miras personales de aquel hombre funesto.

"Semejante plan excluía necesariamente por sí mismo al general Paz. Sin embargo su espada y su crédito valían demasiado, y premeditaron el medio de servirse de él como de un instrumento que creían poder romper después del lance difícil, es decir, después de la victoria sobre Oribe; al efecto, lo nombraron mayor general del Ejército Unido. Aquel esclarecido guerrero, tan incapaz de empuñar las armas contra los intereses de su patria, y desesperanzado de poderle ser útil en este puesto, rehusó con una franqueza y firmeza dignas de su nombre, como lo manifiestan las notas que dirigió con aquella ocasión al gobernador interino de Corrientes,[1] y al mismo presidente Rivera.

[1] "El gobernador de la provincia de Entre Ríos.

"Paysandú. Octubre 20 de 1842.

"Al Excmo. señor gobernador y capitán general interino de la provincia de Corrientes, don Manuel Antonio Ferré.

"Cuando fui llamado a reincorporarme a los valientes del ejército correntino, mis antiguos compañeros, para combatir contra el tirano, contesté que nada me sería más grato si veía asegurada la nacionalidad del objeto de la guerra y organizada la revolución, de modo que pudiera consultar y defender los verdaderos intereses argentinos.

"Desde entonces fue el objeto de una visible persecución del gobierno del Estado Oriental y de don Pedro Ferré, con escándalo de dos pueblos que conocían también los anteriores y recientes servicios que les había prestado.

"Con este objeto, y a virtud de un acuerdo celebrado en las conferencias tenidas con el Excmo. señor Presidente de este Estado, como se informará V. E. por el protocolo, del que se ha dado un ejemplar a los gobiernos, promoví un arreglo entre los gobiernos argentinos, que felizmente nos hallábamos en este punto, y éramos los legítimos representantes de la revolución. Se propusieron varios y sencillos medios de centralizarla y darle una autonomía propia, para que pudiera existir por sí sola cuando llegase un momento en que así tuviera que lidiar con el poder del tirano, según consta de las adjuntas copias. El Excmo. señor gobernador, general López, y yo estuvimos de perfecto acuerdo, y animados de sentimientos verdaderamente argentinos, esforzamos las razones, en que era muy fácil abundar, para demostrar la urgente necesidad de dar el centro y organización que nos eran indispensablemente necesarios para salvar nuestra infortunada patria, expresándonos con la franqueza y verdad que demandaba la naturaleza del asunto y que debía viarse entre argentinos y hombres de honor; pero el Excmo. señor gobernador don Pedro Ferré hizo a todos una alarmante resistencia, fundada en la no oportunidad, que él conocía, para centralizar la revolución, y en otras que él mismo dijo no podía expresar en aquel acto.

"Creo conocer muy bien esas razones reservadas, entre otras causas, por el hecho mismo de su reserva; y creo también, por una consecuencia legítima, que los intereses argentinos no están consultados, ni garantida la nacionalidad en la guerra contra el tirano. Tal es mi opinión, y este convencimiento, que no puedo deponer, me ha determinado a separar completamente mi persona de la actual lucha.

"Mi honor, la nacionalidad de mis principios, y lo más caro de mis deberes, como argentino, no me permiten derramar una gota de sangre de mis compatriotas si no es con el exclusivo objeto de restituirles una patria libre y un régimen legal que haga la garantía de su bienestar.

"Pero, cuando hay muchos argentinos libres armados para combatir, no puedo ni debo envainar mi espada sin manifestar a los gobiernos que pertenecen a la revolución, y muy especialmente a la heroica provincia de Corrientes, las razones que me han determinado a ello, reservándome explanarlas y analizarlas oportunamente.

"Tengo la honra de dirigirme a V. E. para manifestarle el sentimiento que me causa el incidente que me separa de mis compañeros de armas, no menos que la buena disposición en que he estado de ayudarlos en la lucha de la libertad, y para saludarlos con la expresión de mi distinguida consideración, aprecio y respeto.

"José María Paz.
"Santiago Derqui."

Historia de Rosas, por el doctor Saldías (tomo III, pág. XXX del apéndice). (*Nota del editor de la 2ª edición.*)

"Se retiró de Paysandú acompañado de muchos jefes y oficiales argentinos que no quisieron tomar parte en una lucha que no les sería honrosa, y llegó a Montevideo el 24 de noviembre, donde pensó hacer una morada transitoria.

"Este general, que había mandado en jefe el ejército que dio la independencia al Estado Oriental, y que acababa de salvar a éste de la próxima invasión que lo amenazó, con una espléndida victoria, obra de su genio, recibió por toda acogida de la administración Vidal la más fría y absoluta indiferencia. Este ministro, que nada valía en sí mismo, ni en la opinión pública, debía su conservación en el puesto a ser un eco del presidente Rivera; participaba o fingía participar de los celos que le infundía el vencedor de Caaguazú, de la manera más notable. Los argentinos emigrados en aquel país recibimos al general Paz con la más sincera expresión del respeto, aprecio y reconocimientos que debíamos a tan ilustre compatriota; pero tuvimos que omitir una parte de nuestras demostraciones, temiendo ser embestidos por aquel gobierno, quien, lleno de las esperanzas que le transmitía la impericia militar, se creía ya victorioso y se mostraba harto dispuesto a ejercitar pasiones poco comprimidas hasta entonces.

"El anonadamiento posterior de esta administración fue igual a su funesta confianza; llegó la ocasión clásica en que debía manifestarse su incapacidad en toda su extensión, y tuvo el término que describen los *Apuntes históricos*. Sin éste, habrían valido poco o nada los esfuerzos de aquel valiente y decidido pueblo, como sucedió antes que la sustituyera otra capaz de ponerse a la altura de las circunstancias, y de dar al gobierno de aquel país el lustre de que había carecido durante ella.

"Encargo de la defensa de Montevideo, hecho al general Paz

"Tal era la situación de este general cuando llegó a Montevideo la funesta noticia de la derrota sufrida en el Arroyo Grande el 6 del mismo. Un estupor desesperante se esparció en aquella capital, y la opinión general consideraba irreparable el contraste en el estado en que yacía el país por efecto de inercia, en el gobierno, adormecido por necias conjeturas; y creía ya tarde los remedios que pudiesen aplicarse a tamaño mal.

"En la mañana del mismo día, el ministro Vidal reunió una junta de notables, a la que asistieron también los consejeros de estado. La primera idea que hubo de ponerse en práctica fue la de invitar al general Paz se pusiese a la cabeza de la Legión Argentina, a efecto de cooperar a la defensa de aquella capital, y sin más examen, se dispuso con este objeto al señor don Santiago Vázquez. No era ésta la exigencia ni la opinión de aquel momento, y el señor Vázquez se ponía en marcha con la más notable expresión del convencimiento en que estaba de la ineficacia y aun de lo ridículo de aquella medida, cuando el coronel Posolo observó que no era sólo la Legión Argentina que había de defenderlos; que el gobierno debía mover todos sus recursos y ponerlos en manos de aquel general, como la capacidad que podía utilizarlos. Ésta era la verdadera exigencia de las circunstancias, y la propuesta se sancionó por aclamación.

"Uno de los concurrentes, sin duda con la mejor atención, hizo presente tener noticias que el general en aquel momento se preparaba a ofrecer sus servicios al gobierno, y que, por lo mismo, pedía suspenderse la comisión. Entretanto, el mismo notable mandó a su hijo cerca de aquél para invitarlo a dar este paso.

"El general Paz, colocado siempre en posiciones difíciles, reunía antecedentes, y estaba a una altura que lo ponía fuera del caso de probar valor. Por otra parte, no le era honroso aparecer con ofrecimientos ante una administración que había justamente merecido su desprecio más que su resentimiento. No era un novel en la carrera pública que pudiese aspirar a ostentar generosidad y demás cualidades, que en alto grado, de muchos años, distinguen su carácter, y se negó breve y resueltamente al ofrecimiento que se solicitaba de él.

"Entonces fue preciso realizar la idea de la comisión, quien, después de haberle manifestado la mira del gobierno y los deseos de los primeros hombres del país, le invitó, en nombre del primero, a pasar a su despacho, donde estaban reunidos los notables. Así lo hizo el general Paz, con la urbanidad que demandaba el caso; y, después de haber escuchado tranquilamente las expresiones de un grande apuro, se retiró difiriendo su contestación.

"Eran críticas las circunstancias del general Paz, y debió entregarse a muy graves consideraciones. No podía desconocer que el procedimiento del gobierno era la obra de un grande conflicto y del terror de que estaba dominado por el momento, ni creer disipadas sus malas disposiciones respecto de él; al contrario, debía suponer que el pronunciamiento público fuese un nuevo incentivo poderoso a los celos del presidente Rivera, y que éstos producirían luego su acostumbrado efecto en el señor Vidal. No debía contar con la lealtad de la administración, ni con el buen uso de los elementos de defensa que ésta poseía.

"Por otra parte, se le aseguraba resueltamente que, sin su aceptación, se desecharía la idea de defender aquella plaza; y entonces se presentaba a su imaginación una inmensa y desvalida emigración argentina en quien debía ejercitarse la cuchilla del feroz Oribe. Hemos oído a una persona notabilísima de aquel país decir al general: 'Si usted no acepta, nos hemos de dar de estocadas en el muelle cuando digan: ya llega el enemigo'. La emigración argentina, sin recursos ni simpatías en el gobierno, siendo el objeto de la ira del vencedor, debía figurar sangrientamente en este cuadro. Sitiado el general por todas partes, esta idea acabó de dominarlo y resolverlo; tenemos evidencia de ella, y al referirlo, no podemos dejar de reiterarle, conmovidos, la expresión de nuestro reconocimiento.

"Aceptó un mando y una empresa digna de su coraje, y lo hizo con la más recomendable franqueza. Dijo al gobierno que era más que probable desaprobase el general Rivera su nombramiento, cuya consecuencia sería la falta total de inteligencia entre este general y el jefe de la plaza; que los hombres personalmente adictos al presidente participarían de sus ideas y vendrían a ser un obstáculo a los preparativos de una defensa difícil y premiosa; que los enemigos mismos de la causa pública se disfrazarían en partidarios de aquél, para embarazar impunemente la acción de la autoridad militar; y que, de consiguiente, su presencia al frente de la defensa podría ser perniciosa en vez de útil.

"Las personas del gobierno, y demás notables, se exaltaban en protestas de que el presidente abrazaría y aprobaría esta medida salvadora, y que, en caso contrario, tenía bastante resolución para no constituirse en juguete de sus pasiones, cuando estaba de por medio la salvación de la patria. El general no creyó en las protestas del ministro Vidal, pero estaba fuertemente impulsado por la consideración que hemos dicho; y bajo la condición de que se le avisaría tan luego como se supiera la desaprobación del presidente, aceptó el mando, con honrosa franqueza de no ocultar al gobierno ni al público el principal ajuste de su resignación.

”El general Paz abrió sus tareas con su conocido tino y actividad infatigable. Principió por establecer ese sistema de probidad, responsabilidad y economía que tanto contrastaba con el anterior desarreglo y dilapidación. Creó una maestranza, que dio en tierra con el oneroso medio de contratos para la provisión de útiles de guerra, y una comisaría del ejército, que regularizó el reparto de víveres y demás artículos de consumo de que podía disponer.

”Este sistema se ha considerado generalmente como el principio de la salvación de Montevideo, y nosotros somos de esta misma opinión; sin él todos los recursos ideables hubieran sido pocos para el sostén de la guarnición de aquella plaza, y lo que poco después eran conflictos graves, hubiera sido imposibilidad real de llenar este objeto. En verdad que él presidió algo tarde, y a medias, en las administraciones que estaban fuera del alcance del general; pero también es cierto que el ejemplo produjo su efecto, y que si no evitó absolutamente el desorden, éste se contuvo en límites más estrechos, lo que era avanzar mucho.

”Una multitud de hombres avezados a medrar con el sacrificio del erario, y que pensaba explotar la misma penuria pública, levantó un grito de desaprobación, el que, unido a la inercia de la administración Vidal, presentaba un obstáculo a cada paso del general, quien, oponiendo una firmeza y constancia incontrastables, hizo efectivo el orden y la responsabilidad más severa en cuanto estuvo en la órbita del mando. No es fácil comprender a primera vista y en toda su extensión el mérito de esta obra.

”Cualquiera que haya residido algún tiempo en Montevideo, conocerá que ella presentaría gravísimas dificultades, aun en circunstancias ordinarias; pero si se considera que se realizó en momentos en que era preciso formar y organizar un ejército en cincuenta días que dieron de término las marchas del enemigo, sin la menor cooperación activa de parte del gobierno, venciendo toda clase de resistencia, sin caja militar, porque nunca se consiguió su establecimiento, y, en fin, sin quedar al general otros resortes que su respetabilidad en el ejército y su tesón; sí, ésa fue una hazaña que figurará como la primera entre las de su vida militar, y digna de la gratitud del pueblo en cuya defensa se obró.

”Algún día una mano útil reunirá los detalles de estos hechos, consignados muy particularmente en las órdenes generales y en la dilatada correspondencia entre el general y el gobierno. El libro que se forme de estos documentos importantes será una escuela de orden, pericia y probidad.

"*Renuncia del general Paz*

"Mientras este general se ocupaba así, con tanto tesón y provecho del objeto de que estaba encargado, el presidente Rivera marchaba con dirección a la capital, como lo detallan los *Apuntes históricos*. En su marcha había desaprobado ya el nombramiento de aquél, quien no lo supo aunque lo sospechó. A fines de enero se aproximó a Montevideo, y ya eran allí del dominio público sus malas disposiciones respecto del jefe militar nombrado por el gobierno; este incidente turbó la confianza pública, que se había reanimado por grados. El resultado de aquellas disposiciones era la separación del general Paz, y las conjeturas crecieron hasta el punto de no dudarse de ellas.

"Desde entonces la escena cambió en Montevideo. Estaba para faltar el fundamento y garantías de la defensa, y el desaliento se hizo general. Las innumerables personas que temían por su seguridad pensaban retirarse y procuraban los medios de hacerlo. Se hizo una especulación entre los capitanes de buques: la de abrir registros para pasajeros a precios moderados; y aparecieron varios anuncios de esta clase como el mejor suceso, porque acudían de tropel a tomar pasajes. Otros esperaban para hacerlo el retiro del general, el que, sin embargo, era una verdad para ellos, y muy pocos lo dudaban.

"Otro tanto sucedía en el ejército. El ardor con que los jefes y oficiales se dedicaban a su instrucción desaparecía visiblemente; martirizaban al general con preguntas sobre su permanencia en el mando y exigiéndole la promesa de no retirarse de él sin avisárselo, para separarse también oportunamente. Las exhortaciones de aquél contra este propósito eran infructuosas, como lo manifestó el hecho.

"El general Rivera llegó al pastoreo de Pereira, donde lo recibieron las personas del gobierno y otras muchas notables, quienes fueron saludadas por aquél con estas textuales palabras: 'Señores, cuatro mil hombres piden que se quite a ese general extranjero'. ¡El general Paz!... No era la verdad; el presidente Rivera tomaba falsamente el nombre del ejército; sus jefes no podían desconocer que Montevideo era la fuente de sus recursos en la campaña azarosa a que se preparaba, y que su conservación desviaría de ellos la mayor parte de la atención de Oribe, al paso que su pérdida aumentaría la fuerza actual del enemigo; participaban de la opinión pública, y creían vinculada la defensa en là persona del general Paz. Fue, pues, una falsa suposición del presidente, y Montevideo vio poco después a esos mismos jefes hacer loables esfuerzos por la segunda aceptación de aquel general.

"Éste hizo su dimisión el primero de febrero, y fue aceptada por el gobierno en la mañana del día siguiente. A esa hora pasaban de sesenta las solicitudes de baja de los principales jefes y oficiales, que estaban en poder del general. Un silencio desconsolador reinaba en aquel pueblo patriota, que veía frustradas las esperanzas que había fundado en el encargado de su defensa, mientras la parte influyente de él se preparaba a oponer una resistencia enérgica al trastorno que lo dejaba en poder del sanguinario enemigo.

"El presidente debía entrar a Montevideo para reasumir momentáneamente el mando, y allí lo esperaban para manifestarle y exigirle lo que demandaban la opinión y salvación pública. El general, por su parte, había fletado un buque, y se preparaba a partir con su familia para Santa Catalina.

"Por más que se quiera dignificar la mira del presidente en su marcha sobre Montevideo, atribuyéndole objetos que no pudo tener, ella está perfectamente descubierta. Irritado con el nombramiento del general Paz y herido en su amor propio con las demostraciones de confianza que éste recibió del pueblo y del gobierno, quiso ostentar su poderío, destruyendo la obra de ellos, sacrificando a este desahogo la seguridad de la masa informe que componía su ejército. Ya hemos visto cuál fue su primera exigencia, que se apoyó en la fuerza armada que conducía, y, sin duda, ella formaba el todo de su objeto.

"El día 2 de febrero, al pasar por el cantón del Arroyo Seco, donde se instruían los cuerpos de línea recientemente formados, les hizo saber que les cambiaría de jefes. Ese mismo día, el bergantín *Oscar*, armado por Rosas, encalló frente al Cerro; un oficial con dos piezas de artillería marchaba a batirlo desde la costa; el presidente lo encontró en su tránsito y lo hizo regresar, mandando en su lugar un escuadrón de caballería. Está visto que no pudo pretender mejorar la operación, y sí ostentar mando y desaprobación a cuanta medida de guerra se tomaba en

Montevideo. Y para esto encerró su ejército, de manera que su ruina prematura era inevitable a no auxiliarlo después la suma impericia de Oribe; asimismo, la vanguardia, al mando del general Medina, que cubría la retirada, fue deshecha, y lo hubiera sido del todo si el enemigo marcha una hora más en pos de ella.

"El presidente, que manifestaba esas disposiciones contra el general Paz; que corrió en alas de sus celos a separarlo de un mando que lo inquietaba, se mostró irritado con su renuncia; y esto no puede explicarse de otro modo que con el desahogo a que aspiraba de destituirlo él, en uso de su autoridad.

"Creemos una verdad cuanto dicen los *Apuntes históricos* sobre la utilidad y espontaneidad de la emigración de la campaña; pero no somos de esta misma opinión respecto del objeto de conducirla, que se atribuye a la marcha del ejército sobre aquella capital. No es absolutamente cierto que se condujeron las familias por no dejarlas allí, pues, con pocas excepciones, ellas siguieron la marcha del ejército, en lo que se llamaba *convoy*. Y aunque así no fuese, no podemos concebir que bastando un escuadrón para conducirlos en seguridad desde Santa Lucía, marchase con este fin todo el ejército con todo su material de guerra; y mucho menos cuando, a juicio de los militares inteligentes, el movimiento que hizo desde el pastoreo de Pereira, por un flanco del enemigo, a tanto riesgo, pudo hacerse con seguridad y ventaja por la margen izquierda de Santa Lucía.

"En los últimos días de enero y primeros de febrero no se oyó dar este objeto a la marcha del ejército, ni el de atraer al enemigo, lo que hubiera sido una necedad. El de alentar al pueblo era el único con que se paliaba este paso tan desaprobable, sin convencer a nadie. Pero podía aumentar la certidumbre moral de la existencia y número de ese ejército, situado a cuatro leguas de la capital, a la que había cuando distaba ocho o diez, la que podía también inspirarse por otros medios que no ofreciesen tan eminente peligro. Como quiera que se mire, era un objeto muy pequeño comparado al inconveniente de colocar en situación tan ruinosa a la única fuerza con que se contaba en campaña.

"Creemos, pues lo creen todos sin excepción en Montevideo, que el presidente quiso imponer al pueblo acercándosele lo más fuerte que pudo, porque premeditaba obrar contra la bien pronunciada opinión de él, sancionada con entusiasmo por las cámaras legislativas. Con cualquier otro objeto, habría ido acompañado de su sola escolta.

"La reseña de estos antecedentes se hace necesaria para explicar las resistencias posteriores del general Paz; sin ella podía atribuírsele insubsistencia, que tanto dista de la firmeza de su carácter, y revelan también la causa del retroceso que sufrieron los aprestos militares, muy especialmente la disciplina del ejército.

"El general Paz, desde el principio, tuvo un convencimiento íntimo de que el presidente Rivera imposibilitaría toda inteligencia franca entre los dos, y no se engañó, porque nunca la hubo. Se vio después al segundo ceder al torrente irresistible de la opinión y a la necesidad en que ella lo constituía, pero sin deponer ni aun ocultar su gratuita enemistad. El general pudo tener este convencimiento, sin pensar siquiera que aquél llegase al extremo de manifestar su saña tan inconsideradamente; y cuando esto sucedió, debió fortificarse en la idea de no volver a la defensa de Montevideo, y de esto debieron proceder los esfuerzos sobrehumanos que le vieron hacer en su resistencia a reencargarse de ella.

"Nuevo nombramiento del general Paz y su aceptación

"En la noche del 2 el presidente entró a la capital, y en la misma una reunión de patriotas influyentes tuvo con él una sesión importantísima. Algunos ciudadanos, muy particularmente el señor Muñoz, entonces ministro de Hacienda, lo hablaron en un lenguaje claro y enérgico, que quizá no había oído hasta entonces en las épocas de su poder. El peligro de la patria y la necesidad de la persona del general Paz para salvarla le fueron demostrados de una manera amenazante, pues se dejaba sentir la idea de desistir de la defensa si se había de desechar el principal elemento de ella sin un motivo legítimo que lo aconsejara.

"Allí fue que debió ver el presidente que la situación en que lo había colocado la jornada del Arroyo Grande no le permitía lidiar esta vez contra la opinión pública, tan solemnemente pronunciada. Debió comprender que los hombres que habían atesorado a la sombra de su poderío y que poco antes aplaudían y aun apoyaban sus más desconcertados planes, estaban defeccionados unos y anonadados otros por el peligro; y que sus celos y miras irrealizables de abatir y anular cuanto pudiera competirle en las dos repúblicas del Plata, no tenía ya el eco que cincuenta días antes. No pudo dominar esta circunstancia clásica, y se sometió al poder de ella, bien a su pesar, como lo manifestó después.

"Quedó acordado encargar nuevamente al general Paz de la defensa de aquella plaza. El señor Vázquez, propuesto ya para el ministerio de gobierno, fue encargado especialmente de negociar su admisión, y que pasase a la Casa de Gobierno para tener una conferencia con el presidente. Quedó también realizada la idea de una nueva administración, de tan felices resultados, y que, con tanta denodada firmeza, prestó tan fuerte apoyo al jefe militar.

"Estas novedades circularon con una velocidad eléctrica. Había el temor de que el general rehusase su nuevo nombramiento, porque eran tan conocidas sus ideas a este respecto como las causas en que se fundaban; de manera que el día 3, antes que el señor Vázquez pudiera verlo, estuvo asaltado por varios orientales y argentinos notables, quienes encontraron la realidad de sus temores, y emprendieron una lucha tenaz con las resistencias de aquél, quien en su primer impulso se negó a escuchar reflexión alguna.

"Se le decía que no se trataba de servir al presidente Rivera, y sí de salvar el pueblo, la emigración, y el último atrincheramiento de la libertad en el Río de la Plata. Éstos eran lugares muy comunes, y las razones del general no eran de resentimiento ni odios personales. Fue vivamente provocado a explicarse, y lo hizo con mucha claridad. El presidente, como se ha visto, se presentaba enemigo personal de él, o más bien lo era de su capacidad y su fama. ¿Habría dejado de serlo? Debía creerse lo contrario; obligado a ceder por el momento, debía considerársele más irritado que vencido, y se hacía aún más imposible una inteligencia leal entre los dos. Los sucesos de la guerra era probable la exigiesen, y su falta comprometería el éxito, en cuyo caso la admisión del general acarrearía por este lado un grave mal a la causa que se pretendía defender. De esta naturaleza eran las razones que el general explanó con vehemencia, y de modo que demostraba su convencimiento y decisión, que al momento juzgamos incontrastable; y lo habría sido si el raciocinio y su propia inclinación hubieran deliberado en el asunto.

"No era fácil contestarlas sin negar hechos que estaban a los ojos de todos. Antes de la India Muerta, nadie dudaba que, salvándose el E. O., el jefe del ejército en campaña dominaría todas las influencias, y en tal caso el general habría ayudádole a encontrar la ocasión de inferirle nuevos agravios. Se le exigía un sacrificio del que no podía esperar ni gratitud; sus servicios, al fin, se habían de tachar para desconocerlos. Esto era lo de menos; la satisfacción de hacer el bien tiene poder en las almas como la del general Paz; y el presidente Rivera no veía la opinión pública, aunque la dominase. Pero, no se le podía decir, sin insultarlo, que se embarcase en la empresa 'a ver lo que salía'.

"Así, pues, todas las reflexiones se redujeron a echarse en sus brazos y decirle: Si usted no toma el mando, la plaza se pierde y quedamos en poder de Oribe. Entonces la idea del peligro de la emigración volvía a producir su efecto, y por segunda vez influyó poderosamente en los destinos de aquel país.

"La nueva administración que se creaba, sin embargo de la idoneidad de las personas, carecía de fundamento moral, por efecto de los mismos sucesos. La derrota del Arroyo Grande había destruido todo prestigio en Montevideo, y sólo existía el de la espada del general Paz; por lo mismo, era éste quien podía darle la respetabilidad y fuerza moral de que precisaba para desplegar su capacidad. De manera que universalmente se consideraba salvador el pensamiento de la nueva administración, pero que no podría pasar de proyecto sin la cooperación de aquel general; y éste era el principal fundamento de aquella disyuntiva.

"Debieron ser estas mismas las consideraciones en que se apoyó más tarde el señor Vázquez, aunque con la penosa tarea de dorar la conducta del presidente respecto del general. Era el lenguaje de todos en aquellos días aciagos, y lo fue de las personas del gobierno hasta más de un año después. Ya habían pasado muchos meses de la presencia de Oribe en el Cerrito; la resistencia estaba hecha; sin embargo, ellas lo usaban contestando al deseo que manifestaba aquél de retirarse. Hemos conservado copias de estas cartas, y respondemos de su fidelidad con mucha más razón; en los primeros días de febrero debieron hacer valer este argumento, que venció, sin persuadir al general.

"El mismo día 3, el señor Vázquez desempeñó con suceso su comisión, acompañado de algunas personas que ya estaban en la casa del general, y condujo a éste desde allí a la del gobierno, en donde aceptó por segunda vez el encargo de defender aquella capital.

"El sacrificio del general Paz fue grandioso, pero no debía

consentir en un mando indigno de sus antecedentes. Cuando nada solicitaba y cuando todo lo concedía, ¿debía también descender de su dignidad? ¿Podía exigirlo el gobierno oriental, ni dejar de ser justo para con él? Esto sería infame. El general rehusó con indignación la idea de la comandancia general establecida en Montevideo, que dejó entrever el señor Vázquez. Las atribuciones de ella eran insuficientes al objeto, y hasta ridículo pensar en esto en circunstancias en que la autoridad militar debía abrazar cuanto alcanzase a ser útil a la difícil defensa que se preparaba; y no insistió ya sobre ello.

"El presidente se retiró en la noche del 3, y el general fue sorprendido el siguiente día con un decreto de aquél, en que suprimía el ejército de reserva y ordenaba su cesación en el mando de él, nombrándolo comandante general de armas en lugar del coronel Posolo, que había desempeñado esta comisión. Desde el 2 de febrero, el general no era jefe del ejército de reserva, en virtud de su renuncia admitida por el gobierno, y suponer lo contrario era mentir torpemente para aparecer disminuyéndolo de aquel mando. La comandancia de armas era una oficina de plaza de atribuciones marcadas, y había sido justamente rehusada; de manera que aquel decreto, en la parte que no contenía una falsa suposición, era inadmisible. Nuevos obstáculos y nuevos pasos con el general ocasionó este mezquino procedimiento. La nueva administración, en la dificultad de variarlo, extendió la autoridad militar, sin restricción, hasta adonde fuera necesario a su objeto; y el general despreció el alevoso desahogo que contenía el decreto.

"Los jefes y oficiales que habían mandado sus dimisiones consintieron en volver al servicio con motivo de la aceptación del general, quien lo comunicó al gobierno. Algunos estaban ya embarcados, pero volvieron a tierra y a los puestos que antes ocupaban. Sin embargo, se notó alguna tibieza, que fue desapareciendo con la presencia del jefe militar en todos los trabajos del ejército, y muy pronto se restableció la anterior actividad.

"El enemigo estaba entonces a las puertas de aquella capital, y fue preciso un empuje inimitable para prepararse a esperarlo a su entrada, once días después, a pesar de las contrariedades y tropiezos en los sesenta y cuatro días que mediaron entre el 12 de diciembre y 16 de febrero.

"Las referencias de los *Apuntes históricos* sobre la jornada de este día y los que siguieron son demasiado exactas para tener que añadir alguna sustancial, ni es nuestro propósito escribir la historia militar de aquellos sucesos. Sin embargo debemos decir que cuando el peligro hubo pasado, cuando las probabilidades de una victoria estuvieron en favor del general Paz, en el caso de un ataque del enemigo, faltó la unidad del mando militar, pudiéndose asegurar que si la conducta del gobierno hubiera sido la misma que el 16 de febrero, con los elementos que tenía Montevideo y los que posteriormente fueron en su auxilio, el ejército se hubiera puesto en estado de atacar con ventaja al enemigo en sus mismas posiciones. Ésta era la opinión del general, y le debemos respeto con preferencia a cualquiera otra.

"Algunas notabilidades de segundo orden, que andaban a corso de influencia en Montevideo, estaban en algunos cuerpos de la guarnición sólo para tener mando y de ningún modo para exponerse a las balas. Esto ocasionó algunas dificultades al general, quien, no pudiendo consentir en actos contrarios a la disciplina y al valor, exigió la igualdad del servicio de los cuerpos, y que sus jefes estuvieran a la cabeza de ellos en las funciones de guerra, dándoles ejemplos él mismo; pero muy pronto los fuegos del enemigo lo libraron de estos estorbos condecorados.

"El general Paz perfeccionó su gloriosa obra, y se retiró cuando en la parte militar nada había que hacer si no era continuar una rutina harto bien establecida y ensayada. Antes de hacerlo, aumentó el material de la defensa y dejó inexpugnable la fortificación por la parte que hubiera podido ser atacada, a más de que el personal del ejército estaba en estado de combatir cuerpo a cuerpo con el enemigo, si éste dejaba sus atrincheramientos del Cerrito.

"No obtuvo del gobierno, por la penuria del erario, ni aun lo preciso para vivir; y, según las personas que estaban a su inmediación, gastó su dinero, quitándolo a la subsistencia de su familia. Se retiró con un objeto a que más tarde deberá su salvación la libertad argentina y oriental; y lo hizo sin el más insignificante socorro de parte del gobierno y a costa de su propio peculio, ya casi extinguido.

"Pero debió retirarse satisfecho de su obra y de sí mismo.

"Luchó hasta contra la misma posibilidad, y triunfó. El vencedor en tantos campos de batalla, que venía triunfante y fuerte a terminar sin esfuerzo el objeto de sus campañas, se contuvo ante el brillo de la espada de Caaguazú. El general Paz debe contar con la gratitud universal."

Documentos relativos a los mismos sucesos

Nombramiento del general Paz. Ofrecimiento y aceptación

"Ministerio de Guerra y Marina.

"Montevideo, diciembre 12 de 1842.

"Señor brigadier general de la República Argentina, don José María Paz.

"Considerando el gobierno urgente y conveniente la defensa de esta República, formar y organizar un Ejército de Reserva en la capital, y teniendo presente los buenos e importantes servicios que el señor general de la República Argentina, don José María Paz, ha prestado en todas épocas a la Banda Oriental, ha resuelto nombrarlo, durante las presentes circunstancias, general en jefe del expresado Ejército de Reserva y ha ordenado el infrascripto, ministro general de la República, comunicar al señor general Paz, a quien tiene el honor de dirigirse, esta resolución, y saber de V. S. si está dispuesto a aceptar este nombramiento.

"Al resolver el gobierno a encomendar al señor general Paz la organización y mando de un Ejército de Reserva, está determinado a poner en sus manos y a su disposición todos los medios y elementos de que pueda disponer, e investirlo de toda la facultad que sea necesaria para lograr el objetivo que se propone.

"Espera, pues, el infrascripto ministro general, que el señor general argentino don José María Paz no negará a la República Oriental un servicio que ésta sabrá apreciar, y que se servirá contestarle a la mayor brevedad, para expedir en su caso el correspondiente nombramiento y hacerlo conocer en la guarnición.

"Dios guarde a V. S. muchos años.

"Francisco Antonio Vidal."

"Montevideo, 12 de diciembre de 1842.

"Al señor Ministro general de la República.

"Señor Ministro:

"He recibido la respetable de V. E fecha de hoy, en que manifestando la urgencia de formar un Ejército de Reserva, me invita a aceptar el mando en jefe de él, en cuyo caso pondrá en mis manos todos los medios y elementos de que pueda disponer el Gobierno, y me investirá de toda la facultad que sea necesaria para el logro del objeto que se propone en esta medida.

"No se ha engañado el Gobierno al considerarme dispuesto a defender la libertad de esta República, por cuya independencia tuve la gloria de combatir, que es hoy el asilo de mis compatriotas, perseguidos de muerte por el bárbaro tirano de mi patria, y a la que deseo manifestar mis simpatías. Puede V. E. contar con mi más completa deferencia, y con que seré infatigable para corresponder a la confianza con que se ha dignado honrarme el Gobierno de la República.

"Dios guarde al señor Ministro muchos años.

José María Paz."

Decreto de organización del Ejército de Reserva

"Montevideo, diciembre 12 de 1842.

"Exigiendo la defensa de la República la formación y organización de un Ejército de Reserva, el Gobierno ha acordado y decreta:

"Art. 1° - Se formará y organizará en el Departamento de la Capital un ejército, que se denominará *Ejército de Reserva.*

"Art. 2° - Queda nombrado General en Jefe del Ejército de Reserva el Brigadier General de la República Argentina, don José María Paz.

"Art. 3° - Formarán el Ejército de Reserva los cuerpos de la guarnición de la capital, y los que nuevamente se formen.

"Art. 4° - Se destinan a los cuerpos de línea todos los emancipados, en virtud del decreto de la Honorable Asamblea General de esta fecha, y que sean útiles para el servicio.

"Art. 5° - Comuníquese a quienes corresponde, publíquese y circúlese.

Suárez
Francisco Antonio Vidal."

——

Proclamas del general Paz al Ejército de Reserva y a los emigrados argentinos

"El General del Ejército de Reserva, a los individuos que lo componen.

"Compañeros:

"Al aceptar el mando del Ejército de Reserva, he tenido en vista la urgencia de la situación actual; que defendéis el pueblo, en cuya independencia trabajé, que da asilo a mis compatriotas y que declaró, el primero entre todos los otros pueblos de América, guerra al tirano que la deshonra, sembrando de horribles delitos la República Argentina. Obligación he creído, escuchar el llamamiento que me ha hecho el Gobierno y la Asamblea Nacional, y compartir con vosotros los afanes de la más justa de las guerras.

"Soldados del Ejército de Reserva:

"El desastre que últimamente ha sufrido el ejército coaligado es uno de esos lances comunes en la guerra, y que por ningún motivo puede mirarse como decisivo. Él, por el contrario, inflamará vuestro valor para arrancar la victoria de manos de un enemigo vencido tantas veces por vuestro ilustre presidente, general Rivera, cuya capacidad militar y ardiente patriotismo os dan sobradas garantías de un gran triunfo que marchite en la frente de nuestros enemigos los efímeros laureles con que los ha coronado la casualidad. Secundemos sus nobles esfuerzos y los de los valientes de su ejército, y con la práctica de las virtudes cívicas y militares que sólo pueden asegurar la victoria, domaréis bien pronto la altanería de los esclavos de Rosas que amagan, sangrientos, la libertad y la independencia nacional, nuestras fortunas y vidas.

"Montevideo, diciembre 18 de 1842.

José María Paz."

"El General del Ejército de Reserva, a los argentinos emigrados.

"Compatriotas:

"Sabéis que ni un momento he dejado de perteneceros, que os he consagrado mi vida, y que siempre me habéis visto donde ha flameado el estandarte de nuestra libertad.

"Argentinos:

"Llamado por el Gobierno de esta República para cooperar a los esfuerzos que hace para salvarla su ilustre presidente, el general Rivera, ha sido poderoso para mí el recuerdo que peleé por su independencia en aquel ejército que en Ituzaingó dio uno de sus más grandes días a la República Argentina, y he recordado que esta tierra hermana os hospeda a vosotros, mis compatriotas, que sois una bella parte de nuestra patria infeliz, y que en, vuestras manos, como en las de los bravos hijos de Corrientes y de los otros argentinos enemigos de la tiranía, reposan sus más dulces esperanzas de constitución y libertad.

"Compatriotas:

"Os miro unidos a vuestros hermanos y amigos los orientales, como en los días gloriosos de las guerras de la independencia, y crece mi fe en nuestro hermoso porvenir. Recorro vuestras filas, y veo rostros donde se han reflejado los rayos del sol argentino triunfador en Tucumán, en Salta, en Chacabuco, en Maipú, en Ituzaingó, y en tantas otras jornadas de gloria, de cuyos trofeos son depositarias cuatro repúblicas, libres por vuestro indómito brazo; veo también rostros jóvenes que resplandecen con el entusiasmo de sus padres en 1810, y al contemplarlos animados de un mismo pensamiento, creo que, a pesar de todas nuestras desdichas, tornaremos a nuestra patria vencedores de un tirano.

"Argentinos:

"Dejad que os lo repita. Siempre he sido de vosotros, y me lisonjeo con que merezco vuestra confianza, y con que me seguiréis por la senda del honor, que nos conducirá a la victoria y a la patria.

"Montevideo, 18 de diciembre de 1842.

José María Paz."

Publicados en *El Nacional* de Montevideo, los días 13, 15 y 19 de diciembre de 1842. (Nota del Editor de la segunda edición.)

ÍNDICE